U0649187

宋史

陈振◎著

上海人民出版社

图书在版编目(CIP)数据

宋史/陈振著. —2版. —上海:上海人民出版社,2015
ISBN 978-7-208-12855-2

Ⅰ. ①宋… Ⅱ. ①陈… Ⅲ. ①中国历史-宋代 Ⅳ. ①K244

中国版本图书馆CIP数据核字(2015)第046357号

责任编辑 苏贻鸣 张晓玲 秦 堃
封面装帧 袁银昌平面设计有限公司

宋史
陈振 著

出　版 上海人民出版社
(201101 上海市闵行区号景路159弄C座)
发　行 上海人民出版社发行中心
印　刷 江阴市机关印刷服务有限公司
开　本 890×1240 1/32
印　张 23.75
插　页 13
字　数 565,000
版　次 2016年8月第2版
印　次 2025年10月第7次印刷
ISBN 978-7-208-12855-2/K·2326
定　价 108.00元

（1992 年摄于圣彼得堡涅瓦河边）

作者简介

陈　振（曾用名沈继宏、陈高生）　1931 年生，江苏海门人。1959 年北京大学历史系（中国古代史宋史专业）毕业，师从著名宋史专家邓广铭先生，专事宋史研究。南京师范大学教授。北京大学中国古代史研究中心兼职研究员。历任河南省社会科学院历史研究所所长、南京师范大学历史系主任、南京师大文科学术委员会副主任、中国宋史研究会副会长。著作有《宋代社会政治论稿》、《简明宋史》（后亦改称《宋史》，两主编之一）等，参与编撰《中国大百科全书》中国历史卷（“辽宋西夏金史”副主编之一）、《中国通史》第七卷（主编）。主要论文有《关于北宋前期的中书》、《略论南宋时期“宋学”的新学、理学、蜀学派》、《关于唐宋庄园的几个问题》、《中国古代官员任用回避制度》、《北宋新建“东府”、“西府”是执政官“官邸”（在任时居住）》、《轿子的产生与发展》等。

赵佶　瑞鹤图卷　　北宋

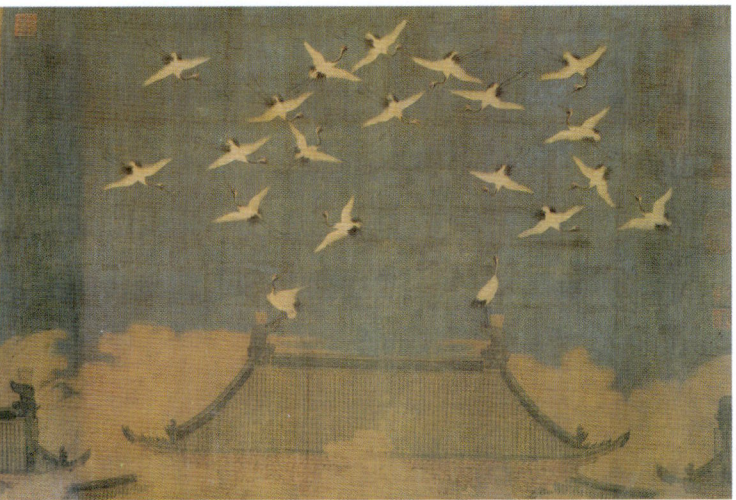

中兴四将图卷　　南宋

张激白莲社图卷(局部)　　北宋

潮州窑释迦瓷造像　　北宋

妇女斫鲙画像砖　　北宋

钧窑玫瑰紫海棠式瓷花盆　　北宋

定窑刻莲瓣纹盖罐　　宋

白釉黑花瓷镜盒　　北宋

官窑盘　　南宋

张择端　清明上河图（局部）　　北宋

朱克柔刻丝山茶图　　南宋

刻丝群仙拱寿图　　南宋

刺绣瑶台跨鹤图　　南宋

目　　录

第一章　宋王朝的建立与加强中央集权的措施

唐末藩镇林立，王室衰微，政权旁落，最终被强藩朱全忠（后梁）所替代。五代时强藩与禁军将领不断发动兵变，梁、唐、晋、汉、周政权更迭频仍，战乱不断，民不聊生，社会经济衰退。后周禁军将领赵匡胤（宋太祖）发动五代时最后一次兵变，代周建宋。宋太祖为防止他人效法，采取加强中央集权的措施，收禁军宿将兵权，剥夺藩镇的兵权与财权，以消除兵变隐患。但祸起萧墙，帝位为二弟赵光义（宋太宗）所夺，帝系从此转入太宗后裔。宋太祖、太宗虽相继平定南方诸割据政权，但新征服的川蜀地区相继爆发的全师雄兵变、王均兵变与王小波、李顺起义，一度对新建立的北宋王朝构成最严重的威胁。

第一节　宋王朝的建立

一、赵匡胤的崛起

赵匡胤，祖籍涿郡（今河北涿州）。父亲赵弘殷，后梁时任成德军（治镇州，今河北正定）节度使王镕的部将，率骑兵五百援助晋王李存勖攻打后梁而被留。后唐建立，任禁军将领，迁居首都洛阳（今河南洛阳）。天成二年（927 年），赵匡胤生于洛阳。后汉乾祐元年（948 年），赵弘殷以随赵晖讨伐王景崇有功，升任侍卫马军护圣军都指挥使，赵匡胤时年二十二岁。同年末，枢密使郭威征讨李守贞，赵匡胤应募从军，从此成为郭威的部属，大约在此后不久，一批投靠郭威的年轻军官结为“义社兄弟”，除赵匡胤外，还有杨光义、石守信、李继勋、王审琦、刘庆义、刘守忠、刘廷让、韩重赟、王政忠，称为“义社十兄弟”，后称为“太祖义社兄弟”，被视为宋朝开国“勋臣”①，是赵匡胤后来发动兵变代周建宋的基本力量之一。

后周建立，赵匡胤任禁军近卫班直的东西班行首（后属殿前司），还是低级军官，而其父已是侍卫亲军司马军的高级将领。显德元年（954年）正月，世宗即位后，赵匡胤受到重用。三月，后周、北汉的“高平（今山西高平）之战”，后周军战胜，“义社兄弟”李继勋升任殿前都虞候（是殿前司的次长官），而赵弘殷由铁骑第一军都指挥使升任侍卫马军主力龙捷右厢都指挥使。六月，世宗在未能攻占北汉首都太原（今太原西南）后班师，李继勋升任侍卫步军主力虎捷右厢都指挥使，赵匡胤也以高平战功升任殿前都虞候。同年十月，李继勋首先升领利州（时属后蜀，今四川广元）节度使，升任侍卫步军都指挥使，成为侍卫亲军司的步军司最高长官。此时的殿前司不仅低于侍卫亲军司，甚至还远低于侍卫亲军司的下属机构马军司和步军司。同月中旬，赵匡胤参与整顿和加强殿前司所属禁军；而侍卫亲军司也开始淘汰老弱，精选士卒。“义社兄弟”的赵匡胤、李继勋都成为后周世宗最亲信的高级将领。殿前司的地位虽有提高，但仍较侍卫亲军司低，然而其所统禁军是皇帝最亲近的军队，也是后周最精锐

---

① 李攸《宋朝事实》卷9《勋臣·太祖义社兄弟》。其中赵匡胤、石守信、李继勋、王审琦、韩重赟、刘廷让六人，《宋史》、《东都事略》中皆有纪、传，都是后汉时郭威部下，地位大体相当，因定结义时间为后汉末。当时以何人为首不详，到后周世宗初年，“义社兄弟”地位已很悬殊，地位最高的是李继勋，还不是赵匡胤。参见白寿彝总主编《中国通史》第七卷（笔者主编）丁编第二十五章，上海人民出版社1999年版。

的军队。同时，“义社兄弟”石守信也升任殿前司的铁骑左、右厢都指挥使，王审琦升任铁骑右厢第二军都指挥使，韩重赟升任铁骑指挥使，都在赵匡胤麾下任职。

显德三年，后周进攻南唐的淮南地区，赵匡胤在涡口（今安徽怀远东）、清流关（今安徽滁州西北）、滁州、六合（今江苏六合）等战役中屡立战功。十月，升领匡（入宋后避讳改为定）国军（治同州，今陕西大荔）节度使兼殿前都指挥使，年仅三十岁已获得了武官最高的节度使衔，虽然后来因为这次“宣授”“未于正衙宣制”而没有算作正式任命；殿前司的正长官都指挥使军职，也因先已有张永德任都指挥使在前而只能算作最高长官之一，加上同年十二月，后周世宗为了提高殿前司的地位，增设都点检、副都点检为最高长官，赵匡胤所任的都指挥使实已降为次长官，但这仍反映了赵匡胤名望与地位的迅速提高。而原先名望地位在赵匡胤之上的“义社兄弟”李继勋，却因在六月的寿州（今安徽凤台）战役中失职而被免去侍卫步军都指挥使军职，后又被免去节度使衔，遂降在赵匡胤之下。

赵弘殷在此次淮南战役中，也以侍卫司马军主力之一的龙捷军右厢都指挥使，随侍卫马军都指挥使韩令坤率军攻占扬州，并以功升任侍卫马军副都指挥使。赵弘殷虽于同年七月病死，但其自后唐至后周数十年在侍卫马军司任军职，自下级军官直至副长官，亲信及部属众多；加上“义社兄弟”李继勋任侍卫步军司长官近二年，亦有亲信及部属，这都为后来赵匡胤发动兵变时，争取侍卫亲军司的马、步军将领及士兵的支持与拥护奠定了基础。

赵匡胤在显德三年十月升领匡国军节度使后，随即组建节度使幕府，首先进入幕府的是赵普，被辟为节度推官；沈义伦（宋太宗时以避讳而去义字，单名伦）被辟为从事，吕余庆（原名吕胤，入宋以字行）任掌书记，也都同时进入匡国军节度幕府，他们后来都成为赵匡胤的心腹，而赵普更是兵变建宋的主谋之一①。当显德四年五月，赵匡胤正式被授以义成军（治滑州，今河南滑县东）节度使前后，投入节度幕府的还有王仁赡、李处耘、楚昭辅等，也先后成为赵匡胤的心腹，特别是李处耘、楚昭辅后来在兵变建宋中发挥了积极作用。

显德四年九月，后周世宗再次出兵南唐的淮南，赵匡胤率军攻占濠州（今安徽凤阳东北）、泗州（今江苏盱眙北），在进攻楚州（今江苏淮安）时，击败南唐援军于清口（今江苏淮阴西南），俘获都应援使陈承昭。次年初，赵匡胤率军攻占楚州北城。在后周世宗率军南下扬州时，赵匡胤军又大败南唐水军于瓜步（今江苏扬州西南）。南唐被迫臣服，去帝号改称国主，将淮南地区割给后周。后周世宗终于达到了占领淮南，迫使南唐归附，稳定后方，以便北上攻辽，达到收复幽燕（今北京地区）的目的。在此次淮南战役中，赵匡胤军战功第一，赵匡胤升领忠武军（治许州，今河南许昌）节度使，也因此进一步受到世宗的重用。

显德五年十月，世宗以户部侍郎高防为西南面水陆转运使，作出进攻后蜀的态势。而于显德六年三月，世宗以燕京（今北京）地区尚被辽占领，决定出巡沧州（今河北沧州东南），并命诸将各领马、步军及战船前往沧州。四月中旬，世宗到达沧州，随即率诸军北征，任命侍卫亲军都虞候韩通为陆路都部署，殿前都指挥使赵匡胤为水路都部署②；而已升任殿前都虞候的“义社兄弟”石守信被任为陆路副都部署，李继勋也在赵匡胤麾下任战棹（战船）左厢都部署，成为水军主帅之一。赵匡胤的“义社兄弟”成为此次征辽战争中的主要将帅，反映了赵匡胤所控制的军事力量在后周军事系统中所占的重要地位。

---

① 参见《中国通史》第七卷丁编第二十七章。

② 此据《资治通鉴》卷294。《宋史·太祖纪》作“水陆都部署”，误。

后周世宗北征，十数日内辽境的宁州（今河北青县）、益津关（今河北霸州）、瓦桥关（今河北雄县）、莫州（今河北任丘北）、瀛州（今河北河间）等地纷纷投降。赵匡胤率所部禁卫世宗，又先至瓦桥关收降辽将，进一步得到世宗的信任。世宗正准备攻取幽州（今北京），却因病被迫返回京城开封（今河南开封）。

自从后周世宗设殿前都点检以提高殿前司地位以后，殿前司地位虽仍略低于侍卫亲军司，但已大体相当。这可能引发了侍卫司与殿前司两大体系之间的矛盾。因此在世宗北征期间发生了这样一件事，“帝（世宗）之北征也，凡供军之物，皆令自京递送行在。一日，忽于地中得一木，长二三尺，如人之揭物者，其上卦全题云‘点检做’，观者莫测何物也”。这很可能是侍卫亲军司长官都指挥使李重进派系为了陷害世宗的亲信张永德而为，意思是说殿前都点检张永德想当皇帝①。

世宗自五月末回到首都开封后，六月初，病势加重，遂对后事进行安排，晋封长子柴宗训为梁王，宰相范质、王溥加兼参知枢密院事以加强顾命大臣的职权。同时，对张永德作出防范，因张永德名位已高，又是后周太祖的驸马，加之“点检做”符契的阴影，于是以张永德缺乏主见为由，落军职加同平章事，以使相赴镇宁军（治澶州，今河南濮阳）节度使任所，而以名位较低的赵匡胤升任殿前都点检，以此次北征中有功的韩通升为侍卫亲军副都指挥使并加使相衔。六月中旬，世宗病死，梁王柴宗训即位，是为恭帝。恭帝即位，为百官加官，禁军的最高将领、侍卫亲军都指挥使李重进在晋爵之后即被调任淮南（治扬州）节度使，虽

---

① 《旧五代史》卷119《世宗纪六》。《宋史》卷1《太祖纪》作：“世宗在道，阅四方文书，得韦囊，中有木三尺余，题云‘点检作天子’，异之。”多“天子”二字，当是后来为神化赵匡胤为真命天子而加。关于为李重进派系所为一说，系据邓广铭《赵匡胤的得国及其与张永德李重进的关系》，《东方杂志》41卷21期，收入《邓广铭全集》，河北教育出版社2005年版。

仍保留军职，但已远离首都，这是继罢免张永德军职之后，将名望已很高、可能威胁到后周帝位的高级将领排除的又一措施。原侍卫马军都指挥使韩令坤在提升为侍卫马步军都虞候后，也奉诏巡防北边，调离了京城。同时，提升名位较低的高怀德为侍卫马军都指挥使、张令铎为侍卫步军都指挥使。经过这次调整以后，在京的高级军事将领名望都较低，这些可能是后周世宗与顾命大臣范质为巩固少主帝位而采取的措施，然而却成为后来赵匡胤发动兵变的有利条件。在京高级将领中除韩通外，名位都在赵匡胤之下。赵匡胤在此次加官晋爵中，晋封为开国侯，升改为归德军（治宋州，今河南商丘睢阳区）节度使。

二、陈桥兵变　建立宋朝

后周恭帝即位时年仅七岁，“主少国疑”，赵匡胤利用“点检做”的“神符”，精心策划了“陈桥兵变、黄袍加身”的闹剧，代周建宋①。

显德七年（960年）正月初一，赵匡胤指使他人谎报军情，奏称：“契丹入寇，河东（指北汉）贼军自土门（土门关亦称井陉关，今河北井陉北）东下，与蕃寇（指辽军）合势。”②后周首相范质与次相王溥商议对策，而王溥早已“阴效诚款”，投靠赵匡胤③，遂极力促成范质决策，派遣殿前都点检赵匡胤统率殿前、侍卫二司精兵北上抗击，赵匡胤首先将关系较疏而名望与己相近的殿前司副长官副都点检慕容延钊调离，命他率前军先一日出发，随即

① 关于赵匡胤自己操纵兵变事，参见邓广铭《陈桥兵变黄袍加身故事考释》，收入《邓广铭治史丛稿》，北京大学出版社1997年版。

② 《旧五代史》卷120《恭帝纪》。又，辽自太祖建国称契丹，太宗时改称辽，圣宗时又称契丹，道宗时再称辽。为便于行文，本书通称为辽。

③ 苏辙《龙川别志》卷上。

散布流言，“将以出军之日策点检为天子”，引发“士民恐怖，争为逃匿之计，惟内庭晏然不知”[①]。关系最密切的“义社兄弟”、殿前司都指挥使石守信与都虞候王审琦成为驻守京城的殿前司最高指挥官，被赵匡胤部署为内应。

正月初三日，赵匡胤率大军北上，当晚到达陈桥驿（在当时的黄河南岸，今河南封丘南，在今黄河北岸）。这时慕容延钊所率的先锋部队已渡过黄河北上，因而既不在兵变现场，又有黄河的阻隔，不会成为兵变的阻力。时机成熟，“军士聚于驿门，俄而列校毕集”，要“先策点检为天子”[②]，赵匡胤的心腹幕僚李处耘即向赵匡胤的二弟赵匡义报告进展情况。赵匡义、李处耘遂与赵匡胤的心腹王彦昇、马仁瑀、李汉超以及兵变预谋者之一的赵普等商定，大军于次日返回首都以夺取政权，同时严厉禁止军士们惯行的五代以来兵变后的抢劫行为，以稳定民心。

在取得将领们的承诺后，赵“普与匡义入白太祖”，并立即进行部署。连夜派心腹小军官郭延赟驰返京城，通知石守信、王审琦作好内应的准备，石、王接报后随即命令“将士环列待旦”[③]，随时接应兵变部队进城。

次日清晨，将士们将事先准备好的黄袍披在赵匡胤的身上，“诸校列拜曰：‘诸军无主，愿策点检为天子。’传呼万岁，声闻数十里”[④]。于是赵匡胤穿上皇帝的黄袍，重申不得凌辱后周太后、少帝及公卿大臣，不得抢劫市民（当时称“夯市”）、抢劫政府仓库的禁令，率大军返回京城。赵匡胤一面派心腹潘美前去向宰相等大臣通报兵变夺权事，一面派楚昭辅保护自己的家属并告知事变经过。在石守信等的接引下，兵变部队顺利进入京城。

---

① 李焘《续资治通鉴长编》（以下简称《长编》）卷1，建隆元年正月壬寅。

② 王稱《东都事略》卷1《本纪（太祖）一》。又，王稱曾长期误作王偁，不赘述。

③ 《长编》卷1，建隆元年正月癸卯。

④ 《东都事略》卷1《本纪（太祖）一》。

石守信后被列为开国第一功臣，内应的重要性于此可见。

当日（初四），正在早朝的在京最高军事指挥官侍卫亲军副都指挥使韩通见状立即奔回家，准备率军抗击兵变部队，为赵匡胤心腹殿前司的散员指挥使王彦昇追杀于家中；也有记载称："韩通以亲卫战于阙下，败死。"①

控制京城以后，至关重要的是争取后周首相范质的支持。赵匡胤在从军之初，就亲见后周开国皇帝郭威在邺都（今河北大名东北）第一次兵变后回京，因为得不到首相冯道的支持而没能代汉建周，后不得不利用出兵之机，在澶州发动第二次兵变，才得以废汉建周，因而，他在回到殿前司公署之后，即脱下黄袍，命将士们将宰相范质等带到殿前司公署内。范质面对着如狼似虎的士兵，当面质问赵匡胤："先帝养太尉如子，今身未冷，奈何如此？"完全无视赵匡胤已被拥立为皇帝的现实，仍以"太尉"称赵匡胤，赵匡胤也只得"呜咽流涕曰：'吾受世宗厚恩，今为六军所迫，一旦至此，惭负天地，将若之何？'"不得不装出无奈的样子。他的心腹殿前司散指挥都虞候罗彦瓌立即举刀威胁范质说："我辈无主，今日必得天子。"范质看到大势已去、回天乏力，为了避免后周代汉时杀害嗣君惨剧的重演，遂提出条件，要赵匡胤举行禅让之礼，以取代周朝，而且要"事（周）太后如母，养少主（恭帝）如子，无负先帝（世宗）旧恩"，赵匡胤一一答应。这时，早已投靠赵匡胤的次相"王溥先拜"，范"质不得已从之"②。在崇元殿举行禅代礼后，赵匡胤正式登基，是为太祖。次日（正月初五，960年2月4日）以所领归德军节镇宋州，建国号为宋，改后周显德七年为宋建隆元年，宋朝正式建立，史称北宋，仍以东京开封府

① 《龙川别志》卷上。

② 并见《长编》卷1、《东都事略·范质传》、《宋史·范质传》、《龙川别志》卷上诸书。又，这里的太尉是宋代对高级军官的尊称。

为首都。二弟赵匡义被“赐名”赵光义。

“黄袍加身”，是赵匡胤的一大创造。从此，“黄袍加身”成为一个历史典故，也成为夺取政权，甚至引申为取得某种权位的代名词。其实，类似的事件在后周建立者郭威身上也曾发生过。后汉乾祐三年(950 年)澶州兵变时，哗变将士“或裂黄旗以被(郭)威体”①;《旧五代史》卷 110《周书·太祖纪》也作:“或有裂黄旗以被帝(郭威)体，以代赭袍。”只是郭威临时以黄旗代黄袍、赭袍，而赵匡胤则是事前为兵变夺权制作了黄袍以供使用。

三、巩固新政权的措施

宋王朝建立后，立即采取了一系列稳定形势、巩固政权的措施。

首先对此次兵变中有“翊戴之勋”的石守信、高怀德、张令铎、王审琦、张光翰、赵彦徽等六位开国功臣，超等加官晋爵，并委以要职。其中石守信和王审琦属殿前司系统，又都是太祖“义社兄弟”，石守信被列为宋朝开国的第一功臣，升任侍卫亲军司的副长官副都指挥使，掌控了侍卫亲军司;王审琦升为殿前司第三长官都指挥使，继续控制殿前司。其余四人都属于原侍卫亲军司，原侍卫马军都指挥使高怀德调升为殿前司的第二长官副都点检;步军都指挥使张令铎升为侍卫司次长官马步军都虞候;他们的部属张光翰、赵彦徽也分别升任为马军和步军司的长官都指挥使②，从而稳定了首都的军事形势。

接着是稳定军心，对领有重兵北巡的侍卫司次长官马步军都虞候韩令坤，以及领兵先一日北上已到真定(今河北正定)的殿前司副长官副都点检慕容延钊进行安抚，当他们表示归顺以

---

① 《资治通鉴》卷 289。

② 参见《中国通史》第七卷丁编第二十六章。

后，就立即分别超等晋升为侍卫亲军司和殿前司的正长官马步军都指挥使和都点检，并各移节镇后加同平章事、同中书门下二品衔(为避讳，改称)。他们是最先成为新王朝名位最高的“使相”(享受宰相的礼遇)级将帅。

在内外形势稳定以后，这才提升参与谋划和进行兵变的霸府幕僚刘熙古、赵普、吕余庆、沈义伦等，然而他们原先的官位太低，虽然大力提升也不能直接升任政府要职，如兵变的主要谋划者赵普，只能以右谏议大夫的官位任枢密直学士，以掌握枢密院的实权；吕余庆以给事中为端明殿学士，作为皇帝的顾问；沈义伦也只提升为户部郎中，参与掌握财政。节度幕府的次要成员还有楚昭辅、李处耘、王仁赡等，他们在兵变中起过重要作用，深得赵匡胤的信任，也得到了越级提升。虽然后来赵普、沈义伦升任宰相，其他人先后升任副相或枢密院副长官等两府要职，但当时只能提升为中级文武官员，最高也只是四品，多数是五、六品，以避免或减少留用官员的反感，力图尽快地使政局平稳地过渡到新政权的统治之下。

留用旧政权的官员，是稳定政治形势的重要措施。赵匡胤自知，由于后周世宗的信任和重用，自己在六七年间即自列校迅速提升为殿前司的统帅，并进而夺取帝位，这为大多数资位高于自己的后周文武官员所不服，为此，不得不借重三朝元老、首相范质和其他后周宰相、枢密使的支持。新王朝建立一月之后，宋太祖下诏：范“质可依前守司徒，兼侍中；(王)溥可守司空兼门下侍郎，同中书门下平章事；(魏)仁浦可尚书右仆射兼中书侍郎，同中书门下平章事”①。首相范质的宰相职衔自同平章事晋升

① 《宋大诏令集》卷59《范质等进官制》。范质为宋王朝首位以侍中为职衔的宰相，这是继承五代的旧制。宋初编撰《册府元龟》时所撰的《宰辅部·总序》认为，自唐中叶以后，“唯侍中、中书令及平章事，是为正宰相之任，五代相承，未之或改”，是正确的。参见笔者《关于北宋前期的宰相制度》。

为侍中，次相王溥升加守司空衔，而范质、王溥所兼的参知枢密院事则被罢去，职权仅限于行政权。这一做法对迅速稳定后周统治区，可说是起到了决定性的作用。当宋王朝建立后，宋太祖遣“使告诸道，东诸侯坐使者而问故，宰相其谁乎？枢密使副其谁乎？军职其谁乎？（侍）从官其谁乎？皆不改旧，乃下拜”归顺①，正说明了这一点。

四、平定叛乱

虽然绝大多数节镇归顺了新王朝，但仍有少数特别是在旧王朝名望地位高于赵匡胤的节度使心怀不满，准备反抗。

昭义军（治潞州，今山西长治）节度使李筠，在后汉末赵匡胤从军之初，已是郭威的重要部将。后周建立时即升为义成军节度使，自广顺二年（952 年）改昭义军节度使，后周太祖末加同平章事为使相，显德元年（954 年）七月，又晋升为侍中级使相。而赵匡胤此时才刚开始受到世宗重用，升为节度使更是在其后的显德四年五月，资历远在李筠之下。李筠在镇擅权，世宗也只是下诏责问而并不加罪。他自认为“与世宗义同昆弟”，对赵匡胤篡周建宋十分不满。宋太祖建国后，即以升为中书令级使相加以笼络，当遣使告以改朝换代事时，李筠只是在左右极力劝说下才勉强下拜以示归顺，但随即悬挂后周太祖像对之涕泣。北汉侦知其对宋不满，遂遣密使以谋共同反宋。宋太祖虽知其谋，还是遣其子李守节规劝而不想用兵，但李筠自以为早年任禁军将领，许多人为其旧部，只要他举起反宋复周大旗，这些人“必倒戈归我”，加上确有一些节度使对赵匡胤篡周不满，认为反宋复周一定会成功。

① 陈师道《后山谈丛》卷 4。

建隆元年(960年)四月末,李筠公开反宋,并勾结北汉为援。宋太祖非常重视,随即派在京的禁军最高统帅侍卫亲军副都指挥使石守信和殿前副都点检高怀德率前军进讨。五月初,又命领兵在河北的殿前都点检、享有"便宜从事"大权的慕容延钊率所部禁军与王全斌所率彰德军(治相州,今河南安阳)节镇军,由东路西进,与石守信等会攻李筠。五月中旬,又命率重兵在北巡边的侍卫司正长官都指挥使韩令坤率所部屯守河阳(今河南孟州南),以防李筠东下;宋太祖随后又亲征,前往督战,可说是倾全力以讨李筠。李筠所守泽州(今山西晋州),在宋大军围攻十余日后陷落,李筠自杀。潞州随后亦降,泽、潞平。宋太祖改命"义社兄弟"李继勋为昭义军节度使,以镇守新平定的泽、潞地区,并防备北汉的侵扰①。

泽、潞的迅速平定,对稳定新政权非常重要。其时,经历与李筠相似的节度使大有人在,如后汉末即任侍卫马军都指挥使,在郭威建周时立功而建节,不久加升使相,世宗时加升侍中级使相的郭崇,虽在宋朝建立后加升中书令级使相,但郭"崇追感周室,时复泣下",被认为"有异心"。不过李筠兵败后②,郭崇即自成德军(治真定,今河北正定)节镇入朝,以表忠顺。又如保义军(治陕州,今河南三门峡市西郊)节度使袁彦,后周显德三年(956年)时与赵匡胤同时建节,且任侍卫步军都指挥使军职,地位略高于赵匡胤的殿前都指挥使,"及闻禅代,日夜缮甲治兵"。宋太祖怕他也谋反,任命潘美为监军,其时李筠已败亡,潘"美单骑入城,谕令朝觐,(袁)彦即治装上道",朝见太祖③。此外,如护国

---

① 《宋史》卷484《李筠传》。参见《长编》卷1。

② 《宋史》卷255《郭崇传》。郭崇入朝推测在李筠败后,系据"时命李重进为平卢军节度"。

③ 《长编》卷1。又,袁彦入朝定在李筠六月败亡之后,系据《宋史》卷261《袁彦传》称:"是秋(指建隆元年)来朝。"

军(治河中,今山西永济西)节度使杨承信,“或言其谋反”;义武军(治定州,今河北定州)节度使孙行友“缮治甲兵,将弃其孥,还据山寨以叛”等①,说明宋初局势还未完全巩固。

建隆元年九月,淮南节度使李重进反宋,这是一次较李筠反宋更为严重的事件。李重进为后周太祖姊之子,而周世宗本为太祖妻柴氏之侄,后被太祖收为养子,他们与后周太祖的亲疏关系相近,而且李“重进年长于世宗”,后周太祖为避免他死后,李重进可能危及世宗的皇位继承权,因而“及周祖寝疾,召重进受顾命,令拜世宗,以定君臣之分”,以杜绝李重进可能窥伺帝位之念。

李重进早在广顺二年(952年)就任殿前司正长官都指挥使,其时赵匡胤还只是低级军官。显德元年(954年)正月,世宗即位,李重进即领武信军(治遂州,时属后蜀,今四川遂宁)节度使。高平(今山西高平)之战时,已升任侍卫亲军司次长官马步军都虞候。同年七月,再升为正长官都指挥使,加使相衔,名位远在赵匡胤之上。由于李重进在世宗征讨淮南时,屡败南唐军,南唐以他肤色略黑,惧称他为“黑大王”。世宗末年,与殿前司正长官都点检张永德,同为窥伺帝位者之一。张永德在将吏前常攻击李重进,称他有奸谋,还派亲信向世宗告密。显德四年五月,当李重进以功升为侍中级使相时,赵匡胤才正式升为节度使。当显德六年六月,世宗因病重而罢免了殿前都点检张永德军职,改任赵匡胤为殿前都点检时,侍卫亲军都指挥使李重进正奉命进攻北汉于百井(今山西太原东北),杀敌二千余。世宗罢免了张永德军职,排除了对少主柴宗训(恭帝)帝位的威胁之后,不久即去世。恭帝即位后,以首相范质为首的顾命大臣,即于七月间将李重进调为淮南节度使,虽仍保留侍卫亲军都指挥使军

---

① 《长编》卷2,建隆二年八月甲辰。

职，但使之远离京城，调至后周辖区最南部。

建隆元年（960年）正月，赵匡胤登上皇帝宝座的数日之后，即罢免李重进的军职，改以韩令坤为侍卫亲军都指挥使。李重进即请求进京朝觐，这本是地方节度使对新王朝归顺的表达方式，也是赵匡胤所要求的。然而李重进的请求却遭到宋太祖一反常态的拒绝，史称“上意未欲与重进见”，并要翰林学士李昉“善为我辞以拒之”。李重进的进京晋见，何以使得宋太祖如此不安，其原因可能是因为李重进历任殿前、侍卫两司长官的时间之久，甚至超过了宋太祖进入殿前司任低级军官以来的时间；而且李重进长期掌握占禁军大部分的侍卫亲军司，宋太祖虽已在登位后即将“义社兄弟”石守信由殿前司调任侍卫亲军司副长官，并将原任侍卫马军、步军两司长官或调离侍卫司，或明升暗降为侍卫司次长官，但新任马步两司长官仍是原侍卫司高级将领。因此，宋太祖对李重进来京朝觐的动机产生怀疑，害怕李重进来京后可能对新建立的宋王朝产生灾难性的影响。而宋太祖的态度，又使李重进产生了更大的疑惧，因而“愈不自安，乃招集亡命，增陴浚隍，阴为叛背之计”，也可以说李重进的叛变在一定程度上是宋太祖促成的。当李筠举兵反宋时，李重进曾派亲信翟守珣前往联系，但翟守珣却向宋太祖告密，此时宋太祖正全力征讨李筠，如果李重进同时反宋，宋太祖将无力应付，于是宋太祖以重金和爵位收买翟守珣，“且令说重进缓其谋，无令二凶并作，分我兵势”①，李重进中计，遂失去反宋的最好时机。

宋太祖在平定李筠以后，随即以“义社兄弟”韩重赟及亲信罗彦瓌，接替张光翰、赵彦徽为侍卫亲军司马、步二司长官，张光翰、赵彦徽被同时罢免军职后出为节度使，使得侍卫亲军司牢牢地掌握在太祖的亲信手中。

---

① 《宋史》卷484《李重进传》；《长编》卷1，建隆元年九月己酉。

建隆元年九月中旬，宋太祖在做好讨伐李重进的准备以后，遂将李重进由淮南节度使调为平卢（治青州，今山东青州）节度使，又派人赐以“铁券”，铁券可免死罪，但赐于君臣猜疑之际，则更增加了李重进的疑惧，后遂起兵反宋。与征讨李筠不同的是，宋太祖只任命“义社兄弟”石守信和王审琦为南征正副统帅，而原侍卫、殿前两司的高级将领基本上不预征讨，个别的也只是后来在太祖亲征时随行，足见他对李重进在禁军中影响的恐惧。也许是认为石守信等不足震慑叛军，十月下旬，宋太祖下诏亲征。十一月中旬，攻破扬州，李重进全家自杀，淮南平。

半年间，李筠、李重进反宋战事被相继平定，这对新政权的稳定起到决定性的作用，其他心怀不满的节度使不得不表示忠于宋王朝。宋太祖进一步采取了削弱各地节度使的职权和兵权、加强中央集权的措施，以彻底杜绝兵变夺权的可能性，使新建的宋王朝避免了可能遭受夭折的命运。

第二节　加强皇权与中央集权

一、收　兵　权

后周太祖郭威和宋太祖之所以能够进行兵变、夺取政权的关键，都是因为掌握了中央禁军的兵权，两次兵变的形式极相类似。如何从根本上杜绝此类事件的重演，以保宋王朝的长治久安，这是以兵变夺取政权的宋太祖处心积虑所要解决的问题。

赵匡胤并无大功于后周，其战功也只是略高于其他将领，他“受世宗厚恩”，却乘世宗刚死，主少国疑之际，以阴谋夺取后周政权，建立宋朝。他自知难以服众，因而自“即位，欲阴察群情向背，颇为微行”。且自称：“帝王之兴，自有天命”[①]，只得聊以天命论证其篡周建宋的合法性。

然而，他自己却并不相信天命，以至于“终夕未尝敢安枕而卧”。当将领们以“今天命已定，谁敢复有异心”回答时，他却说：“一旦以黄袍加汝之身，汝虽欲不为，其可得乎？”这是他和义社兄弟石守信、王审琦在一次宴会上的一段对话[②]，反映了他担心“黄袍加身”的历史会重演。所以，剥夺名位已高将领的军权，是他为巩固政权而采取的首要措施。

“收兵权”，首先是从较疏远的高级将领开始的。在开国功臣中排名第五、第六位的，升领节度使分兼侍卫亲军司马军和步军都指挥使的张光翰、赵彦徽，首先被夺兵权。建隆元年七月，宋太祖的“义社兄弟”韩重赟，“从征泽、潞还，命代张光翰为侍卫马军都指挥使”[③]；赵匡胤篡位之际，挺剑逼迫首相范质臣服的亲信罗彦瓌，也于此时“命代赵彦徽为侍卫步军都指挥使”[④]。张光翰、赵彦徽被夺兵权后，分别改命为永清军（治贝州，今河北清河西）和建雄军（治晋州，今山西临汾）节度使。领军大将被夺兵权后出为地方节度使，遂成为宋太祖惯用的政策。

建隆元年十一月，平定淮南李重进后，收兵权的矛头指向殿前、侍卫两司的最高长官。慕容延钊后周末以镇宁军（治澶州，今河南濮阳）节度使任殿前副都点检。赵匡胤发动兵变篡周建宋时，正率前军屯驻真定（今河北正定）的慕容延钊，被诏升为殿前都点检，加同中书门下二品为使相。建隆元年五月奉诏即自河北率军西征李筠，平定李筠后，被晋升为侍中级使相，但赵匡

---

① 《长编》卷 1，建隆元年十二月。

② 《长编》卷 2，建隆二年七月戊辰。

③ 《宋史》卷 250《韩重赟传》。原作：“命代张光翰为侍卫马步军都指挥使”，误，多“步”字，参见《东都事略》卷 21《韩重赟传》。

④ 《宋史》卷 250《罗彦瓌传》。

胤没有让他到京城殿前都点检公署任军职，而是“诏还澶州”为节镇[①]。赵匡胤“尝拜为兄”[②]的赵彦徽被夺兵权事件发生后，同样被太祖以兄呼之的慕容延钊虑祸及己身，遂乘建隆二年二月到京朝贺长春节（赵匡胤生日）之际，上表自请解除兵权。同年闰三月，慕容延钊即被罢去殿前都点检军职，移为山南东道（治襄州，今湖北襄樊市襄阳区）节度使。殿前都点检一职也就此废止。韩令坤在后周时任殿前都虞候及建节都在赵匡胤之前。赵匡胤篡周建宋时，他正以侍卫亲军都虞候巡防北部边境，随即被升为侍卫亲军都指挥使、加同平章事为使相，礼遇与慕容延钊相同，但也并未回京实际掌握侍卫司兵权。宋太祖征讨李筠时，他奉诏自北疆率军屯守河阳（今河南孟州南），虽未参加征讨，但平李筠后，也进为侍中级使相。李重进反宋时，侍卫司副长官石守信任南征主帅，韩令坤的“从讨李重进”，应是在十月宋太祖亲征时。当建隆二年春慕容延钊自请解军职时，韩令坤虽和宋太祖“情好亲密”[③]，但也同时被夺兵权，出为成德军（治真定，今河北正定）节度使。宋太祖的“义社兄弟”石守信自副都指挥使升为都指挥使，成为侍卫亲军司正长官。

不久，宋太祖收兵权的范围扩及其他名位甚高的将领，包括他的义社兄弟石守信、王审琦等人。同年七月，宋太祖在一次宴请石守信等将领时，就有了前述的对话，于是，这些高级将领心领神会，“明日，皆称疾请罢”军职。石守信移为天平军（治郓州，今山东东平）节度使，虽仍“兼侍卫都指挥使如故，其实兵权不在也”[④]，且“诏赐本州宅一区”[⑤]，以使他赴镇就藩。高怀德罢殿前

① 《宋史》卷251《慕容延钊传》。

② 《长编》卷9，开宝元年五月丙午。

③ 《宋史》卷251《韩令坤传》。

④ 《长编》卷2，建隆二年七月庚午。

⑤ 《宋史》卷250《石守信传》。但传中误将一事分为二，君臣对话误作“乾德初”。

副都点检，移为归德军（治宋州，今河南商丘市睢阳区）节度使，从此殿前副都点检也不再设置，殿前司的地位也因而降低，以都指挥使为正长官。殿前都指挥使王审琦，也被解除军职，出为忠正军（治寿州，今安徽凤台）节度使。被夺兵权的还有侍卫亲军司的次长官都虞候张令铎，出为镇宁军（治澶州，今河南濮阳）节度使。次年，石守信又被免去了侍卫司都指挥使军职。从此，侍卫亲军司的正、副、次长官不再同时并设，甚至缺而不设，侍卫亲军司逐渐以下属的马、步二司为直属机构，地位大为下降，以消除将帅兵变的可能性。

二、削弱藩镇，加强中央集权

依靠中央禁军进行改朝换代，自唐末以来，只有后周太祖郭威和宋太祖赵匡胤的两次兵变，而五代的梁、唐、晋、汉四朝，都是以节度使的兵力夺取中央政权的。宋太祖采取收兵权政策，将位高望重的禁军将领兵权收归皇帝，另以位微望轻的将领主兵，同时将主兵机构殿前司地位降低，又将侍卫司的二级机构马军司与步军司逐渐变为独立机构，但这些措施只是消除了中央禁军构成的威胁，而对来自地方节度使方面的威胁并没有形成制约。宋初李筠、李重进的起兵反叛，虽然被很快镇压，但其他都是握有重兵的节度使。如何消除武将拥有兵权的危险性，是宋太祖在建国之初急欲解决的问题。

所以，宋太祖向谋臣赵普提问："天下自唐季以来，数十年间，帝王凡易八姓，战斗不息，生民涂地，其故何也？吾欲息天下之兵，为国家长久计，其道何如？"赵普回答说："此非他故，方镇太重，君弱而已。今所以治之，亦无他奇巧，惟稍夺其权，制其钱谷，收其精兵，则天下自安矣。"[①]宋太祖、太宗后来采取的中央集权政

---

① 《长编》卷2，建隆二年七月戊辰。

策正是依此进行的，然而，这比起“收兵权”的措施来要复杂得多。

“稍夺”节度使之权，当自建隆三年（962年）十二月重设县尉时开始。史称：“五代以来，节度使补署亲随为镇将，与县令抗礼，凡公事专达于州，县吏失职”①，可见五代以来节度使完全控制了辖区内政事。建隆三年设置县尉的诏书称：“今后应乡间盗贼斗讼公事，仍旧却属县司，委令、尉勾当”。“其镇将、都虞候只许依旧勾当镇郭下烟火、盗贼、争竞公事”②。这次由中央委派的县尉所管辖的，只是节度使辖区内的各县乡村治安及案件的审理，而城内政事仍由节度使的亲随所担任的镇将治理。直到开宝三年（970年）五月，宋太祖才又下诏“诸州长吏毋得遣仆从及亲属掌厢、镇局务”③，开始剥夺节度使等控制城内的职权，但效果并不明显。太平兴国二年（977年）正月，“又申禁藩镇补亲吏为镇将”。史称：“自此，但以牙校为之，亦有宣补者。”④说明节度使等控制的城乡治安及诉讼权，终于被宋朝中央政府收回。

夺取节镇属县的完全控制权，最初只是针对个别节度使。如天雄军（治大名，今河北大名东）节度使符彦卿，自后周时任职以来，一直委任亲吏征收田赋，入宋以后仍依五代旧习，“时藩镇率遣亲吏受民租，概量增溢，公取其余羡，而魏郡（大名府郡名）尤甚”⑤。宋太祖认为天雄军属县“近多旷败之政，殊昧抚绥之方”，乾德元年（963年）六月，特自中央派遣朝官（常参官）分任所属各县的知县，这是以朝官任知县之始⑥。他们官位较高，又自朝廷委派，敢于与节度使抗礼，削弱了节度使对属县的控制

① 《长编》卷3，建隆三年十二月癸巳。

② 《宋大诏令集》卷160《置县尉诏》。

③ 《长编》卷11，开宝三年五月戊申。

④ 《长编》卷18，太平兴国二年正月丙寅。

⑤ 《宋史》卷251《符彦卿传》。

⑥ 清徐松辑《宋会要辑稿》职官48之25。

权，也有利于改善县政。史载周渭以右赞善大夫任天雄军所属永济县（今河北馆陶东北）知县，到大名府时，节度使兼大名府尹符"彦卿郊迎，（周）渭揖于马上，就馆，始与彦卿相见，略不降屈"。以后在审理案件时，也"不以送府"而自行处理①，这些都是前所未有的。其他节度使辖区大都仍是一般县令，听命于节度使，稍有所违，即被视为有罪，但已有一些县令开始以己意处理政务，并不事事报告节度使。王审琦在建隆二年（961 年）出为忠正军（治今安徽凤台）节度使后，曾有"所部邑令以罪停其录事吏，幕僚白令不先咨府，请按之"。王审琦却说："五代以来，诸侯强横，令宰不得专县事。今天下治平，我忝守藩维，而部内宰能斥去黠吏，诚可嘉尔，何按之有。"②说明节度使已不像五代时那样专横。

武胜军（治邓州，今河南邓州）节度使张永德，在宋太祖派朝官出任天雄军属县的知县后不久，即自请以朝廷所任命的"节度推官"，代替原先的节度使"牙将领马步都虞候事"，这正符合削弱节度使权的政策，因而受到宋太祖的"降诏褒答"③。

从此以后，节度使虽仍兼集军、政、财、监察的权力于一身，但主要行使的只是所带的州级长官刺史的行政权，与所属各县长官县令和知县已是正常的上下级行政关系。乾德四年（966 年）九月，又下诏：诸"藩侯郡牧不得更令亲随参掌公务"④，以改变五代以来节度使及其他州级长官以亲信干预公务的状况，进一步约束了节度使的权限。

建隆二年赵普向太祖建议对待方镇三策中的首策"稍夺其权"，基本目的大体上已经达到。但自唐代以来，节度使除本州

---

① 《长编》卷 4；《宋史》卷 251《符彦卿传》。

② 《宋史》卷 250《王审琦传》。

③ 《长编》卷 4，乾德元年七月己未。

④ 《宋大诏令集》卷 190《诫约藩侯郡牧不得令亲随参掌公务诏》。

外，兼领“支郡”（别州）的问题仍然存在。具有讽刺意味的是，在这方面“稍夺其权”的第一个对象竟然就是赵普。赵普因擅权，于开宝六年（973 年）八月罢相，出为河阳三城（治孟州，今河南孟州南）节度使，例带“孟、怀等州观察处置使”。高保寅“开宝五年知怀州”①，“素与（赵）普有隙，事多为普所抑，保寅心不能平，手疏乞罢节镇领支郡之制。乃诏怀州直隶京，长吏得自奏事”②。这是太祖末年的事③。太平兴国二年，又有保平军（治陕州，今河南三门峡市西郊）节镇的支郡“虢州（治今灵宝）刺史许昌裔诉保平军节度使杜审进缺失事，诏右拾遗李瀚往察之”。李瀚后奏称：“节镇领支郡，多俾亲吏掌其关市，颇不便于商贾，滞天下之货。望不令有所统摄，以分方面之权，尊奖王室，亦强干弱枝之术也。”太宗遂于同年八月下诏，将所有节镇的支郡共三十九州全改为直属中央，于是“天下节镇无复领支郡者矣”④。

自唐代中叶设置节度使以后，节度使不仅掌握兵权、行政权，而且所有赋税收入全归节度使，称为“留使”、“留州”，很少向中央政府缴纳。有时向中央缴纳一部分，“名曰贡奉，用冀恩赏。上（宋太祖）始即位，犹循常制，牧守来朝，皆有贡奉”⑤。建隆二年赵普向宋太祖提出控制节度使的第二策，就是“制其钱谷”。到乾德二年（964 年），“始令诸州自今每岁受民租（田赋）及管榷

---

① 《宋史》卷 483《高保寅传》。

② 《宋会要辑稿》职官 38 之 1。

③ 《宋会要辑稿》、《长编》均系此事于太平兴国二年八月。又，两书载：“上（太宗）初即位，以少府监高保寅知怀州。”似均有误。按：太宗系太平兴国元年十月下旬即位，赵普于次年三月中旬入京后即未再回河阳，则高保寅任怀州知州最多不超过五个月，不应有“事多为（赵）普所抑”。应以《宋史·高保寅传》所载为确，且此时太祖正抑制赵普权势，故系此事于太祖末年。

④ 《长编》卷 18；《宋会要辑稿》职官 38 之 2。李瀚，《宋史》卷 463《杜审进传》、《职官分纪》卷 39《节度使》，皆作李幹。

⑤ 《长编》卷 6，乾德三年三月。

之课（商税），除支度给用外，凡缗、帛之类，悉辇送京师”①，将节度使的财权收归中央。次年三月，又“申命诸州，度支经费外，凡金帛以助军实，悉送都下，无得占留”，这是以资助军费为名，再次重申前令。又设转运使负责运输，设通判为副长官进行制约。史称：“由是利归公上而外权削矣。”②

建隆二年赵普向太祖建议控制节度使的第三策“收其精兵”，是紧接着第二策“制其钱谷”实施之后采取的。乾德三年八月，诏“令天下长吏择本道兵骁勇者，籍其名送都下，以补禁旅之缺”③。这是将各地的精兵收归中央，作为“禁军”。“余留本城，虽无戍更，然罕教阅，类多给役而已”④。宋太祖“又选强壮卒，定为兵样”，作为各地选送精兵的标准。“其后，又以木梃为高下之等，给散诸州、军，委长吏、都监等召募教习，俟其精练，即送都下，上（太祖）每御便殿亲临试之”⑤，以考察诸州、军所选送为“禁军”的兵士是否精强。各地的地方军经过这样挑选以后，剩下的称为“厢军”，主要作为“役兵”和维护地方治安之用，自然不能与中央的精强“禁军”相抗衡。各地节度使也就没有人像五代后晋的成德军节度使安重荣那样，敢于叫嚣：“天子，兵强马壮者当为之，宁有种耶！”⑥宋太祖最终消除节度使以兵权篡夺政权的可能性，达到了集权于中央的目的。

赵普在建隆二年建议控制节度使三策中的其他二策“制其钱谷”、“收其精兵”，在太祖时已经完成。节度使实际上只是礼

---

① 《长编》卷5，乾德二年十二月。

② 《长编》卷6，乾德三年三月。

③ 《长编》卷6。《宋史·兵志一》作建隆元年事，恐误。《文献通考·兵考四》于建隆元年后，单列“八月诏”一条记其事，其前似脱“乾德三年”纪年。

④ 《宋史》卷189《兵志三》。

⑤ 《长编》卷6，乾德三年八月戊戌。

⑥ 《旧五代史》卷98《安重荣传》。

遇很高的州(府)级行政长官,与刺史、知州(府)在职权上没有本质的区别①,不再是独霸一方的藩镇,对皇权构成威胁的可能性也已不复存在。

第三节 宋初宫廷内部的斗争

一、宋太宗的夺取帝位

宋太祖从后周的孤儿寡妇手中夺取政权以后,采取了许多防范武将的措施,包括收兵权、分节度使之权等等,却不料"祸起萧墙",政权居然被他的二弟晋王赵光义所夺。

开宝九年(976 年)十月,太祖病重,宋皇后派亲信宦官王继恩召次子赵德芳进宫,以便安排后事。宋太祖二弟赵光义早已窥伺帝位,收买王继恩为心腹,当他得知太祖病重后,即与亲信程德玄在晋王府通宵等待消息。王继恩奉诏后并未去召太祖的次子赵德芳,而是直接前去通知赵光义。赵光义立即进宫,入宫后不等通报径自进入宋太祖的寝殿。王继恩回宫,宋皇后即问王继恩:"德芳来耶?"王继恩却说:"晋王(赵光义)至矣。"宋皇后见赵光义已到,大吃一惊,知道事有变故,而且已经无可挽回,只得以对皇帝尊称之一的"官家"称呼赵光义,乞求道:"吾母子之命,皆托于官家。"赵光义答以"共保富贵,勿忧也"。史载,赵光义进入宋太祖的寝殿以后,"但遥见烛影下晋王时或离席",以及"柱斧戳地"②之声,宋太祖随后去世。"斧声烛影"遂成千古之

---

① 参见第四章第二节。

② 《长编》卷 17。参见文莹《湘山野录·续录》及邓广铭《宋太祖太宗皇位授受问题辨析》,收入《邓广铭治史丛稿》,北京大学出版社 1997 年版。笔者认为太祖可能是被太宗杀死的。又:舍长子德昭而召次子德芳,也可能是出于太祖的考虑。概因宋后入宫时,德芳才十岁,宋后对德芳有养育之恩,德芳即位,便于两宫相处。而德昭年长于宋后七岁,于宋后入宫前即已出阁居宫外,德昭即位,两宫不易协和。

谜。次日，赵光义即位，是为太宗。

二、宋太宗对弟、侄的迫害

宋太宗自开宝九年（976 年）十月，乘太祖病危时夺得帝位，终于实现他蓄谋已久的计划。即位后为三弟廷美，太祖二子德昭、德芳加官晋爵，对太祖、廷美的子女，也称皇子、皇女，以表示一视同仁，来减轻弟侄们的敌对情绪。又为宰相、执政大臣们加官晋爵以示安抚，使他们能更好地为新皇帝服务。

然而，就在太宗认为他的帝位已经巩固，而且由他率军消灭最后一个割据政权“北汉”，建立了中原一统的不世功勋之后不久，太平兴国四年（979 年）七月，在攻打辽燕京（今北京）的高梁河战役中，当他中箭受伤落荒而逃、下落不明时，竟然发生了一些将领想立随征的宋太祖的长子，本来有可能继承帝位的武功郡王赵德昭为帝的事件。据载，太平兴国“四年，从征幽州（今北京），军中尝夜惊，不知上（太宗）所在，有谋立德昭者，上闻不悦”①。说明宋太宗夺位已第四个年头，仍有人对他心怀不满。本来此次北征宋太宗带着赵德昭，就可能是担心把他留在京城贻下后患，没想到在北征中自己只有一天下落不明，就有将领在溃军中要立赵德昭为帝，只是由于他很快到达涿州（今河北涿州）赶上溃退的大军，才没有演变成为现实。关于谋立将领名单，史无确载，但值得注意的是，此次兵败受到责降处分的石守信、刘遇、史珪三人，都同太祖的关系密切。石守信是太祖“义社十兄弟”之首，宋朝开国第一功臣，且对高梁河之战并无具体过失，罪以“督前军失律”，南宋史学家李焘在编撰《长编》时注说：“守信失律事，《实录》、《正史》都不详。”而刘遇、史珪都是建宋后

---

① 《宋史》卷 244《赵德昭传》。

被太祖任为殿前司步军第一班直“御马直”的军官，史珪更是太祖刺探外事的亲信，对于此二人“所部兵逗挠失律”，李焘说：“《刘遇》、《史珪》传载失律事亦不详。”接着推测说：“恐《国史》或有所避忌”[①]，显然不相信三人受责罚是因为“失律”，暗示与立赵德昭之事有关。上述事件的发生，使宋太宗感觉到太祖诸子的存在，对自己的帝位始终是个威胁，进而认为弟弟的存在也是威胁。宋太宗曾说：“外忧不过边事，皆可预为之防。惟奸邪无状，若为内患，深可惧焉”[②]，不知是否即是因此有感而发。

同年八月，赵德昭劝太宗应该对攻灭北汉的将领行赏，他终于将隐忍多时的怒气发作，“上（太宗）大怒曰：待汝自为之，赏未晚也”。赵德昭知道灾祸降临，也许是为了避免株连亲族，回家后“取割果刀自刎”[③]。而《国史》或《实录》的赵德昭“本传云：德昭好啖肥猪肉，因而遇疾不起”[④]。李焘在编撰《长编》时，弃本传的说法而采用司马光所载，保留了宋初史官回避和隐瞒曾有人想立赵德昭为帝，德昭因而被太宗迫害致死的事实真相。

太平兴国六年三月，宋太祖的次子赵德芳病死。赵德芳原是太祖病危时准备继承帝位的人物，他的死亡算是消除了对帝位最大的潜在威胁。

太祖的两个儿子虽已死去，但太宗认为对他或他儿子帝位的潜在威胁还是有的，那就是弟弟秦王赵廷美。他想消除这个潜在的威胁，却又无隙可寻。也许是使他日后致死的箭伤（高梁河之战时中箭）频频发作的缘故，宋太宗觉得有必要尽早消除这种可能的潜在威胁。于是在太祖次子赵德芳死后半年，太平兴

---

① 《长编》卷20，太平兴国四年八月壬子、甲寅及注。

② 江少虞《宋朝事实类苑》卷2。

③ 司马光《涑水记闻》卷2。

④ 《长编》卷20，太平兴国四年八月甲戌及注。又，元修《宋史·赵德昭传》同样弃《国史》之说。

国六年九月，太宗指使他当晋王时就是亲信的柴禹锡，告发“秦王廷美骄恣，将有阴谋窃发”；另一个告发者，也是晋王府的旧人赵镕①。在准备惩处赵廷美之前，太宗决定问计于赋闲多年的故相赵普。

赵普是个心狠手辣的人物。宋太祖当初只是对赵普说起冯瓒有才能，是当世少有的奇士，想重用他。赵普就感到冯瓒对自己相位的威胁，不仅将他出为地方官，而且阴谋诬告，使其落得削官流放海岛的悲惨下场②。而这只不过是不少类似事例之一。赵普终因擅权而于开宝六年(973 年)被罢相，出任河阳三城节度使。太宗即位后，他原指望能够重新起用，但却被授以太子太保荣誉衔留住京师，奉朝请而已。相反，太宗却给放还不久的冯瓒授官任职，也间接反映了太宗对赵普的反感。宋太宗现在要打击其弟赵廷美，终于想起心狠手辣而工于心计的赵普，而闲居“奉朝请数年，郁郁不得志”的赵普也感觉到重新掌权的机会终于到来。所以，当太宗问他如何处理赵廷美时，他并不向太宗献计，而是说：“愿备枢轴以察奸变。”③也就是说让我当宰相，由我办理此案。宋太宗没有表态。可能是赵普感到宋太宗最在意的是夺位的名不正言不顺，至于处理赵廷美的事没有他赵普也可以办好。于是他编造了一个后来称之为“金匮之盟”的故事④，是说建隆二年(961 年)杜太后病重时，为防止骨肉相残，要宋太祖传位给二弟赵光义，赵光义(太宗)传给三弟赵廷美，赵廷美再传给太祖长子赵德昭，等等；赵普还说是他撰写誓书，藏入

---

① 《长编》卷 22，太平兴国六年九月丙午。参见《宋史》卷 256《赵普传》，卷 268《柴禹锡传》、《赵镕传》。

② 《宋史》卷 270《冯瓒传》。

③ 《宋史》卷 256《赵普传》。

④ 有关宋太宗夺位及金匮盟约事，参见邓广铭《宋太祖太宗皇位授受问题辨析》，收入《邓广铭治史丛稿》。

金匮。宋太宗一听，简直是顿开茅塞，困扰自己多年的夺位合法性问题，一下子就解决了。宋太宗立即对赵普检讨说："人谁无过，朕不待五十，已尽知四十九年非矣。"①这是指太宗刚夺位不久，赵普由河阳来朝觐时没有及时起用他为相，否则不用为此烦恼多年了。赵普随即以北宋时最高的宰相衔"侍中"任首相，而秦王赵廷美终于在赵普罗织的罪名之下，一贬再贬。太平兴国七年五月，秦王赵廷美被降封为涪陵县公，房州（今湖北房县）安置。雍熙元年（984 年）正月，赵廷美终因"忧悸成疾而卒"②。

三、宋真宗继位事件

宋太宗虽然解决了弟、侄对帝位威胁的隐患，却又发生了帝位继承的问题。长子赵元佐，因为"貌类太宗"而深受"钟爱"。宋太宗、赵普罗织赵廷美的罪名时，他可能已有看法，当太平兴国七年五月赵廷美被降涪陵县公、迁往房州安置时，群臣慑于宋太宗和赵普的淫威，没有人敢为赵廷美出面说话，而赵元佐见到自己的亲叔遭受如此迫害，"独申救之"。雍熙元年正月，赵廷美终于忧惧而死，使赵元佐看到宫廷斗争的残酷，因而"发狂"成疾，不仅持刀伤人，次年九月，又乘酒醉纵火焚烧自己的楚王宫。接着被"废为庶人，均州（今湖北十堰东北）安置"，在宰相等上表请留后，改为"废居南宫"③。第一个帝位继承人就以如此下场结束。次子赵元禧被立为继承人，却于淳化三年（992 年）九月，突然病死。这才确定第三子赵元侃为继承人，并于至道元年（995 年）八月，立为皇太子，改名赵恒。然而，赵恒继承帝位也

---

① 《长编》卷 22，太平兴国六年九月辛亥，注中列有多种有关"金匮之盟"的宋人记载，可参考。

② 《宋史》卷 244《赵廷美传》。

③ 《宋史》卷 245《赵元佐传》。

是一波三折。

至道三年三月，宋太宗终因高梁河之战的箭伤复发，不治身亡。当太宗病危时，当年乘太祖病危时帮助太宗夺位的宦官王继恩，此时又与副相李昌龄、知制诰胡旦谋立楚王赵元佐为帝①。太宗的李皇后也有此倾向但动摇不定，命王继恩召宰相吕端入宫，商议对策。吕端可能对王继恩有所警惕，"知有变"，于是将王继恩软禁后才入宫。一番争执后，李皇后也就同意立太子为帝，是为真宗。但吕端并不完全放心，因而在"真宗既立，垂帘引见群臣"时，吕端却"平立殿下不拜，请卷帘，升殿审视，然后降阶，率群臣拜呼万岁"。当初宋太宗任命吕端为宰相时，有人说吕"端为人糊涂"，太宗说：吕"端小事糊涂，大事不糊涂"②。正是由于吕端的措施恰当，才避免了一场一触即发的宫廷变故。

这场未能实现的宫廷变故中，除了上述王继恩、李昌龄、胡旦三人外，《宋史·吕端传》中还提到"殿前都指挥使李继勋"。在真宗登基以后，处分有关人员时，首先是"以继勋为使相，赴陈州（今河南淮阳）"，然后才是其他三人。依据南宋帝位非正常继承时，如宁宗、理宗朝，都有殿前都指挥使参加的事例，《吕端传》的记载，至少提供了一个重要线索。由于其他史料均未提及此事，鉴于李继勋早已去世，标点本《宋史》的校点者便据此认为此十八字皆属衍文而在注中予以说明，此说欠妥。李继勋实为李继隆之误。李继隆，"真宗即位，改领镇安军节度使"，镇安军即是陈州。又载"逾月召还，加同中书门下平章事，解兵柄，归本镇"③，节度使加同平章事衔，即是"使相"；而"解兵柄"，说明他此前确有军职，此军职可能即是殿前都指挥使，李继隆在"端拱

---

① 一说是拥立宋太祖长子赵德昭的次子赵惟吉，参见《建炎以来系年要录》卷4。

② 《宋史》卷281《吕端传》。

③ 《宋史》卷257《李继隆传》。

初，制授侍卫马军都指挥使”（本传），后有可能又升为“殿前都指挥使”，“解兵柄，归本镇（陈州）”是很重的处分。王继恩、李昌龄之所以邀李继隆参加，说明他们很重视夺位之举。而李继隆是李皇后的兄长，也许他的参与其事，与李皇后当时的态度有关，后来所受的处分相对于前两人而言还是轻的，也可能有这方面的原因①。

宋初宫廷内部的斗争，终于因宋真宗的顺利即位而告结束。

第四节　宋初川蜀地区的兵变与王小波、李顺起义

一、宋平蜀前后的措施

五代时，军队凡占领一城，将士们必例行抢劫，称为“夯市”。宋太祖发动兵变建宋时，严禁军队抢劫百姓，以争取首都开封的民心，但五代以来的旧习并非一道命令所能杜绝，在宋初的统一战争中及以后相当长时期内抢劫行为仍不断发生。乾德元年（963 年）宋灭荆南、湖南割据政权时，将士时有抢劫行为，枢密副使、宋太祖心腹李处耘时任监军，对此加以制止，遂与南征军主帅慕容延钊失和。宋太祖将李处耘贬为地方官，而宿将慕容延钊却仍加升官衔，南征“诸军所掠生口（人），遣吏分送其家”②，宋太祖对抢劫行为不予追究，李处耘的整顿军纪遂以失败告终。次年十一月宋军西征后蜀时，宋太祖虽然颁布了宋军“所至，毋得焚荡庐舍，殴掠吏民，……违者以军法从事”的诏令，但军队积习难改，只有少数军队受到了主将等的约束。而宋太

---

① 楚王赵元佐与真宗皆李贤妃所生，李贤妃早逝。李皇后是李贤妃死后才入宫的，无子，真宗即位，尊为太后。

② 《长编》卷 4，乾德元年十月癸未。

祖对主帅王全斌等所说的“凡克城寨，止籍其器甲、刍粮，悉以钱帛分给战士，吾所欲得者，其土地耳”①，在执法上实际给予主将、都监等很大的机动权。在宋军攻灭后蜀期间及以后，只有东路军主将刘光义(廷让)每占一城，“尽以府库钱帛给军士”。虽然东路军“诸将所过(城寨)，咸欲屠戮以逞”，实际上是想乘机抢劫财物，但因遭到东路军都监曹彬的制止而未能得逞②。而同是灭蜀的北路军就完全不同，主帅王全斌、都监王仁赡、副帅崔彦进等，“日夜宴饮，不恤军务，纵部下掠子女，夺财货”。由于王全斌又是攻蜀宋军的总主帅，入蜀宋军的军纪如何是可想而知的，直至新任成都知府吕余庆到任以后，严禁抢劫，对抢劫者缉捕斩首，成都的治安才得到改善③。

宋“太祖讨平诸国，收其府藏”④，是其基本国策，并无例外。而平定诸国的宋军，也无不以征服者自居；被征服国的官兵，无不被视作降将、降兵，与前者并无平等地位可言。被征服国的官员，即使留任原职，也不被重用。通判之设，即是在平定荆湖地区后以之监督留用的州级长官。

但是，川蜀地区历史上多次建立割据政权，近时先后有前蜀、后蜀的相继建立。因而宋在平定后蜀以后，采取了两项特殊的政策。一是“诏伪蜀文武官并遣赴阙”。将割据政权的高级官员召至宋京城另行安排职务，这本是平定诸国后通行的政策，但后蜀的州级地方长官也在征召之列，却是宋对后蜀特有的措施。二是“诏发蜀兵赴阙”⑤。这也是专门针对后蜀的政策。宋太祖

① 《长编》卷5，乾德二年十一月甲戌、乙亥。

② 《长编》卷6，乾德三年正月戊子。

③ 《长编》卷6，乾德三年正月丁酉、二月癸卯。

④ 《宋朝事实类苑》卷1。

⑤ 《长编》卷6，乾德三年二月、三月。征服其他割据政权后，包括镇压王小波起义后，都征召少量被征服者的兵士(从数百至数千人不等)到宋京城，设立不同的番号军，主要是作为显示征服的象征(参见《宋史·兵志一》)。

的意图，或许是想彻底铲除蜀地产生割据政权的政治、军事基础，然而正是这两项政策，导致发生反抗征服者的全师雄兵变。

至于“令文武官任川、峡职事者，不得以族行，元从及仆使以自随者，具姓名报枢密院给券”①，则是为减少外籍官员入蜀为官后进行割据的可能性，因为前蜀、后蜀都是外籍官员入蜀任职后建立的。不仅是宋太祖，以后的宋太宗也都为预防蜀地形成割据政权采取过必要的措施。

二、全师雄兵变

后蜀士兵降宋后备受歧视，每人十贯钱的治装费竟然被无理克扣，王全斌等还“纵部曲侵挠之”，实际上是抢劫蜀军携带的财物，使后蜀士兵深感被征服者地位的屈辱而“愤怨，人人思乱”。当乾德三年二月间，后蜀将士赴京到达绵州（今四川绵阳），发现守城的入川宋军只有百余人，其余都是降宋的蜀军，于是便抢夺库存武器进行叛乱。原后蜀文州刺史全师雄也正携带家属赴京途经绵州，由于他曾担任过后蜀将领，在军中有相当高的威信，遂“为乱兵所获，推为主帅”②。

全师雄率军叛变后，王全斌派朱（一作米）光绪率军前往招抚，但朱光绪搜捕得全师雄家属后，将其财产据为己有，纳其爱女为妾，而将其他人全部杀死。全师雄遂绝了归降之念，率军进攻绵州，但被宋军刘福、田绍斌所部击败。全师雄军转攻彭州（今四川彭州），宋彭州都监李德荣战死，刺史王继涛身中八枪，单骑逃入成都。

全师雄攻占彭州后，成都附近十县军民纷纷响应，众至十

① 《长编》卷6，乾德三年二月庚申。

② 《宋史》卷255《王全斌传》；《长编》卷6，乾德三年三月。

万，全师雄自称“兴蜀大王”，设置官属，分守灌口（今四川都江堰市）、导江（今四川都江堰市东）、青城（今四川都江堰市南）、郫县（今四川郫县）、新繁（今四川郫县东北）等地。宋军副帅、侍卫步军都指挥使崔彦进，率宋北路军先锋都指挥使高彦晖、都监田钦祚所部进攻导江，轻敌冒进，被全世雄军伏兵击败。高彦晖提出收兵次日再战，田钦祚想逃跑而怕被追击，遂诬称高彦晖怯战，高彦晖被迫率残兵迎战，田钦祚即乘机逃遁。作为攻蜀宋军主力北路军的先锋，宿将高彦晖在进攻后蜀时从未失利，却在与全师雄军作战中几乎全军覆没，自己也战死疆场。王全斌又派东路军主将侍卫马军都指挥使张廷翰、步军都监张煦率军再次进攻全师雄，又战败退回。全师雄遂分兵占领绵州、汉州（今四川广汉），于是从成都附近的诸州到东部的渝州（今重庆市）等十七州都起兵响应；蜀军又切断剑阁通道，致使宋军邮路不通，王全斌等困守成都。当时城内还有降宋的蜀军二万七千人，王全斌怕他们也响应全师雄，想将他们全部杀死，北路军马军都监康延泽提出将七千名老幼疾病者全部释放，其余二万人派兵护送乘船顺江而下前往开封，如果有叛变意图，再杀死他们，被王全斌等拒绝。东路军都监曹彬虽然也反对屠杀后蜀降兵，但不敢像前年讨伐荆湖时的都监李处耘那样，敢与南征主帅抗争，只是“不肯着字”①（即不肯签字表示赞同杀降）。二万七千名降宋的后蜀将士遂惨遭屠杀。

全师雄派兵进攻剑州，企图控制川北门户，被剑州通判董枢所部击败；进攻眉州（今四川眉山）的全师雄军，也被眉州通判段思恭率部击败于彭山（今四川彭山）。全师雄率军进至新繁，又被宋东路军刘光义、曹彬所部打得大败，被俘一万多人。全师雄率部退守郫县，再被宋北路军王全斌、王仁赡击败，遂率残部退

---

① 佚名撰《丁晋公谈录》。

向灌口。

王全斌为了稳定各地尚未叛乱的后蜀将士，于乾德三年四月时奏请“改西川（指后蜀）感化、耀武等并为虎捷”，虎捷军是禁军中地位最高的四军（称为“上四军”）之一，后改神卫军，为侍卫步军司的第一主力。王全斌此举是想表明被征服者与征服者的地位是平等的。但是，征服者对被征服者的歧视并没有因此而真正改变。同年夏秋之际，驻于嘉州（今四川乐山）的虎捷指挥使吕翰，即是因为“怨其帅不礼”而率部下叛乱①，杀知州武怀节、都监刘汉卿，与全师雄部将刘泽合兵，有众五万，进攻普州（今四川安岳），普州刺史刘楚信逃跑，通判刘沂被杀。驻守果州（今四川南充）的虎捷指挥使冯绍文与军官宋德威，也杀知州王永图、都监郑元弼、通判刘涣等，率部叛乱；遂州（今四川遂宁）军官王可僚也率遂州人民反宋，等等。宋将曹翰、王仁赡会军进攻嘉州，吕翰率部退保雅州（今四川雅安）。新任普州刺史康延泽前往普州途中，在简州（今四川简阳）召集散兵游勇千余人，进行教习后率以赴任，沿途又召集收降得三四千人，击败全师雄部将刘泽，于十一月初占领普州，刘泽降。

乾德四年初，叛军杜承褒率众围攻渝州，渝州刺史、通判等降，杜承褒军占领渝州。后蜀进士、留任的判官卞震因伤家居，劝说投降杜承褒的军官陈（一作东）章归宋，陈章遂以伏兵袭逐杜承褒，宋军收复渝州。

同年六月，王全斌率军攻破全师雄军于灌口，全师雄率余部转往金堂（今四川金堂西）。闰八月初，王全斌又率军攻占雅州，吕翰率余部退往黎州（今四川汉源西北），后为部下所杀。十二月，全师雄病死于金堂，余部以谢行本为首，继续抵抗。宋将康延泽率部击破谢行本后，又攻占铜山山寨，擒获罗七君，全师雄

---

① 《长编》卷6，乾德三年四月丙辰及卷末。参见《宋史·兵志一》。

余部次第平定。

乾德五年初，征蜀将帅随后被召回京城。正月下旬，宋北路军主帅王全斌、都监王仁赡、副帅崔彦进，虽然取得攻灭后蜀的首功，后又平定全师雄兵变，但以“专杀降兵，擅开公帑，豪夺妇女，广纳货财，敛万民之怨嗟，致群盗之充斥（指全师雄兵变）”之罪①，王全斌、崔彦进二人都由节度使降为节度观察留后，虽只降一级，但被夺去兵权，只是闲职而已②；宋太祖的亲信、都监王仁赡被罢去枢密副使执政大臣之位，以无职的环卫官（右卫大将军）奉朝请。据宋真宗时的宰相丁谓所说，上述三人的罪行主要是“杀戮降兵（指在成都屠杀二万七千人）”③。宋征蜀北路军其他军官也多受降职的处分，如北路军的马军都监康延泽被贬为地位很低的唐州教练使。王全斌、王仁赡、崔彦进三人在贬降近十年后的开宝九年（976 年）二月，才被重新起用，而王全斌数月后即病死。

乾德五年正月，在责罚王全斌等的数日后，对征蜀东路军将帅却加官晋爵。东路军主帅刘“廷让（光义）秋毫无犯”，“以功（由宁江军）改领镇安军节度”④。都监曹彬由五品的内客省使升为三品的节度使；东路军的马、步军主将张廷翰和李进卿，因“从（刘）光义平蜀，且军政不扰”，军职分别升为侍卫司马军、步军都虞候，成为马、步两司的次长官，且都自团练使（五品）越过防御使、观察使、节度观察留后三级升为节度使⑤，与北路军将

---

① 《宋史》卷 255《王全斌传》。

② 节度使镇有大、中、小之分，北宋节度使镇达七十多个，依上述顺序排列，立功或责罚只是升降节镇名称，节度观察留后更在七十多节镇之下，且已无兵权，只是闲职，责降不能算很轻，参见第四章第二节二。

③ 佚名《丁晋公谈录》。

④ 《宋史》卷 259《刘廷让传》；《长编》卷 8。

⑤ 《长编》卷 8，乾德五年正月丁巳；《宋史》卷 259《张廷翰传》，卷 273《李进卿传》。

帅的责罚形成鲜明对比。

三、王小波、李顺起义

宋入蜀之初，不仅“增益赋调”，且随意加收杂税，致民贫失业，阶级矛盾激化。宋在消灭后蜀的乾德三年(965 年)正月，虽颁有“凡无名科役及增益赋调，令诸州条析以闻，当除之”的诏令[①]，然而，不仅随后发生了反抗征服者宋军的全师雄兵变，兵变平定以后，又由于原有的后蜀州级长官被征召赴京，新长官几乎全是朝廷新委派的，他们大多以征服者自居，把蜀地人民视作被征服者，鱼肉人民，草菅人命，增加赋税，不一而足。乾德五年四月，有官员指出蜀地州官“所决重罪，只作单状，至季末来上，状内但言为某事处斩或徒、流讫，皆不录罪款及夫所用(《刑统》、《编敕》)之条，其犯者亦不分首从，非恶逆以上而用斩刑”，要求纠正，可见蜀地治状之概况。而陵州(今四川仁寿)刺史王奇的“掊克所部”[②]，可作为宋初蜀地州级地方官的典型。开宝六年(973 年)，史载：“初，蜀民所输两税(田赋)，皆以匹帛充折”[③]，说明折纳起于宋朝实际统治蜀地之初的乾德五年后不久。开宝六年，“是岁，令川陕(陕或为峡之误)人户两税(田赋)以上输纳钱、帛，每贯收七文，每匹收十文，丝绵一两、茶一斤、秆草一束各一文”，称为“头子钱”，史称“头子钱纳官始于此”[④]。这是正常田赋之外加收的杂税，蜀地首当其冲。有的州官还随意增加税收

---

① 《长编》卷 6，乾德三年正月丁酉。

② 《长编》卷 8，乾德五年四月己卯、戊子。

③ 《长编》卷 14，开宝六年六月壬寅。充折也称折纳、折科、科折、折变、折充。

④ 《文献通考》卷 4《田赋考四》。头子钱虽创于后唐，但宋朝征收头子钱自蜀地始。

种类，如汉州知州赵尚“擅税竹木”①，即是一例。“时(蜀地)守臣务利入之厚，常赋之外更为博买务，禁民私市物帛”②。

宋朝政府官员认为蜀地赋税较中原为轻，应加重税收。淳化二年(991年)二月前，主管财政的“三司尝建议剑外赋税轻，诏监察御史张观乘传按行诸州，因令稍增之”。张观不赞成蜀地增税，宋太宗“因留不遣”③。但增税的行动并未因此停止。茶叶贸易后蜀时实行政府专卖，宋初废“榷茶”，“茶遂无禁，民间便之，其后淳化(990—994)之间，牟利之臣始议掊取”④，致使以贩茶为生的商贩破产失业。而在王小波、李顺农民起义爆发前，蜀中“兼并者释贱贩贵，小民贫，失家田业”⑤的情况已相当严重，加上贪官污吏的敲诈勒索，社会矛盾日益尖锐。

淳化四年二月，青城县(今四川都江堰市南)人王小波因贩茶破产而聚集百余人起事，王小波宣言：“吾疾贫富不均，今为汝辈均之！”⑥王小波率众攻占青城、彭山，杀贪官彭山县令齐元振。同年“冬，东、西两川旱，民饥，吏失救恤，寇大起”⑦。大量饥民相继参加起义。

自宋初以来，史家多将宋并后蜀，将后蜀国库、皇宫物资搬运至宋京城，作为王小波起义的主因或原因之一。但正如王安石在熙宁七年(1074年)时所说：“王小波自以饥民众，不为官司所恤，遂相聚为盗。而史官乃归咎般(搬)取蜀物上供多而致然。不知般取(后蜀帝)孟氏府库物以上供，于饥民有何利害。”⑧韩

① 《长编》卷15，开宝七年八月戊戌。

②⑤ 题曾巩撰《隆平集》卷20《王小波李顺》。

③ 《长编》卷32，淳化二年二月丁巳。

④ 苏辙《论蜀茶五害状》，《栾城集》卷36。

⑥ 《宋史》卷276《樊知古传》。

⑦ 韩琦《张公(詠)神道碑铭》，《安阳集》卷50。

⑧ 《长编》卷249，熙宁七年正月癸亥。

琦、王安石都认为川蜀地方政府不及时采取措施救济灾民，是导致王小波起义的原因，而这正是作为征服者的官员漠视被征服地区人民疾苦的结果。

淳化四年十二月，负责治安的西川都巡检使张玘率部进攻王小波于江原县（今四川崇州东南），张玘败死，但王小波也被张玘射中头部伤重而亡。起义军又推举王小波的妻弟李顺为首领，这时起义军已发展到一万多人，接连攻占蜀州、邛州，杀监军王亮、知州桑保绅等。都巡检使郭允能率部拒战于新津江口，战败被杀，同巡检毛俨只身逃回。李顺军又先后攻占永康（今四川崇州西北）、双流、新津、温江、郫县等地，分兵驻守。起义军进攻成都失利后，转而攻占汉州、彭州。

淳化五年正月中旬，李顺攻占成都，建立政权，称大蜀王，建元应运。同月下旬，宋太宗得知川西的严峻形势，随即任命亲信宦官王继恩为剑南两川招安使，率军征讨。二月初，宋太宗才得知成都陷落，于是又加派马步军都军头王杲、将官尹元担任西川招安使，分东西两路入川清剿，并受王继恩节制。李顺派兵数千进攻剑门关（今四川剑阁），冀图控制川北门户，但被剑门关都监上官正与逃来的成都监军宿翰的联军打败。同年四月，西路宋军从小剑门（剑门关北）栈道进入研石寨（今四川剑阁北），攻占剑州。五月，又连克绵州（今四川绵阳）、阆州（今四川阆中）、巴州（今四川巴中）、成都，李顺被俘①。张余率余部顺江东下，攻占嘉州（今四川乐山）、戎（今四川宜宾）、泸、渝、涪、忠（今重庆市忠县）、万、开（今重庆市开县）八州，继续东进准备夺取川东门户夔州（治今重庆奉节东白帝城）②，被知州慕容德琛击败于附近

① 王明清《挥麈后录》卷5、陆游《老学庵笔记》卷9，皆称李顺逃走，未被俘获。又，淳化五年五月宋降成都府为益州。

② 《宋史》卷89《地理志五》："夔州……州初置在白帝城，景德三年，徙城东"。"东"当作"西"，即今奉节旧城。

的龙山，又遭白继赟、解守颙等官军的邀击，张余遂率部转向开州，占领云安，尚有二万余人。但又被白继赟、慕容德琛等部官军打败，死伤五千多人，张余即率余部转而西进。川东的合州、果州、广安等地，也被宋东路军攻占。

但是，宦官王"继恩握重兵，久留成都，专以宴饮为务"，"纵所部剽掠子女金帛，坐而玩寇，转饷稍不给，军士亦无斗志，余贼并伏山谷间，郡县有复陷者"。蜀地久久不能平定，宋太宗因而"意颇厌兵"，多少产生了放弃川蜀地区的想法。同年八月，其对副相赵昌言说："西川本自一国，太祖平之，迄今三十年矣。"赵"昌言揣知上（太宗）意，遂言国家士马精强，所向无不克，顾此草窃，不足仰烦宸虑。即于上前指画攻取之策"，以巩固宋太宗统治蜀地的信心。赵昌言遂被任为"川峡五十二州招安行营马步军都部署"，"自（王）继恩以下，并受节度"。这时有人向宋太宗说："赵昌言鼻折山根，此反相也，不宜委以蜀事。"又有官员"奏言（赵）昌言素负重名，又无嗣息，今握兵入蜀，恐后难制"。宋太宗又从考虑放弃蜀地，转为恐被赵昌言所割据。这时赵昌言出发已十多天，宋太宗随即下"诏（赵）昌言行所至，即止"。九月中旬，当赵昌言到达凤州（今陕西凤县东）时被截住，即驻在凤州，"为诸军声援"，另派宦官卫绍钦入蜀，协同王继恩指挥进剿李顺余部①。这一事件说明，北宋君臣在相当长的时期内，始终认为蜀地属于另类，视之为不稳定的新征服地区，容易形成割据政权。而蜀地军民也把宋军及官员看作征服者，不论是太祖时全师雄兵变，还是此次王小波、李顺起义，都带有被征服者反抗征服者的性质，因而都得到蜀地军民的广泛支持②。

---

① 《长编》卷 36，淳化五年八月癸卯、九月；《宋史》卷 267《赵昌言传》。

② 全师雄兵变及王小波、李顺起义，具有被征服者反抗征服者的性质，与真宗时王均兵变只是征服者军队之间的战争，两者性质不同的观点，得自张美娣编审的启示。

淳化五年十月，张余所部活跃于嘉州一带。遂州（今四川遂宁）宋将王文寿率侍卫亲军虎翼步军二千讨伐张余，“指挥使张嶙杀其将王文寿以叛”。“时嘉州贼帅张余有众万余，（张）嶙即以所部与之合，贼势甚盛”①。宋军遣使招抚张嶙叛军。十一月，张嶙为部下所杀。其余部降宋，并引导宋军进攻张余，宋军攻占嘉州、邛州，张余被俘杀。北宋政府终于重新控制了川蜀地区②。

淳化六年（995年）正月元旦，宋太宗下诏改当年为至道元年，诏称：“近岁以来，荐逢灾厉，蜀主（主字疑误，应作土）暴兴于狂孽，齐民颇匮于仓箱。……弥增宵旰之忧，果获昊穹之祐，妖氛渐弭，禾稼咸登，对越上元，载深祗惕。”因而感到应“当惟新于大政”，才能“冀永保于鸿猷”，庆幸避免了川蜀地区再次成为割据政权，所以“发号改元，与民更始，宜改淳化六年为至道元年”③。说明平定王小波、李顺起义在宋太宗心目中的重要性。

至道元年十一月，“以峰州团练使上官正、右谏议大夫雷有终并为西川招安使，召王继恩归阙”④。据当时与上官正共事的益州知州张詠后来说：“天子以主将（王继恩）迁延，余寇未殄，遂授（上官正）峰州团练使、西川招安使以代焉。既擒且诱，示信推仁，七旬贼平，多见全活。”⑤则李顺余部的失败，已是至道二年（996年）初。而同年五月，“时贼党王鸬鷀复聚集剽略，伪称邛

① 《宋史》卷5《太宗纪二》，卷466《王继恩传》。

② 本目主要依据《皇宋通鉴长编纪事本末》卷13《李顺之变》、《长编》卷35至37，以及《宋史》有关人物传记。

③ 《宋大诏令集》卷2。“蜀主”于此无解。《宋朝事实》卷17《平蜀贼李顺》称：“太宗闻蜀贼起，顾侍臣曰：蜀土之民。”故“蜀主”应为“蜀土”之误。

④ 《宋史》卷5《太宗纪二》。

⑤ 张詠《上官公（正）神道碑铭》，《乖崖先生文集》卷6。

南王”，也是李“顺余党”[1]，后在宋将石普招抚下投降。

四、王 均 兵 变

李顺失败后，川蜀的治安形势并没有得到根本改善，局势仍然时有动荡。

至道三年(997 年)八月，西川都巡检使韩景祐部属刘旰的叛乱是一次规模较小、历时较短的兵变。韩景祐巡视至怀安军(今四川金堂东南)时，隶属于殿前司的步军广武军军士刘旰率“牙兵”乘夜袭击韩景祐，韩景祐翻墙逃跑，刘旰占领怀安军后发展至二千人，连破汉州(今四川广汉)、蜀州(今四川崇州)、邛州(今四川邛崃)和永康军(今四川都江堰市)，各地守军“望风奔溃”。诸州都巡检马知节率军追至蜀州，激战大半日后，刘旰战败退向邛州。马知节推测刘旰必自新津渡江，于是率部乘夜渡江至方井镇，正遇刘旰所部，同时，西川招安使上官正也率官军到达，双方再次激战，刘旰战败被杀，兵变平息[2]。

为了稳定局势，宋政府增派精锐的侍卫亲军司步军主力神卫军赴川，分别由王均、董福任指挥使，戍守益州。而益州主兵官钤辖、真宗的舅舅符昭寿，自恃是皇亲国戚，十分傲慢骄横，胡作非为，不理军务，又放纵部属任意凌辱将士，引起士卒的怨愤。王均所部军士赵延顺等八人遂共谋杀死符昭寿。

真宗咸平三年(1000 年)正月元旦，朝廷派往峨眉山祭祀的使臣回京，符昭寿前往送行，赵延顺等乘机杀死符昭寿，随即占领兵器库为乱。都监王泽闻讯，以作乱士兵均是王均的部属，遂

---

① 《长编》卷 39，至道二年五月己未。《宋史》卷 324《石普传》载：李“顺余党复寇邛、蜀，伪称邛南王”。则二书所载为同一件事。

② 《长编》卷 41，至道三年八月；《宋史》卷 278《马知节传》，卷 308《上官正传》。

命王均率兵擒捉。赵延顺等人即拥王均为首领，神卫军的其他士兵，以及驻屯益州城的骁猛、威武诸军也都参加叛乱。王均遂称帝，建国号大蜀，建元化顺，设置官署，任命官吏。益州知州牛冕闻变与转运使张适等越城逃往汉州，王均率叛军攻陷汉州，牛冕等又逃往东川（梓州，今四川三台）。王均率军攻陷汉州后转攻绵州（今四川绵阳），未能攻下，随即转攻剑门关，以图控制入川门户。而剑州知州李仕衡得知王均率众前来，以剑州城难守，事前已退保剑门，即与剑门都监裴臻合击王均。王均大败，伤亡数千，余部纷纷溃散，王均率残军不敢顺来路退兵，转而向西经阴平再向南逃往益州，李仕衡驰骑上奏。正月中旬，真宗得到奏报后，立即任命雷有终为益州知州兼川、峡两路招安捉贼公事，李惠、石普、李守伦三人为川、峡两路招安使，率军八千讨伐王均。

当王均率众北上进攻剑门时，蜀州知州杨怀忠即率巡检兵和乡丁趁机东攻益州，正月十七日攻入益州城中，被王均部将鲁麻胡打败，杨怀忠即还保江原（今四川温江西南）。王均自剑门退回后进入益州城内。二月初，杨怀忠传檄调集附近七州军士再次进攻益州城，攻入益州城的子城内，与王均所部激战后退往城南的鸡鸣原，阻断了王均南攻的道路，王均即关闭城门守城。二月中旬，雷有终等率大军进至益州城外，王均打开城门伪装逃遁，雷有终等率部进入城中，抢劫民财，无复部伍，王均遂关闭城门，伏兵齐发，并以床榻等物堵塞路口以阻挡官军，官军大败。雷有终越城而逃，招安使李惠战死，官军退保汉州。其后王均多次出击都被官军击败，遂拆桥塞门困守益州城。官军进至益州城外，雷有终、石普屯守于城北，高继勋、张煦攻城东，上官正、李继昌攻城西，杨怀忠、马贵攻城南。

官军自咸平三年四月围攻益州城以来，双方攻防激烈，官军建洞屋（战棚）攻城以避城上的矢石；守城叛军则挖地道出城袭击，攻城士兵溺死于城壕中有千余人。直到同年八月末才攻占城北的羊马城（主城墙外的矮城墙），建雁翅式敌棚以覆盖“洞屋”进逼罗城（大城主城墙），守城叛军亦建敌棚对抗，称为“喜相逢楼”。九月初，官军焚毁守军的战楼，守城叛军又建月城进行防守。同月中旬末，官军穴城蒙毡持火炬焚烧守城叛军的守城器械。又在东西南三方击鼓攻城以吸引守城叛军的注意力，雷有终与石普于城北分别建洞屋攻城，石普又命挖城为暗门，但暗门挖成后，叛军的枪戟齐集暗门以阻击攻城官军，一时攻城受挫。后有二卒冒死挥戈直冲，当防守暗门的叛军稍退之际，官军遂由暗门冲入城内。守城叛军进行巷战以抗官军，官军杀死叛军三千多人。当天半夜，王均率残部突围而逃，官军才攻占了益州城。

王均率残军突围后南下，经广都（今四川双流东南）、陵州（今四川仁寿）、荣州（今四川荣县），直奔富顺监（今四川富顺），沿途抢劫裹胁，断桥塞路，焚烧仓库，阻击追兵。雷有终部将杨怀忠率虎翼禁军紧追王均残军，石普又率军向南追赶。十月初一日，杨怀忠率部击败王均叛军，王均被迫自缢于富顺监衙署内，后被枭首。王均兵变平息①。

此次王均兵变与全师雄兵变不同的是，全师雄兵变主要是由于宋初统治者对蜀军实行歧视性的防范政策，而导致蜀军普遍反抗，并得到川蜀民众的广泛支持；王均兵变则是禁军之间的斗争，因此兵变的响应者无几，缺乏广泛的群众性。

---

① 《长编》卷46、47；《宋史》卷278《雷有终传》，卷251《符昭寿传》，卷324《石普传》等。

第二章　宋初的统一战争和与辽及党项的关系

唐王朝的灭亡，使中国政治失去重心，出现了“五代十国”的分裂割据政局。宋王朝建立后，当务之急是要完成统一大业。宋太祖采取先南后北的战略，吞灭了荆南、湖南、后蜀、南汉、江南（南唐）诸政权。宋太宗又迫使泉漳、吴越献地，攻灭北汉，结束了长期以来的分裂割据政局，为社会经济的恢复与发展奠定了基础。与此同时，宋朝对五代以来日益强盛的北方契丹族（辽国）采取守势，助长了其觊觎中原的野心；宋太宗时三次攻辽战争的失利，又加速了辽军南侵的步伐，迫使宋真宗以纳岁币与辽订立“澶渊之盟”。而党项首领李继捧的“献地”，并没有带来西北边境的宁静，其族弟李继迁的倚辽抗宋，使得宋王朝两面受敌，败多胜少，宋真宗无奈，以赐银绢换取与党项关系的改善。

第一节　统一战争

一、吞并荆、湘

荆南（治江陵，今湖北荆州市荆州区）高氏，在五代时闽亡前的诸割据政权中最为弱小，又处于四战之地，而能自立数十年，除对内注重保境安民，恢复农业生产，发展对外贸易，还在于高氏对外采取四向称臣的策略。高氏对他国的俯首称臣，获得了其他国家的赐予，但更主要的是荆南所处的军事要冲的战略地位，其实际上还成为南方相邻诸国间的缓冲区，故而诸割据政权也不想看到荆南为他国吞并。

五代后期，荆南统治者节度使高保融，“性迂缓，无才能”①，“御军治民皆无法，高氏始衰”②。宋朝建立，荆南臣服。建隆元年（960 年）八月，高保融死，其弟高保勖继之为荆南节度使。高保勖“政事不治”，“淫泆无度”，大兴土木，造成“军民咸怨”③，高氏政权日益衰落。

荆南地处长江中游，战略地位极为重要，占有荆南，对南取湖南、西讨后蜀、东攻江南（南唐），极为有利。因此，夺取荆南遂成为宋太祖统一战略中优先考虑的目标。建隆元年八月荆南节度使高保融死后，宋太祖派兵部尚书李涛前往吊唁，乘机探听虚实。但宋太祖以为时机尚未成熟，迟疑之下，直到次年九月才下诏以高保勖为荆南节度使。建隆三年十一月中旬，高保勖病死，长子高继冲立。时值衡州刺史张文表叛乱，湖南割据者周保权向宋求援，宋太祖想乘机吞并荆南、湖南，于是派卢怀忠以吊唁高保勖为名，先往荆南了解情况。临行前，宋太祖对卢怀忠说：“江陵人情去就，山川向背，我尽欲知之。”卢怀忠深知太祖的用意，回来后报告说：“高继冲甲兵虽整，而控弦不过三万，年谷虽登，而民困于暴敛。南通长沙（今湖南长沙，借指湖南割据政权），东距建康（今江苏南京，借指南唐），西迫巴蜀（借指后蜀），北奉朝廷，观其形势，盖日不暇给，取之易耳。”④于是宋太祖决定乘出兵湖南之际，以借道为名先取荆南。

---

① 《新五代史》卷 69《南平世家》。

② 《长编》卷 1，建隆元年八月甲午。

③ 《宋史》卷 483《高保勖传》。

④ 《长编》卷 4，乾德元年正月庚申。《宋史》卷 274《卢怀忠传》载卢怀忠出使在“会朗州军乱”之后。按：张文表叛乱在建隆三年十月，消息传到开封最晚当在十一月上旬，而十一月中旬荆南节度使高保勖死，依惯例宋当遣使吊唁，卢怀忠以吊唁出使荆南，系笔者推测，以卢怀忠的名位，可能只是副使或随行人员。

湖南割据者周行逢自后周时以武平军（治朗州，今湖南常德）节度使，制置武安（治潭州，今湖南长沙）、静江（治桂州，今广西桂林）等州军事，拥有今湖南及广西部分地区。虽“尽心为治”，“条教简约，民皆悦之。然性多猜忌”①，部下稍有违忤，必遭杀戮。宋朝建立，随即臣服。

建隆三年九月，周行逢病死。子周保权继位，年仅十一岁。周行逢临死前，对部属说与他同时起兵的十人，都已被杀，只有衡州（今湖南衡阳）刺史张文表还在，他死后张文表必然叛乱，应派杨师璠讨伐，如不胜，则归附宋朝，以免遭杀戮。

同年十月，张文表果然据衡州叛乱，伪装前往朗州奔丧，途经潭州，袭杀守将，据有潭州，自称权武安军节度留后，并向宋太祖奉表，以期得到宋朝的承认。周保权随即派杨师璠率军抗击，一面向荆南求援，同时上表请求宋朝派兵镇压张文表。宋太祖遂诏周保权为武平军节度使，以确认其藩属地位，随后又派赵璲前往湖南宣谕，允许张文表归顺，并命荆南发兵救助周保权。

次年，乾德元年（963 年）正月初，宋太祖派卢怀忠与其他军官统率步骑禁军数千人，前往襄州（今湖北襄樊市襄阳区），随后即以原殿前都点检、现任山南东道（治襄州）节度使兼西南面兵马都部署慕容延钊，任湖南道行营都部署作为南征主帅，以枢密副使李处耘为都监。与前两次镇压李筠、李重进时，几乎全用中央禁军做主力不同的是，这次除数千禁军外，主要是调集十一州地方军，其中半数为节镇，其余亦多为防御使州的军队，这样，既可保证南征的兵力，又能达到削弱上述境内地方军的目的。

同月末，宋军大举南征的消息传到潭州，张文表即派人向前来招抚的宋使赵璲表示归顺，赵璲也派人到潭州抚慰。此时，正好湖南周保权所派军队攻占潭州，为切断张文表与宋的关系，随

---

① 《宋史》卷 483《周行逢传》。

即以张文表谋反为名将其处死。湖南周氏割据政权自行平定了张文表的内乱，而宋大军才刚刚开始南下。

二月上旬末，宋军到达荆门（今湖北荆门），荆南节度使高继冲派人前往犒师，李处耘乘夜率轻骑数千袭占江陵。高继冲被迫投降，荆南平。

宋军在平定荆南后，日夜兼程向湖南首府朗州进发，大败周保权军于岳州（今湖南岳阳）北三江口，攻占岳州，湖南军望风奔溃。三月下旬末，宋军到达朗州，守城军纵火焚烧州城后出逃，宋军进入朗州。周保权出逃，后为宋军俘获，湖南平定。

荆湖平定以后，宋太祖对归顺宋朝的地方官，采取一律留用的政策。高继冲仍任荆南节度使，而派心腹王仁赡任荆南巡检以实际控制荆南地区；荆南支郡复州（今湖北天门）、黄州（今湖北黄冈）也仍任原荆南高氏政权的部属为长官。六月，王仁赡即被改任为权知荆南军府事，成为荆南节镇事实上的长官。

对湖南地区，除潭州、朗州、衡州三要州分别派吕余庆、薛居正、李昉任权知州外，其他十余州长官全都留用。另外创设"通判"一职，"时以伪官初录用，虑未悉事，故有是命"①，实际是用来监察留用官员（以后发展为州、府的副长官）。

此次出兵南征，实际历时不过两月，除偶有小规模战斗外，几乎是兵不血刃，从而加速了宋太祖统一战争的步伐。但此次南征起用名位很高的宿将慕容延钊，其犹有故习，对部属管束不严，时有扰民之举，都监李处耘自以为是太祖心腹，又是二府大臣（枢密副使），对慕容延钊违纪军士、部属擅自处置，遂引起双方不和，互相奏告宋太祖。李处耘于同年九月被罢免枢密副使，贬为淄州（今山东淄博南）刺史，以安抚尚在湖南的慕容延钊，

① 《长编》卷7，乾德四年十一月乙未注。

“处耘惧,不敢自明”[1]。慕容延钊班师,并未受到责罚反而以功加封检校太尉。但宋太祖在以后的统一战争中,不再任用名位已高的故帅宿将,改任名位较低的将领为统帅,以便控制。

二、西 灭 后 蜀

宋军迅速占领荆湘,引起后蜀帝孟昶的惊恐,“欲遣使朝贡”以示臣服[2],因遭到臣下的反对而作罢。而宋太祖曾多次向翰林医官穆昭嗣询“问蜀中地理”,早“已有西伐意”[3]。

乾德二年十一月,后蜀派密使前往北汉,欲勾结北汉以攻宋。途经宋京开封时,后蜀密使向宋告密,宋太祖看罢密信后高兴地说:“吾西讨有名矣。”[4]随即任命名位较低的宿将王全斌为西征军(北路军)的主帅,侍卫步军都指挥使崔彦进为副帅,枢密副使王仁赡为都监;又以侍卫马军都指挥使刘光义为偏师(东路军)主将,枢密承旨曹彬为都监,分路进讨。

同年十二月,宋北路军连克兴州(今陕西略阳)、西县(今陕西勉县西)、三泉(今陕西宁强西北),击败蜀军数万,主将保正、李进被俘,宋军遂进至嘉川县(今四川广元东南)。后蜀军烧绝栈道,退保葭萌(今四川剑阁东)。宋军分兵修复栈道,乘胜攻占利州(今四川广元)。蜀军三战三败,都统王昭远、都监赵崇韬等退保剑门关(今剑阁北)。

宋东路军自江陵(今湖北荆州市荆州区)沿长江西上,连败后蜀水军,杀俘以万计,俘其主将袁德弘,夺得战船二百多艘。十二月,宋军直逼后蜀江防重镇夔州(今重庆奉节白帝城)。蜀

---

① 《宋史》卷257《李处耘传》。

② 《宋史》卷479《孟昶传》。

③ 《长编》卷5,乾德二年十一月;《宋史》卷479《孟昶传》。

④ 《长编》卷5,乾德二年十一月。

军于夔州附近的长江上建浮桥，上设战棚三重，夹江两岸排列战炮，用以封锁江面，阻击宋水军前进。宋军乘船到离浮桥三十多里处，舍舟登岸，进而攻占浮桥，然后再乘船上行，直至白帝庙（时州治所在地，今重庆奉节东）西。后蜀宁江军（夔州）节度使高彦俦派兵出战，为宋军击败，宋军乘胜攻入城内，高彦俦兵败自杀，川东门户夔州遂为宋东路军占领。

次年（乾德三年）正月，宋北路军派偏师经剑门关东的来苏小道，到达嘉陵江东岸，建浮桥以渡，宋军偏师遂进至剑门关南，与王全斌所率主力合力攻破剑门关，蜀军主将赵崇韬、王昭远战败被俘。时后蜀太子孟玄喆率领援军刚到绵州，闻讯后弃军逃回成都。后蜀帝孟昶听从“使相”李昊的劝导，即于初七日派使臣将降表送往魏城（今四川绵阳东北）的宋北路军军营。王全斌随即派人将后蜀降表送往京城开封，同时派先头部队赶往成都进行抚慰。

正月中旬末，王全斌率宋北路军主力到达成都，后蜀帝孟昶出降，后蜀亡。宋军征讨后蜀的战事遂告结束，前后历时仅二月余。二月初，宋太祖以副相吕余庆任权知成都府，以控制巴蜀地区。

三、扫平南汉

南汉后期是诸国中政治最为腐败的割据政权，但由于远离中原，加上荆湘的阻隔，得以安处广南。宋朝建立，南汉也不表示臣服而称帝如故。此时，宋军虽已南吞荆湘、西平后蜀，但仍无力顾及南汉，只是要求南汉归还五代时侵占湖南的桂（今广西桂林）、贺（今广西贺州东南）等州，并表示臣服即可。因而命南唐后主李煜两次致函南汉进行劝告，但均遭到拒绝，而且南汉末帝刘𬬮在给李煜的回函中，还出言不逊。南唐后主李煜只得将其回函呈报给宋太祖，说明劝说无效，宋太祖遂决意出兵。

宋灭湖南后，曾以吕余庆任权知潭州。吕余庆调离后不久，潭州自武安军节镇降为防御使州。乾德元年(963年)八月，以潘美任潭州防御使，控制湖湘。南汉又乘湖南周氏灭亡之际，出兵侵扰桂阳(今湖南桂阳)、江华(今湖南江华西北)，均被潘美率军击退。朗州也自武平军节镇降为团练使州，以尹崇珂任朗州团练使，控制湘西地区。

乾德二年九月，宋太祖以南面兵马都监丁德裕为统帅，率潘美、尹崇珂及衡州(今湖南衡阳)刺史张勋等所部地方军，进攻南汉的郴州(今湖南郴州)，南汉军战败退保韶州(今广东韶关)。这是宋军首次进攻南汉的辖区。宋军攻占郴州，即以张勋任郴州刺史，控制湘南。

南汉军虽败退，但仍不时侵扰宋境。开宝元年(968年)九月，道州(今湖南道县)刺史王继勋奏称，南汉主刘铱"为政昏暴，民被其毒"，"又数出寇边"，"举兵侵道州"①，请求出兵进讨。宋太祖时正征讨北汉，不想两面用兵，遂有前述命南唐后主两次致书南汉末帝刘铱之事。

开宝二年，宋太祖征讨北汉无功而返，尚望南汉臣服。两次致书遭拒后，开宝三年九月，以潭州防御使潘美为贺州道行营都部署，朗州团练使尹崇珂为副帅，道州刺史王继勋为都监，发湖南十州地方军讨伐南汉。

九月下旬，宋军大举南下，在击败万余南汉军后攻占富川②，进至白霞(今广西钟山西)。南汉贺州守将向末帝刘铱告急，刘铱即派内太师龚澄枢率军救援，龚澄枢得知贺州已被宋军

---

① 《长编》卷11，开宝三年九月己亥；《宋史》卷2《太祖纪二》，卷481《刘铱传》。

② 原作富州(今广西昭平)，按富州在贺州西南二百余里外，宋军不应南下绕行，富州当为贺州西北数十里的富川之误。

围攻，不战即逃回广州。刘铱另派大将伍彦柔领兵沿贺江乘船北上，结果在贺江中游的南乡（今广东怀集西）岸边遭到宋军伏击，南汉军大败，千余人被杀，伍彦柔也被擒斩，枭首于贺州城下。宋随军转运使王明立即率所部丁夫数千人，填埋城壕后直达贺州城门，南汉守军大惧，即开门投降。宋军扬言将顺江而下直取广州，南汉主刘铱即派马步军都统潘崇彻领兵三万屯守贺江，宋军却已转而西攻昭州（今广西平乐）。

十月，宋军攻破昭州东南的开建寨，杀敌以千计，守将亦被擒，南汉昭州刺史田行稠、桂州（今广西桂林）刺史李承进，相继弃城而逃，宋军遂克昭、桂二城。十一月，宋军又东进攻占连州（今广东连州）。南汉在五代湖南马氏败亡时侵占的领土，已全被宋军占领。

十二月，宋大军继续东进，进攻粤北重镇韶州（今广东韶关）。南汉都统李承渥领兵数万，设象阵于莲花山（今广东韶关南）下以抗击宋军，宋军以强弩射象，象中弩箭后向后奔逃，踏死南汉将兵无数，南汉军遂大败，李承渥只身逃窜。宋军攻占韶州，擒南汉韶州刺史辛延渥，辛延渥即遣使劝南汉主刘铱归降。刘铱派李承渥率军六万于广州城北的马逕设防，以竹木为栅抗拒宋军。

开宝四年正月，宋军又东占雄州（今南雄），南克英州（今广东英德），大军直趋广州，到达马逕，屯兵双女山（今广州西）。驻屯贺江的都统潘崇彻以所部三万降宋，而驻防于马逕的郭崇岳本非将才，军队又都是韶州、英州败逃南来的散兵游勇，皆无斗志。南汉主刘铱遂遣使奉表至潘美军营乞降。

二月初，刘铱复又反悔，命南汉军继续顽抗，宋军渡江进攻，南汉军战败，将领植廷晓战死，郭崇岳退守战栅。宋军夜遣丁夫纵火焚栅，南汉守军溃乱奔逃，都统郭崇岳死于乱兵。二月初五，宋军抵达广州近郊白田，刘铱出降，南汉亡。

三月，以潘美、尹崇珂同知广州镇抚广南，二人后以功升领节度使衔。

四、攻取南唐（江南）

自荆南、湖南、后蜀、南汉先后被宋攻灭以后，南方割据政权仅剩南唐、吴越和偏处一隅的泉、漳。其中南唐在五代中叶曾经相当强大，是后唐以后唯一能征服其他割据政权的国家，一度南并闽、西取楚，达到全盛时期。后周世宗多次南征，历时数年，才迫使南唐臣服，去帝号，称国主，割江北地予后周。宋太祖当时作为后周将领，亲历征战，深知南唐国力，未易轻取。加以自宋建国，南唐即臣服，其后又谦恭有加。南汉对宋有不臣礼，南唐后主李煜奉宋太祖之命二度遣使致函，规劝南汉臣服于宋，以期共守封疆，长期割据。

宋于开宝四年二月灭南汉，同年十一月，南唐后主李煜为表示对宋恭顺，免遭南汉之祸，“于是始去唐号”，“改唐国主为江南国主，唐国印为江南国印”，“赐诏乞呼名”。次年二月，又贬损制度，改中书门下省为左右内史府，尚书省为司会府，御史台为司宪府，枢密院为光政院，诸王降封为国公，其他官号也作了相应的改易。但南唐君臣深知宋太祖统一之举势在必行，因而“虽外示畏服，修藩臣之礼，而内实缮甲募兵，潜为战备”①，随时准备抗击宋军。

宋太祖也深知南唐远非荆、湖、蜀、汉可比，于是积极拉拢吴越，一为免南唐、吴越联盟以抗宋，延缓统一进程；二为争取吴越与宋联军进攻南唐，以牵制南唐抗宋的兵力。

---

① 《长编》卷12，开宝四年十一月癸巳；《宋史》卷478《李煜传》。南唐虽已改国号为江南，为便于行文，仍称南唐。

开宝六年四月，宋太祖派翰林学士卢多逊为江南生辰国信使，实为探听南唐虚实，归朝时以“朝廷重修天下图经，史馆独缺江东诸州”为借口，提出“愿各求一本以归”。南唐后主李煜遂命人连夜抄写送交，“于是江南十九州之形势，屯戍远近，户口多寡”①，为太祖所悉知。卢多逊以南唐衰弱可取，正合宋太祖心意，九月，遂升为副相（参知政事）。

南唐落第举子樊若水（一作冰）不得志，于是想投靠宋朝以取富贵，遂在采石（今安徽马鞍山市南）附近以钓鱼为名，用小船载丝绳往返长江两岸，测量江面宽度。次年七月，进京向宋太祖献建浮桥以渡宋军攻取南唐之策。宋太祖遂派他前往荆湖，依其所献之策督造船舰，以备攻唐时建造浮桥之用。

开宝七年九月，宋太祖派灭蜀战后才升为节度使的曹彬为主帅，而以不久前升为节度使的潘美为副帅，南下江陵，做好进攻的一切准备。但是，宋太祖也感到“未有出师之名”，于是派使臣前往南唐，召后主李煜入朝，但南唐诸臣害怕后主被扣留，皆劝李煜不要入朝，李煜遂“称疾固辞”②。十月，宋太祖正式任命曹彬为西南面都部署，潘美为都监，率主力由江陵东下；另以吴越王钱俶为东南面招抚制置使，率吴越兵为偏师由东向西攻南唐，同时派丁德裕为先锋，实为监军，使南唐东西两面受敌。

宋军自荆南东下，水陆并进，连克池州、芜湖、当涂，进屯采石矶，击败南唐军，俘千余人。十一月，宋军于采石建浮桥，南唐军多次出击采石，先后战败，宋军主力遂从浮桥渡江。

开宝八年正月，宋军进攻南唐首府金陵（今江苏南京），吴越兵也进至常州城下。宋军虽屡胜，但由于南唐坚壁抗击，历时半年多，仍未能攻下金陵。直至七月间，宋太祖也“颇厌兵”，况“南

---

① 《长编》卷 14，开宝六年四月辛丑。

② 《长编》卷 15，开宝七年九月。

土卑湿，方秋暑”，军中疫病流行，宋太祖准备“令曹彬等退屯广陵（今江苏扬州），休士马，以为后图”①。眼看宋军灭南唐的战事行将半途夭折，此时，自扬州押解来京的贪官侯陟，为免己罪，在好友、副相卢多逊的指使下，上书言南唐即将被灭，应积极进攻，不宜罢兵。宋太祖以其新自南方来京，所言情况应属实，遂令继续进攻南唐，但宋军实际上仍无多大进展。直至九月下旬，在吴越军围攻一月多以后，润州（今江苏镇江）守将刘澄投降，润州失守。南唐后主李煜“始谋遣使入贡，求缓兵”，同时听从使者徐铉的劝告，以此行“未必能排难解纷”，“要以社稷为计，岂顾一介之使，置之度外可也”②，调令南唐将领朱令赟率军十多万自湖口（今江西湖口）来援。

徐铉到开封觐见宋太祖后，历陈南唐无故被兵之理，“上（太祖）与反覆数四”，而徐“铉声气愈厉”，宋太祖终于理屈词穷，便以“卧榻之侧岂容他人鼾睡”之语申斥徐铉，能言善辩的徐铉也只得“皇恐而退”③。“卧榻之侧岂容他人鼾睡”，封建帝王的霸道跃然纸上。

开宝八年十月，朱令赟率号称十五万的援军顺江而下，却于皖口（今安徽安庆西）大败，朱令赟被俘，金陵援绝。十一月下旬金陵城破，后主李煜出降，南唐亡。

自出兵到灭南唐，历时一年多，这是宋朝在消灭南方诸割据政权中绝无仅有的。而且南唐各地守军也纷纷抗击宋军，坚守孤城长达数月之久。甚至在南唐亡后，后主李煜奉宋帅曹彬令传谕各地降宋，仍有不少地方抗命拒降。江州（今江西九江）军校胡则、宋德明率军民坚守至次年四月下旬，城破后又进行巷

① 《长编》卷16，开宝八年七月。

② 《长编》卷16；《宋史》卷441《徐铉传》。

③ 《长编》卷16，开宝八年十一月辛未。

战，以致遭到宋军的屠城。袁州（今江西宜春）刺史刘茂忠与吉州（今江西吉安）刺史屠令坚在南唐亡后，相约继续抗宋，刘茂忠还常带兵进攻已被宋占领的地区，直至八月间屠令坚死后，刘茂忠才附宋。南唐节度使郭载兴拥兵自固于虔州（今江西赣州）直至九月中旬，其时南唐灭亡已十个月。与其他割据政权灭亡后，有些地方拥兵自重发生叛乱不同的是，南唐地方官是为忠于南唐李氏而长时期继续抗宋。

五、讨 伐 北 汉

北汉建立者刘崇，为后汉高祖刘知远之弟。后周建立时，刘崇以后汉河东节度使、太原（今山西太原西南）尹自立为帝，仍称汉，史称北汉，宋时也称东汉。北宋建立时，北汉帝刘钧在位，对辽穆宗自称男，是继后晋高祖石敬瑭之后的又一个儿皇帝。北汉虽不强大，但依靠辽朝与宋抗衡，是宋朝统一战争中的劲敌。宋太祖不愿过早与辽为敌，在统一战争中采取了先南后北的战略。当建隆元年（960年）四月，宋昭义军（治潞州，今山西长治）节度使李筠反宋时，曾向北汉称臣以求援，北汉也曾出兵助李筠攻宋。当年六月宋太祖平定李筠以后，十分重视与北汉接壤的潞州防务，随即任命自己的“义社兄弟”、名望很高的李继勋为昭义节度使，镇抚宋汉边境。此后宋汉间小规模战争时有发生，但对宋太祖平定淮南节度使李重进的叛乱，吞并荆、湘等军事行动，均未产生影响。

乾德元年（963年）吞并荆湘以后，宋对北汉逐渐采取攻势。七月，安国军（治邢州，今河北邢台）节度使王全斌率郭进、曹彬等进攻北汉。八月，乐平（今山西昔阳）汉将王超、侯霸荣率所部一千八百人降宋。北汉派蔚进、郝贵超率军与辽军救援乐平，三战皆败，宋军遂攻占乐平，建为平晋军。九月，北汉与辽联军进攻平晋,宋太祖派郭进、曹彬率军援救,汉辽联军遂退。

次年初,昭义节度使李继勋率军万余人,进攻北汉辽州(今山西左权),大败北汉郝贵超所率援军于辽州城下,辽州守将率三千守军举城降宋。北汉、辽联军六万进攻辽州,李继勋、曹彬等也率六万宋军迎战,再次大败北汉、辽联军于辽州城下。四月,调侍卫马军都指挥使刘光义率禁军戍守潞州,以防北汉侵扰。同年十一月,王全斌、刘光义被调任征讨后蜀北路、东路主帅,曹彬为东路军监军,宋与北汉边境此后又处于相对平静状态。

开宝元年(968 年)七月,北汉帝刘钧去世,养子刘继恩即位。八月,宋太祖即命李继勋为主帅、侍卫步军都指挥使党进为副帅、曹彬为都监,大举进攻北汉。九月,宋军已进入北汉境内,北汉发生内乱,刚即位的刘继恩被杀,弟刘继元被迎立为帝。北汉随即派名将刘继业(即杨业,为便于行文,以下概称杨业)率军前往团柏谷(今山西太谷西南)扼守。北汉军前锋南下,刚进至洞涡水(今潇河,在今山西榆次南),即与宋先锋部队遭遇,宋军大胜,杀敌二千,俘战马五百,夺汾河桥,直抵北汉首府太原城下。李继勋随即率宋军主力围攻太原城,宋太祖谕令北汉帝刘继元投降,北汉相郭无为乘机劝刘继元降宋,均遭拒绝。十月,辽派西南面都统、南院大王耶律挞烈为兵马总管,率诸道兵出雁门(今山西代县),南下援救北汉。十一月,宋军遂解围退兵,北汉乘机侵入宋境,劫掠晋(今山西临汾)、绛(今山西新绛)二州境内居民。

开宝二年二月,宋太祖乘北汉连遭二丧(刘钧、刘继恩),刘继元又杀刘钧皇后郭氏、囚北汉世祖刘崇诸子之际,决定亲征以灭北汉。遂派曹彬、党进各领兵先发,继又任李继勋为前军主帅,后命彰德军(治相州,今河南安阳)节度使韩重赟为北部都部署,阻击南下的辽军。

北汉仍以名将侍卫都虞候杨业等领兵屯戍团柏谷，抵御宋军。杨业派陈廷山率数百骑兵南下侦察，适遇宋军李继勋所部，陈廷山即率部投降，杨业见众寡不敌随即率部退入太原城中，因而被罢免兵权。李继勋所率宋军进而包围太原。辽朝册封使韩知璠（范）至太原协助北汉指挥城守。三月，宋太祖以党进、李继勋、赵赞、曹彬所部军队分建东、南、西、北四寨，四面围攻太原城，双方战斗异常激烈。

其时适逢辽穆宗于当年二月下旬被近侍所杀，辽景宗以宗室入继帝位，一时无暇顾及北汉，虽分道出兵入援，但规模较小，多被宋军击败，北汉虽援绝但仍坚守不降。宋军于汾水筑堤引水灌太原城，宋水军乘船攻城，北汉军以积草漂塞入水口，遂即筑墙挡住洪水，太原城转危为安。时已入暑，暑雨后宋军多得痢疾，而辽将耶律沙所率援军又快到达。李光赞即向宋太祖建议退兵，然后“屯兵上党（潞州，今山西长治），使夏取其麦，秋取其禾”，通过削弱北汉经济实力，自然能荡平北汉。薛光化又建议“起其（北汉）部内人户于西京（今河南洛阳）、襄（今湖北襄樊市襄阳区）、邓（今河南邓州）、唐（今河南唐河）、汝州（今河南汝州），给闲田使自耕种，绝其（北汉）供馈。如此，不数年间，自可平定”北汉①。于是，宋太祖下令迁移北汉民户安置于宋境，随后即退兵。

宋军此后采取浅攻轻扰战略，抢收成熟的农作物，破坏北汉的经济，俘掠民户南迁，削弱北汉的人力资源，北汉从此日渐衰弱。而宋太祖的统一战略重点再次转向南方，数年间相继削平南汉、南唐，南方割据政权仅剩助攻南唐的吴越和僻处闽东而又十分弱小的泉漳，暂时还未列入宋太祖的统一战略部署。宋太祖在开宝八年末灭南唐后，再次将统一战略目标转向北汉。当

---

① 《长编》卷10，开宝二年闰五月壬子、己未。

开宝九年二月为攻灭南唐的将领论功行赏之际，宋太祖即对主帅曹彬说:“更为我取太原(北汉)”①，表明了宋太祖下一步消灭北汉的决心。

同年八月，宋太祖决定讨伐北汉，以侍卫马军都指挥使党进为主帅、潘美为都监，太祖“义社兄弟”杨光义任行营都虞候为主将，接着又任命驻守镇州(今河北正定)的郭进作为偏师(北路军)的主将。

同月下旬，宋太祖诏令分路攻击北汉，郝崇信、王政忠率部攻太原西南的汾州(今山西汾阳)，阎彦进、齐超率部攻太原南面的沁州(今山西沁源)，孙晏宣、安守忠率军攻太原东南的辽州(今左权)，齐延琛、穆彦璋率军攻太原西面的石州(今山西离石)，而北路军主将郭进与侯美率军进攻太原北面的忻州、代州(今山西代县)，五路出兵，分攻太原四面各州，而以党进率主力直攻太原。如此规模，这是此前后周、宋太祖征讨北汉时所没有的。

九月上旬末，宋军主力郭进率部进抵太原城下，列寨攻城。至十月上旬，各路宋军纷纷战胜北汉军。正当宋太祖踌躇满志按预定步骤进行统一战争的战略部署时，由于他的突然去世，使这次可能消灭北汉的战争悄然结束。

宋太宗在开宝九年十月夺位后，改当年为太平兴国元年，于太平兴国三年迫使吴越归地、泉漳纳土后，太平兴国四年初再次征讨北汉。

太宗任命潘美为主帅，崔彦进、李汉琼、曹翰、刘遇各率所部分攻太原城四面，米信、田重进分任马、步军主将。二月，又下诏亲征，前往镇州(今河北正定)督战，北汉的沁州(今山西沁源)、汾州(今山西汾阳)、岚州(今山西岚县北)等地纷纷受到宋军的攻击。北汉随即向辽乞援，辽派南府宰相耶律沙为都统、冀王耶

---

① 《长编》卷17，开宝九年二月庚戌。

律敌烈为监军，率耶律斜轸等部辽军南下救援。三月，宋石岭关（今山西忻县南）都部署郭进，阻击辽军于石岭关东南的白马岭（今山西盂县北），乘辽军渡涧未半之际，率军猛击，辽军大败，监军冀王耶律敌烈及其子、主帅耶律沙之子等五员辽将战死。由于耶律斜轸率部赶至，才挡住了宋军的攻势①，双方退兵，这是北宋对辽战争中取得最大胜利的一次战斗，而且是由偏师郭进率部战胜的。辽军一时无力南援，宋太宗又加派王侁、刘文裕率军分守石岭关，北汉期待的辽援遂绝。而北汉又因宋太祖采取“尽驱其人民分布河、洛之间”，“而危困已甚”②，经济实力、人力资源受到了很大的限制，军事实力已大大下降，各州县纷纷被宋军攻占，宋太宗也到太原城外督战。五月初，宋军攻陷太原城外的羊马城，遂直接攻至太原城下，北汉将领开始出降。五月初五，北汉末帝刘继元在大臣马峰的规劝下降宋，五代时留下的最后一个割据政权终于被消灭。而北汉国力实际上已十分衰弱，十州一军共四十一县，而户口仅三万五千多户，军队亦只三万，户数尚不及此前“泉漳纳土”时二州户数的四分之一。

六、泉漳纳土、吴越归地

宋朝建立时，除北方的辽朝外，尚有南唐、吴越、南汉、后蜀、北汉、湖南、荆南、泉漳八个割据政权。宋太祖时已攻灭荆南、湖南、后蜀、南汉、南唐，在暂时保留吴越、泉漳的情况下，于末年企图再灭北汉，最后才以政治或军事的方式统一吴越与泉漳。然

---

① 《长编》卷 20，太平兴国四年三月乙未；《辽史》卷 9《景宗纪下》，卷 83《耶律斜轸传》，卷 84《耶律沙传》。

② 《长编》卷 20，太平兴国四年正月。

而由于太祖去世，征讨北汉的战争半途而废。宋太宗即位后，改变了最后的统一战略部署，在征讨北汉前，先以政治手段解决了吴越和泉漳割据政权。

宋朝建立时，泉、漳（今福建泉州、漳州）地区的割据者为留从效，时臣属于南唐。南唐中主李璟以泉州为清源军，任留从效为清源军节度使、泉漳等州观察使，封晋江王。建隆元年（960 年）十二月，留从效遣使奉表同时臣服于宋。建隆三年三月，留从效病死，部将陈洪进拥立张汉思。乾德元年四月，陈洪进废张汉思自立，南唐遂以陈洪进为清源军节度使，泉、南（漳州改称）等州观察使。同年冬，陈洪进以清源军节度副使、权知泉南等州军府事，遣使间道奉表于宋太祖以示臣服，并请颁降朝命。乾德二年正月，宋改清源军为平海军，任命陈洪进为节度使、泉漳等州观察使，正式承认其为藩属。开宝九年（976 年）七月，陈洪进以吴越王钱俶已朝觐过宋太祖，而南方割据政权只剩下他还未朝觐而不安，乞修朝觐礼。同年冬，陈洪进已行至南剑州（今福建南平），得知宋太祖死讯，即回泉州发丧致哀。

太平兴国二年（977 年）五月，陈洪进再次出发来朝，八月初到京朝见宋太宗。但直到次年四月，仍无归镇消息，实同拘留。无奈之下，陈洪进只得采用幕僚刘昌言之计，于四月二十五日上表献纳所辖泉、漳二州地。陈洪进被移领武宁军（治徐州，今江苏徐州）节度使，加同平章事为使相。但并不赴本镇，而是“留京师奉朝请”[1]，史称“泉漳纳土”。

吴越自唐末钱镠据有两浙以来，历经五代，臣服于中原的所有王朝，采取保境安民之策。宋朝建立时，钱俶为吴越国王、天下兵马都元帅，宋太祖加封其为天下兵马大元帅，钱俶也遣使

---

① 《宋史》卷 483《陈洪进传》。

朝贡。

开宝七年(974 年)十月,宋攻南唐时,钱俶被任为东南面行营招抚制置使,亲率吴越兵助攻南唐,在宋灭南唐的战役中建有大功。开宝九年二月入朝,钱俶享受到作为臣子的最高礼遇,不仅是“剑履上殿,诏书不名”,而且夫人破例受封为吴越国王妃,甚至让他与太祖弟赵光义、赵光美(廷美)叙兄弟之礼。当时群臣“皆有章疏,乞留(钱)俶而取其地”①,但太祖并没有这样做,及时放他归藩。这方面固然是因为钱俶全力助宋灭南唐建有大功,此时即将他扣留迫其献地,未免不义②;更重要的是,在宋太祖的统一战略部署中,吴越归地是在最后进行的。开宝九年三月钱俶回国时,宋太祖将群臣奏请扣留钱俶迫其献地的章疏封好后交给钱俶,对他说:“途中宜密观”。其目的在于提醒钱俶,当宋灭北汉以后,最晚是在从辽朝手中赎回或夺回燕(今北京)云(今山西大同)十六州之后,钱俶能自请“归地”,这样统一进程可以进行得十分自然。

宋太宗即位,钱俶不仅随即派其子钱惟演前来庆贺,而且于太平兴国三年三月亲自朝觐太宗。四月下旬泉漳陈洪进被迫“献地”之后,钱俶深感不安,遂上表奏纳所有将士及武器装备,请求解除吴越国王封号、天下兵马大元帅职名及相关的礼遇,只“求归本道”,但宋太宗没有允许。钱俶在不知所措的情况下,采纳幕僚崔仁冀的建议,于五月初向太宗上表献纳吴越国土,史称“吴越归地”。宋太宗给予钱俶可谓最高的荣誉,移封淮海国王,虽然诏书中称“其以淮南节度管内封(钱)俶为淮海国王”③,但并无实际封地,只是留居京城奉朝请。

① 《长编》卷 17,开宝九年三月辛未。

② 《长编》卷 15,开宝七年十一月戊子。

③ 《宋史》卷 480《钱俶传》。

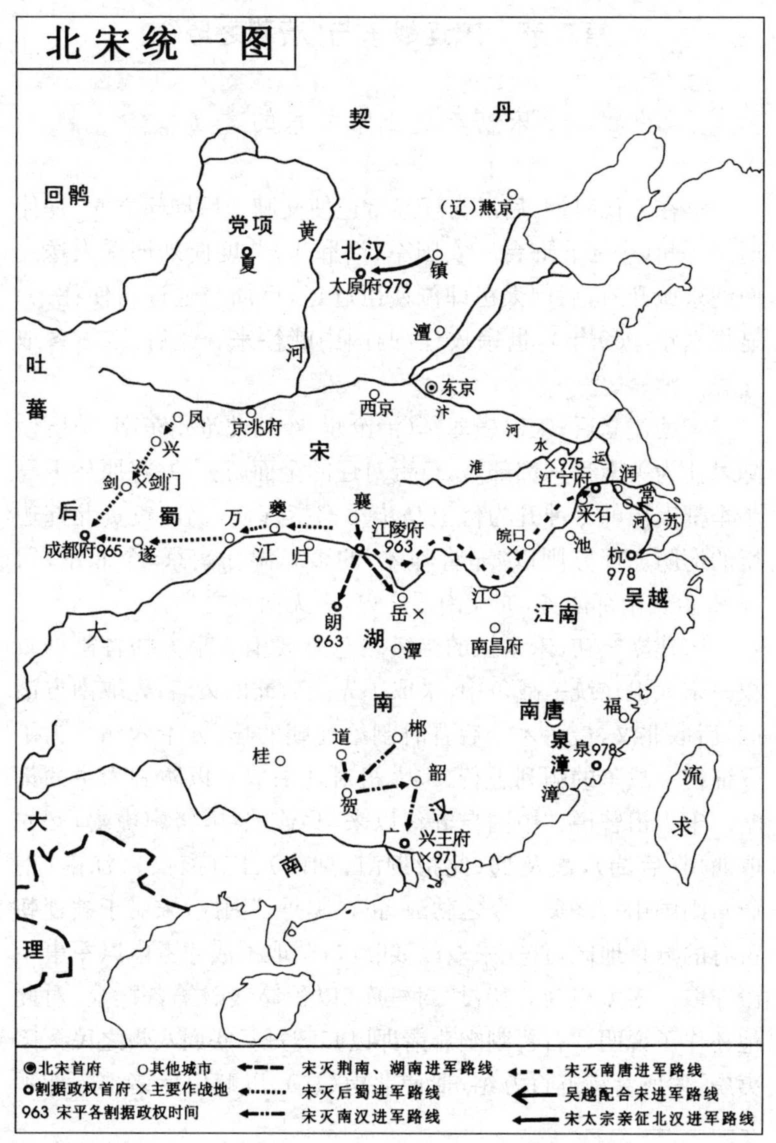
北宋统一图
契
丹
回鹘
党项
夏
黄
河
北汉
太原府979
镇
(辽)燕京
澶
吐
蕃
东京
西京
京兆府
汴
河
水
凤
兴
剑
×剑门
宋
淮
×975
江宁府
运
润
常
河
苏
采石
后
蜀
万
夔
襄
江陵府
963
皖口
池
杭
978
成都府965
遂
江
归
江
吴越
朗
963
岳×
湖
潭
江南
南昌府
大
南
南唐
福
道
郴
泉
漳
泉978
桂
韶
流
求
贺
漳
汉
大
广
兴王府
×971
南
理
●北宋首府
○其他城市
◉割据政权首府
×主要作战地
963 宋平各割据政权时间
宋灭荆南、湖南进军路线
宋灭后蜀进军路线
宋灭南汉进军路线
宋灭南唐进军路线
吴越配合宋进军路线
宋太宗亲征北汉进军路线

第二节　宋辽战争与“澶渊之盟”

一、宋初与辽正常关系的建立

早在五代时期，后汉与辽经常遣使交聘。后周建立时，辽使适至邢州（今河北邢台），安国军（治邢州）节度使刘词派人送辽使到京城开封，后周太祖即派使臣赴辽，后周与辽遂聘使往来。显德六年（959年），世宗攻辽，两国中断往来。此后，双方各取守势。

宋朝建立后，宋以横海军（治沧州，今河北沧州东南）节度使陈思让为关南兵马都部署，负责对辽的全面防务；并将原侍卫马步军都虞候韩令坤升为侍卫马步军都指挥使，仍旧负责北部边境的巡防。辽方则以“非将帅才”的萧思温任南京（今北京）留守①，负责南部防务，亦无南侵之谋，更无南侵之举。

宋建立之初，宋太祖的当务之急是要消灭南方的各割据政权。宋太祖在统一战争中，采取了先南后北的策略，先取南方诸国，后取北汉，最后才是后晋时割给辽朝的燕、云十六州。为了保证统一战争的顺利进行，宋太祖对辽采取了以防御为主的策略。宋太祖曾说：“中国自五代以来，兵连祸结，帑廪虚竭，必先取西川（后蜀），次及荆（此指荆南、湖南）、广（南汉）、江南（南唐），则国用富饶矣。今之勍敌，正在契丹。”因此，宋对于被辽朝占有的燕京地区，首先采取以钱赎取，赎取不成才考虑以军事手段夺取。宋太祖为此特设“封桩库”以积储钱财筹备赎金，对此他还作了说明，“石晋割幽燕诸郡以归契丹。朕悯八州之民久陷夷虏，俟所蓄满五百万缗，遣使北虏（辽），以赎山后诸郡。如不

---

① 《辽史》卷78《萧思温传》。

我从，即散府财募战士，以图攻取”。赎金的来源是平定诸国后“收其府藏”，以及“每岁国用之余，皆入焉”①。

所以，宋初除了在宋军讨伐北汉时，阻击南下援救北汉的辽军时发生较大的战斗外，宋太祖末年以前的宋辽之间，是一种偶有边境局部冲突，又无官方交往，但允许民间进行边境贸易的特殊关系。甚至在乾德三年（965 年）冬，当“契丹侵易州（今河北易县），略居民”时，宋太祖竟然采取“令监军李谦昇率兵入其（契丹）境，俘生口如所略之数，俟契丹放还易州之民，然后纵之”②的办法，而不是派人前往交涉，也不是出兵反击，正是这种不战不和、亦战亦和，以防御为主政策的具体体现。

开宝七年（辽保宁六年，974 年），北宋建国已十五年，宋辽之间终于出现了新情况。辽方记载这年“三月，宋遣使请和，以涿州（今河北涿州）刺史耶律昌朮（合住）加侍中，与宋议和”③，言明主动议和的是宋方。而宋方则说：“契丹涿州刺史耶律琮（合住的汉名）致书于权知雄州（今河北雄县）孙全兴，其略云：‘两朝初（本）无纤隙，若交驰一介之使，显布二君之心，用息疲民，（重修旧好）长为邻（与）国，不亦休哉！’”是年十一月“辛丑，全兴以琮书来上，上命全兴答书，并修好焉”④，则表明是辽方主动议和。史称辽涿州刺史耶律合住“久任边防，虽有克获功，然务镇静，不妄生事以邀近功。邻壤敬畏，属部乂安。宋数遣人结欢，冀达和意，合住表闻其事，帝许议和。安边怀敌，多有力焉”⑤。不论何方请和，议和之意图显然始于相邻的涿、雄二州

① 江少虞《宋朝事实类苑》卷 1。参见王闢之《渑水燕谈录》卷 1。

② 《长编》卷 6，乾德三年十一月。

③ 《辽史》卷 8《景宗纪上》。

④ 《长编》卷 15，开宝七年十一月辛丑。《宋会要辑稿》蕃夷 1 之 1、2，载有来书全文，文意较优，初作本、邻作与，又有“重修旧好”及其他文句。

⑤ 《辽史》卷 86《耶律合住传》，合住亦作昌朮。

长时期的和平相处，亦实有赖于二州地方长官的推动。耶律合住来信中所说的“重修旧好”，当即是指后周太祖与辽互相遣使交聘的历史，“长为与国”是希望两国长期成为友好的邻邦。而宋朝此时正在进行攻取南唐的战争，也希望北部边境获得安宁，因而这封信受到宋太祖的高度重视。所以，宋太祖按照对等的原则，要权知雄州孙“全兴答书，并修好焉”。辽方记载次年元旦，“宋遣使来贺”，未见于宋方记载，当是雄州知州孙全兴按照宋太祖“修好”的诏旨，遣使赴辽庆贺元旦。辽方遂于“夏四月，遣郎君矧（《宋史》作慎）思使宋”[①]。宋方记载此事于三月末到京，而且“先是，涿州遗孙全兴书，云遣使克妙（一作沙）骨慎思”，很可能是涿州刺史耶律合住已授权“议和”，而在遣使后才向辽景宗报告的。宋太祖得知辽使前来，派“郝崇信至境上迓之”，而且两次召见，礼节也相当隆重，还设宴于长春殿，并“召至便殿，观诸班骑射，令其二从者袅屋六、除骨与卫士驰射毛球，截柳枝”[②]，以示友好，但这还不是正式交聘的开始。同年七月上旬，宋太祖派郝崇信、吕端出使辽朝，史称辽朝“至（原字残缺）是始与中国交聘”[③]。而辽使耶律德霸等也于八月下旬至宋京城，太祖不仅“厚赐之”，而且“令从猎近郊”，宋太祖还“亲射走兽，矢无虚发”[④]。辽使的任命当亦在七月间。

从此，宋辽双方不断遣使交聘，庆吊相通，才有了正式的官方渠道，建立起正常的外交关系。然而，刚建立数年的宋辽正常关系，因宋太宗于太平兴国四年（辽乾亨元年，979 年）率军亲征北汉而告结束。

---

① 《辽史》卷 8《景宗纪上》。

② 《长编》卷 16，开宝八年三月己亥。参见《宋会要辑稿》蕃夷 1 之 2。

③ 《宋会要辑稿》蕃夷 1 之 2。

④ 《长编》卷 16，开宝八年八月壬戌。《辽史》卷 8《景宗纪上》，缺载遣使赴宋及宋使前来事。

二、高梁河之战

太平兴国四年，宋军讨伐北汉，辽景宗遣使询问原因，而宋方的回答是："河东（北汉）逆命，所当问罪，若北朝不援，和约如旧，不然则战。"[①]这无异是一份宣战书，因为辽与北汉有着特殊关系，不可能对宋灭北汉的战争置之不顾，必然会出兵干预；而如若辽朝此次出兵救援北汉，宋朝也不会再像宋太祖时那样，只是阻击来援的辽军，并不主动对辽作战，而是"不然则战"。因此，辽景宗也作了战争部署。

二月中旬，辽景宗派南府宰相耶律沙为都统、冀王耶律敌烈为监军，统军南下救援北汉，继之，又派出南院大王耶律斜轸所部。三月初，派北院大王耶律奚底、乙室王耶律撒合等率军南下，戍守燕京[②]。接着又命韩倖与大同军（治大同，今山西大同）节度使耶律善补以本路兵南下，作为辽援北汉的西路军。但是，辽援军主力以耶律沙为首的东路军在半路上被宋军打败，而西路辽军主帅耶律善补得知东路军失利，也收兵北归[③]。北汉从此援绝，于五月初降宋。辽东路军在休整后原拟继续援救北汉，在得知北汉已经降宋后，遂退往辽燕京。

宋太宗在灭北汉以后，决定乘势攻取辽燕京。六月初，宋军进入辽境，辽东易州（即岐沟关，今河北涞水东）降，涿州也在稍作抵抗后投降。六月中旬初，宋太宗亲抵燕京城南，辽军北院大王耶律奚底、南京统军使萧讨古和乙室王耶律撒合所部辽军万余人，迎战宋军于城北的沙河（水名，在今北京昌平南）。辽军战

---

① 《辽史》卷9《景宗纪下》。

② 燕京，辽建为南京，宋人常称为幽州，为便于行文，概称燕京。

③ 《辽史》卷9《景宗纪下》，卷83《耶律斜轸传》，卷84《耶律沙传》、《耶律善补传》。详参第二章第一节"讨伐北汉"。

败，耶律奚底部溃退，伤亡千余人，萧讨古部"不敢复战，退屯清河"（水名，在今北京昌平北）北，耶律撒合部则"全军还"①。宋军初战告捷，包围燕京。六月下旬，宋军刘遇、宋偓、孟玄喆、崔彦进诸将受命分攻燕京东、南、西、北四面。宋军"围城三周，穴地而进，城中民怀二心"，战斗十分激烈，宋军围攻近半月之久，一度"三百余（人）夜登城"②，为守军击退。

当沙河之战，辽军耶律奚底部被宋军击溃时，耶律斜轸正率部赶来，但已无法挽回败局，遂改变战术，耶律"斜轸取奚底等青帜，军于得胜口（今北京昌平西北）以诱敌"，宋军果然进行追击，而耶律斜轸率生力军于宋军阵后攻击，宋军战败而退，辽部署在城北的诸军才得以休整。辽景宗又改命耶律休哥代替战败的耶律奚底，率生力军"五院"军南下援救被围攻的燕京。

七月上旬，辽军耶律沙部与宋军激战于燕京西北郊的高梁河（今北京西直门外），耶律沙战败退军，宋军乘胜追击，却遭到耶律斜轸部与新到的耶律休哥部的两翼夹攻，战斗异常激烈。

此次宋太宗虽亲临前线督战，但当年太祖亲讨李筠、李重进和北汉时，他都是留守京城，因而没有参加过重大战役，缺乏实战经验，同时也缺乏统筹全局的战略思想。此前亲征北汉时，因为北汉援军被绝，宋军的任务只是攻城，并无后顾之忧；此时宋军围攻燕京，辽军以弱旅守城，将主力部署在城外，主要是燕京的西北郊，以进击攻城的宋军，寻机进行决战以击败宋军。而宋太宗丝毫没有考虑敌方形势的变化，仍依照围攻北汉首府太原城的战略战术，将主要兵力平均分布于燕京城的四面，对于城外辽军的攻击则各自应对，基本上没有应对突发战事的机动兵力。

---

① 《辽史》卷9《景宗纪下》，卷84《萧讨古传》，卷85《耶律撒合传》。又，沙河，有学者称是今涿州城北拒马河，若是，则耶律斜轸不应于八十公里外长城脚下（今居庸关东）树青帜以诱宋追军。此说似误。

② 《辽史》卷83《耶律学古传》。

又令攻打太原城时的勇将曹翰与马军主将“米信率兵屯(燕京)城东南隅,以备非常”,而不是屯守在城西北隅,以对付辽军在城外的主力,显然这里的“以备非常”,是指一旦宋军战败,宋太宗则可在曹翰和米信所部生力军的保护下南逃。曹翰虽身经数战,但并未遭遇过辽军劲敌,而此次宋军与辽军战斗之激烈程度是前所未有的,以致曹翰产生畏敌情绪。据称曹翰所部“军士掘土得蟹以献,翰谓诸将曰:‘蟹,水物而陆居,失其所也。且多足,敌救将至之象。又蟹者,解也,其班师乎!’”①显然,曹翰认为宋军进攻燕京,是“失其所也”,这表达了当初诸将多不愿攻辽的心理;而“敌救将至”、“其班师乎”,实际是准备南逃。

当高梁河之战激烈进行时,宋太宗“幸城西北隅”。这很可能是在宋军击败辽军耶律沙的猛烈进攻,迫使耶律沙退兵之际,宋军将领向宋太宗报告胜利消息,宋太宗才“幸城西北隅”的,所谓“督诸将攻城”②,则纯属谀词。谁知宋太宗到达后不久,宋军遭到辽援军的夹击。宋军奋勇作战,以致辽军主将耶律休哥身“被三创”而“不能骑”马③,但是,宋军也因得不到生力军的援助,终于战败溃退。宋太宗也中箭受伤,随溃军南逃。屯兵燕京城东南隅“以备非常”的曹翰、米信部宋军,在此“非常”时刻,既没有前往接应,也没有前来“救驾”,很可能是得知败讯后先行南逃。宋太宗只得随乱军逃到涿州,才追上溃退的宋军继续南逃,进入宋境后方才稳定下来。到达定州(今河北定州)后,总算得到了喘息的时间,宋太宗对北方的防务重新作了部署,命崔翰和孟玄喆等留屯定州,李汉琼屯守镇州(今河北正定),崔彦进则屯守关南(今河北河间),“得以便宜从事”④,以抵挡辽军的追击。

---

①② 《长编》卷20,太平兴国四年七月癸未。

③ 《辽史》卷83《耶律休哥传》。

④ 《长编》卷20,太平兴国四年七月庚寅。

而辽军也因受到重大伤亡，追至涿州后即退兵，没有进入宋境。宋太宗企图乘消灭北汉之势，一举攻占辽燕京，终因高梁河之战大败逃归而告破灭。

三、满城、瓦桥关之战

宋太宗攻辽燕京大败而归后，辽景宗决定侵宋以报复。在高梁河之战结束之后不满两个月，即于太平兴国四年九月初，辽以燕王韩匡嗣为都统，南府宰相耶律沙为监军，高梁河之战的主将耶律休哥、耶律斜轸以及权奚王耶律抹只各率所部从征，大同军节度使耶律善补率西路军，分道侵宋，“以报围（燕京）城之役”①。

辽军大举南下的消息传来，镇州都钤辖刘廷（一作延）翰率军设阵于徐河（今河北徐水南）；屯兵关南（今河北河间）的主帅崔彦进则率部出黑卢隄（今河北徐水北）北，沿长城口（今河北徐水西北）潜行到辽军的背后；定州、镇州的驻军主帅崔翰和李汉琼率军先后北上。宋军崔翰部进至满城（今河北满城西），辽军也正好到达，崔翰的部将赵延进登高远望，只见辽军“东西亘野，不见其际”。崔翰按照宋太宗所下阵图布阵，分为八阵，阵与阵之间相距百步，宋军因兵力分散，又与辽军众寡悬殊，“士众疑惧，略无斗志”②。赵延进建议集中兵力，合击辽军，并愿承担违背诏令的责任。崔翰犹疑不决。监军李继隆鼎力支持，说：“事有应变，安可预定，设获违诏之罪，请独当也。”③崔翰才决定集中兵力，改为前后二阵，互相接应，宋军士气方振。宋军且以示

---

① 《辽史》卷 83《耶律休哥传》。

② 《宋史》卷 271《赵延进传》。

③ 《宋史》卷 257《李继隆传》。

弱战术，表示降辽，辽军统帅韩匡嗣自以为宋军刚自高梁河之战大败之余，不敢与辽军作战，因而准备受降，主将耶律休哥则觉得事有可疑，遂向韩匡嗣说："彼军气甚锐，疑诱我也，可整顿士卒以御。"但韩匡嗣不听，不为备，宋军突然军鼓大作，发起攻击，辽军惊慌失措，李汉琼部宋军又适时参加战斗，"尘起涨天"，辽军"无当其锋"，遂全线溃奔。败退途中又遇到崔彦进的"伏兵扼要路"，辽军统帅韩匡嗣弃军逃窜，宋军追击至遂城（今河北徐水西）而回，杀、俘以万计，缴获马千余匹以及大量军用物资，取得了空前的胜利，史称"满城之战"。韩匡嗣回国后，辽景宗斥之以"弃我师旅，挺身鼠窜"，"捐弃旗鼓，损威辱国"①的罪名，"促令诛之"，后在皇后等人的劝解下才予以杖责免官的惩处。

满城之战，宋军大获全胜，其关键在于宋将敢于在阵前废弃宋太宗诏定的八阵而改为前后二阵，相对集中了兵力，同时又设置了潜行于敌后的伏兵，而且最后参战的宋军总数达八万人之多，这是出乎辽军意外的，辽军最初面对的只是原驻守定州的崔翰所部的大约二三万人的一镇之兵。此外，辽军的轻敌之心也是导致其失败的原因之一。在辽军将帅看来，败军之将、败军之兵不足以言勇，因而轻信伪降而不为备，又不曾料到原驻守镇州李汉琼部的中途参战，加上辽军统帅惊慌失措，将士无所适从，因而当宋军再次发起冲锋后，辽军即开始奔逃，"众既奔"②，一发不可收拾。在宋军对奔逃的辽军发起第三次冲击后，败退的辽军又遭宋伏兵邀击，"敌众（辽军）崩溃，悉走西山，投坑谷中"③，争相逃命。即使是在高梁河之战中打败宋军的主力耶律休哥所部，也只得随着溃军后退，虽然做到了"全军还"，还收取

---

①② 《辽史》卷74《韩匡嗣传》。

③ 《长编》卷20，太平兴国四年九月丙午。

他军“所弃兵械”[①]，但也无力组织反击，一直退到遂州后才“整兵进击”[②]，阻止了宋军的追击。这次攻宋战争落得如此大败，被辽景宗视为奇耻大辱，决心亲征进行报复。

太平兴国五年（辽乾亨二年，980 年）十月初，辽景宗亲率大军南侵。同月上旬末，宋太宗也在加强北方的战略部署，命杨重进、毛继美率兵屯关南，蔡玉、陈廷山领兵屯定州，卢汉赟率军屯镇州，以防备辽军南侵。十月中旬末，又命侍卫亲军司的马军司长官都指挥使米信，以及郭守赟、李斌、江钧等前往定州指挥屯戍部队。其时辽景宗已在固安（今河北固安）以青牛白马祭天地誓师后，正向宋境雄州（瓦桥关，今河北雄县）进发。同月末，辽军包围雄州。十一月初，宋将袁继忠命部将荆嗣率军千余乘夜袭击辽军营，为辽将萧斡和耶律痕德所部击败，荆嗣遂率军突围南逃。为援救雄州，宋将张师引兵出战，又为辽将耶律休哥部击败，张师战死，余军退入城中坚守。宋援军设阵于南易水河（约当于今大清河）南，辽将耶律休哥率骑兵渡河作战，宋援军战败南退，辽军追击至莫州（今河北任丘）。关南（今河北河间）主将崔彦进率部北上阻击，辽将耶律休哥才率军北还。宋军再次北上救援雄州时，又被辽军击败。辽景宗见虽多次击败宋军，但仍未能攻占雄州，而宋军一再来援，遂于同月中旬退兵，下旬退回燕京。因雄州原称瓦桥关，史称瓦桥关之战，亦称雄州之战。这场战役，宋辽双方各称战胜，实际上是辽军胜多败少，但并未取得决定性的胜利；宋军虽胜少败多，损失可能较辽军为多，但雄州仍坚守未被攻陷。崔彦进因抗辽有功，即升为关南兵马都部署。

宋太平兴国七年（辽乾亨四年，982 年）四月，辽景宗再次

---

① 《辽史》卷 74《韩匡嗣传》。

② 《辽史》卷 83《耶律休哥传》。

“自将南伐……至满城。战不利，守太尉奚瓦里中流矢死，统军使善补为伏兵所围，枢密使斜轸救免”。《辽史·景宗纪》以寥寥数语叙述此次辽景宗的亲征，《耶律善补传》也只是简单记载“与宋军战于满城”，五月就“班师”退回辽境。而据宋方记载，此次辽军南侵规模相当大，有三万多人分三路南侵，辽景宗亲率东路辽军。宋军高阳关（原关南）都部署崔彦进于五月上旬阻击辽东路军于唐兴口（今河北新安西南），而非满城，这很可能是辽景宗只到达满城，而辽军前锋已进至东南百里以外的唐兴口，遭宋军伏兵的围攻。唐兴口之役，辽军损兵折将，二千人战死，兵器羊马损失以万计。辽西路军向南袭击雁门，也被潘美、杨业[①]击败，死伤以千计。而另路辽军偏师进攻府州（今陕西府谷）时，又被宋将折御卿击败，死伤以百计。三路辽军都以一战致败，这在宋辽战争史上是少有的。初战即告失利，辽景宗无力继续南侵，退兵辽境。

四、岐沟关之战

辽景宗于乾亨四年（宋太平兴国七年，982 年）四月，大举攻宋失败后，于当年九月去世。辽圣宗即位，萧太后（萧绰，小字燕燕）摄政后，对宋采取防御战略，未再大举南侵，宋辽边境处于相对平静的状态。

然而，辽对宋采取防御为主的战略，却被宋朝一些边将视为软弱的表现。历任莫州（今河北任丘）、雄州（今河北雄县）知州

---

① 《宋史》卷 272《杨业传》载：早在太平兴国四年十一月，宋太宗为加强河东的防务，将不久前北汉灭亡后才降宋的名将、号称“无敌”的杨业，任命为代州（今山西代县）知州兼三交（今太原）驻泊兵马部署，潘美为都部署。当次年三月，辽军南侵代州边境的雁门时，杨业率骑兵经关西的西陉北上，由小路到大雁门北口，从背后向南攻击辽军，辽军大败，“自是契丹望见（杨）业旌旗，即引去”。

的外戚贺令图（太祖贺皇后侄），前些年参加了宋辽边境的战争，尤其是辽景宗后期侵宋战争的相继失利，给他造成辽军不强的错觉；又自认为辽圣宗以十二岁即位，由母后萧太后摄政，主少国疑，是宋攻辽的大好时机，于是上奏“请乘其衅以取幽燕”①。持相同观点的，还有太平兴国七年时任高阳关都监、外戚刘文裕（太宗祖母刘氏侄孙），以及后来在北征中任先锋都监的薛继昭和以幻术得幸的宠臣侯莫陈利用，也乘机请求宋太宗出兵。

雍熙三年（辽统和四年，986 年）正月下旬初，宋太宗任命宿将、攻灭南唐的统帅曹彬为幽州道都部署，此前曾大败辽军的崔彦进为副都部署，率主力军北上，直取燕京。另以侍卫马军都指挥使米信为西北道都部署，杜彦圭为副帅，率军出雄州；侍卫步军都指挥使田重进为定州路都部署，率部出飞狐（时属辽，今河北涞源），二支偏师用以分辽军兵力，阻击辽从西京（今山西大同）方面可能来的援军。可能是宋太宗战略思想上有了改变，决定利用曹彬等所率十万宋军北上的声势，以吸引西部辽军东援，遂于上述命令发出二十多天后的二月中旬，任命灭南汉的统帅、灭南唐的副帅潘美为云（今山西大同）、应（今山西应县）、朔（今山西朔州，时皆属辽）等州都部署，名将杨业为副都部署，率军出雁门，作为宋西路军，乘虚攻取云州地区，然后与东路宋军会攻燕京，给燕京的辽守军制造强大的心理压力，以便比较容易攻取燕京。

三月上旬，东路宋军主力曹彬所部与辽军战于固安南，宋军乘胜攻占固安。西路宋军潘美、杨业率部由雁门西北的西陉进入辽境，击败辽守军，追击至寰州（今朔州东），再次击败辽军，三月中旬，寰州降宋。东路宋军曹彬部也在与辽涿州守军激战后攻占涿州。

---

① 《长编》卷 27，雍熙三年正月。

辽南京留守耶律休哥得知宋军分道攻辽，而辖区内岐沟关（今河北涞水东）、涿州、固安、新城（今河北新城西南）都已被宋军攻占，随即向辽圣宗求援。萧太后即遣使征发诸部兵南下增援燕京，又派东京（今辽宁辽阳）留守耶律抹只领大军增援，随后又下诏亲征。

宋军西路军进围朔州，辽守将降；接着宋军攻占应州，四月初再攻克云州。激烈的战斗发生在东路军的偏师田重进所部出击飞狐时，辽西南面招安使大鹏翼率军二万余人救援飞狐。宋军兵力处于劣势，一日数战，激战多日，仍未分胜负，遂采取以兵二千列队树旗，另以二三百人举白旗于路边，给辽军以宋大军前来支援的假象，由勇将荆嗣率精骑五百冲击辽军大营，当辽军惊疑不定准备退兵时，田重进率主力进攻，辽军溃退，主将大鹏翼等多人被生擒。宋军进围飞狐，守军见援绝遂降。接着蔚州（今河北蔚县）、灵丘（今山西灵丘）相继降宋。云州地区的要地已被宋西路军及田重进偏师先后占领。而西北道偏师统帅米信率部与辽军苦战于新城东北，被围数重，箭下如雨，米信手持大刀率部下百余骑，大呼突围，北征主帅曹彬派李继宣率援军到达，才将辽军打败，双方都遭受重大伤亡。

面对宋军主力曹彬东路军占领燕京南部大片地区的形势，辽南京留守耶律休哥在援军尚未到达，守军势单“力寡，不敢出战”的情况下，采取夜间以轻骑袭击宋军，使宋军不能很好休息；白天以精锐部队作出攻击的态势，以使宋军“劳于防御”；“又设伏林莽”间，以切断宋军运输粮道①。曹彬率主力驻留涿州十余日，终因粮道不畅，“食尽，乃退师至雄州，以援供馈”②。但是，当得知西路军与田重进部取得重大胜利的消息后，曹彬及部将

① 《辽史》卷83《耶律休哥传》。

② 《长编》卷27，雍熙三年四月。

们以拥有重兵而未取得多大战果，于是决定再攻涿州。攻涿州受到辽军的重重阻击，一百多里路经过二十日的且战且行才到达涿州，将士疲敝，粮草又不继，只得再次退兵。宋军涿州守将卢斌率部万人，携城中居民结阵向西南沿狼山（今河北易县西）南逃。而曹彬率主力退向岐沟关（今河北涿州西南），宋军已无复部伍。辽耶律休哥率军追击，至岐沟关北追及宋军。宋军环粮车自卫，大败后乘夜渡过巨马河（今南拒马河），曹彬等再渡易水（巨马河支流，今河北易县南），退屯于易水南。大军在夜渡巨马河时，“人畜相蹂践而死者甚众”①。先锋李继隆的部将李继宣率部殿后，力战于巨马河，辽追兵战败而退，宋溃军才得以相继渡河南逃，“独（李）继隆所部振旅而还”②。因宋军主力仓皇南逃，“挽漕数万人匿岐沟空城中”③，被辽军包围，可能是辽军不知虚实，而主力又南下追击，因而未敢强攻，随即退兵，数万运粮军士与民夫得以平安退回宋境。此战实际上主要是辽军追击溃退的宋军，并未发生重大战斗，史称“岐沟关之战”。

东路宋军偏师田重进所部闻主帅曹彬南逃后，也自蔚州退兵，部将袁继忠率部“为后殿，行列甚整”④，退至定州，这是此次战役中唯一一支没有战败过的宋军。另一支偏师米信所部，则随主帅曹彬一起溃退。西路宋军也奉诏退兵回代州，同时奉命将云、朔等四州民户迁移到宋境，冀以削弱辽的实力。

然而，正在退守之际，西路军内部产生矛盾，导致杨业所部全军覆没。西路军副帅杨业自北汉亡后降宋，不到一年即立功代北，受到宋太宗重用，已经遭到守边宋将们的嫉妒。此次又升任西路军副帅，主帅潘美、监军王侁和刘文裕均极为不满。杨业

---

① 《长编》卷27，雍熙三年五月庚午。

② 《宋史》卷257《李继隆传》，卷308《李继宣传》。

③ 《辽史》卷11《圣宗纪二》。纪称：“壬申，以皇太后生辰，纵还。”显系谀词。

④ 《宋史》卷259《袁继忠传》。

虽名为副帅，但他的决策不能贯彻，实际仍被视作一员降将。其时，辽诸路兵马都统耶律斜轸已于五月进占蔚州，六月又领十万辽军攻占寰州。在这种形势下，杨业提出接应云、朔、应三州军民的策略："今辽兵益盛，不可与战"，"但领兵出大石（今山西应县东南）路，先遣人密告云、朔州守将，俟大军离代州日，令云州之众先出，我师次应州，契丹必来拒，即令朔州民出城，直入石碣谷（今山西朔州南），遣强弩千人列于谷口，以骑士援于中路，则三州之众保万全矣"。杨业的计策遭到监军王侁的反对，王侁提出相反的与辽军直接对抗的战术，"雁门北川中，鼓行而往"。刘文裕、潘美也随即附和。杨业指出如此则必败无疑。王侁竟然对杨业说："君侯素号无敌，今见敌逗挠不战，得非有他志乎？"[①]杨业迫不得已，只得出战，但提出请主帅潘美等伏兵于陈家谷（石碣谷西）口以接应。杨业率部北上朔州。辽军耶律斜轸得知杨业率军前来，命部将萧挞凛预设伏兵，当杨业"麾帜而前，斜轸佯退，伏兵发，斜轸进攻"[②]，杨业面对辽十万大军，不敌败退。转战一天的杨业率残军退到陈家谷口时，见前无援军，后有追兵，不禁痛哭，对将士们说："汝等各有父母妻子，与我俱死无益也，可走报天子"[③]，但士兵都不肯离去。杨业遂率残军百余人，奋力再战，身受数十创，犹手杀数十人，马受重伤不能骑，因而被擒，子杨延玉及其他战士全部战死，部将王贵射杀敌数十人，矢尽后战死，无一生还。而王侁等原以为杨业已打败辽军，早已率军擅离陈家谷口前往争功，行二十里后得知杨业败退陈家谷口，立即率军逃走，并不前去接应，致使杨业全军覆没。杨业在被押赴辽朝途中，绝食三日而亡。杨业子杨延昭（延朗）、孙杨文广后亦是抗辽名将，后世将杨家三代抗辽事迹，演绎为"杨家将"故

①③　《宋史》卷 272《杨业传》。

②　《辽史》卷 83《耶律斜轸传》。

事，流传至今。

杨业全军覆没的消息，八月才传到宋京开封，王侁、刘文裕被除名远配，潘美则连降三级仍任三交都部署，负责河东防务。河北防务在此前已重新部署。东路主力中唯一能振旅成列而还的李继隆，即被任为定州知州，后以功升为侍卫马军都虞候；而此战中未败的田重进升为侍卫马步军都虞候，兼任定州驻泊兵马都部署，驻重兵于定州，以遏制辽军可能的南侵。又起用三位早无实职的宿将，张永德为沧州（今河北沧州东南）知州、宋偓为霸州知州、刘廷让为雄州知州，以借重他们的名望镇抚边疆。

五、辽军南侵与"澶渊之盟"

雍熙三年（辽统和四年，986 年）冬，辽圣宗、萧太后决定南侵。十一月，辽军先锋卢补古、都监耶律盼率部进攻宋保州（今河北保定），辽军战败，主将卢补古临阵遁逃。遂改以耶律化哥代替卢补古①，另命萧挞览（凛）与耶律题（迪）子由东路攻宋。

十二月初，定州（今河北定州）驻泊兵马都部署田重进率军攻入辽境，攻下岐沟关，杀敌千人。萧挞览和耶律题子得知宋军在易州（今易县），率军逆战，耶律题子死于疆场，而田重进部宋军掳掠后亦退兵。耶律休哥复率军进入宋境，击败宋军于望都（今河北望都），屯兵滹沱河北，阻绝宋军进入祁州（今河北安国）。中旬，辽军大举南下莫州（今河北任丘），宋瀛州（今河北河间）兵马都部署刘廷让将所部精锐留给沧州（今河北沧州东南）都部署李继隆作后援部队，自己亲率数万兵北上迎战，结果在君子馆（今河北河间北）遭到辽军耶律斜轸与耶律休哥合军进攻，宋军被围数重，适值天大寒，连弓弩都不能拉满，而此时李继隆

---

① 《辽史》卷 11《圣宗纪二》。

却率军退保乐寿(今河北献县),刘廷让部遂全军覆灭,先锋贺令图、杨重进等被俘,刘廷让与麾下数骑突围南逃,辽将挞烈哥、萧打里等亦战死。史称"君子馆之战"。

端拱元年(辽统和六年,988 年)十月,辽军攻占涿州,激战中辽驸马萧勤德、大将萧挞览都中箭受伤[①],宋军南退时又受到辽军的追击。十一月,辽军攻下长城口(今河北徐水西北),进入宋境。辽军又攻占满城(今河北满城西),进至唐河(今河北定州北)北,定州都部署李继隆、监军袁继忠率军由定州城中出战,大战数合,双方伤亡惨重,辽军战败退兵。次年正月,辽圣宗、萧太后"班师",经长城口北上。中旬,进攻易州,驻遂城(今河北徐水西)的宋军来援,被辽军击退,坚守十天的易州被辽军攻破,刺史刘墀降[②]。辽军遂后退回燕京。

辽军自从唐河战败退走后,十年间未再侵宋,宋辽边境只有些小规模的冲突,萧太后、辽圣宗也未再发诏攻宋。南京(燕京,今北京)留守、总南面军务,可以"便宜从事"的耶律休哥,虽然曾经提出过"可乘宋弱,略地至(黄)河为界"的战略,但是经过后几年的战争,辽统治者深知宋军并非不堪一击,划河为界决非轻易可以实现的。故自此,耶律"休哥以燕民疲弊,省赋役,恤孤寡",进行休养生息,对宋采取和好政策,"戒戍兵无犯宋境,虽马牛逸于北者,悉还之",因而"边鄙以安"[③]。

但是,宋真宗咸平元年(辽统和十六年,998 年)十二月,耶律休哥死,以辽圣宗弟耶律隆庆为南京留守,辽侵宋战争又进入高峰期。

咸平二年(辽统和十七年)九月初,辽圣宗下诏攻宋。下旬,

---

① 《辽史》卷 12《圣宗纪三》。按:涿州、易州皆在辽境,而易州守军属定州都部署李继隆部下,涿州宋军亦当属李部。

② 《辽史》卷 12《圣宗纪三》;《长编》卷 29,端拱元年十一月。

③ 《辽史》卷 83《耶律休哥传》。

辽军侵入宋境。宋镇州(今河北正定)、定州(今河北定州)、高阳关(旧关南,今河北河间)三路都部署傅潜,全面负责北面防务,但他畏敌怯战,闭城门自守,并派先锋田绍斌、石普率军前往保州(今保定)戍守。田、石二人与保州知州、武将杨嗣商议决定出兵进击,结果杀敌以千计,获马五百匹,取得此次抗辽的首战胜利。

十月,辽军转攻遂城,保州沿边都巡检使、宋初名将杨业之子杨延昭,适巡边在遂城。杨延昭与杨嗣均长期在北边守备,以勇敢善战闻名,"时谓之'二杨'"①。遂城城小又无战备器械,辽萧太后亲自督战,期在必克。围攻数日,攻防激烈,城中军兵缺少,杨延昭征集城内青壮年,持枪登城参加守城,又乘天寒,命令士兵夜间取水浇灌城外墙,次日清晨即形成冰城。辽军无法进攻,遂引兵南向劫掠宁边军(今河北博野)、祁州(今河北安国)、赵州(今河北赵县)间,民众纷纷逃入城中以避战祸。辽军偏师攻高阳关(瀛州),宋将出战,虽战败被俘,但辽军仍未能攻下高阳关,遂南攻乐寿(今河北献县),乐寿被攻占后,辽军继续南下。

十一月,当辽军主力因保州、遂城两地宋军的奋起抗击,或失利,或不克,准备退兵之际,宋真宗决定亲征。李继宣奉诏领兵三千追袭,"至则敌已坏桥,继宣梁木而渡"②,而辽军已转向他处,不及而返。李继宣数次向都部署请兵深入追击,都被拒绝。

十二月,宋真宗北上督战,到达澶州(今河南濮阳),辽军偏师已南进到冀州(今河北冀州)城南,受到宋军的邀击后退兵。萧太后也已退兵,退军途中,再攻遂城(即威虏军),宋将石保兴

---

① 《宋史》卷260《杨嗣传》。

② 《长编》卷45,咸平二年十月末。李焘在注中称:"此事不得其时,附见十月末。"按:李继宣既是"诏遣",应是十一月真宗亲征前得知辽主力退军而遣,故移作十一月。

取出库中物资发给将士，激励将士出城“临水以拒”[1]，虽多有伤亡，但再次保卫了遂城。萧太后见无法取胜，遂退向燕京，其他辽军也逐渐向北撤退。

定州（今河北定州）都部署范廷召，高阳关都部署康保裔、副都部署李重贵各率军截击后退中的辽军，追至莫州（今河北任丘）东，救“获所掳老幼数千”[2]，以及鞍马兵仗等装备。康保裔战死。

此次，萧太后自率辽军大举南侵，虽宋军主帅傅潜畏敌怯战，坐拥重兵，守城不战，但部分宋将或坚守孤城，或出兵邀击，奋勇作战，致使辽军未能攻占重城要寨，虽胜多败少，但伤亡亦众。

宋廷随后对河北防务作了调整。原河北主帅傅潜，虽早有人奏称他无将略，不可委以重任，但由于其和枢密使王显，俱是宋太宗晋王府中旧人，因而一直受到王显的庇护，此次战后被撤职流放房州（今湖北房县）。枢密使王显也被罢为节度使，但随即以其为定州路都部署，同为晋王府旧人的侍卫马步军都虞候王超为镇州路都部署。咸平四年七月，二人又分别升任镇、定州、高阳关三路都部署、副都部署，全面负责河北防务。

咸平四年（辽统和十九年）十月，辽萧太后、圣宗再次率军攻宋，以南京（燕京）留守耶律隆庆为先锋，统兵先发。宋军随即部署防御：派骑兵二万为前锋，又令五将各率三千骑兵设阵于先锋之前；莫州驻泊都部署桑赞率军万人，设防于莫州、顺安军（今河北高阳东），准备邀击辽军；而北平寨（今河北保定西）驻军长官

---

① 《辽史》卷14《圣宗纪五》。时石保兴任威虏军知军，而《宋史》卷250《石保兴传》称：“会夏人入抄”。“夏”应为“辽”之误，参见《长编》卷45，咸平二年十二月甲子。

② 《宋史》卷279《李重贵传》，卷289《范廷召传》，卷446《康保裔传》；《长编》卷46，咸平三年正月甲申、丁亥。

荆嗣率万人阻西山之路，以切断东来的辽援军；另以大军设阵于威虏军（遂城），既而不见辽军动静，遂将大阵移向定州。然而辽军随后即攻向威虏军，宋将张斌率先锋军攻辽军于长城口（今河北徐水西北），乘胜进击，辽伏兵四起，因宋大阵已退走，也不出兵援助，张斌所部寡不敌众，退保威虏军。

同月下旬，辽军前锋进至满城，西南不远的北平寨屯有宋军重兵，宋军先锋将杨嗣、杨延昭、李继宣、秦翰又分率所部前往威虏军会师，合击辽军，辽军大败后退上羊山（西山的一部分），宋军也退保威虏，史称“羊山之捷”。辽军遭受羊山之败，伤亡不少，退回辽国。此战《辽史》仅载：“丙寅，次满城，以泥淖班师。”①

此次辽军南侵，刚入宋境不远即以大败告终。十一月初，部署在东部的宋军，得知西线宋军战胜辽军的消息，即自破虏军（淤口，今河北霸州东北）、霸州（益津关，今河北霸州）侵入辽境，受到辽军的阻击，战败后退回。

此后宋辽边境虽时有小规模冲突，但相对平静，咸平五年四月，还在雄州复设榷场，以通宋辽的边境贸易。

负责河北全面防务的王显，因在羊山之战时未出动大军助战，同年五月被罢去军权，改授节度使。六月，以王超任定州都部署以代王显，殿前都虞候王继忠为副都部署，以知枢密院周莹为高阳关路都部署，重新部署了河北防务。

咸平六年（辽统和二十一年，1003 年）四月，辽南府宰相耶律奴瓜、大将萧挞览（凛）率军侵宋，定州都部署王超一面召镇州都部署桑赞、高阳关都部署周莹各率所部来援，同时先派副都部

---

① 《辽史》卷 14《圣宗纪五》；《长编》卷 50，咸平四年十一月丙子。《长编》载羊山之捷奏到为十一月初，注中称战胜辽军在十月。《辽史》载此次大举南侵，十月二十八日仅书“泥淖班师”，似有所讳。当是辽军战败退兵，故笔者移羊山之捷于辽军退兵之前。

署王继忠迎战辽军于望都（今河北望都），自率大军继发。王继忠率部到达望都城南六里即与辽军遭遇，双方从下午战到天黑，次晨再战。宋军被围数十重，粮道又被焚绝，人马饥渴困乏，将士殊死战斗，仍未能冲出重围。王超援军又未至，王继忠遂率众且战且行，北行至东北的白城，宋军伤亡惨重，王继忠被俘，史称“望都之战”。

望都之败，促使真宗与大臣们重又商议边防策略，对沿边将领再作新的调动。杨延昭被任为保州、威虏军（遂城）、静戎军（今河北徐水）都巡检使，负责第一线防务。孙全昭为宁边军（今河北蠡县）部署，石普为莫州部署。但是，负责北方防务总责的仍是望都之战中临阵退却，被冯拯奏称“仅以身免”[①]的都部署王超。曾在太宗端拱元年（988 年）唐河之战中有杰出表现的定州都部署李继隆，累次上表陈述边境形势，并赴京请求调往河北前线，但是，真宗因即位之初，李继隆与宦官王继恩谋篡事件有牵连[②]，心存嫌隙，不愿予其重兵，反将其移任山南东道（治襄州，今湖北襄樊）节度使，后又改任判许州（今河南许昌）[③]。

景德元年（辽统和二十二年，1004 年）初，宋辽战争气氛日浓，调王显任知天雄军府（大名，今河北大名东）兼驻军都部署，以期加强北方近京的防务。宋军边防将领魏能、魏愿、李致忠、荆嗣等奉诏率部调往新驻地，以加强边境防务。七月，又措置河北“防秋”，以王能为邢（今河北邢台）、洺（今河北邢台东南）路部署，石普为冀州路部署，魏能为宁边军路部署，张凝为定州路部署，各率军驻防。河北几乎是遍地驻军。

八月，对中枢机构作了加强的措施，寇準与毕士安升任宰

---

① 《长编》卷 54，咸平六年五月末。

② 参见第一章第三节三“宋真宗继位事件”。

③ 《宋史》卷 257《李继隆传》。参见《长编》卷 55，咸平六年十二月。

相，而真宗藩府旧臣王继英升为枢密使。九月，辽圣宗、萧太后决定率大军南侵。消息传来，宋廷宰执大臣对真宗是否亲征展开争论。寇準主张及早前往澶渊（今河南濮阳），毕士安、王继英则主张真宗可暂到澶渊，但不宜长住。真宗又命今后宋辽边境奏报必须先送宰相，以总领文武大政。朝廷上下一片备战气氛。

闰九月，又调“庸懦不智”[①]的太宗藩府旧臣周莹接替王显任天雄军都部署；在镇压李顺起义军中建功的上官正为沧州（今河北沧州东南）知州兼部署；康进、刘用也各率所部赴沧州、邢州屯守；负责河北全面防务的都部署王超等率大军，出定州城北沿唐河设阵防备。同时诏令河东的并[②]、代（今山西代县）副都部署雷有终，届时率军由土门（井陉，今河北井陉北）路，东援镇州（今河北正定），合击辽军，已是临战态势。

中旬，辽军侵入宋境，前锋达到威虏军、顺安军等地，宋将魏能、石普等率军抗击，虽互有胜负，但辽军未能攻占二地。辽军又东侵保州，战败后南驻望都，进攻定州。但宋都部署王超以真宗令设阵于唐河，“执诏书按兵不出战”[③]，怯敌拒战。宋廷再次为真宗是否北上亲征展开争论。副相王钦若密请真宗南逃金陵（今江苏南京），而枢密院副长官陈尧叟则请逃往成都，在宰相寇準的坚请下，真宗才又同意北上亲征。王钦若随即被罢副相，改任判天雄军兼都部署。

十一月，真宗北上，而此前诏令王超率军南来澶州，但王超既怯战又不敢移军前来。真宗刚到达韦城（今河南滑县东南），随行臣僚中又有人提出南逃金陵，真宗再次动摇，在寇準和殿前都指挥使高琼点明，一旦南逃，辽军追击，不仅到不了金陵，且有

① 《宋史》卷268《周莹传》。

② 今山西太原。北汉太原府在今太原西南，北汉亡后被平毁，另于榆次设并州以代，后移州治于今太原市所在地。

③ 《长编》卷57，景德元年闰九月癸酉。

被俘的危险的情况下，真宗才又决定继续北上。

此次辽军南侵虽然声势很盛，但各地宋军大多数能坚守城池，抗击辽军。十月中旬，辽军东攻瀛州，辽圣宗、萧太后亲自擂鼓督战，宋将李延渥、史普率城内军民奋勇抗击，以石块大木还击攻城的辽军。经过十多天的攻城，辽军死伤众多，不得已而退兵。辽军见攻城难以取胜，遂越城南下，前锋直达天雄军城下，给宋廷造成很大的心理压力。

当真宗决定亲征后，李继隆再次请战，直至十一月中旬真宗出发前两天，出于自己安全的考虑，真宗才任命李继隆为驾前东面排阵使，“先赴澶州，陈师于北城外，毁车为营”①，与西面排阵使石保吉率部抗击刚到达的辽军。战斗十分激烈，辽将萧挞览亲自督战，被宋军张瑰的床子弩所发的弩箭击中前额，伤重败退，宋军乘势追击。萧挞览当晚伤重而亡。

真宗到达卫南（今河南濮阳西南）时，胜利的奏报刚刚到达。宋真宗随后进至澶州南城，在寇準、高琼的坚请下才进驻北城，并登上北城门楼，召见驻军城北的李继隆等将领。宋军将士得到很大的鼓舞，士气大振。

其实早在真宗北上亲征前，议和活动已在暗中进行。望都之役被俘降辽的宋将王继忠，通过莫州守将石普，派人将密奏送给真宗，表达辽有议和之意。惧辽怯战的宋真宗马上表示同意，当即回信给王继忠，并派曹利用前往商议。真宗到达澶州后，辽使韩杞持国书与曹利用在澶州正式议和。宋真宗求和心切，向曹利用表示虽每年输送给辽银、绢总数百万（两、匹）亦可，但宰相寇準严令曹利用总数不得超过三十万。

同年十二月上旬，双方订定和议，规定宋每年交给辽绢二十万匹、银十万两以换取和平，澶州郡名澶渊，史称“澶渊之盟”。

---

① 《宋史》卷 257《李继隆传》。

第三节　宋初对党项的征讨与妥协

一、党项的臣服与献地

唐末，党项首领拓跋思恭参与征讨黄巢起义有功，赐姓李，封夏国公，授定难军（治夏州）节度使，辖夏、宥（皆在今陕西横山、靖边境内）、绥（今陕西绥德）、银（今陕西榆林境内）四州，成为西北的割据政权，思恭后裔遂世有其地。唐亡后，对五代政权均表示臣服，后汉时静州（今陕西米脂境内）又归属定难军，党项李氏遂有五州之地。

宋朝建立，定难军节度使李彝殷也表示臣服，并为避宋太祖父赵弘殷讳，改名李彝兴。建隆元年（960年），北汉侵宋，宋太祖诏令诸藩镇会兵抗击，李彝兴派兵进援麟州（今陕西神木境内）。建隆三年，李彝兴又进贡马匹，宋太祖也遣使赐予玉带。乾德五年（967年），李彝兴死，宋追封为夏王。其后，李氏子孙承袭者，也都受宋任为定难军节度使。太平兴国四年（979年），宋太宗攻灭北汉时，定难军节度使李继筠还曾派兵助攻北汉。宋和定难军李氏一直保持着君臣关系，近似于“献地”前的泉、漳割据政权陈洪进与宋的关系。

不久，李继筠死，弟李继捧承袭，依例先任定难军节度留后，引发了李氏家族内部的矛盾。太平兴国七年五月初，绥州刺史、李继捧的叔父李克文上表称：“继捧不当承袭。”①并请宋遣使至夏州，谕令李继捧入朝。宋太宗即以李克文为权知夏州事，而另派尹宪为同知夏州事，想乘机控制夏州地区。

同月中旬，定难军留后李继捧到京朝见宋太宗。夏州李氏

---

① 《长编》卷23，太平兴国七年五月癸巳。

“自上世以来，未尝亲觐者”，这次李继捧率家族入朝，宋太宗非常高兴。而李继捧自“陈其诸父、昆弟多相怨”，并表示愿留京城，“遂献”夏州地区。宋太宗将之视作泉、漳陈洪进之后的又一次“献地”①，授李继捧为彰德军（治相州，今河南安阳）节度使，但并不赴任，只是奉朝请。并遣使前往夏州护送其五服以内的亲族来京，以期彻底消除李氏在夏、银地区的势力。十一月，李克文来朝后，授澧州刺史，仍权知夏州事；李克宪为单州（今山东单县）刺史，来京的十二人都授以官职。

二、宋对党项的征讨与妥协

当李继捧家族内迁并改任新职之际，其族弟银州蕃落使李继迁，时年十七岁，不甘内迁丧地，伪称出葬乳母，率数十人，北奔地斤泽（今内蒙古伊克昭盟巴彦淖尔）。后虽也进贡马匹，但不奉宋诏，意在继续割据夏州地区，势力日益强大。宋廷遂以尹宪为夏州知州，改升李克文为博州（今山东聊城）防御使，李继捧出任崇信军（治随州，今湖北随州）节度使，李克宪为道州（今湖南道县）防御使，并皆赴本任，而另派通判，实际掌权。

雍熙元年（984 年）五月，夏州知州尹宪侦知李继迁正率族属部落在地斤泽，于是派都巡检使曹光实率精骑乘夜发兵奔袭地斤泽，杀数百人，烧帐四百余，擒获李继迁的母、妻以及羊马、器械等以万计。但是，李继迁只身逃逸，西北战事从此而起。

雍熙二年二月，李继迁已重新集聚部族，并向曹光实伪降。曹“光实信之，且欲专其功，不与人谋”②。而李继迁则预先设伏兵于葭芦川（今陕西佳县西北），当曹光实率数百骑前往受降时，

---

① 《宋史》卷 485《夏国传上》。参见《长编》卷 23，太平兴国七年五月、十一月。

② 《宋史》卷 272《曹光实传》。

伏兵突发，曹光实战死。李继迁遂占有银州。四月，宋将李继隆、袁继忠、田仁朗等率军数千出击，李继迁大败后退出银州。

雍熙三年（辽统和四年，986 年），李继迁决定投靠辽朝，以取得辽朝的任命，建立在西北各部族中的威信。这年二月，辽圣宗任命李继迁为定难军节度使①，李继迁得到了从宋朝得不到的官职，从此开始倚辽抗宋。

面对西北地区日益严峻的形势，端拱元年（988 年）五月，宋太宗采纳赵普的建议，重新任命李继捧为定难军节度使，允许仍割据夏、银地区，并赐姓名为赵保忠（为便于行文，仍称李继捧），以期收抚李继迁，且与辽争夺对党项李氏集团的控制。

李继捧到夏州后，向宋太宗申奏李继迁愿意归顺，宋即授李继迁为银州刺史。然而李继迁实无心降宋，且宋朝所授官职也远低于辽朝。辽朝又于次年三月以宗室女封为公主出嫁李继迁，进一步拉拢他。

淳化元年（990 年），李继迁与李继捧作战，李继迁战败，中箭而逃。李继捧请朝廷出兵征讨李继迁，宋太宗即任命翟守素率军前往夏州以备进讨。李继迁则于十二月对辽伪称已攻下宋的麟州（今陕西神木北）、府州（今陕西府谷）等地，辽朝即封李继迁为夏国王。

淳化二年，翟守素率军到达夏州，李继迁又假意归附，宋太宗即于七月间赐他姓名为赵保吉（为便于行文，仍称李继迁），升为银州观察使，并授其子德明为管内蕃落使。李继迁并不真心归顺，反与李继捧勾结，进攻灵州（今宁夏灵武）。十月间，李继捧在李继迁的勾引下，也臣服于辽，辽封李继捧为西平王。

淳化五年（994 年）初，“时夏州赵保忠（李继捧）与继迁连谋，朝廷患之”，宋太宗派李继隆为河西行营都部署，率大军进

---

① 《辽史》卷 11《圣宗纪二》。

讨。李继捧即先携母、妻等家人及吏卒出居城外，并请求罢兵。宋太宗即命李继隆攻李继捧。李继捧向李继迁通告宋军进攻的消息，李继迁却夜袭李继捧。李继捧逃回夏州城中，为部属赵光嗣幽禁，赵迎李继隆进入夏州，李继迁则已率部逃走。李继隆在奉诏隳毁夏州城，移其民于他州后，押送李继捧回京并退兵。七月，李继迁又献马并表示归顺，宋太宗也遣使招抚。

至道元年(995年)，李继迁派谋主张浦进京，意在取代李继捧继任定难军节度使以割据西北。但宋太宗欲使其远离银、夏地区，授他保大军(治鄜州，今陕西富县)节度使，并任张浦为郑州(今河南郑州)团练使而留在京城，实是将其扣留以剪除李继迁的羽翼。李继迁于是拒绝接受诏命并继续与宋为敌，进攻清远军(今宁夏同心东北)，为宋将张延击退后，又围攻灵州。

至道二年初，宋派白守荣、马绍忠率军护送四十万石粮食前往灵州，并命灵州知州田绍斌率军迎援，但因白守荣延后一日才到，致被李继迁率部包围。白守荣不听田绍斌提出结阵徐徐前进的意见，率军出战以邀功，却为李继迁击败，运粮役夫弃车而逃，大量粮草为李继迁所夺。四月，宋太宗任命李继隆为兵马都部署率军进讨；七月，又派王超为都部署率军随后前往征讨。李继隆军行十余日不见李继迁军，遂退兵①，张守恩部则遇敌怯战而退；只有王超、范廷召二路与李继迁军相遇于乌、白池(今陕西定边与宁夏盐池间)，大小数十战，虽屡屡获胜，但伤亡亦多，无力追击而退兵。李继迁战败退兵并撤灵州之围，其时灵州被围已长达两年之久。

至道三年正月，宋太宗再派傅潜、王昭远准备分路进讨李继迁，当三月初大批粮草运达灵州，战事即将进行之际，因太宗的去世而中止。而李继迁因此又向辽报捷，辽遂封李继迁为西

---

① 《宋史》卷257《李继隆传》。

平王。

同年十二月，新即位的宋真宗召宰相、执政商讨西北李继迁事宜。副相李至详尽分析利害关系后，主张放弃银、夏地区，为宋真宗所采纳。遂乘李继迁遣使修贡，表示愿为宋朝藩属之机，于同月中旬，重又赐其姓名为赵保吉，并授以定难军节度使，以默允割据一方来换取其臣服与边境宁静。随后又放还张浦。

但李继迁虽接受诏命臣服于宋，却仍不断侵扰宋边境，不久战事又起。驻防西北的宋军"穷讨则不足，防遏则有余"①，志在防守而非征讨。

咸平四年(1001 年)，李继迁虽然以赵保吉名义遣使贡马，以示臣属于宋，但侵扰更甚。八月，真宗任命文臣张齐贤、梁颢为泾原等十三州、军安抚经略使、副使，以镇抚西北边境。

九月，李继迁率部进攻清远军，安抚副使、副都部署杨琼未及时救援，加上"朝廷素不留意"西北防务②，清远军遂被攻陷。清远失守，灵州即陷于孤危境地，朝中大臣却仍为是否坚守灵州争论不休，真宗也犹疑不决。当咸平五年三月中旬，终于决定派王超为都部署、石普为副都部署，率军前往援救时，灵州已在知州裴济坚守两月之后失守，裴济战死，王超等得知确信后即不再进兵。

咸平六年十一月冬，李继迁又攻陷凉州(今甘肃武威)。但李继迁在还兵途中，遭到臣服于宋、受宋任命为朔方节度使的蕃部首领潘罗支所率数万部族兵的邀击，中箭受伤，大败而回。

李继迁连年征战，且腹背受敌，士卒死伤众多，农牧业生产受到严重破坏。次年(宋景德元年，1004 年)初，他因伤重不治，临终之际嘱其继承人、长子李德明(赵德明)奉表臣服于宋。

---

① 《长编》卷 49，咸平四年十月丁未。

② 《长编》卷 49，咸平四年九月己丑。

景德二年六月，李德明在平定西部以后，遣使奉表臣服。宋真宗召见驻延州（今陕西延安）守将张崇贵面授议和方略。宋政府许诺：授李德明为定难军节度使，封西平王；赐银四万两、帛四万匹、缗钱四万贯、茶二万斤；给内地节度使俸禄；允许“回图往来”贸易；放开盐禁等五项。要求李德明承诺：自立誓约；归还灵州；辖区限于原平夏地区（原定难军节度使辖区）；遣子弟入京宿卫（实是人质）；送还被俘的宋方官吏；遣散蕃汉兵及被扣押的人口；如与蕃部发生侵扰，要向朝廷报告等项。真宗命张崇贵在延州与党项进行谈判，李德明派谋主张浦与张崇贵面议，但不肯承诺宋方提出的条件①。宋真宗即改命前宰相向敏中任鄜延路都部署兼延州知州，负责继续与李德明的议和事宜。

景德三年五月，李德明又遣使入贡，请求宋方先任命他为定难军节度使等，其他条件暂缓商议。此前宋朝已放弃收回灵州条件，但仍坚持其他关键条款，并收回边境贸易、开放盐禁的承诺。向敏中一味求和，请求真宗再作让步，真宗最后只好表示同意。

同年九月，李德明进誓表。十月，宋封李德明为西平王、定难军节度使，给内地节度使俸禄，并赐银万两、绢万匹、钱二万贯、茶二万斤。李德明则除了表示臣服以外，什么也没有承诺。宋真宗终于以封王授官及赐钱物的方式，换取了西北边境的相对平静。

---

① 《长编》卷60，景德二年六月甲午。

第三章　宋初社会经济的恢复与发展　户籍、赋税和役法的改革与变化

宋初以减免田赋鼓励民户复业垦荒。宋代农业生产的恢复与租佃制关系的发展以及商业的高度发展,促使了城乡分治和城乡新户籍制度的产生。

宋初田赋、商税仍依旧制征收,但对田赋则依南北气候差异采取不同的征收时间,这相对减轻了农户的负担。宋代还颁布了《商税则例》,规范了税务,间接地促进了手工业、商业的发展。

宋初废除了官户役,以厢军代替民户承担日常力役,减轻了民户的负担,但差役(职役)则日益加重。

第一节　农业生产的恢复　宋初的租佃制生产关系

一、招抚流亡　开荒与屯田

唐末五代战乱不断,尤其是华北地区,所受的破坏更为严重,直到后周时期,农业生产才有所恢复。宋朝建立后,继续实行招抚流亡、开垦荒地的政策,以恢复农业生产,发展经济。

建隆三年(962年)、乾德二年(964年),都曾下诏命各地长官"劝农",主要是强调农业是衣食之源,民以食为天,希望"广务

耕耘”，以达到“地无遗利，岁有余粮”的一般性的号召①。到乾德四年下诏时，才触及具体的开荒和地租问题。首先指出了造成田地荒芜的原因，是由于“五代以来，兵乱相继”，政府因“国用不足”，故而“庸调繁兴”，甚至采取“围桑柘以议蚕租，括田畴以足征赋”的办法，一旦发生逃亡，租赋就由邻里均摊负担，以免“致树艺之不得勤，汙莱之不敢辟”，任由田地荒芜。在阐明了宋朝政府七年来“未尝加赋”，以期小康的所作所为之后，提出开荒免租的政策，“自今百姓有能广植桑、枣，开荒田者，并令只纳旧租”，并且许下了“永不通检”的诺言②，目的在于招抚逃亡农民，回归农业，开荒种地，以恢复生产。

对于新征服地区，也采取了类似的政策。淳化元年（990年）九月，下诏：“江、浙等路，（南唐）李煜、（吴越）钱俶日，民多流亡，弃其地，遂为旷土。宜令诸州籍其陇亩之数，均其租，每岁十分减其三，以为定制。”③还以五年内免租赋为条件，吸引流亡的农民恢复耕种。

除了五代战乱以外，宋辽战争也是导致农民逃亡、田地荒芜的重要原因。河北是直接遭受战祸的地区。“先是雍熙三年（986年），岐沟关（今河北涞水东）、君子馆（今河北河间）败衄之后，河朔之地农桑失业者众”④。太宗曾想以营田方式，即利用屯边兵士，进行农业生产来解决部分军需。但由于地处沿边，战事频繁，害怕将士因而生变，未能实行。但营田作为一种开垦荒地的方式，在不少地方已经开始实行。如襄州（今湖北襄樊市襄阳区）有无税荒地四百多顷，唐州（今河南唐河）有一百七十七顷。咸平二年（999年），襄州知州耿望在襄州设营田上、中、下

① 《宋大诏令集》卷182《赐郡国长吏劝农诏》、《劝农诏》。

② 《宋大诏令集》卷182《劝栽植开垦诏》。

③ 《宋会要辑稿》食货1之16。

④ 《宋会要辑稿》食货2之1。

三务，先“调夫五百，筑堤堰”，然后调“集邻州兵，每务二百人”，又从“荆、湖市牛七百，分给之”①，当年就种稻三百多顷。同年又在唐州的赭阳陂（在今河南方城县境）设置营田务，“每岁于属县差借人户、牛具，至夏又差耨耘人夫六百人，秋又差刈获人夫千五百人，岁获利倍多”②。五年，于顺安军（今河北任丘西）、威虏军（今河北徐水西）开渠引河水设置营田。也有些营田务经营不善，例如襄州的下务（蛮河）营田务，即于咸平五年被废，改为“召民请佃，量出租调”③。但开垦荒地的目的已经达到，荒地成为熟田，才有更多的农户愿意佃种。

开荒的另一种形式为屯田。屯田是以军士开垦为主，而营田主要是政府经营、以民户耕种为主。实际上有些营田也动用军士；而有些屯田，主要是南方的屯田，主要耕种者是农户而非军士。屯田在北方，主要是以军士开荒为主，并取得相当好的成效。屯田取得显著成绩的，首推宋初河北的屯田。

早在端拱二年（989 年），宋太宗以横海军（治沧州，今河北沧州东南）节度使米信文化素质不高，特命何承矩以知节度副使，专治州政事务。何承矩提出在河北沿边兴办屯田，主要是从军事角度考虑，认为：“若于顺安寨（指顺安军，今河北高阳东）西开易河蒲口，导水东注于海，东西三百余里，南北五七十里，资其陂泽，筑堤贮水为屯田，可以遏敌骑之奔轶。”还提出兴建屯田的具体办法，“俟期岁间，关南（河间，今河北河间。此处系指关南的三关地区）诸泊悉壅阗，即播为稻田。其缘边州军临塘水者，止留城守军士，不烦发兵广戍。收地利以实边，设险固以防塞，春夏课农，秋冬习武，休息民力，以助国经”④。但是没有实行。

---

① 《宋史》卷 176《食货志上四》。

②③ 《宋会要辑稿》食货 2 之 2。

④ 《宋史》卷 273《何承矩传》。

淳化四年(993年)三月,宋太宗任命何承矩为河北缘边屯田使,黄懋任判官。黄懋此前任临津(今河北东光东)县令时,也提出在河北兴修水田的建议。于是征调河北诸州兵一万八千人,在雄州(今河北雄县)、莫州(今河北任丘)、霸州(今河北霸州)、平戎军(今河北霸州南)、破虏军(今河北霸州东)、顺安军等六州、军,兴修渠堰六百里,设置斗门,引淀水进行灌溉并种稻。第一年由于引种的是普通品种,成熟时已天冷降霜,没有收成。黄懋提出改种江东早稻,第二年终获丰收。史称:"由是自顺安以东濒海,广袤数百里,悉为稻田,而有莞蒲蜃蛤之饶,民赖其利。"[①]

另一个兴建屯田取得比较显著成效的,是陕西转运使刘综。咸平四年(1001年)十二月,刘综在西北的镇戎军(今宁夏固原)设置屯田,"开田五百顷,置下军[②]二千人,牛八百头耕种之"。又提出在附近设立堡寨,每寨居五百人,"无寇则耕,寇来则战"。推行之后,至少起到了保境安民的作用。史称:"既而原(今甘肃镇原)、渭州(今甘肃平凉)亦开方田,戎人内属者,皆依之得安其居。"

宋初兴建营田、屯田以开辟荒地,进行农业生产,对恢复与发展经济起到了一定的作用。据载到北宋,"天禧(1017—1021)末,诸州屯田总四千二百余顷"[③]。而河北路的屯田每年收获粮食二万九千四百多石,可以解决部分军粮所需。

二、优良农作物品种的交流和新农具的使用

上述淳化四年在河北兴置屯田时,黄懋提出以江东早稻推广于河北,取得了明显效果,是宋初南稻北植的著名成功事例。

---

① 《宋史》卷273《何承矩传》;《长编》卷34,淳化四年三月壬子。然《长编》既称"初年,稻值霜不成",又称"是年八月,稻熟","是年"应作次年。

② 宋代军制,禁军分为上军、中军、下军三等,下军多为役兵。

③ 《宋史》卷176《食货志上四》。屯田总数中可能包括营田面积。

而几乎在同时，这年的二月，诏给岭南诸县令，“劝民种四种豆，及黍、粟、大麦、荞麦，以备水旱，官给种与之，仍免其税”①。此后不久，太宗还因为“言者谓江北之民杂植诸谷，江南专种粳稻，虽土风各有所宜，至于参植以防水旱，亦古之制”，决定进行一次大规模的农作物品种交流。于是诏令长江中下游以南的“江南、两浙、荆湖、岭南、福建诸州长吏，劝民益种诸谷，民乏粟、麦、黍、豆种者，于淮北州郡给之；江北诸州，亦令就水广种粳稻，并免其租”②，以政府拨给种子及新作物免租税的优惠条件，鼓励南北广大农户种植新品种农作物。

大中祥符五年（1012 年）五月，真宗因“江（南）、淮（南）、两浙路稍旱即水田不登，遣使就福建取占城稻三万斛，分给三路为种，择民田高仰者莳之，盖旱稻也。内出种法，命转运使揭榜示民”③。这种稻比普通稻的稻穗长而无芒，稻粒稍小，适应性强，随处都可种植。这种原产于占城（今越南中部）的稻种，现在又从福建移植到江淮流域。

宋初进行的这几次农作物品种的南北大交流，增强了各地农民抗御自然灾害的能力，有利于提高农业产量，从而促进了社会经济的发展。

宋初，统治者还采取了无偿提供、推广新农具的办法，以促进农业的恢复和发展。淳化五年，宋（今河南商丘睢阳）、亳（今安徽亳州）等数州，发生牛疫，死亡过半。三月，“宋、亳、陈（今河南淮阳）、颍（今安徽阜阳）州民无牛畜者，自挽犁而耕”。政府一面借钱给缺牛户，“令自于江、浙（一作淮）市之”，同时因怕农民耕种失时，令搜访此前武允成曾献上的“踏犁”式样，依制铸造数

---

① 《宋会要辑稿》食货 1 之 16。

② 《宋史》卷 173《食货志上一》。

③ 《宋史》卷 173《食货志上一》。参见《长编》卷 77、《宋会要辑稿》食货 1 之 18。

千具，由陈尧叟先押送往宋州，还“委本处铸造，以赐人户”。据称，“踏犁之用，可代牛耕之功半，比镬耕之功则倍”①。

这种新创制的农具，以后又多次在缺牛地区使用。景德元年(1004年)冬宋辽订立“澶渊之盟”后，次年正月，数以十万计的河北诸州民兵被遣散归农。二月，又以河朔地区经过长期的宋辽战争，不仅“耕具颇缺”，而且“牛多瘠死”，一方面命官府购买耕牛送往河北，并且依据“淮、楚间民用踏犁”的经验，“凡四五人可以比牛一具”，因而取式样给河北转运司，“令询于民间，如可用则造给之”②，将“踏犁”推广到河北地区。

天禧四年(1020年)，又刻印古农书《四时纂要》、《齐民要术》，利用宋代新兴的印刷术，传播农业生产知识。

三、宋初的租佃制生产关系

随着社会经济的发展，唐末五代以来，租佃制生产关系在中原地区得到迅速发展③。地主和佃户之间通过订立契约，规定以分成租或定额租的形式交纳租粮。订立契约实行分成租的租佃关系，在宋初政府的诏令中也得到反映。

太平兴国七年(982年)“闰十二月诏：诸路州民户，或有能勤稼穑而乏子种与土田者，或有土田而少丁男与牛力者，许众户推一人谙会种植者，州县给贴，补为农师。……令农师与本乡里

---

① 《宋会要辑稿》食货63之162、163;《长编》卷35。

② 《宋会要辑稿》食货63之164;《长编》卷59。

③ 1954年尚钺主编的《中国历史纲要》(人民出版社1980年修订再版)，提出唐宋盛行庄园制说，在史学界流行多年。1963年邓广铭《唐宋庄园制度质疑》(《历史研究》1963年第6期)，否定上说，认为宋代盛行租佃制；1964年郑昌淦《论唐宋封建庄园的特征》(《历史研究》1964年第2期)，为庄园制说辩护。陈振《关于唐宋庄园的几个问题》(《宋史研究论文集》，河南人民出版社1984年版)，针对郑文提出质疑，再次肯定租佃制。此后，“唐宋庄园制”已不见于论著。

正、村耆相度，具述土地所宜，及其(应作某)家见有种子，某户见有缺丁(缺丁，一作丁男)，某人见有剩牛，然后分给旷土，召集余夫，明立要契，举借粮种，及时种莳，俟收成，依契约分，无致争讼”①。这是政府要求农师与乡村的基层官员，依照民间的租佃关系，组织各类农户订立契约进行生产，收成依契约进行分成。上述提供土地的农户相当于地主或小土地出租者，耕种他人土地者相当于佃农，而且牛和种子也参加分成，这在后来的租佃关系中也有明确的记载。这里要“明立要契”，“收成”要“依契约分”，是典型的分成制的租佃关系，直接反映在宋初的官方文件中。

但是，在中原地区以外，还存在农奴制或半农奴制的比较落后的生产关系，尤其是川蜀地区的山区州县。“川峡豪民多‘旁户’，以小民役属者为佃客，使之如奴隶，家或数十户，凡租调庸敛，悉佃客承之”②。最多的达数千户之多，而且豪民之役属旁户为世代相承。由于有人认为川蜀地区经常动乱，是“豪民啸聚旁户之由也”。宋太宗遂于至道二年(996 年)八月，“诏制置剑南、峡路诸州”，“令州县责任乡豪，更相统制，三年能肃静寇盗，民庶安堵者，并以其豪补州县职以劝之”。并派时载和刘师道前往传谕诏旨，而他们的复奏称：“旁户素役属豪民，皆相承数世，一旦更以他帅领之，恐人心遂扰，因生他变。”③说明豪民对旁户不但是地主与佃户的生产关系，而且有着人身的隶属关系。这道诏令随后被废止，也说明生产关系的改变不能依靠行政命令，

---

① 此诏的原始记载见于《宋会要辑稿》食货 1 之 16。《宋大诏令集》卷 182《置农师诏》、《宋史》卷 173《食货志上一》、《长编》卷 23，所载内容相似，但文字已经修饰，看不出其间明确的生产关系。

② 《宋史》卷 304《刘师道传》。传称：“时有言李顺之乱，皆旁户鸠集，请择旁户为三耆长迭主之。”则直以“旁户”为豪民之尤者，可能是北宋《国史·刘师道传》的修撰者不了解川蜀特殊的社会经济结构，致生歧义。

③ 《宋会要辑稿》刑法 2 之 5、6。

只能有待于社会经济的发展。

然而，这种生产关系从全国范围来看，只占很小的比重，绝大多数地区是普通的租佃制，租佃制通常实行对分制，或六四、四六分成制，田主提供牛、种子的得六成，反之则佃户得六成。

第二节　城乡分治和城乡新户籍制度的产生

一、主、客户制与乡村主户五等户籍制的产生

宋代的户籍制度与唐代比较，发生了重大变化。唐代的普通民户（即区别于“贱民”的良民），原先不分城乡，实行统一的九等户籍制，也称税户，即依据资产多少分为九等纳税。“客户”是指离开原住地、迁居于他乡的客籍户，也称寄庄户或寄居户，按资产多少依照普通民户（本籍户、税户）的七、八、九等户标准纳税。此外，还有杂户、官户（番户）、奴婢户等。“杂户”，是指工匠和在政府内服杂役的人户，虽然也有户籍附于州县，但地位低于普通民户；“官户”，是指赦免后的奴婢户以及其他配役户和官户所生子女户，因官户分番当役，也称番户；而被籍没的罪犯家属，称为官奴婢，编为最低的“奴婢户”，杂户、官户和奴婢户属于“贱民”，不能与普通民户通婚。

北宋初年，随着社会经济的发展，租佃制生产关系在全国的主要地区已占统治地位。特别是结束了近百年来唐末藩镇割据、五代十国相攻伐的战乱局面，北宋王朝的农业、手工业和商业得到了迅速发展，城市和镇市十分繁荣，工匠的地位提高，以及由于“厢军”替代民户承担了众多的杂役，唐代以社会地位区分良民和“贱民”以及将普通民户划为九等的户籍制，已经不能适应新的形势。一种新的以经济地位，即有无常产区分的主户、客户制，以及根据城镇与乡村经济的不同发展程度，城镇“坊郭

户”与乡村的“乡村户”①分开的新的行政制度，和与之相适应的乡村主户的五等户籍制度及城镇主户的十等户籍制度，先后产生，这在中国古代户籍制度史上具有划时代的意义。

唐代的“杂户”、“番户”、“奴婢户”等“贱民”在宋代已不存在，宋代的“客户”，已不是指寄居户，而是指没有常产的普通民户，有常产的民户则称为“主户”。宋代的“官户”则是乡村主户中的品官之家，高于普通主户，是享有免除大部分差役和“科配”的特权户。

实际上，这种变化在唐代中后期已见端倪。自唐代中期以后，战乱频仍，民户流动性大增，唐朝政府为了保证和增加税收，也不再区分土著和“客户”，而是一律按资产多少征税。元和十五年(820 年)所下的诏敕，即说：“自今以后，宜准例一定两税，非论土著、客居，但据资产差率。”②“客户”遂逐渐失去其原先的含义。至五代、宋初，没有常产的贫民、佃户，则常称为“浮客”、“牛客”、“小客”等。

宋太祖开宝四年(971 年)七月，下诏对原后周统治区的四五十个府、州、军，“宜令逐州判官，互相往彼与逐县令佐子(仔)细通检，不计主户、牛客、小客，尽底通抄”③。这里的“主户”即是指有常产，主要是有田产的民户；而“牛客”、“小客”，则分别指有牛和没有牛的佃户，他们逐渐被概括为“客户”编入户籍。“客户”遂有了与唐代完全不同的、崭新的含义。民户以有无常产区分为主户和客户，开始在宋代的诏令中明确出现。主客户并列的租佃制的生产关系，后来终于反映在宋朝全国户籍统计上：

---

① “坊郭户”与“乡村户”的区分，唐宪宗时已经出现，但并没有以之作为户籍的分类条件，参见《唐会要》卷 58《户部尚书》。

② 《唐会要》卷 85《定户等第》。

③ 《宋会要辑稿》食货 12 之 1。

“太祖开宝九年(976年),天下主、客户三百九万五百四”①,此后户籍都是主、客户并列。宋代以有无常产区分为主、客户的新户籍制度,正是在这样的基础上诞生的。

北宋前期将乡村主户划分为五等,作为差派职役(差役)、科配及征收赋税的依据。而这种五等户籍的早期形式,早在五代时期的后晋与后周时已经出现。后晋天福七年(942年)前,“令州郡配征人户食盐钱,上户千文,下户二百(文),分为五等”②。这是不分城乡的五等户籍。而后周显德三年(956年)八月,将民户分为五等“课民种树”,这是以民户有土地作基础,因而是针对乡村有常产的民户,承担的只是分等种树,可说是宋代乡村主户五等户籍制的雏形。宋初沿袭了后周将户籍分为五等的做法,建隆二年(961年)春,“诏申明周显德三年之令,课民种植,每县定民籍为五等”;“第一等种杂树百,每等减二十为差”③。到开宝五年(972年)正月,又诏令沿河州县种榆树、柳树等,也要求“仍按户籍上下定为五等,第一等岁种五十本,第二等以下递减十本”,“民欲广种树者亦自任”④。

但是,宋初这种新的五等户籍制度还没有定型,也只是“课民种树”,不是征税和差役的依据。而开宝九年正月“遣太常丞魏咸熙,于开封诸县定三等人户税额”⑤,则是不分城乡,将有常产的税户都分为三等征税,既不是九等,也不是五等。将税户分为三等征税,这和后来乡村主户五等户籍制度确定以后,常将一、二等户称为上户,三等户称为中户,四、五等户称为下户的

---

① 《宋会要辑稿》食货11之26。

② 《旧五代史》卷81《(晋)少帝纪一》。

③ 《长编》卷2,建隆二年春;《宋史》卷173《食货志上一》。

④ 《长编》卷13,开宝五年正月己亥;《宋大诏令集》卷182《沿河州县课民种榆柳及所宜之木诏》。

⑤ 《长编》卷17,开宝九年正月丙申。

上、中、下三类户，有着某种渊源的关系。

然而，宋初实行的正式户籍制度，仍是九等户籍制。而唐代的九等户籍制是以普通民户不论有无常产统一编入的，看来宋太祖在开宝四年要求地方官“子(仔)细通检，不计主户、牛客、小客，尽底通抄”后编成的户籍，应仍是九等户籍，与唐代有所区别的是按照九等户籍制的编制方法，将“牛客”、“小客”，即是将主要是佃户的“客户”，全都编入九等户之内。

但是，宋初的户籍制度已经混乱，以致京西转运使程能于太平兴国五年二月，“请定诸州户为九等，著于籍。上四等量轻重给役，余五等免之，后有贫富，随时升降”。“诏令转运使躬亲详定”[①]。这是要求重新编定九等户籍制。但是也反映出这样的信息，一是仍依唐代不论有无常产一律编入，也即是将主户与客户统一编入；二是上四等是富有资产或资产较多的户，要承担政府的“役”，而五等及以下的是资产很少，甚至没有资产(主要指耕地)的户。前者应全是主户(除极少数的富裕客户)，而后者除缺地少地的自耕农或半自耕农外，尤其是后四等户中，基本上是客户(佃农及其他贫民)。为以后将少地的农户列为五等户制中的第五等户，而将客户排除在五等户籍制之外，奠定了基础。

具体建立五等户籍的时间[②]，已无从确知，当是将主户与客户分别统计之后不久。建立乡村五等户的主要目的，是在向主户征收田赋之外，摊派差役(职役)和力役，前者主要是四等及以上户承担，后者则是所有主户都要承担；客户通常不直接承担差役和力役。将客户排除在外，以主户编为五等的户籍制度，这是时代发展的趋势，也是政府所致力进行的。五等户籍制度确立

---

① 《宋史》卷177《食货志上五》；《长编》卷21，太平兴国五年二月丙午。

② 关于宋代城乡户籍、户等的详细情况，参见王曾瑜《宋朝阶级结构》，河北教育出版社1996年版。

的时间，推测为太平兴国(976—984)年间。宋初乐史所撰《太平寰宇记》载各州户口中，绝大多数已分列主户与客户的户数，此书当成书于端拱(988—989)前后①，而所载史料为太平兴国年间的。

二、城乡分治与城镇坊郭十等户籍制的产生

唐代不论是城市或乡村，城内还是城外，都由县令统一管辖，即使首都长安(今陕西西安)也不例外。城内实行坊市制，规定除首都长安、陪都洛阳(今河南洛阳)等少数城市，可以设两个"市"(工商业区)或两个以上的"市"，通常都只有一个"市"，而且县城以上才能设市，"坊"是单纯的居民区。但是，唐末五代以来，随着社会经济的发展，商品经济的日益发达，促进了城乡工商业的繁荣，也促使城市、镇市的繁荣与兴盛。不仅城内居民区的坊中出现了商店，"坊"和"市"的界限日益模糊，而且城门外、近郊和乡村也出现了被称为"草市"(南方称"墟市")的新的商业中心。到了宋初，有些乡村商业中心已发展成为相当规模的镇市，城市经济则更进一步地繁荣，但也促成了城、镇与乡村经济发展水平差异的加大。唐代城乡统一的九等户籍制度及相应的行政管理制度，早已不适应发展了的新形势。

宋初太平兴国末年以后逐渐形成的，适应租佃制关系的，以有无产业为区分的主、客户制，以及由此产生的新的主户(有产

---

① 乐史《太平寰宇记》的成书时间，学者都认为是成书于太平兴国(976—984)年间，笔者此前也持此见，参见《中国大百科全书·中国历史》"太平寰宇记"条。但据乐史《太平寰宇记序》署衔为"太常博士、直史馆"，而乐史由著作佐郎、史馆编修升著作郎、直史馆在雍熙三年(986年)正月(《宋会要辑稿》选举33之1)，太常博士不仅高于著作郎，且是朝官，著作郎尚是京官，推测由著作郎升为太常博士，应需二三年时间。因此，推测《太平寰宇记》成书在端拱(988—989)前后。

业户）五等户籍制，也越来越不适应城、镇经济中心的发展。宋政府既为了便于统治“坊市制”已经破坏了的城区，更为了对繁荣的城镇工商业增加税收，因而采取了前所未有的城乡分治的制度。将县城以下的乡村经济中心设立为“镇”，由中央直接委派镇官，称为“监镇”，进行治理和收税。镇内的市区与乡村也实行分治，镇官享有略低于县官的职权，“镇”的含义，也因此由唐代的军事要地，变为宋代的乡村经济中心。

城乡分治最早是景德四年（1007 年）从首都开封开始的。景德四年以前，包括开封在内的所有府、州政府所在的城市，以及城外的乡村，仍都是由所在地的县，称为“附郭县”（也称“倚郭县”）统一管理；有两个“附郭县”的，则各分管城内、乡村的一半。一般的县城及县下的镇、市，也都由附近的“乡”统一管理城（镇）内的市区和城（镇）外的乡村。

北宋仁宗时尹洙所言城乡分治以前的状况：“前世赤县（首都开封的附郭县）治京师，不以城内外为限制”，京城内外的治安都由县尉负责，因“事广而势任亦重，（县）尉主大盗，又于县为剧官”。由于京城治安责任重大，县尉难以承担。这种情况到景祐三年（1036 年）已经改观：“县治都门外”，即县尉只负担京城外的治安，而“今京城中，禁军大将领兵徼巡，阛市之民，不复知有赤县”①。说明其时城内和城外分治已有相当长的时间，一般居民已经不知道以前京城内也是由县（赤县、附郭县）管理的。

---

① 尹洙《河南先生文集》卷 4《题祥符县尉厅壁》。原文无撰写时间，尹洙是仁宗天圣二年进士，景祐元年至三年在京任馆阁校勘，后贬为地方官。周宝珠《宋代东京开封府》（《河南师范大学学报》增刊，1984 年）引用此文后称：“在真宗以前，东京城内由禁军大将领兵巡逻。……（真宗）咸平五年（1002 年）以后，巡捕任务委开封府左右军巡执行。”此说欠妥。尹洙所说的并非真宗以前，正是仁宗时的情况，京城巡警直至北宋灭亡一直是禁军负责（参见《宋会要辑稿》兵 3 之 8、9），从未改由开封府左右军巡执行。开封府左右军巡使主管“京城争斗及推鞫之事”（《宋史·职官志六》），与禁军巡警是两回事。

尹洙所说的仁宗时，“今京城中，禁军大将领兵徼巡”，早在数十年前的真宗时已是如此。真宗在景德四年(1007年)闰五月初，下诏说：“京城内外诸厢，比差禁军巡检，盖察寇盗。如闻以觇事为名，取求财物，宜令开封府侦捕严断，仍委殿前、侍卫司常行约束。”[①]这里的“京城内外诸厢”，是指旧城内外，也即是新城内。因为新城外的建厢是在大中祥符元年十二月以后。所以，这里的“京城内外”实际含义，与尹洙说的“京城(指新城)中”是一样的，赤县的县尉早已不负担京城内的治安任务。

景德四年七月上旬，真宗又下诏：“开封府判官、推官，各增置一员，以狱讼刑法为生事，户口租赋为熟事，分掌之。”这是由开封府直接管理京城内的事务，而赤县县官只“治都门外”草市与乡村。到北宋前期的天禧四年(1020年)，开封府新增的“推、判官止分掌左、右军厢，无生、熟事之别也”[②]。这实际上是将京城内划分为东西两个区，但还没有设立区级机构，正式设立区级机构已是北宋中期的事。

大中祥符元年十二月以后，曾将开封府直接管理的范围扩大到开封新城外，“置京新城外八厢，真宗以都门之外，居民颇多。旧例惟赤县尉主之，至是，特置厢吏，命京府统之”。次年三月，在新城外实际增设的为九厢[③]。但是，可能是由于城墙和城门的阻隔，致使进出不便等原因，新城外新设的九厢由开封府直接管理的时间并不长。因此尹洙在仁宗景祐三年(1036年)前看到，尽管新城门外，“多贵臣家”，但早已又由“赤县尉主之”，而不是由“京府统之”。州、府也城外设厢，如楚州城北厢。

---

① 《宋会要辑稿》兵3之1。《长编》卷65，景德四年闰五月己巳，作“京城内外诸庙”，“庙”为“厢”之误。

② 《长编》卷66，景德四年七月壬申。

③ 《宋会要辑稿》兵3之1，方域1之12、13；《长编》卷70，大中祥符元年十二月庚戌。

城乡分治以城墙、城门为界，是宋代的基本形式，只有极少数城市将城外的近郊列入城区，不由附郭县管理。城乡分治的行政管理形式，以后逐渐推向其他州、府城，后来又推行于县城与镇内。城乡分治，只是指城（镇）内的事务，由府、州直接管理，但地界仍属附郭县；县城内、镇内由县、镇直接管理，地界也仍属有关的乡。

为城镇居民创设独立的城镇户籍制度，即“坊郭户”户籍制，并单独划分为十个户等，以适应城乡分治的新形势，这在中国古代史上是前所未有的。

“天禧三年十二月，命都官员外郎苗稹与知河南府（今河南洛阳）薛田，同均定本府坊郭居民等”①。这是划分坊郭户户等的最早记载之一。欧阳修在庆历四年（1044 年）时所说的，“往时因为臣僚起请，将天下州、县城郭人户，分为十等科差”②，说明城镇“坊郭”十等户籍制，在此之前早已在州、县城内建立。县下“镇”内的居民，后也列入坊郭户籍之内。

对居住在城、镇内的居民，也是以有无常产划分为主户和客户，客户主要是城市贫民，主户主要是工商业者。主户以常产（房屋和其他财产）多少，划分为十等，承担不同的赋税和科配。由于各州、县城经济发达的程度不同，因而划分户等的标准也不一样，经济比较落后的城镇，也常将客户（浮客）划入十等户之内。城镇坊郭户的负担通常比乡村的农户为重。下户可以免除科配，但标准不一，比较富裕的城镇以九、十等户为下户，比较贫困的城镇则以八、九、十等户为下户，有些城镇将七等户也列为下户。

---

① 《宋会要辑稿》食货 12 之 2、3。

② 《欧阳文忠公文集》卷 116《乞免浮客及下等人户差科札子》。

三、新的城市管理制度“厢坊制”

唐末以来，随着城市经济的发展，工商业的繁荣，居民区“坊”与工商业区“市”的界限已经趋于模糊，按时开放和关闭“坊”、“市”门以维持治安的制度，也随之破坏。到了五代，最晚应是后唐长兴二年（931 年）以前，一种新的城市基层管理制度，由“厢”统“坊”的“厢坊制”开始出现①。后唐长兴二年六月，当时首都洛阳的“左右军巡使奏：诸厢界内，多有人户侵占官街及坊曲内田地，盖造舍屋，又不经官中判押凭据，厢界不敢悬便止绝”，以及有关“逐坊界分，各立坊门，兼挂名额”②。说明“厢”已经是一级行政组织，有权管理“厢”辖区内的事务，而“坊”在“厢”之下。

宋初厢坊制得到进一步发展。开宝三年（970 年）“诏诸州长吏毋得遣仆从及亲属掌厢、镇局务”③。说明设厢于州城内及县城内，分别由厢吏与镇将治理。而明确记载宋初厢统坊的是太宗至道元年（995 年）“诏张洎改撰京城内外坊名”中提及“旧城内左第一厢二十坊，曰太平、义和”等八厢一百二十一坊④。真宗天禧五年（1021 年）还留下了唯一一份记载首都开封城内具体户数、厢吏设置情况的史料，这年正月诏：

> 新城（开封的外城）外置九厢，每（应指每厢）五百户以上，置所由四人、街子三人、行官四人、厢典一名；（每厢）五百户以下，置所由三人、街子二人、行官四人、厢典一名，内

---

① 将“厢”统“坊”称为“厢坊制”，而称唐代为“坊市制”，系笔者 1964 年在开封的一次学术会议上首次提出，但笔者以后论著中，都只将厢坊制作为宋代的制度，是不确切的。参见笔者《从厢坊制到隅坊（巷）制、厢界坊（巷）制》。

② 《五代会要》卷 26《街巷》。

③ 《长编》卷 11，开宝三年五月戊申。

④ 《宋会要辑稿》方域 1 之 12。

都所由于军巡(使)差虞候充,其余并招。

所由("由"当为"有"字之误)新、旧城里八厢:左军(厢)第一厢管二十坊,人户约八千九百五十户,元街子、所由、行官、书手、厢典共三十二人,今减八人,差厢典、书手、都所由各一人,所由五人,街子二人,行官十四人。第二厢管十六坊,人户约万五千九百户,元共三十四人,今减八人,定厢典、书手、都所由各一人,所由五人,街子四人,行官十四人。城南左军厢管七坊,人户约八千二百户,元共二十人,今减四人,定厢典、书手、都所由各一人,所由二人,街子二人,行官九人。城东三(三应作左)军厢管九坊,人户约二万六千八百户,元共二十九人,今减十人,定厢典、书手、都所由各一人,所由四人,街子四人,行官八人。城北左军厢管九坊,人户约四千户,元共二十六人,今减十人,定厢典、书手、(都)所由各一人,所由三人,街子三人,行官七人。

右军(厢)第一厢管八坊,人户约七千户,元共二十一人,今减九人,定厢典、书手、都所由各一人,所由二人,街子二人,行官六人。第二厢管南(南为两之误)坊,人户约七百户,元共九人,今减三人,定厢典、书手、都所由各一人,所由三人,街子一人,行官二人。城南右军厢管十三坊,人户约九千八百户,元共二十四人,今减九人,定厢典、书手、都所由各一人,所由三人,街子六人,行官八人。城西左军厢管二十六坊,人户约八千五百户,元共三十一人,今减六人,定厢典、书手、都所由各一人,所由五人,街子六人,行官十一人。城北右军厢管十一坊,人户都所(都所二字衍,应作"约")七千九百户,元共二十八人,今减十五人,定厢典,书手、都所由各一人,所由二人,街子二人,行官六人。①

① 《宋会要辑稿》兵3之3、4。

这是宋代城市唯一载有具体厢坊统辖户数的史料，也是中国中世纪以前城市户数的唯一史料。不仅由此知道公元1021年时，北宋首都开封城内（外城内）共有九万七千七百五十户的普通居民户数，而且还知道城市基层政权“厢”设置官吏的具体情况，这在当时世界上也是绝无仅有的。

天禧五年诏中说“所有新、旧城里八厢”，而实际统计为十厢（共统一百二十一坊），这是因为天禧四年将城内分为左、右两“军厢”，相当于今日城市中的区级行政单位。为此，将城（指旧城）南厢和北厢，各划分为左、右两厢，以分属于左、右“军厢”，大体上即是原来的附郭县开封、祥符（原浚仪）在城内的辖区。事务虽由左右厢治理，地界则仍属两县。

上述十厢，可称之为基层厢，所设官吏称为“厢典”。“厢典”相当于乡的耆长，为一厢之长。书手类似于乡书手，负责文书事务，应是上、中户的差役。街子、行官类似于乡村壮丁，应是中、下户的差役。而普通“所由”，则属募役，尚未见有关的役类名称，笔者称之为“厢役”。左右军巡使“掌京城内风火盗贼及推鞫之事”①，所派虞候任各厢的都所由，当即是负责各厢的治安、消防事务。坊设坊正。

第三节　宋初的赋税与历史上首部商业税务法规《商税则例》

一、田赋、“沿纳”与田赋征收时间的改进

田赋（两税）是封建国家的主要财政收入，宋初对田赋的征收数量，大体沿袭后周及各割据政权原先的规定。除正赋外，也

---

① 孙逢吉《职官分纪》卷38。

沿袭五代时加收十分之二的“省耗”及十分之二的“雀鼠耗”，仅此两项加收部分几近正赋之半。各割据政权变相加收的各种田赋杂税，大体上也照旧征收，称为“沿纳”，也称为“杂变之赋”，都是与正赋（两税）同时征收。除了上述省耗、雀鼠耗两项外，还有仓耗、头子钱、丁身钱米、地钱、食盐钱、牛皮钱、篙钱、鞋钱，等等，名目繁多，不胜枚举。

例如，南唐随田赋征收的杂税，就有十四项之多，如盐博绸绢、加耗丝绵、户口盐钱、耗脚、斗面、盐博斛斗、酝酒曲钱、率分纸笔钱、析生望户钱等。其中如征收酝酒曲钱后，允许民户私下造酒；至宋代禁止私人造酒，但仍向南唐原统治区征收“酝酒曲钱”。南唐征收户口盐钱、盐博绸绢、盐博斛斗（粮食）等钱后，政府也给付官盐，但自将产盐地江北地区割给后周以后，就不再给付官盐，却仍征收这三项杂税；入宋以后，也照样征收而不给盐。这些就都成了“白取”。所有这些“杂赋”，以及所有原割据政权加收的各种“杂赋”，全部以“沿纳”的名义，都照样随田赋征收。例如五代前期的淮南杨行密时，在扬州地区，以“借”的名义，在正赋之外加收百分之五十；南唐在东北部地区（宋初划为江南东路）的田赋正税一石，实际交一石八斗，而在西南部地区（宋初划为江南西路），也是在正税之外加收三成，入宋以后，也都照样加收。

史称：宋朝建立后，“每以恤民为先务”，“凡无名苛细之敛，常加刬革，尺缣斗粟，未闻有所增益”①。宋初在征收田赋（两税）时，除了按照各地旧的统治者征收的正赋和以“沿纳”名义照样征收的杂赋外，总的来说没有再增加征收的项目。宋太祖曾制止了一些地方官员要求在新统治区，也按照原后周统治区内征收的加赋。如乾德五年（967 年）“八月，有司言：荆、湖（原荆

---

① 《宋史》卷 174《食货志上二》。

南、湖南割据地区）诸州输税，请如内郡（指原后周统治区）收头子钱。诏不许”①。但对原割据政权统治区的“无名苛细之敛，常加刬革”，则溢美的成分居多，上述“沿纳”的“无名苛细”之多，已可概见。

确实也有所“刬革”，包括原后周统治区，只是所占比重很小。宋初“刬革”的，主要有：

取消了“会州”。五代时田赋夏税收毕，各州府调集属县官吏来核查田赋的账目，称为“会州”，也称“会钞”、“会末”。属县官员为了能够通过检查，即向州府官员行贿，而将行贿的费用转向本县民户分摊征收，又乘机进行勒索，因而成为农户的沉重负担。后周显德四年（957 年）曾经明令禁止，但效果不明显。宋太祖于乾德元年（963 年）正月，“诏（州）无得追县吏会州”②，彻底取消了“会州”制，减轻了民户的负担。

另外，宋初对新征服地区，通常都会颁布诏令，命地方官条举苛细之赋，以便宋政府将其罢除，如在乾德三年（965 年）正月灭后蜀以后，即命“凡无名科役及增益赋调，令诸州条析以闻，当除之”③。但是，这样的诏令能否执行和执行得如何，基本上取决于各地州、府长官的素质，大多是以“沿纳”的名义继续征收，但也有所“刬革”。如“伪蜀官仓纳、给用斗有二等，受纳斗盛十升，出给斗盛八升七合”，乾德三年五月即“诏：自今给、纳并用十升斗”④。在当年诏除后蜀“无名科役及增益赋调”后，次年正月，又专门“诏：达州（今四川达州），伪蜀时刺史于部下无名科率，并罢之”⑤。或许达州是“无名科率”繁多的典型地区，或许

① 《长编》卷 8，乾德五年八月。

② 《长编》卷 4，乾德元年正月。

③ 《长编》卷 6，乾德三年正月丁酉。

④ 《长编》卷 6，乾德三年五月。

⑤ 《长编》卷 7，乾德四年正月己丑。

是达州的长官比较贤明，将情况报告宋太祖，因而得到了专门针对达州地区罢去“无名科率”的诏令。又如在平定南汉以后，即是由于岭南转运使王明，报告南汉时官府制造大斗，民户交纳田赋时，“凡输一石，乃为一石八斗”，因而太祖于开宝四年七月“丙申，诏广南诸州受民租（田赋），皆用‘省斗’，每一石外，别输二升为鼠雀耗”[①]。民户由此每石少交七斗八升田赋。这些措施都在不同程度上减轻了当地民户的额外负担。

自唐代建中元年（780年）颁布“两税法”起，田赋分为夏、秋两次征收，统一规定“夏税”不得过六月，“秋税”不得过十一月，实际上并不符合全国不同地区农作物的收获季节。五代时后唐明宗于天成四年（929年），就对“夏税”征收的时限作了改进，辖区南部的黄淮地区自五月十五日起征，八月初一日纳足；最北部地区自六月十日起征，九月纳足，比唐代的规定更加灵活。这是对两税法的首次改进，便于农户在收获后交纳田赋，客观上相对减轻了农户的负担。

宋初实行的大体上仍是后唐的制度。对原后周统治区的中南部黄淮地区，夏税自五月十五日起征，七月三十日纳毕，大体上与后唐相同；而北部地区夏税纳毕时间为八月五日，比后唐规定的时限早了近一个月，这可能是后唐时统辖的最北部地区，宋代称为燕（今北京）、云（今山西大同）地区，早已被辽朝占领有关。而淮河流域及新征服的广大南方地区，夏税起纳的时间为五月初一日，纳毕的时间为七月十五日；秋税的起纳时间统一为九月初一日，纳毕的时间为十二月十五日，都比唐代的规定晚了半个月。

---

① 《长编》卷12。又“省斗”为政府规定的标准斗。唐代由尚书省户部颁布法式，太府寺制造标准斗，故称“省斗”。五代、北宋前期仍由太府寺制造，熙宁四年十二月才改由文思院制造，仍称“省斗”。漆侠《宋代经济史》认为北宋前期的“省斗”即是文思院制造，有误。

端拱元年(988 年)四月的诏书中,又规定:“自今并可加一月限”,以“及田蚕早晚不同处,令有司临时奏裁”①,进一步放宽了征收田赋的时限。但是,长江流域及以南地区九月初一日稻子还没有完全成熟,淳化二年(991 年)又改为十月初一日起征。

另外,夏、秋两税的纳税时限,分为初、中、末三限。三限的天数大体相等,各限的时日之半称为半限,两税通常都是分限交纳,末限的半限纳足九成,末限满时纳足。历年所欠两税,在中限的半限时纳足七成,末限时纳足。灾年可减、免或延期缴纳,称为展限,也分为三限。宋初田赋交纳时限的逐步改进,与唐代和五代的法令相比,较为适应因南北气候条件不同造成农作物收获季节早晚差异的客观情况,因而相对地减轻了农户的负担,有利于农业生产的发展。

二、商税与历史上首部商业税务法规《商税则例》

宋初沿袭五代旧制,征收商税,分为过税(过境税)与住税(营业税),过税约为住税的三分之二。如后晋天福七年(942 年)十二月,颁布征收盐税的诏令即规定:“过税每斤七文,住税每斤十文。”②后周时规定住税的税率为百分之三,如显德五年(958 年)“敕诸道州府,应有商贾兴贩牛畜者,不计黄牛、水牛,凡经过处并不得抽税;如是货卖处,只仰据卖价,每一千抽税钱三十,不得别有邀难”。这是对过境的牛免收过税的优惠,而出卖仍要按章收住税。宋初携带铜钱也收过税,当亦沿自五代③。

宋太祖非常重视商税的征收,建国的第一年,建隆元年(960

① 《宋会要辑稿》食货 70 之 5。

② 《旧五代史》卷 146《食货志》。

③ 《文献通考》卷 14《征榷考一》。

年)即“诏榜《商税则例》于(商税)务门,无得擅改更增损及创收”。陈傅良说:“我艺祖(太祖美称,指赵匡胤)开基之岁,首定《商税则例》,自后累朝守为家法。”①

宋太祖建国之年“首定”的《商税则例》,可能是在后周有关商税征收诏令的基础上,加以整理补充条理化后编制而成的。这是中国古代史上第一部由政府颁布的商业税务法规,并且也是历史上首次采取公开张榜于税收机构“商税务”门前的做法,明白告示来往的商贩。

历史上首部商业税务法规《商税则例》的具体内容,虽已无从确知,但从《文献通考》保留的片断来看具备如下内容:一、征收商税的物品种类;二、商业税的税种和税率;三、对偷税、逃税的处罚;四、其他事项。《文献通考·征榷考一》于宋太祖建隆元年后(次条为开宝六年,973 年)所列:

> 关市之税:凡布帛、什器、香药、宝货、羊、彘,民间典卖庄田、店宅、马、牛、驴、骡、橐驼,及商人贩茶、盐,皆算。
>
> 有敢藏匿物货,为官司所捕获,没其三分之一,以其半畀捕者。贩鬻而不由官路者,罪之;有官须者,十取其一,谓之“抽税”。
>
> 行者赍货,谓之“过税”,每千钱算二十;居者市鬻,谓之“住税”,每千钱算三十。

以上第一部分,是应征收商税的物品,分为三大类,第一类物品都要征收商税;第二类是民间发生买卖关系时征收商税;而第三类的茶、盐由商人贩卖时征收商税。

第二部分的前半段,是对偷逃商税者的处罚,及对抓获逃税者的奖励。后半段是规定经商者必须走“官路”,不能走小路,走小路经商属于犯罪。而其后的官府所需要的货物,抽取十分之

---

① 《文献通考》卷 14《征榷考一》。

一税的这段，似指确为官府需要，需走小路的，通过抽税的办法调节。此外，没有列入上述征收商税品种之内的“竹、木”，以后见于记载，是采取“十取其一”的办法征收，当与此处的“十取其一”不是一回事。

前引记载的第三部分是关于商税的税种和税率，大体上是沿袭五代的。由此推测，其他部分基本上也是沿自五代，而加以条例化和增减而成的。上述三部分内容，应即是宋太祖初年《商税则例》的主体部分。

宋太宗于淳化二年(991 年)二月，诏“令诸路转运司，以部内州、军商税名品，参酌裁减，以利细民”①。这是因为宋太祖于建国之初制定《商税则例》时，辖区只是当时的后周统治区，尚未涉及诸割据政权占领地区。五代十国时各个割据政权竞相征收各项苛捐杂税，如后蜀时所收的有鱼膏税、米面税、嫁妆税等等，无奇不有。如果说，“宋克平诸国”，“凡无名苛细之敛，常加刬革”，不是指田赋(两税)方面，而是针对各割据政权的商税而言，就恰当得多。宋太祖、宋太宗时期，确实“刬革”了不少商税方面的“苛细之敛”。此次，宋太宗要求全国地方官，对本地商税的“名品”进行一次全面清理，其主旨在于对新统治区推行《商税则例》。由宋太祖和宋太宗对商业的重视程度，可见宋代商品经济的繁盛以及商税在封建财政收入中已占有相当地位。

但是，“当职之吏，恣为烦苛，规余羡以市恩宠，细碎必取，掊克斯甚，交易不行”。这是颁诏后的第四年，淳化五年五月诏令中提到的情况，可见清理的效果并不理想，一些地方官甚至乘机乱增商税，才发生“交易不行”的严重情况，以致宋太宗要求“自今除商旅货币外，其贩夫贩妇细碎交易，并不得收其算。当算之物，令有司件析，颁行天下，揭于版榜，置官宇之屋壁以遵守焉。

① 《宋会要辑稿》食货 17 之 12。

国朝之制"[1]。其诏文大体上与前引《文献通考·征榷考一》的前半部分相同，只有个别用字略有不同。

建隆元年时，宋太祖要求将《商税则例》张榜于商税务的门前，这次又要求以版榜置官府（当是商税务）的屋壁，说明经过三十多年后，《商税则例》并未得到认真执行，以致宋太宗再次要求公开张布。诏书的后半部，既称为"国朝之制"，说明行之已久，并非当时所制定的，当即指宋太祖开国之初制定的《商税则例》。

商人贩运货物要有凭证，称为"引"，也称"券"。通常由发货地官府发给，称为"地头引"、"脚地引"等，也有由专门机构如首都的机构发给的。每千钱收二十文钱的过税，只是对有"引"商品而言，无"引"的商品税额要高得多。如至道元年（995 年）就规定"有引税二十钱，无引者税七十五钱"；大中祥符"三年五月，诏商税院，并依版榜例（指公布在版榜上的《商税则例》）收税，仍取'脚地引'看验，如无引每千钱收税三倍"[2]。还有一种"长引"，运输途中不纳过税，至终点站（如京城）后一并计算税钱。用船运输货物的，按装载量的多少，收取不同的"力胜钱"，空船也收。还有"包角钱"、"头子钱"等，如至道二年规定税钱五百文收一文"头子钱"。

政府设有专门征收商税的机构，首都设都商税院，各地设有商税院、商税务；不设商税院、务地方的收税机构，称为税场，由商税院或务派人前往收税。各地都有税额，如"长引"在沿路不交过税，如改变途经地点，会引起相互间的矛盾，就要申奏解决。有时涉及经常性的大额货物如茶叶，就由中央主管机关"三司"增减相关地方的税额加以解决。

---

① 《宋会要辑稿》食货 17 之 13。

② 《宋会要辑稿》职官 27 之 35。

第四节 宋初的役法与对夫役的改革

一、官户役的重设与废除

这种由部分民户专门负担政府特殊需要的徭役，创始于唐初，盛行于五代末年以前，通常是由部分富户和具有专门技能的民户，以及负担政府特殊需要的民户服役。

唐太宗时，由部分富户承担低级官员的"料钱"(官俸以外的伙食津贴)，称为"官课户"，后来也称"进奉官月料户"。唐高宗时，又创设了由部分富户承担低级官员的"俸"钱，称为"俸户"。以后也泛称官俸为料钱。到了五代，发展到几乎地方政府的所有需要，都由专门的民户负担，除了俸户、课户以外，还有庄户、羊户、猪户、炭户、纸户、笔户、羊毛户、红花户、紫草户(后两者提供染料)等。除了州长官及少数高级官员外，州级的一般属官及县令等俸禄和食钱(料钱)，都由俸户、课户负担。这些特殊民户，常被称为"官课户"；而极大部分负担"夫役"和"职役"的民户，则被称为"散户"。因此，笔者将这些特殊民户负担的各种徭役，概称之为"官户役"①。

后周显德六年(959 年)三月，明令废除"官户役"，所有官员的俸禄、料钱都改由政府支给，其他纸户、笔户等也都同时被废除。而"官户役"中主要的"官俸户"，在宋初又重新设置。

乾德四年(966 年)七月诏："给州县官俸户"。诏书并说："准汉乾祐二年敕"。于是宋初"复于中等无色役人户内置俸

---

① 史学界对这种役法极少涉及，笔者在白寿彝总主编的《中国通史》第七卷丙编第七章第三节"五代役法"中称之为"官户役"。但其中涉及宋代的部分，叙述不够确切。

户”。俸户也称“回易料钱户”。这是因为政府将俸料，折合成货物发给官员，当官员需要钱时，便要自行将所得货物出卖，而如果由官员出卖货物，就会有强卖的事情发生，因此“未免扰人，岂惟伤廉，抑亦犯禁”。现在改为将应发给官员作俸料的货物，发给俸户，相当于一千钱的货物发给两户俸户，由俸户去出卖，不管出卖到多少钱或是否出卖掉，俸户每户每月付给有关的官员五百钱。每个官员都有固定的“俸户”，以官员俸料的多少定俸户数，如万户以上县的县令是二十千，给四十户；主簿、县尉都是十二千，各人有二十四户；小县县尉、主簿定为七千，各有十四户等。州和首都东京开封府和陪都西京河南府的属官司录、录事参军以下，至下州的司户、司法，也是给四十户至十四户。即是除了州、府长官和主要属官判官、推官外，都给“俸户”。而官府将有关官员的俸料“折支物色，每岁委官吏随‘蚕盐’一并给付”①相应的俸户。俸户则除了缴纳田赋外，可免除其他徭役。

开宝四年(971 年)十一月，又下诏所有节度使、观察使、防御使、团练使和军事州的主要属官判官、推官，军(与州同级)的判官等，以及节度副使、防御副使、团练副使担任“权知州事”者，“节度掌书记自朝廷除授及判别厅公事者”，“并依州县官例，给回易料钱俸户”②。这样，州级的代理长官及所有属官都配给俸户。当时的节度使至团练使，皆兼本州刺史，以及刺史，都是州长官。

宋初官员俸禄虽以钱数计算，但是大部分官员，尤其上述州的代理长官及所有州级属官和所有县官，并不直接发给钱，而是折合成粮食发给，而政府又虚抬粮价，官员实际所得远低

---

① 《长编》卷 7;《宋会要辑稿》职官 57 之 18 至 19。“蚕盐”也称丝盐，原是后唐初因乡村民户养蚕，政府按户配售食盐，后来不论是否养蚕，随夏税纳盐钱。宋沿旧制，通常每年春季配给。

② 《长编》卷 12，开宝四年十一月庚申。

于应得的钱数，只相当于应得数的三分之二上下。宋太祖采取重设俸户的办法，将官员们应得的另外约三分之一俸禄钱数，转嫁到相应的俸户身上，每个俸户每月实际上要多负担一百六七十钱。

宋太宗即位后不久，于开宝九年（976 年）十一月初颁布诏令称："细民以农桑为业，顷制奉（俸）户，月输缗钱，营置良苦，今皆罢之。官奉并给官物，令货鬻及七分，仍依周显德五年（958年）十二月诏，增给米麦。"①"官户役"终于退出了历史舞台。

二、夫役的改革与役兵（厢军）

夫役也称力役，主要承担修筑城池、官廨、堤堰、驿路，以及运送军需物资等工作，种类繁多，劳动强度大。征役又无节制，官员们乘机敲诈钱财，比较富裕的农户因而能得以免除，力役遂成为中下农户的沉重负担。

宋朝建国以后，逐步采取以军士代替民户的力役，这是中国古代役法史上的重大变化。建隆二年（961 年）五月，"令诸州勿复调民给传置，悉代以军卒"②。这是以士兵代替民户承担经常性的繁重夫役"传置"（递送文件及迎送与接待过往官员的驿站），也是宋初以兵士代替民户经常性"夫役"的开始。

宋太祖为了加强中央集权，消除五代节度使以军事手段夺取政权的隐患，乾德三年（965 年）八月，"令天下长吏择本道兵骁勇者，籍其名送都下，以补禁旅之阙"③。这样，留在地方的都是老弱兵士。史称："余留本城，虽无（一作或）戍更，然罕教阅，

① 《长编》卷 17，开宝九年十一月戊辰。

② 《长编》卷 2，建隆二年五月。

③ 《长编》卷 6，乾德三年八月戊戌。

类多给役”[①]；“初置壮城、牢城（均为厢军军号），备诸役使，谓之厢军”[②]，因而厢军也称役兵。“壮城”是专门负责修筑和维护州、府城池的厢军，维修京城的厢军军号为广固军；“牢城”是由发配到本州的罪犯（也称“配军”）组成的厢军，服各种杂役。壮城和牢城两种厢军基本上是各州、府城普遍设置的，可能也是最早设置的地方厢军。

宋初多年征调民户修筑襄州（今湖北襄樊）的道路，有时一年修治五六次，每次调发民工数百人，但专门负责修路的官员在收取一些民户的贿赂后予以放免，致使实际修路的民工远少于应征调的数目，道路越修越坏。乾德五年（967 年）宋太祖改“命川、陕诸州长吏、通判并兼桥道事”，将修桥铺路的事交由地方长官负责。襄州知州边光范在计算工程量以后，“请以州卒（厢军）代民，官给器用，役不淹久，民用无扰”[③]，受到宋太祖的褒奖。以后修路建桥也成了厢军的任务之一。

大中祥符五年（1012 年），段维幾调发中牟县（今河南中牟）民夫二百人修马监仓，“群牧制置使代以厩卒”[④]。可见厩卒也是由厢军充任的。

除了少量厢军主要是维护地方治安外，绝大部分厢军都是从事各项劳役的役兵，包括在京城的各种劳役。以后也常为了某种劳役，专门招募人充当从事这种劳役的厢军，即所谓“因事募人，团立新额”，设立新的军号。为此招募的厢军相当多，当初“或因工作、榷酤、水陆运送、通道、山险、桥梁、邮传、马牧、堤防、

---

① 《宋史》卷 189《兵志三》。

② 张方平《论国计事》，（明）黄淮、杨士奇编《历代名臣奏议》卷 269。邓广铭先生藏明永乐本，上海古籍出版社影印，本书所引皆出此版本，下不详注。

③ 《长编》卷 8，乾德五年末。

④ 《宋史》卷 177《食货志上五》。

堰埭”①,都招募厢军从事相关的劳役。许多厢军的军号名称,就表明了这一厢军服役的内容,如桥道军、开道军、开河军、宁淮军(日常治理淮河)、步驿军(徒步递送文件)、水运军、船坊军、桥阁军(栈道)、采斫军、防河军、船务军、装卸军、窑务军、屯田军、造船军匠军、船坊铁作军、水磨军,等等。各州、府这些军号的厢军通常人数较多,组成一个“指挥”(一般为三百至五百人)或更多。另外一些厢军的人数较少,只有数十人或一二百人,称为“都”。“都”原是“指挥”下面的一级组织,现在作为独立的基层单位,军号有渡船都、杂作都、梢工都等;还有人数稍多而称为营的,如铁木匠营、酒务营、竹匠营等,以上也都可称为某某军。

单从以上厢军的军号看,几乎包括了政府的所有劳役,这些在五代及以前由民户承担的夫役,从宋初开始,逐渐都由厢军服役。包括唐代以来分番(分批)到京城服役的工匠和杂役,如京城的东西八作司、牛羊司、御辇院、军器库、后苑造作所、后苑工匠、南北作坊、绫锦院、弓弩院、东西水磨务、东西窑务、御厨、御膳厨、法酒库、油库、醋库、布库等,以及开封府的步驿、马递铺(骑马递送文件)等,无一不是由厢军的役兵、工匠承担。所以,从宋初开始,广大的民户基本上摆脱了徭役(夫役、力役)的困扰,得以致力于耕作或其他劳动,这有利于生产的恢复与发展,有利于整个社会经济的繁荣。

除了“职役”(其中包括杂役,以及增修京城、维修黄河和汴河等徭役)外,原先民户承担的几乎所有的日常夫役,都逐渐改由厢军(役兵)负担。因此,南宋章如愚说:“古者,凡国之役皆调于民,宋有天下,悉役厢军,凡役作营缮,民无与焉。”②这大体上反映了宋代的情况,而这种格局是从宋建国后不久开始的,到北

① 《宋史》卷189《兵志三》。

② 章如愚《山堂考索》后集,卷41《兵制门·州兵》。

宋前期末已基本形成。

三、职　　役

职役，也称吏役，五代时是官户役、夫役之外，由民户承担的另一种差役，是轮差民户（服官户役者除外）去担任州、县的吏职，直至州、县衙门役使的杂职、乡村的壮丁等。史称："宋因前代之制，以衙前主官物，以里正、户长、乡书手课督赋税（田赋），以耆长、弓手、壮丁逐捕盗贼，以承符、人力、手力、散从官给使令，县曹司至押（司）、录（事），州曹司至孔目官，下至杂职、虞候、拣（子）、掏（子）等人，各以乡户等第定差。"①

"衙前"属州役，宋初沿五代旧制，主要是以低级军官担任，部分为招募。随着统一战争的进行，宋的疆土日益扩大，衙前押送官物路途越来越长，风险也越来越大。耆长、乡书手、里正、户长、壮丁属乡役，其他都是州、县役的吏役或杂役。

吏在各级政府中占有重要地位。宋代从中央到地方各级机构中，包括路（近似后代的省）、州、县机关，都有数量众多的吏，处理相关机构的日常事务。由于他们掌握了重要职权，经常夤缘为奸，弄权作弊。如"中书五房"，是最重要的中央政府"中书门下"（简称"中书"，也称政事堂、都堂）的办事机构，掌握着很大权力，而且是由称为"堂后官"的吏长期掌握，正如宋太祖的诏书中所说："堂后官十五人，从来不曾替换"。而且宋太祖也知道"堂吏（中书五房的吏，这里主要是指堂后官）擅中书（政府）权，多为奸赃"②，因而改用官员担任，但因合适的官员数量有限，不得不留用四人。其他所有机构，仍旧是原封不动。

---

① 《宋史》卷177《食货志上五》。

② 《长编》卷14，开宝六年四月癸丑、五月丙辰。

职役是由民户(主要由乡村的农户)按户等高低差派担任,由民户直接承担的职役,分为州、县役和乡役两大类,州、县役又分为吏役和杂役。

宋代的州(府)、县政府中朝廷任命的官员很少,县级官员多则三四人,少则一二人,主要由吏负责日常事务。边远地区的一些州、县,甚至没有朝廷任命的官员,州、县的政务全由吏承担,并主要由吏役中的吏人或衙前主持州、县政务。

州、县役中的高层人员,统称为吏人、职员、人吏。州的吏人分为职级、前行、后行三等;职级还分为都孔目官、孔目官至粮料押司官十阶,都孔目官、孔目官也称都吏,是吏人最高的职位。吏人办理“狱讼、账目、遣发”等事务①,分别在州级政府的使院、书表司、刑法司等机构中任职。县的吏人(职员)分为押司、录事、前行、后行,如“后行”的任务之一,是到州政府去承领文书,然后派“解子”(属杂役)送回县政府等。

州、县政府还在“吏人(职员)”之下,设有“私名书手”,担任各案的书算事务,在吏人不足的情况下代行其职务,吏人有缺额时可以升补为吏人。而中央各部门、各路级机构和开封府,则在“吏人”之下设“贴司”。景德二年(1005 年),州、县也改设贴司以代替私名书手。

州、县政府编制内的吏役,称为正额或正名,编制以外还有“守阙”、“习学”、“私名”之类,如私名贴司,当编制有空额时,可以升入正额。州吏中最高层的“职级”,任职年满后可以“出职”为官,或担任“摄官”,他们的子弟可以替补为吏,是州吏的重要来源。吏没有俸禄,以贪污受贿为生,不少吏因而致富。

职役中的吏役以招募为主,只有一部分是由乡户差派的。如乾德元年招募州的“吏人”,“募有田产谙公事人充”职,仍“不

① 《淳熙三山志》卷 13;《赤城志》卷 17。

足，则据数均于属县曹司正员内差补”，这是选差县的职员充任州的职员。后又“许以中户以下选差”，担任职员中最低的“后行”，也就是差民户担任职役中的州役。宋初还从各户等中选差通晓吏事者担任职役中县役的押司、录事，但是，“县吏差税户”，大“多不省文书”①，因此不得不进行招募。

州吏、县吏大多掌握着地方政府的许多实权，有时能左右州、县长官的意志，是宋王朝统治的重要基础之一，一些重要吏职实际上由他们的子弟所垄断。由乡户差派的吏役，除极少数外，不可能担任重要吏职。

州、县役的“杂役”，称为“公人”，基本上是由民户承担的“职役”。州级政府机构设承符、散从官、步奏官，承担“追催公事”；“人力”负责“当直”；散从官和属“杂职”的弓手、手力，还要负责迎送到任或离任的官员。还有“院虞候”，在州级政府的司理院当值听差，以及在所属监狱担任“狱子”。“杂役”由乡村主户或坊郭主户中有“行止”的人担任。史载乾德元年(963 年)七月，“定州、县所置杂职、承符、厅子等名数”②，即是首次确定州、县政府中“杂役”的编制。

州、县政府的“杂职”，承担各种杂事，由乡村主户差派，允许长期担任。州、县役中的“医人”，由州、府治的所在地县(附郭县)医生中轮差，各县则从本县的乡村医生中抽充。

县役中的“手力”，宋初是第二、三等户(五等户制，下同)的差役，担任追催公事和征收城内的赋税。“弓手”是三等户的差役，归县尉统辖，捕捉盗贼以维持治安。“解子”，也是差役，担任解送公文，有时也替代“手力”的部分职务。

州、县杂役中还有“斗子”、“拣子”、“库子”、“秤子”、“拦头”

---

① 《淳熙三山志》卷 13;《赤城志》卷 17。

② 《宋史》卷 1《太祖纪一》。

等，拦头承担征收商税的具体事务，招客户充任和由五等户差任；其他斗子等则担任征收田赋和保管粮食的具体事务，以三、四等户差任。

乡役有耆长、里正、户长、乡书手、壮丁。耆长为一乡之长，负责治安和接受县政府的公事，以及乡内的修路建桥等事，是乡户一、二等户的差役。里正为一里之长，负责税收(田赋)及部分县役，因而被视为“脂膏”，淳化五年(994年)开始定为第一等户的差役。户长为第二等户的差役，具体负责征收田赋，并缉拿盗贼。乡书手隶属耆长，负责书算事务，为乡户的四等户差役。壮丁负担接受和递送公文，以及乡内治安，是乡户四、五等户差役。

另外，宋代城市实行厢坊制，设有厢典、书手、都所由、所由、街子、行官等厢吏；坊设坊正，称坊官。除都所由是政府委派，所由为招募属募役，其余类同乡村的乡役：厢典类似耆长，书手类似乡书手，坊正类似里正，街子、行官则近似于壮丁，亦当由坊郭各户等差派或招募，笔者因之称为“厢役”。

州县役中的部分吏役(主要是衙前役)及全部杂役、乡役，是民户的沉重负担，北宋中叶成为改革重点。

第四章　宋初的行政制度与军事制度

宋初，中央三省六部寺监职权为他司及新设机构所夺而成为闲司，省部寺监官称与其职务分离而成为寄禄官，另以“差遣”任实职。地方则设路，以转运使等掌财政、司法与监察权；州级长官节度使、刺史、知州并存，县级长官则县令、知县同设。

在军事方面，收地方精兵入禁军，主要从事战守；剩下的老弱编为厢军，主要服劳役。地方设部署司、钤辖司等以统军。

第一节　三省六部制的破坏与宋初的中央政府机构

一、中书与宰相、副相、使相

宋初沿后周旧制，以“中书”为最高行政机构。中书全称为中书门下，亦称政事堂、都堂、政府、东府，为宰相和参知政事（副相）的议事与办公处，与枢密院（枢府、西府）合称“二府”，为宋代最高政治、军事机构。

宋初也沿晚唐、五代旧制，“中书令、侍中、同中书门下平章事，已上为宰相”[①]。而且北宋真宗时的学者也认为，唐自中期以后，“唯侍中、中书令及平章事，是为正宰相之任，五代相承，未

① 《宋史》卷168《职官志八》。

之或改”①。但自后周显德元年(954年)中书令(宰相)冯道死后,未再以中书令衔任命宰相,宋代也不再以中书令衔任命宰相。

宋初(直至元丰官制改革以前)的宰相职衔分为侍中、同平章事(同中书门下平章事)二等,但只有很少几个权位隆盛或德高望重的同平章事衔宰相,才能晋升为侍中衔宰相。史称:“国朝以秩高罕除,自建隆至熙宁(实际是至治平四年,1067年),真拜侍中才五人。”②“真拜侍中”,即是以侍中官衔任宰相,不用再加“同平章事”差遣衔。这五人中范质和赵普属北宋前期,范质在乾德二年(964年)罢相时的宰相衔是:“司徒兼侍中,昭文馆大学士”;赵普两次以侍中衔任宰相,分别于太平兴国八年(983年)和淳化元年(990年)罢相,这两次罢相时的宰相衔是:“开府仪同三司、司徒(后一次为守太保)兼侍中、昭文馆大学士、梁国公(后一次为上柱国、许国公)”③,全都不带同平章事差遣衔。

同中书门下平章事,简称同平章事、平章事,是北宋元丰官制改革前宰相的低级职衔,具有三省六部“丞、郎以上至三师”官称的官员才能担任宰相同平章事“差遣”职衔④。初任宰相都是此衔,只有很少数的同平章事宰相升为侍中官衔的宰相。

宋初也循唐、五代旧制,宰相都例兼三馆馆职。太祖时初任宰相为同平章事兼集贤殿大学士,称集贤相;后升兼监修国史,称史馆相;最后升兼昭文馆大学士,称昭文相。两相同时任命时,一兼监修国史,一兼集贤殿大学士,以示两相的高低。自宋

---

① 《册府元龟》卷308《宰辅部·总序》。唐、宋史学者认为晚唐、五代和宋初,只有同平章事才是宰相,中书令、侍中都是虚衔,此说欠妥。参见笔者《关于晚唐、五代的宰相制度》,《史学论文集》,云南大学出版社1992年版。

② 《宋史》卷161《职官志一》。

③ 《宋大诏令集》卷65《范质和赵普罢相制》。

④ 《宋史》卷161《职官志一》。参见笔者《关于北宋前期的宰相制度》。

太宗太平兴国八年(983 年)起,初任同平章事衔宰相,常不兼领馆职,以后才升兼馆职,也有任相二三年直至罢相也未兼馆职的;侍中衔宰相都兼昭文馆大学士衔,昭文相为首相、上相。

宋初也沿唐、五代旧制设"使相","亲王、枢密使、留守、节度使兼侍中、中书令、同平章事者,皆谓之使相"①。使相是享受宰相礼遇,但无宰相实权的荣誉衔。自唐中叶设使相以来,都只作为荣誉衔,从未行使过什么职权。只有乾德二年,赵光义以"使相"衔行使了一次宰相的职权。当时宋太祖急于罢免原后周的宰相范质等三相,以致次日当他任命赵普为宰相时,因没有在任宰相而无法签署敕令,为了使赵普的任命合法化,宋太祖以其弟赵光义有"使相"衔,令其签署敕令,这才完成了对赵普宰相的任命。这也是唐代创设使相以来,使相唯一的一次行使宰相职权。

隋唐五代都只设宰相,没有副相。宋太祖既于乾德二年正月任命亲信赵普一人为宰相,于是想为赵普设副手,以协助他处理政务,但不知取什么名称为好,于是召问翰林学士承旨陶穀,比宰相低一等为何官,对前代官制一知半解的陶穀,竟然回答说:"唐有参知机务、参知政事。"其时赵普的宰相职衔为同中书门下平章事,而唐代参知政事地位高于同平章事,以致后来遭到真宗时的宰相李沆的讥讽,"陶穀失之矣"。但参知政事却因此成为宋代副相的职衔。

宋初参知政事虽作为副相,但其职权、地位都比较低,"不宣制,不押班,不知印,不升政事堂","殿廷别设砖位于宰相后",而且"止令就宣徽使厅上事"②,不在政事堂举行"上事"的仪式,也不在政事堂办公,实际上只是宰相的助理。由于赵普擅权,宋太祖才于开宝六年(973 年)六月决定提高参知政事的职权,与宰

① 《宋史》卷 161《职官志一》。

② 《长编》卷 5,乾德五年四月乙丑及注。

相轮流知印、押班、奏事，使之真正具有副相的职权。以后参知政事的职权，又有所降低。直至宋太宗末年，因为参知政事吕端于至道元年(995 年)升为宰相，奏请提高仍为参知政事的寇凖的权位。太宗采纳吕端的意见，“诏自今参知政事宜与宰相分日知印、押正衙班，其位砖先异位，宜合而为一，遇宰相、使相视事及商议军国政事，并得升都堂(政事堂)”，参知政事的权位实际上与宰相相当，实同次相。次年七月，寇凖罢参知政事后，参知政事的权位又有所降低，“闰七月诏：自今(原作令，误)中书门下只令宰相押班、知印，其参知政事遇正衙横行参假，并重行异位(砖位)，非议军国政事，不得升都堂”①。其他都按开宝六年的诏令执行。以后，除朝会仍由宰相押班外，其他职权大多恢复，缺相时亦可代行宰相职权。

中书(政府)的办事机构称“中书五房”，也称制敕院，分为孔目、吏、户、兵礼、刑五房，设堂后官十五人，由“吏”担任，分主五房事务。堂后官也称堂吏。开宝六年(973 年)四月，宋太祖“知堂吏擅中书权，多为奸赃，欲更士人”，因而下“诏曰：堂后官十五人，从来不曾替换”②，命由吏部流内铨选官员担任，然而没有选够而不得不留用旧人。每房三人，分管承受诏旨敕草的书写、校对和用印、发放等事。淳化四年(993 年)八月，宋太宗对中书五房分管的事务重新作了调整，堂后官减为六人，其中一人为提点五房公事，其余五人分主五房，各房堂后官下设录事、主书、守当官等。此外，有主事房，设主书；勾销房，设守当官。

中书(政府)的附属机构还有舍人院。宋初中书省成为闲散机构，中书舍人成为寄禄官名，除特命外不草拟诏旨。另设舍人院于制敕院内，以其他官员代中书舍人草拟诏制(外制、中书

---

① 《宋会要辑稿》职官 1 之 70—72。

② 《宋史》卷 162《职官志二》。

制),称知制诰,临时代理称权知制诰,资浅者称直舍人院。

二、枢密院、宣徽院

宋初沿五代旧制,设枢密院、宣徽院。枢密院简称密院,也称枢府、西府,“与中书(政事堂、政府、东府)对峙文武二柄,号为二府”。枢密院为最高军事机构,既夺兵部之权,又分宰相所管的军事权,宰相如不兼枢密使,则只管行政事务,与唐代宰相兼管文武之制不同。

枢密院长官为枢密使,副使为副长官;太平兴国四年(979年)正月,设签署枢密院事为次副长官;太平兴国八年十一月,又设同签署枢密院事为末副长官。淳化二年(991 年)九月,张逊以枢密副使任知枢密院事为正长官,而寇準、温仲舒亦以枢密副使任同知枢密院事为副长官,他们都仍带枢密副使职衔,且都享受枢密副使礼遇。以后新任知、同知枢密院事,即不带枢密副使职衔,实际上是将枢密院正长官自枢密使降为知枢密院事。自此以后,设枢密使为长官,即以枢密副使或签署枢密院事等为副长官;设知枢密院事为长官,则以同知枢密院事为副长官,两套职衔不同时设置。从宋初起,枢密院长官逐渐以文官担任为主,实行“以文制武”。

枢密院的办事机构为承旨司。宋初设承旨、副承旨为长官,承旨司下设兵、吏、户、礼四房,兵房设副承旨二人,其余各设一人。另有兵马司,也设副承旨。各房、司副承旨以下设主事、令史、书令史等。淳化四年(993 年)设都承旨为长官,后有副都承旨为副长官。承旨司除办理各类事务外,还承担在殿廷接受殿前司与侍卫亲军司的奏章后宣读奏章。

宣徽院设宣徽南院使、北院使,地位在枢密副使之上。至道三年(997 年)八月,宣徽北院使移位于枢密副使之下,但通常与参知政事、枢密副使以任命先后叙位，说明地位相近。经常有枢密副使兼宣徽使，亦常有宣徽使兼枢密副使，宣徽使常是晋升枢密副使的阶梯。宣徽使缺时，有时亦以参知政事或三司使临时代职。宣徽院侵夺吏部、兵部及殿中省各一部分职权。

宣徽院办事机构设都勾当官、勾当官为长官，下设兵、骑、仓、胄四案，以前行、后行（吏名）分管。

枢密院与宣徽院的办事机构，宋初曾设官统管，称签书提点枢密、宣徽院诸房公事，至道三年八月起罢设。

三、三　　司

三司指盐铁、度支、户部（此指六部中户部下的头司“户部司”）三司。唐末五代初设官分领，后唐明宗始以宰相等总领，长兴元年（930 年）八月，专设官总领，原称诸道盐铁转运等使兼判户部、度支事，明宗定名为三司使，地位在宣徽使之下。

宋初沿旧制设三司，号称计省，为最高财政机构，主要侵夺原户部、工部职权。长官为三司使，号称计相，地位仅次于执政，其他礼遇与参知政事、枢密使略同；副长官称三司副使。太平兴国八年（983 年）三月，宋太宗因三司官员奏事时互争短长，纷纭不已，遂决定分设盐铁使、度支使、户部使。淳化四年（993 年）五月，又合为三司，只设三司使一人，事务由属官“判官、推官通署颁行，三司使但于案检署字”①，三司使实际只起监察的作用。不久即发觉“三司簿领堆积，胥吏弛慢，因而为奸，不能发摘”。遂采纳魏羽建议：“依唐制（分）天下郡县为十道、两京为左、右

① 《长编》卷 34，淳化四年五月戊申。

计”[①]，设三司使二员，一称左计使，一称右计使。十月，又增设总计使，以协调左、右计使事务。但由于“官司各建，政令互出，难以经久”[②]，次年即又废总计使及左右计使，重设盐铁、度支、户部三部使。咸平六年(1003年)六月，又因各自邀功，而且“文符互出”，使得各地“莫知适从”[③]，再次重合为三司，以寇準为三司使，另设盐铁、度支、户部三副使，分管三部，三司使进行协调与裁决。

三司经过二十年纷改，重又恢复为一个机构。各部副使下设判官、孔目官等。三部分设盐铁七案、度支八案、户部五案，分案办理事务。三部各设勾院。三司下属机构还有都磨勘司、都主辖支收司、衙司、诸司马步军粮料院等，以及三司推勘公事官等。

四、新设机构：审官院、流内铨、审刑院、纠察在京刑狱司、三班院

宋初六部职权相继被夺，中书(政府)夺吏部中级文官管辖权、刑部审刑权；户部和工部职权基本为三司所夺；而枢密院夺兵部职权及兵部的中级武官管辖权；宣徽院则夺兵部低级武官管辖权，及兵部、殿中省的次要职权。

宋初又相继设立新的机构，主要是分“中书”之权。如吏部在宋建国时还管辖七品以下的低级文官“京官”，但当乾德二年三月吏部尚书张昭罢职以后，所有京官的任命权都归属中书(政府)。吏部的流内铨遂成为独立机构，另以他官“权判”为长官，

---

① 《职官分纪》卷13《三司》;《宋史》卷267《陈恕传》附《魏羽传》。

② 《宋史》卷267《陈恕传》。

③ 《长编》卷55，咸平六年六月丁亥。

但仍称吏部流内铨，管辖八、九品初级文官“幕职州县官”（也称选人）①。

太宗初年设差遣院，管辖朝官（少卿、监以下中级文官）。太平兴国六年（981 年）九月，“至是，（京官）与朝官悉差遣院主之”②。淳化三年（992 年），设磨勘京朝官院，同年或稍前设置磨勘幕职州县官院。淳化四年正月，前者改称审官院，并将差遣院撤销，职权并入审官院，行使的实际是“中书五房”的吏房职权。而磨勘幕职州县官院，改称考课院（一作三月改名），五月（一作至道二年，996 年）并入流内铨③。

审刑院，淳化二年（991 年）八月设置。史称：“审刑院，本中书刑房，宰相所领之职，于是析出。”④又称：“先是，天下案牍，先定于大理，覆之于刑部。太宗虑法吏舞文，因置审刑院”⑤，则是夺刑部之权。持前说的杨亿为当时人，著名史学家司马光也认为是从“中书”刑房分出。

大中祥符二年（1009 年）七月，设纠察在京刑狱司，凡开封府及京城的其他审讯机构所判徒罪以上案件，皆“追覆其案，详正而驳奏之。凡大辟，皆录问”⑥。这是加强对京城审讯案件的复核。

宋初以供奉官、殿直、内殿承旨（制）为三班，为低级武官，也称大、小使臣，隶属于宣徽院，“三班多贵族子弟，豪纵徼幸”。太平兴国六年（981 年）二月，设立专门机构，但未定名称，派专人

---

① 本书称京官为低级文官，称低于京官的选人（幕职州县官）为初级文官，参见第八章第一节三。

② 《长编》卷 22，太平兴国六年九月丙午。

③ 《宋史》卷 163《职官志三》；《职官分纪》卷 9。可能是至道二年五月并入流内铨。审官院分中书吏房权，参见司马光《涑水记闻》卷 3。

④ 《长编》卷 32，淳化二年八月己卯及注。参见司马光《涑水记闻》卷 3。

⑤ 《宋会要辑稿》职官 15 之 29。

⑥ 《宋史》卷 163《职官志三》。

任点检三班公事，以“总其名籍，差定其职任，考其殿最”[1]，这是三班院的前身。雍熙四年(987年)七月，正式设立三班院，始夺宣徽院管辖低级武官之权。

其他次要的新设机构，如龙图阁，真宗初年设置，藏太宗御著及有关文物；真宗末年又置天章阁，藏真宗有关文物，两阁均设学士、直学士、待制及直阁或侍讲，主要作为中级以上文官的职名。以后历朝皇帝为先帝设阁成为定制。

唐设弘文馆、史馆、集贤院，分属中书、门下二省。五代时沿设，只是聊备一格，仅小屋数十间以藏书，更谈不上重视。宋朝建立，也只是在建隆二年(961年)因避讳，改弘文馆为昭文馆。太平兴国二年(977年)才易地重建，次年建成，总名为崇文院，成为主要的国家藏书之所。端拱元年(988年)于崇文院中建秘阁，以藏善本书籍及古字画。

咸平三年(1000年)九月，设群牧司，以统管内外牧马监。

五、二府、三司以外的重要机构：二司三衙、翰林学士(学士院)、大理寺

宋朝建国，沿旧制设殿前司、侍卫亲军司(侍卫司)，简称“二司”，以统禁军，是最高统军机构。地方军厢军(役兵)也归属侍卫司，侍卫司地位高于殿前司。殿前司设都点检为正长官，副都点检为副长官，建国之初即相继废罢，而以原次副长官都指挥使，副都指挥使、都虞候为正副长官，殿前司地位遂进一步降低。侍卫司以都指挥使，副都指挥使、都虞候为正副长官，自太祖初年起，逐渐废而不设。雍熙三年(986年)七月，重设侍卫司马步军都虞候，自建隆二年(961年)罢设以来已25年，实际上侍卫

---

① 《长编》卷22，太平兴国六年二月。

机构早已名存实亡。景德二年(1005年)正月,最后一任侍卫马步军都虞候王超被罢军职后,侍卫司级机构实际已被废除。侍卫司的下属机构侍卫亲军马军司(马军司)和侍卫亲军步军司(步军司),正式成为独立机构,各设都指挥使为长官,副都指挥使、都虞候为副长官,地位在殿前司之下。侍卫司与殿前司的"二司"之名遂废,而以殿前司、马军司、步军司合称"三衙"(也称"三司"),是统率全国军队的三个最高统军机构。

翰林学士(学士院),沿唐制设,号称"内相"。负责草拟皇帝直接授意的重要诏旨,也称大诏令、内制和白麻(用白色麻纸书写),与舍人院所草拟的普通诏令,也称中书(政府)制、外制和黄麻(用黄色麻纸书写)相区别。

翰林学士也依唐制定员为六人,通常少于此数,如有第七员,则号称"员外学士"。常以资深者一人为翰林学士承旨为长官,宋初也有其他官员直接任命为翰林学士承旨。一般官员初任翰林学士,第一年并不担任诏书的草拟,一年后加知制诰衔才能担任草拟诏制,因而唐及宋代元丰改官制前,翰林学士通常都加知制诰衔,只有本官(寄禄官称)为中书舍人者才不加此衔。有些学者认为唐设翰林学士后及宋代,知制诰都只是代行中书舍人草拟外制者的职衔,此说欠妥[①]。《新唐书·百官志》载:唐代翰林学士,"自诸曹尚书下至校书郎,皆得与选,入院一岁则迁知制诰,未知制诰者不作文书",不作文书即是不得草拟诏制。五代及北宋前期,大体上继承唐制,知制诰也是翰林学士的加衔。宋初未被任命为翰林学士而又担任起草内制者,称直学士

---

① 参见笔者《关于宋代的知制诰和翰林学士》,文中论及唐代,刊于《宋史研究论文集》,河北教育出版社1989年版。关于翰林学士和知制诰,《中国大百科全书·中国历史》的《隋唐五代史》分册(1988年出版),将知制诰只作为代行中书舍人草拟外制者的职衔,欠妥。《中国历史》卷(1992年版)统稿者,在"知制诰"(第1530页)唐代部分起首处,加"亦为宋代翰林学士的加衔",亦欠妥,"宋代"应作"唐宋"。

院，与资历无关，临时代理则称“权直”学士院或翰林院。

大理寺是三省六部及寺、监中少数保留职权较多的机构之一，但已不直接审理案件，通常只是将各地已审决该上奏的案件，进行审核后送审刑院详审，共同签署后上奏。长官已改由他官任“兼判大理寺事”，副长官也由他官任“权大理少卿”，但属官在宋初仍是大理正、大理丞、大理评事，不久即以朝官兼大理正、京官兼大理丞，称为详断官。咸平二年(999 年)去掉所兼大理正等官名，朝官称详断官，京官称检法官，幕职州县官(选人)称法直官。

其他次要的中央机构，不一一介绍①。

六、官、职、差遣的形成

宋初继承后周旧制，不仅保留了原有的政府机构，还留用了原有的官员，对新政权起到了稳定政局的作用，但并不利于中央集权的加强。自唐代中叶设盐铁使等侵夺户部职权，后唐设三司使侵夺户部、工部职权以来，至宋初三省六部及寺监的职权有些已大部或部分被夺。“差遣”始于隋唐，隋代柳述以兵部尚书参掌机务、唐初杜淹以吏部尚书参议朝政等，皆是以尚书任宰相，稍后的同中书门下平章事也是宰相差遣，玄宗时设翰林学士，唐末五代扩大至枢密使、三司使等。宋初采取进一步扩大差遣的范围，进一步架空原有机构，以便于中央集权的加强。三省六部及寺监只派少量及较低的官员去任职，大多数官员被派去担任较重要或政府需要的职务，官名只作为品级高低及领取相应俸禄的标志，被称为“寄禄官”，也称“本官”，简称“官”，越来越

---

① 宋代行政制度及官员的任免、考核等，请参见朱瑞熙《中国政治制度通史》第六卷宋代部分，人民出版社 1996 年版；邓小南《宋代文官选任制度诸层面》，河北教育出版社 1993 年版。

多的官员不再担任与官名相应的职务，而去担任其他职务，实行了官名与实际职务分离的制度。如果担任与寄禄官的官名相同的职务，反而要有专门的诏令。通常官员们担任的实际职务，称为“差遣”，也称“职事官”，有时也简称“职”。差遣本身没有品级，大多有相应的俸禄和礼遇。依据差遣的重要程度，大体上规定了具有何种寄禄官，才能担任相应的差遣，因而适应的面比较宽。旧朝留用的官员即使被委派了较低的差遣，担任了较次要的实际职务，但仍按原有官名领取应得的俸禄，享受着相应的礼遇。如差遣待遇高于本官，可就高享受。如果他们政绩良好，不仅可以升迁实际职务以示重用，也可以只升寄禄官名以增加俸禄和提高礼遇，减少了留用官员的不满或抗拒情绪，有利于政治形势的稳定。

同平章事、参知政事、枢密使等执政官，以及宣徽使、三司使、翰林学士等，虽都属差遣，但不是像普通差遣那样，只享受“本官”俸禄加津贴，而是享受与差遣名称相应的特定俸禄及礼遇，寄禄官名只是担任这些差遣的资格。

馆、阁、殿的大学士、学士、直学士、待制、修撰和直阁等，最初还是实际职务，以后逐渐成为中高级文官的荣誉衔，称为“职”，也称“职名”；而级别较低的修撰、直阁等，称为“贴职”，但都不担任有关的实际任务。待制以上称为“侍从官”，为高级文官。“差遣”有时也称为“职”，但大多数“职”是专指“职名”、“贴职”。

官（寄禄官）、职（职名）、差遣（实际职务）三个系统，互相联系而又有区别。低级官员只有官和差遣两种官称，有时差遣（实职）被免除后还未委派新的差遣时，通常仍可保有“官”称，仍可领取俸禄，也称为料钱；另给食钱，称为禄粟。中级及以上的文官才有贴职、职名。官员政绩好时，既可以官、职、差遣都提升，也可以只提升其中的两项或一项，反之亦然；既能以较低的官称去担任较高的差遣（实职），反之亦可。同官名与实际职务一致且与俸禄多少挂钩的唐末以前相比，宋代在任用和升降官员时，总的来讲，有着较大的灵活性，但也逐渐形成官员比实际职务多的“冗官”状况。

第二节　宋初的地方行政制度

一、路的设置与路级机构

宋初承五代旧制，以各节度使辖区为“道”，也用以称地区，如湖南道。至宋太宗时期，地区才统称“路”。“路”最初只是其字面的本义，如乾德二年（964年）冬征讨后蜀时，称西征军的主力北路军统帅为凤州（今陕西凤县东）路都部署；称沿长江西上西征的偏师东路军统帅为归州（今湖北秭归西北）路副都部署，其意即是由凤州南下与由归州西上。而“乾德三年平两川，并为西川路，开宝六年（973年）分峡路”①，这里的“路”则已是地区名。

宋初路的转运使是作为出征军队的后勤供应官，及至征服一地，即转为运送物资回京，进而成为该地区的财政长官。当后周原统治区内节度使掌管的财政权被剥夺以后，也在一个相当大的地区设路，设转运使以掌握该区划内的财权，而节度使只是州的行政长官。被征服地区如西川、广南（岭南）、江南等路，原后周地区如京西、河北、京东、陕西等路，初期同一区域或称路，或称道，并无确定的名称，直至太宗中期才统称大区为路（旧节镇辖区仍常称“道”）。而且区划也不定，史称：“国初罢节镇统支郡，以转运使领诸路事，其分合未有定制。”在太宗末年以前的分合情况是：“京西分为两路；河北既分南路，又分东、西路；陕西分

---

① 《元丰九域志》卷7《成都府路》。

为河北、河南(原作西南)两路,又为陕府西北路;淮南分为两(原作西)路;江南分为东、西路;荆湖两路,或通置一使;两浙或为东北路,其西南路实兼福建;剑南初曰西川,后分峡路,西川又分东、西,寻并之。"①

至道三年(997年),才确定划分为京东,京西,河北,河东,陕西,淮南,江南,荆湖南、北,两浙,福建,西川,峡路,广南东、西十五路。其中荆湖南、北路的实际划分,是在咸平二年(999年)。咸平四年,又将西川路和峡路,划分为益州路、梓州路、利州路、夔州路。江南路到天禧二年(1018年,一作四年)又分为东、西两路。各路的辖区到太宗末年时已基本稳定,以后只是在原区域的基础上或分或合,并无实质性的变化。

以上的路,称为转运使路,由于转运使司习称漕司,因而也称漕司路,是宋代路制的基础。以后还有提点刑狱司(宪司)路,北宋中叶又设提举常平司(仓司)路、安抚使司(帅司)路。

路级主要机构为转运司,长官为转运使、副使。直至淳化二年(991年)五月以前,路只是财政区划的地区名,转运使主要是"经度一路财赋"②,基本上无其他职责。

开宝九年(976年),宋太祖曾赋予转运司按察辖区内地方长官的职权,"诏诸道知州、通判及临事务官吏,宜令诸路转运司廉访其能否,第为三等,岁终以闻"③。此事可能因太祖十月间突然去世而作罢。

太宗太平兴国六年(981年)正月,又"令诸道转运使察访部内官吏"④,但仍未形成制度。淳化二年(991年)五月,转运使开

---

① 《长编》卷42,至道三年末。具体分合情况,参见《元丰九域志》等。

② 《宋史》卷167《职官志七》。

③ 《职官分纪》卷47。原文只作"开宝九年",没有具体月份,此事安排于太祖时,系笔者推测。

④ 《长编》卷22,太平兴国六年正月丁卯。

始增加司法权。同年九月前,御史中丞王化基又提出:“望令诸路转运使、副,兼采访之名,令觉察部内州、府、军、监长吏。”实是请求赋予转运使正式“监司”的职权。史称:“上(太宗)嘉纳其言”①。这在次年正月涉及转运使职权的诏书中得到证实,诏称:转运使“外分主计之司,虽曰转输,得兼按察,总览郡国,职任尤重,物情舒惨,靡不由之”。诏书还对转运使的其他职权作了叙述,“凡转运使厘革庶务,平反狱讼,漕运金谷”②。转运使的职权已超出原先只是“经度一路财赋”,而是具有掌握一路财政、司法和监察大权的重要地方官。“路”已初具后代“省”(行省)的雏形,所缺少的只是行政权。

但是,转运使虽无一路的行政权,而宋太宗实际上已把转运使视作一路长官,当淳化四年三月,田重进任京兆(今陕西西安)尹、永兴军(京兆)节度使时,宋太宗即对陕西转运使郑文宝说:“重进先朝宿将,宣力于国,卿宜善待之。”③这是把转运使视作州、府长官的上级。如至道元年(995 年)八月,荆湖转运使何士宗上奏称:“望自今执政大臣出领外郡,应合申转运使公事,只署通判以下姓名。”宋太宗即对宰相说:“大臣品位虽崇,若出临外藩,即转运使所部,要系州府,不系品位,此朝廷典宪,不可轻改也,宜仍旧贯。”④即是不论州、府长官品位多高,转运使的品位比他们低多少,州、府的长官都是转运使的部下。景德三年(1006 年),转运使又兼劝农使。

史称:“然又疑其权太重,复置朝臣于诸路为承受公事,是机察漕司也。”⑤这是至道二年设置的,担任其职的除朝官外还有

① 《长编》卷 32,淳化二年九月庚子。

② 《宋史》卷 160《选举志六》。参见《长编》卷 33,淳化三年正月戊午。

③ 《长编》卷 34,淳化四年三月壬子。

④ 《长编》卷 38,至道元年八月乙亥。

⑤ 《文献通考》卷 61《职官考十五》。

武官三班使臣，日常事务与转运使、副使联署奏报，“大事即许非时乘驿入奏”①。转运使承受公事(简称承受)不仅是监察转运使，也是分转运使的权。可能转运使承受公事的设置影响了转运使职权的正常运行，设立了一年左右，便于至道三年真宗即位后不久的五月间废罢。由于其设置的时间很短，有些转运使承受公事所做的事情，在另外的记载中即归为转运使的事，如至道三年二月，两浙路转运使承受公事刘文质，奏举辖区内高辅之、戚纶等八人有治绩，“并降玺书褒谕”②。《宋史·戚纶传》即称戚纶在太宗末任永嘉(今浙江温州)知县时，“转运使又上其政绩，连诏褒之”。这也可能因为是转运使与承受公事联署，而由承受公事上奏，两种记载都正确。

路级机构除转运司(漕司)外，不久又设提点刑狱司，主管一路的司法，实际是分转运司的职权。长官为提点刑狱，副长官为同提点刑狱。

淳化二年(991 年)五月，“诏应诸路转运使各命常参官一人，专知纠察州、军刑狱公事”；派董循等十一人分别担任“诸路转运司提点刑狱”③。当时或许只有十一路，视上述诏文及同年派官的情况，只是在转运使司内增设提点刑狱官，增加转运使司在司法方面的职权。淳化三年五月，令“转运使案部，所至州县，先录问刑禁”④。同时，可能在是年即开始设专门机构“提点刑狱司”，因为到淳化四年十月，已“罢诸路提点刑狱司”，因其办事不力，复命“归其事于转运司”⑤。转运使司正式具有财政与司

① 《职官分纪》卷 47。参见《长编》卷 41。又，除转运使外，江淮发运使亦曾设承受公事。

② 《长编》卷 41，至道三年二月。

③ 《文献通考》卷 61《职官考十五》。

④ 《长编》卷 33，淳化三年五月甲午。

⑤ 《宋史》卷 5《太宗纪二》；《长编》卷 34，淳化四年十月庚申。

法两种职能。

景德四年(1007 年)七月,重设诸路提点刑狱司,长官称提点刑狱公事,简称提点刑狱,副长官称同提点刑狱,“所至专察视囚禁,审详案牍”。从此,提点刑狱司(简称提刑司,习称宪司)遂成为常设的路级机构,虽偶有停废,不久即复设,且有“举刺官吏之事”[①]的职权,为“监司”之一。辖区称为提点刑狱司路,或与转运司路相同,但司的机构有时不在一地;有时合两转运司路为一提点刑狱司路。

天禧三年(1019 年),由于“诸路租赋欺隐至多,官私土田侵冒亦盛”,又增加了处理此类事务的权限。天禧四年正月,将这两方面的事务归纳为农田事,设劝农使、副使,改诸路提点刑狱司正副长官为劝农使、副使兼提点刑狱公事。同年八月,又规定有关田赋、户口等事务的奏章,称劝农司;而有关司法刑狱方面的奏章,则称提点刑狱所。十一月,长官又改称为提点刑狱劝农使、副使[②]。

二、州长官自节度使、刺史向知州转化及州的属官

宋代实行中央、州(府)、县三级行政制度,路级机构虽已具备了诸多职权,但没有行政权,并不直接统属州、府,州、府仍由中央直接统辖。府是特殊地位的州,宋初除首都东京开封、陪都西京河南(今河南洛阳)外,只有真定(今河北正定)、大名(今河北大名东)、河中(今山西永济西)、凤翔(今陕西凤翔)等数府。京兆(今陕西西安)虽有府名,长官却称知永兴军,军为军事上重要的州,北宋末才改称京兆知府,正式成为府。真定、大名为后

---

① 《长编》卷 66,景德四年七月癸巳;《宋史》卷 167《职官志七》。

② 《宋会要辑稿》职官 42 之 2、3。

唐旧都，河中、凤翔则因地理位置重要，于后唐长兴三年（932年）同时建府，历代沿置。宋庆历二年（1042年）以大名府为陪都北京。割据政权被平定后，各首府（除江陵府外）例降为州，后除广州外都恢复为府，原因为“特崇巨屏”[①]，即因地理位置重要。而景德三年（1006年）升宋州（今河南商丘市睢阳区）为应天府，“乃帝业绍基之地”[②]，即以宋太祖赵匡胤建宋前领归德军节度使（治宋州）才升为府，开皇帝即位前所领节镇所在地州升府的先例，应天府后于大中祥符七年（1014年）定为陪都南京。此后凡皇帝即位前所领节镇、封王地的州例升为府。但北宋全部三十多府中仅徽宗时升建的即达二十多府，其中多数因为地理位置重要而建。

唐代“大率节度、观察、防御、团练使，皆兼所治州刺史”[③]。宋初，除观察使外，沿袭旧制，也以节度使、防御使、团练使为州长官，因而分为节度使州、防御使州、团练使州及刺史州，不同的州有不同的品级，“凡节度州为三品，刺史州五品”。“州、镇（后者多指节度使州）有缺，则或遣文朝官权知”[④]，称权知军州事，军为军事，州为民政，简称权知州（或只称知州）。宋初通常权知州者的品级低于所任“州”的品级，如有功绩可以升为该州的正式长官，权知州实是代理长官事务。开宝二年（969年），知易州（今河北易县）贺惟忠升为易州刺史，就是因为贺“惟忠捍边有功，故迁其秩而不易其任”[⑤]。也有的是为了安置品位较高的官员为州长官，因而改升州的名称，也即是提高州的品级。建隆元年（960年）四月，京城巡检王彦昇因企图向宰相王溥索取钱财，

① 《宋大诏令集》卷159《建昇州为建康军江宁府诏》。

② 《宋大诏令集》卷159《升宋州为应天府诏》。

③ 《新唐书》卷49下《百官志下》。

④ 《职官分纪》卷40;《宋朝事实类苑》卷25。

⑤ 《长编》卷10，开宝二年六月己卯。

太祖遂“出彦昇为唐州(今河南唐河)团练使,唐本刺史州,于是始改(为团练使州)焉”。同月还发生了另外一些事例,怀州(今河南沁阳)刺史马令琮预储军粮有功,太祖命升其为团练使,而“方藉(马)令琮供亿,不可移他郡”①,即升怀州为团练使州。又如何继筠自后周末任棣州(今山东惠民)长官十多年,因“捍边有功”②,也是采取此法,于建隆二年十月,将棣州由刺史州升为团练使州,何继筠也升任团练使;乾德四年(966年)八月,棣州再由团练使州升为防御使州,何继筠再升为棣州防御使。

这种以与州级别相同的官衔担任本州长官,称“本任”,节度使州则也称“本镇”、“本部”。节度使“不临本部者,以它官知、判州府事,防御、团练使、刺史不赴本任,亦如之”;到同级或高于其官衔的别州担任长官,称权知州或知州事,到低于其官衔的州则称判某州事。以上的官衔均为“正任”。节度使只有正任,而“节度观察留后至刺史,兼领他官,为遥郡”③,这里的节度观察留后至刺史,只是加衔,带有“遥郡”加衔的官员,即使到与“遥郡”的州名或州级相同的州当长官,也只能以权知州或知州任职,不能以遥郡衔任本州长官。

节度使在整个太祖时期失去了军权、财权。太宗太平兴国二年(977年)八月以前,节度使还领有支郡,拥有行政权,支郡的州长官虽已由朝廷任命,但仍得听命于节度使,节度使例兼本州刺史为本州长官,而且还是本道(辖区)的长官。这年八月才罢去节度领支郡之制,所有州都直属中央,此后节度使所领只是本州,实际只是本州的行政长官。

宋初太祖、太宗时期的三十多年内,各州长官主要是节度使、

① 《长编》卷1,建隆元年四月丁丑、戊戌。

② 《宋史》卷273《何继筠传》。

③ 《职官分纪》卷39。

防御使、团练使(都兼有本州刺史衔)和刺史，权知州(知州)做州长官的比重不大。其后，节度使首先从州长官的行列中消失，这和宋初逐渐采取留置节度使于京城，不遣赴本镇有关。有些节度使则因年老、有病或其他因素，自请留住京师，改授闲官奉朝请。但并非所有节度使都不再赴本镇，直至北宋中叶的仁宗中期，节度使赴本镇仍如宋初时，作为削夺该大臣某种职权的手段。如明道二年(1033 年)崇信军(治随州，今湖北随州)节度使、同平章事、任判河南府(今河南洛阳)的钱惟演，因刘太后死后失势，被削去同平章事的使相衔，贬责的诏书中明确说:"使持节随州诸军事，行随州刺史，兼御史大夫、崇信军节度观察处置使，仍赴本镇。"① 宝元二年(1039 年)知枢密院事王德用，则因"状貌雄毅"，而且王"德用宅枕乾冈，貌类艺祖(赵匡胤)"，又"得士心，不宜久典机密"，被"罢为武宁军(治徐州，今江苏徐州)节度使，赴本镇"②。夏竦在庆历三年(1043 年)四月和皇祐元年(1049 年)七月，两次受到赴本镇的处分，他于皇祐元年八月自述当时情况:"已离本任，就长假于东京，寻求医药，救疗残生"③。而程琳于皇祐四年三月，罢职改"为镇安军(治陈州，今河南淮阳)节度使，赴本镇"，直至嘉祐元年(1056 年)三月去世④，可能是最后以节度使赴本镇的少数人之一。赴本镇亦称"归镇"。

史称:"唐有(节度观察)留后，五代因之。宋初，留后、观察(使)皆不得本州刺史。"即两者皆不兼本州刺史，当是沿袭唐末

---

① 《宋大诏令集》卷 205。

② 《长编》卷 123，宝元二年五月壬子。

③ 《长编》卷 167，皇祐元年八月丙子。原文作:"前判河阳，武宁节度使"夏竦，职衔似有误，一个多月前的"七月乙未，诏河阳三城节度使"、"判河中府夏竦赴本镇"，次年十月丙辰才载:"河阳三城节度使……夏竦为武宁节度使"(《长编》卷169)。则"武宁"应为"河阳三城"之误，而"河阳"应为"河中"之误。

④ 《长编》卷 172。参见卷 182。

五代旧制。“大中祥符七年,令有司检讨故事,始复带之”①。后者记载不确切,实际是该年三月“诏自今诸州观察使并循旧制兼刺史”②。这是“翰林学士陈彭年检讨唐以来故事,观察使并合带刺史”之后下诏的③。北宋末年成书的官制专著《职官分纪》也只称:“大中祥符七年诏观察使并带刺史。”④皆不载节度观察留后“复带”本州刺史之事,其原因即是唐五代皆不带本州刺史。

唐代“节度观察留后”,原只是节度使出缺时代理节度使的临时职务,兼有代刺史之责。唐末天复元年(901 年),“征(赵)珝知同州(今陕西大荔)、匡国军(治同州)节度留后”⑤。节度留后已开始成为单列一级的官衔,由于例不兼本州刺史,故加“知同州”,即是以留后衔任同州长官。而后晋刘在明“为行营马军都指挥使,领齐州防御使,青州平,迁相州(彰德军,治相州,今河南安阳)留后,历邢州(安国军,治邢州,今河北邢台)、晋州(建雄军,治晋州,今山西临汾)留后”。后汉初“遂授镇州(成德军,治镇州,今河北正定)留后,乾祐元年(948 年)五月,正授镇州节度使”⑥。则“留后”已作为官员升迁为节度使前的一级官衔。“节度观察留后”通常只作为担任其他军政职务的资格,由于例不兼本州刺史,如被免去相关职务,即成为领取高额俸禄的闲职。

观察使自大中祥符七年三月循唐制兼本州刺史以后,即可以赴本任(本镇)形式任州长官。北宋中期之初的天圣四年(1026 年)三月,翰林学士承旨李维“久厌书诏之劳”,“求换武职”,即以“工部尚书(寄禄官)李维为相州(今河南安阳)观察

---

① 《宋史》卷 166《职官志六》。

② 《长编》卷 82,大中祥符七年三月辛丑。

③ 《文献通考》卷 59《职官考十三》。

④ 《职官分纪》卷 39。

⑤ 《旧五代史》卷 14《赵珝传》。

⑥ 《旧五代史》卷 106《刘在明传》。

使”，“寻命维知亳州（今安徽亳州），维言亳州事简，不欲尸重禄，请赴相州，从之”[①]。《宋史》本传即作“请赴本镇”，即是以观察使兼本州刺史做相州长官。

防御使、团练使、刺史赴本任担任本州长官的比重更大。北宋中叶之初的天圣三年（1025 年）五月，即提到“故事（惯例），防（防御使）、团（团练使）、刺史赴本任及知州无同（即通，避讳改）判处，并权置同判，候差朝臣及内职知州即省罢”[②]，说明以“赴本任”为主。

三年前的乾兴元年（1022 年）七月，记载禁军军制时也规定：“凡军校迁至军都指挥使，又迁则遥领刺史，又迁为厢都指挥使、遥领团练使。员溢，即从上落军职，为正团练使、刺史，之本任，或为他州部署、钤辖。”[③]“遥领”即是“遥郡”，“正”即是“正任”，而“之本任”即是赴同级别、同名的州担任长官，作为超编军官解除军职后出任地方官中的首选，也说明“赴本任”在当时是比较普遍的，至少在当时的州长官中，节度使、刺史系列以“赴本任”的方式担任州长官的比重是相当大的。

综上所述，节度使、防御使、团练使、刺史在北宋前期的半个世纪期间，赴本任担任州长官，是当时州长官的主要官衔。所谓“节度使，宋初无所掌，其事务悉归本州知州、通判兼总之”[④]；以及“至宋，……而节度、承宣（节度观察留后改称）、观察、团练、防御（使）、刺史，则俱无职任”[⑤]，这两种说法都不很确切，并不适用于北宋前期，而是北宋中叶及以后的情况。而且这一时期，权

① 《长编》卷 104，天圣四年三月戊寅。

② 《长编》卷 103，天圣三年五月己酉。

③ 《长编》卷 99，乾兴元年七月癸巳。

④ 《宋史》卷 166《职官志六》。

⑤ 《文献通考》卷 59《职官考》“刺史”后按语。又，以上所述州长官，学者少有论述，故稍详之。

知州(知州)作为州长官的官衔,不断增多,比重越来越大。

府长官为府尹,缺尹时以他官任权知府事(知府);州级军(通常为军事要地)长官称军使,亦常以他官任知军;州级监(通常为工矿区)长官为知监等,军、监一般只有一二县。知府、知州等遂逐渐成为主要的州级长官,州长官也不再以所在州的级别分高低,而以州长官所带的寄禄官称品级等第为区别。节度使至刺史系列不赴本任,而担任别州长官时,实已类同于其他文武官的寄禄官。

州副长官为通判。乾德元年(963 年)三月,宋平荆南、湖南,留用原有州刺史等地方官;四月,以朝官贾玭等为湖南诸州的通判。当初并非州的副长官,实是州的监察官,监督留用的州长官,后也行用于其他新征服地区。通判"既非副贰,又非属官,故多与长吏忿争,常曰'我监州也,朝廷使我来监汝'。长吏举动必为所制"①,妨碍了朝廷政令的贯彻。有些通判甚至自以为高于州长官,常常越权行使职权。乾德四年十一月诏书中称,设置通判,"本期共治,必冀分忧",实际上是"与长吏互执事权",甚至"或循私而为党,或专欲而自强,多致忿争,动成逾越",要求"事无巨细,须长吏、通判佥议连署"②,才能执行,对州长官刺史、知州与通判的关系进行协调,约束通判的行为。开宝七年(974 年)要求公筵时,通判坐于长官之次,通判从此明确为州的副长官。北宋前期从总体上讲,主要是节度使、刺史系列武臣赴本任或武臣任知州处设置通判。直到北宋中叶之初的天圣六年(1028 年)六月,光州(今河南潢川)因武臣石普任知州,还是"权置通判一员"③。太平兴国七年(982 年)四月,首都开封府开始

① 《长编》卷 7,乾德四年十一月乙未。

② 《宋大诏令集》卷 190。

③ 《长编》卷 106,天圣六年六月己丑。

设置通判，一些大州、府在太宗末年也陆续设通判，但通判的普遍设置，则是北宋中叶的仁宗时期，小州事简仍不设。

州、府的属官来自两个体系。一是节度使、观察使、防御使、团练使的下属官员，称为幕职官。节度使设掌书记、行军司马，观察使设支使。节度、防御、团练皆有副使，其下各设判官、推官。宋初行军司马及各副使主要是办理节度等使的事务，有时代行节度、防御、团练使职权，自宋太祖、太宗两朝削夺节度、防御、团练使的职权，行军司马及节度、防御、团练副使遂逐渐成为闲差，作为安排年老、有病及受处分官员的职位，其中节度副使、团练副使更是用以安排被贬降的高、中级官员。真宗咸平三年(1000 年)四月，又诏令"非特许签署，不得掌事"①。其他属官实际上已是州长官的下属，不论其长官是节度使、刺史，还是知州、知府，"盖虽冒以节度推官、观察推官、判官、书记、支使等名，而实则郡僚耳"②。幕职官与下述"州县官"，后演变为初级文寄禄官称，称"选人"。

府、州属官的第二体系来自州、府原来的下属。由于五代、宋初州的行政权已为节度使等所夺，属官多用幕府属官，州的原有属官或设或不设。随着节度使、刺史等实际上演变为州长官，进而逐渐退出州、府长官的行列，州的原有属官也开始重新设置，成为协助与办理日常政务的官吏，也称诸曹官，而与县级官员合称为"州县官"。录事参军(府称司录参军)是州(府)的主要属官，"掌州院庶务，纠诸曹稽违"③，但或设或不设。直到北宋前、中期之际的乾兴元年(1022 年)"诸州始各置录事参军"④。此外，沿设司户(户曹)参军，掌管户籍、赋税、仓库等，司法参军掌

---

① 《长编》卷 47，咸平三年四月丁巳。

② 《文献通考》卷 62《职官考十六》。

③ 《宋史》卷 167《职官志七》。

④ 《文献通考》卷 63《职官考十七》。

司法断案。但宋初仍沿五代旧制，另设马步院掌管狱讼，节度使等以牙校任马步都虞候及判官断狱。建隆元年(960年)改以文官任马步院判官。建隆六年七月，罢废马步都虞候、判官，改马步院为司寇院，以新进士等任司寇参军。太平兴国四年(979年)十二月，改司寇院为司理院、司寇参军为司理参军，又增设判官，掌狱讼审案。司法参军只掌议法断刑。另有司士参军，本是掌管河津及营造桥梁、官舍的属官，以及文学参军，都成为闲职，与节度、防御、团练副使性质类似，是安置年老、有病及受处分官员的官衔，也于咸平三年四月，同时被明令："非特许签署，不得掌事"。

州、府的属官以判官、推官为主，诸曹官分曹理事，但并不一定全设，小州只设其中的一部分。

三、县级：重设县尉、新设知县及监镇

五代时各地藩镇掌权，县官近于虚设，一些"龌龊无能，以至昏老不任驱策者，始注为县令，故天下之邑率皆不治，甚者诛求刻剥，秽迹万状"，县令只是为藩镇收取赋税，并乘机收刮民财。而治安狱讼等事，藩镇以亲随任镇将、副将、都虞候负责，"与县令抗礼，凡公事专达于州"①，县令等无权过问，负责治安的县尉遂不设。

宋朝建立之初，仍沿旧制，县只设县令、主簿，负责民政税赋，治安狱讼也由镇将等承担。宋太祖采取恢复县作为基层政权组织职能的措施，是与削弱节度使的措施相伴进行的。

建隆三年(962年)十二月，重设县尉，诏称："盗贼斗讼，其狱实繁，逮捕多在于乡闾，听决合行于令佐"；"宜令诸道州府，今后应乡闾盗贼斗讼公事，仍旧却属县司，委令、尉勾当"；"其镇

① 《宋朝事实》卷9《官职》。

将、都虞候只许依旧勾当镇郭下烟火盗贼争竞公事”[1]。将节度使等所任镇将的职权限制于镇郭之内，而将乡村的治安权收归县尉，审判权也收归县令、县尉，虽只是县府应有职权的一部分，却是宋初加强中央集权和削弱节度使职权的重要措施之一。

为了改进县级吏治，建隆二年十一月，首先撤换首都开封、陪都河南府的四个附郭县开封、浚仪、河南、洛阳县的县令。而对于仍在节度使等控制下地区的县官，于乾德元年（963 年）六月，特命朝官为知县，以分节度使之权。符彦卿自后周显德元年（954 年）初任天雄军（大名，今河北大名东）节度使，已达十年之久，“久镇大名，专恣不法，属邑颇不治”，这时以大理正奚屿等任所属四县的知县，他们以朝官的身份担任县官的差遣。从此，知县与县令同成为县的长官。这也是削弱节度使职权以加强中央集权的重要措施之一。不久，周渭任天雄军节镇属下的永济（今河北馆陶北）知县，符“彦卿郊迎，（周）渭揖于马上，就馆始与相见，略不降屈”。后来周渭捕获犯人，“按诛之，不以送府”[2]，改变了县官完全听命于节度使的状况，逐渐恢复州、县正常的行政隶属关系。

县通常都统于州、府及州级军监，只有三泉县（今陕西宁强西北）除外。三泉县原隶属兴元府（今陕西汉中），曾是后蜀辖地，是关中入川的门户。乾德三年灭后蜀，五年五月诏令三泉直属中央，至道二年（996 年）升为大安军（州级），并将兴元府的西县（今陕西勉县西）划归大安军，但次年又废大安军为三泉县，仍旧直属中央（西县又归属兴元府），直至南宋初。

开宝三年（970 年）五月，“诏诸州长吏，毋得遣仆从及亲属

---

① 《宋大诏令集》卷 160《置县尉诏》。宋代县尉情况，参见笔者《论宋代的县尉》，《宋史研究论文集》，浙江人民出版社 1987 年版。

② 《宋史》卷 304《周渭传》。

掌厢、镇局务”。太平兴国二年(977年)又重申此令,“禁藩侯补亲吏为镇将,自此但用本州衙吏为之,亦有宣补者”[①]。这是将城镇郭内的治安权由节镇手中收回。县级官员遂以知县或县令为长官,簿书佐官为主簿,治安佐官为县尉主管乡村治安,镇将和厢官(多数为吏,少数为官)主管城郭内治安,但小县只设其中的一部分。在次要的军事要地和工矿区设县级军、监,以军使及知军、知监为长官。

大约在北宋前期末的真宗后期,上述意义上的镇将,已逐渐退出历史舞台,县城内的治安也归县尉管理(州、府城内早已归厢官管理)。而在县以下的乡村经济中心设镇,镇设监镇,也称镇官、镇吏,以相当于县尉的初级文官(选人)担任,也有一部分是以低级武官“使臣”担任。有时也称新的监镇官为镇将,但已与以前镇将的含义不同。这是以旧的官衔称呼新的官职,有如以太守、刺史称呼知州、知府。甚至有称监镇为镇尹的,只是文学家的笔法。“监镇”出现的时间已无从确知,但真宗末年前已经设置则是确凿无疑的。死于真宗乾兴元年(1022年)的唐拱,生前历任“监舒州(今安徽潜山)孔城镇(今安徽桐城东)、澧州(今湖南澧县)酒税,巡检泰州(今江苏泰州)盐场,漳州(今属福建)兵马监押”[②],他任孔城镇监镇的时间,当在大中祥符元年(1008年)前后。监镇负责本镇治安兼税收(大镇另设税收官),“凡杖罪以上并解本县,余听决遣”[③]。监镇是中央任命的最低级地方官,这是北宋前期末,适应社会经济的发展,尤其是乡村经济繁荣而设置的新官职。收税官也称监税或监酒税,唐拱即曾任监酒税官,则属财经官员,与监镇官等合称监当官。

---

① 《长编》卷11,开宝三年五月戊申。

② 欧阳修《左班殿直赠右羽林军将军唐君拱墓表》,《欧阳文忠公文集》卷25。

③ 《宋史》卷167《职官志七》。

第三节　北宋的禁军、厢军，武官寄禄官称及宋初的地方军事机构

一、宋初的地方军事机构：部署司、钤辖司、巡检司与都监、监押

北宋时实行“枢密掌兵籍、虎符，三衙管诸军，率(帅)臣主兵柄，各有分守”的政策①。枢密院是最高军事决策机关，掌握兵权。二司(殿前司、侍卫司)和随后的三衙(殿前司、侍卫马军司、侍卫步军司)是最高军事管理机构，统辖全国军队。枢密院和二司三衙不仅是军事机构，更是朝廷的重要职能部门(参见上节)。宋初不论是出兵讨伐叛乱，还是攻灭割据政权，都是由皇帝亲自选派主帅，调集军队，由主帅统兵征讨，使决策、管军与统兵之权分开，统兵官不能长期掌握兵权，以达到“各有分守”、互相牵制的目的。

地方的统兵机构有部署司与钤辖司，职责相同，后者职权、地位较低，长官分别为都部署、副都部署，部署、副部署和都钤辖、副都钤辖，钤辖、副钤辖，本都是出征主帅与将领的官衔，以后逐渐用于地方驻军将领。

都部署原是作为出征主帅或分路主帅的官衔。雍熙三年(986年)攻辽战争失败后，相继于高阳关(今河北河间)、定州(今河北定州)、雄州(今河北雄县)、沧州(今河北沧州东南)、镇州(今河北正定)设都部署；又设并(今山西太原)、代(今山西代县)都部署，机构称部署司，各统兵一二万或更多，作为防御与抗击辽军南侵的地方重镇。都部署主要作为当地驻军的长官，和

---

① 《宋史》卷162《职官志二》。

以前作为出征主帅不同的是成为防御主帅，都是以武官担任，虽都兼任知州等职，民政事务实际多是由佐官或属官具体办理，主要仍是军事性质的。兼任知州更多的是从军政统一的角度出发，以便更好地组织攻防战斗。而且分合不一，直至真宗末年，实际上并无固定的防区，设置也视形势需要而定。以后西北地区也逐渐设置。以都部署为长官，副都部署为副长官，副都部署不设时以都钤辖为副长官。不设都部署、部署的防区，常设都钤辖、钤辖为长官，机构称钤辖司，也常兼任知州。大中祥符五年(1012 年)六月，“泾原路都钤辖兼知渭州(今甘肃平凉)曹玮，请如旧例别遣官知渭州”。真宗即认为：“边防屯集之地，别命知州，或互执其所见，将致生事”①，因而不许。

都监最初常是出征军队的监军，后也用作地方管兵官。都监或监押主要负责本地军队的屯戍和训练，寄禄官高的为都监，低的为监押，也称为监军，各州府都设置。宋初兼用文武臣担任，以后只用武官，有禁军屯驻的地方另设驻泊都监。景德元年(1004 年)七月，将西北边境设有都监或监押处的驻泊都监废除，县有驻军的即以知县兼任都监或监押。宋初宋辽边境所设的都监，其职责实同于上述的驻防都部署。乾德二年(964 年)李汉超任关南(今河北河间)都监，实是当地驻军长官，负责对辽的防御。李汉超强娶民女为妾，宋太祖召问该民时一段对话说明了李汉超任关南都监的职责。太祖问：“汉超未至关南，契丹如何?”答：“岁苦侵暴。”又问：“今复尔耶?”答：“否。”②太祖时河北边防未设都部署，只设都监、巡检等以防御辽军。

巡检司的职责为维持地方治安，缉捕盗贼，设于边境则职在防御辽军入侵。关南都监李汉超在太祖时任关南都巡检使以防

---

① 《长编》卷 78，大中祥符五年六月戊申。

② 《宋史》卷 273《李汉超传》。

御辽军，直至太平兴国二年(977年)八月死于关南都巡检任上。建隆元年(960年)五月，原后周洺州(今河北邯郸东北)团练使郭进升为本州防御使兼西山巡检。开宝九年(太平兴国元年，976年)太宗即位后的次月，郭进升为“观察使、判邢州(今河北邢台)，兼西山巡检如故”①，这是以巡检防御北汉。

在真宗初年以前，巡检的设置未成制度，而辖区大小不一。有时治安区很大，如太平兴国元年十二月设置的江南诸州巡检使，治安区实是原南唐辖区；开宝六年(973年)九月，曹光实任岭(广)南诸州都巡检使的治安区，即是原南汉辖区；而咸平三年(1000年)正月，杨允恭任荆湖、江、浙都巡检使，治安区兼有荆湖南北、江南、两浙四路的整个长江中下游地区。

景德三年(1006年)五月，京东路内州、军“分为五路，各置巡检司”②，每一巡检司管辖三至四州(府、军)的治安，这可能是巡检司设置逐渐走向制度化的最早措施之一。以后逐步走向每州二三县，甚至一县，设厢城市的城内都设巡检，数州设都巡检。巡检司与县尉遂成为维护地方日常治安的主要力量，巡检所率通常是禁军或厢军，县尉所率为弓手(乡役)。

北宋中叶，才在与辽、夏、交趾(阯)接界的河北、陕西、广南诸路，设立常设的地区军事机构“安抚使司”、“经略使司”③。

二、武官寄禄官称：班官、横班、东西班、使臣和节度使、刺史系列

诸司使创自唐开元(713—741)时，以后逐渐增多，“多内侍

① 《长编》卷17，开宝九年十一月庚午。

② 《长编》卷63。参见《宋会要辑稿》职官48之13。

③ 详参第八章第一节第二目。

省官或将军兼充”[①]。唐末枢密使、宣徽使等由宦官担任，宦官后又控制禁军神策军。诸司使至殿廷供奉官，有的即以武官担任以示亲要。五代时基本上以禁军中低级武官担任，作为皇帝的近臣。直至宋“初，犹有正官充者”[②]，以后这些内职[③]，改以“检校官”担任。

宋初实行的官职名与差遣实职分离的制度，也推及武官系统，遂以皇帝近臣诸司使至供奉官的官名，作为中低级武官的寄禄官（也称“武选官”）官称。直至北宋末年改革武官的寄禄官称以前[④]，所有实职的中低级武官，也都袭以这种官称，以叙品级和礼遇的高低，领取相应的俸禄。差遣待遇高的享受差遣待遇。

低级武官的寄禄官，也称为使臣，又分为大使臣和小使臣，大使臣的寄禄官衔为正八品的内殿承制（旨）和内殿崇班；小使臣的寄禄官衔有九，自从八品至从九品为东（西）头供奉官、左（右）侍禁、左（右）班殿直和三班奉（借）职，以及未入品的殿侍，还有比殿侍更低的寄禄官称三班差使等。通常记述至从九品的三班借职，殿侍及以下“缘未受真命”而“不具录”[⑤]。武官基本上都是以这些寄禄官称，担任实际武职开始其军官生涯的。北宋中叶初期的著名武将狄青，最初即是以无品的殿侍任小军官延州（今陕西延安）指使，因在宝元二年（1039 年）的保安军（今陕西志丹）保卫战中立功最多，连升四资而至右班殿直（正九品），即是一例。使臣的寄禄官衔全是殿廷的侍奉官称，虽然并

---

① 《职官分纪》卷 44。

② 《宋史》卷 169《职官志九》。

③ 内职原是指宫内嫔妃、宦官的衔名，后也称内臣。唐末五代，武官都带有宦官、内廷供奉色彩的官名作寄禄官称，称为内臣。内臣还包括枢密使、宣徽使、三司使和翰林学士。

④ 参见第八章第一节第三目。又，武寄禄官，学者少有论述，故稍详之。

⑤ 《宋史》卷 169《职官志九》。

不担任其实际职务，却显示其以皇帝近臣的身份担任军官或行政职务，大使臣甚至在边远地区担任州的行政长官。宋初以供奉官、殿直、内殿（或殿前）承制（或旨），称为三班，所以大小使臣也称三班或三班使臣。许多是荫补授官，不少是节度使至刺史的子弟，他们以此作为进入武官行列的台阶。

高于使臣的寄禄官衔为诸司使和诸司副使，诸正使为正七品、副使为从七品。“内臣朝会”时皇城使、牛羊使、翰林医官使等二十使及副使，站立在东边，称为东班，除皇城使、副使为武官寄禄官称外，全是实职；皇城司也是实职机构，但不以皇城使、副使为长官，而由其他官员以“勾当官”任职。宫苑使、左藏库使、作坊使、崇仪使、供备库使等二十使及副使，“内臣朝会”时站立在西边，称为西班，则全是武官寄禄官称，虽各有机构，全以他官负责。

武臣的寄禄官自大使臣的正八品内殿承制，升为西班末位供备库副使，升至西班首位的宫苑副使，再升东班的皇城副使，都是从七品；再升为供备库使，最后也如前升为皇城使，都是正七品。再升通常进入节度使、刺史系列。

横班，也称横行，是指东（西）上阁门、引进、客省使及副使等，客省使上还有内客省使，“内臣朝会”时面北站立，故称横班。诸副使为从七品，正使为从五、正六品；横班最高的为内客省使，是正五品，俗称内相。横班副使官品虽低于东西班正使，但横班高于东西班，且不少为实职，也多有带以任外职武官。

“班官”，高于横班（除内客省使）。“班官”系列，是淳化四年（993 年）设昭宣使后，陆续设宣政使、宣庆使、景福殿使，至明道元年（1032 年）设延福宫使止，为正六、从五品。

节度、观察、防御、团练使和刺史，在北宋初大多是实职，不久演变为地方的州长官，而且极大部分由武官充任，有相应的品级，享受应有的礼遇和俸禄，是武官升迁的主要途径。但在不担任相应的实际职务时，则作为担任其他文武官职的资格，实际上也起到了武官寄禄官的作用。

武官寄禄官的升迁，主要有三个途径。第一，是进入节度使、刺史系列。原本是节度使暂缺时作为临时代理职权的节度观察留后，即作为仅次于节度使的官衔，形成节度使、节度观察留后（也称节度留后，或只称留后）、观察使、防御使、团练使和刺史系列。又分为正任与遥郡（另有“本任”，即担任相应实职，参见本章第二节二），其中节度使只有正任，其余都另有遥郡，即所谓“节度观察留后至刺史，兼领他官为遥郡”[①]。兼领诸司使（东西班），是武官寄禄官升迁的主要途径，通常武臣的寄禄官升至诸司正使后，再升迁则兼遥郡，即进入遥郡系列。遥郡中使用得最多的是团练使和刺史，其次是防御使，大多是诸司使（偶有副使）先兼刺史，再升兼团练使，再升则除去诸司使衔为刺史，称为正任刺史，也有在升兼遥郡防御使后再升则为正任刺史或团练使。诸司使兼遥郡，既是一种资格，可以因之担任较高的文武官职，如雍熙三年（986 年）宋军攻辽的西路监军、参与陷害名将杨业的刘文裕，寄禄官衔即是军器库使（西班）兼遥郡顺州团练使；真宗初年的王怀普也以如京使（西班）兼遥郡顺州刺史而任环州（今甘肃环县）知州等。而且俸禄比不带遥郡的同级诸司使高得多，如不带遥郡的皇城使以下诸司使（东西班正使）的月俸为二十五贯，如兼团练使（遥郡）则为一百贯，虽比正任团练使的一百五十贯少三分之一，也远高于不带团练使遥郡者数倍。

第二，是进入“班官”系列。武臣寄禄官升至东班皇城使后，经“特旨”可升为昭宣使，进入班官系列。班官都是特恩创设的，内臣朝会时位在东班之前，最初属于诸司使（东西班）。大中祥符五年（1012 年）特置景福殿使，位横班之上（除内客省使），后又在其上设延福宫使。通常不再升迁，如再升，常转入正任的节

① 《职官分纪》卷 39。

度使系列。

第三，武官（通常是大使臣升任）通过担任通事舍人，升入“横班”系列。横班高于诸司使（东西班），既是实职，武官带有以上官衔而出任文武官职，即成寄禄官衔，如宋初的曹彬即以内客省使担任枢密院的承旨，后又以之任攻灭后蜀时偏师的都监（监军）。内臣中的枢密使、三司使、翰林学士早已是朝廷的重要官职。翰林学士自唐代设置时起，即因在宫内参与议论朝政和草拟重要诏令，因而号称“内相”。在宋代，内客省使以其在其他内臣中地位最高，也号称“内相”，含义则完全不同。

“横班”也可以带遥郡而进入节度使、刺史系列，如雍熙三年时，陷害名将杨业的主谋、宋攻辽西路军监军王侁，即是以横班的西上阁门使领蔚州刺史遥郡担任此重要军职。横行的俸禄虽高于诸司使，为二十七贯至六十贯，但也远低于遥郡，带遥郡后也和诸司使一样可以领相应的遥郡俸禄。

此外，宗室也可由环卫官系列①，通过兼领遥郡进入节度使、刺史系列而享受相应的待遇。

节度使、刺史系列至北宋中期初，已并无实际职权，包括其遥郡系列，只是成为武臣和宗室升迁的阶梯，以担任相应的文武官职和享受其礼遇。

三、禁　　军

宋朝建立时，除了侍卫马步都虞候、北面兵马都部署韩令

---

① “环卫官”指唐代的左（右）金吾卫、左（右）卫、左（右）骁卫、左（右）武卫、左（右）屯卫、左（右）领军卫、左（右）监门卫、左（右）千牛卫等十六卫的上将军、大将军、将军（部分卫还设中郎将、郎将），虽有四十八阶，但到宋代既无职权，又无机构，主要作为宗室授官台阶，为从三品至从五品。大将军以下主要作为武官责降后的官衔，宋初俘获的割据政权的统治者，也例授环卫官衔。环卫官各有相应的礼遇与俸禄。

坤，先领兵北上的殿前副都点检慕容延钊等，率领部分禁军驻在河北地区外，极大部分禁军都驻在首都东京开封及附近地区。乾德元年（963 年）正月，宋灭荆南、湖南两个割据政权时，只调遣禁军数千，其余数万人是调发的十州地方军。

乾德三年八月，“令天下长吏择本道兵骁勇者，籍其名送都下，以补禁旅之阙”①。以后又选“兵样”、以木梃作为从地方军中挑选禁军的标准，将精兵调集为禁军。调集的主要是原后周统治区内节度使的地方军，其主要目的是削弱各节度使的军力，并达到集中兵权的目的，也增强了禁军的兵力。这道诏令可能对新征服地区作用较小，一是可能未要求这些地区严格执行，因为这里不存在节度使控制下的较强的兵力，而且地方军又控制在征服者宋军将领及地方官手中；二是南方诸割据地区的兵士，能达到以北方中原兵士为兵样的标准（主要是身高）也不会多。这从上述诏令发布三年后的开宝三年（978 年）九月，宋将潘美、尹崇珂率军攻灭南汉时，仍是调发湖南十州地方军，可以印证。

禁军是北宋的中央军、正规军，也称“上军”②。宋初分属殿前司和侍卫司（全称为侍卫亲军司），合称“二司”。不久，演变为殿前司与马军司、步军司“三衙”，有时也称“三司”，这一过程完成于真宗景德二年（1005 年）后。禁军被称为“天子之卫兵，以守京师，备征戍”，而“最亲近扈从者，号诸班直”③，归属于殿前司。除个别班直外，都是挑选身材高大、武艺精强者担任，甚至诸班直将士娶妻，据说宋太祖要亲自接见，要求“诸班之妻，尽取女子之长者，欲其子孙魁杰，世为禁卫而不绝也”④。

---

① 《长编》卷 6，乾德三年八月戊戌朔。

② 关于宋代的军制，参见王曾瑜《宋朝兵制初探》，中华书局 1983 年版。又，禁军在相对于厢军（地方军、役兵）时，有时称为“上军”。

③ 《宋史》卷 187《兵志一》。

④ 《历代名臣奏议》卷 305，王襄《论彗星疏》。

宋初的班直制度沿自后周，而班直诸名称多有更改，属骑军的有殿前指挥使（班直名）、内殿直、金枪班、东西班、钧容直、外殿直，以及散员、散指挥、散都头、散直等班直，其中钧容直是军乐队，而东西班中有弩手直、龙旗直、招箭班和茶酒班。步军有御龙直、御龙骨朵子直、御龙弓箭直和御龙弩直。从诸班直番号名称也多少能得知其性质，是皇帝的亲卫军、仪仗队，兼有侍候皇帝的性质，皇帝出行时随从，亲征时也随同出征。如开宝二年（969 年）攻北汉首府太原城时，诸班直还直接参加攻城战斗，殿前指挥使都虞候石汉卿中箭而亡后，东西班的都指挥使李怀忠遂率众攻城，身受重伤。

殿前司诸班直的人数，也许有一二千人。南宋绍兴七年（1137 年）时枢密院的官员说，诸班直“元额三千六百余人”，当是北宋末年徽宗时的编制，宋徽宗一切务求奢华，很有可能扩大班直编制，以显示皇帝的威仪①。诸班直的将校有都指挥使、四直都虞候、都虞候、指挥使、副指挥使；其下，骑军有都知、副都知、押班，步军有都头、副都头、十将、将、虞候等。

殿前司除诸班直外，骑军还有捧日等、步军也有天武等多种番号的禁军。而侍卫马军司有龙卫等，步军司有神卫等，各有数十种军号的禁军；而且各地的厢军也都隶属马、步二司。

北宋禁军在太祖时约为二十二万，到真宗末年已有四十三万多。其中殿前司的捧日、天武和马军司的龙卫、步军司的神卫四种番号的禁军，是沿自后周殿前司的铁骑（马军）、控鹤（步军）和侍卫司的龙捷（马军）、虎捷（步军）禁军的四支主力军，宋太祖时期仍沿用后周番号。宋太宗太平兴国二年（977 年）正月，改铁骑为日骑，控鹤为天武，龙骑为龙卫，虎捷为神卫；雍熙四年

① 《宋会要辑稿》职官 32 之 7 至 11。如政和六年（1116 年）时，仅东班的五班就有九百四十人，西班的两班及茶酒班达一千一百六十多人。

(987 年)五月,又改日骑为捧日。禁军分为上军、中军、下军,捧日、天武、龙卫、神卫四军为上军,习称为"上四军",是禁军中最精锐的部队,主要驻防于京城,只有很少量驻于邻近州县。

宋太祖乾德三年(965 年)下诏将各地精壮兵士选调至京师,其中骑兵建为骁雄军,后改为骁猛,雍熙四年又改作拱辰,后又改为拱圣;步兵建为雄威军,太平兴国二年改为雄勇,雍熙四年改作神勇,都隶属于殿前司,仅次于捧日、天武,全部驻防于京城。

北宋前中期之际的乾兴元年(1022 年)七月下旬,进行了一次"阅诸军转员,凡三日而毕"①。当时主要禁军的编制是,捧日、天武、龙卫、神卫上四军,各分为左右厢,每厢各设三军,每军五指挥;殿前司的神勇、宣武、骁骑,各分为上军和下军,每军十指挥;宁朔和骁胜军,各有十指挥;虎翼左军和右军,各有五军,每军十指挥;马军司的云骑和武骑军,各有十指挥;步军司的虎翼军也分为左军和右军,也各有五军,每军也是十指挥。共计四百二十指挥,其中马军一百二十指挥,步军三百指挥。

"指挥"也称"营",是军队的基层单位,虽然每一指挥(营)通制是步军五百人,马军四百人,实际常少于此数,有时只有三百或二百五十人。按前一数字计算,以上诸军约近二十万人。其中约有二十一指挥的马军驻营地在开封府的属县和外州,约有六千至八千多人,其余十五万至十九万多驻营地在京城及城门外近郊,约占当时全国禁军总数四十三万多人的三分之一以上至二分之一之间,大体上反映了北宋前期末驻京禁军的基本情况,也接近于宋初将禁军一半驻京、一半驻外地的比例。

禁军的来源有多种,除继承自后周及乾德三年从地方军拣选者外,有归降者,如契丹直是开宝三年(970 年)以降附的辽人

---

① 《长编》卷 99,乾兴元年七月癸巳。

建立；归明渤海是太平兴国四年(979年)攻打辽燕京(今北京)时，以辽军中的渤海兵降附者建立等。有从辽境内迁民户中拣选的，如太宗时以辽云州(今山西大同)、朔州(今山西朔州)、应州(今山西应县)部落设立的“三部落”；有以云、朔州迁于内地的民户，自备马匹为骑兵称“家户马”，后以之设立清朔、擒戎禁军。有以被征服国降兵设立的，如灭后蜀以后建立的川班内殿直，灭北汉以后设立的拣中龙卫，吴越归地以后设立的顺圣等。甚至从王小波起义军归降者中拣选设立威宁军。招募是禁军的重要来源，如建隆二年(961年)从诸州招募精劲者补充龙卫、云捷、刀捷等。以厢军补充或升格为禁军，尤其是升格为置营地于本地的禁军，也是禁军的主要来源之一(参见下目“厢军”)。

禁军的领导机构，殿前司的最高长官都点检和副都点检在建国后不久被废，而以原副长官都指挥使、副都指挥使和都虞候为正副长官。侍卫亲军司长官马步军都指挥使、副都指挥使、都虞候也逐步停而不设，其下属机构马军司和步军司遂成为独立机构，各设都指挥使，副都指挥使、都虞候为正副长官。

禁军的其下各级指挥官为殿前司的捧日、天武左右(左右二字常省略)四厢都指挥使，侍卫司有龙卫、神卫左右(简称龙神卫)四厢都指挥使，上四军各分左、右厢，厢各设都指挥使。厢下各军及其他各番号军以下的各军，是禁军的基本单位，各设都指挥使、都虞候为正副指挥官。

指挥(营)为禁军的基层单位，调动与参加征讨都是以指挥(营)为单位进行。长官为指挥使、副指挥使。指挥(营)下为都，每都通常为一百人，马军每都设军使、副兵马使，步军每都设都头、副都头，为“都”的统兵官。此外，有十将、将、虞候、承局、押官等军官，有时还设军头，在十将之上。“都”为基本作战单位，一都之内战士配置情况，北宋康定元年(1040年)尹洙介绍：马军“每一都，枪手、旗头共十三人，其八十余人并系弓箭手；步军每一都，刀手八人，枪手一十六人，其七十余人并系弩手，其弓、弩手更不学枪刀，虽各带剑一口，即元不系教习。”①尹洙所述虽是仁宗前期的情况，时去真宗末年不远，北宋前期的禁军情况应大体相似。尹洙还指出一个值得注意的问题，即是禁军中十分之七八是弓箭手和弩手，虽带有剑却并不教练，利于远战而不利于近搏，提出要将刀、剑、铁鞭、短枪等短兵器，作为禁军弓箭手、弩手的日常教练项目。

关于宋太祖的禁军策略，宋神宗阐述：“艺祖养兵止二十二万，京师十万余，诸道十万余，使京师之兵足以制诸道，则无外乱；合诸道之兵足以当京师，则无内变。内外相制，无偏重之患，天下承平百余年，盖因于此。”②宋太祖将禁军中一半安置在各地，其中隶属于当地州、府地方政府的，称为屯驻禁军；隶属于地方军事机构部署司的，称为驻泊禁军。这部分禁军宋初主要驻防于河北，是因为抗辽的需要；中期及以后以陕西为重点，以应付与西夏（党项）的战事。驻防于陕西的禁军，也称为“东兵”。真宗时，河北、陕西两地的不少厢军升为禁军，驻防于本地。

宋代禁军和厢军都是募兵制，一旦入伍，终身服役，直至老疾退役。通常兵士都在驻地安家，凡是调往前线作战或其他临时性调动，都不能携带家属同行。驻在外地的禁军，在宋太祖时要定期调至京城进行阅视，拣退老弱，以保持禁军的战斗力。宋太宗、真宗时期因宋辽战争频繁，禁军经常被调驻前线，“殿前、侍卫司禁兵老疾者众，盖久从征戍，失于简练”③。直至宋辽“澶渊之盟”前，只是“比因抽移（禁军）至京师，虽量加阅视，亦止能

---

① 尹洙《河南先生文集》卷20《奏阅习短兵状（代延帅作）》。尹洙是在康定元年五月夏竦、韩琦、范仲淹任陕西经略安抚使、副使后，辟为陕西经略安抚判官后作此文。次年（庆历元年）四月，韩琦改任秦州知州时，尹洙也改任濠州通判。

② 《长编》卷327，元丰五年六月壬申。

③ 《长编》卷60，景德二年六月。

去其尤者”。直到“澶渊之盟”后的景德二年(1005 年),征戍的禁军多已召还驻营地,才又定时进行拣阅。

移屯外地的第三种方式,称为就粮禁军,可带家属前往,“就粮者,本京师兵而便廪食于外,故听其家往”①;驻于外地的禁军,也可以“就粮”于粮食丰产地区,通常是原驻营地区丰收或粮食问题解决后回原驻营地,也有在就粮地改为屯驻禁军或驻泊禁军,成为他们新的驻营地。河东路并非粮食丰富的地区,却因邻接辽夏两国,大部分州都有就粮禁军,实同于驻泊禁军,因可携带家属,有利于稳定军情。

不论是驻泊、屯驻、就粮禁军,驻在同一地区的禁军,通常并不属于同一个系统,而是分属于各司;即使属于同一司,也分属于不同的番号军。而且又分别归属于地方政府长官知州(知府)、当地军事机构部署(总管)司及钤辖司长官部署(总管)、钤辖,由都监、监押具体负责,以达到互相制约的作用。就粮禁军通常归部署(总管)、钤辖司管辖,偶因特殊情况,归属知州,也另设钤辖。如河东就粮禁军多,原本全由并代部署司管辖,景德四年(1007 年)将泽、潞等南部七州、军的就粮禁军,划归潞州知州吴元扆,另派刘赞元任钤辖兼同提举七州军马。

宋代实行的“更戍法”是不改变驻营地,将禁军定期调往其他地方戍守,使其“往来道路,足以习劳苦;南北番戍,足以均劳佚”。其最终目的是使得“将不得专其兵,而兵亦不至骄惰”,以彻底消除唐末五代军事将领以武力称雄一方,乃至威胁到朝廷的安危。但同时造成“兵不知将,将不知兵”②的局面。

更戍法的年限各地都是一次三年,只有广南西路为二年,而陕西城寨巡检及将领的属下为半年,这可能与屯戍军参加战事

---

① 《文献通考》卷 152《兵考四》。

② 《文献通考》卷 153《兵考五》。

较多有关。但更戍常超越期限，有时只是更换屯戍地，致有十年不能回原驻营地的。景德二年（1005 年），将西川、峡路及河东路北部沿边改为二年。北方禁军更戍至长江流域，乃至珠江流域和福建，“水土异宜”，“一往三年，死亡殆半”，“军还到营，未及三两月，又复出军，不唯道路劳苦，妻奴（孥）隔阔，人情郁结”①。蔡襄所说虽是治平元年（1064 年）的情况，北宋前期时应也大体相似。

史称：“天子之卫兵，以守京师，备征戍，曰禁军；诸州之镇兵，以分给役使，曰厢军。”似乎禁军全是作战部队，而厢军全是役兵，这是不确切的。不仅厢军不全是役兵，还有一部分是作战部队；而且禁军也不全是作战部队，同样也有很少量的役兵，上述记载只是就禁军与厢军性质的总体而言。禁军月俸在三百钱及以下者，不少是役兵。禁军分上、中、下三等，下禁军不少即为役兵。

宋初禁军的役兵，如太平兴国三年（978 年）建立的“桥道”禁军；乾德元年（963 年），“平荆湖，选其军善治舟楫者”建立的“造船务”禁军，从番号名称就可看出两者都是役兵。大中祥符八年（1015 年）建立的左右清卫禁军，是专“以奉诸宫观洒扫之役”；“新立清河”禁军，是“缘河旧置铺兵以备河决”②而升格为禁军等。

四、厢　　军

宋太祖于乾德三年（965 年），将各地的精兵收归中央，成为禁军，剩下的老弱士兵留在本地，称为“厢军”，隶属侍卫司（实际上只是管辖厢军的“名籍”）。即所谓“厢兵者，诸州之镇兵也，内

---

① 《历代名臣奏议》卷 220，蔡襄《论兵九事》。

② 《宋史》卷 187《兵志一》。

总于侍卫司”[1]，后分属于侍卫马军司和步军司。厢兵主要从事各种劳役，因而也称为“役兵”，厢兵从事劳役的概况，已具见第三章第四节。

厢军的来源，除了上述情况外，所有犯人刺配到本州充当厢军，以供役使，都称“配军”；从禁军中汰出降为厢军的，称为“落厢”；在招募中达不到禁军身高要求而充作厢军的等等。厢军总人数在宋太祖末年为十八万多，太宗末年为三十万多，真宗末年达到四十八万之多，厢军番号多达二百个以上。有一个番号的厢军分布于许多州、府，而一个州、府又常有多种番号的厢军，不同番号的厢军，承担不同的劳役。只有少数番号的厢军，尤其是厢军中的马军，主要作为地方军，以维护地方治安为主。从事劳役的主要是厢军中的步军。

厢军有时也参加战斗，尤其是宋辽、宋夏边境州、府的厢军。厢军虽然只是地方军、役兵，但毕竟是有组织的军事群体，比之普通民众，更容易甚至是首先受到守城官员重视，率以抗敌。雍熙三年（986 年）冬，辽军南侵，西路辽军攻至代州（今山西代县）城下，神卫都指挥使马正率所部禁军抗击于州城的南门外，众寡不敌，代州知州张“齐贤选厢军二千，出（马）正之右，誓众慷慨，一以当百，辽兵遂却”[2]，即是一例。

沿边地区的厢军，到真宗时期经常作为边防军，不只是如上述守城时参加防守战斗。咸平五年（1002 年），从环州（今甘肃环县）、庆州（今甘肃庆阳）等州的厢军六千多人中，拣选出四千五百人，被分配到各边寨屯防，以替代原先驻防的禁军。

厢军作为禁军主要来源之一，或以补充原有禁军的缺额，或以建立新番号的禁军。不仅从作为地方军的厢军中，也从作为

---

① 《宋史》卷 189《兵志三》。

② 《宋史》卷 265《张齐贤传》。

役兵(包括中央和地方)的厢军中拣选禁军;也有将整建制的厢军升格为禁军,废除旧的厢军番号,设立新的禁军番号。以厢军建立的禁军,既有将置营地设于京城或其他地方,也有将置营地设于本地的,上述情况从厢军建立不久的太宗时就已开始。

太平兴国三年(978 年),“选诸州厢兵归京师者”,立“为效忠禁军”;同年还“选诸州厢兵次等者”,立“为桥道禁军”①,从番号看,后者是禁军中的役兵。二者可能是厢军建立后最早升补为禁军者。其置营地前者在京城,而后者在京城附近的州县。

同年拣选诸州厢军之强壮者建立的忠节禁军,咸平六年(1003 年)拣选诸州厢军建立的雄略禁军,以及大中祥符六年(1013 年)以西川厢军建立的宁远禁军,都是少数建置营地于南方各地的禁军。其中宁远禁军由厢军升建后仍建置营地于西川;忠节、雄略禁军等建驻营地于南方各地的,很可能即是由南方厢军升建的。然而是否即是以本州厢军升建为禁军,驻营地即建在本州,已无从确知。

但在河北、河东地区,因与当时交战的辽境邻近,以本地区的厢军升为禁军后,仍将置营地建于本地区。骁武禁军即是以原河北诸州的厢军,于淳化四年(993 年)拣阅后建立的,置营地即建于大名(今河北大名东)、真定(今河北正定)、定州(今河北定州)等七府、州。而克胜禁军即以潞州(今山西长治)厢军骑兵,于端拱(988—989)初升建;武清禁军也是以晋州(今山西晋城)厢军骑兵建立,而且置营地即建于本州。但这在太宗时还是个别情况,甚至只是一种酬奖,如武清禁军原是晋州地方军的骑兵,是“端拱二年(989 年),以其久在北鄙,有屯戍之劳,选勇悍

① 《宋史》卷 187《兵志一》。又,效忠原作川效忠,按川效忠系淳化四年以川厢军建,此前所建禁军番号似应作效忠。

者就升”[1],“就升”即是就地升格,以本地的厢军拣选后升为禁军,仍建置营地于本州。

由于厢军与禁军的俸钱悬殊,大约相当于承担同样任务禁军的一半左右,禁军还有其他优厚的待遇,厢军升格为禁军后,不仅地位提高,待遇也较优厚,而且禁军在置营地有营房以供兵士家属居住等,有利于士气的提高。

真宗时期为使担任边防任务的厢军,能成为正规的边防军,享受应有的待遇,以激励他们的士气,多次将边境地区的厢军升为禁军。咸平三年(1000 年),将河北的定州、保州(今河北保定)等七州、军及北平寨(今河北满城西南)的厅子、无敌、忠锐等番号的厢军,升为侍卫马军司的云翼禁军,共十四指挥(营);以及镇州(今河北正定)、定州和高阳关(今河北河间)三路都部署辖区内的定塞番号厢军,也都升为云翼禁军,以就粮禁军名义建置营地于河北路。

咸平四年,将陕西沿边州的厢军中已拣选的,都升为禁军,番号为保捷;次年五月,又将陕西邠州(今陕西彬县)、延州(今陕西延安)、环州(今甘肃环县)、庆州(今甘肃庆阳)等十一州的厢军,拣选二万人,升为禁军,番号为振武;又将河东路的厢军拣选后立为神锐禁军二十四指挥、神虎禁军十指挥;又将河东的石州(今山西离石)厢军的厅子军升为禁军,番号为威虎,隶属于虎翼禁军,以上都属于侍卫步军司,设驻营地于本州及本路的邻近州。

大中祥符九年(1016 年)十一月,又诏河北、河东、陕西三路诸州,拣选本城厢军,五百人以上升为一指挥,于本地设置营地,教阅武艺,升为禁军。

以上数次在河北、河东和陕西三路,大规模将厢军升为禁军,并都将置营地设于本地,其目的显然是为了加强对辽与西夏

---

① 《长编》卷 27,雍熙三年末。

(党项)的防御,也是为了缓和本地厢军和外来禁军之间的矛盾。沿边厢军与外来的禁军(主要来自京城及其附近营地)承担同样的作战任务,地位和待遇却相差很大,现将本地的厢军就地升为禁军,使与外来禁军大体上处于同等或相近的地位,既有利于提高士气,也便于各军关系的协调。

北宋前期,厢军升为禁军,主要是在与辽、夏接界的河北、河东和陕西三路。在内地,尤其是南方的广大地区,作为地方军的厢军,担负着日常治安任务,因而无需另派禁军,没有特殊原因而将当地的厢军升格为禁军,在宋政府看来只会是无端地增加军费开支。因为禁军"住营一兵之费,可给屯驻(禁军)三兵"①,而普通禁军之费又倍于厢军。内地厢军升格为禁军,如大中祥符四年(1011 年)五月,将原由河南府(今河南洛阳)城的厢军调往永安县(今河南巩义南),番号为永安厢军,整建制地升改为奉先禁军,这是特殊事例。天禧元年(1017 年)"召选天下厢兵迁隶禁军者,凡五千余人"②,则可能是补充各禁军的缺额。

厢军的编制,大体上与禁军相同,但只有军和指挥(营)两级,指挥(营)为基层单位。有些地方一些番号的厢军人数较少,则以"都"为基层单位,如渡船都、梢工都、杂作都等。厢军的高级将领是马步军都指挥使,除厢军中军官应格升迁者外,还有由禁军高级将领升迁至厢都指挥使、遥领团练使以后,由于老疾或过失,"甚者,黜为外州马步军都指挥使"③。副职为副都指挥使、都虞候。军一级的马军及步军正副将领的军衔同上。指挥(营)一级的马、步军指挥官为指挥使、副指挥使。"都"一级的指挥官,马军为军使、副兵马使,步军为都头、副都头,其下各有十将、将、虞候、承局、押官等。

---

①② 《宋史》卷 194《兵志八》。

③ 《长编》卷 99,乾兴元年七月癸巳。

第五章　北宋中叶的改革浪潮(上)：庆历新政

“澶渊之盟”后，宋真宗、王钦若等伪造“天书”，东封西祀，大造宫观；仁宗初年摄政的刘太后又信任佞臣贪官，任意封赏，广建塔庙，致北宋建国以来积累的财富消耗殆尽。再者由于宋军长期无视军备，缺乏训练，战斗力低下，仁宗初年面临西夏的侵扰，三战皆败。北宋中叶遂致“积贫积弱”局面。

七八十年来社会经济的发展，使得许多旧有的制度不能适应新的形势；积贫积弱的形势，又使得宋廷内外交困，进行改革以改变现状成为势在必行的潮流。范仲淹主持进行的“庆历新政”，是改革浪潮的第一波，但终因保守派官僚的反对，仁宗在与西夏形势缓和后即罢免范仲淹，使进行不久的改革中途夭折。

第一节　积贫积弱局面的形成

一、澶渊之盟后的政治形势

景德元年(1004年)末，宋辽缔结“澶渊之盟”，北方的威胁终于解除。宰相寇準、毕士安等开始致力于裁减北方的边防军事力量，使民众得以休养生息，恢复生产，发展经济。

景德二年正月，即“诏河北诸州强壮(民兵的军号)，除瀛州(今河北河间)城守得功人，第其等级以闻，余并遣归农，令有司市耕牛送河北”[1]。“强壮”是咸平三年(1000年)政府为加强抗辽兵力强行征集民户壮丁组成的,每户有二丁、三丁的征一人,四丁、五丁的征二人,六丁、七丁的征三人,八丁以上的征四人,按正规军编制组织成民兵,进行军事训练,一旦辽军进犯,全部集中守城抗敌,在抗辽战争中起过相当大的作用。现在战争结束,使得数以十万计的青壮年解除了兵役,重新投入农业生产。

随后又将河北的三个边防军区,镇州(今河北正定)、定州(今河北定州)和高阳关(即瀛州)三路都部署中的镇州、定州合并为一个都部署,亦即减少了一个边防军区。而较靠内地的天雄军(治大名,今河北大名东)、沧州(今河北沧州东南)、邢州(今河北邢台)、贝州(今河北清河西)等四州、军的驻军,减少为步军六指挥(每指挥五百人)。其余禁军原驻营地在河阳(今河南孟州南)和首都开封的,全部回到原驻营地。又罢除因抗辽而在河北设置的部署、钤辖、都监、使臣等军官二百九十余员。其时宋政府与党项李德明议和已开始进行,虽议定尚需时日,但议和已成定局,西北形势的缓和,使得宋政府决定精简禁军。同年六月开始直至年末,又对正规军“禁军”进行精简,以达到淘汰老弱、减去冗员、节省军费开支的目的,即所谓“谋省兵惜费”[2]。

宋真宗在毕士安、寇準两相的辅佐下,也开始励精图治。景德二年十月,首相毕士安暴病卒,寇準独相。由于当初寇準的坚持,真宗勉强北上亲征抗辽,终于签订“澶渊之盟”而取得和平,因此,真宗常怀着敬畏的心情对待寇準,寇準也孜孜以求治,君臣关系融洽,政治、经济形势日益好转。

当初主张南逃金陵(今江苏南京)的副相王钦若,因为受到宰相寇準不指名的严厉谴责,并被出为地方官,对寇準怀恨在

---

① 《长编》卷59,景德二年正月壬子。

② 《长编》卷60,景德二年六月。

心。王钦若于景德二年初回朝复任副相后，因不愿与寇準同朝执政，于四月间自请罢副相。此后，一直伺机报复。

景德三年初，王钦若利用宋真宗的虚荣心，向宋真宗进谗言说，寇準力劝真宗亲征，是利用他"孤注一掷"，澶渊之盟是城下之盟，是一件蒙受耻辱的事。王钦若别有用心地将澶渊之盟的责任，完全推到反对议和主张抗辽的寇準身上。显然，王钦若的离间计发生了作用，景德三年二月，寇準被罢相出任地方官，副相王旦升为宰相，王钦若也因而升为执政，任知枢密院事。

罢免寇準，起用王钦若，并不能改变王钦若所说的城下之盟的耻辱，宋真宗为此常常闷闷不乐，因为当初拒绝采用寇準主张抗辽，"可保百年无事"之策①，而竭力主张签订这城下之盟的正是真宗本人。

于是，宋真宗向王钦若询问雪耻之策，王钦若明明知道真宗当初因惧辽而求和才签订这城下之盟的，却故意说："陛下以兵取幽蓟，乃可刷此耻也。"真宗当然不敢采纳出兵以雪耻的对策。王钦若就乘机提出，只有举行封禅"大功业"，才能"镇服四海，夸示戎狄"。封禅是秦汉以来帝王建有非常功业，并得到上天所赐"祥瑞"才能进行的。为了使封禅能名正言顺地进行，王钦若对真宗说："天瑞安可必得，前代盖有以人力为之。"这即是说"天瑞"可以伪造。真宗私下里决定伪造"天瑞"，以便进行所谓"大功业"的封禅活动，但宰相王旦反对说："封禅礼，旷废已久，若非圣朝承平，岂能振举？"真宗只得说："朕之不德，安能轻议。"②这时，一方面由王钦若去向王旦说明真宗进行封禅活动的真实意图，另一方面真宗又请王旦到宫中赴宴，以赐酒为名，贿以整壶

---

① 《长编》卷58，景德元年十二月戊戌。

② 《长编》卷67，景德四年十一月庚辰；《宋史》卷281《寇準传》，卷282《王旦传》。

珍珠，王旦也就不再持异议了。

景德五年正月的一天，真宗对宰相王旦和执政王钦若等说，去年十一月二十七日的半夜，见到神人降临内宫，并说："当降天书《大中祥符》三篇。"适有臣下奏称左承天门（在东华门内）的屋角挂有黄帛，当即是所降"天书"，这样就产生了"天瑞"，即改当年为大中祥符元年。接着，以王旦为首率百官及民众等二万多人累次上表请求进行封禅大典。真宗遂下诏当年十月东封泰山。于是，宰相王旦、执政王钦若等人分任封禅的大礼使、礼仪使等，王钦若和副相赵安仁还兼任判兖州，并轮流前往泰山所在的乾封县（今山东泰安）处置有关事项。在这期间，又制造了两降"天书"的闹剧。

十月，真宗率百官带着"天书"前往泰山，于山顶"封"祀天帝，次日又到西南的社首山"禅"祭地神。封禅典礼后，又于十一月前往曲阜县（今山东曲阜）祭祀孔子。大中祥符四年（1011年）二月，再带着"天书"，西祀后土地祇于汾阴，并升祭祀所在地宝鼎县为庆成军（今山西万荣西南），终于完成东封泰山（天帝）、西祀汾阴（地神）的旷世盛典。又派各级官员祭祀四岳及四海、河渎，以及其他诸神，整修或新建庙宇神祠。

早在大中祥符元年（1008年）四月，首都开封就开始修建规模宏大的昭应宫（后改玉清昭应宫），以供奉"上帝"和"天书"。由于所费不赀，当时遭到包括宰相王旦在内的群臣谏阻，丁谓却说："陛下有天下之富，建一宫奉上帝，且所以祈皇嗣也。"[①]王旦等遂不敢再谏。玉清昭应宫历时数年才建成，极尽奢华，消耗了巨额财富。大中祥符五年十月，又编造赵氏始祖是"九天司命真君赵玄朗"，降临于皇宫内的延恩殿，于是追尊其为圣祖，供奉于玉清昭应宫，进行一系列的祭祀活动。

---

① 《宋史》卷283《丁谓传》。

同年十二月，追谥孔子为“至圣文宣王”。大中祥符六年八月，加号道教始祖老子为“太上老君混元上德皇帝”；七年正月再带着天书前往亳州（今安徽亳州）太清宫，祭祀老子。孔子、老子被追加封号至后世无可复加的程度，可以说是肇自宋真宗。

上有所好，下必效之。于是各种人造的祥瑞纷纷出现，真宗也一一认可，真是“野雕山鹿，并形奏简；秋旱冬雷，率皆称贺”。当时的著名学者龙图阁待制孙奭，当所谓“天书”频频下降时，就向真宗说：“臣愚所闻‘天何言哉’，岂有书也。”又针对所谓的祥瑞，正确地指出：“将以欺上天，则上天不可欺；将以愚下民，则下民不可愚；将以惑后世，则后世必不信。腹诽窃笑，有识尽然。”①

但是，宋真宗在王钦若、丁谓等人的诱导下，已听不进诤言。从此，他疏于朝政，热衷于各种祭祀活动，陶醉于各地的祥瑞纷呈、群臣的歌功颂德。为了粉饰太平，不惜多次耗费巨额国库经费，将北宋建国以来，太祖、太宗二朝，以及真宗前期十多年来的积蓄消耗殆尽，遂致“海内虚竭”②，终于将北宋推向积贫积弱的边缘。

枢密使王钦若以制造“天书”祥瑞、策划封禅等活动有功，深得真宗的宠信，因而傲视群臣，即使宰相亦常受其欺蒙。枢密副使马知节深恶王钦若所为，从不附和其荒诞举措，而且还不时在真宗面前揭露其擅权及奸伪情状。但宋真宗深信王钦若，王钦若遂愈益狂妄，甚至假称奉旨，肆意妄为。大中祥符七年六月，王钦若不经奏请而擅自为人加官，侵夺了皇帝的权力，以致真宗愤怒地说：王钦若等“敢以爵赏之柄高下为己任，近位如此，朕须束手也”③。王钦若随即被罢官，宰相王旦即推荐寇準为枢密使

① 《长编》卷74，大中祥符三年十二月；《宋史》卷431《孙奭传》。

② 《长编》卷108，天圣七年五月丁未。

③ 《长编》卷82，大中祥符七年六月乙亥。

以接替王钦若。但寇準多次指斥王钦若的党羽、三司使林特的奸邪，特别是不信真宗的那套做法，终不获信任，于次年四月即被罢官。接着，王钦若复任枢密使，并于天禧元年（1017 年）八月升任宰相。

王钦若又从《道藏》中找出四十位赵姓神仙的事迹，绘图于景灵宫的廊庑，以邀宠于宋真宗。天禧三年三月，寇準时任判永兴军（今陕西西安），属下的巡检朱能伪造"天书"降于乾祐（今陕西柞水）山中。朱能献"天书"，真宗向王钦若询问，王钦若说："始不信天书者，寇準也。今天书降準所，当令準上之，则百姓将大服。"①真宗遂迫使寇準奏告其事。两月后，王钦若以和妖道谯文易交往而被罢相。数日后，寇準起为宰相。

史称：宋真宗"及澶渊既盟，封禅事作，祥瑞沓臻，天书屡降，导引奠安，一国君臣如病狂然"②。而助成其事的，即是王钦若、林特、丁谓、陈彭年及宦官刘承珪五人，他们沆瀣一气、狼狈为奸，竞相以"天书"、妖妄迎合真宗，置国家兴衰于不顾，被时人称为"五鬼"③。

二、刘太后专政与积贫状况的加剧

刘太后，父刘通，宋初任侍卫步军司虎捷（神卫）都指挥使，太平兴国四年（979 年）初，从征北汉时病死。宋真宗为襄王时，刘氏入襄王府，时年十五岁，受到襄王的宠爱。刘氏性格轻浮，

---

① 《长编》卷 93，天禧三年三月末注。注引刘攽《寇準传》（《宋史·寇準传》略同），称为王旦所说。李焘按语称王旦早于两年前去世，刘"攽误甚矣。或钦若实为此，非旦也。"按：王钦若时任宰相。

② 《宋史》卷 8《真宗纪三·纪赞》。

③ 《宋史》卷 283《王钦若传》。五人之事，参见同卷《林特传》、《丁谓传》，卷 287《陈彭年传》，卷 466《刘承珪传》。

襄王的乳母刘氏曾向宋太宗报告，太宗令襄"王斥去，王不得已，置之王宫指使张耆家"①。真宗即位后，即召入宫中。

景德四年(1007年)四月郭皇后死后，真宗即欲立刘氏为皇后，因遭到大臣们的反对而作罢，但刘氏已控制后宫并参与处理政务。大中祥符三年(1010年)四月，宫女李氏生子，刘氏取作己子，命杨妃抚养，取名受益，竟无人敢向真宗说明真相。次年，刘氏被立为皇后，是为章献皇后。

宋真宗自大中祥符末年生病以来，病情逐渐加重，天禧二年(1018年)八月，在群臣的再三上表奏请下，才立赵受益为太子，并改名赵祯。次年春天，真宗的病情加重，时好时坏，朝政实际上已多取决于刘皇后，六月间"太白昼见"，"占曰：女主昌"②。

天禧四年六月，真宗病情加剧，自感将不久于人世，和宦官周怀政商议命皇太子赵祯监国，以学习处理朝政。周怀政随后转告宰相寇準，寇準即乘间奏请皇太子赵祯监国，得到真宗的首肯。但因机事不密，在正式颁诏前，被与刘皇后勾结的枢密使丁谓侦知。当时的朝政实际上已由刘皇后决策，当丁谓攻击寇準时，病中神志不清的真宗居然同意将寇準罢免。寇準遂以太子太傅、莱国公罢相，奉朝请。丁谓随后升任首相。

不久，又发生了宦官周怀政"阴谋杀(丁)谓等，复相(寇)準，奉帝(真宗)为太上皇，传位太子，而废(刘)皇后"的事件③。结果事泄，周怀政被杀，并不知情的寇準被贬出任知州，几乎危及太子的地位。时人称："欲得天下宁，当拔眼中'丁'；欲得天下好，莫如召寇老。"④而寇準在丁谓的打击下，连遭贬斥。一年多

---

① 《宋史》卷242《刘皇后传》。真宗端拱元年(988年)封襄王，淳化五年(994年)进封寿王。

② 《长编》卷93，天禧三年六月辛卯。

③ 《长编》卷96，天禧四年七月甲戌。

④ 《长编》卷99，乾兴元年七月己卯。

以后，真宗“忽问左右曰：‘吾目中久不见寇準，何也?’左右亦莫敢对”①。真宗也没有再追问。真宗实际上已经是时而清醒时而糊涂，这给刘皇后、宰相丁谓擅权、弄权提供了机会。

同年十一月，次相李迪奏称：前相寇準无罪而遭罢斥，首相丁谓奸邪弄权，又曾奏请当“以法治”宫内只敬刘皇后、不敬真宗的内侍、宫女之罪。因被刘皇后在屏后听到，李迪遂遭到刘皇后的排斥，不久即罢相。丁谓虽也同时罢相，但次日即对真宗说自己不该罢相，真宗只命赐坐，丁谓却自行宣称：“有旨复平章事”，重又担任宰相。其后真宗虽命太子处理日常政务，然而“时太子虽听事资善堂，然事皆决于(刘皇)后，中外以为忧”②。

乾兴元年(1022 年)二月，真宗病危，已不能说话。或许他忽然考虑到太子赵祯年仅十三岁，刘皇后擅权，宜立长君以安宋室，据称真宗“乃以指点胸，又展五指，再出三指，以示丁谓等”。宋人称宋真宗之意，是想立八弟赵元俨为帝，赵元俨时称“八大王”，“有威名”，“严毅不可犯，天下崇惮之，名闻外夷”，“契丹尤畏其名”③。事无可考。

数日后，真宗去世，太子赵祯即位，是为仁宗。刘皇后为太后，杨妃为太妃，军国事权取刘太后处分。从此，开始了刘太后的专政时期，也宣告了北宋前期的结束，中期的开始。丁谓等为了讨好刘太后，决定次年的年号为天圣，其意为当政的是刘太后和皇帝赵祯“二圣人”。其后改元为明道，其意略同。

丁谓虽对形成刘太后专政有功，但丁谓的本意，只是使刘太后在处理大事时，与仁宗同召大臣决策，而日常政务由宦官雷允恭传达，自己乘机控制朝政。权力欲极强的刘太后却欲寻机除

---

① 《长编》卷 96，天禧四年八月壬寅。

② 《长编》卷 96，天禧四年十一月己巳、闰十二月乙亥。

③ 《长编》卷 98，乾兴元年二月甲寅；《宋史》卷 245《赵元俨传》；《东都事略》卷 15《赵元俨传》。

去丁谓，而丁谓的所作所为也引起执政们的不满。同年六月，副相王曾遂乘丁谓的同党宦官雷允恭擅自改移真宗陵穴获罪之机，攻击丁谓，刘太后立即将其罢相，贬为太子少保、分司西京（今河南洛阳），不久又以其与女道士刘德妙往来而语涉妖诞，将其远贬海南，同时还清除了丁谓、雷允恭的党羽。

王曾虽因此升任宰相，但他并不依附刘太后。“天书”也是在宰相王曾、副相吕夷简的建请下，从葬于真宗陵内，以示真宗后期以“天书”为核心的封祀活动的终结。

当初宋真宗想立刘氏为皇后，遭到大臣们的反对而作罢，数年后刘氏得立为皇后，可能与当时的知枢密院王钦若支持有关。刘太后专政以后，对王钦若始终是恩宠有加。天圣元年（1023年）八月，乘时任江宁（今江苏南京）知府的王钦若奏至，刘太后即命宦官以赐汤药盒为名，“口宣召之，辅臣皆不与闻”。王钦若八月末到京，九月初即被任为首相。王钦若虽仍想如真宗时那样擅权，阿附刘太后，但“同列往往驳议，钦若不堪”①，已不能为所欲为。

天圣二年九月，刘太后想在天安殿受尊号册，如同皇帝受册一样，当即遭到次相王曾的反对，只得改就文德殿受册。作为首相的王钦若也无能为力。而当马植向王钦若行贿的事败露以后，本“当以失举坐罪”，虽“诏不问”②，但刘“太后颇解体，同列稍侵之，钦若亦邑邑以殁”。天圣三年十一月，王钦若死于首相任上，不仅“国朝以来，宰相恤恩，未有钦若比者”，而且“皇太后临奠出涕”，并以“后有诏塑其像茅山（今南京东南），列于仙官”③，对于真宗时被时人列为“五鬼”之首的王钦若，刘太后的

① 《长编》卷101，天圣元年八月甲寅、九月丙寅。

② 《宋史》卷283《王钦若传》。《长编》卷102、《宋史·王曾传》作大安殿，误。

③ 《长编》卷103，天圣三年十一月戊申。

褒宠达到空前绝后、无以复加的程度。

刘太后虽然不再进行封祀活动，但消耗财力营造宫殿、寺庙的举动，仍不断发生。不仅在刘太后专政之初，天圣元年时俞献卿即指出："非常调率营造，一切费用皆出于民，是以物价益高，民力积困"[①]，天圣五年，"时方崇建塔庙，议营金阁，费不可胜计"[②]，遭到监察御史曹修古的极力谏阻，结果曹修古被逐出朝廷任地方官。刘太后派亲信曾继莘前往永兴军(今陕西西安)建造佛塔时，永兴军的长官姜"遵希太后旨，悉毁汉、唐碑碣以代砖甓，而又佐继莘躬自督治"[③]，当佛塔于天圣六年建成后，姜遵即被提升为枢密副使。刘太后又修建了规模宏大的西太一宫。

天圣七年六月，规模空前的玉清昭应宫发生火灾，原本三千六百一十间房屋烧得只剩下一两座小殿。刘太后想修复，枢密副使范雍说："先朝以此竭天下之力"，"如因其所存，又将葺之，则民不堪命"[④]，得到宰相王曾、吕夷简的支持，刘太后只得作罢。但刘太后却乘机将多次阻止自己想享受皇帝礼遇的首相王曾，以兼领玉清昭应宫使管理不严，因而发生火灾为名罢相，出为地方官，次相吕夷简随后升为首相。

刘太后在专政之初，曾自称："候上(仁宗)春秋长，即当还政。"[⑤]实则贪权恋位，到天圣六年(1028年)时，仁宗年已十九，刘太后却毫无还政之意。谏官刘随只是奏请日常事务专由仁宗处理，即被逐出朝廷。刘太后一心想享受皇帝的礼遇，甚至向执政大臣探问对武则天的评价，还想依皇帝的礼仪建立刘氏七庙，因遭到副相鲁宗道的否定而作罢。在鲁宗道去世、宰相王曾被

---

① 《长编》卷100，天圣元年正月壬午。

② 《长编》卷105，天圣五年八月辛未。

③ 《长编》卷106，天圣六年三月癸丑。

④ 《长编》卷108，天圣七年六月丁未。

⑤ 《长编》卷99，乾兴元年八月乙巳。

罢免及吕夷简任首相以后，刘太后开始逐渐地享受皇帝的礼遇，终于登上天安殿受朝贺。在进谒太庙的礼仪上，刘“太后欲纯被帝者之服”，虽遭到副相晏殊、薛奎的反对，也只是“少杀其礼”①。随后，范仲淹又奏请刘太后还政于仁宗，也被逐出朝廷任地方官。此后，奏请刘太后应还政的人越来越多，但大多为中低级官员，也都遭到贬逐。

明道元年(1032 年)，北宋宫廷接连发生两个重大事件，史官讳其事，遂成千古之谜。二月，仁宗的生母李氏病，刘太后派亲信“张怀德押医官杨可久等入侍”医治②，李氏遂“遽薨，年四十六”③。李氏生育仁宗，依例当进位皇后，但李氏一生只是普通宫嫔，直到临死前，才晋升为宸妃。刘太后死后，燕王(八王)赵元俨始向仁宗告白:“陛下乃李宸妃所生，妃死于非命。”④刘太后的亲信张怀德和医官杨可久等人，不久即遭到贬黜，这些都说明李宸妃的死因确有可疑。李宸妃死，刘太后以“一宫人死”，拟草草殓葬了事。只是在宰相吕夷简说明利害关系以后，刘太后才不得已答应以一品礼治丧，但出丧不由宫门出而准备拆宫墙，在吕夷简坚持下才由西华门出丧，最后仍是吕夷简背着刘太后，又向刘太后的亲信罗崇勋说明利害关系，才以皇后礼入殓⑤。

其次是同年八月，内宫发生大火，连烧八殿，“火始作，小黄门王守规独先觉，自寝殿至后苑门，皆击去其锁”，带着仁宗逃至延福宫。宋仁宗对执政大臣们说:“非王守规引朕至此，几与卿等不相见。”仁宗只说王守规带他逃命，并非如史官所说的是带

① 《长编》卷 111，明道元年十二月辛丑。

② 《长编》卷 112，明道二年五月己巳。

③ 《长编》卷 111，明道元年二月丁卯。

④ 《宋史》卷 242《李宸妃传》。

⑤ 参见《长编》卷 111，明道元年二月丁卯;《宋史》卷 242《李宸妃传》。

着仁宗和刘太后同逃[①]。而火灾发生以后宰相吕夷简的态度，更使人感到这场火灾来得蹊跷。据载火灾发生以后，“百官晨朝，而宫门不开。辅臣请对，帝（仁宗）御拱宸门，追班百官拜楼下，宰相吕夷简独不拜。帝使问其故，（吕夷简）曰：‘宫廷有变，群臣愿一望清光。’帝举帘见之，夷简乃拜”[②]。其态度与真宗即位之日宰相吕端的行为类同，说明宰相吕夷简对火灾的发生、仁宗的存亡及城门楼上皇帝是谁，都存有疑问，因而要仁宗举帘与群臣相见，否则他不敢有如此不臣之举。

《宋史·吕夷简传》在记叙宫中失火，吕夷简在晨朝时看清仁宗才下拜之后，复又载曰：“初，荆王（赵元俨）子养禁中，既长，夷简请出之，太后欲留使从帝（仁宗）诵读，夷简曰：……。即日命还邸（荆王府）中。”紧接着即是“太后崩，帝始亲政事”。说明荆王赵元俨子养于宫中多年，皇宫失火后才出宫归王府。而此前刘太后也将楚王赵元佐之孙赵宗保长期养于宫中[③]。联系仁宗生母李氏的暴亡、宫中起因不明的大火，以及刘太后收养多名诸王之子于宫中的目的，不能不使人联想这些与刘太后意图继续专政有关。这也许即是仁宗虽已二十多岁，刘太后仍不肯还政于仁宗的原因所在。

明道二年三月，刘太后病死。刘太后生前既拥有皇帝的实权，临死仍不忘享受皇帝的礼遇，史载，其临死前，“太后疾不能言，而犹数引其衣”，副相薛奎指出：“其在衮冕也”[④]。在薛奎的谏说下，刘太后最终还是以皇后服殓葬。

刘太后专政十一年间，不论是支持她摄政而诬陷寇凖的丁谓、曹利用、雷允恭，还是她所信任的王钦若及内臣罗崇勋、江

---

① 《长编》卷111，明道元年九月庚午。

② 《长编》卷111，明道元年八月乙丑。参见《宋史》卷311《吕夷简传》。

③ 《宋史》卷245《赵宗保传》。

④ 《长编》卷112，明道二年三月乙未。

德明等，无一不是些擅权的奸臣和贪官污吏，以致还未亲政的宋仁宗也认为："王钦若久在政府，察其所为，真奸邪也。"另外，丁谓"四方赂遗，不可胜计"①，后来只是因为与刘太后发生权力冲突，才被贬斥。深得刘太后宠信的雷允恭，贪污金、银、珍珠以千万计，因与丁谓勾结以挟制刘太后，也被借故给予严惩。曹利用是因参与"澶渊之盟"谈判，由小军官迅速升迁为执政大臣的，却也参与诬陷"澶渊之盟"的主要功臣寇準，是个"人怨神怒"的人物，后因得罪刘太后的亲信内侍罗崇勋，才被远贬而死②。

史官对刘太后多溢美之词，称刘"太后称制，虽政出宫闱，而号令严明，恩威加天下"③。实际是"天圣之间，多由内降，莫测夤缘，尽由请托"④。即使在刘太后专政时及其后，也多有臣僚指出"奸邪者易进"，"朝夕左右，非恩泽即佞幸，上下皆蔽"，且"垂帘之后，外戚用事"，"政出多门"，"近日制命，有信宿辄改，适行遽止"，等等⑤。

真宗时，宫廷内虽也是随意消耗国家财富，但还需要凭"合同凭由"，才能到库房支取；刘太后专政时期，内侍们只要拿着"白帖子"，就可随便支用。明道二年七月，谏官范仲淹指出："近年赦宥既频，赏给复重"，"国无远备"⑥。次年，财政大臣三司使程琳也说："天地生财有限，而用无纪极，此国用所以日绌也。"⑦都说明了刘太后专政时期的财政状况。到宋仁宗亲政时，已是国无余财，实际上真宗末年形成积贫的政局，经过十年的刘太后

① 《长编》卷107，天圣七年三月戊寅；《宋史》卷283《王钦若传》、《丁谓传》。

② 《长编》卷107，天圣七年正月癸卯、丙辰。

③ 《宋史》卷242《刘太后传》。

④ 《长编》卷132，庆历元年五月壬戌。

⑤ 《长编》卷105，天圣五年九月庚戌；卷113，明道二年十月辛亥。

⑥ 《长编》卷112，明道二年七月甲申。

⑦ 《长编》卷114，景祐元年五月乙丑。

专政时期，财政状况不但没有改善，还由于广修塔庙，随意耗费国家资财，积贫状况日益加剧。

三、对西夏战争中暴露出的积弱形势

自从景德三年(1006 年)，宋封党项族首领李德明(宋赐姓赵)为西平王、定难军节度使以来，终李德明之世，双方和平相处。正如范仲淹所说："塞垣之下，逾三十年，有耕无战，禾黍云合，甲胄尘委，养生葬死，各终天年"①，一片和平发展的景象。

刘太后专政时期，完全无视军备与边防，有识之士石延年在其专政末年的"明道中"，就曾建言："天下不识战三十余年，请选将练兵，为二边之备"，但并未引起她的重视。西、北的民兵，已是"承平岁久，州县不复阅习，多亡其数"②。即使被称为正军的禁军，也因"国家承平日久，失于训练，今每指挥(四五百人)艺精者不过百人，其余皆疲弱不可用"③。积弱的形势早已形成，只是到刘太后死后的仁宗亲政初期，才在对西夏的战争中暴露出来。

明道元年(1032 年)十一月，宋晋封李德明为夏王，而李德明已于上月去世，子元昊继位。李元昊是辽朝驸马，臣属于辽，辽册封李元昊为夏国王。宋廷在得知父亡子继的消息后，也于当月封李元昊为西平王、定难军节度使。

李元昊虽接受宋的封号，但实际上却想建立自己的王朝。即于同年废去唐、宋所赐的李姓、赵姓，改姓嵬名，改名曩霄(为

---

① 《范文正公集》卷 9《答赵元昊书》。

② 《长编》卷 127，康定元年四月丁亥、六月甲辰。

③ 《长编》卷 128，康定元年七月癸亥。

便于行文，仍称李元昊），并自称“兀卒”，意为“青天子”，而称宋帝为“黄天子”①，意在与宋处于对等地位。并改易服饰，后又建立自己的年号，同时准备进攻宋朝的西北边疆。

宝元元年（1038 年）九月，党项统治集团内部发生矛盾，李元昊的族叔李惟亮（山遇）叛降于宋。宋以惯例执送李惟亮给李元昊，以谋求维持边境和平相处，李惟亮遂为李元昊所杀害。同年十月，李元昊即称帝，建国号夏，史称“西夏”。

宝元二年正月，李元昊派遣使臣至宋京城，奉表上奏，虽仍称臣，但要求宋仁宗将其“册为南面之君”②，要宋承认他称帝的事实，遭到宋仁宗的拒绝。六月，宋以李元昊谋反而削去所封官号，后又对西北的战略部署作了一些调整。西夏随后不断侵边，但都未得逞。同年十一月，西夏军进攻保安军（今陕西志丹），被守将卢守懃击退。西夏又以三万人围攻承平寨，守将许怀德率军千余人突围，击败西夏军，又亲手射死其将领，西夏军遂退走。后来成为著名武将的狄青，时为无品的小军官，在保安军的战事中，狄“青功最多，故超四资授官”③，升为正九品的右班殿直衔武官，首次崭露头角。

李元昊在进攻保安军、承平寨未能取胜以后，派人向延州（今陕西延安）知州兼鄜延、环庆路安抚使范雍假称求和，以麻痹宋军。范雍竟然信以为真，不加防备。

康定元年（1040 年）正月，李元昊乘宋军不备，突然大举进攻保安军，范雍十分惊慌，立即调遣宋将刘平、石元孙前去救援。而西夏军已在袭占延州的西北门户金明寨后，直抵延州城下。范雍除了急令刘平、石元孙立即回兵，并命令其他将领也领兵来

---

① 参见《长编》卷 122，宝元元年九月。

② 《长编》卷 123，宝元二年正月辛亥。

③ 《长编》卷 125，宝元二年十二月乙丑。

救之外，唯有祈祷山神保佑延州平安无事。刘、石二人即率军日夜赶回延州，又会合前来的其他三将所部，合计步骑万余人，结阵而行，向延州进发，行至延州西偏北不远的三川口，与西夏军遭遇，双方展开激战，后军黄德和率军先逃，宋军遂溃退。次日，刘平、石元孙率残部千余人抗击西夏军，兵败被俘。史称“三川口之战”或“延州之战”。西夏军也因伤亡惨重而退兵，延州解围。这是北宋中叶宋军在对西夏战争中首次重大失利。

同年八月，宋廷调整战略部署，改以陕西经略安抚副使范仲淹兼任延州知州。范仲淹到任后，改革地方军制，将鄜延路的部署所领万人，钤辖所领五千人及都监所领三千人，共一万八千人，改分为六将，每将率三千人，分部进行训练，这是后来“将兵制”的滥觞。此前不论西夏来犯的军队多少，总是官位低的将领先领兵出战，官位高的将领后领兵出战。范仲淹改为依据西夏入侵军的多少，派相应的将兵抗击。由于延州有了准备，西夏不再以延州为攻击目标，并称：“无以延州为意，今小范（仲淹）老子腹中自有数万兵甲，不比大范（雍）老子可欺也。”①延州的边防形势有所改善。

三川口败后，北宋朝廷在如何对待西夏问题上展开讨论。陕西经略安抚副使韩琦设攻守二策入奏，仁宗采纳攻策，改变以前“逐路重兵自为守，势分力弱，遇敌辄不支”的局面，要求各路宋军“并出一路”，集中优势兵力以攻敌②。次年初，宋由泾原、鄜延两路进讨西夏。

庆历元年（1041 年）二月，李元昊又派人到泾原路表示请和，冀图再次欺骗宋军。韩琦适巡视边防，得知李元昊聚兵准备

---

① 《长编》卷 128，康定元年八月庚戌。“老子”，类似于今日的“老爷子”。参见陆游《老学庵笔记》卷 1。

② 《宋史》卷 312《韩琦传》。

进攻渭州（今甘肃平凉），立即赶往镇戎军（今宁夏固原），命任福率领镇戎的所有驻军及招募的“敢勇”万余人，进讨西夏军，并向任福面授机宜，出兵西夏军背后，各兵寨之间相距四十里，不仅可以互相救援，且便于军粮供应，并反复叮嘱如“度势未可战，则据险设伏，待其归然后邀击之”①。任福出军后遇上另一路宋军常鼎所部，战胜一股西夏军，斩首数百，西夏军佯败北退，任福的先锋官桑怿率部追赶，任福大军随后跟进。当晚，任福大军屯驻于好水川（今宁夏隆德西北），另以朱观率偏师屯龙落川，两军相距五里，约定明日会兵攻敌。第二日，任福不知是西夏诱敌之计，继续率军尽力追击，遇西夏大军于羊牧隆城（今宁夏隆德西北）南五里，西夏军结阵抗击宋军，宋军才知中计，但为时已晚，只得勉强进攻，主将任福、先锋桑怿率部拼死作战，战斗异常激烈，但由于宋军“人马已乏食三日”，先锋桑怿等战死，主将任福手“挥四刃铁简，挺身决斗，枪中左颊”而死。西夏军在击败任福主力后，又转攻朱观等所部偏师，自午至申，激战半日，宋军死亡六千余人，其余溃散，仅朱观率残兵千余人据民宅抵抗，直到暮夜。适泾原部署王仲宝率援军赶来，西夏军伤亡亦多，遂乘夜退兵。史称“好水川之战”或“镇戎军之战”。此战“任福所统，皆非素抚循之师，临敌受命，法制不立，既又分出趋利”②，加上轻敌冒进，为西夏伏兵邀击，遂致大败。

宋军两战皆败，迫使宋廷再次改变战略部署，变进攻为防守。同年十月，宋廷分陕西为秦凤、泾原、环庆、鄜延四路，任命韩琦（兼知秦州，今甘肃天水）、王沿（兼知渭州）、范仲淹（兼知庆州）、庞籍（兼知延州），分任各路马步军都部署、经略安抚招讨使；又以武将李昭亮、葛怀敏、王仲实、王信为各路副帅，各路自保疆土，抗击西夏军。鉴于上两次战役中，主将临战皆因部属奔

①② 《长编》卷131，庆历元年二月己丑。

逃而相继阵亡或被俘，允许主将依据各自的官衔高低，各设七十、一百、一百五十名亲兵不等，专门保护主将。

庆历二年闰九月，李元昊率军进犯泾原，王沿命副都部署葛怀敏率军抗击，葛怀敏不听都监赵珣的建议："贼远来，利速战，其众数倍，锐甚。为今之计，且以奇制之……扼贼归路……俟其衰击之，可必胜。不然，必为贼所屠。"①而是命诸军分四路向定川寨（今宁夏固原北）进发，结果在定川寨为西夏军所包围，又被切断水源。葛怀敏与部将曹英率军出战，战败回奔，葛"怀敏为众所拥，蹂躏几死，舆至瓮城，久之乃苏"。赵珣等率刀斧手前行肉搏，又命骑兵进攻，才稍稍击退西夏军，是夜遂谋结阵退往镇戎军。次日晨，主将葛怀敏再三指挥大军出发，但大军不听指挥，葛怀敏以剑击不从命者，结果士众溃散。葛怀敏不得已骑马向东南逃去，大批将领跟随而行，才行二里多，即被西夏军包围。其余二万人或在定川未动，或据堡寨以守，得以保全，但都不敢出兵救援，葛怀敏等遂战死，近万人被俘。定川寨之役，未经重大战斗而败，实际上以宋军士兵拒战、降敌而告终。"大军无斗志"②，是导致战败的根本原因。

宋与西夏的战争，宋军若以小部队出击或守城，则常能获胜或成功抵御西夏军的攻击。而三次重大的战役，都是属于野战性质，西夏集中了几倍甚至十多倍于宋军的兵力，围攻没有城寨作防御设施，或是被迫处于缺乏水源的小城寨中的宋军。宋军在前两次战役中，由于主将的轻敌，虽经激烈战斗，仍以重大伤亡而战败；第三次战役则除了主将指挥失当外，更由于宋军士兵怯敌拒战而失败。宋廷的积弱现象在对西夏的战争中暴露无遗。宋朝长期忽视军备，士兵得不到正规而有效的训练，加之武器质量低劣，导致宋军战斗力低下，以之守城则有余，以之野战

①② 《长编》卷137，庆历二年闰九月癸巳。

进攻则不足，最终导致三次重大战役的失败。

训练只注重形式而不关心实效，是造成宋军战斗力低下的首要原因。如射箭则“惟务斗力多而不求所射疏密”，这种只看重拉开弓弩者力气的大小，却不问能否射中目标，实际上“不能射中”，“乃与空手无异”，而弓弩手是宋军的主要组成部分。当时身居西北战区的尹洙指出，马军中十分之八是弓箭手，步军中十分之七是弩手，虽各带剑一口，却不在教练之列①，因而宋军不利于近战。“又马枪止试左右盘弄，而不较所刺中否”，也是只看花架子而不考虑实效；以及“其左右斫琮、腰射、脑射、一绰箬子放数箭之类，乃军中之戏”，本是一些与战斗无关的军事杂耍，无补于实战，“而使臣军员缘此，例得拔用”，“故诸军亦循守常法而无所更，以此临阵对寇，罕能取胜”②。这样训练出来的宋军，其战斗力可想而知。即使是上等禁军，侍卫马军司所辖最上等的“龙卫(军)闻其有不能被甲上马者”，而次等骑兵，有不少是“皆望空发箭，马前一二十步即已堕地”，“纵使能中，亦不能入，况未能中之”③。宋军总的情况是，“每指挥(三至五百人)艺精者，不过百余人，其余皆疲弱不可用”④。而且当“时边任多纨袴子弟”，“军行，倡妇多从之”⑤，加上“守将或为他名以避兵任”⑥，不敢担任边防守卫。如此将官，如此军队，与骁勇善战的西夏军交战，焉能不败。

武器质量低劣是宋军战斗力低下的第二个重要原因。宋军使用的武器，“长短小大，多不中度”，且“铁刃不钢”，弓弩“筋胶

---

① 参见第四章第三节三。

② 《长编》卷132，庆历元年七月丙寅。

③ 《长编》卷132，庆历元年五月甲戌。

④ 《长编》卷128，康定元年七月癸亥。

⑤ 《长编》卷137，庆历二年六月乙未。

⑥ 《长编》卷127，康定元年五月壬戌。

不固”。官府的武器“造作之所，但务充数而速了”，根本不考虑实用，主管武器制造的官员也不检查武器的质量，以致只“有器械之虚名，而无器械之实用”①。上述欧阳修所言，正是当时宋军武器质量的真实写照。

宋军战斗力低下的第三个重要原因是兵不知将、将不知兵。由于宋朝特殊的统、调、管兵三权分开，互相制约的政策，除了各指挥(营)的低级军官外，中高级将领尤其是主将并不熟悉所率各部队的特性与战斗力，对下属部队亦无威信可言，势必影响作战效果。典型事例如庆历元年初的好水川之战，主将“任福在庆州，蕃汉渐各信服，士卒亦已谙练”，突然调至泾原，临危受命，虽勇气可嘉，但“麾下队兵逐差拨，诸军将校都不识面”②，这不能不说是好水川之战宋军失利的重要原因之一。

正当好水川之战宋军战败，宋朝穷于应付西夏战事之际，庆历二年三月，辽遣使递书，索要被后周世宗收复的关南十县土地，并以举兵相威胁。宋廷惊慌失措，宰相吕夷简立即向宋仁宗建请，派富弼出使辽朝以求和，富弼所带“国书”中，有辽朝“能令夏国复纳款，则岁增金、帛二十万，否则十万”的内容③。同年九月，辽不费一兵一卒，宋即以每年增加绢十万匹、银十万两给辽的条件，双方重订盟书。北宋积弱的形势，在宋对辽无理要求的妥协中更进一步得到反映。

庆历三年正月初，辽即依与宋的约定，派遣耶律敌烈等出使西夏，促令西夏与宋议和。西夏“虽屡得胜，然丧和市之利，民甚愁困”④，且伤亡亦重，遂于同月下旬遣使至延州议和，但仍求与宋处于对等地位，国书中自称男而不称臣。夏使到宋

---

① 《长编》卷136，庆历二年五月甲寅。

② 《长编》卷132，庆历元年五月甲戌。

③ 《长编》卷137，庆历二年七月癸亥。

④ 《长编》卷139，庆历三年正月癸巳。

京城，宋以“名体未正”而拒绝召见，另遣使与夏使同往西夏议和，坚持李元昊须称臣受封，同时许诺以“岁赐绢十万匹，茶三万斤”，以及生日等节庆的其他赐予①。虽经往返协商，但李元昊仍拒不称臣。

庆历四年五月上旬，辽因部族归降西夏，下诏征兵准备讨伐李元昊。李元昊为避免两面受敌，同月下旬始表示愿意向宋称臣，自称夏国主，遣使议和。九月，辽军进攻西夏，西夏随即遣使来宋议和，同意宋朝的条件。

同年十月初，宋以“岁赐绢十三万匹、银五万两、茶二万斤”，加上各种节庆、生日等所赐银、绢、茶，以及衣物杂帛等，西夏则以称臣而定和议②。十二月，宋正式下诏册封李元昊为夏国主，依李元昊的请求而改其名曩霄，宋夏正式议和。

第二节 “庆历新政”及“新政”失败以后的政治形势

一、庆 历 新 政

自真宗大中祥符元年(1008 年)以来，四十年间，因循苟且，积弊日深，形成了积贫积弱的局面。早在刘太后去世、仁宗亲政之初的明道二年(1033 年)七月，时任谏官的范仲淹即在《救弊八事》中指出：“国家太平，垂三十年，暴敛未除，滥赏未革”，“天之生物有时，而国家用之无度，天下安得不困”，“冗兵冗吏，游惰工作，充塞京都”③，点明早已存在的“冗官”、“冗兵”、“冗费”的三冗现象。提出：“今宜销冗兵，削冗吏，禁游惰，省工作(指各种

---

① 《长编》卷 140，庆历三年四月癸卯。

② 《长编》卷 152，庆历四年十月己丑。

③ 《长编》卷 112，明道二年七月甲申。“国家太平”，系指景德元年(1004 年)“澶渊之盟”后。

修造工程)”,请求改革。后因得罪宰相吕夷简而被贬,出任地方官。

庆历二年(1042 年)秋,尹洙上疏进一步指出:“因循不革,敝坏日甚”,“朝政日敝而陛下不寤,人心日危而陛下不知”,请求仁宗“日新盛德,与民更始”①,再次要求进行改革。而当时仁宗和宰相吕夷简慑于辽朝出兵攻宋的恫吓,正拟增银十万两、绢十万匹以求和,根本无心听取尹洙的改革请求。

庆历三年正月,孙沔又上书指出:“观今之政,是可恸哭”,“自吕夷简当国,黜忠言,废直道”,这次重又入相,“于兹三年,不更一事,以姑息为安”,州、府长官“皆猥懦老耄”,县官又“多昏戆罢软”。当此与辽重结盟约,西夏正拟臣服之际,正可“因此振纪纲,修废坠,选贤任能,节用养兵”,仁宗“若恬然不顾,遂以为安,臣恐土崩瓦解,不可复救”②,迫切地请求进行改革。同年三月,吕夷简罢相,但仍以司徒监修国史,“军国大事与中书、枢密院同议”,参与国家大政。“吕夷简既罢相,上(仁宗)遂欲更天下弊事”③。在这一背景下,同年四月,范仲淹、韩琦自陕西前线调回朝廷,并任枢密副使。然而,前相吕夷简虽因病在家,宰执大臣遇事仍多往他家中咨询,实际上吕夷简仍掌握着朝政大权。谏官蔡襄即向仁宗指出:吕夷简前后执政,“且二十年,不为陛下兴利除害,苟且姑息,万事坠坏如此”。“内则帑藏空虚,外则民财殚竭”,想依靠吕夷简,“欲以兴财利,宽民力,其可得乎”。吕夷简“今以疾归(家),尚贪权势”,只有罢免他的商议军国大事之权,才能使宰相、执政真正担负军国大政。吕夷简随后被正式罢政,这为改革创造了条件。

---

① 《长编》卷 137,庆历二年闰九月壬午。

② 《长编》卷 139,庆历三年正月丙申。

③ 《长编》卷 140,庆历三年三月戊子、癸巳。

同年八月，范仲淹由枢密副使升任参知政事为副相，富弼升任枢密副使。九月，宋仁宗督促范"仲淹、(富)弼，宜与宰臣章得象尽心国事，毋或有所顾避，其当世急务有可建明者，悉为朕陈之"①，似乎决心很大，希望政局能彻底革弊更新。于是范仲淹、富弼两人商议后，由范仲淹奏上《答手诏条陈十事》，提出：明黜陟、抑侥幸、精贡举、择官长、均公田、厚农桑、修武备、减徭役、覃恩信、重命令十项改革措施，其中除厚农桑、修武备、减徭役三项外，其余七项都属于改革吏治的范畴，这也是此次改革的重心所在。谏官欧阳修在本年五月时就指出："因循积弊，官滥者多，使天下州、县不治者十有八九。今兵戎未息，赋役方烦，百姓嗷嗷，疮痍未复，救其疾苦，择吏为先。"②并于九月，作了更进一步的阐述，甚至认为："去冗官，则民之科率十分减九"；"去冗官，则不过期月，民受其赐"③。视改善吏治为除弊革新的关键所在，可说是当时官员们的普遍共识。

同年十月中旬，改革正式开始。范仲淹等从中央官员中选拔张昷之、王素分别担任河北、京东的都转运按察使，沈邈担任淮南转运按察使。他们的职责与通常的转运使重在财政不同，主要是考察本路的各州府长官是否称职，并委以权限，在本路内，可"自择知州，不任事者奏罢之，令权擢通判"④；有政绩者，不要轻易改换；政绩优异者，则应升官重用。然后，再由知州(府)考察县官，有不称职者由幕职官代理。担任代理州、县长官一、二年后政绩好的，即可正式任命为州、县长官，作为改善吏治的首要措施。这是改革"十事"中的"择官长"。

同月末，进行第二项改革，颁布诏令改革对官员的考绩方

① 《长编》卷143，庆历三年九月丁卯。
② 《长编》卷141，庆历三年五月戊寅。
③ 《长编》卷143，庆历三年九月癸巳。
④ 《长编》卷144，庆历三年十月壬戌。

法，改变自大中祥符(1008—1016)年间开始的，“考最则有限年之制，入官则有循资之格”[①]，改变了这种不管贤愚及政绩优劣，唯年资是论的办法。高级官员到年限后，需以政绩奏请听旨；一般官员在任期内犯有“私罪”[②]的，也一律奏请定夺是否升迁；而政绩优异者，则视其优异状况而决定其升迁的高低。这项改革只限于文官。这是改革“十事”的“明黜陟”。

范仲淹深知改革涉及许多官员的既得利益，实际赞成改革的人并不多，而且宋仁宗支持改革的决心到底有多大也不清楚。他对另一个改革主将富弼深怀忧虑地说：“吾与公在此，同僚之间同心者有几？虽上意亦未知所定也。”[③]但这并未阻止他继续进行改革的决心。十一月中旬又颁布诏令，削减了中高级官员的子弟荫补为初级官员(任子)的人数，还降低了长子等以外的亲属荫补官的级别。荫补的初级文官要经过考试，武官则考武艺或兵书，然后才能出任相应的官职。这是改革“十事”中的“抑侥幸”。

十一月末，又颁“诏限职田”，对各路、州、县的文武地方官员的职田数量作了规定。这是在政府财政无力为地方官员增加俸禄的情况下，以“职田”的形式增加他们的收入，“有不均者均之，有未给者给之，使其衣食得足”，然后再“责其廉节，督其善政”[④]，作为重要的廉政措施。这是改革“十事”中的“均公田”。

庆历四年三月，又颁布诏令，命各州、县都设立学校，士人须在学校学习三百天，参加过科举考试的也须学习一百天等。而由州、县、乡、里考察各学子的德行，德行有亏者不准参加科举考

① 《长编》卷144，庆历三年十月壬戌。

② 官员因职务失误犯罪而无阿曲者称“公罪”，其他犯罪称“私罪”，如贪污受贿等。

③ 《长编》卷145，庆历三年十一月辛巳。

④ 《长编》卷143，庆历三年九月丁卯。

试。并改变原先专以诗赋取进士，以帖经墨义取诸科的传统科考标准，进士科改为首场考“策”，次场考“论”，末场考诗赋，这不只是考试项目的先后顺序，实际是“先考策、论定去留，然后与诗赋通定高下”[①]；诸科中取消专以记诵为功的“帖经墨义”，改考经术大义；史科重在“明史意”和文理；明法科则试判案等[②]，都是重在实用。这是改革“十事”中的“精贡举”。

同年五月，首先将河南府（今河南洛阳）属县中的五县降为镇，并入邻县，这是改革“十事”中的“减徭役”。据范仲淹估计，每并省一县，可省役二百，而乡村减少一耆保，也可减役十余户；县降为镇以后，每镇只须派两名初级文武官员担任镇官及收税官。这是改革的第六项内容，也是最后一项改革措施。

二、改革的失败

自从第一项改革措施“择官长”实施以后，各路按察使对不称职的官吏，“多所举劾，人心不悦”。而“明黜陟”、“抑侥幸”两项改革的施行，“任子之恩薄，磨勘之法密，侥幸者不便”[③]，改革遂受到多方面的攻击，甚至攻击改革派拉帮结派，是“朋党”。范仲淹顶住压力，坚持改革，不为所动。

庆历三年三月，范仲淹自陕西召回担任枢密副使，欧阳修等任谏官，而吕夷简被罢相。四月，新任枢密使夏竦刚回到京城，即因受到谏官的弹劾而被免职。北宋的著名学者，被后世称为“宋初三先生”之一的石介，时任国子监直讲，认为宋仁宗专心求治，范仲淹等积极进行改革，感到革新政局有望，遂作《庆历圣德

① 《长编》卷164，庆历八年四月丙子。

② 《长编》卷147，庆历四年三月乙亥。

③ 《宋史》卷314《范仲淹传》。

诗》以抒发内心的喜悦，诗中称颂仁宗召用范仲淹、韩琦、富弼、欧阳修等人，是“躬览（揽）英贤”；而“手锄奸枿”①，则是暗指刚被罢职的新任枢密使夏竦。夏竦因此对石介和改革派恨之入骨。

夏竦遂利用石介曾向枢密副使富弼上书，责以应像商代伊尹、西周周公那样，辅佐仁宗中兴宋朝之事，散布流言蜚语，将石介原书中的“伊（尹）、周（公）”，说成是“伊、霍（光）”，意思是说石介要富弼仿效西汉的霍光废掉当时的皇帝（昌邑王）另立新皇帝（宣帝），还诬称石介已为富弼起草了废旧立新的诏书，以陷范仲淹、富弼、石介等于大逆不道之罪。其实，夏竦诬指的石介为富弼草拟的废立诏书，是夏竦指使其婢女模仿石介的字体所写的②。宋仁宗虽表示不信流言，但也未对此事作出处理。范仲淹、富弼等已感到山雨欲来风满楼，先前的担心似已应验，因此，他们开始谋求退路了。

其时正值辽朝聚兵西部准备讨伐西夏，宋朝的西北边形势因而紧张，范仲淹遂乘机坚请亲自宣抚西北地区。同年六月，范仲淹任陕西、河东路宣抚使；八月，富弼也出为河北宣抚使。两人虽仍各保留参知政事、枢密副使的官衔，其实已不参与朝政，保守派即乘机大肆攻击二人。

庆历四年十二月，宋与西夏正式议和。宋仁宗本来就是因为“方陕西用兵”，与西夏作战，才“锐意天下事，进用韩琦、范仲淹、富弼”③，现在宋与西夏已经议和，仁宗遂想乘机罢免范仲淹、富弼二人的执政大臣衔，宰相杜衍坚“执以为不可”④，但范仲淹仍自请罢政事。宋仁宗采纳宰相章得象的意见，故意“赐诏

① 《宋史》卷432《石介传》。

② 参见《长编》卷150，庆历四年六月壬子。

③ 《长编》卷155，庆历五年四月戊申。

④ 《东都事略》卷56《杜衍传》。

不允”，范仲淹却误以为宋仁宗仍想进行改革以更新政局，因而对仁宗挽留他继续担任参知政事上表谢恩，宰相章得象即乘机攻击范仲淹此前表示要辞去执政，是“挟诈要君”；章得象的党羽又攻击范仲淹自请罢政事，并非真心，而是“欲固已位，以弭人言，欺诈之迹甚明”①。

庆历五年正月中旬，辽使到京通报辽与西夏的战事已经结束，以示对宋友好。辽、西夏对宋的威胁相继解除，宋仁宗认为天下已经太平，遂于同月下旬，将范仲淹、富弼和袒护他们的宰相杜衍，先后罢去宰执官职而出任地方官，短暂的改革遂告失败。此次改革史称“庆历新政”。

“庆历新政”的十项改革只实行了六项即半途夭折，六项中除“均公田”、“省徭役”两项外，其他四项改革吏治的主要措施，都先后于庆历五年间被明令废罢而恢复旧制。“省徭役”虽未明令废除，但并县以省职役的措施也未继续认真执行，实际保留的只有对官员有利的“均公田(职田)”一项。

但是，“任子”确是“冗官”的主要来源之一，嘉祐元年(1056年)又下诏减任子，虽比“庆历新政”中的“抑侥幸”所减任子的范围要小，却也“自是每岁减入流者，无虑三百员”②。

三、仁宗时期的起义、兵变与叛乱

北宋庆历以前，除宋初川蜀地区发生过王小波、李顺起义，以及全师雄、王均兵变外，全国广大地区没有发生过稍具规模的起义或兵变，七八十年间，民不识兵，官不知守。庆历三年(1043年)初，宋和西夏战争未了，而“京东、西盗起”，这也是宋仁宗想

① 《长编》卷154，庆历五年正月乙酉。

② 《长编》卷182，嘉祐元年四月丙辰。

进行改革的重要原因①。

“庆历新政”前的庆历三年五月间，陕西、京西的解州（今山西运城西南）、邓州（今河南邓州），就发生了“群贼入城，劫略人户”的事件；而京东路的沂州（今山东临沂）禁军士兵王伦杀死沂州巡检使朱进，率领四五十名兵士叛乱。受到官军的追击后，王伦率部转向两淮地区，到达淮南东路的高邮军（今江苏高邮），这时已有二三百人。王伦率部途经楚（今江苏淮安）、泰（今江苏泰州）等州时，“连骑扬旗，如履无人之境”，沿途诸县负责治安的巡检、县尉，都只有数十名士兵或弓手（差役），根本无力抗拒王伦；县官们不是弃城而逃，就是以茶酒接待或献出器甲衣物以求县城平安。产生这种状况的原因，也是由于宋政府对于县官们这类“避不击贼”之罪，“止于罚铜（数斤）及罚俸（数月）”所造成的②。

王伦在京东都巡检傅永吉率军追击下不断南逃，而江淮制置发运使徐的又组织地方军进行阻击。七月初，王伦率部到达和州（今安徽和县）时，遭到傅、徐两军的合击，兵败被杀。

当时其他地方也有反政府武装在活动，其中既有农民的反抗斗争，也有劫盗。见于记载的如解州、池州（今安徽池州）公然入城抢劫的只有十人，在邓州活动数年之久的则不满二十人，京东地区“大者五七十人，小者三二十人”，可说都是不成规模或规模很小。规模较大的只有南方的桂阳监（今湖南桂阳），达二百人；建昌军（今江西南城）达四百多人③。

同年八月，范仲淹被任命为副相之时，桂阳监的反抗武装已发展到七百多人，但由于建昌、桂阳远离北宋的统治中心，因而

---

① 《长编》卷140，庆历三年三月癸巳。“时陕右师老兵顿，京东、西盗起”，“上遂欲更天下弊事”。

② 《长编》卷141，庆历三年六月癸丑、甲子。

③ 《长编》卷141，庆历三年六月甲子。

并未引起当局的重视。但当邓州的张海所部达到六十多人、陕南山区占山为王已十年的郭邈山也出山活动时，北宋政府立即派遣中央禁军前往讨伐。

邓州张海率部到达顺阳（今河南淅川东南）时，县令不仅设宴招待，而且还让他留宿于县衙。十月间，张海所部到达光化军（今湖北老河口市西北）境时，光化军驻有禁军宣毅军一指挥（营），守将率以守城。宣毅军军校邵兴鼓动禁军三百余人兵变，后率部向西企图进入川蜀地区发展，到达商於瀼口（今河南淅川西）时已达千余人，与官军上官珙所部相遇，上官珙败死，官军溃散。邵兴又击败兴元府（今陕西汉中）的官兵于饶风岭（今陕西石泉西）。韩琦随后派官招抚上官珙部溃散的官军，以免被邵兴招诱，邵兴遂率部西向兴元府、洋州（今陕西洋县）地区，被陈曙所部官军追击于湑水（今陕西城固附近），邵兴兵败被俘后处死。

此时张海、郭邈山等部也已发展为千余人，活动在虢州（今河南灵宝）、卢氏（今河南卢氏）以东，洛阳、长水（今河南洛宁西南）以西的广大山区，当时主要由陕西路管辖。因此，陕西宣抚使派谢云行率陕西沿边的土兵，进入山区追剿张海、郭邈山、党君子、范三、李宗等各部，同年末各部相继被镇压。此后，中原各地仍有一些反抗或反叛的武装，但通常只有数十人，并未引起朝廷的重视。

宋仁宗时期还发生过两次规模较大的兵变，而且都发生在中原地区，受到政府的高度重视。

庆历四年八月，保州（今河北保定）云翼禁军一指挥四百多人，在都监韦贵的鼓动下发生兵变，其他在城兵士两千多人被胁从。韦贵后来看到事态的严重性，又劝导叛军投降。朝廷派田况和李昭亮进行招降，当时枢密副使富弼新兼河北宣抚使，随即赶往处置保州叛军事务，胁从的两千多人先后出降，云翼军被迫退回本营后全部被杀，历时二十一日。

庆历七年十一月，贝州（今河北清河西）发生更为严重的兵变。河北信奉弥勒佛的人相当多，贝州驻军禁军宣毅军的小校王则，以州吏张峦、卜吉为谋主，乘机组织信教徒众，准备起兵反宋。党羽遍及德（今山东德州）、齐（今山东济南）等州，约定次年元旦共同起兵，然后切断澶州（今河南濮阳）附近黄河上的浮桥，割据黄河以北。由于党徒谋刺北京（大名府，今河北大名东）留守贾昌朝未成而被捉，害怕泄密，遂提前至当年冬至日发动兵变。当时贝州知州等官吏正在天庆观进行祭祀活动，王则乘机率徒众夺取库藏武器。知州等得知兵变消息，立即赶往城中另一支驻军骁捷军营中，但仍被王则叛军所捉；兵马都监、提点刑狱等则从城门或从城上缒城而出，退保南关城；通判等则当时即被杀。王则自称东平郡王，国号安阳，改元得圣，并署置官属。

贾昌朝立即派大名府钤辖郝质带兵前往镇压，并向朝廷报告。北宋朝廷随即命令邻近及北方的澶州、孟州（今河南孟州南）、定州（今河北定州）及真定府（今河北正定）设防，以防王则率部流窜或进攻。次日，又派麦允言、王凯率军前往贝州剿灭王则；而高阳关（今河北河间）都部署王信得知王则兵变消息，立即主动带兵前来。朝廷遂任命王信为镇压王则的诸军都部署，又任命高继隆为贝州的新知州，以代替被捉的原知州张得一。明镐为河北安抚使，是镇压王则的最高长官。

贝州城中一些居民以书信射入明镐帐中，约为内应，并乘夜从城上垂下绳索以引官军。登上城墙的数百名官兵与王则守军作战失利，重又缒下城外。贝州城高为云梯所不及，于是官军造“距闉”（木建的敌楼）攻城，王则也在城上建战棚，称为“喜相逢”进行对抗，并发火箭烧毁官军的距闉。官军遂改在城南挖地道，而每日攻击北城以牵制王则。庆历八年正月，又任命副相文彦博为河北宣抚使，改明镐为副使，以加强督战。正月末地道挖成，宋军敢死队二百人由地道攻入城中，随即登上城墙垂下绳索接引宋军进入城中。王则以火牛冲击宋军，牛鼻中枪后返冲王则军，王则军溃后由东门出逃，被擒后送京城斩首，前后共六十五日。

宋仁宗时，荆湖南路及广南地区少数民族地区，也时有叛乱发生，其间规模最大的是侬智高叛乱。侬智高原是广源州（今越南境内）人，皇祐元年（1049 年）九月，起兵攻掠广南西路邕州（今广西南宁）地区，攻占横山寨（今广西田东）。皇祐四年五月初，侬智高攻占邕州，称帝建元。后又率军顺流东进，广南诸州无备，通常只有兵二三百人，少者只有百人，沿江诸州长官大多弃城而逃，只有封州（今广东封开东）知州曹觐、都监陈晔及康州（今广东德庆）知州赵师旦、监押马贵率部抵抗，陈晔败走，其他三人先后战败被杀。五月下旬初，侬智高兵围广州。宋廷先命韶州（今广东韶关）知州陈曙率部讨伐，六月初，又选派官员赴广南任职，以期遏制侬智高。九月，侬智高久攻广州不下，撤而西进，攻破昭州（今广西平乐）。侬智高宣言欲得邕、桂七州节度使，即降附宋朝，实际是想割据广南西路。宋仁宗起初态度动摇，在枢密副使梁适陈述利害后方作罢。宰相推荐新任枢密副使、武将狄青率军前往平叛，狄青也上表自请出征。九月末，即任狄青为提举广南东、西路经制贼盗事，全面负责征讨侬智高。十月，狄青率西北骑兵南下，侬智高退回邕州。皇祐五年正月中旬，狄青率军南出昆仑关（今广西宾阳西南），设阵于归仁铺（今广西南宁北），直逼邕州。先锋张玉统左、右将贾逵、孙节出战，孙节战死，贾逵遂违令抢登山顶占领制高点，然后率军冲下，将侬智高所部截为两段，张玉又率军突出阵前，狄青指挥骑兵在阵后冲击。侬智高大败后退回邕州，乘夜纵火后逃往大理（今云南地区），后死于该地，广南平。

四、短促的英宗时期

仁宗曾生有三子，皆幼年夭亡，自庆历三年皇三子赵曦死后，所育皆为女儿。于是群臣向仁宗建议领养宗室为继嗣，但都遭到宋仁宗的拒绝。仁宗继嗣之事，遂成为仁宗后期的重要政事。

至和三年（同年改嘉祐元年，1056年）元旦，正进行大朝会，仁宗突然发病，神志失常，直到二月中才病愈。其间宰相文彦博曾向仁宗建议以宗室为嗣，仁宗表示同意，但不久仁宗病愈，事遂中止。此后范镇再请仁宗建嗣，宰执文彦博、富弼、王尧臣，以及御史包拯等多人也不断提出建嗣事，都被拒绝。直至嘉祐六年十月，年已五十二岁的仁宗，终于同意建嗣。而实际立皇子，已是次年八月。真宗弟商王赵元份幼子濮王赵允让的十三子赵宗实，四岁时曾养于宫中，后以仁宗生子而归王府，这时年已三十二岁，被立为皇子，改名曙。

嘉祐八年三月末，仁宗暴病卒。四月初一，皇子赵曙即位，是为英宗，尊仁宗皇后曹氏为皇太后。

英宗即位后数日即病，以致宋仁宗大殓时，英宗"疾增剧，号呼狂走，不能成礼"，宰相等向曹太后奏报后，下诏"请太后权同处分"军国事务①。英宗病重时，语言行动多有错乱，往往触忤曹太后，使曹太后不堪忍受，加上内侍等离间，甚至还有人暗中劝曹太后废英宗，另立新帝。曹太后遂将英宗病中的过失及失当的言词，书以告宰相韩琦。还曾向宰相韩琦"忽问汉有昌邑王事如何"，以后又派中使送密札给韩琦，其中"有为孀妇作主之语"②。日后韩琦朝觐时，曹"太后呜咽流涕"，说："老身殆无所

① 《长编》卷198，嘉祐八年四月己卯。

② 《韩魏公集》卷14《家传》。

容，须相公作主”[①]，废立之意非常明显。韩琦居中调解，说英宗病中的行为不必在意，请太后宽容。后又对英宗说明利害关系，“陛下今日，皆太后力，恩不可不报，然既非天属之亲，愿加意承奉，便自无事”[②]。于是“帝（英宗）大悟，自是亦不复言太后短矣”[③]，两宫的关系得到缓解，一场废立皇帝的危机终于平安渡过。

治平元年（1064年）五月，英宗病愈。宰相韩琦乘机单独向曹太后表示辞相出任地方官，意在促使曹太后还政于英宗。当曹太后表示愿意还政后，韩琦又追问何时，曹太后并未回答，只是“遽起”，韩琦即“厉声命仪鸾司撤帘，帘既落，犹于御屏微见太后衣也”。英宗才得以亲政。曹太后撤帘还政于英宗，是朝廷大事，韩琦事前未与其他执政大臣商议而独断专行，遂引起枢密使富弼的不满。

英宗亲政的次日，即向执政们提出：“积弊甚众，何以裁救？”[④]早已无意于改革的富弼竟以“恐须以渐厘改”来搪塞，并不提出任何具体的改革意见。宰相韩琦在随后不久，又提出尊奉英宗生父濮王赵允让夫妇的礼遇问题，而将英宗提出的改革要求置之不顾。其后讨论尊奉濮王礼遇（史称“濮议”）之事，遂成为英宗朝君臣的主要“政事”，直至治平三年正月方始定议，而尊奉事宜议论一直延续到九月。其间群臣意见分歧，甚至互相攻击，引起不和，正常政事实际上已处于半停滞状态。

英宗时期，进行了两项改革。一是对考核官员的“磨勘”制度作了些调整。治平三年九月初，“帝欲去官冗之患”，要求制定改进措施。“冗官之患”由来已久，自真宗大中祥符八年（1015

①③ 《长编》卷199，嘉祐八年十一月。

② 《韩魏公集》卷14《家传》。

④ 《长编》卷201，治平元年五月戊申、辛亥。

年)正月,诏令官员每满三年进行磨勘,实际上是不论有无政绩、过失,到时一律晋升官称。由于实行“官”(官称)与“差遣”(职务)分离的制度,而俸禄主要依官称领取,以致有些官员在家等待派遣职务期间,照样领取相应官称的俸禄,甚至满了三年也同样再升官称。加上“任子”及经考试等进入官员行列的人员大增,致使五十年间,官员已增加了约十倍,然而职位有限,不少官员因而无法派遣职务,坐领俸禄。这次改革主要是延长了磨勘的年限,对所升官称也作了限制,不能无限止地升遣官称。一般文官改三年一次为四年一次磨勘,“至前行郎中(吏、兵部郎中,从六品)止”;而待制以上改为六年一次磨勘,“至谏议大夫(从四品)止”等,以减缓官员升迁官称的速度,并对中高级官称的定额作了限制①,以达到减少政府俸禄支出的目的。

二是对后世影响巨大的科举制度的改革。同年十月,诏“令礼部三岁一贡举”②,“三年大比”的规定遂为后世所遵行,直至近代取消科举制度。

宋自建国,奉行五代旧制,每年都进行科举考试,后来又不定期举行,有时数年不进行,又或连考数年,再后又间行隔年考一次,没有规律。起初录取的进士及诸科人员相当少,因而士人通过科举进入官员行列的人数很有限,最初每次总共一二十人,到太祖末年,每次也只有一百多人。但自宋太宗夺取帝位的次年,可能是为了争取士人对他的支持,一次科举录取的各类人员竟达五百多人,以后每次科举录取的人数都较多,尤其是隔年考试的年份,更会增加录取的人数。因而士人通过科举进入官员行列的人数大增,这也是造成冗官的重要原因之一。

这次改革对每次科举考试录取的人数作了限制,并减少了

---

① 《长编》卷208,治平三年九月丙辰、癸亥。

② 《长编》卷208,治平三年十月丁亥。

录取的名额，即“于未行间岁之法以前，率四分取三分。礼部奏名进士以三百人为额，明经诸科不得过进士之数”①。也即是每三年举行一次科举，录取的总人数不超过六百人，以达到减轻由“冗官”的俸禄给国家财政带来的经济压力，也有利于澄清吏治。

但是，时隔不久，宋英宗又开始生病，其他改革也就无从谈起。英宗的病情日益严重，到同年十二月下旬已不能说话，只能写字表意。三十五岁的英宗虽已久病，仍不愿立太子，只是病重后不得已而立长子颍王赵顼为皇太子，册礼定于次年正月十九日进行。

治平四年正月上旬，宋英宗病死，尚未进行册礼的太子赵顼即位，时年二十，是为神宗。

---

① 《长编》卷208，治平三年十月丁亥。

第六章 北宋中叶的改革浪潮（下）：王安石变法

“庆历新政”改革之初即告夭折，到神宗即位时，冗官、冗兵、冗费有增无减，财政亏空，难以为继；百余年来社会经济的发展，与不相适应的旧制度之间的矛盾，也日益尖锐。神宗慨然思革流弊，以图实现“富国强兵”之计，终于促成“王安石变法”的改革新浪潮。

诸新法在发展农田水利、平均田赋、打击城乡高利贷、解决乡村差役与城市工商业摊派、提高军队战斗力、维持治安等方面，成效显著。

宋神宗去世后，高太后执政，以司马光为首的保守派力图尽罢新法。事实上，基本上顺应社会发展潮流的新法，只能是部分被废罢。哲宗亲政后复行新法，但未全部恢复。

第一节 王安石变法

一、王安石的起用

北宋自真宗末年出现积贫状况以来，正像苏辙所指出的，特别是到仁宗时，因与西夏战争的发生，“边久无备，遂命益兵以应敌，急征以养兵”，但与西夏议和以后，“已益之兵，遂不复汰；加以宗子蕃衍，充牣宫邸；官吏冗积，员溢于位；财之不赡，为日久矣”①。财政

① 苏辙《元祐会计录序》，《宋朝事实》卷15。

连年出现亏空，据载英宗治平二年（1065 年），财政亏空达一千五百七十二万[①]。英宗于治平三年进行的官员考核及科举考试制度的改进，对解决冗官问题起到了一定的作用。英宗虽“慨然有救弊之意”，但可惜英年早逝。年仅二十的长子赵顼（神宗）即位之后，“忿流弊之委积，闵财力之伤耗，览政之初，为强兵富国之计”[②]。

赵顼早在嘉祐八年（1063 年）英宗即位后不久，受封为淮阳郡王，当时韩维任王府记室参军；后赵顼进为颍王和被立为太子，韩维亦升为颍王府记室参军及太子右庶子。韩维与王安石交往甚密，每逢赵顼称许韩维的见解时，韩维即说：“此非维之说，维之友王安石之说也。”[③]韩维还推荐王安石接替自己担任太子右庶子（未任）。赵顼即位后，即想起用王安石，辅佐他实现“强兵富国之计”。

神宗于治平四年正月即位时，王安石因送母归葬，适在江宁（今江苏南京）收徒讲学。闰三月，神宗就近任王安石为江宁知府。同年九月，王安石被任为翰林学士，到达京城开封时，已是次年（熙宁元年，1068 年）四月[④]。神宗随后即诏王安石越次入对，神宗与其倾慕已久的王安石终于见面，开始了他们对宋代政治经济现状改革的探讨。王安石进奏了《本朝百年无事札子》[⑤]，对宋神宗提出的本朝“祖宗守天下，能百年无大变，粗致太平，以何道也”[⑥]的问题进行回答。《札子》除称颂宋太祖以外，对太宗、真宗、英宗三朝都是一笔带过，而对仁宗朝则进行了

① 参见《宋史》卷 179《食货志下一》。

② 苏辙《元祐会计录序》。

③ 《宋史》卷 327《王安石传》。

④ 王安石到京时间，系据顾栋高《王荆国文公年谱》卷中。

⑤ 《临川先生文集》（下称《临川集》）卷 41。

⑥ 黄以周等辑《续资治通鉴长编拾补》（下称《长编拾补》）卷 3 上，熙宁元年四月乙巳。

深入剖析，认为“本朝累世因循末俗之弊”，是因为未尝“与学士大夫讨论先王之法以措之天下也”。并具体指出：

科举、教育、吏治方面，“以诗赋、记诵求天下之士，而无学校养成之法；以科名资历叙朝廷之位，而无官司课试之方。监司无检察之人，守将非选择之吏。转徙之亟既难于考绩”，“交私养望者多得显官”。

农田水利方面，“农民坏于徭役，而未尝特见救恤，又不为之设官以修其水土之利”。

军事方面，“兵士杂于疲老，未尝申敕训练，又不为之择将而久其疆埸之权。宿卫则聚卒伍无赖之人，而未有以变五代姑息羁縻之俗”。

宗室方面，“宗室则无教训选举之实，而未有以合先王亲疏隆杀之宜”。

财政方面，“其于理财，大抵无法，故虽俭约而民不富，虽忧勤而国不强”。

这可以说是对当时的现状与各方面存在的问题，进行了深入的分析和言简意赅的综述。如此现状，当然急需改革，“大有为之时，正在今日”，王安石对年轻的宋神宗寄予厚望。

急于进行改革的宋神宗，在任用王安石的同时，也起用司马光为翰林学士，并于同年六月间，命司马光与滕元发商议裁减国家费用的制度问题。当时国家经费年年超支，是急需解决的重大问题。神宗将当前经费支出的情况，与仁宗庆历二年(1042年)进行对比、分析。司马光后来回奏称：“国用所以不足者，在于用度太奢、赏赐不节、宗室繁多、官职冗滥、军旅不精。”可谓是一语中的。所以，“上(神宗)因问五者利害”关系，司马“光具悉以对，上深开纳”①。神宗

① 《长编拾补》卷3上，熙宁元年六月丙寅。参见《温国文正司马公文集》(下称《司马公(光)文集》)卷39《辞免裁减国用札子》。

因此非常信任司马光，次日即设置裁减局，任命司马光为长官，进行裁减国家经费开支的改革，但司马光以正在修撰《资治通鉴》为由，辞而不就。

同年八月，因黄河决口等原因造成河北的灾情，在南郊典礼后讨论到例行赏赐问题时，司马光主张进行裁减，王安石则认为所减的费用数字不大，绢、银合计不过三千（匹、两），再裁减有损国体。王安石又认为国用不足是没有任用善于理财之人，善于理财者应该做到在人民不增加日常的赋税（当是指田赋）下，国家的财政状况能够改善，经费能够充裕。司马光则认为善于理财，不过是搜括民财，天地万物所产生的财赋只有这么多，不在民户手中，则在国家手中，不增加民间赋税而能使国家经费富裕，是欺人之谈。双方展开了激烈的争论。

宋神宗自熙宁元年四月，初次接见王安石，问以治国之计；六月，又和司马光讨论裁减国家经费支出的问题。经过半年多的思考，神宗终于决定在二人中选择王安石，辅佐他实现自己即位之初就思考的“强兵富国之计”。

二、王安石变法

三朝宰相韩琦于熙宁元年九月间，以英宗安葬已毕，首相例当辞相，加以疾病，坚辞首相，以使相出判相州（今河南安阳）。同年十二月，神宗决定召用“庆历新政”的主将之一富弼。

熙宁二年二月初，先任以守司空兼侍中为首相，在富弼以侍中位高恳辞后，改以左仆射兼门下侍郎、同平章事、昭文馆大学士为首相。次日，即任命王安石为参知政事做副相。同月下旬，神宗命知枢密院事陈升之与王安石，一起审阅国家财政机构三司的条例，提出改革的建议。在二人提请下，设立专门机构“制置三司条例司”，隶属于“中书门下”，由他们二人兼领，作为进行变法改革的指导机构。从机构名称可知，此次变法改革的重点是经济方面。起用吕惠卿、苏辙等任“制置三司条例司”的检详文字，章惇为编修三司条例官，参与研究变法改革的计划及编制实行变法改革的法规。又任曾布为检正中书五房公事，参与处理中书门下的办事机构“中书五房”的日常事务。

同年四月，依据制置三司条例司的建议，派遣刘彝、谢卿材、侯叔献、程颢、卢秉、王汝翼、曾伉、王广廉八人，分赴诸路考察农田水利和赋税、役法情况，变法改革的活动陆续展开。这次改革因为是改变祖宗之法，被称为“新法”。

然而，这十余人组成的变法改革的工作班子，从一开始就出现意见分歧。尤其是吕惠卿、苏辙、章惇、曾布四人的核心成员中，苏辙虽也主张改革，但他的改革意见实质上与王安石的改革思想有本质的不同。他在熙宁元年三月的《上皇帝书》中提出：“臣深思极虑，以为方今之计，莫如丰财。然臣所谓丰财者，非求财而益之也，去事之所以害财者而已矣。夫使事之害财者未去，虽求财而益之，财愈不足；使事之害财者尽去，虽不求丰财，然而求财之不丰，亦不可得也。”他的改革思想，重点不是兴利，而是除弊，这代表了当时相当一部分官员的思想。而王安石则认为首先是兴利，然后是除弊，或者可以说是在兴利中除弊。这两种思想分歧，终于将主张以除弊为主的官员推向了反对派阵营，从而增加了改革的难度。

苏辙所主张的除弊，主要指向“事之害财者三：一曰冗吏，二曰冗兵，三曰冗费”[①]。这是一种就事论事的改革意见，其本质实与“庆历新政”相类似，与王安石之主张理财为治国先务者迥然不同，因而不久苏辙即退出变法派的行列，转向反对改革的保守派中。而王安石等派往各地考察的八人中，不仅程颢在“新法

---

① 苏辙《栾城集》卷21《上皇帝书》。

之初，首为异论”[①]，刘彝也是新法的反对者。所以，变法改革从一开始就步履维艰。

王安石深知要进行改革，必然要对现行的制度进行修正，甚至要创立新的制度以取代旧制度，也就是要改变“祖宗之法”，这需要从理论上进行说明，这些创自“祖宗”的旧制度已不适合当前的形势，必须进行改革。日食、月食、地震、山崩等自然现象，是经常发生的，有的还有一定的规律性，本与人间发生的事情没有任何关系，然而极大多数的官员认为“天变”是对人事的反应，挟此作为攻击对立面的口实。另外，要进行变法改革，必然会侵犯既得利益集团，他们也必然会制造舆论以反对改革。所有这些反对改革的舆论，在王安石看来，是无需顾及的。王安石的这些思想，概括起来就是：“天变不足畏，祖宗不足法，人言（流俗之言）不足恤”[②]，时称“三不足”之说。正是在这种“三不足”思想指导下，变法改革才能在保守派强大的反对声浪中艰难地推行。

从熙宁二年七月中旬开始，新法陆续推行，主要有十项。

第一是“均输法”。王安石先将江淮发运使薛向召入制置三司条例司商议推行“均输法”事宜。七月十七日，王安石即以“制置三司条例司”的名义上奏，同日即“立淮、浙、江、湖六路均输法”[③]，以薛向为淮南，两浙，江南东、西，荆湖南、北六路发运使，实行均输法。

---

① 《宋史》卷427《程颢传》。

② 参见《长编拾补》卷7，熙宁三年三月己未；《续通鉴长编纪事本末》卷59《王安石事迹上》。以“三不足”思想指导改革，是邓广铭先生1951年在《王安石变法》中“突出地”“提出”的。但1959年出版的漆侠教授《王安石变法》，“处理得却仍嫌含混”（邓广铭《北宋政治改革家王安石·序言》，人民出版社，1997年）。因此，本书稍加阐述。

③ 《宋史》卷14《神宗纪一》。均输法是以“制置三司条例司言”奏请实施（全文具载《宋会要辑稿》职官42之20）。《临川集》编辑者或因原文无题，遂误在“制置三司条例司”前加“乞”，而删“司”作标题，且文有错脱，收入《临川集》卷70。

也许因为“均输法”是变法改革的第一个新法，王安石不仅亲自撰写奏章，而且这篇奏章除了具体阐述均输法外，实际上还带有变法改革“宣言”的性质。在预计均输法的成效时所说的“去重敛，宽农民，庶几国用可足，民财不匮”，实际是在宣扬整个变法改革的目的。达到这一目的，必须进行理财，“盖聚天下之人而治之，则不可以无财，理天下之财则不可以无义”。而理财必须有道、有术，这可说是在宣扬他的变法改革思想。

早在仁宗末的嘉祐五年(1060年)，王安石就已初步阐述了这一思想，“夫合天下之众者财，理天下之财者法，守天下之法者吏也”；“然则善吾法而择吏以守之，以理天下之财，虽上古尧舜犹不能毋以此为先急，而况于后世之纷纷乎?”①因此，王安石变法改革的“先急”之事，即是以“理天下之财”为目标的均输法。

北宋各州、府，除了正常田赋外，还有以“贡品”名义征收的各种物资，从金(麸金，即沙金)、银，绫、罗、绸、绢，直至箭干、牛皮、纸、笔等，无所不有。以当地所产物品“进贡”，也称“土贡”，由各民户分担。一旦规定以后，不论当地发生了什么情况，年成丰歉，轻易不能更换或减少，都要按规定运送到京城进贡。这样，当地年成差时只得高价购买以上供。另一方面，也不问京城各种物资的供需情况，各仓库的库存情况，以致有些多余物资只得半价出售，而大商人又乘机囤积居奇，官府和上贡的民户都深受其害。

均输法首先在全国最富庶的荆湖南、北，江南东、西，浙江，淮南六路(大体上相当于今湖南、湖北、江西、江苏、安徽、浙江、上海的全部或大部)地区实行，考虑当地每年应当上供的数目、首都每年的用度及库存物资的多少之间的综合关系，发运使根据就近、就贱的原则进行购买，然后“徙贵就贱、用近易远”，以“稍收轻重敛散之权归之公上，而制其有无，以便转输”。

① 《临川集》卷82《度支副使厅壁题名记》。

经过一年的实施，在发运使薛向的主持下，取得了相当大的成绩，受到宋神宗手诏褒扬："东南赋入，皆得消息盈虚、翕张敛散之"；"能倡举职业，导扬朕意，底于成绩，朕甚嘉之"[①]。

然而"均输法"取得一定的成功，与发运使的才能有着相当重要的关系。发运使薛向是北宋一代少有的财经人才，史称：薛"向干局绝人，尤善商财，计算无遗策，用心至到，然甚者不能无病民，所上课间失实。时方尚功利，王安石从中主之"，薛"向以是益得展奋其材业"[②]。结合前述神宗对薛向主持下均输法的高度评价，可知均输法在初期确是取得相当高的成就。有史称"然均输(法)后迄不能成"[③]，当是指熙宁末年以后的情况。"均输法"直至熙宁八年(1075年)仍在实行，是年九月，朝廷还要求发运使"除所管钱物斛斗，就贱处入买，贵处粜卖，或就近便，计置点检纲运盐、矾事"[④]。此前一年发运副使张颉到京"奏事，六路财利蕃息"[⑤]，可见"均输法"仍然很有成效。

第二是"青苗法"。熙宁二年九月开始实行。主要是对原有常平仓法进行改革，因此，也称"常平新法"，有时仍称为常平法。

宋初沿唐制，淳化三年(992年)六月，于京城始置常平仓。由政府出钱在丰收年收购粮食，待灾荒年以低于市价的价格出售，以后推广到全国，隶属于司农寺，各路由转运使管辖，也称惠民仓。仁宗嘉祐二年(1057年)八月，依据韩琦的建议，募人佃种各地的"户绝田"，以租课所入建为广惠仓，用以救济城内老幼

---

①③ 《宋史》卷186《食货志下八》。

② 《宋史》卷328《薛向传》。《东都事略》本传略同，可知是南宋时撰《国史》的史官所作评语。当时正全面否定王安石变法，如此史评实无异是间接肯定薛向主持时期的均输法。本书虽较漆侠《王安石变法》简略，但多有其未述，尤其是新法的废复。

④ 《长编》卷267，熙宁八年八月癸卯注。

⑤ 《长编》卷257，熙宁七年十月乙酉引《张颉附传》。《宋史·张颉传》缺载。

贫穷残疾者，由各路提点刑狱司管辖。两种仓储都属政府的资产①。

仁宗皇祐(1049—1054)初年，陕西转运使李“参视民缺乏时，令自隐度麦之入，预贷以官钱，谷麦熟则偿，谓之青苗钱”②。王安石任鄞县(今浙江宁波)知县时，庆历八年(1048年)春季青黄不接之际，也曾“贷谷与民，出息以偿”，既解决了民户的缺粮问题，又使得政府库存的粮食能新旧更易③。

熙宁二年(1069年)四月，曾被派往各路考察农田水利等情况的八人中的王广廉，出任河北路转运司勾当公事。他奏请“度僧道牒数千道为本钱，行陕西漕司私行青苗法，春散秋敛以便民，无抑配”。王广廉的请求，正与王安石的意见相合，同年秋，召王广廉议事后，“即请而行之河北”。

同年九月初，制置三司条例司正式提出实行“青苗法”，要求各路常平仓、广惠仓的资金，“仍以见(现)钱，依陕西青苗钱例，取民情愿预给，令随税纳斛斗，内有愿给本色，或纳时价贵愿纳钱，皆许从便”。并提出先试行于河北、京东、淮南三路，“俟成次第即推之诸路”。事实上，九月四日诏令试行三路，九日就又下诏推行到各路，并任命首批王广廉等十二名官员为“提举常平、广惠仓兼管勾农田水利差役事”，负责推行青苗法，以后成为各路推行“新法”的专门机构，简称“提举常平司”、“仓司”，因兼有监察州府职责，也成为监司之一。随后又任命二三十名提举常平官分赴各路，每路基本上为二人。接着又提出具体的实施办

---

① 又，宋初沿五代旧制，设“义仓”，则是以民户交纳田赋时加收十分之一入仓，以备灾年救济灾民。

② 《长编》卷174，皇祐五年四月庚午。李参自庆历八年(1048年)九月到皇祐六年(1054年)二月任陕西转运使，青苗钱行之数年，则当开始于皇祐二年(1050年)前后。此亦较《王安石变法》确切且详。

③ 《宋史》卷327《王安石传》。

法，“召人户情愿请领，五户以上为一保，约钱数多少，量人户物力，令佐躬亲勒耆、户长识认，每户须依及一贯以上，不愿请者不得抑配”等①。

全国各路的常平、广惠仓所积存的粮食和现金计一千五百万石、贯左右。以粮食、现金各占一半计算，则各为七百至七百五十万石或贯，粮食部分仍是“遇贵量减市价粜，遇贱量增市价籴”②。青苗法都是以现金支付的，共有本钱七百五十万贯，加上官员可能对粮食采取的多卖少买，则青苗法的本钱约为一千万贯上下，主要是广惠仓的现金。在以后的实际施行中还有更具体的规定，如每五至十户为一保，客户如请贷青苗钱须与主户合保，要由三等以上户任甲头；以及各户等每户的贷款数量，五等户及客户（佃户）为一贯至一贯五百文，四等户不超过三贯，三等户不超过六贯，二等户不超过十贯，一等户不超过十五贯。如各地按此标准出借以后，还剩有本钱，则三等户以上，还可以依据其偿还的能力多贷款；也可以将剩余的本钱贷给有偿还能力的城市居民户（坊郭户），都要自愿请贷。如想借贷钱的，则依据各地夏、秋未成熟前的情况，按预计收成后粮价的中间价，将贷出的钱折成粮食的数量；如果想以粮食数量借贷的，即以当时的粮食价格折算成钱贷给。随夏、秋两季田赋交纳时还贷，两季各为贷款的一半，既可按借到钱数还贷，也可按贷款时折成的粮食数量还贷。各地还分别规定了二分或三分的利息。如遇灾年，允许推迟到下一个粮食收割期（通常是指夏熟推迟到秋熟，或秋熟推迟到次年夏熟）还贷。

民户以前在青黄不接之际，向地主、富户借高利贷，利息高的为本金的一倍。正如王安石熙宁四年时在《上五事札子》中所

① 《宋会要辑稿》食货4之16、17。

② 《宋史》卷176《食货志上四》。

说："昔之贫者举息之于豪民，今之贫者举息之于官，官薄其息而民救其乏，则青苗之令已行矣！"①也正是由于青苗法剥夺了豪民放高利贷的机会，因而受到官员中豪民利益代表者的猛烈攻击；而在王安石协助神宗进行变法改革的众多新法中，青苗法所受攻击最力，攻击的人也最多，以致宋神宗的态度也因此动摇。熙宁三年二月，王安石对宋神宗说，即使各地州、县强制上户（一等户）按规定最高限额贷给青苗钱十五贯钱，又强令出二分的利息，则上户每户每年也只赔三贯钱，和前代令富户夏、秋两次缴纳田赋时，多出十分之一作为"义仓"的钱、粮相比，青苗钱的贷款利息也没有富户出义仓的钱多，何况又禁止强制民户借贷青苗钱。他已多次以理驳斥反对青苗法的言论，神宗还是动摇不定，则改革便无法进行。王安石因而于次日起称病在家，并请求解职。宋神宗多次催促王安石出面处理政务，并让翰林学士司马光代拟诏旨督催，司马光却乘机在诏书中说王安石的辞职是："乃欲委远事任，退处便安。卿之私谋，固为无憾；朕所素望，将以诿谁？祇复官常，无用辞费。"②借以激怒王安石，使他固辞不就。王安石看后果然大怒，随即抗章自辩，坚请辞职，后因神宗的当面挽留而作罢。一场严重的政治风波终于过去，变法改革又继续进行。

第三是"农田水利法"。熙宁二年十一月颁布的"农田水利法"，称为《农田利害条约》，也称《农田水利约束》。鼓励各地开垦荒田，兴修水利，依据谁受益谁出工、出钱兴修的原则进行，较大的工程可向政府依青苗法申请贷款或贷粮，资金仍不足，可由政府出面劝富户出贷，依例计息，并由官府代为催还，由此各地

---

① 《临川集》卷 41。

② 《司马公文集》卷 56《赐参知政事王安石不允断来章批答》。

的农田水利迅速得到兴修[1]。

熙宁三年五月，制置三司条例司罢废，职权并入中书(政府)，推行青苗法事务归属司农寺，司农寺兼领农田差役水利事务，吕惠卿任同判司农寺，司农寺遂成为变法改革后期的主管机构。同年十二月中旬初，副相韩绛、王安石同时升为宰相，韩绛为首相，王安石为次相。

第四是免役法，也称募役法。首先由制置三司条例司在熙宁二年十二月，公布条例向全国征求意见。熙宁三年九月以后，提点开封府界刑狱公事赵子幾奏上准备在开封府辖区实施免役法的"条目"(细则)，这时"新法"的施行已归司农寺，神宗即将开封府实施免役法的细则下给司农寺，由判司农寺邓绾、曾布审议后，于同年十二月下旬在开封府试行，熙宁四年十月才正式推向全国。这是所有新法中最慎重研究制定的法规。原本的差役法是民户按户等轮流赴州、县当差，这时改为官府出钱募人充役，钱的来源包括三部分：原先应服差役的上三等户，按各户的土地数量出钱，称为免役钱；原先不服差役的女户、单丁户、未成丁户、城镇户十等户中的上五等户，以及享有特权原先不服差役的官户、僧道户，按田产或资产(有的按户等)，比照同等的原差役户减半出钱，称为助役钱；此外，各加收十分之二，称为免役宽剩钱，以备灾年使用。

关于差役法的弊端，早在仁宗时期就有很多人，包括欧阳修、司马光、苏轼、苏辙等提出来。王安石慎重研究了募役法的制定与实施，正如他对宋神宗所阐述的，"理财以农事为急，农以去其疾苦，抑兼并，便趣农为急，此臣所以汲汲于差役之法也"[2]。原先"民间规避重役，土地不敢多耕……役使频仍，生资

① 农田水利法实施情况，参见第七章第一节。

② 《长编》卷220，熙宁四年二月庚午。

不给……不得已而为盗贼”[1]的差役之苦，终于因实行募役法而得到较好的解决[2]。起初反对募役法的苏辙等人最终也对募役法有了新的认识，他在元祐元年（1086 年）当司马光废除募役法复行差役法时，表示了对后者的不满。

第五是保甲法。保甲法是由改革派赵子幾首先提出的。他上奏说开封府过去曾经有过保甲，“当时官司指挥，专于觉察奸伪，止绝寇盗”[3]，要求重新编定保甲，以维护地方治安的具体建议。神宗将此事交由司农寺议定，熙宁三年十二月上旬，政府公布了司农寺制定的《畿县保甲条制》，在开封府属县内推行。保甲法的提出虽较免役法晚了近一年，但实行却比免役法还早。

保甲法规定每十家为一保，不及五家的附入别保，由主户一人任保长；五十家为一大保，由主户中最富有的一人任大保长；十大保为一都保，由主户中最有才能及最富有的二人任都、副保正。所有主户、客户（佃户）两丁以上，出一人为保丁；单丁户及女户、疾病户及无丁户，就近附保；一户有两丁以上而武艺高强者，以及最富裕户有两丁以上的，两丁都可充任保丁。除禁止民间拥有的兵器外，其他如弓箭之类允许自置。每一大保每夜轮差五人，在保内巡逻，遇有盗贼即击鼓报告大保长，同保人立即前往接应捕盗；如盗贼逃入邻保，即递相击鼓报警，接应捕捉。《条则》还规定了捕盗的赏钱，保内有人犯法知而不告的要连坐，以及强盗三人以上在保内停留达三日，同保内不论知情与否都要受处罚等，相当详细。

保甲法公布后首先在开封府附郭的开封、祥符两县试行，

---

① 《宋史》卷 177《食货志上三》。

② 免役法的实施情况，参见第八章第四节三。

③ 《宋会要辑稿》兵 2 之 6。

然后推及开封府其他各属县，接着，先向北宋统治中心地区及北方的京东、京西、河北、陕西、河东各路推广，最后推向南方的其他各路。从开封府属县的情况来看，治安情况确实有所改善。但是王安石推行保甲法的目的，“非特除盗也，固可渐习其为兵”，再“渐与约免税，上番代巡检下兵士”，“然后使与募兵（按此指禁军）相参，则可以消募兵骄志，省养兵财费”①，以维持地方治安，裁减军队数量，减少军费支出，使国家财政有余，收数效之功。

至熙宁九年（1076年），已编排的保丁近七百万人，而经过军事训练的有五十六万之多，形成了一支具有相当实力的民兵队伍。

第六是市易法。神宗时起用王韶经营河（今甘肃临夏）、湟（今青海乐都南）地区，任命他为管勾秦凤路经略司机宜文字。熙宁三年，王韶建议在秦州（今甘肃天水）的古渭寨（今甘肃陇西）设立市易司，名为与西北少数民族进行边市贸易，借官钱为本钱，估计一年可有一二十万贯的利润，实际上带有为经营河、湟地区筹措经费的性质。在宋神宗和王安石的支持下，设古渭寨市易司。

其后有草泽（平民）魏继宗上书说：京城的富商常常在货多价贱时，故意压低价格收购，然后囤积居奇，“至取数倍之息”。行商因利少而不愿贩运，人们只能购买昂贵的物品，因而生活日益困难，应当设法平抑物价。现在政府的榷货务，物资和资金都有积余，应该另设“常平市易司”，借用榷货务的资金，选择通晓贸易的官员主持，当货物价“贱则少增价取之，令不至伤商，（价）贵则少损价出之，令不至害民”，既为国家获取利润，又能平抑物

---

① 《长编》卷221，熙宁四年三月丁未。

价，达到“商旅以通，黎民以遂，国用以足”的目的[1]。

熙宁五年三月下诏在京城设立市易务，以内藏库的钱、帛为本钱，细则由主管财政的三司研究制定。随后任命吕嘉问为提举在京市易务官，市易务的“牙人”(经纪人)以京城诸行铺户的牙人担任，遇有商人贩运物资来京后卖不出去，愿到市易务出卖的，由牙人与商人议定价钱，由市易务出钱收购，如想要市易务中已有的物资，也可折价交换。京城各行商贩以产业或金银作抵押赊购的，五人以上结为一保互相担保，半年或一年后缴纳本金，并加纳一分(半年)或二分(一年)利息。市易务也可以积存一部分物品，以备调剂。

市易法虽然也受到保守派的攻击，但东京市易务的设立，确实起到平抑物价的作用，同时也为政府获取了相当的利润，一些地方也逐渐开始设立市易务(司)。同年八月，刚由王韶收复而新建的镇洮军(后改熙州，今甘肃临洮)也设置了市易司，半年后即得利润五十七万贯。

熙宁六年四月，杭州市易务的设立，则是在地方主要城市中首先设立的市易机构。随后即改“在京市易务”为都提举市易司，作为各地市易务的领导机构。以后各地设置市易务的城市有楚州(今江苏淮安)、成都府(今四川成都)、广州(今广东广州)、秦州、永兴军(今陕西西安)、凤翔(今陕西凤翔)、润州(今江苏镇江)、越州(今浙江绍兴)、真州(今江苏仪征)、大名府(今河北大名东)、瀛州(今河北河间)、定州(今河北定州)、真定府(今河北正定)，以及其他一些城市。这种由官府经营收购与批发商品的机构，在中国封建经济发展史上是前所未有的，有些类似于官办贸易公司，利润相当可观，而且逐年增加。如熙宁八年冬至

---

① 《长编》卷231，熙宁五年三月丙午。

九年秋“收息钱(利润)、市利(例)钱总百三十三万二千余缗”[①];而熙宁十年两者总和则为一百五十二万八千三百四十多贯,增加了十九万六千多贯。熙宁十年原定的本钱为五百万贯,实际支用的本钱为五百八十七万八千七百八十多贯,利润为一百四十三万又三百五十多贯;市例钱九万七千九百九十多贯,后两者合计约占本钱的百分之二十六,如只算利润也达百分之二十四以上,相当可观[②]。而总数约一百五十三万贯,据邓广铭先生计算,相当于同年田赋(两税)现金总收入的十分之三左右(田赋所收物资除外)[③],可见市易司的设立对于改善宋政府的财政状况是显而易见的。

第七是方田均税法。方田均税法由郭谘创于仁宗景祐三年(1036年)至五年间,当时河北“洺州(今河北邯郸东北)肥乡县(今河北肥乡)田赋不平,久莫能治,转运使杨偕患之。大理寺丞郭谘曰:‘是无难者,得一往可立决也’”[④]。杨偕即任命郭谘为肥乡县的代理县令,郭谘用千步方田法进行清理,免除无地而仍承担田赋的四百家,征收有地而不承担田赋的一百家,共收回所欠田赋八十万。这样一来,因无地仍承担田赋而流亡的农户大多回归故里。

范仲淹推行“庆历新政”时,谏官王素提出应使农民平均(合理)负担田赋,欧阳修就推荐郭谘的“方田法,简而易行”,请派郭谘前去执行。于是政府派郭谘等前往田赋最不均平的蔡州(今河南汝南),用千步方田法,“首括上蔡(今河南上蔡)一县,得田二万

---

① 《长编》卷277,熙宁九年九月辛未。或只是同年前九个月的数字。

② 参见《宋会要辑稿》食货25、26。原文作熙宁七年,七为十之误。又,市例钱通常是指商税的附加税,以供官员的膳食等之用,此处似指市易务的交易附加征收费,用途相同。

③ 邓广铭《北宋政治改革家王安石》,第179页,人民出版社1997年版。

④ 《长编》卷144,庆历三年十月丁未。按杨偕系景祐三至五年任河北转运使。

六千九百三十余顷，均其赋于民”。但是“方田法”未行多久，“既而(郭)谘言，州县多逃田，未可尽括，朝廷亦重劳人，遂罢”①。实际上可能是次年因“庆历新政”失败而停止。史称：“自郭谘均税之法罢，论者谓朝廷徒恤一时之劳，而失经远之虑。”

田赋不均，主要是地主购买土地时，将田赋仍留给田产的原主人承担，而失去土地的民户则采取流亡的办法以逃避田赋的缴纳，导致国家田赋收入的减少。如“至皇祐(1049—1053)中，天下垦田视景德(1004—1007)增四十一万七千余顷，而岁入九谷乃减七十一万八千余石”②，出现耕地增加而田赋不增反减的怪现象。以后沧州(今河北沧州东南)田京在属县无棣(今山东无棣西北)，博州(今山东聊城)知州蔡挺在附郭县聊城及属县高唐(今山东高唐)，秦植在德州(今山东陵县)所属五县，也都搞过均田赋，田赋收入因此增加不少。但田京在无棣县均赋，却在其后不久的至和元年(1054 年)，因当地增赋的地主反对，故仍按均赋前的办法征收田赋。

北宋政府又在嘉祐五年四月，命官议定均田赋的措施，一直到嘉祐六年七月，参加过讨论的有包拯、吕公弼、司马光等六人，最后由司马光立定均赋条约，诏令诸路进行，但其后也是不了了之。“天下之税(田赋)割移逃徙，多或不均”③。到王安石变法时，田赋不均的现象更加严重。

仁宗末年曾在博州进行过均田赋的蔡挺，其子蔡天申正担任新法主管机关司农寺的高级属官司农寺丞，于熙宁五年建议进行均田赋，诏令司农寺研究方案。于同年八月颁布重新修订的《方田均税条约》并《式》(实施细则)，以东西南北各一千步为

① 《长编》卷 144，庆历三年十月丁未。

② 《宋史》卷 174《食货志上二》。

③ 《长编》卷 237，熙宁五年八月末注。

一方,合四十一顷六十六亩一百六十步,四角起土堆种树作为标志。每年九月,县官们主持计量土地,依据土地肥瘠分为五等,以定田赋的数额,由大、小甲头会同各户指认自己田产及所定等级和田赋数量,到次年三月完成。然后张榜公布各户的土地数量、等级、田赋数量,经过三个月,没有异议的,即重新发给田契等。各县以旧有税额按土地等级,由各户实际拥有顷亩数平均分摊。一般道路、河沟、湖塘、坟地,以及荒瘠不毛之地和众户公有的山林等,都不计入田赋之内,多山的县视情况而定。方田均税先自京东路开始,以济州(今山东巨野)巨野县(济州附郭县)尉王曼为方田均税的指教官,这可能与建议实施方田均税的蔡天申同年二月察访过京东路有一定的关系。

方田均税以后逐步推向全国,每州有属县五县及以上的,每年核察两县。元丰五年(1082年)因开封府有十九县,改为每年五县,至元丰八年停止时,经过方田均税的土地,共有二百四十八万四千三百四十九顷①,占当时全国田亩总数的一半以上,且全在北宋统治核心地区的京东、河北、陕西、河东诸路,在一定程度上消除了上述地区的地主购地而不缴田赋,以及民户卖地后仍负担田赋等种种弊端,增加了政府的田赋收入,改善了国家财政状况。

第八是保马法,全称为保甲养马法。主要是为解决军马缺乏而令民户养马的新法。此前战马主要是依靠政府牧马监饲养的马匹供应,诸牧马监占地共五六万顷,然而"河南北十二监,起熙宁二年至五年,岁出马一千六百四十匹,可供骑兵者二百六十四,余仅足配邮传。而两监牧吏卒杂费及所占地租,为缗钱五十三万九千有奇,计所出马为钱三万六千四百余缗而已"②。不仅

① 以上参见《宋史》卷174《食货志上二》及《长编》卷230、237。
② 《宋史》卷198《兵志十二》。

政府要亏损大量资金，而且所养的马匹远不能满足需要，不利于宋朝军事力量的增强。为了改变现状，熙宁五年五月初，“诏开封府界诸县保甲愿养马者听”①。开封府的各保甲可领养牧监的马，或由陕西从少数民族地区购买的马匹。

熙宁六年八月，进一步明确保马法推行的地区，除开封府外，还有北方沿边的河北东、西，河东，永兴军路和秦凤路等五路。义勇（民兵）、保甲户都可领养马匹，一户一匹，富户可养二匹，发给牧马监的国马，或给价钱自行买马，并许以种种优惠条件，不准强制民户养马。开封府养马不超过三千匹，五路各不超过五千匹。保甲养马法实行以后，专职养马的牧马监相继废除，只保留沙苑监（今陕西大荔南）一处；由于各路的监牧机构也罢设，沙苑监改为直属中央的群牧司，不仅节省了政府的大量开支，而且将牧监兵（厢军）五千人改组为广固军（厢军），负责首都城池的维修。保马法虽然在王安石罢相以后发生变化②，但民间养马确为宋军提供了大量的马匹。

第九是熙宁六年七月实行的“免行法”。原各州府县及京城有关官府所需物品，大多由各行业的商人按行规低价供应，供应者甚至包括小商贩，而京城各行的供应量比一般州府高达十倍以上。不但低价供应，而且还要无偿地送货上门，并动辄受到责罚。一次三司副使买靴，认为靴皮质量不好，便将商人责打二十板子。这种不平等的交易，使各行的商人不仅赚不到钱，反而要倒赔。熙宁六年初，京城肉行的行首徐中正等提出参照免役法出“免行役钱，更不以肉供诸处”③。神宗即诏在京市易务与开封府的司录司，共同商讨各行出免行钱的利害关系。为此成立

① 《长编》卷 233，熙宁五年五月丙戌。

② 保马法的演变情况等，参见第八章第四节。

③ 《长编》卷 244，熙宁六年四月庚辰。

了“详定行户利害所”，专门进行研究。

同年八月，“详定行户利害所言：乞约诸行利入厚薄，纳免行钱以禄吏，与免行户祗应”①。即根据各行业的利润多少，按月或按季征收“免行钱”后，各行的商店不再低价供应有关的物品，实际是将官府（包括宫内）的强制剥削，变成一种商业税。以后宫中买卖的物品，一律到政府的“杂买务”、“杂卖场”进行，由政府依据市价高低进行估价，各内外官府所需物品，也依此价购买。所征收的“免行钱”充作吏的俸禄之用，类似于“以税代役”，有利于商业活动的正常进行，促进了社会经济的繁荣。

提高军队的战斗力是变法的重要内容，而当时的军队“额存而兵缺，马一营（指马军为四百）或止数十骑，兵一营（指步军为五百人）或不满一二百”，进行整编成为要务。熙宁二年“初议并营”，保守派文彦博、苏轼等都反对，“帝（神宗）用（王）安石言，卒并营之，自熙宁以至元丰，岁有并废”。如陕西原有马步军三百二十七营并为二百七十营，一营马军为三百人、步军四百人。不仅为以后的改革奠定了基础，也节省了大量军费，“计一岁所省为钱四十五万缗”及其他物资②。

第十是将兵法，即是为提高军队的战斗力而进行的。治平四年（1067 年）四月，蔡挺任泾原路经略使兼渭州（今甘肃平凉）知州，将驻守在辖区内的禁军分隶七将，由固定的将官进行训练，使兵将相知，以提高军队的战斗力，这是将兵法的前身。熙宁五年二月，蔡挺被召任枢密副使。同年五月，神宗颁诏命诸路仿效蔡挺在泾原路的练兵方法。熙宁六年六月中旬初，将京东的禁军武卫等六十二指挥（营），分属于诸路，命主兵官进行训练，实是开始进行将兵制度的安排。但正式实行将兵法时，已是

① 《长编》卷 246，熙宁六年八月丙申。

② 《宋史》卷 194《兵志八》。

熙宁七年四月王安石第一次罢相出知江宁府(今江苏南京)以后。这年九月,枢密副使蔡挺建请在开封府地区、河北、京东、京西设三十七将:河北为第一将至第十七将;开封府地区为第十八将至第二十四将;京东为第二十五将至第三十三将;京西为第三十四将至第三十七将,每将设将(也称正将)和副将。以后又在鄜延路设将九,泾原路设将十一,环庆路设将八,秦凤路设将五,熙河路设将九,合计四十二将。元丰二年(1079 年),又在东南地区设十三将。除川蜀地区外,全都设有将兵,改变了原先更戍法"兵不知将,将不知兵"的状况,"使兵知其将,将练其士","庶不为无用矣"①。

将兵法的正式实施虽在王安石罢相之后,但自蔡挺的训练士兵之法在京演练至初步实施之时,都受到王安石的支持与鼓励,完全符合王安石变法改革以达到富国强兵的目标。熙宁八年二月,王安石复相后继续支持将兵法的实施。

对于王安石变法中实施保甲、将兵等"强兵"新法的必要性,即使具有保守思想的史官也认为:"咸平以后,承平既久,武备渐宽。仁宗之世,……将骄士惰,徒耗国用……神宗奋然更制,于是联比其民以为保甲,部分诸路以隶将兵,虽不能尽拯其弊,而亦足以作一时之气。时其所任者,王安石也。"②

除了上述十项改革外,王安石执政期间,还进行了教育、科举、法制等方面的改革③。

三、开发湘西、经略河湟及与交趾的战争

王安石执政期间,除了实施变法改革,还开发南方的湘西山

① 《宋史》卷 188《兵志二》。

② 《宋史》卷 187《兵志一》。

③ 法制改革参见第八章第二节;教育、科举改革参见第十八章。

区，经略西北的河湟地区，以及对交趾的入侵进行反击。

今湖南西部山区及其周边地区，宋神宗时属荆湖北路，由辰州管辖，是少数民族的聚居地区；南部沅水（今沅江）上游地区称“南江”，北部沅水的北支流西溪（今西水）流域称“北江”，合称“两江”地区。资水（今资江）中上游地区（今湖南中部山区），称为“梅山”地区，时属荆湖南路，西与“南江”地区相邻，也是少数民族聚居区。

熙宁五年（1072 年）闰七月初二日，为开发上述地区，对相关的官员作了调整，以潘夙任潭州（今湖南长沙）知州，孙构为荆湖北路转运使。次日，又派改革派的主将之一章惇以察访荆湖北路农田、水利、常平等事的名义主持开发事务，并命上述官员相互配合，共同开发两江地区。事实上，首先得到开发的是梅山地区，因为“既了梅山”，先声足以振动两江，“两江亦易了也”①。所以下诏由章惇经制梅山事宜。

章惇对梅山地区的少数民族采取招抚的政策，到同年十一月中旬，已全部“得其地，东起宁乡县司徒岭，西抵邵阳白沙寨，北界益阳四里河，南止湘乡（四县今皆为湖南所辖县市）佛子岭”②。解决了梅山地区少数民族的归属问题以后，章惇对两江地区开发也有了部署。仍先采取招抚政策。但南江地区与夔州路、广南西路山区相接，是宋各级地方政府无力控制的地区，而成为各种犯人逃避宋政府追捕的理想藏匿之地。同年十二月，颁布诏令宣布凡是逃匿于两江地区的各种犯人，无论犯罪轻重，一律赦免，不论住在原地或回归本乡皆可，立功归顺还可获得奖励，如敢制造事端，立即捕杀，目的在于分化瓦解亡命之徒与当地少数民族结合，反抗政府的招抚。熙宁六年十二月，北江的原

① 《长编》卷 238，熙宁五年九月丁卯。

② 《长编》卷 240，熙宁五年十一月庚申。

下溪州(今湖南古丈北)降附。熙宁七年正月,南江地区已全部平定。

其间还陆续新设州、县,对两江及梅山地区进行直接统治。熙宁五年在梅山地区新设新化县(今湖南新化),次年设安化县(今湖南安化东南);熙宁七年四月下旬,在南江地区新设沅州(今湖南芷江)及附郭县卢阳等,元丰四年又在其南新设诚州(今湖南靖州)及附郭县渠阳县,北江地区也新设一些堡、寨等。以后又在上述地区陆续设立一些新县,今湘西、湘中及鄂西南山区先后得到开发,众多少数民族地区归宋政府直接管辖,仅梅山地区就“得主客户万四千八百九户,丁七万九千八十九口,田二十六万四百三十六亩”①,增加了宋政府田赋等收入。宋政府还在新开发地区发展教育事业,如新建的新化县,于熙宁七年三月已建立县学,还拨给水田二百亩作为学田,用作县学的经费等②,这些变化都是王安石变法所带来的。

经略河、湟地区,起于熙宁元年(1068年)王韶所上的《平戎策》。王韶在未中进士前,曾经客游陕西,采访边事,了解西北边境形势。他在《平戎策》中提出:“西夏可取。欲取西夏,当先复河、湟,则夏人有腹背受敌之忧”③,书中还提出具体的策略与措施。神宗见到《平戎策》后,命枢密院召问方略,王韶即被任命为管勾秦凤路经略司机宜文字。

河、湟地区的少数民族,以青唐(今青海西宁)的俞龙珂部族最为强大,是西夏想收服的重要对象。宋朝决定抢先出兵征服俞龙珂,以免其被西夏所控制。熙宁三年二月任命王韶为同提举秦州(今甘肃天水)西部蕃部,负责处理西北少数民族事务。

---

① 《长编》卷245,熙宁六年五月癸亥。

② 《长编》卷251,熙宁七年三月乙巳。

③ 《宋史》卷328《王韶传》。河、湟,指今甘肃、青海境内的黄河及支流湟水流域。

其后王韶又提出在古渭寨(今甘肃陇西)设立市易司,实际是为经略河湟地区筹集经费,得到王安石的全力支持,并任命他为提举。次年八月,王韶兼管勾秦凤路缘边安抚司兼营田、市易司。并设洮河安抚司,也命王韶主管,开始经略河湟地区。王韶以巡边为名,率随从数骑直达青唐俞龙珂的帐中,进行劝降,并留宿以示不疑。俞龙珂率部众十二万人归附,同年十二月奏报到朝廷,即授以官职。俞龙珂仰慕包拯品德,遂赐其姓名包顺。

熙宁五年五月初,建古渭寨为通远军,以王韶兼任知军,这是以通远军为经略河湟的基地。同年七月,王韶率军连破蒙罗角、抹耳水巴等族,又击败木征、瞎药等,占领原武胜军地,随后即建为镇洮军(今甘肃临洮)。此后王韶又接连征服或招抚其他西北少数民族的部族。同年十月,宋神宗和王安石觉得经略河湟地区已有了头绪,决定建立熙河路,改镇洮军为熙州,辖熙州、河州、洮州、岷州及通远军,但实际统治的只有熙州和通远军,其他仍是少数民族控制区。以王韶为熙河路都总管、经略安抚使兼熙州知州,以协助王韶经略河湟的高遵裕为熙河路总管兼通远军知军。同年十一月,河州部族首领瞎药归附,赐姓名为包约。

熙宁五年十二月中旬(一作十一月末),于秦凤路威远寨(今甘肃武山南)以西,设置熙河路经略总管司。次年二月二十三日,以原秦凤路军马的十分之六划归熙河路经略总管司,约有兵近三万人、马近三千三百匹,以备王韶继续开拓河湟地区。此前一日,王韶已收复河州(今甘肃临夏)。同年夏秋之际,王韶率军自河州东南行,攻占宕州(今甘肃宕昌),岷州(今甘肃岷县)首领本令征以城降;叠州(今甘肃迭部)首领钦令征、洮州(今甘肃临潭)首领郭厮敦,也都到王韶军中表示归附。前后历时五十四日,军行一千八百里,收复五州,拓地二千里。当十月中旬初,宰相王安石等上表庆贺新复熙、洮、岷、叠、宕等州时,宋神宗对于取得如此前所未有的成功,显得异常高兴,随即解下自己所用玉带赐给王安石，并传谕说："洮河之举，小大并疑，惟卿启迪，迄有成功。今解朕所御带赐卿，以旌卿功。"王安石竭力辞谢，神宗又传谕说："群疑方作，朕亦欲中止，非卿助朕，此功不成。赐卿带以传遗子孙，表朕与卿君臣一时相遇之美也。"神宗的喜悦之情溢于言表，此时与王安石的君臣关系也相当融洽。

熙宁七年二月中旬，部族首领董毡部将侵扰归附于河州的部族，知州景思立率军六千攻击董毡于州西的踏白城，结果景思立轻敌败死。三月，部族首领木征势力复盛，进犯岷州，为包顺所击退。四月，木征围攻河州，王韶自京城返回熙州途中，到达兴平（今属陕西）时得知消息，立即日夜奔驰赶回熙州，熙州正全力防守以防侵犯。王韶命将防城军撤下，率军二万直奔定羌城（今甘肃广河），打败木征的后援结河川部族，切断其与西夏的通路。进至宁河（今甘肃和政），命偏将率军进入南山以切断木征的后路，木征遂解河州之围退走。王韶亲率军绕道循西山至河州西的踏白城后，焚烧木征营帐八十座，杀敌以千计，木征战败归降。河湟地区终于平定。

王安石当政期间还发生交趾（阯）入侵事件，那是在王安石第二次任宰相的熙宁八年（越大宁四年，1075 年）九月。交趾军首先进攻广南西路的古万寨（今广西扶绥西北）。十一月，正式出兵侵宋，号称八万，水陆并举，水路越过珠母海（今北部湾），于同月下旬先后攻占钦州（今广西钦州）、廉州（今广西合浦）；陆路攻占邕州（今广西南宁）所属的太平（今广西崇左）、永平（今广西宁明南）、迁陆（今广西宁明东）及古万四寨。十二月上旬末，交趾军进攻邕州，知州苏缄立即率城中的禁、厢军共二千八百人固守待援。

交趾军每攻占一地，即张贴榜文宣称："中国作青苗、助役之法，穷困生民，我今出兵，欲相拯济。"[1]竟然以干预宋朝变法改

---

① 《长编》卷 271，熙宁八年十二月癸丑。

革作为侵宋的借口，引起宋朝君臣，尤其是宰相王安石的极大愤慨。十二月下旬，宋朝派赵卨为统帅、燕达为副帅，率军南下抗击交趾入侵军，王安石亲撰《讨交趾敕榜》。九年正月中旬，调集陕西、河北、京西、河东的系将禁军（经过将兵法组建与训练的禁军），作为南征军的主力。但在南征军尚未出发南下的同月下旬，邕州在被围攻四十二日后失陷，知州苏缄战败自尽。同年八月，南征军到达桂州（今广西桂林），失地随后相继被收复，交趾军战败退走。十二月十一日，交趾军屯守决里隘，并以象阵抗击宋军，宋军以强弩射象，刀砍象鼻，象群逃回，交趾军大败，宋军攻占机榔县，别部又攻占门州（今越南同登）。交趾军又于交口隘设伏兵，宋军绕过交口隘，于同月中旬初直达富良江（今红河）边，距交趾首都交州（今越南河内）只三十里。交趾将所有船只移往南岸，宋军无法渡河，遂采取诱敌之计。二十一日，交趾出兵数万渡江来战，中伏大败，洪真太子等战死，交趾遂称臣割地求和。此次南征，宋军号称十万，实际发“兵四万九千五百六人，马四千六百九十匹”，由于北兵南征，气候水土不服，病死很多，加上战斗减员，仅“存二万三千四百人，马三千一百七十四匹”①，南征主帅郭逵遂决定受降退兵。交趾之战结束前二月，王安石已罢相。

四、王安石的两次罢相

王安石的变法改革，虽然是在宋神宗强有力的支持下，才能陆续推行，但宋神宗本人却既想通过变法改革以达到富国强兵，改变真宗末年以来形成的积贫积弱局面；又在遇到保守派对新法的攻击时动摇不定，有时甚至显得无所适从，意志并不十分坚

---

① 《长编》卷280，熙宁十年二月丙午。

定。几乎每一个重要新法的制定与推行，宋神宗都要经过一个从赞成到动摇、再到坚持推行的过程。王安石不得不为此花费极大的精力，从理论到事实的各方面来说服宋神宗进行变法改革。只是出于宋王朝在经济和军事上的重重危机，以及宋神宗对财政入不敷出的窘迫境况，军事上受制于辽朝、甚至受制于名义上臣服小国西夏的尴尬境地深感不满，改革才得以继续进行。

宋神宗的动摇不定往往是发生在新法遭到激烈反对之时，这尤其反映在损害城乡高利贷者利益的青苗法和损害皇亲国戚及官僚既得利益的免行法施行时。

熙宁二年九月推行青苗法后，随即遭到保守派的强烈攻击，不仅在朝的司马光、范镇等人，在外的三朝元老韩琦、富弼也群起反对。当时任判大名府的韩琦不仅在他的管辖区拒不推行青苗法，甚至不惜采取"自讽谕诸县言，百姓皆不愿投状"请贷青苗钱[①]的办法，以及放言青苗法是官府放高利贷，遇到荒年即会亏蚀官本等。王安石据理反驳，但神宗仍动摇不定，以致王安石说："臣论此事（指青苗法）已及十数万言，然陛下尚不能无疑。如此事尚为异论所惑，则天下事何可为？"次日即称病在家并请求解除政务，随后即发生了司马光在代拟敦促王安石到政府办事的诏旨中，故意激怒王安石的事件。宋神宗在亲笔信中向王安石致歉，之后在接见王安石时又说："青苗法，朕诚为众论所惑"，反映出宋神宗当时的真实思想。只是在"寒食假中静思，此事一无所害，极不过失陷少钱物尔，何足恤！"[②]王安石又解释不会失陷钱物之后，才又继续推行青苗法。

而市易法、免行法的相继施行，侵犯了皇亲国戚的既得利益，于是内有后宫的后妃，外有保守派官僚两方面的攻击。如神

---

① 《宋会要辑稿》食货 4 之 20。

② 《文献通考》卷 21《市籴考二》。

宗皇后向氏的父亲“向经，自来影占行人，因催行免行新法，遂依条收入”(指将影占的行人按照免行法归属有关行会)。向经也曾依仗特权“以牒理会”，但(行会)“不见听从”。又如太皇太后(仁宗后)曹氏之弟“曹佾赊买人木植，不还钱”，太后派往修建曹佾住宅的内臣冒充曹佾家的办事人员投“状云，被市易强买已定下木植”，诬告市易司。皇后等为了自己亲属的利益“乃至泣下”①，向宋神宗哭诉。改革派内部的一些人，看到后宫的态度已影响到神宗支持改革的决心，如改革派主将之一的曾布，就联合创议市易法的魏继宗，攻击推行免行法的市易司。适逢春旱，太皇太后曹氏及神宗的生母皇太后高氏，“又流涕为上言新法之不便者，且曰：王安石变乱天下”，神宗在两宫的强大压力下，即命王安石修改新法，以符合皇亲国戚及保守派的要求，而且他对新法也产生了怀疑，王安石只得恳请辞相。

当熙宁七年四月，王安石罢相出任江宁知府前，推荐大名(今河北大名东)知府、前宰相韩绛为宰相，改革派主将、翰林学士吕惠卿为副相，以期能继续推行新法，当时称韩绛为“传法沙门”，吕惠卿为“护法善神”②。

但是，吕惠卿一心想取代王安石，遂事事“希合”神宗的旨意，以图取悦于神宗，推行王安石曾以“不便”为由而拒绝实行的“以田募役”，王安石任江宁知府后又来信说明理由，但吕惠卿却置之不理。他又标新立异，实行“手实法”，“民不胜其困”；放贷青苗钱时，“使结甲赴官，不遗一人，上下骚动”。吕“惠卿既叛安石，凡可以害王氏者无不为”③；“而朝廷纲纪几于烦紊，天下之人复思荆公”④。吕惠卿又不把宰相韩绛放在眼里，韩绛遂乘间

① 《长编》卷251，熙宁七年三月戊午。

② 《长编》卷252，熙宁七年四月丙戌。

③ 《宋史》卷471《吕惠卿传》。自报资产丁口，重编五等丁产簿，称手实法。

④ 《长编》卷260，熙宁八年二月癸酉注。

请求神宗重新起用王安石为相。王安石在被罢相近十个月之后，于熙宁八年二月中旬初，再次被起用为宰相，并为首相。

王安石在接到复任宰相的诏令之后，没有像以前那样推辞，而是立即赴任，时年五十七岁，用他的话说，要在"投老余年"，使变法改革"粗有所效"①。前次辞职，除了因神宗受到两宫的压力而动摇，使王安石觉得无法再继续执政的因素之外，还有一个重要的原因，也许是更重要的因素，那就是前两年宋神宗向王安石提出，要以他所创的新学派观点统一思想。神宗说："今谈经者人人殊，何以一道德，卿所著经，其以颁行，使学者归一。"②遂于熙宁六年二月在国子监设立修撰经义所，由王安石及其子王雱、吕惠卿等进行修撰。但是，王安石一直忙于政务及应付保守派的攻击，修撰经义的进程受到严重影响。当熙宁七年春，新法受到保守派猛烈攻击时，王安石一方面决定辞相，而以韩绛、吕惠卿执政，维持新法的推行；另一方面，自己得以摆脱繁重的政务，携助手回到江宁，利用任知府的政余时间，集中精力修撰经义，以期能尽早地传播新学派的观点，培养拥护改革的年轻官员。但是，出乎王安石意料的是，他最信任的吕惠卿却在任执政以后，野心膨胀，为了达到取代王安石的目的，采取了偏离王安石变法正确途径的手段，使改革出现毁于一旦的危险局面。故而当熙宁八年初接到神宗要他重任宰相的诏令时，他所进行的修撰经义已接近完成，同时也是为了及时拨正改革的航向，随即赶往京城。

王安石于熙宁八年三月到京后，即于六月，将他亲撰的《周礼义》，及由王雱、吕惠卿修撰，王安石统改定稿的《诗义》、《书义》，合称《三经新义》，颁布于太学，作为统一思想的教科书。这

① 《长编》卷261，熙宁八年三月己未。

② 《宋史》卷157《选举志三》。

对王安石来说，也许是最重要的思想建设方面的改革。

这时王安石已有病在身，神宗让他少处理政事以便养病，而吕惠卿却向神宗说，王安石称病不理政事，以后政务倘有失误，自己不好负责，说明此时吕惠卿已不愿与王安石共同推进改革事业。同年十月，吕惠卿被罢去参知政事出任地方官，三司使章惇因与他有牵连也出任地方官。王安石虽然废除了以田募役和手实法等，调整了改革的方向，但是，以前变法改革只受到保守派的攻击，现在却出现了改革派内部的分裂，这使他心情十分沉重，正如他给王珪的信中所说："智不足以知人，而险诐常出于交游之厚。"①

熙宁九年春天以后，王安石因有病在身，加上宋神宗也已不像变法改革初期那样，对自己的改革意见大体上可说是言听计从，现在已"事多不从"，以致王安石感叹："只从得五分时也得也。"同年六月初，发生"熙河探报"事件，神宗对西夏可能入侵的担心，加上此前神宗对辽朝要求代北重新划界的退让，表明他已无恢复汉唐旧疆的雄图，使王安石深为失望。更由于同月末，才华横溢的爱子王雱病死，年仅三十三岁，使年近花甲的王安石"尤悲伤不堪，力请解机务"②。同年十月，王安石第二次罢相，以使相衔判江宁府。但他没有去赴任，后又辞去判江宁府衔，退居江宁，直至去世。

宋神宗与王安石在变法改革，以求富国强兵的目标上是一致的，但面对保守派的攻击，神宗总想作些退让，加上满足于已取得的成就，故而远不如王安石那样坚决。王安石第二次罢相后，宋神宗起用对变法改革"数言政事不便"，而自己认为是"中立无与"的吴充为首相，吴充即请神宗"召还司马光、吕公著、韩

---

① 《临川集》卷73《与参政王禹玉书二》。

② 《长编》卷278，熙宁九年十月丙午。

维、苏颂”等保守派代表人物。虽未被采纳，但吴充明显倾向于保守派，也为司马光所认同①。神宗同时起用倾向于改革的王珪为次相，这实际是用以平衡新旧两派的关系，以期在保留改革成果的同时，能减少保守派对新法的攻击。宋神宗的这种思想，反映在元丰五年(1082 年)改革官制时，“神宗谓执政曰：官制将行，欲新旧人两用之”②。这可以说是王安石罢相后，宋神宗主持改革时期的指导思想。但是，改革与守旧毕竟是不相容的，而神宗也是北宋除太祖以外唯一励精图治的皇帝③，所以宋神宗仍竭力维护革新的政局，不过他把注意力更加集中于积极扩大军事力量和聚集财富方面。而王安石当政时，变法改革除了富国强兵的目标以外，还有抑制兼并、去除民间疾苦等更为优先考虑的问题。苏辙就说：“王介甫小丈夫也，不忍贫民而深疾富民，志欲破富民以惠贫民。……设青苗法以夺富民之利。”④虽然言辞偏颇，却在一定程度上反映了王安石变法改革的指导思想。宋神宗考虑的主要是国家利益，王安石则除此之外还考虑社会利益，这是元丰与熙宁时期改革的根本区别所在。

五、宋神宗主持下的改革活动

熙宁十年十二月初，诏改明年为元丰元年(1078 年)，这标志着王安石退出以后，由神宗主持的改革的开始。神宗在元丰年间实施的政治、军事、经济等措施，主要集中在三个方面。

一、加强诸新法的力度，以增加财政收入和加强军事力量。增加财政收入方面，如两浙路征收免役钱，原定城镇居民(坊郭

① 《宋史》卷 312《吴充传》。

② 《宋史》卷 312《王珪传》。

③ 《宋史》卷 16《神宗纪赞》。

④ 《栾城第三集》卷 8《诗病五事》。王安石，字介甫。

户)的家产不及二百贯的不出免役钱,元丰二年降低为不及五十贯才不出免役钱,就是一例。元丰七年全国所收的"役钱,较熙宁所入多三之一"①。加强军事力量方面,如保甲养马法,原是民间自愿养马,元丰三年实施的物力户养马法(户马法),以户为单位养马,要求具有一定资产民户(物力户)养马一至三匹;元丰七年又实行以都保为单位,每一都保养马五十匹(都保养马法),则都是硬性规定而并非自愿。三者虽都是民间养马,但熙宁的保甲养马法与元丰的户马法和都保养马法,是两种性质完全不同的民间养马法②。民间养马,尤其是户马法确实起到补充军马的作用。元丰七年六月,诏令河东、鄜延、环庆三路,各调"户马"二千匹补充禁军马匹,其时户马法还只实行了三四年,三路共调出马匹近二千七百匹;后又从开封府地区调出二千二百多匹;尚缺少的一千一百多匹,则是从京东、京西两路的城镇"户马"中调发③,估计大体上能补足。一次调发六千匹马供应禁军,如果在保马法实施前由国家牧马监养马,则需要二十多年的时间。而且民间养马(指户马、都保养马法)至元祐元年(1086年)四月王岩叟要求恢复国家牧监养马时,已达三万余匹,时距户马法的实施只有五六年,都保养马法的实施还不满两年(两种养马法同时并存),单从养马数量方面看,效果是明显的。

二、官制改革。王安石辞相以后,神宗亲自主持改革,以便尽快达到国家富强的目的。但是,宋初为了加强中央集权,实行的官称与实际职务分离、设立新机构以分旧机构职权等措施,却造成机构重叠,名实混淆,头绪纷繁,中央直属机构的职权大小悬殊等种种弊端。为了更好地加强中央集权,需要整顿与合并

---

① 《宋史》卷177《食货志上五》。

② 参见第八章第四节。

③ 《长编》卷346、347,元丰七年六月丁丑、七月癸卯。

机构，确定合适的机构编制，使官称与职权名实相符，因此在宋神宗亲自主持改革后不久，官制改革的问题就提上了议事日程。经过相当长时间的准备，以《唐六典》为蓝图，元丰五年五月正式实行官制改革。

这是一次以恢复三省六部及寺、监制度为主，同时使中央文官的官名与实际职务相统一的改革。设门下、中书、尚书三省，废平章事、参知政事，以左仆射兼门下侍郎为左相、右仆射兼中书侍郎为右相，以门下（中书）侍郎、尚书左（右）丞为执政，将原政事堂职权分属三省，尚书省设吏、户、礼、兵、刑、工六部。由于保留了枢密院，兵部只恢复了管辖地方兵、军事供应及军事礼仪的职能，军权仍在枢密院。这样，三省六部九寺五监的官名成为有实权的官称，不能再用作寄禄官的官称，于是在实行新官制前，先将文散官官称加以调整与补充编成官阶，称为阶官，或仍称寄禄官，作为中、高级文官俸禄及升降的品阶标准①。此次官制改革未涉及初级文官（选人）和地方机构，也未涉及武官系统，但在一定程度上改变了宋初以来，中央官僚体制上的混乱状况，奠定了北宋后期及南宋中央官制的基本框架；而六部及寺、监制度的重建，因为符合社会发展的需要，一直沿袭至清末。

三、对西夏战争的失败。当初熙宁初年任用王韶经略河湟的目的，就是为断西夏右臂，使西夏腹背受敌，以达到“取西夏”的目的。但是，熙宁七年四月，正当王韶平定木征叛乱，完全控制河湟地区，准备实行征服西夏战略之时，首相王安石却不得不辞相，出任江宁知府。

王安石被免相的消息传到河湟，使经略河湟的王韶深感不安，甚至在王安石罢相后，神宗给王安石的手诏中都说：“王韶闻卿解机务，颇不安职。继有奸人诈韶云：‘朝廷已有命废熙河，徙

① 参见第八章第一节。

帅治秦。'韶愈忧惑,朕虽已降手敕开谕,卿可特致书安慰之。"[①]可见全力支持经略河湟的王安石的罢相,在王韶看来,意味着宋神宗已放弃经略河湟以取西夏的战略部署。但后来神宗虽未放弃河湟,却放弃了积极准备以攻取西夏的战略思想。

当王安石于熙宁八年三月末到开封重任首相时,辽对代(今山西代县)北三州地界重划的无理要求尚未解决。此后,王安石虽多次坚决反对割让地界,但神宗对辽十分恐惧,委派韩缜"与(辽使萧)禧分画,以分水岭为界"[②],弃地七百里,说明神宗已没有恢复汉唐旧疆的壮志。

熙宁九年六月,宋神宗曾对王安石说:"熙河探报,夏国欲用十二万人取熙河,六万拒汉兵来路,六万攻取。果如此,奈何?"[③]又显示出对西夏的恐惧。将当初取河湟以断西夏右臂,使西夏腹背受敌以攻取西夏的战略,完全置之脑后,使复出的王安石对原想协助宋神宗实现恢复汉唐旧疆的"盛德大业",感到失望,并成为他再次辞相的重要原因之一。

宋神宗自熙宁末年王安石第二次辞相以后,再未做过讨伐西夏的各方面准备,更没有讨伐西夏的战略措施。元丰四年(1081年)四月,西夏发生宫廷政变,西夏国主秉常为其母梁太后囚禁,梁太后专政。当得知这一消息后,鄜延路将领种谔奏称:"羌(指西夏)人遽然有此上下叛乱之变,诚天亡之时也。宜乘此时大兴王师以问其罪",并提出由他率鄜延九将兵马及部分禁军,"止裹十数日之粮,卷甲以趋,乘其君长未定,仓猝之间,大兵直捣兴(今宁夏银川)、灵(今宁夏灵武西南)",可以一举以灭西夏。"今西夏疆埸若归中国,则契丹孤绝,彼势既孤则徐为我

① 《长编》卷252,熙宁七年四月丙戌。

② 《宋史》卷315《韩缜传》。参见《长编》卷262,熙宁八年四月癸亥、戊寅;卷263,同年闰四月甲午。

③ 《长编》卷276,熙宁九年六月丁亥。

图矣”,“此千载一时之会,陛下成万世大勋,正在今日矣”[①]。一番话重又勾起神宗恢复汉唐故疆的旧梦。

同年六月,神宗提升种谔为鄜延路经略安抚副使,负责征讨西夏事务。随后又调发内地二十三将的兵马,前往与西夏相邻的诸路。八月间,宋军攻打西夏。当宋军准备攻夏之初,西夏梁太后召群臣商讨对策,少壮派将领主张出兵抗宋,梁太后最终采纳老将的建策,采取坚壁清野,以轻兵切断宋军粮道以困宋军的战略。

九月下旬,种谔自绥德(今陕西绥德)北上围攻米脂(今陕西米脂),设伏于无定川,大败西夏援军数万。十月,各路宋军相继战胜西夏军,占领米脂及银(今陕西米脂西北)、韦(今宁夏同心东北)、夏(今陕西靖边北白城子)、宥(今陕西靖边西)等州。而宦官李宪所率熙河路宋军于九月西取兰州,随即修建城池,后虽奉诏东上,但只进至葫芦河(今宁夏境清水河)即退回,没有按期前往会攻灵州(今宁夏灵武西南)。

十一月初,泾原副帅刘昌祚乘胜攻至灵州,西夏军退往城中,城门还来不及关,泾原军“先锋夺门几入”,环庆路主帅外戚高遵裕为争功,“驰遣使止之”,刘昌祚只得“命按甲勿攻”[②],因主帅争功而贻误战机,西夏军得以部署防务。宋军五路会攻灵州,只有泾原、环庆两路到达,攻城十八日仍未攻下,西夏又决河水淹宋军,宋军退兵途中,为西夏追击而溃败,其他各路宋军也纷纷退兵。宋军进攻西夏之战,遂以战败告终。

元丰五年正月,神宗决定再次发兵进攻西夏。五月,鄜延副总管种谔建议,在宋与西夏接界的横山地带西夏境内建城以守,依次建银、宥、夏三州城,三城鼎峙以控制漠南地区,再进筑盐州

① 《长编》卷312,元丰四年四月壬申、丙子。

② 《宋史》卷349《刘昌祚传》。

(今陕西定边)以扼制西夏,然后攻取西夏的兴州及灵州。神宗派徐禧前往延州,与知州沈括商议建城选址之事。而徐禧建议放弃银州旧城,东南移二十五里,另筑新城于永乐下埭(今陕西米脂西),神宗竟听从志大才疏的徐禧的建议。种谔极力反对建城于缺水的永乐,徐禧竟以死恫吓种谔,种谔说:“城之必败,败则死,拒节制亦死,死于此,犹愈于丧国师而沦异域也。”但徐禧仍一意孤行。永乐城建成的次日,西夏军即前来攻城,城外的水寨被西夏军占领,永乐城内“掘井不及泉,士卒渴死者太半”,宋军虽然“尚扶创拒斗”①,但永乐城(银川寨)终于在九月中旬末陷落,徐禧等战死,损失将士一万二千多人。神宗得知消息后,早朝时对着辅臣们恸哭,从此绝了用兵征讨西夏的念头。其实灵州之败与永乐之陷,都是神宗用人不当所致,加之朝中又无王安石那样具有战略思想的人辅佐,并非征讨西夏的战略有误。

第二节　元祐更化与绍圣绍述

一、哲 宗 之 立

自元丰四、五年征讨西夏的灵州、永乐二役战败之后,神宗悲愤异常,渐“郁陶成疾”②。元丰八年正月初,神宗一病不起,至二月末,已病重不能说话,大臣们请立皇太子及请皇太后(英宗后)高氏权同听政,以处理政事。三月初一,神宗长子、时年十岁的延安郡王赵傭被立为皇太子,改名煦。初五日,神宗去世,太子赵煦即位,是为哲宗。尊皇太后高氏为太皇太后,皇后向氏为皇太后,哲宗母为皇太妃。太皇太后高氏垂帘听政。

---

① 《宋史》卷334《徐禧传》。

② 《长编》卷353,元丰八年三月戊戌注。

哲宗即位，看似很正常，其实是改革派和保守派斗争的产物。此事史无确载，但北宋末所撰的《哲宗旧录·燕达传》及《长编》所记载的有关殿前都指挥使燕达在哲宗即位之日，从其守卫皇宫时采取的不同寻常的措施中，可以看出当时宫廷里确有发生事变的迹象。

《长编》载：哲宗即位之日，“殿前副都指挥使燕达乞宿内东门外，从之”，又“奏差殿前指挥使六十人赴内东门坐甲”①。在内东门出入的都是皇族亲王，燕达采取如此戒备森严的警卫措施是一反常态的。南宋史学家李焘称：这种情况“前此未有也”，“应是燕达创有陈请，非旧例也”。而燕达自己解释这样做的原因是为了防止“万一有奸人随皇族而入，则事起不测”。当时曾有人劝燕达说：“皇族之事，非所当言，言之恐被罪”，但他仍坚持奏请“守宿内东门外”，高太后迫不得已，只得同意。

燕达采取前所未有的禁卫措施，要防备的究竟是什么人呢？史载高太后“雅爱雍王（赵）颢”。当“神宗疾弥月，太子未建，中外汹汹，（赵）颢有觊幸（帝位）意。每问（神宗）疾，辄穿帷径至皇太后所语，遇宫嫱不避，神宗数怒目视之，颢无忌惮”。荆王赵“頵屡挽止之。（赵頵）朝遇蔡确，数以言促确曰：延安郡王，太子也，不立何待。确犹豫未决，頵曰：晚则他人是有。神宗疾甚，颢欲留宿禁中，頵奏得弗宿，太子（哲宗）立，頵内助居多”②。上述记载皆出自《哲宗旧录》的《宣仁（高）皇后传》、《（赵）颢传》、《（赵）頵传》，基本上符合史实。

南宋史学家李焘在《长编》中虽据南宋所编《哲宗实录（新录）》，称右相、改革派蔡确为固相位，通过原是保守派的邢恕以“家有桃着（长）白花”，可以治皇帝病，欺骗高太后侄高公绘、公

---

① 《长编》卷353，元丰八年三月戊戌及注。又，殿前指挥使系班直名。

② 《长编》卷352，元丰八年三月甲午注。

纪，乘机向他们表示："雍（王赵颢）、曹（王赵頵）皆贤王也"，可以即帝位。当哲宗被立为储君后，辅臣"俱出，逢雍王颢及曹王頵于殿门外，（章）惇更厉声曰：已得旨立延安郡王为皇太子矣！奈何？"这段记载表明改革派主将蔡确、章惇是有异谋。但李焘并不确信此说，他在注文中明确指出《哲宗实录》不仅将有关人员后来的官衔错用于此时，还将南宋绍兴六年（1136 年）提供的"桃着白花"事（元祐修《神宗实录》及《哲宗旧录》皆无此事）写入元丰八年（1085 年）二月神宗病危时，"此（撰《哲宗新录》）史官所据也"[①]。又在三月初一的注中收入《哲宗旧录》有关记载，以此表明对哲宗即位有"异议"的实际是高太后等人。事实上赵颢是反对新法的，宋神宗曾向二弟赵颢发怒说："是我（变法改革）败坏天下事耶？汝自为之。"[②]这是皇帝对皇族最严厉的责备，如宋太宗向太祖长子赵德昭说："待汝自为之"，导致赵"德昭退而自刎"[③]。元丰八年二月时，改革派的代表人物蔡确，怎么可能拥立反对新法的赵颢为帝。正是蔡确为主的改革派阻挡了拥立赵颢为帝这一企图的实现，高太后因而对他恨之入骨。蔡确罢相之后，元祐时保守派的吴处厚、王岩叟、刘安世等又借蔡确游车盖亭赋诗一事，乘机罗织罪名，而且不准蔡确分辩。高太后甚至在"帘中云：蔡确事都无人管，使司马光在，必不至此"[④]。尽管有著名保守派右相范纯仁及执政王存出面进行调解，中书舍人彭汝砺还指出："此罗织之渐也"[⑤]，因此不肯起草贬斥蔡确的诏旨，但都没有能挽救蔡确远贬的命运。范纯仁、王存、彭汝砺以及御史多人，竟也都因此受牵连被贬出任外官。后虽经数

① 《长编》卷 351，元丰八年二月癸巳。哲宗即位事件，学者少有论述，故稍详之。

② 《长编》卷 252，熙宁七年四月丙戌。

③ 《宋史》卷 244《赵德昭传》。

④ 《长编》卷 429，元祐四年六月甲辰注。

⑤ 《宋史》卷 346《彭汝砺传》。

次大赦，但蔡确均不在赦内，最终死于贬所，可见高太后及旧党对他仇恨之深。

蔡确虽然设法阻止了高太后等人企图拥立反对新法的岐王赵颢或嘉王赵頵为帝的阴谋，却没有能阻止保守派上台和新法被废的命运。

二、元 祐 更 化

元丰八年三月初五，年仅十岁的哲宗顺利即位，政权完全控制在祖母、太皇太后高氏手中。诸臣依例加官晋爵，连在江宁赋闲的王安石也加“守司空”。这时，以宫观闲职居洛阳的司马光，在程颢的鼓动下到京观察政治动向，引起高太后的注意。高太后随后派内侍询问司马光的意见，司马光则请广开言路，目的在于为保守派反对新法制造舆论。随后又上奏攻击新法，并提出高太后是以太皇太后权同处分政务，由她主持废除新法，“是乃母改子之政”，并非哲宗“子改父之道也，何惮而不为哉”①，为废除新法制造理论依据。五月，高太后下诏许直言朝政得失。

同月，左相王珪病死。随后，蔡确升任左相、章惇升任知枢密院事，保守派代表人物司马光任门下侍郎为执政。七月，另一个保守派代表人物吕公著也以尚书左丞为执政。新法开始被逐个罢除，同年十月，罢方田均税法，这是第一个被罢废的新法。而同时，改革派代表人物左相蔡确开始受到攻击和排斥。右相韩缜乘左相蔡确为神宗送葬山陵之际，向高太后诬告蔡确自称有立哲宗的定策之功，与章惇、邢恕等人“共谋诬罔太皇太后”，此事因而传播，“外廷皆知”②。接着，刘挚、孙觉、苏辙、朱光庭、

---

① 《长编》卷 355，元丰八年四月庚寅。

② 《长编》卷 360，元丰八年十月己丑。

王岩叟等以各种借口攻击左相蔡确。

元丰九年正月初一，诏令改当年为元祐元年，诏称："改元布政"，"以作新斯民，顾惟守成，敢忘继序"[①]。这道诏令吹响了保守派废除新法的号角。保守派人物吕陶说："元祐之政，谓元丰之法不便，即复嘉祐之法以救之，然不可尽变，大率新、旧两法并用，贵其便于民也。"[②]南宋史学家李焘说，于此可见当时改年号为元祐的用意所在。吕陶所言"新、旧两法并用，贵其便于民也"，是当时相当一部分保守派的看法，但是随着司马光的执政，保守派中"务要罢尽一切新法"的主张占据了上风。

元祐元年，以司马光为首的保守派开始全面废除新法，改革派与保守派之间的斗争日益激烈。而同时，在保守派营垒里，在全面废除新法，还是局部废除新法、保留部分"便于民"的新法的问题上，产生了重大分歧，以致引起保守派内部的激烈争论。元祐元年正月初，保守派刘挚、王岩叟首先攻击免役法、青苗法，并直接攻击改革派大臣蔡确、章惇。刘挚罗列了蔡确的十大罪状，将"(蔡)确辄自称定策，贪天之功"[③]作为主要罪状，要求罢免蔡确的相位。

正月中旬末，司马光病，废罢新法遂加速进行。同月末，司马光对议论多时的废罢免役法事，亲自奏称："今法度所宜最先更张者，莫如免役钱。"[④]又迫令以"三省枢密院同进呈"的名义废罢免役法，这直接导致改革派主将、枢密院长官章惇，与保守派代表人物司马光展开正面斗争。二月初章惇提出既是三省枢密院同进呈，他必须仔细阅看，但遭到拒绝，直至颁布后才看到文件全文。章惇据理对司马光奏罢免役法的奏章进行驳斥。指

---

① 《宋大诏令集》卷2《改元祐元年御札》。

② 《长编》卷364，元祐元年正月庚寅。

③ 《长编》卷364，元祐元年正月庚戌。

④ 《长编》卷364，元祐元年正月丁巳。

出："司马光（二月）初三日札子内竭言，上户以差役为便，以出免役钱为害。至十九日札子内，却言彼免役钱，虽于下户困苦，而上户优便。旬日之间，两入札子，而所言上户利害正相反，未审因何违戾乃尔。"在阐述新、旧役法利害关系后，指出："详（司马）光之意，务欲速行（差役法）"，实是"不欲令人更有议论"。"役法，熙宁初以雇代差行之太速，故有今弊。今复以差代雇……而限止五日，其弊将益甚矣"，应"当详议熟讲，庶几可行"①。但司马光等并不认真考虑改革派章惇的合理意见。当闰二月初，改革派主将蔡确被罢相出知陈州（今河南淮阳）、司马光接任左相后，同月下旬，保守派竟称章惇以理驳斥为"暴衒己长，言虽近公，意则非正"，而且指责章惇当此罢除诸新法之际，却"专为异说"，以阻挠罢除新法活动的进行，遂将章惇罢职出知汝州（今河南汝州）。保守派认为只要除去蔡确、章惇，其余的改革派都"易为处置"②。随着蔡确、章惇的被排斥，在废罢新法的进程中，改革派与保守派的斗争基本结束。

然而，改革是社会经济发展的必然，宋神宗、王安石的变法改革，从总体上讲是顺应历史潮流的，改革的效果也是明显的，这是有目共睹的。所以，当改革派主将章惇为维护改革成果进行斗争时，保守派内部对如何废除新法，也产生了分歧和争论。

首先提出不同意见的是范百禄，"司马光之始议差役"，他对司马光"曰：熙宁免役法行，百禄为咸平县（今河南通许），开封（府名，今河南开封）罢遣衙前数百人，民皆欣幸。……今第减助、免（役）钱额以宽民力可也"③。但司马光并不采纳他的意见，一意废免役法。二月初限定五日之内复行差役法，"并依熙

① 《长编》卷367，元祐元年二月丁亥。

② 《长编》卷370，元祐元年闰二月辛亥。

③ 《宋史》卷177《食货志上三》。

宁元年(1068年)以前旧法(指差役法)人数……定差”[①]。苏辙也提出不同意见,“差役复行,应议者有五:其一曰旧差乡户为衙前,破败人家,甚如兵火。自新法(指免役法)行,天下不复知有衙前之患”,只是“农家岁出役钱为难”。“其二,坊郭人户旧苦科配,新法令与乡户并出役钱而免科配,其法甚便,但敷钱太重”。“其三,乞用见今在役人数定差,熙宁未减定前,其数实冗,不可遵用”等,都是在肯定免役法的前提下,提出改进意见。苏轼也“极言役法可雇不可差,第不当于雇役实费之外,多取民钱,若量入为出,不至多取,则自足以利民”[②]。其意亦与苏辙类似。保守派主将之一范纯仁提出差役法“先行于一州,候见其利害可否,渐推之一路”的意见,也遭拒绝。正如范纯仁所指出的,司马光“宁欲扰民”[③],也要废罢新法。多数新法都是在保守派内部意见分歧与争论中“废罢”的。

同年四月,曾经向高太后告发蔡确以定策功自居的右相韩缜,竟然也受到保守派攻击而罢相,同时另一个保守派代表人物吕公著升任右相。也许司马光觉得他和吕公著的声望,尚不足以慑服保守派中的不同政见者,遂请出早已致仕、年过八十、仁宗朝即任宰相的四朝元老文彦博,任平章军国重事,参与罢废新法的活动。这样,神宗末年担任宰执的大臣,除李清臣于次年四月才罢免外,所有宰执大臣全部更换成保守派人物。

此后,保守派加快了“废罢”新法的步骤。事实上,“熙宁变法”所推出的新法,基本上是针对当时的弊政而制定的,不仅大体上实现了宋神宗富国强兵的初衷,改变了长期以来积贫积弱的局面,而且也符合社会经济的发展规律,所以尽管以司马光为

① 《长编》卷365,元祐元年二月乙丑及注。

② 《宋史》卷177《食货志上五》,卷178《食货志上六》。

③ 《长编》卷367,元祐元年二月丁亥。

首的保守派，从政治需要的角度打击改革派，欲废除一切新法，但是，保守派中不少人或从新法的实际成效考虑，或从政府财政及国防、治安需要出发，不同意完全废罢新法。因而“废罢”新法，大多只是废除其中的一部分，有的只是改头换面，真正被废除的很少，而且废罢过程相当长。

保甲法是首先遭到废罢的新法之一，不但过程长，也不彻底。开始于司马光、吕公著先后任执政的元丰八年七月，诏令自次年（元祐元年）正月起罢团教，即是废除大保长教练保丁，改为依旧法每年农闲时赴县教阅一月。元丰八年十月又罢各路的提举保甲官，改由提刑司兼领保甲事务；同时罢除各县的保甲监教官，改由县的长官兼监教。而在司马光任左相的元祐元年闰二月下旬，三路提举保甲司又单独设立，只是长官由提刑兼领。元祐二年二月，河北、河东、陕西三路的保甲改为每五户一保，改原先以丁联保（每十丁为一保）为以户联保，其他内容没有变动。而且保甲兵仍被差充“正兵”使用，如元祐七年（1092年）前，已是高太后专政的后期，秦凤路凤州梁泉县（今陕西凤县东）的保甲兵，被差往秦州（今甘肃天水）西北的达隆堡、安远寨（皆在今甘肃甘谷西北）担任守御之责，到这年七月，秦凤路经略司说两地的守御人员已足用，请罢再从凤州梁泉县差调保甲兵前来，可见保甲法不仅并未完全废除，而且只是在编排及教练方面作了些改动，依旧实行。

被罢废的第三项新法为方田均税法。元丰八年十月中旬，下诏罢方田均税法，此时已经实行方田均税法的土地达到二百四十八万四千三百四十九顷，占当时全国耕地总面积四百六十一万六千五百五十六顷的一半以上，并且实行的地区大体上都在华北地区。因而也可以说华北地区基本上已经完成，所谓废罢方田均税法，实际上只是不再推向南方各路。而且持保守派观点的史官，也不得不承认实行方田均税法的合理性，“神宗悯税役之不均，故立方田之法以均之”，只是因为“官吏不得其人，以致骚扰，至是乃罢”①。可见保守派罢废方田均税法的理由并不充分，因为并非新法不善，只是用人不当，只需任用良吏，而非废除良法。

罢废新法的第四项为“市易法”。元祐元年正月中旬初，推行市易法的吕嘉问因此而自光禄卿出降为淮阳军（今江苏邳州西南）知军，标志着市易法的被罢废。市易法的被废有个渐进的过程。司马光自元丰八年五月任执政，七月初首先罢废县下的镇、寨市易和“抵当”。元丰七年五月时，市易法曾作改进，命商贩们以物产作抵押，或以现钱从市易司取物自卖之前，按估定的价格先收二分利息，称为“抵当”。元丰八年八月，诏“其州、县市易及余处抵当，一切可皆省罢”；而“诸路州、军抵当，收息至薄，民间缓急赖之，可以存留”②。元祐元年正月吕嘉问降官的罪名也只是“怀私坏法”，并未涉及市易法本身的利弊。直到同年六月，韩川才说：“市易之设，就使获利，实佐国用，尚不可。今所收不补所费”，要求各市易单位各留一员官吏“催纳结绝，从之”③，市易法才正式被罢废。韩川未提及市易法改进后的“抵当”，而且此前官员们论述市易法时，已将“市易”与“抵当”分列，废罢的只是熙宁时的市易法，而元丰时的“抵当”则仍在州、军所在地保留。

废罢新法的第五项是“保马法”。元祐元年正月中旬，“保马别立法以闻”④，显示旧保马法被废。但此时所废的已不是王安石变法时，民户自愿养马的保甲养马法，而是神宗在元丰七年春实行于京东、京西两路配额养马的都保养马法（元丰保马法）。

① 《长编》卷360，元丰八年十月丙申注。

② 《宋会要辑稿》食货37之32；《长编》卷359，元丰八年八月己巳。

③ 《宋会要辑稿》食货37之33。

④ 《长编》卷364，元祐元年正月癸卯。

当时官员论述的保马法之害，均指此法，可能还涉及神宗在元丰三年实行的物力户强制养马的户马法。元祐元年四月初，谏官王岩叟在奏论推行都保养马法的京东保马司弊端之后，“臣乞尽收还民间马三万余匹，复置监如故”①，为朝廷采纳。这里的“民间马”是指都保养马法和户马法规定由民户养的马，才可以“尽收还”后，改由政府牧马监饲养，并非泛指一般的民间私有马匹。

废罢新法的第六项为“募役（免役）法”。司马光自元祐元年初即生病，“时青苗、免役、将官之法犹在，而西戎（西夏）之议未决，（司马）光叹曰：四患未除，吾死不瞑目矣！”②司马光随后奏请立即罢废免役法，保守派中许多人反对司马光仓促行事，包括著名文学家苏轼、苏辙等人，都丝毫不能改变司马光的意志，免役法终于被废，复行差役法。蔡京时任开封知府，首先于五日期限内改募役为差役，司马光高兴地说：“使人人奉法如君，何不可行之有！”然而不久就有保守派人士攻击蔡京所为是“挟邪怀法（差役法）”③，实际上是从侧面反对匆促废止免役法。

王安石变法时将差役改为募役是历史的进步，实质是“以税代役”，使民户纳“税”后不再为劳役所困，所以司马光虽一意孤行，终不能全废免役法。像元祐二年初苏轼所说：“今者差役利害未易一二遽言，而弓手不许雇人，天下之所同患也，朝廷知之，已变法许雇，天下皆以为便。”即是一例。苏轼还指出司马光等人，“其意专欲变熙宁之法，不复校量利害，参用所长也”④。可说是一语中的，击中司马光等人的要害。他们的目的只是攻击

---

① 《宋会要辑稿》兵24之26；参见《长编》卷425。

② 《宋史》卷336《司马光传》。

③ 《宋史》卷472《蔡京传》。

④ 《苏东坡全集·奏议集》卷3《辩试馆职策问札子二首》之二。

改革派罢废新法，所谓民户受新法之害等只是借口而已。事实上免役法也并没有完全恢复为差役法，首先在差役的人数上，恢复差役法不久，王觌、苏辙相继反对恢复熙宁元年以前的差役人数，都要求“用见今在役（即募役）人数定差”役人数，“于是役人悉用见数为额”，这是间接肯定了免役法“募（役人）数屡经裁减”的正确措施[①]。其次，也没有完全废除助役钱，而是“诏：诸路坊郭五等（共十等）以上，及单丁、女户、官户、寺观第三等（乡村户共五等）以上，旧输免役钱（此指助役钱）者减五分，余户等下此者悉免输”，减轻了民户的负担。第三，也没有完全恢复差役法。元祐三年（1088 年）苏轼奏称：“差役之法，天下皆云未便。昔日雇役（指免役法），中户岁出几何，今者差役，中户岁费几何……利害灼然。而况农民在官，官吏百端蚕食，比之雇人（指免役法），苦乐十倍。”史亦称：“是时（元祐四年），论役法（指差役法）未便者甚众。”[②]实际上从一开始就是募、差兼行，复行差役法的当年，元祐元年十月，上官均即奏称：“役之最重者莫如衙前，……今来东南长名衙前招募既足，所差不及上户。”[③]在保守派官员的争论下，政府不得不放宽募役的范围，元祐六年时，保守派控制的政府也明确承认：“朝廷审定民役，差募兼行。”不仅所有衙前、“州胥”都许招募，而且“狭乡之县役人”，除壮丁外，“凡州、县役人皆许招募”[④]。可以说元祐时实行的主要是募役法，而且也征收部分役钱。

据载：当元祐元年初罢募役法时，“王荆公在金陵（今江苏南京），闻朝廷变其法，夷然不以为意，及闻罢役法（募役法），愕然失声曰：亦罢至此乎！良久曰：此法终不可罢，安石与先帝议之

---

① 《宋史》卷 177《食货志上五》。

②④ 《宋史》卷 178《食货志上六》。

③ 《长编》卷 389，元祐元年十月庚寅。

二年乃行，无不曲尽。后果如其言"[①]。王安石本已有病在身，眼见朝中改革派尽被排斥，耗费多年心血建立的新法，正被逐个罢废，不免心情抑郁，终于一病不起，于元祐元年四月去世，终年六十六岁。严峻的政治气氛，迫使门生故旧都不敢前来吊唁，甚至无人敢为之撰写墓志铭。据张舜民《画墁集》中《哀王荆公》诗反映："恸哭一声唯有弟，故时宾客合如何！"

苏轼在奉诏撰写《王安石赠太傅》的制词中称："天命将有非常之大事，必生希世之异人，使其名高一时，学贯千载；智足以达其道，辩足以行其言；瑰玮之文足以藻饰万物，卓绝之行足以风动四方；用能于期岁之间，靡然变天下之俗。"[②]苏轼以寥寥数语，即对王安石各个方面都作出了高度精确的评价，远胜于歌功颂德的万言碑铭。

废罢新法的第七项为"将兵法"，即被司马光列为四患之一的"将官"法。司马光早在任执政之前的元丰八年四月末，就上奏罢废将兵法。元祐元年六月中旬，司马光以宰相身份再次提出罢废将兵法，孙觉随即附和，然而只是"诏陕西、河东、广南将兵不出戍他路，其余河北差近里一将更赴河东，而诸路逐将与不隶将之兵并更互出戍，稍省诸路钤辖及都监员，仍以将官兼州都监职事"。史称："卒不能尽罢将、副，如(司马)光等言。"[③]正如南宋史学家李焘所说："司马光及孙觉所建请，虽略施行，而将官讫不罢。"[④]实际上将兵法并没有被废罢，只是增加了更戍和以将官兼任地方带兵官的内容，在处理犯法军士时因而会受到地方官的干预等。

废罢新法的第八项是"青苗法"，在罢废的过程中却带有相

---

① 朱熹《三朝名臣言行录》卷6之2《丞相荆国王文公》。

② 《苏东坡全集·外制集》上卷。

③ 《宋史》卷188《兵志二》。

④ 《长编》卷379，元祐元年六月庚子注。

当的戏剧性。元祐元年二月诏常平钱物依照旧常平仓法施行，表明废罢青苗法。但到同年“四月，再立常平钱谷给敛出息之法，限二月或正月，以散及一半为额，民间丝麦丰熟，随夏税先纳所输之半，愿併（原作併，据校注改）纳者，止出息一分”。这是重行青苗法，只是稍作修改，一是各地常平仓的钱物只放贷一半，二是提前还贷只收一分利息，否则仍收二分利息。其本质与王安石变法时的青苗法并无区别，只是不设提举常平官而由提刑司执行。这是因为新任同知枢密院事“范纯仁，以国用不足，建请复散青苗钱”①。此诏是以三省名义向高太后建请的，显然范纯仁只是提出意见，而决定建请者必然是宰相司马光和执政吕公著。司马光虽然告病在家，如此“复行”王安石新法，不可能不告知他即颁诏施行。颁诏以后，保守派的其他成员，纷纷上奏反对。于八月初，司马光又亲撰奏章称：“检会先朝（神宗朝）初散青苗，本为利民，故当时指挥，并取人户情愿，不得抑配”，只是后来由于专设提举常平公事，以及强行抑配等原因造成种种弊端，今“朝廷深知其弊，故悉罢提举官，不复立额考校，访闻人情安便，昨于四月二十六日，有敕令给常平钱谷，限二月或正月，只为人户欲借请者，及时得用。又令半留仓库半出给者，只为所给不得辄过此数。至于取人户情愿，亦不得抑配，一遵先朝本意”。“今欲续降指挥，令诸路提点刑狱司告示州、县，并须候人户自执状结保赴县，乞请常平钱谷之时，方得勘会依条支给”②，其意不在多贷青苗，广收利息，主要是与民方便。高太后同意颁诏施行。

司马光在这里肯定了青苗法是利民新法，并要加以改善后再次施行，这本是司马光作为政治家应有的气度。但是，“元祐

---

① 《宋史》卷176《食货志上四》。参见《长编》卷376，元祐元年四月癸丑。

② 《长编》卷384，元祐元年八月己丑。

更化”本身是保守派打击改革派的政治斗争，民户的利害关系只是作为政治斗争的借口。所以，尽管司马光亲自在这里肯定了青苗法，不但经过改进的青苗法，“只为人户欲借请者及时得用”，而且是已经“访闻人情安便”，却在尚未施行之时，即遭到其他保守派的反对，反对的理由不少。以刘挚所说最具代表性：“苟以其法（青苗法）为是也，则首议者（此指吕惠卿）无可责；苟以其议为非也，则此法不当行”。“今一事而两用之，其用之于责人（指贬斥吕惠卿），则以为非；其用之于取息，则以为是”。指出复行青苗法的严重后果，在于“必致奸臣（指吕惠卿等）有词，流传四方，所损不细”，尽管当时确是“朝廷若见得国用，须赖此钱（青苗息钱）”①。

经过再三思考、权衡政治利害关系以后，史称司马“光始大悟”，终于决定置“国计不足”于不顾，更不用说民户的利益，将本派的政治需要置于高于一切的地位，“遂力疾入对”②，要求罢废青苗法，并自责以“勘会青苗钱，利民甚少，害民极多，臣民上言，前后非一”③，作为自己行事前后矛盾的解释。

总而言之，保守派在这一事件上，原想采取“一事而两用之”的态度，即同一件事对改革派与保守派采取不同的衡量标准，亦即是同一类事情，改革派做了是害民，而保守派做了即变成利民。青苗法在王安石变法即是取息二分，其他如免役宽剩钱、市易法等也都是取息二分，当时被保守派攻击为官放高利贷，是刻剥民户。但当此次重行青苗法，仍是年取息二分，只是至夏税时全部提前还贷才是取息一分。保守派甚至在为市易法的变种“抵当”取息二分时，还辩解说“收息至薄”。收息二分，到底是高

---

① 《长编》卷384，元祐元年八月庚寅。

② 《宋史》卷176《食货志上四》。

③ 《长编》卷384，元祐元年八月辛卯。

利贷，还是收息至薄，实在令人费解。其实，一事而两用之，是保守派攻击改革派的主要手段之一，对青苗法是如此，对免役法、市易法也无不如此。

随着元祐元年八月，最终决定废罢青苗法，主要的新法或者被废或者改头换面后仍旧实行，或部分被实行，但从司马光来说总算完成了新法的罢废，更主要的是以此打击了所有的改革派。

此前的六、七月间还发生了割让领土给西夏的事件，亦即司马光为之死不瞑目的“西戎之议”。

元丰四年（1081年）秋，神宗决定进攻西夏以后，九月，李宪率熙河路宋军西取兰州，作为从侧翼攻击西夏的基地；而种谔率鄜延路宋军北攻米脂寨（今陕西米脂县），十月间占领米脂寨并筑城防守。米脂寨距宥州（今陕西靖边西）才三舍（三十里为一舍），下瞰银（今陕西米脂西北）、夏（今陕西靖边北白城子），是极其重要的战略要地。

同年十一月，灵州之役功败垂成，导致宋军全线败退。但延州（今陕西延安）知州沈括，却于其时占领了沿边的浮图、吴堡、义合等寨并筑城防守，后将米脂、浮图、义合划属延川县（今陕西延川）。元丰五年，沈括又派军袭占形势险要的葭芦寨（今陕西佳县），后归属河东路的石州（今山西离石）临泉县（今山西临县西南）；后又将吴堡寨（今陕西吴堡）归属定胡县（今山西离石西北），由于二寨形势险要，因而专设葭芦、吴堡“二寨沿边都巡检使”①。同年，环庆路宋军还夺得了礓祚寨，改名安疆寨②，并归属安化县（今甘肃庆阳），也是宋夏边境的险要堡寨。元丰八年五月，军官王英为守卫葭芦寨而战死，战士伤亡被俘达六十

① 《宋史》卷86《地理志二》。

② 安疆寨当在今陕西吴旗西略偏南。

多人。

元祐元年二月初，司马光上奏说：宋夏关系，“臣每思之，终夕寒心”，解决之道在于“废米脂、义合、浮图、葭芦、吴堡、安疆等寨，令延、庆二州悉加毁撤，除省地（指宋管辖地）外，元系夏国旧日之境并以还之。其定西及兰州”，虽非原属西夏，“俟其再请，或留或与，徐议其宜”①。原因是怕西夏起兵报复，与其待西夏出兵后再给，不如主动归还为好。于是是否弃地与西夏，遂成为朝议大政。保守派多人主张弃地，甚至提出将兰州等也弃与西夏。吕大防坚决反对，他在论述宋夏形势以后说：“臣窃谓新收疆土，议者多言可弃，盖思之未熟也”，若弃地与西夏，不只“弱国威而已，又有取侮于四夷之端焉，不可不审计也”，并提出只要不再出兵攻西夏新的城寨，不会引发与西夏的战争。并指出：“今日西夏无继迁、元昊之强，中国有练卒精甲之备，苟将帅得人，固无足畏。”②

元祐元年六月，西夏遣使前来要求将兰州、米脂等寨划归西夏，夏使到来之前，宋廷争论不休，多数大臣反对割让，只有文彦博、司马光、苏辙等少数人赞成弃地。由于文彦博、司马光等决策人物的退让态度，致使在七月间哲宗接见西夏使臣时，西夏使臣甚至说：“神宗自知错”，“上（哲宗）起立变色，怒久之”。平章军国重事文彦博甚至主张连熙河路一起割让给西夏，得到司马光的赞同，“主议者至谓如窃人之财，既为所执，犹不与之，可乎?”为了达到弃地与西夏的目的，竟然提出如此不伦不类的比喻，实在可笑，以致枢密院长官安“焘怫然曰：自灵武（今宁夏灵武西南）以东，皆中国故地”，后被西夏占有，“先帝（神宗）兴问罪之师而复之，何乃借喻如是！”司马光又召问孙路，孙路带着地图

① 《长编》卷365，元祐元年二月壬戌。

② 《长编》卷366，元祐元年二月丙子。

去见司马光说："兰州弃，则熙州（今甘肃临洮）危；熙州弃，则关中摇动"，"非先帝英武，其孰能克复，今一旦委之，无厌之欲，恐不足以止寇，徒兹后患尔"。司马"光幡然曰：赖以访君，不然几误国事"①。这样，司马光才决定只放弃米脂、浮图、葭芦和安疆四寨。"执政将弃四寨，访于（游）师雄"，游师雄当即表示反对，并说："此先帝（神宗）所立，以控制夏人者也，若何弃之，不惟示中国之怯，将起敌人无厌之求"，"万一燕人（此借指辽朝）遣一乘之使，来求关南一县，为之奈何？"②但司马光、文彦博根本听不进去，终于将米脂等四寨割让给西夏。

司马光在年初生病时，曾将青苗、免役、将兵三新法及西夏之扰，视作让他死不瞑目的"四患"。为了加速罢废新法的速度，他甚至不顾病体，"不舍昼夜"③。至八月罢废青苗法后，他所要消除的"四患"，在他生前都已"完成"。九月初，司马光病死。

保守派控制朝政以后，在攻击改革派和新法方面，因为利益相近，加上领袖人物司马光的存在，虽然相互之间意见有分歧，但总的来说还是步调一致的。但是，随着改革派代表人物蔡确、章惇等的被贬斥，新法的被罢废，失去了共同的政敌和打击的目标，加上司马光的去世，保守派内部缺少协调或震慑不同政见的领袖人物，保守派成员遂逐渐以地域性为主分化为洛、朔、蜀三党。洛党以理学派创始人程颐为首，主要成员有朱光庭、贾易等人；蜀党以蜀学派创始人苏轼为首，主要成员有苏辙、吕陶等人；而以朔党成员最多，主要是刘挚、梁焘、王岩叟、刘安世等人。

司马光死后，在吊唁的礼仪方面，程颐主张依古礼行事，受

① 《长编》卷 382，元祐元年七月癸亥及注。参见《宋史》卷 332《孙路传》。

② 《宋史》卷 332《游师雄传》。

③ 《宋史》卷 336《司马光传》。

到苏轼的讥讽。不久，苏轼在为考试馆职者所出的策问中，提出："周公、太公之治齐、鲁，后世皆不免衰乱者，以明子孙不能奉行，则虽大圣大贤之法，不免于有弊也。"又说：宋朝"六圣（指太祖及太、真、仁、英、神宗六帝）相受，为治不同，同归于仁"；"欲师仁祖之忠厚，而患百官有司不举其职，或至于偷（指敷衍）；欲法神考之励精，而恐监司守令不识其意，流入于刻"。于是洛党的朱光庭攻击苏轼认为仁宗、神宗都不足以效法，是大不忠，随后又奏称苏轼曾经骂司马光和程颐。但是在苏轼申辩之后，高太后并没有治苏轼之"罪"。朔党的王岩叟和傅尧俞等人怕因而将朱光庭逐出朝廷，又申论苏轼虽无罪但并非无过，一时间此事遂成为朝政的重要议题①。尽管吕公著等人企图平息争端，但王岩叟、朱光庭、傅尧俞则必欲争个是非。苏轼于元祐二年正月中旬，再次阐述题旨："然臣私忧过计，常恐百官有司矫枉过直，或至于偷。而神宗励精核实之政，渐致惰坏，深虑数年之后，驭吏之法渐宽，理财之政渐疏，备边之计渐弛，则意外之忧，有不可胜言者。"②也许正是苏轼借用周公姬旦、姜太公吕尚的"子孙不能奉行"先王贤政以致衰乱之事，以示考试者议论当世政事，为朱光庭、王岩叟等人所忌。而苏轼的进一步阐明，确是忧虑当今对神宗政事"矫枉过直"，甚至担心数年之后，"意外之忧，有不可胜言"的程度，实际上表达了他对当前政治的不满。

此后党争仍然不已。元祐二年八月洛党党首程颐首先被罢职，后又罢其党羽贾易，皆出任外官。蜀党苏轼也出任地方官，以后保守派朔、蜀、洛三党，仍不能协和以改善政事，不断互相攻击。当元祐六年二月苏辙被任命为执政时，甚至被说成"是犹又

---

① 《苏东坡全集·奏议》卷3《辩试馆职策问札子二首》之一。参见《长编》卷393，元祐元年十二月壬寅。

② 《辩试馆职策问札子二首》之二。参见《长编》卷394，元祐二年正月庚午。

用一(王)安石也”①。元祐后期的政事主要陷于洛、朔、蜀三派的党争,并无实质性的政绩。

三、哲 宗 绍 述

元祐八年(1093 年)九月初,太皇太后高氏病死,哲宗亲政。吏部侍郎杨畏上疏请绍述神宗新法,并密荐被贬斥的改革派章惇、安焘、吕惠卿及邓润甫、李清臣等人,请以章惇为宰相,为哲宗采纳。

元祐九年(1094 年)初,兵部尚书邓“润甫首陈武王能广文王之声,成王能嗣文、武之道,以开绍述”之渐②;而户部尚书李清臣此前已创“绍述”之议,正合哲宗之意。同年二月,任李清臣、邓润甫为执政,新政遂逐渐开始。三月,投靠高太后的左相吕大防,在连任宰相之后,首先被罢相出任地方官。随后在殿试进士时,执政李清臣借所撰策题,首述神宗变法改革,“凡礼乐法度所以惠天下者甚备,朕思述先志,拳拳业业,夙夜不敢忘”。然后发问“今复词赋之选,而士不知劝;罢常平之官,而农不加富;可差可募之说杂,而役法病”;“赐土以柔远也,而羌夷之侵未弭;弛利以便民也,而商贾之路不通。夫可则因,否则革,惟当之为贵,圣人亦何有必焉”。史称:“主意皆绌元祐之政,策士悟其指,于是绍述之论大兴,国是遂变。”这次策题确是有类于绍述新政的宣言,但是,“初考官取答策者,多主元祐”,杨畏复考,才“专取熙宁、元丰者”③。

当时苏辙曾针对策论试题,一改当年司马光“以母改子”的

---

① 《长编》卷 455,元祐六年二月丁未。

② 《宋史》卷 343《邓润甫传》。

③ 《长编拾补》卷 9,绍圣元年三月乙酉;《宋史》卷 328《李清臣传》。

理论，称熙宁、元丰“事有过差，元祐以来，随宜改政以安天下者，正是子孙孝敬之意”①，此论已使哲宗不快；苏辙继又以汉武帝末年败政比拟神宗，为元祐之政辩解，哲宗因而发怒。在宰相范纯仁解救下，苏辙被免职出知汝州（今河南汝州）。四月，苏轼因以前草拟吕惠卿贬词失当而罢官出知英州（今广东英德）。

元祐九年，从曾布“先帝政事当复施行之，宜改元以顺天意”之请，改当年为绍圣元年。南宋史臣为达到攻击改革派的目的，甚至说这是章惇等“胁持上（哲宗）下改元曰绍圣”②。其实改元绍圣是在元祐九年四月十二日，当时宰相仍是范纯仁，而章惇尚在贬斥中。宰相范纯仁见苏氏兄弟等保守派相继被罢，而李清臣、邓润甫等人任执政后，积极倡导新政，以及三月殿试策题及改元绍圣等一系列事件的发生，促使他不安于位而请辞，遂罢相出为颍昌（今河南许昌）知府。同日章惇任宰相（独相），时为四月二十一日，标志着改革派重新执政。

哲宗亲政之初，即想恢复免役法，他提出：“第行元丰旧法，而减去宽剩钱，百姓有何不便？”③当时的宰相范纯仁奏称各地情况不同，应该研究长久可行之法，于是命户部详议役法，户部遂设立“看详役法所”。章惇任宰相后“复变役法，置司讲议久不决”，权户部尚书蔡京说：“取熙宁成法施行之尔，何以讲为？惇然之，雇役遂定。”④不过，章惇所恢复的是哲宗此前提出的元丰免役法，并非蔡京所说的熙宁免役法。免役法成为第一个恢复的新法，并将宽剩钱利息降为不得超过一分，较熙宁免役法的规定减少一半。随后的闰四月初，又复设各路的提举常平官，显然是为恢复青苗法作准备。但在复设提举常平官之初，主要是为

① 《长编拾补》卷 9，绍圣元年三月丁酉。

② 《长编拾补》卷 9，绍圣元年四月癸丑注。

③ 《宋史》卷 178《食货志上六》。

④ 《宋史》卷 472《蔡京传》。

推行新的免役法。同年六月，曾布升任同知枢密院事，参与掌控最高军事机构。

绍圣二年七月，户部尚书蔡京提出“检点熙宁、元丰青苗条约，参取增损，适今之宜，立为定制”①。同年九月颁诏复行青苗法，一依元丰七年(1084年)条例施行。

绍圣三年，“是岁，以常平、免役、农田水利、保甲，类著其法，总为一书，名《常平免役敕令》，颁之天下”。此书的编成颁布，标志着主要新法的恢复。而市易法的恢复是在绍圣四年，“复置市易务，惟以钱交市，收息毋过二分，勿令贷请”②。至于将兵法，在元祐罢废新法时，将兵制度本身未受多大影响，因而绍圣恢复时，也只是排除州、县行政长官对“将兵”的干扰，“欲仍依旧法及诸军除转排补并隶将司，州县无得辄预。其非屯驻所在，(军士犯法)当俟将、副巡历决之，余委训练官行焉”。保甲法被罢废的主要是团教、集教法的平时教练及上番巡警，改为农闲的冬教一月，其实也流于形式。绍圣三年三月下诏，只是要求认真按义勇法执行。尽管哲宗一再要求按熙宁法教练保丁，但枢密院长官曾布却以种种借口拖延，元符二年(1099年)十一月，甚至说：“若以元丰成法一切举行，当时保丁存者无几，以未教习之人，便令上番及集教，则人情汹汹，未易安也。”其议论实同于保守派，因而当蔡卞责问说：“熙宁初，人未知保甲之法。今耳目已习熟，自不同矣”③，曾布也无法辩答，但直至次年正月哲宗逝世，保甲法始终没有完全恢复。保马法实行的是以牧马监的牧地一顷，为政府自愿养马一匹的民间养马法，也并非熙宁、元丰的民间养马法。然而以牧地给民养马，效果并不好。曾布遂建议增设骑

① 《长编拾补》卷12，绍圣二年七月己亥。

② 《宋史》卷178《食货志上六》，卷186《食货志下八》。

③ 《宋史》卷188《兵志二》，卷192《兵志六》。又，学者多以元祐尽罢新法，而绍圣尽复新法，笔者原亦如此，欠妥，故稍详之。

兵于陕西，以牧地的地租作为增设骑兵之费。绍圣四年五月，于陕西增置“蕃落”马军十指挥，每指挥五百人，共养马三千五百匹以应付。

哲宗亲政时复行神宗变法改革的富国强兵诸法，大体如此；而教育、科举方面也恢复了神宗时的制度。

哲宗亲政时期，对西夏的战事是重要的政事之一。司马光在临死之前，匆促决定将米脂、葭芦、浮图、安疆四寨划给西夏，原指望宋夏边境从此能够平静，但西夏的入侵却从未停止过。元祐六年八月末，西夏围攻麟州（今陕西神木北）、府州（今陕西府谷）达三日之久，宋将李仪等战死，宋廷被迫下令虚张声势，目的在于“务令敌兵早退，城寨无虞”。首议弃地者之一的鄜延路经略使范纯粹此时也觉察到，西夏“盖外为不缺贡奉之名以利商贩，而不废侵寇之实也”。于是命已到延安押送赐给西夏礼物及岁赐的使臣暂且称病，以待朝命，并提出如果此时仍命使臣押送礼物等前往西夏，“恐非息兵安民之术”。秦凤路经略使吕大忠甚至提出：“欲乞今后将岁赐（西夏）钱物，分赐（陕西）诸路添赐边计”①，作为抗夏军费。同年十月中旬，朝廷决定停止给西夏的岁赐，分给河东、陕西作为军队的功赏费用。次年西夏侵入泾原路境内抢掠达五十天之久，退兵时在宋境内的没烟峡（今地不详）建筑城堡据守。于是陕西的游师雄、穆衍等守臣依据枢密院旨意，建议于沿边建筑城寨，以抗击西夏的入侵，保守派韩忠彦竟“以谓十年不作（城寨），何害”②。范纯粹也反对进驻边寨以自卫，以免再次发生神宗时永乐城（今陕西米脂西）被西夏攻陷之事。由于宋廷议久不决，沿边各地或筑或否，均视边路帅臣意志而定。西夏入侵边境的战事时有发生，宋夏关系遂处于

① 《长编》卷466，元祐六年九月丁亥、戊子、壬辰。

② 《长编》卷470，元祐七年二月辛巳。

不战不和、亦战亦和的状态。元祐九年正月，西夏甚至还遣使来朝贡。

绍圣元年五月，御史郭知章参奏元祐时主张弃地与西夏的诸臣，宰相章惇称："弃地之议，司马光、文彦博主之于内，赵卨、范纯粹成之于外，故众论不能夺"。赵卨、范纯粹"挟奸罔上"，"不可不深治，上(哲宗)以为然"①。此时，赵卨早已去世，范纯粹则于八月受到降阶官与职名的处分，但仍任延安知府。

绍圣二年八月，停止熙河等路与西夏的地界划分，表明了北宋政府将放弃元祐时妥协退让的政策，恢复积极进取，抗击西夏入侵，继续经略河湟地区的战略。

元祐元年在司马光的主持下主动割米脂等四寨给西夏的举动，不仅使西夏轻视宋朝，不断侵扰宋境，而且由于宋廷示弱于西北，"元祐初，专务安静，罢制置府，减戍卒"，"握兵将帅相继罢去"，部族首领果(一作鬼)庄与"夏国阴相结连，约分其地(指河湟地区)"②，造成严重后果。元祐二年五月初，西夏围攻河州(今甘肃临夏)东南的南川寨，侵占洮州(今甘肃临潭)。宋朝派反对割让四寨给西夏的游师雄任熙河路勾当公事，前去与熙河路经略使刘舜卿处理果庄侵扰事件。游师雄在得到事可专权的允诺后于七月初到达熙州(今甘肃临洮)。西夏得讯后也派人前往青唐(今青海西宁)，与当地部族首领联系共同反宋，并发大军欲与果庄联兵攻宋。游师雄发兵主动攻打果庄。八月十五日出兵，分兵二路：熙河路总管姚兕率左军连破伦布宗、嘉木卓城(今地皆不详)，烧毁黄河桥，切断了河外数以万计救援果庄军队的进路；岷州(今甘肃岷县)知州种谊率右军，直奔果庄盘踞的洮州，十八日晚袭占洮州，擒果庄等。"捷书闻，百僚表贺，遣使告

① 《长编拾补》卷10，绍圣元年五月甲寅。

② 《长编》卷402，元祐二年六月甲申。

永裕陵(神宗陵)。将厚赏师雄”,但保守派“犹以为邀功生事,止迁一官”[①]。河湟地区终于又恢复了神宗末年的形势。

绍圣三年(1096 年)五月,西夏又是一方面声称将遣使进贡誓表,一方面出兵入侵鄜延路。鄜延路经略安抚使吕惠卿,六、七月间十四次派兵击退入侵的西夏军,多所斩获。同年九月,西夏大举入侵,西起招安寨(今陕西安塞),东至黑水寨(今陕西绥德西)。西夏军攻破金明寨(今陕西安塞南),宋将张俞战死,西夏军进至延安北五里。次年二月,西夏军又攻绥德,为宋军击败。各路宋军相继出击获胜,鄜延路出境修复浮图寨,河东路也乘胜出境修复葭芦寨。此后,西夏军多次攻入宋境劫掠,宋军也攻入西夏并进筑堡寨。六月,修复安疆寨;八月,宋军收复宥州(今陕西靖边西)。元符元年(1098 年)三月,又修复米脂寨。至此,元祐初年割让给西夏的米脂等四寨全都收复,并进筑新寨十多处。绍圣四年四月进筑的平夏城(今宁夏固原北)及东南的灵平寨,更是控扼西夏南侵的咽喉。元符元年十月,西夏梁太后亲率三十万大军,连营数十里,进攻平夏城,连攻十三日,使用地道、云梯多计进攻,都被宋将郭成率守城军士击败。西夏军伤亡惨重,粮尽退兵。郭成及原西夏降将折可适等乘机夜袭西夏军营,擒俘西夏勇将、统军嵬名阿里,监军妹勒都逋等及军士三千多人,牛羊以万计,取得宋夏战争中少有的胜利,哲宗御殿受贺。

元祐四年(1089 年)八月,为了向西夏表示退让,曾将熙河兰会路改为熙河兰岷路,以示放弃宋夏之间的会州(今甘肃靖远)。元符元年(1098 年)八月,恢复为熙河兰会路,以表明对西夏的经略态势。元符二年正月,西夏主战的梁太后病死。二月,西夏遣使告哀并谢罪,被宋廷拒绝。三月,辽使到宋京城为西夏

① 《宋史》卷 332《游师雄传》。

请宋缓师及归还所占西夏地，也被婉言拒绝。宋仍对西夏采取攻势，不断进筑城堡，并进筑会州城。

元符二年九月，西夏又遣使告国母哀，并上表谢过，宋廷因而给西夏诏："已谕边臣，我疆彼界，毋相侵犯。"但西夏言而无信，仍常侵宋边境。

宋军又收复邈川城，青唐再降宋，宋建青唐为鄯州（今青海西宁）、建邈川为湟州（今青海乐都南），以王赡任鄯州知州、王厚为湟州知州。同年闰九月，邈川部落首领向西夏请兵，西夏派四监军兵数万助其叛宋，围攻湟州。熙河总管王愍率军平叛，其时正在湟州城中，当时守城军民不满千人，遂命女子穿男人衣服守城，幸而河州知州姚雄及时率兵来援，才将叛军及西夏军击退，宋将苗履又再次击败西夏军。同年十二月，西夏才又臣服，誓表称："约束事条，恭依处分。"哲宗也下诏："嘉尔自新，俯从厥志"，"自今已往，岁赐仍旧"[①]，宋与西夏又恢复了和平相处。

哲宗时改革派重新上台后，同样以种种手段对保守派予以打击报复。哲宗亲政之初，苏轼以草吕惠卿贬词失当首遭贬斥；接着，刘安世、范祖禹因谏阻起用改革派章惇等人，苏辙以论殿试进士策题，相继遭贬斥或罢官。章惇任宰相前后，旧相吕大防、范祖禹先后罢相出任地方官。改革派章惇等执政以后，除为改革派恢复名誉、将他们起任要职外，还不遗余力地打击保守派，特别是元祐时执政的保守派。

绍圣元年四月，重修《神宗实录》。元祐六年修成的《神宗实录》，将一切过失归之于王安石的变法改革，当时参与修撰的陆佃与主修官范祖禹、黄庭坚争辩时称之为"谤书"。这次重修时将王安石的《日录》载入以澄清史实。《神宗实录》的重修，是改革派向保守派反击的一个信号。

---

① 《宋史》卷486《夏国传下》。

同年七月，下诏追夺司马光、吕公著等的赠官与谥号，拆毁官修的碑楼，磨毁碑文，再次降贬吕大防、刘挚、苏辙、梁焘等保守派官员，将他们都降为闲差并限定他们的居住地，不准自由迁徙。由于李清臣奏称："更先帝法度，不为无过，然皆累朝元老，若从（章）惇言，必大骇物听。"①哲宗遂下诏："除已行遣责降人数外，其余一切不问，议者亦勿复言。"②然而这只是暂时的停止，不久即开始编类元祐年间群臣的奏章，实为进一步打击保守派作准备。绍圣四年二月，贬降保守派官员达三十人之多，不少人被安置在岭南地区居住。张商英甚至向哲宗奏说："愿陛下无忘元祐时，章惇无忘汝州（今河南汝州）时，安焘无忘许昌（今河南许昌）时，李清臣、曾布无忘河阳（今河南孟州南）时"③，提醒哲宗及改革派诸大臣，不要忘记保守派对他们的打击迫害。此后又有不少保守派相继遭到贬降。与元祐时保守派当政时的情况相类似，改革派也将主要精力放在打击对立派上。因而哲宗亲政以后，政局虽有改善，但进展不大。

哲宗亲政以后，起用改革派，进行"绍述"神宗的改革事业，但有些改革派主要成员热衷的是自己的权位，并不是改革事业。要恢复与继承神宗的改革事业，强兵与富国是改革的两大目标，但主管军事的知枢密院事曾布，对保甲、将兵、保马等与强兵密切相关的改革措施敷衍了事，却对章惇不推荐他当宰相耿耿于怀。执政的改革派主将章惇与曾布貌合神离，严重影响了改善政局的进程。另外，王安石变法时期的主将吕惠卿元祐时受到远贬，哲宗亲政后，在当年草制贬斥吕惠卿的苏轼受贬的同时，他也重新被起用。但改革派的当政者们，也许是对吕惠卿当年

---

① 《宋史》卷328《李清臣传》。

② 《长编拾补》卷10，绍圣元年七月戊午。

③ 《宋史》卷351《张商英传》。此句暗指元祐时保守派大臣无视哲宗的存在，汝州等地为诸人的贬降地。

背叛王安石记忆犹新，只安排他担任地方长官，而非他所期望的朝中执政大臣。

哲宗皇后孟氏的立、废，也是哲宗时期的一件大事。哲宗在即位初年，受制于太皇太后高氏。高太后派年长的宫女去服侍他，实际对其进行监视，哲宗只得谨小慎微，以避免可能发生的废立事件。高太后为了达到进一步控制哲宗的目的，亲自为他"历选世家女百余入宫"，以便从中挑选最能秉承高太后旨意者。经过一年多的挑选，先选中十名，最后再从中选定仁宗时马军都虞候孟元的孙女（神宗时王广渊的外孙女），年长哲宗三岁。为了防止当时流行的以阴阳迷信"勘婚"，可能出现与哲宗不宜婚配之说的发生，决定不进行阴阳"勘婚"，而"台谏文字，未尝令皇帝（哲宗）看也"。元祐七年（1092 年）二月，高太后选中孟氏为后，四月初先诏立孟氏为皇后，中旬才举行极为隆重的婚礼。先立为皇后再成婚，这在宋代是绝无仅有的，太皇太后高氏可说是用心良苦。梁焘奏中说，这是为了"安国家之功"，使哲宗"皇帝得贤助于内，又常多进正人辅佐圣德于外"，以达到"朝廷安静，奸邪自消，可以终无忧悔矣"[①]，政治目的性很强。次年九月，高太后病死，孟后即被废，出居瑶华宫。

徽宗时一度恢复孟氏后位，号元祐皇后，后又被废，出居宫外，金军灭北宋时因而得免俘掠北迁。在北宋灭亡以后，南宋建立之初，孟后起到过接续的作用，她出面奉立康王赵构为帝，重建南宋王朝；南宋初年又以太祖托梦的形式，劝宋高宗选太祖后裔为嗣子，为孝宗继位起了至关重要的作用。

---

① 《长编》卷 472，元祐七年四月戊午、己未；《宋史》卷 243《孟皇后传》。弃地与西夏及以后收复，以及孟后之立等事，学者少有论述，如笔者在《中国通史》第七卷等，故稍详之。又，哲宗娶孟后婚礼过程，还可参看笔者《再谈中古汉人从跪坐到垂脚高坐的演变・三》。

第七章　北宋中后期社会经济的发展

北宋中叶宋神宗时期，由王安石主持推行的“熙宁变法”，对改变真宗以来形成的积贫积弱的局面起了至关重要的作用，同时对社会经济的发展也起到了极大的推动作用。北宋中期所采取的一系列措施，如允许佃户迁移自由，民户只垦熟荒地，减免新垦荒地的田赋；平均田赋，发展农田水利，解除民户的差役之困；兴办屯田、营田、官庄，扩大耕地面积等，促进了农业的迅速发展。

“抽分”制的实行，促进了矿冶业的发展。政府不再干预民间雇佣劳动关系，官、私手工业中雇佣关系得到普遍化。铸钱、丝织、制盐、制茶、制瓷、造纸、印刷、军器制造等手工业，十分兴盛，茶叶、铜器等已开始重视品牌效益。

农业、手工业的兴盛，促使乡村经济中心“镇”的兴起，城市和榷场、和市、互市，以及海外贸易都很兴盛。商业的繁荣，促使货币供应量的增加。川西地区使用笨重的铁钱，阻碍了商业的发展，一种轻便的货币，世界上最早的纸币“交子”，应运而生。

第一节　农业经济的发展

一、耕地的扩大

北宋虽自真宗中期以后，逐渐形成积贫积弱的局面，以致北宋中叶的仁宗、神宗时先后持续出现了范仲淹的“庆历新政”与王安石变法改革浪潮。仁宗时的“庆历新政”因推行的时间过短且随后失败，对改善积贫积弱的局面，没有起到多少作用。但王安石变法自熙宁二年(1069 年)开始，至元丰八年(1085 年)神宗逝世，长达十六七年之久，改革措施基本上都已实行，成效十分显著。开发梅山和南北江以及开拓熙河地区，都是北宋统一以来前所未有的。富国强兵的目的大体上也已达到。在对西夏的战争中虽因神宗任用非人，导致功败垂成。但保甲兵出戍边寨以代正兵的目的已经实现，即使后来在废罢改革措施的元祐(1086—1094)"更化"时期也不例外。至于富国措施的成效更为显著，曾参与改革变法而具有保守思想的安焘，徽宗初年任知枢密院事时追忆说：神宗"熙宁、元丰之间，中外府库，无不充衍，小邑所积钱米，亦不减二十万"①。所有这些都与农业生产的发展有着密不可分的关系。

农业生产的发展，首先与耕地的不断扩大有关。北宋时官员记载耕地面积常失实，其中不少是根据所收田赋而推测之数，英宗治平(1064—1067)年间全国耕地数为四百四十万余顷，即是如此统计出来的。但"废田见于籍者犹四十八万顷"②，也应是接近事实。而神宗元丰(1078—1085)时，耕地总面积为四百六十一万多顷③，较治平时多二十多万顷，大体上反映了全国耕地面积的扩大，这与北宋中叶政府继续采取鼓励开荒的政策有着直接关系。

北宋政府为鼓励农户开垦荒田，采取"许民挑段请佃"，民户则"候耕凿稍熟，牛具有力，即于疆畔接续添请"租佃相邻农田。天圣元年(1023 年)七月，规定凡没入官的户绝田或逃亡户田，不准将其中的肥田单独出租给佃户，而是不分肥瘠以原户所有土地全户出租，以避免瘠地无人租佃的情况。但这样做的结果

---

① 《宋史》卷 328《安焘传》。

② 《宋史》卷 173《食货志上一》。

③ 《文献通考》卷 4《田赋考四》。

却与政策的建议及制定者设想的相反,租佃耕地者大多为无地或少地的农户,无力承租户绝或逃亡户整户所有的耕地。夏竦因而于天圣三年九月提出:"且即令逃田二三十年荒废肥瘠之地,空长草莱,上无一粒黍稷入官,下无一粒菽麦济民,未知空守旧章裨有何益",请将三年以上的官有荒田,允许中等以下民户请佃肥田,并于"元额加税十分之二,更于次年起税纳"①,以鼓励中下户开垦熟荒地,并增加政府的田赋收入。

天圣五年十一月,又下诏放松南方地区地主对佃户的控制关系,以适应社会经济发展的需要,诏称:"江、淮、两浙、荆湖、福建、广南州军,旧条私下分田客,非时不得起移。如主人发遣,给与凭由,方许别住,多被主人折勒,不放起移。自今后,客户起移,更不取主人凭由,须每田收田毕日,商量去住,各取稳便,即不得非时衷私起移。如是主人非拦理栏占(应作"非理拦占"),许经县论详。"②这一诏令的发布,至少说明了三个问题,一是诏令是针对长江中下游及广南福建地区的,未涉及原后周统治的华北中原地区,间接地说明华北地区早已不存在上述情况;二是诏令未涉及川峡地区,从宋初的情况看,川峡地区的生产关系相当落后,此时还达不到上述诏令要求的水平;三是长江中下游及广南、福建的广大东南地区,自宋初以来,生产关系已有了很大的发展,租佃制关系已由初级阶段向成熟阶段,即向完全契约化方向发展。这道诏令是针对地主和佃户双方的,即地主不能再以"凭由"控制佃户的迁徙自由,实际上许多佃户已经不要"凭由",自动迁徙了;同时也规定佃户必须在农作物收割完毕,也即是在向地主缴纳当年或当季的地租以后才能迁移,使地主少受或不受经济损失。这道诏令的重大历史意义,在于使宋代广大地区的租

---

① 《宋会要辑稿》食货 1 之 22。

② 《宋会要辑稿》食货 1 之 24。

佃关系完全契约化，并得到政府法律的保障。而佃户身份的提高，不仅使得佃户能自由租种自己认为更合适的土地，也使得无地或少地的佃户能自由地认领与耕种荒地；而地主也只有收取较为合理的地租，才能留住或招得佃户，佃户也才会发挥更大的生产积极性。北宋中叶是中国古代历史上发生重大变革的历史时期，租佃制生产关系完全契约化，是这一时期重大变革的一个方面。

仁宗时还将河北边境地区的灾民，迁往中原的唐州（今河南唐河）、邓州（今河南邓州）、汝州（今河南汝州）和襄州（今湖北襄樊市襄阳区）地区，提供官有荒地及耕牛、种子，以使河北灾民在中原地区开荒种地。还规定所有开荒耕种的土地只纳二税（田赋），不纳地租。又规定民户逃亡十年后，其地允许他人耕种，三年以后才征收田赋，而且只收旧田赋额的一半；逃户自己回归耕种，也享受同样的待遇等。至和元年（1054 年），又诏："京西民饥，其荒田如人占耕，及七年起税二分，（占耕）逃田及五年，减旧税三分"①，以减免田赋来召民开垦荒地，扩大耕地面积。

神宗熙宁元年（1068 年）十二月，权京西转运使谢景温奏称："在法，请田户五年内科役皆免。今汝州四县客户，不一二年便为旧户纠抉，与之同役（指差役），因此即又逃窜，田土荒莱。"②提出设立专门机构"垦田务"，设官专领四县荒田，召人户耕种，不归属各县，五年以后才归属各县以承担科役。后来的诏令除不设垦田务，其余皆依所奏。这是采取垦田户不归属各县的办法，以确保新垦田户在五年内免除科役的政策得以贯彻。王安石变法开始以后，进一步以免役法解决民户承担的差役问题；以农田水利法，采取积极的政策开垦荒田，兴修水利，扩大耕地面积；以方田均税法改善田赋不均的局面，以图从源头上彻底

① 《宋会要辑稿》食货 1 之 26。

② 《宋史》卷 173《食货志上一》。

解决无地少地的民户承担不应有或过多田赋因而逃亡的问题。

除了招抚逃亡，开垦荒地以外，北宋中叶仍沿北宋前期的政策，设屯田或营田，屯田为军垦，营田为民垦，都设专门机构及官员管理。有时两者性质混同，但设置屯田务或营田务，由官员率领军士或民户耕种，而非民户一般的散种，则是相同的。

仁宗时，不论是屯田还是营田，都无多大发展。天圣四年(1026年)，因真宗时兴置于襄州、唐州地区的营田务，其钱、谷收入不抵官吏、兵士、牛种的费用，遂罢废以给贫民耕种，只收或减半征收田赋。以后，仁宗也曾想在多处兴置营田，但大多有始无终，议论、设置的多，而有成果的少，大体上都是未几即罢。

英宗治平三年(1066年)时，河北路有屯田三百六十七顷，每年收粮食三万五千多石，实际主要是作为防御辽兵的措施，解决部分军粮只是附带的收益。神宗熙宁元年(1068年)六月，派内侍李若愚任河北同提点制置屯田使，也只是表明神宗重视作为防务的河北屯田事务。熙宁四年二月，又因入不敷出，“河北缘边屯田务水陆田，并令民租佃，本务兵士令逐州、军收为厢军，监官悉罢”①。但河北屯田事关边防，因而屯田司一直得以保留。熙宁五年七月，以阎士良为河北同提点制置屯田使，接替李若愚。熙宁八年正月，令阎士良“久任，朝廷重屯田之任，故久其任以责成也”。河北屯田司这时期主要还是措置如何增加塘泺，作为阻挡辽军南下的措施。河北屯田真正作为垦荒的措施，是元丰二年(1079年)末定州(今河北定州)知州兼安抚使韩绛，借安抚司封桩钱(备用军费)五千贯购买水地进行屯田，当时在本路的保州(今河北保定)、广信军(今河北徐水西)、安肃军(今河北徐水)、顺安军(今河北高阳东)，也“兴水利为屯田”②。

---

① 《长编》卷220，熙宁四年二月戊寅。

② 《宋会要辑稿》食货63之44、48。

河东路经略安抚使、太原知府吕惠卿，于元丰七年，“雇五县耕牛，发将兵外护，而耕新疆葭芦（今陕西佳县）、吴堡（今陕西吴堡北）间膏腴地号木瓜原者，凡得地五百余顷，麟（今陕西神木北）、府（今陕西府谷）、丰州（今陕西府谷西北）地七百三十顷，弓箭手与民之无力（耕种）及异时两不耕者又九百六十顷”。次年“所收禾粟、荞麦万八千石，草十万二千”，而动用护耕军队一万八千余人、马二千余匹、耕民一千五百人、雇牛千具，所得“不偿所费”①，后来也未再进行。

陕西地区沿边地带，由于与西夏接界，时有战事，虽有屯田、营田，但为数不多。以地招募弓箭手，主要是招当地少数民族，称为蕃弓箭手；也招募部分汉人弓箭手。宋代以闲田招募弓箭手，始于北宋前期。镇戎军（今宁夏固原）知军曹玮于景德二年（1005年）提出：招募当地人为弓箭手，不给兵械军粮，而以境内闲田人给田二顷，兼备战马者三顷。以后逐步推广至陕西诸路及河东路沿边地区。北宋中叶继续以地招募弓箭手，但有的仍要负担田赋，只免差役。天圣二年（1024年）曾想将原州（今甘肃镇原）后周至宋真宗初年所招“系税（田赋）弓箭手”，放免归农为一般民户以服差役，在陕西转运使范雍奏请后，仍保留为系税弓箭手而免服差役。天圣六年，镇戎军“将新开壕里地土，分劈与侧近弓箭手等耕种，依乡原例输租课（田赋）”②。至和二年（1055年），韩琦、富弼商定的条例，于代州（今山西代县）、宁化军（今山西静乐北）“禁地”招募弓箭手，“视山坡川原均给，人二顷，其租秋一输，川地亩五升，坂原地亩三升，毋折变科徭”③。以田赋不收夏税、降低秋税标准，并免服差役、折变等作为优惠

---

① 《宋史》卷176《食货志上四》。

② 《宋会要辑稿》兵4之1。

③ 《宋史》卷190《兵志四》。“禁地”指边境的两不耕地。

条件。熙宁七年，王韶提出在河州（今甘肃临夏）的“近城川地招弓箭手（汉人）外，其山坡地招蕃兵弓箭手”；“每寨三指挥或五指挥，每指挥二百五十人，人给田百亩，以次蕃官二百亩，大蕃官三百亩，仍募汉弓箭手为队长”①。此前鄜延路经略安抚使郭逵说：“怀宁寨（今陕西绥德西南）所得地百里，以募弓箭手，无闲田。”延州（今陕西延安）知州赵卨提出运送军粮来陕西很困难，“请募民耕（旷土）以纾朝廷忧”，于是“括地得万五千余顷，募汉蕃兵几五千人，为八指挥”②，也是以地招募弓箭手。熙宁八、九年时，枢密使吴充也认为：“实边之策，惟屯田为利”，“然屯田之法行之于今诚未易，惟有因今弓箭手以为助法”，而且认为弓箭手地，“官无营屯牛具廪给之费，借用众力而民不劳，大荒不收而官无损，省转输，平籴价，凡六便”③。弓箭手地的屯垦方式遂逐步推行，通常沿边的弓箭手垦荒为田，赋役全免；近里弓箭手的耕地土质较好，且受战争侵扰的可能性较小，则负担部分田赋而免其折变及服差役。哲宗、徽宗时期继续实行在沿边地区以地招募弓箭手的政策，不仅减轻了政府的军费负担，同时也扩大了耕地的面积，对宋代的社会经济，尤其是对边境地区社会经济的发展，起到了相当重要的作用。

弓箭手地具有军屯性质，而民屯则称为营田。除开始于宋初而于天圣四年（1026 年）罢废的襄、邓二州营田外，北宋中后期继续实行营田政策以耕垦荒地。庆历元年（1041 年）诏令陕西于“空闲地置营田务”④，次年又以同州（今陕西大荔）沙苑监（今陕西大荔南）的牧地作营田。神宗时设置更多的是官庄，而设置的营田也常依照官庄的办法进行。如元丰元年（1078 年），在将

① 《宋史》卷 191《兵志五》。

② 《宋史》卷 176《食货志上四》。

③ 《文献通考》卷 7《田赋考七》。

④ 《宋会要辑稿》食货 63 之 72。

熙州(今甘肃临洮)原先的营田一百一十顷,改置为官庄田外,“于近城更择沃土二十顷为营田,专差使臣等主管”。次年二月,将岷州(今甘肃岷县)等地的营田,“依官庄例”招募人,即是一例。

官庄田在神宗时,是由官府管理并依当地租佃制形式出租给农户耕种的田地。元丰二年十二月,以“开封府界牧地可耕者为官庄”,这是都大提举淤田司提请的。而上一年六月,“澶州(今河南濮阳)及京东、河北淤官田皆土腴,乞募客户依其土俗,私出牛力、官出种子分收”①,可能就是官庄的经营方式。官庄与营田同时并存,如上述岷州等地有十六处官庄和四处营田;而从熙州将营田拨作官庄后别选沃土置营田的事例看,官庄经营的是已耕地及好地,而营田经营的虽有“沃土”之名,实际上只是可耕地。营田为民屯,由官府直接经营;而官庄则是以租佃制分成租形式出租给民户。两者都扩大了耕地面积,增加了粮食产量,有利于农业生产的发展。

二、农田水利的兴修

农田水利的兴修,提高了土地的质量,使瘠地变成良田,良田增加产量,故而历代政府都十分注重兴修水利。宋太宗至道元年(995年)正月,三司度支判官陈尧叟、梁鼎奏称:“水田之制由人力,人力苟修,则地利可尽也,且虫灾之害,又少于陆田。”②虽被太宗采纳,并派皇甫选、何亮“乘传往诸州案视度其事”,但“事卒不行”③。水利田的利害关系虽然阐述得很明白,但太宗时的水利兴修很少。真宗时也和太宗时相似,只重视河北沿边水田

① 《宋会要辑稿》食货63之78。
② 《长编》卷37,至道元年正月戊申。
③ 《文献通考》卷7《田赋考七》。

的兴修，其边防意义重于农田收益。北宋前期的兴修水利，只是个别地方官的善政。如至道元年五月，怀州（今河南沁阳）知州许兖奏请将汜河上的两盘水磨停废，使沿河二十村二百二十五户的六百八十顷耕地得到灌溉；天禧元年（1017年）六月，昇州（今江苏南京）知州丁谓，奏请将后湖（今玄武湖）内的耕地七十六顷，免赋后退耕还湖，以发挥后湖的水利调节灌溉作用；天禧四年五月淮南劝农使王贯之开导海州（今江苏连云港市海州区）界内石闼堰水，使流入涟水军（今江苏涟水），以灌溉农田；定远县（今属安徽）知县江泽率民修复古塘堰贮水以灌溉农田等。

进入北宋中叶，承平日久，农田水利事业越来越引起各级官吏的重视。但仁宗时，官吏议论虽多，实行的却很少；诏从臣僚所请不少，而有成效的不多。"庆历新政"过早夭折，农田水利方面的改革甚至来不及提上日程。各地水利事业的开展仍只是取决于少数贤明官吏，而多数官吏得过且过。正如庆历四年（1044年）十月，权发遣户部判官公事燕度所说："近来亦有臣僚擘画浇灌者，然州、县鲜能访寻水势，疚心农务。"豪强户在河流上设水磨，以收"碾硙之利"，导致其他农户无法用水灌溉农田，因而引起诉讼，但"州厌见年（年或为斗之误）讼，不敢尽心计划"，以致农户用水灌溉农田的事，终究无法解决，反映了仁宗时期州、县地方政府的普遍现象。甚至"渭南（今陕西渭南）知县曹公望尝引敷水溉田甚广，民间颇称利便。却闻有妨为（妨为二字衍）妨（碍）私家水磨，遂讼于官"。直至燕度奏请后，才下诏停废各种公私碾硙、池沼以免妨害水利，而且"州、县仍不得受理"他们的诉讼①。兴修水利如此之难，许多地方官因而很少进行。仁宗时兴修水利取得显著效果的，是唐州（今河南唐河）知州赵尚宽。

---

① 《宋会要辑稿》食货7之11、12。指碾硙的主人诉讼农户灌溉用水，妨碍了他们的碾硙之利。

唐州所属四县耕地十分之八九荒芜，曾考虑废州为县，知州赵“尚宽曰：土旷可益垦辟，民稀可益招徕，何废郡之有？”[1]遂寻访汉代召信臣兴修水利的遗迹，以厢军修复疏浚“三大陂一大渠，皆溉田万余顷，又教民自为支渠数十转浸灌；而四方之民来者云集”。赵尚宽又请以荒地计口授田，及向民户贷钱购买耕牛等，三年后荒地成为良田，增加农户万余户。嘉祐五年（1060 年）七月，他受到诏令嘉奖并留任[2]。

英宗治平元年（1064 年）正月，赵尚宽再次留任唐州知州，但不久因母丧去官。继任知州高“赋继其后，益募两河流民，计口给田使耕，作陂堰四十四”。高赋再任时已是神宗即位后的治平四年五月，到他于熙宁三年（1070 年）八月调离唐州时，“田增辟三万一千三百余顷，户增万一千三百八十，岁益税（田赋）二万二千二百五十七”[3]。唐州在赵尚宽、高赋前后十多年的兴修水利治理下，大量荒地成为良田，农田水利发挥了巨大功能，促进了农业生产的发展。

神宗时期达到兴修农田水利的高潮。熙宁二年二月，王安石任参知政事，开始进行变法改革。四月，派刘彝等八人前往各路考察农田水利等情况。十一月即颁布农田水利法（称《农田水利约束》或《农田利害条约》），“应官吏诸色人，有能知土地所宜、种植之法，及可以完复陂湖河港；……或元无陂塘、圩埠、堤堰、沟洫，而即今可以创修；或水利可及众而为人占擅；或土田去众用河港不远，为人地界所隔，可以相度均济疏通者，但干农田水利事件，并许经管勾官或所属州县”。并要求各县将本县荒废土地的数量、原因，以及今后如何立法、召募垦辟；境内河流有无浅

① 《宋史》卷 426《赵尚宽传》。

② 《长编》卷 192，嘉祐五年七月丙午。

③ 《宋史》卷 426《高赋传》。

塞须要疏浚，陂塘堰埭有无废坏须要兴修，以及有无增广兴修水利之处；边临大河，有无堤防圩垾须要修筑，开导沟洫疏通积水以防水患，种种事关水利兴修的情况一一指出。并提出如何进行修建，合用多少工料；如果涉及众多受益农户，政府如何制定法规组织进行，由受益农户进行修建；资金不足，可以依照青苗法条例向常平仓借贷，分为二或三限归还，如常平仓官钱不足，还可向富户借贷，依例出息，官为立簿，代为催还等①。这是由州县政府组织受益人户，出钱出力进行兴修水利；并解决豪强户独占水利，致使广大农户不能享用的全国性措施。一次历史上少有的全国性兴修农田水利的行动随即展开，逐渐形成前所未有的兴修农田水利的高潮。如京东路济州（今山东巨野）的南李堰、濮州（今山东鄄城北）的马陵泊等处，"久为积水所占，昨已疏治，修复良田约四千二百余顷，昨来夏秋民间耕种，所收菽麦约三、二百万余硕（石），此乃于常岁之外所获之物"②。又疏导曹州（今山东定陶西南）、单州（今山东单县）等九州一十三处沟洫河道，使各处夏秋积潦通过清河等河东流入海，这是京东路在熙宁四年十月以前完成的农田水利工程。

在实行"农田水利法"时，各地还采取决放河水，使河流中的泥沙通过满灌方式，沉积于流经的农田上，变瘠地为沃土，称为"淤田"。熙宁二年十一月农田水利法颁布以后，侯叔献提出利用汴河灌溉两岸的计划，被任命为提举开封府界常平事，杨汲任同提举。次年二月，在中牟县（今河南中牟）曹村开始淤田，但受到主管水务的都水监以侵犯其职权而进行的阻挠。都水监向神宗告发淤田浸害农田的农作物及农户的房屋，神宗派内侍调查后，得知情非属实，于是同年八月任命侯叔献、杨汲同时担任权

① 《宋会要辑稿》食货1之27、28。
② 《宋会要辑稿》食货1之29。

都水监，专管引汴水淤田事。熙宁四年三月，神宗派内侍考察后说："淤田于百姓有何患苦？比令内臣拔麦苗，观其如何？乃取得淤田土，视之如细面然。见一寺僧言旧有田不可种，去岁以淤田故遂得麦。"[①]熙宁五年二月，已有民户愿买官淤良田者七十余户，遂将地分为赤淤、花淤等以定其价值，"仍于次年起税"，而且采取类似近代投标的方式，"其有愿添钱或近限输纳者，即不以投状先后给之"[②]。侯叔献、杨汲也因淤田有功，受到神宗的嘉奖。到熙宁六年末，京东地区兴修水利田万顷的同时，又得淤田四千余顷。熙宁八年，陕西河中府（今山西永济西）知府陆经奏说辖区内已有官私淤田二千余顷。熙宁九年，程师孟说及绛州正平县（今山西新绛）南董村，利用马壁谷水灌淤瘠田五百余顷为良田之事，称："闻（南）董村田亩旧直（值）三、两千，所收谷五、七斗。自灌淤后其直三倍，所收至三、二石。"[③]淤田的价值非常明显，神宗积极支持农田水利兴修，尤其是淤田事业的发展。到元丰（1078—1085）初年，京东、京西沿汴河流域淤田九千多顷，开封府地区淤田八千七百多顷等。淤田是农田水利事业的重要组成部分，对于发展农业生产非常有利。尽管放淤时有时因控制水势失当，会造成一些河水浸漫田地，甚至浸及低处民户等事，但利远大于弊，所以，宋神宗多次宣扬淤田的益处。

农田水利的兴修，在宋神宗、王安石大力支持下取得了非常显著的成效。自熙宁三年至九年（1070—1076）末，全国总共兴修水利田一万多处，三十六万多顷，基本上都是民田，官田还不到二千顷。各路中以两浙路最多，达十万顷以上；其次为淮南西路、河北西路各在四万顷以上；淮南东路三万顷以上；一万顷以

① 《长编》卷221，熙宁四年三月戊子。

② 《长编》卷230，熙宁五年二月壬子。

③ 《宋会要辑稿》食货61之102。

上有京西南北、京东西、河北东、江东诸路及开封府，集中在统治中心地带及主要产粮区太湖平原(两浙路)。

元丰元年(1078年)四月，为了更好地鼓励兴修水利，将兴修水利的贷款(贷常平仓钱)利率，由年利率二分降为一分，分两年二限归还。

哲宗元祐时期，虽是保守派执政，罢废诸新法，但农田水利事业并未停滞。徽宗时期，农田水利的兴修仍在继续进行，但多为官吏、豪强占有，普通民户获利较少。如大观四年(1110年)以前，修建的宣州(今安徽宣州)、太平州(今安徽当涂)"圩田，并近年所作，多是上等(户)及官户借力，假(借)土人名籍请射修围，今已成田认纳租税，多为奸猾告讦，因而成讼"①。虽有允许自陈并予改正，充本户永业田，依额纳田赋之诏，但从当时的腐败政局来看，能按诏执行的情况实不容乐观。例如著名的江宁府(今江苏南京)永丰圩，是围垦溧水县(今江苏溧水)石臼湖修建，政和五年(1115年)建成。永丰圩四至相距皆五六十里，有田九百五十余顷，由周围民户承种，但因高产稳产，遂被昏君宋徽宗赐给奸臣蔡京作为私人田产，永丰圩的农民也成为蔡京的佃户。

第二节　手工业的兴盛

一、采矿与冶炼业

北宋统一和平的环境，农业生产的恢复与发展，城市与乡镇经济的繁荣，都为手工业创造了十分有利的发展条件。尤其是到了北宋中叶，随着社会经济的发展，农村租佃制生产关系契约化的普及，天圣五年(1027年)，将华北地区早已实施的，佃户在

---

① 《宋会要辑稿》食货1之30。

秋收后可以自由迁移，地主不得无理阻拦的政策，推向社会经济最发达的两浙路，以及长江中下游和以南的整个东南地区，促进了宋代经济的进一步发展。雇佣劳动的完全合法化为宋代经济的发展注入了新的活力。明道元年（1032 年）末，“比诏淮南民饥，有以男女雇人者，官为赎还之。今民间不敢雇佣人，而贫者或无以自存，望听其便，从之”①。这一允许民间自由“雇佣人”从事各种劳动的诏令，使雇佣劳动完全合法化，促进了雇佣劳动的发展。佃户迁徙自由与劳动力出卖自由，这两个有机联系的诏令，相隔只有五六年便先后出台，绝不是偶然的，而是封建社会向前发展的必然结果。劳动者人身依附关系的松弛，反映了封建农奴制残余的进一步削弱，封建租佃制关系的向前发展，不仅促进了农业，更促进了手工业、商业的兴盛与繁荣。这些恰恰发生在北宋中叶之初，而北宋中叶正是中国古代封建社会由前期向后期发生转折的时代。手工业的发展，手工业雇佣劳动的普遍化，政府对手工业作坊控制由强制转向松弛，是这一时代转折的标志之一。

采煤业在宋代北方比较发达，北宋前期末的大中祥符二年（1009 年）十月，对原先“并州（今山西太原）民鬻石炭者，每驮抽十斤”的税收，“诏除之”②。这是关于河东地区民户贩卖煤炭的较早记载，但这次减免煤炭税的举动，大概只限于首府并州。大中祥符九年，陈尧佐“徙河东路（转运使），以地寒民贫，仰石炭以生，奏除其税”③，河东地区才普遍减免民户采掘并销售煤炭的税收。煤炭不仅供河东人民日常生活之用，而且用于冶炼。如庆历六年（1046 年）李昭遘任泽州（今山西晋城）知州，属县“阳

① 《长编》卷 111，明道元年十二月己未。

② 《长编》卷 72，大中祥符二年十月己酉。参见漆侠《宋代经济史》下册，上海人民出版社 1988 年版。亦多有其未述，如大中祥符九年事。

③ 《宋史》卷 284《陈尧佐传》。

城（今山西阳城）冶铸铁钱，民冒山险输矿炭，苦其役，为奏罢其役”，当时民户并不是贩卖煤炭，而是服差役运输煤炭。河东民户也以煤炭私自铸造铁钱，因为“河东民烧石炭，家有橐冶之具，盗铸（铁钱）者莫可诘”①。北宋中叶以煤炭炼铁的记载，如苏轼说：“彭城（今江苏徐州）旧无石炭，元丰元年（1078 年）十二月，始遣人访获于州之西南白土镇（今安徽萧县南，可能即在今淮北矿区之内）之北，以冶铁作兵（器），犀利胜常。”苏轼还作诗描述当时发现煤矿的欢欣情景：“岂料山中有遗宝”，“根苗一发浩无际，万人鼓舞千人看”。还说到由于煤矿的发现，炼铁已用煤炭代替木炭，“南山栗林渐可息，北山顽矿何劳锻，为君铸作百炼刀，要斩长鲸为万段”②。利用煤炭炼铁，促进了冶炼业的发展，从当时的各种矿产税额中也可以看出其生产发展情况③。

北宋中叶的冶铁中心，集中在河北、河东及京东地区。元丰元年铁的岁收总计为五百五十万多斤，其中邢州（今河北邢台）的綦村（大体上相当于今河北沙河市西矿山村）冶铁税收二百十七万多斤，约占总数的近百分之四十，是当时最大的产铁中心；磁州（今河北磁县）武安县（今河北武安）的固镇（今河北武安西南）冶铁税收一百九十七万多斤，约占总数的近百分之三十六，是第二大产铁中心，两地相距不过百多里，而产铁量合计占全国总数的四分之三。此外，徐州的利国监（今江苏徐州北利国镇）冶铁税收三十万多斤、兖州（今山东兖州）二十四万多斤、虢州（今河南灵宝）十五万多斤，都属重要的产铁中心。河东晋州（今山西临汾）原是仅次于邢州綦村、磁州固镇的第三大产铁中心，岁课额曾达近五十七万斤，神宗时由于所产铁可能就近供应铸

① 《长编》卷 164，庆历八年六月丙申。

② 《苏东坡全集·正集》卷 10《石炭并引》。

③ 神宗以前实行“课额”制，即定额税制，而不问产量多少；神宗时实行“抽分制”，即分成税制，则与产量挂钩，两者前后对比，并不十分确切。

造铁钱之用，征收的岁额降为三万多斤。

金主要产于京东东路，元丰元年时税收总数为一万零七百多两。而登州（今山东蓬莱）为四千七百多两、莱州（今山东莱州）为四千八百多两，两地相加，合计九千五百多两，占全国税收总数的百分之九十，是名副其实的产金中心。

银，元丰元年的税收总数为二十一万五千多两。最大的产银中心南剑州（今福建南平）为五万一千多两，占总数的近百分之二十四。其次为信州（今江西上饶）近三万六千两，潭州（今湖南长沙）近二万九千两，虢州为二万五千多两，其他地方产银都在万两以下。

与铸造铜钱有关的原料铜、铅、锡三种矿产，神宗时较以前开采量有大幅度的增长。岁课总额铜原先是一千零七十一万多斤，而元丰元年总收入为一千四百六十万多斤，增加了三百八十九万斤。而广南东路的韶州（今广东韶关）一地就达一千二百八十万八千多斤（主要产于州境岑水、中子二场）①，占全国总额的百分之八十七以上，是最大的产铜中心；而且较以前增加了二百八十万多斤，占增收总额的近百分之七十二。产铜的第二大中心为潭州，岁额一百零七万八千多斤。潭州在神宗以前没有课额，完全属于增收的部分，与韶州增收数合计达三百八十七万多斤，占神宗时岁增收总额的百分之九十九以上。潭州的铜主要产于熙宁七年（1074 年）新建的浏阳（今湖南浏阳）县的永兴场，与韶州岑水场、信州铅山（今江西铅山南），宋代号称产铜“三大场”②。信州所产为胆铜，当年无岁额记载。元丰元年铜岁收较多的，还有兴州（今陕西略阳）青阳场二十七万七千多斤，南剑州诸场、坑共十一万四千多斤，剑州（今四川剑阁）诸场、坑共七万

---

① 《宋会要辑稿》食货 33 之 12。韶州原误作广州，岑水、中子二场均在韶州境内，不在广州境内，故改。

② 《宋会要辑稿》食货 34 之 21。

一千多斤，处州（今浙江丽水）永丰场四万七千多斤，漳州（今福建漳州）宝兴、大消二场共四万多斤，邵武军（今福建邵武）三场共四万二千多斤等。

铅，元丰元年税收共九百一十九万七千多斤，较神宗前增加八十七万一千多斤。岁收最多的连州（今广东连州）同官、铜坑二场合计一百六十四万二千多斤，其次是虢州为一百六十二万多斤，卫州（今河南卫辉）近九十五万二千斤，南剑州诸场、坑共八十九万五千多斤，商州（今陕西商州）锡定场九十万五千多斤等。

锡，元丰元年的收入总计近二百三十二万二千斤，比神宗以前的岁课额增加三十五万九千斤。岁收入最多的是贺州（今广西贺州东南）近八十七万九千斤，占当年全国收入总额的近百分之三十八；其次是虔州（今江西赣州）为近四十五万三千斤，占总收入的近百分之二十；第三是惠州（今广东惠州）近四十四万四千斤，也占总收入的百分之十九多，三处收入合计占总收入的百分之七十六以上。其他产锡收入较多的还有道州（今湖南道县）为二十三万七千多斤，循州（今广东龙川东）为十八万七千多斤。主要产锡地几乎全都集中在广南东、西路，以及荆湖南路、江南西路的南部。

水银，元丰元年收入总额为三千三百多斤，收入最多的是文州（今甘肃文县）水银务近一千二百八十斤，占收入总额的百分之三十八强；其次是阶州（今甘肃武都东）为七百五十多斤，凤州（今陕西凤县东）为七百四十多斤。上述三处地理位置相近，是北宋水银最重要的产区，三地合计二千七百七十多斤，占总收入的百分之八十二以上。此外，商州也是重要的水银产地，年收入额达五百八十多斤①。

① 以上矿产情况，皆依据《宋会要辑稿》食货 33 之 7 至 17。元丰元年的税收为实际数字，是实行分成制后的税收数，不是此前政府定的“课额”，详见下。

北宋对矿产原先实行的是“课额制”，也就是定额税制。但是，“大率山泽之利有限，或暴发辄竭，或采取岁久，所得不偿所费，而岁课不足，有司必责主者取盈”①，常导致经营者破产。仁宗庆历末，包拯曾提到他在庆历六年（1046年）任京东路转运使时，有登州铁冶户姜鲁等十八户，因为“家贫无力起冶，递年只将田产货卖，抱空买铁纳官”课额。有些铁冶户早已破产，但所纳课额“沿及子孙不能免”，以致登州地区冶铁“虽遗利甚厚，而富民惧为后患，莫肯兴创”②，导致冶铁量减少，铁制工具、农具的生产因而受到影响，即是一例。

矿产品由课额制的定额税制，改为分成制，称为“抽分”，是在宋神宗时王安石变法期间开始的。南宋绍兴七年（1137年），黄岩（今浙江黄岩）知县“刘觉民，乞依熙宁法，以金、银坑冶召百姓采取，自备物料烹炼，十分为率，官收二分，其八分许坑户自便货卖”③。这里提到的是金、银的冶炼，宋神宗时实际上所有采矿冶炼也都是实行分成制。如元祐元年（1086年）春，“陕西转运兼提举铜坑冶铸钱司言：虢州界坑冶户所得铜货，除抽分外，余数并和买入官，费用不足，乞依旧抽纳二分外，只和买四分，余尽给冶户货卖。从之”④。其事虽在元祐元年初，但称“乞依旧抽纳二分”，则其二八分成的“旧制”，就是指神宗熙宁、元丰（1068—1085）时的制度，即是前述的“熙宁法”。

分成制替代课额制，避免了前面包拯所述不冶炼仍要缴纳

---

① 《宋史》卷185《食货志下七》。

② 《乞开落登州冶户姓名》，《包拯集校注》（杨国宜校注）卷2，黄山书社1999年版。

③ 《文献通考》卷18《征榷考五》，原条脱“绍兴”二字。

④ 《宋会要辑稿》食货34之20。本条资料及下条“户部尚书李常……”，皆无具体月份。“户部尚书李常”条《长编》系于元祐元年四月，故此处将“虢州”条系于“春季”。

定额官课的弊病，大大激发了坑冶采掘冶炼户的积极性，促进了采矿业与冶炼业的发展。

二、铸　钱　业

铜钱是宋代流通的主要货币，平定诸国后设立铸钱监进行铸造，但数量尚少。北宋前期，太宗末年的“至道(995—997)中，岁铸八十万贯”。真宗前期的“景德(1004—1007)中，(岁铸)增至一百八十三万贯”。到北宋前期末真宗晚年的“天禧(1017—1021)末，(岁)铸一百五万贯”。铸造铜钱的“监”有四处：饶州(今江西波阳)永平监、池州(今安徽池州)永丰监、江州(今江西九江)广宁监，以及建州(今福建建瓯)丰国监[①]。

川蜀地区使用铁钱，北宋前期每年铸造铁钱二十一万贯。铸造铁钱的“监”有三：邛州(今四川邛崃)惠民监、嘉州(今四川乐山)丰远监以及兴州(今陕西略阳)济众监。

北宋中叶，仁宗康定元年(1040年)十二月，因与西夏战争而引起军费不足，商州知州皮仲容建议，开采洛南县(今陕西洛南)红崖山铜矿及虢州(今河南灵宝)青水铜矿，冶炼青铜，并于两地分设阜民、朱阳(今河南灵宝朱阳镇)两铸钱监，次年(庆历元年)开始采矿冶炼以铸铜钱；庆历四年(1044年)又开采仪州(今宁夏泾源)竹尖岭铜矿，冶炼黄铜，设博济监铸钱，这是宋代首批在北方铸造铜钱的钱监。在此前后又在河东地区的晋州(今山西临汾)、泽州(今山西晋城)铸造铁钱，而其后北方的仪州、虢州及南方的江州、池州、饶州也铸铁钱，都运往陕西补助军费之用。以后河东路也使用铁钱，并增加石州(今山西离石)、威胜军(今山西沁县)两地铸造铁钱。仁宗时期曾增设兴元府(今

---

① 《宋史》卷180《食货志下二》。

陕西汉中)西县(今陕西勉县)的济远监,还在广南东路的韶州设置永通监以铸造铜钱。

仁宗末年的皇祐(1049—1054)中,南方的饶、池、江、建、韶五州铸造铜钱一百四十六万贯,川蜀的嘉、邛、兴三州铸造铁钱二十七万贯。

英宗治平(1064—1067)中,除南方五州外,加上北方仪州,共铸造铜钱一百七十万贯;而铁钱铸处只剩下兴州,共铸造铁钱三万贯。

神宗时,铜、铁钱铸造业有了很大的发展,据元丰三年(1080年)八月,检正中书户房公事毕仲衍撰成的《中书备对》记载,当时共有铸钱监二十六处,其中铸造铜钱的钱监十七监。除了神宗以前设置的饶州永平监、池州永丰监、江州广宁监、建州丰国监、韶州永通监五监外,仪州博济监、商州阜民监和虢州朱阳监三监已不见于记载。神宗熙宁年间新建了十二监,主要是熙宁四年和熙宁七、八年两个时期新建的,前者是永兴军(今陕西西安)、华州(今陕西华县)、陕府(今河南三门峡市西郊)三监,后者有西京(今河南洛阳)阜财监、卫州(今河南卫辉)黎阳监、舒州(今安徽潜山)同安监、睦州(今浙江建德东北)神泉监、鄂州(今湖北武汉武昌区)宝泉监五监。此外,熙宁年间还建绛州垣曲监(今山西垣曲西南古城)、兴国军(今湖北阳新)富民监、衡州(今湖南衡阳)熙宁监、惠州阜民监四监。新建十二监中除六监在北方外,其余新建六监及保留的五监都在南方。铸钱量最多的仍然是保留的五大监,依次为韶州永通监年铸钱(下同)八十万贯、惠州阜民监七十万贯、饶州永平监六十一万五千贯、池州永丰监四十四万五千贯、江州广宁监三十四万贯,每年共铸造铜钱二百九十万贯,占年总铸造五百零六万贯的百分之五十七以上。其他铸铜钱监大多是一二十万贯,只有绛州垣曲监为二十六万贯。

毕仲衍《中书备对》还列举了铁钱铸钱监九监,除英宗时的兴州铸铁钱监外，神宗时又恢复了嘉州、邛州两铁钱监，而虢州朱阳监和商州阜民监，由铸铜钱改为铸铁钱，另设虢州在城及商州洛南两监铸铁钱，以及在通远军的威远镇（今甘肃武山西南）、岷州（今甘肃岷县）城西滔山置监铸造铁钱。熙宁八年曾设不少铸造铁钱的钱监，但毕仲衍编撰的《中书备对》，元丰三年时只列举上述九处铸造铁钱的钱监，其他新设的铁钱监或已废罢。上述九监中的虢州在城、朱阳两监和商州阜民、洛南两监，各铸造十二万五千贯，共五十万贯，占铁钱总铸造量近八十九万贯的百分之五十六以上；而威远镇与滔山两监则共铸造二十五万贯，川蜀嘉、邛、兴三州所造铁钱还不到十四万贯[①]。据杨亿在真宗时称：唐代"天宝（742—756）之制"，"一工日可铸钱三百余，国家之制，一工日千余"，宋代铸造铜钱的工效是唐代的三倍。

铸钱业与采矿、冶炼业有一个共同的特点，既受自然条件的制约，也受政府政策的影响。如信州的铅山县铜矿开采、冶炼兴盛时，"常十余万人采凿"。而池州永丰监的铸造铜钱，却是因为饶州永平监铸造铜钱用的木炭不够用而分设的，即杨亿所称："饶州官市薪炭不能给，鼓铸分于池州，置永丰（丰原作宁，误）监"，两监及建州丰国监，大中祥符元年（1008 年）前后每年各铸造铜钱二十万贯，全是"铅山铜给之"。人为的因素也起到很大作用。由于铅山产铜丰富，"有司议减铜（收购）价，凿山（开采铜矿）者稍稍引去"，政府只得将收购"价乃复旧，而（开矿冶炼）工徒并集"[②]，即是很好的一个事例。

---

① 以上各处铸造铜、铁钱情况，依据《文献通考》卷 9《钱币考二》及《宋会要辑稿》食货 11 之 8、9。"滔山"，《文献通考》作"洛山镇"，误。《宋会要辑稿》作滔山镇，而《元丰九域志》卷 3、《宋史》卷 87《地理志三》，均作滔山监而不作镇，是。威远镇、滔山两监，《宋会要辑稿》作"共造二十万贯"，误。

② 《宋朝事实类苑》卷 21《诸监炉铸钱》，引自《杨文公谈苑》。杨亿自称"予在史局"并提及王丞相（王旦），因而定"每年"为大中祥符元年前后。

三、纺织手工业

北宋的纺织手工业主要是丝织业，其次为麻纺织业。罗、锦、绫、绢等都是丝织品。作为两税（田赋）的一部分，即“帛之品十：一曰罗，二曰绫，三曰绢，四曰纱，五曰絁，六曰䌷，七曰杂折，八曰丝线，九曰绵（丝绵），十曰布葛”①。最后一种才是布，在北宋时专指麻布，其他九种全是丝织品及以丝为原料的产品，“杂折”内容虽不详，可能也属于此类。从神宗时或稍后征收的实际情况来看，随夏、秋两税征收的只有罗、绫、绢、絁、䌷、布、丝绵七种，其他三种已不在其中。作为夏、秋两税征收的纺织品，基本上应是家庭手工业产品，可能有小部分是手工业作坊的产品。

作为两税的“匹帛”类的七种产品，有四种即绢、䌷、布、丝绵，大部分路都缴纳；而罗、绫、絁则只有少数路，甚至个别路缴纳。绢的数量最大，达二百九十三万多匹，共有十六路及开封府地区缴纳。其中最多的是两浙路为六十七万匹，其次是江南东路三十八万匹，合计一百零五万匹，占全国总量的近百分之三十六；京东地区也是产绢的集中地，京东东路为二十八万匹、京东西路为二十万匹，合计为四十八万匹，占全国总量的百分之十六以上；此外，超过二十万匹的还有京西北路和梓州路，超过十万匹的有荆湖北路、江南西路、利州路。

丝织品中占第二位的是䌷，全国缴纳的总量为四十一万多匹，有十五路及开封府地区缴纳。其中居前两位仍是两浙路十万多匹、江南东路六万多匹，两路合计十六万多匹，占全国总量的百分之三十九以上；河北地区也是产䌷的重要地区，其中河北

---

① 《宋史》卷174《食货志上二》。

东路为五万多匹，河北西路为四万多匹，在各路中占第三、四位，合计九万多匹，占全国总量的近百分之二十二；第三个产绸地区是京东路，京东东路为三万多匹，京东西路为二万多匹，在各路中为第五、六位，合计五万多匹，占总量的百分之十二强；第四个产绸地区是川蜀地区的西部及北部，成都府路、梓州路、利州路各在一万匹以上，合计近四万匹，接近总量的百分之九；此外，江南西路交纳二万四千多匹，也是重要的产绸区。

丝绵作为丝制品，是政府的重要收入之一。全国二十三路中有十九路，以及开封府地区缴纳丝绵。全国总缴纳量为九百十一万多两，各路缴纳量排在前两位的，仍是两浙路的二百万两、江南东路的一百二十万两，合计三百二十万两，占全国总量的百分之三十五以上；其次为河北地区，河北西路的九十五万两占第三位，加上河北东路的六十二万两，合计一百五十七万两，占全国总量的百分之十七以上；第三是川蜀地区的西、北部，成都府、梓州、利州三路合计为一百四十五万两，占全国总量的近百分之十六；此外两淮合计一百十一万两、京西北路近五十一万两、京东西路近四十七万两，说明也是重要的蚕桑养殖地区。

以下三种丝织品随夏、秋两税缴纳的路很少，具有地区特产的性质。其中相对缴纳量较多的是“絁”，全国只有五路缴纳絁，总量近四万八千匹，而河东一路就近二万三千匹，其次为荆湖南路二万多匹，合计四万三千多匹，占全国总量的百分之九十以上；此外，两淮各缴纳两千多匹，京西北路只缴纳数十匹。“绫”只有三路缴纳，总量只有一万四千多匹，而河北东路就达七千多匹，占总量的一半还多，史称：“河北东路民富蚕桑，契丹谓之‘绫绢州’”，真是名副其实的产绫地区①；此外，京东西路为四千多

① 《宋史》卷299《张洞传》。是指仁宗后期的情况。

匹，淮南西路为近三千匹。“罗”则只有两浙路随夏税缴纳，为八百六十匹①。

从上举的史料中，可以看出神宗时期或稍后，两浙路（包括今浙江及苏南的镇江以东地区和上海市）主要是太湖流域，是全国最主要的丝织业中心；其次是江南东路（今江苏南京市及皖南、江西九江以东）、京东路（今山东及江苏、河南各一小部分）、河北路（主要为今河北中南部），以及川蜀地区西北的成都平原一带，也是丝织业发达的地区。

官府在上述丝织中心设立官营丝织手工业工场。首都开封有绫锦院，这是乾德五年（967 年），以原后蜀绫锦工人二百人在首都设置的丝织工场。太平兴国六年，废湖州（今浙江湖州）的官营织绫务，该作坊原有七十八名工人，挑选二十人到首都绫锦院，其余的放归各户。绫锦院共有兵、匠一千零三十四人。每个“户头”（类似后代的工头）管织机三至四张（女工三四人），开宝四年（971 年）取消“户头”，“令工匠自管供机”。织绫锦有褫丝、线、染、练、纺、络、织等七道工序，绫锦院有各种织机数百张。咸平元年（998 年）曾将“旧有锦绮机四百余张，帝（真宗）令停作，改织绢”②，实际不可能全部改织绢，应尚有数以百计的织机，织造绫、锦、绮、罗等高级丝织品。

此外，西京洛阳、真定府（今河北正定）、青州（今山东青州）、益州（今四川成都）、梓州（今四川三台）都有官营丝织手工业工场“绫绮场”（梓州）、织造院等，“主织锦绮、鹿胎、透背”；江宁府（今江苏南京）、润州（今江苏镇江）也设有官营丝织手工业工场“织罗务”；大名府（今河北大名东）的官营丝织手工业工场“织绉

① 以上情况均据《宋会要辑稿》食货 64 之 1 至 3。原无具体年代，但据诸路中有永兴军路、秦凤路，两路之设为熙宁五年（1072 年）；又有开封“府界”，崇宁四年（1105 年）已改为京畿路，则材料反映的为此三十年间事，可能是神宗后期。

② 《宋会要辑稿》食货 64 之 16、18。

縠”等[①]。

丝织品除绢、绸、𫄧、绫、罗等大宗产品外，还有称为“细法锦”的高档产品，除已提及的锦绮、鹿胎、透背、绉縠外，还有绉纱、六铢、欹正、龟壳、花纱、遍地密花、大小绫花、生白、生黄、熟白、熟黄、稀花、杂花，以及“异色花纹”等[②]，传世的“刻丝”可能即属于此类。像“定州（今河北定州）织刻丝”，“随所欲作花草禽兽状”，“承空视之，如雕镂之象，故名刻丝”[③]。

织造布以供两税缴纳的，全国共有十四路，总量近四十九万匹（端），在两税布帛类中占第二位，仅次于绢，略高于绸。缴纳量最多的是河东路，达十五万多匹，其次为广南西路十万多匹，两路合计二十五万多匹，占总量的百分之五十二以上；此外，荆湖南路七万多匹、京西南路六万多匹、京东地区近五万匹，也是麻布手工织造业的重要地区[④]。

四、制盐、制茶、制瓷等手工业

盐是生活必需品。北宋时盐分为池盐、井盐、碱盐、海盐。池盐又称为颗盐，也称解盐，产于陕西解州的解县（今山西运城西南解州镇）、安邑（今山西运城东北安邑镇）两县的盐池，前者称解池，后者称安邑池。解盐的生产由官府经营，“垦地为畦，引池水沃之，谓之种盐”，“因南风赤日”，“水耗则盐成。籍民户为畦夫，官廪给之，复其家”[⑤]。每年二月一日开始开垦晒畦，四月引池水入晒盐畦，到八月晒成盐。晒盐单位称“席”，安邑池每年

---

① 《宋史》卷175《食货志上三》。

② 《宋史》卷175《食货志上三》;《宋会要辑稿》食货64之17至23。

③ 庄绰《鸡肋编》卷上。

④ 《宋会要辑稿》食货64之2、3。

⑤ 《宋史》卷181《食货志下三》;《宋会要辑稿》食货24之39。

晒一千席，解池少二十席。

井盐、碱盐、海盐为末盐。井盐产于川蜀地区，大的称监，是官营制盐业，共有六监，益州路一监、梓州路二监、夔州路三监；小的称井，由民户经营，纳税后可在川蜀地区内自由贩卖，井盐不准出川。生产单位称为灶，官营盐监多余的咸水可以出售，如“淯井监（今四川珙县东）盐井，止存两灶官自煎，余咸水尽出卖”①。神宗熙宁七年（1074年），文同任陵州（后改陵井监，今四川仁寿）知州，上奏辖区内井研县（今四川井研）的井盐生产情况，称：“自庆历（1041—1048）以来，始因土人凿地植竹，为之卓筒井，以取咸泉，鬻炼盐色”，“豪者一家至有一二十井，其次亦不减七八（井）”，“每一家须役（原作没，误）工匠四五十人至三二十人”②。

碱盐，产于河东路，民户刮取碱土聚而取咸卤制盐，制盐户称为铛户。政府于并州（今山西太原）设永利监（今山西太原南）；仁宗时分设永利西监于汾州（今山西汾阳），并州为永利东监，负责征收盐税及卖盐。允许民户在河东境内贩卖。

海盐产于沿海的河北东、京东、淮南东、两浙、福建、广南东西路，以海水制咸卤晒或煮成盐。海盐产地最多，产量最大，占全国各类盐总产量的百分之八十以上。政府设场、监以经营制盐，盐工称为亭户或灶户。河北东路于滨州（今山东滨州北）设场，称滨州场，下分四“务”，又增设沧州（今河北沧州东南）三“务”；京东东路于密州（今山东诸城）设涛洛场（今山东日照西南涛雒镇），主要销售于本路及邻近地区。

淮南东路是最重要的海盐产盐区，产量达二百十五万石，占全国海盐总产量的百分之六十以上，并占全国各类盐总产量的

---

① 《宋会要辑稿》食货24之6。

② 文同《丹渊集》卷34《奏为乞差京朝官知井研县事》。

近百分之五十。于楚州(今江苏淮安)的盐城(今江苏盐城)设监,称盐城监,于泰州(今江苏泰州)设海陵监,于通州(今江苏南通)设利丰监,监下设场;后海州(今江苏连云港市海州区)、涟水军(今江苏涟水)也各设场。

北宋中叶之初,两浙路在杭州、秀州(今浙江嘉兴)、明州(今浙江宁波)、台州(今浙江临海)、温州,各设盐监一;福建路设福州长清场;广南东路设广州东莞、静康(今皆在广东东莞东南)等十三场;广南西路设廉州(今广西合浦)二场。四路产盐主要在本路及邻路的部分或个别州府销售。

盐在北宋是划区域销售的,有时是专卖品,有时允许商人缴纳盐税后贩卖,淮盐、解盐销售最广,解盐主要销售于西北及京西地区;淮盐则主要销售于长江中下游及淮河流域地区。

北宋时各地盐产量时增时减,如解盐在北宋中叶的天圣(1023—1032)以后,比北宋前期的至道二年(996 年)增产达百分之七十五;而淮南东路海盐则减产百分之三十。淮盐的减产也许因产量过多有关,如明道二年(1033 年)时,"淮南所积(盐)一千五百万石,至无屋以贮,则露积苫覆,岁以损耗"①。一千五百万石相当于淮盐近七年的产量,而当时全国各类盐每年总产量通常只是四百三十多万石。

茶是各地人民日常消费较多的产品,茶税也是北宋政府重要的财政收入之一。茶叶主要产于南方,宋朝统一以后,在荆湖北路的江陵府(今湖北荆州市荆州区)、汉阳军(今湖北武汉市汉阳区),淮南西路的蕲州蕲口镇(今湖北蕲春南蕲州镇)、无为军(今安徽无为),淮南东路的真州(今江苏仪征)、海州,设立六个茶叶"榷货务",实行茶叶专卖。还在淮南西路的"蕲(今湖北蕲春北)、黄(今湖北黄冈)、庐(今安徽合肥)、舒(今安徽潜山)、光

① 《宋史》卷 182《食货志下四》。

(今河南潢川)、寿(今安徽凤台)六州,官自为场,谓之山场者十三"。称为十三场的,分别是蕲州的洗马场、王祺场、石桥场,黄州的麻城场,庐州的王同场,舒州的罗源场、太湖场,光州的光山场、子安场、商城场,寿州的麻步场、开顺场、霍山场。六州的茶农都分别隶属于十三场,称为"园户","岁课作茶输租"。其余的茶叶全部由政府收购,由官府先给钱,称为"本钱",待茶叶收成后再卖给政府;"又民岁输税愿折茶者",称为"折税茶"。

此外,东南产茶的江南路十五州、军,两浙路的十二州,荆湖路的八州、军,以及福建路的建州、剑州的茶农,称"茶园户"。每年都如淮南西路十三场那样"输租折税",而所产茶叶"悉送六榷务鬻之"。东南产茶区茶叶全部实行专卖,民户自用茶称为"食茶",携带出本地要凭所给"券"才能通行。商人进行贩卖,要在京城开封的榷货务或南方六务,以钱及金银、绢帛买茶叶,凭所给"券"到南方六榷货务、十三茶场取茶叶。川蜀四路及广南二路,当地产茶可以在本地区内自行买卖,但不能贩运出境。

茶叶采摘后,经过拣茶、蒸茶、榨茶、研茶、造茶、过黄等工序,制茶工人称为"焙工",制成片茶、散茶,"片茶蒸造,实棬模中串之,唯建、剑则既蒸而研,编竹为格,置焙室中,最为精洁,他处不能造"①。片茶品种中的龙茶、凤茶,只作贡品,为建州所产;建州、剑州所产其他品种有的乳、白乳、头金、腊面、头骨、次骨、第三骨、末骨、山茶、山挺等十二等,不少为腊茶。此外,片茶的品牌有歙州(今安徽歙县)的华英、先春、来泉,池州的庆合、福合、运合,饶州的庆合、运合、仙芝,袁州(今江西宜春)的绿英、玉津,常州(今江苏常州)的大捲;潭州(今湖南长沙)的大方茶(可能是砖茶),品牌有独行、灵华、绿芽等,说明当时已经重视品牌、商标的效益。其他地方的茶叶多分为上、中、下或一至五号,如

---

① 《宋史》卷183《食货志下五》。

淮南十三场所产都是散茶，分为上、中、下、次下等号；荆湖、江南等路也出产散茶，也有了龙溪、雨前、雨后等名号①。

北宋中叶流行"末茶"，利用磨子将茶叶磨成茶叶末。元丰年间利用汴河水由官营水磨磨茶，开封府界禁止私人水磨磨茶。北宋末年，官营水磨末茶推行至北方不少地区。

瓷器是人们的日常生活用品，到北宋时有了很大的发展，出现定窑、汝窑、官窑、哥窑等名瓷②。定窑在河北西路定州（今河北定州），所产白瓷釉色洁白、装饰精美，有刻花、划花、印花、浮雕等。定窑工匠还发明了覆烧工艺，代替过去的匣钵，提高了产量，降低了生产成本，后得到普遍推广。除白瓷外，还生产绿釉、黑釉、酱色釉等瓷器。

汝窑在京西北路汝州（今河南汝州）。汝窑青瓷为天青色，主要系宫廷用品。一些窑史学者认为"官窑"即是"汝窑"，其实汝窑釉层厚，官窑釉层薄、釉色较淡，只是同为青瓷，两者确有很多相似之处。

哥窑在两浙路处州（今浙江丽水），由章氏兄长创立；其弟置窑于龙泉（今浙江龙泉），称弟窑，也称龙泉窑，都是南方著名的青瓷产地。哥窑为无光釉，釉色浅淡，有粉青、奶白、米黄等，釉层很厚，釉面有各种裂纹，为哥窑的特色。弟窑釉色以粉青、梅子青著名，前者有青玉质感，后者釉色碧青，色调可与翡翠媲美。

南方瓷窑有至今驰名的景德镇窑。景德镇在江南东路饶州浮梁县南，景德元年（1004 年）命名，北宋中叶已成为瓷器的重要产地。元丰五年（1082 年）八月，宋政府依据都提举市易司勾当公事余尧臣的奏请，在景德镇设立"瓷窑博易务"③，说明当时

---

① 参见《宋会要辑稿》食货 29 之 1、9、10；《宋史·食货志下五》。

② 参见中国硅酸盐学会编《中国陶瓷史》，文物出版社 1982 年版。

③ 《长编》卷 329，元丰五年八月甲寅。

景德镇的瓷器交易已经很兴盛，以致市易司在此设立专门的贸易机构。

北宋后期，北方的“钧窑”异军突起。钧窑在汝窑之东不远的阳翟（今河南禹州），制造出多种丰富多彩的彩色瓷器，尤以“钧红”最为著名，这是钧窑创制的铜红釉。钧窑的兴盛时期在金代①，但其烧造技术传到南方，如景德镇窑后来将其铜红釉发展为釉里红。

此外，京西南路的邓州（今河南邓州）、永兴军路的耀州（今陕西耀县）等，也是有名的产瓷地。

其他手工业方面，如造纸业在五代的基础上又有发展。南唐著名的“澄心堂纸”，宋代继续生产。北宋太宗时苏易简所著《文房四谱》载：江南东路的“黟、歙（今安徽黟县、歙县）间多良纸，有凝霜、澄心之号。复有长者可五十尺为一幅，盖歙民数日理其楮，然后于长船中以浸之；数十夫举抄以抄之，傍一夫以鼓而节之；于是以大熏笼周而焙之，不上于墙壁也，由是自首至尾匀薄如一”，生动地描述了造纸过程，可见也是楮纸。此外，江南东路的池州（今安徽池州），两浙路的会稽（今浙江绍兴）、剡县（今浙江嵊州），成都府路的成都、广都（今四川双流），也都是造纸业的中心。尤其是北宋中叶成都府路所产楮纸，纸质较好，专用以印制新创的纸币“交子”，因而纸币（包括南宋的纸币“会子”）也称“楮币”、“楮券”。楮纸是世界历史上第一种纸币专用纸。

制墨业属个人劳动，为了保守制墨秘密，很少雇用人。制墨程序大体经过和煤、回捣，制成硬剂、热剂、熟剂，最后制成丸捍。据两宋之际的何薳记其于北宋后期所见，当时制墨名家有王迪、

---

① 北宋阳翟县，金大定二十二年（1182 年）升为颍顺州，二十四年改名钧州，则“钧窑”之名起于金代或以后。

陈赡、潘谷、沈珪、陈相、柴珣等；首都开封有名的墨工像张孜、陈昱、关珪、关瑱、郭遇明，“皆有声称，而精于样制”①。

北宋雕版印刷业，以首都开封及杭州、建阳（今福建建阳）、眉山（今四川眉山）最为著名。官营国子监刻本，通常在杭州刻印，称为监本，说明杭州刻本水平较高。福州东禅寺刻印《大藏经》达六千多卷，自元丰三年（1080 年）直至崇宁二年（1103 年），历时二十多年才刻印成功，这是北宋大型刻印工程之一。各地印刷业刻印各类书籍，字体秀美、纸墨精良，被后世视为珍本。

其他如建筑、造船、制糖等手工业，也都很发达②。

五、首都开封的手工业

北宋中后期的手工业有了很大的发展，全国各地大小城镇制造着大量日用品，首都东京开封（今河南开封）是除采掘、冶炼金属和铸造铜、铁钱业以外，最大的手工业制造中心，有着各种制造业大小不等的手工业工场和作坊。通过开封的手工业，可以了解北宋中后期的手工业概况。

开封的手工业，不论是官营或民营，都有规模很大的手工业工场。官营手工业工场最大的，是制造武器及其他军用物资的“南、北作坊”，南作坊有“兵、校及匠三千七百四十一人”，北作坊有“兵、校及匠四千一百九十人”。熙宁三年（1070 年）六月，因北作坊的地块另有用途，将北作坊并入南作坊，同年末改称东、西作坊。熙宁六年七月以某军营的营房为西作坊，原南作坊为东作坊。这其实是两个大工场，共有五十一个作坊，每一个作坊

---

① 何薳《春渚纪闻》卷 8《记墨》。

② 参见漆侠《宋代经济史》（下册）第二编，上海人民出版社 1988 年版。

专门制造一种兵器或军用物资，如剑作、枪作、油衣作等；有的则需要两三个作坊连续作业，如制造马甲，就有马甲生叶作、马甲造熟作、马甲作①，显然一副马甲的制成有三道工序。

其他大型手工业工场，如弓弩院有兵、工匠一千零四十二人，弓弩造箭院有工匠一千零七十一人，绫锦院有兵、匠一千零三十四人，东窑务有工匠一千二百人②，至于数百人的工场更多。手工业工场内部的分工很细，除前述“东、西作坊”那样，工场内部基本上是一个作坊生产一种产品外，还有像东窑务那样按工匠性质分工协作，分为瓦匠、砖匠、装窨匠、火色匠、粘较(胶)匠、鸱兽匠、青作匠、拳窨匠、合药匠等十种工匠③。绫锦院有四百张以上织机，及分七道工序等前已介绍。

官营手工业工场或作坊的产品，绝大部分是供皇家或军队、政府使用，但也有部分出售，如有工匠一百多人的铸钨务，以输石和生铜、熟铜铸造铙、钹、钟、磬、酒鏇子、照子等铜器，“差人押赴在京商税院出卖”，而且在铜器上，“并须镌勒匠人专副姓名并监官押字”④。这种产品上刻有工匠、监造者姓名的做法，当是仿照民间手工业作坊的做法，说明在北宋中叶之初的天圣八年(1030年)时，手工业产品已经注意到品牌效益，含有某种商标的成分。

雇佣劳动在手工业工场和作坊中的推广，是北宋中后期反映在手工业行业的时代特征之一，说明劳役制正从手工业劳动中逐步退出。但官营的某些行业利用罪犯、受处分的军人进行强制劳动，这在采矿、冶炼及铸造钱币的官营手工业工场、作坊中还存在，如庆历三年(1043年)，西北的商州(今陕西商州)铸钱监中就

---

① 《宋会要辑稿》方域3之50至52。

② 《宋会要辑稿》职官16之24、29之8及食货55之20。

③ 《宋会要辑稿》食货55之20。

④ 《宋会要辑稿》食货55之19。

有在战争中失陷主将及其他过失的两千名军人在服劳役。

在官营手工业工场、作坊中，使用役兵“厢军”是普遍现象，前述开封官营手工业工场有兵、匠若干人的记载中，“兵”就是指厢军。厢军是宋代特有的、主要从事各种劳役的军人，通常称为役兵，一般从事各种杂役，包括对官营工场、作坊的守卫、维持治安等；也有具有技能的役兵，从事生产劳动。“匠”是工人，分为“役兵匠”和“百姓匠”，北宋的百姓匠，尤其是北宋中叶及以后，已不是像唐代那样由民间工匠轮番服役，而是采用招募民间工匠进行劳动，雇佣劳动制也越来越完善。

官营手工业工场内部役兵、百姓匠、役兵匠的分工情况，见于记载的不多。京城都曲（酒曲）院在真宗景德四年（1007 年）时的情况是：“凡磨小麦四万石，用驴六百头、步磨三十盘”，“役兵士四百二十八人”，“又佣雇百姓匠，三人充作头，二十三人充拌和板头□（原空一字）兼炒焦，六人充踏匠”，“合须锻磨匠于八作司抽差”①，其中从八作司抽差锻磨匠，可能是役兵匠，即有技能的厢军。兵士（厢军）四百二十八人，主要从事磨小麦，锻磨（役兵）匠若干从事锻磨，都是制造酒曲的辅助劳动；从百姓中雇用三十二名工匠，全是技术工人，担任制造酒曲的主要劳动。载明是“佣雇百姓匠”，即是区别于抽差的役兵匠；而且技术性强的关键岗位工种，包括领班（作头），都是雇佣劳动者，虽不能说当时的官营手工业工场、作坊都是如此，但具有相当大的代表性，则是无疑的。随着社会经济的发展，到北宋末、南宋初时，需要“立定工限、作分、钱数，与免对工除豁支破工钱，庶得易为和雇手高人匠，造作生活”②。这种事前公布工种、工作量、劳动报酬

---

① 《宋会要辑稿》职官 26 之 34。

② 《宋会要辑稿》职官 29 之 2、3。参见陈振《十一世纪前后的开封》，《中州学刊》1982 年第 1 期；系 1980 年秋“中美史学交流会”（北京）论文。

及其他优惠条件，才能雇到技术水平高的工人的情况，发生于绍兴二十六年(1156 年)，当时文思院“下界”工场官员，要求像“上界”工场那样不再“对工除豁”(按指克扣部分报酬)后，提出雇用百姓工匠(和雇工匠)时的招工条件。而南宋文思院首次提出“和雇工匠”是绍兴元年(1131 年)，其时距北宋灭亡仅四年，当是沿自北宋末年的制度。

首都开封的民营手工业工场，规模也很大，如仁宗时杜昇、李庆等六家的炼矾手工业工场。河东路晋州(今山西临汾)出产生矾，“晋州折博元定年额钱一十六万余贯，自来许客人入中绸绢、丝绵、见钱(现钱)、茶货，算请生矾上京重别煎炼后，取便卖与通商路分客人”。由于商人只纳茶叶等而不纳现钱、银、绢，于是在景祐四年(1037 年)改为“额定令客人每年于晋州折博入纳茶十万斤，在京榷货务入纳见钱五万贯文。自此杜昇、李庆等六户管认上件年额钱、茶等，请生矾于京师重煎货卖”①。这是京城开封的杜昇等六家制矾手工业工场，联合“投标”取得晋州生矾到京城进行加工生产的业务，加上所获利润，营业额之大可以想见。由此可见六家矾加工手工业工场规模之大，尤其是其中杜昇、李庆的手工业工场，尽管矾加工业生产工艺可能比较简单。

首都开封还有许多民营小手工业作坊，制造各种生活用品，可说是应有尽有。北宋末徽宗时曾在开封长住达二十多年的孟元老，在追记的《东京梦华录》中，记载了各种商品，除外地贩运而来的以外，大多是京城的家庭手工业及小手工业作坊所造。其中还记载了流动手工业工人待雇的情况，如各种“作匠”，“即早辰桥市街巷口皆有木竹匠人，谓之杂货工匠，以至杂作人夫”，“罗立会聚，候人请唤，谓之罗斋”，“砖瓦泥匠，随手即就”(卷4)，反映了北宋后期东京雇工的概况。

---

① 《欧阳文忠公文集》卷 115《论矾务利害状》。

民营手工业工场、作坊的生产关系、雇佣劳动制度，比官营工场、作坊先进，劳动生产率高，成本低，具有很大的优越性，上述杜昇等人的制矾工场能够承包晋州生矾的加工业务，即是明证。

第三节　商业的繁荣

北宋前期末以来统一和平的环境，便捷的交通条件，比较完善的商品税收制度，以及北宋中期及以后农业、手工业的迅速发展与兴盛，为社会提供了大量的农副产品与手工业制品。加上作为手工业发展标志之一的铸钱业，尤其是铜钱铸造量的大量增加；而在流通笨重的铁钱影响商业发展的川蜀地区，在北宋中叶出现了世界历史上最早的纸币“交子”，使得货币流通量的大幅度增加，都为商品交换提供了十分有利的条件，极大地促进了大小城市及乡村镇市的繁荣兴盛。

一、以开封为代表的北宋中后期城镇商业的繁荣

中国古代的大小城市，从京城到县城，主要都是作为政治中心，集中了很多或相当多的官吏、军队及家属，因而拥有大量的消费人群；加上便捷的交通条件，成为农副产品和手工业产品的集散地，因而又成为大小不等的经济中心和文化中心。大小政治中心的转移，常常导致经济、文化中心随之转移，因而影响到城市的盛衰。

北宋中叶，由于乡村租佃制关系契约化程度的提高，以及租佃制关系迅速推向经济发达的东南地区，使得雇佣劳动合法化，不仅城镇的民营工商业大量雇用店员或工人，而且城市的官营手工业工场与作坊也雇用不少工人，尤其是雇用技术水平高的

手工业工人。同时由于农村的富余劳动力转向城镇商业及手工业，又相应增加了城镇的消费人群，因而又增加了对农副产品及手工业产品的需求。京城开封商业的繁荣，正是北宋中后期城镇商业发展的典型代表。

北宋首都开封，濒临汴河（当时还远离黄河），唐代称为汴州。从开封经汴河南下，再经运河可到达唐代中叶以来全国经济最发达的江南地区，开封在唐末即成为中原地区东部的经济与交通中心。历代建都择址无不与经济、交通，尤其是与交通有着重要关系，但更多考虑的是形势险要，军事上利于防守。开封地处平原，无险可守，后梁建都开封，固然与后梁太祖朱温任宣武军（汴州）节度使，长期盘踞汴州有关，但汴州交通、经济中心的地位，起着举足轻重的作用。后唐虽然以继承唐代为由移都洛阳，但后晋、后汉、后周及北宋的建都开封，显然是交通、经济因素起着决定性的作用，这在中国古代统一王朝的建都史上是独一无二的。

北宋京城开封除陆路交通外，水路主要利用汴河、惠民河、广济河、黄河，黄河运送陕西货物经汴口（今河南郑州西北）进入汴河；广济河，也称五丈河，主要是运输东北的京东地区物资；而惠民河则运输西南的京西地区物资；所有东南地区的物资，全都通过长江水系，经江北运河转入汴河运至京城开封，仅每年运来的粮食就达四百万至七百多万石，占各地运到粮食的四分之三以上。各种商品源源不断地运到开封，“广南金、银、香药、犀（角）、象（牙）、百货，陆运至虔州（今江西赣州）而后水运”①，经赣水入长江下行至真州（今江苏仪征）；所有长江上游船只大多进入真扬运河至扬州，再北上进入江北运河；两浙路各种商品、物资，则经江南运河运至润州（今江苏镇江）过江也进入江北运

① 《宋史》卷175《食货志上三》。

北宋东京示意图

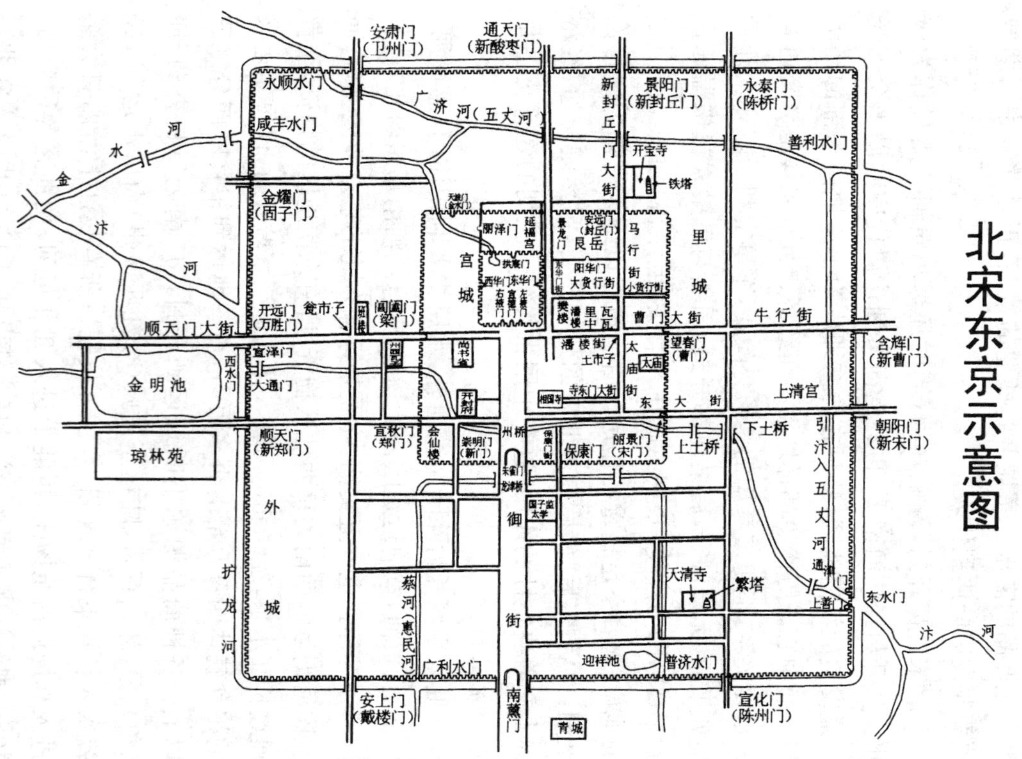
安肃门
（卫州门）
通天门
（新酸枣门）
永顺水门
广济河（五大河）
咸丰水门
金水河
汴河
金耀门
（固子门）
新封丘门大街
景阳门
（新封丘门）
永泰门
（陈桥门）
善利水门
开宝寺
铁塔
宫城
阊阖门
（梁门）
开远门
（万胜门）
顺天门大街
里城
马行街
牛行街
曹门大街
潘楼街
土市子
太庙
寺东门大街
东大街
望春门
（曹门）
含辉门
（新曹门）
上清宫
朝阳门
（新宋门）
下土桥
上土桥
引汴入五丈河
通津门
上善门
东水门
汴河
金明池
西水门
宜泽门
大通门
琼林苑
顺天门
（新郑门）
宜秋门
（郑门）
会仙楼
崇明门
（新门）
州桥
保康门
丽景门
（宋门）
御街
外城
护龙河
蔡河（惠民河）
广利水门
安上门
（戴楼门）
南薰门
青城
天清寺
繁塔
迎祥池
普济水门
宣化门
（陈州门）
尚书省
开封府
延福宫
拱宸门
西华门
东华门
艮岳
阳华门
大货行街
樊楼
瓦

河，都再通过汴河运往京城开封。汴河“东去至泗州（今江苏盱眙北）入淮，运东南之粮，凡东南方物，自此入京城，公私仰给焉”①。便捷的交通条件，充足的物资、商品交流，造就了京城开封的繁华。到北宋前期末的天禧五年（1021 年）初，开封城内已有常住户近十万户，加上城外市区居民户、驻军及家属户，至少也在五万户以上，另有宫廷人口和大量流动人口，估计约有百万人口，这是当时世界上最大的城市②。

由于城市商业的发达，北宋前期太宗、真宗一再竭力维持的“坊”制，到北宋中叶的仁宗以后终于彻底遭到破坏。据宋敏求从熙宁三年（1070 年）前后开始撰写的《春明退朝录》所载：“二纪以来，不闻街鼓之声。”“街鼓”声是坊市制的象征，既已不闻街鼓之声，说明“坊”制已完全破坏，其时当在仁宗皇祐（1049—1054）年间或以前。

其他城市的坊市制，最晚应在仁宗末年（1063 年）以前，也已先后遭到破坏。神宗熙宁七年（1074 年）沈括任河北西路察访使时，所见到的边境城市已无坊市。沈括为了边境城市的治安，重建“坊市制”，“使民各以乡闾族党相任，分坊以处之，谨启闭之节”，因而“边人为安”③。次年三月，神宗又批示：“近沈括建议边郡城中置坊，设垣为门，以备奸伏。契勘熙（今甘肃临洮）、河（今甘肃临夏）、岷州（今甘肃岷县）新创，民居未多，宜易施行。”④可见坊市制早已破坏，重建坊市还需沈括宣讲，神宗也认为只有居民稀少的城市才容易重建坊市制。

北宋末年京城开封商业繁华的街道，如宫城的“东华门外，市井最盛，盖禁中（宫内）买卖在此，凡饮食时新花果、鱼虾鳖蟹、

---

① 《东京梦华录》卷 1《河道》。

② 参见第三章第二节第三目以及笔者《十一世纪前后的开封》。

③ 《长编》卷 267，熙宁八年八月癸巳。

④ 《长编》卷 261，熙宁八年三月癸巳。

鹑兔、脯腊、金玉珍玩衣着，无非天下之奇”。但这是京城所特有的，不具有普遍意义。而其他街巷，如皇城东南角外的“十字街”，“最是铺席要闹”处，据孟元老《东京梦华录》记载，“东去乃潘楼街，街南曰鹰店，只下贩鹰鹘客，余皆真珠、匹帛、香药铺席。南通一巷，谓之界身，并是金银、彩帛交易之所，屋宇雄壮”，“每一交易，动即千万”。“以东街北曰潘楼酒店，其下每日自五更市合，买卖衣物、书画、珍玩、犀玉；至平明，羊头、肚肺……野味、螃蟹、蛤蜊之类讫，方有诸手作人上市买卖零碎作料。饭后饮食上市，如酥蜜食、枣䭔、澄沙团子、香糖果子”。“街南桑家瓦子，近北则中瓦、次里瓦，其中大小勾栏五十余座。内中瓦子莲花棚、牡丹棚，里瓦子夜叉棚、象棚最大，可容数千人，自丁先现、王团子、张七圣辈，后来可有人于此作场。瓦中多有货药、卖卦、喝故衣、探搏、饮食、剃剪、纸画、令曲之类，终日居此，不觉抵暮”。这只是一条街巷的情况，开封还有许多类似的繁华街道。像“州桥夜市”，“直至三更”；通宵经营，“至晓即散，谓之鬼市子”；大酒楼自店门向内，“一直主廊约百余步，南北天井两廊皆小阁子，向晚灯烛荧煌”，著名的大货行巷白矾酒楼，“后改为丰乐楼，宣和(1119—1125)间，更修三层相高，五楼相向，各有飞桥栏槛，明暗相通，珠帘绣额，灯烛晃耀”，“大抵诸酒肆瓦市，不以风雨寒暑，白昼通夜”①。孟元老还记载相国寺内每月初一、十五及逢三、八开放进行商业活动，也成为著名的商业市场。许多“瓦子”，是综合性商业市场，不仅有各种商店营业，而且还有许多“勾栏”(类似后代的小剧场)，上演各种技艺，其中有说书，说三国、五代故事及神鬼狐怪，说“诨话、合生”(即早期相声)等；还有音乐、舞蹈、木偶戏、杂技等各种技艺。许多街道商店清晨五更便开始营业，直至半夜方歇，而一些饮食店甚至通宵营业，商业兴盛的情

① 《东京梦华录》卷2。

况，是唐代京城长安所不能比拟的。

北宋后期京城开封商业发达的情况，实质上也反映了当时各地大小城市和镇市商业兴盛的状况，其间只有市场规模大小和商业兴盛程度的差异。而正是由于商业的兴盛达到一定程度，才促使不适应时代发展的各地坊市制，在这时为厢坊制的街巷所替代。

二、商业税额所反映的各城、镇商业兴盛简况

北宋政府对各地大小城市及镇市征收商业税，商业税征收的多少，在一定程度上反映了这些城市、镇市的大小及商业兴盛程度。

熙宁十年时京城开封的税收总数为四十万贯稍多一些，按当时人口一百万计算，大致每十万人可征税四万贯。考虑到京城聚集着大量高消费人群及其他特有的因素，是其他城市无法比拟的，同样多的人口可征收的商税，比外地州城可能多收二分之一甚至一倍；而州城的优势也非县、镇可比（都只算城区即"在城"的税收数）。因此，这里依据京城标准的三分之二左右推算州城人口，以二分之一推算县、镇人口。为便于计算，即依州城每十万人只能收到商税二万五千贯，而县城、镇同样人口只能收商税二万贯，以此标准依据各地城镇熙宁十年税收数额，推测其大致人口及商业兴盛的情况。有些地方可能会出现较大误差，这主要是一些处于交通要道的城市，由于"过税（过境税）"占有较大或很大比重，商税数额与人口多少之间的比例，会出现与上述推测严重不符的情况，主要如江南西路的虔州（今江西赣州），是广南东路货物由陆路北上到虔州后改由水路北上；真州（今江苏仪征）是长江航运上游货物转入江北运河的主要转接港口，楚州（今江苏淮安）、泗州（今江苏盱眙北），是江北运河入淮、入汴的转接河港，以及西北的秦州（今甘肃天水）是与西北少数民族

交易货物的主要集中地和宋、辽贸易的榷场所在地等。至于普通城市的住税(营业税)、过税(过境税),在不同城市之间也会存在一定的差异,但大体上比较接近,无需也无法详加区别,因为只是以商税额的多少,对各地大小城市和镇市的规模及商业兴盛情况进行大体的推测。

各地较大的城市,主要是各路尤其是东南和川西北诸路首府,两浙路杭州是开封以外最大的城市,人口在三十二万以上;其次是成都府路的成都,有二十五万多人;人口在二十万上下的,依次是梓州路的梓州(今四川三台)、京西南路的襄州(今湖北襄樊市襄阳区)、利州路的兴元府(今陕西汉中)、江南东路的江宁(今江苏南京)、淮南东路的扬州。类似规模的其他城市,有两浙路的苏州,淮南西路的庐州(今安徽合肥),成都府路的绵州(今四川绵阳)、汉州(今四川广汉),梓州路的遂州(今四川遂宁),利州路的利州(今四川广元)等。

各地人口较多的城镇,也主要集中在经济发达的两浙路太湖流域和沿海城市,以及成都府路的川西平原,前者人口在十万上下的有常州、润州(今江苏镇江)、湖州、越州(今浙江绍兴)、温州、秀州(今浙江嘉兴)、台州(今浙江临海)等;后者除成都府、绵州、汉州外,还有人口十万以上的彭州(今四川彭州)等。北方城市的人口较少,被列为陪都的西京河南府(今河南洛阳)和北京大名府(今河北大名东),都只有近十五万人,而南京应天府(今河南商丘睢阳区)只有十万多人。其他十五万人以上的城市,有河北西路首府真定府(今河北正定)和永兴军路首府京兆府(今陕西西安);十万人以上的有河东路首府并州(今山西太原)、秦凤路凤翔府(今陕西凤翔)和秦州(今甘肃天水)①、永兴军路的

① 秦州的商税,熙宁十年实际征收近八万贯,按推算人口应为二十万以上,因前述原因,只列为十万人口城市。

陕州（今河南三门峡市西郊）、京东西路的郓州（今山东东平）、京东东路的密州（今山东诸城）。其他北方的著名城市如澶州（今河南濮阳）、定州（今河北定州）、徐州等，大多只有五六万人。南方除上述长江三角洲及川西以外，城市人口也较少，湖南路首府潭州（今湖南长沙）、福建路首府福州、广东路首府广州、夔州路的河港城市渝州（今重庆市）在十五万人以上；其他在十万人上下的，还有福建路的泉州、建州（今福建建瓯），夔州路的涪州（今重庆涪陵），江南西路的首府洪州（今江西南昌）、虔州（今江西赣州），淮南东路的楚州（今江苏淮安）、真州（今江苏仪征）①，荆湖北路的岳州（今湖南岳阳）等。长江中游著名的鄂州（今湖北武汉市武昌区），只有近六万人，比洞庭湖畔的岳州少得多；而广南东路的名城韶州（今广东韶关）、潮州，也都只有六万多人；广南西路城市的人口更少，首府桂州不到三万人，有名的邕州（今广西南宁）只有一万多人，而琼州（今海南海口）可能由于转口贸易很多，税收虽然相当多②，但实际人口也只应在一二万之间。

以上依据熙宁十年实际税收情况③，进行分析和推算，可以看出各大中城市的人口与商业兴盛的概况；还可以看出各地区之间，尤其是长江下游太湖流域、上游成都平原两大经济发达地区，与其他经济相对落后地区的差异，主要是商业兴盛程度和人口密度的不同。

在南方两大经济发达地区一些县城的商业税收，以及由此推算的县城人口（除去长江及江北运河沿岸"过税"比例较大的县城），已经相当于北方一些有名的州、府城。商业发达的成都府的属县，可能将县城及县内其他税场的商业税收合并在一起，因而

---

① 虔州、楚州、真州等如按普通城市的商税计算，应是十五万人，甚至是二十万人口的城市，但由于三城市过境税占比重很大，故只列于此。

② 琼州商税近二万贯，按普通城市推算有近八万人，显然不符合实际。

③ 《宋会要辑稿》食货 15、16、17。

无法准确了解县城的商税税收情况，各县县城人口也应有一二万人。而两浙路州、府属县县城与县下各镇、场的商业税收情况，都是分别记载的，如杭州属县富阳、临安，湖州属县安吉，苏州属县常熟，常州属县无锡等县城，都各有三四万人；而太湖流域县下的镇市人口已有不少在万人上下，甚至更多。以上情况说明经济发达地区的商业很兴盛，虽然推算的各城镇的人口数可能不确切，但商业繁华的程度却是不容置疑的，太湖流域的不少县城，甚至一些镇市商业兴盛的情况，足以和北方及其他经济比较落后地区的州城状况相比肩，在北宋神宗时期已是无可争辩的事实。

三、乡村经济中心“镇”的兴起

唐和五代小军事要地称为“镇”，长官称镇将或镇使。宋代乡村经济中心称“镇”，长官称监镇。最晚到庆历四年（1044 年）五月“己丑，省河南府（今河南洛阳）颍阳、寿安、偃师、缑氏、河清五县并为镇，逐镇令转运司举幕职州县官（即“选人”，为初级文官）、使臣（低级武官）两员，监酒税，仍管勾烟火公事”。出任监镇的是朝廷的初级文官和低级武官，负责收税和治安①。

宋代设置监镇之初，很可能只负责收税，至少是两种情况都有，一种只负责收税，另一种则“兼烟火公事”。前一种镇官到北宋末年还有，政和四年（1114 年），因湖州安吉县梅溪镇（今属浙江）的“监官不管镇中烟火（公事）”，所以，“居民略无畏惮”，因此“令本镇监官就兼烟火公事”。

由于某些镇的商业经济比较繁荣，在监镇之外，另外派驻其他官员及武装。元祐七年（1092 年）以前的宿州虹县零壁镇（今

① 《续资治通鉴长编》卷 149。参见笔者《关于宋代“镇”的几个问题》，《中州学刊》1983 年第 3 期。

安徽灵璧县），就是这类镇的典型，北宋著名文学家苏轼记载说：

始议置县，只为本（零壁）镇居民曾被惊劫，及人户输纳词讼去县稍远。然未置县时，本县已有守把兵士八十人，及京朝官一员专领本镇烟火盗贼，别有监务官一员，又已移虹县尉一员，弓手（民户的"差役"）六十人在本镇，足以弹压盗贼①。

这是在县内最重要的镇，不仅派比初级文官（选人）高的中（朝官）、低级（东官）文官担任监镇，另派监当官（可能是担任收税），还派一百四十名武装及县尉去负责治安。

北宋的乡村经济中心"镇"，可见分为三类，最低的只负责收税，稍高的兼负责治安，长官都是初级文官和低级武官，兼管治安的监镇，也只能处理一般公事，杖罪以上要送县里。最高的也只能处理杖罪一百以下案件。

低于镇的经济中心，称为"市"，由县或镇派员收税。

四、榷场与和市贸易

北宋的周边贸易也很兴盛，其中最主要的是与辽朝进行的榷场贸易。北宋太祖时期，与辽朝只有民间的互市贸易，也未设专门的机构进行管理。到太宗、真宗时，先后设立机构专门管理宋辽边境贸易，准许在指定的地点进行交易。太宗时先在镇州（今河北正定）、易州（今河北易县）、雄州（今河北雄县）、霸州（今河北霸州）、沧州（今河北沧州东南）设立榷场，但不久即因宋攻辽燕京（今北京）战起而停罢。后在雄州、霸州、静戎军（今河北徐水）、代州雁门寨（今山西代县西北）重设榷场，也由于宋辽处于战争状态，不久又废。真宗初年又曾在雄州设立榷场，因宋辽

---

① 《苏东坡全集·奏议》卷12《乞罢宿州修城状》。

战争仍不断发生而废。直到景德元年(1004年)宋辽"澶渊之盟"和约签订,次年才在雄州、霸州、安肃军(原静戎军)三地设榷场,不久又在广信军(今河北徐水西)设榷场,称为"河北四榷场",宋辽边境贸易才得以正常进行。宋朝商人输出的货物,主要是香料、犀牛角、象牙、茶叶、绢帛、漆器、粳糯米谷等,辽朝商人以银、钱购买,或出口骆驼、马、羊及布等,宋朝每"岁获(利)四十余万"①。除榷场贸易外,走私贸易也很猖獗,书籍也是榷场、走私贸易的物品之一。治平四年(1067年)决定所有对辽贸易的货物,都由国家财政机构三司下属的催辖司管理,但是走私贸易仍很猖獗。宋辽榷场贸易中宋朝政府获利很大,北宋末年,"议者谓祖宗虽徇契丹(辽),岁输五十万之数,然复置榷场与之为市,以我不急易彼所珍,岁相乘除,所失无几"②。

北宋与西夏之间,也设榷场进行互市贸易。宋真宗时先于延州(今陕西延安)设榷场,景德四年(1007年)又于保安军(今陕西志丹)设榷场,这是陕西二榷场。宋朝输出缯帛、罗绮、香药、瓷器、漆器、姜、桂等,从西夏输入的货物有骆驼、马、牛、羊、毡毯、甘草、蜜蜡、麝香、毛褐、羱羚角、硇砂、柴胡、苁蓉、红花、翎毛等。

北宋中叶天圣四年(1026年),又在河东路设立与西夏的和市进行贸易。到宝元元年(1038年)时,"自与(西夏)通好,略无猜情,门市不讥,商贩如织,纵其来往"③。又允许西夏进行朝贡贸易。元丰二年(1079年),宋神宗又重申旧令,"西驿交市旧法,除卖于官库外,余悉听与牙侩人交易。……宜令仍旧"④。而河东路麟州(今陕西神木北),应西夏人请求,朝廷允许出口

① 《宋史》卷186《食货志下八》。

② 《三朝北盟会编》卷14,宣和二年二月一日引《茆斋自叙》。

③ 《长编》卷124,宝元二年九月。

④ 《宋会要辑稿》食货38之33。

铜、锡以购买西夏的马匹。

北宋与西北地区少数民族进行的贸易，包括对西夏的贸易，主要是购买马匹，马匹交易场所主要在秦州（今甘肃天水）。北宋中叶仁宗时每年以银十万两买马，“蕃部马至，径鬻于秦州”。治平四年（1067年）又定成都府路每年输送绸绢三万匹给陕西监牧司，作为买马的资金。“自是蕃部马至者众，官军仰给焉”[①]，西北马成为北宋军马的主要来源。

熙宁三年（1070年），神宗命王韶开拓熙河地区，王韶在秦州古渭寨（今甘肃陇西）设市易司，开展对西北少数民族的贸易；熙宁六年在新开拓的兰州（今甘肃兰州）设立市易司。以后又在新开拓的熙州（今甘肃临洮）、河州（今甘肃临夏）、湟州（今青海乐都南），以及秦凤路的渭州（今甘肃平凉）、永兴军路的庆州（今甘肃庆阳）和延州（今陕西延安）等地，相继设立“折博务”，鼓励商人运送粮食、饲草，甚至现钱到上述各折博务购买“盐钞”，再到内地取盐贩卖，促进了西北边境地区的贸易。

北宋中叶在与西南少数民族邻近的黎州（今四川汉源北）、雅州（今四川雅安）设立“博易务”，发展贸易关系，并购买马匹（称为“川马”）。北宋与交趾的贸易，称为“互市”。宋真宗时已在广南西路的廉州（今广西合浦）及钦州（今广西灵山）安远县（今广西钦州）城西的如洪镇两地进行“互市”。元丰二年（1079年），广西经略使曾布请准在廉州、钦州（当即是在安远县城或如洪镇，而非远在内地的钦州城）“各创驿，安泊交易人，就驿置博易场”[②]。北宋末重和元年（1118年），广西转运副使燕瑛受命于上述二地促进与交趾的贸易。

① 《宋史》卷198《兵志十二》。

② 《宋会要辑稿》食货38之33。

五、海外贸易

北宋的海外贸易始于太祖开宝四年(971 年)灭南汉以后,盛于北宋中后期。由于海外贸易全是通过海船进行的,宋代称有关法规及相关事项为“舶法”;并沿唐制于沿海要地设管理机构“市舶司”,次要海港设市舶务。

开宝四年二月,宋灭南汉,占有南方沿海地区。六月,即于广州设市舶司,这是宋代第一个管理海外贸易的机构,以已任广州行政长官的南征统帅潘美、尹崇珂兼任市舶使,广州通判兼市舶司判官。

太平兴国三年(978 年),宋灭吴越、泉漳,遂尽有东南沿海地区,海外贸易进入全面发展时期。后于杭州设两浙路市舶司,淳化三年(992 年)四月迁往明州定海县(今浙江宁波市镇海区),次年又迁回杭州。咸平二年(999 年)九月,又命在杭州、明州各设市舶司。

王安石变法期间实行市易法,广州市舶司一度并入广州市易务。熙宁七年(1074 年)七月,又命保留广州市舶司,后仅存广州、明州两市舶司。元祐二年(1087 年)十月、次年三月,先后增设泉州、密州板桥镇(今山东胶州)两市舶司。

徽宗崇宁元年(1102 年)七月又复设杭州市舶司;政和三年(1113 年)七月于秀州华亭县(今上海市松江区)设立二级机构“市舶务”。这是今日上海地区首次设立对外贸易机构,可能设收税场于青龙镇(今上海青浦白鹤港附近)。青龙镇在熙宁十年时已是秀州地区最大的镇,商税的收入高达一万五千八百多贯,超过秀州所属诸县县城的税收,相当于秀州州城税收的六成。青龙镇属华亭县,而县城税收只及青龙镇的三分之二,青龙镇商税显然多与外贸有关。华亭县市舶务一度停设,即是“因青龙江

(今苏州河)浦堙塞,少有蕃商舶船前来”[1]。经疏浚后,宣和元年(1119 年)八月又重于华亭县设市舶务。外商船舶到镇江、平江府(今江苏苏州)出卖货物的也不少。

北宋的海外贸易,输出的主要是金、银、铜钱、铅、锡、瓷器和各种丝织品,输入的主要是各种香料、药材、犀牛角、象牙、珊瑚、琥珀、珍珠、玛瑙、水晶、玳瑁等。外商来自东起日本,西至大食(今阿拉伯半岛)各地区,促进了中外文化、经济交流。北宋末年政府每年从税收和对外贸易差额中获利达一百多万贯[2]。

第四节　北宋的货币与纸币的问世

一、北宋的主要货币:铜钱、铁钱

唐末以来战乱不断,很少铸钱,货币流通量日益减少,唐天祐(904—907)时就以“八十五钱为百”。五代时率用唐钱而流通量更少,后唐天成(926—930)时,降为八十钱当一百;至后汉乾祐(948—950)初,再降为七十七钱为一百。

北宋建立后仍使用唐钱,太祖时沿后汉旧制铸新钱以示改朝换代,铸造“宋元通宝”,但为数不多。“国(宋)初因(后)汉制,其(民户)输官亦用八十或八十五(钱当一百),然诸州私用犹各随俗,至有以四十八钱为百者”。太平兴国二年(977 年)九月,“诏所在悉用七十七为百”[3],而且一千钱的重量必须在四斤半

---

① 《宋会要辑稿》职官 44 之 11。

② 参见《文献通考》卷 20《市籴·市舶互市》:“崇宁(元年,1102 年)置提举(杭州、明州市舶司官后)九年之间,(各市舶司共)收置一千万(贯)矣”,则一年为一百十一万贯。

③ 《长编》卷 18,太平兴国二年九月丁酉。按后汉时民户交纳为八十或八十五,政府支出则以七十七,各当一百钱。

以上。这种以不到一百钱作为一百文,通常称为“省陌”,或只称“省”、“陌”;而一百文仍需要一百钱实数的,称为“足陌”,或只称“足”。但是,以七十七钱作一百文的计算方法,似乎还只是官定标准,只用于与官方有关系的场合,如交纳赋税、借还官方贷款等,民间交易时,“省陌”的标准还要低,而且随行业的不同而有所差异。如两宋之际的孟元老记载,北宋末年首都开封的情况是:“都市钱陌:官用七十七,街市通用七十五,鱼、肉、菜七十二陌,金银七十四,珠珍、雇婢妮、买虫蚁六十八,文字五十六陌,行市各有长短使用”①,最少的“省陌”比官定标准少二十一钱之多。

后蜀原是铜钱、铁钱兼用,铁钱一千当铜钱四百。北宋乾德三年(965 年)灭后蜀,政府令增铸铁钱,而将铜钱运往京城开封,遂致铜钱短缺。于是商人争运铜钱入川换铁钱,铜钱一可换铁钱十四,造成物价上涨,币制混乱,政府虽然采取多种措施,但仍无济于事。淳化五年(994 年)“第令川峡仍以铜钱一当铁钱十”②,自此遂成定制,川蜀地区的币制才趋稳定。川蜀地区主要使用铁钱,是北宋主要的铁钱使用区。

五代时铜、铁钱兼行的割据政权,除后蜀外,还有南唐、“湖南、福建,皆用铁钱与铜钱兼行”③。北宋在消灭这些割据政权之初,都是允许使用各地原有的货币。但对待上述地区,北宋政府采取了与川蜀地区不同的货币政策,以增铸铜钱逐步替代铁钱,使之成为铜钱流通区。这是从太平兴国二年(977 年)二月,采纳樊若水的建议开始的。樊若水说:“江南(南唐)旧有铁钱,于民非便。今(江南)诸州铜钱尚(贮)六七十万缗”,再“于昇(今

---

① 《东京梦华录》卷 3。

② 《宋史》卷 180《食货志下二》。

③ 《文献通考》卷 9《钱币考二》。

江苏南京)、鄂(今湖北武汉市武昌区)、饶(今江西波阳)等州产铜之地,大铸铜钱,铜钱既不渡江,益以新钱,则民间(铜)钱愈多,铁钱自当不用,悉熔铸为农器什物”。太平兴国八年三月,江南西路转运使张齐贤任用丁钊掌管饶、信(今江西上饶)、虔(今江西赣州)三州铜矿,冶铸铜钱,年铸铜钱三十万贯。当时福建铜钱缺乏,遂一度令建州(今福建建瓯)铸造大铁钱,“不出州境,每千钱与铜钱七百七十等,外邑邻两浙者亦不用”①。到北宋中叶景祐(1034—1038)初,又下诏命主管财政的机构三司,以江东、福建、广南地区每年应运往京城的铜钱,改换成“金、帛”,使铜钱回流于上述地区的民间,以使有足够的流通量。

北宋铸钱自太祖时铸造“宋元通宝”钱,宋太宗改元太平兴国后铸造“太平通宝”钱,数量都不大,只是用以表示改朝及换代。太宗后期铸钱量增加,淳化元年(990 年)五月,“改铸‘淳化元宝’钱,上(太宗)亲书其文,作真、草、行三体。自后,每改元必更铸,以年号元宝为文”②,形成系列年号钱。只是仁宗宝元二年(1039 年)三月,铸造新年号钱时,钱“文当曰‘宝元元宝’,仁宗特命以‘皇宋通宝’为文,庆历以后,复冠以年号如旧”③。后来,徽宗建中靖国元年(1101 年)改铸年号钱时,因“建中”是唐代年号,新钱的钱文遂改为“圣宋元宝”。

自太宗“淳化元宝”以真、行、草三体分别铸钱后,年号钱多以篆、楷(真)、行、草四体中的两种字体,分别铸造完全相同的铜钱、铁钱,称为“对子钱”。

康定元年(1040 年),宋与西夏战起,宋军驻守陕西的数量日益增多,货币不足,遂自西川利州路兴元府(今陕西汉中)等处,运送小铁钱至陕西以助军费,陕西遂兼用铜、铁钱。庆历元

①③ 《宋史》卷 180《食货志下二》。

② 《长编》卷 31,淳化元年五月乙未。

年(1041年)开始“于河东产铁州、军铸大(铁)钱,以助陕西军费,仍罢(利州路)兴元等处辇至小铁钱”[①],大钱一当小钱十(铜、铁钱同)。不久又命江南铸造大铜钱,大钱的钱文为“庆历重宝”。“重宝”遂成为大钱的钱文,如徽宗崇宁(1102—1106)时所铸大钱,钱文为“崇宁重宝”。

庆历元年河东开始铸造大小铁钱,不久陕西、南方又铸造小铁钱以作陕西军费,陕西、河东都兼用铜、铁钱。一些地方官想以铸钱邀功,如福建路转运使高易简因泉州青阳(今福建安溪西北)铁矿冶铁量大增,即擅自在泉州设铁钱务铸铁钱,想将铜钱运往内地,如同宋初对待川蜀地区那样,把福建变成铁钱区,以此邀功;梓州路转运使崔辅则想开发广安军(今四川广安)煤矿,在合州(今重庆合川)设铸钱监,熔小铁钱改铸重量减轻的大铁钱,这两名擅自扰乱币制的官员,于庆历五年六月、十一月先后受到降职的处分。

陕西、河东因铜钱、铁钱,大钱、小钱混用,加上“大约小铜钱三,可铸当十大铜钱一,以故民间盗铸者众”[②],因而造成币制混乱。而河东煤炭多,极易私铸铁钱,由于铜、铁钱等值,盗铸者获利丰厚,因而导致盗铸成风,物价上涨。庆历六年,并州(今山西太原)知州郑戬奏请河东地区铁钱二当铜钱一,一年后又改为铁钱三当铜钱一,也有以铁钱五当铜钱一,而且官方停止铸造新铁钱。庆历八年,又规定当十大铜钱一当小铜钱三,称为折三钱;又定小铁钱三当小铜钱一,西北的币制状况才有所改善,但私铸问题仍未能根除。直到嘉祐四年(1059年)二月,铜钱、铁钱都改成大钱一当小钱二,民间私铸已无利可图,西北币制终于稳定。陕西、河东成为铜钱、铁钱兼行地区,川蜀四路为铁钱区,其

---

① 《长编》卷133,庆历元年九月壬子。

② 《宋史》卷180《食货志下二》。

他各地为铜钱区。

熙宁四年(1071 年),由于大铜钱一当小铜钱二后,“盗铸衰息”,币制稳定,陕西“以旧铜铅尽铸当二钱(大钱)”,称“折二钱”。由于铸造折二钱一枚,较铸小铜钱二枚成本低(约低一成半),又不影响币值,熙宁六年十月,许彦仙奏“请应铜钱路,通行折二钱。诏除在京并开封府界外,诸路并通行”①,其后铸钱监大多改铸折二钱。神宗时不论铜钱、铁钱,币值都较稳定,物价也较稳定。哲宗元祐(1086—1094)中期以后,陕西铁钱贬值,物价上涨,原本“熙宁、元丰十余年间米价,除元丰五年(1082 年)系军兴每斗三百四十文外,其余年份,贱止八十文,贵不过一百八十文”,至元符二年(1099 年)时,延安(今属陕西)每斗“新米七百八十文足,陈米七百二十文足”,上涨了数倍之多;陕西铜、铁钱兑换率已是“铁钱一贯六百文足,换铜钱一贯文足”,还不易换到。熙宁十年至元丰三年,吕惠卿任职陕西时,“亲见本路铜、铁钱相兼使用,不闻有轻重之异,唯有行路欲将铁钱换铜钱以便赍擎,有每贯(一千文足陌)不过加钱二十至五十文”;而“至(元祐)八年,始罢铜钱,方加至一贯五百”文;到元符二年时“每欲过铜钱地分者,至用(铁钱)二贯五六百文,方换得铜钱一贯”②。

次年,徽宗即位。崇宁元年(1102 年)蔡京任宰相后,铸造当五、当十的大铜钱,为了增加产量,甚至“募私铸人丁为官匠,并其家设营以居之,号铸钱院”③。崇宁三年,又命广南东、西路铸小铁钱限在本地区使用,该地遂成为铜、铁钱兼用区。由于铸造当十大钱利润高,私铸者日多,又命福建、广南停用当十大钱。崇宁五年,荆湖南北、江南东西、淮南和两浙路当十大钱作折五

① 《长编》卷 221,熙宁四年三月己亥;卷 247,熙宁六年十月壬辰。参见卷 254,熙宁七年七月甲寅。

② 《长编》卷 512,元符二年七月癸卯。

③ 《宋史》卷 180《食货志下二》。

钱，折二大钱仍旧使用；不久，上述地区又将当十大钱作折三钱，北方诸路作折五钱使用；继而又命北方诸路当十大钱仍作当十钱使用，两浙路作折三钱，江南、荆湖、淮南地区作折五钱行用，一年之内币制三变。后在蔡京主持下又铸夹锡铜钱、夹铁铜钱、夹锡铁钱，加上乱印“钱引”（纸币），整个徽宗时期币制混乱，直至北宋灭亡。

二、世界上最早的纸币“交子”

“交子”之始，史称：“先是，益（今四川成都）、邛（今四川邛崃）、嘉（今四川乐山）、眉（今四川眉山）等州，岁铸钱（铁钱）五十余万贯，自李顺作乱，遂罢铸，民间（铁）钱益少，私以‘交子’为市。”其起始时期当在李顺起义被平定后不久，大约在真宗咸平元年（998 年）前后，但此时交子的形式、内容皆不详。至景德二年（1005 年）时，已是“奸弊百出，狱讼滋多”。同年二月，命益州知州张詠与益州路转运使黄观共同商议处置之法，他们采取在嘉州、邛州铸造大铁钱，大铁钱一当小铜钱一或小铁钱十，三者共同使用，增加了货币流通量，“民甚便之”①。这种初创的“交子”，因而停止流通。

益州路是北宋经济最发达的地区之一，商业繁荣，笨重的铁钱铸造量增加，虽然解决了货币流通量不足的问题，却无法适应商品交易频繁的需求，到大中“祥符之辛亥（四年，1011 年）”，“蜀民以铁钱重，私为券，谓之交子，以便贸易，富民十六户主之”。他们“连保作交子”，“以时聚首，同用一色纸印造。印文用屋木人物，铺户押字，各自隐密题号，朱墨间错，以为私记，书填贯，不限多少。收入人户见（现）钱，便给交子，无远近行用”，“街

① 《长编》卷 59，景德二年二月庚辰。

市交易，如将交子要取见钱，每贯割落三十文为利”。发行交子户，以“每年与官中出夏秋仓盘量人夫，及出修糜枣堰丁夫物料”，取得官府的认可和保护。遇到交子发行户与交子持有人发生纠纷，“以至聚众争闹，官为差官拦约，每一贯多只得七八百（钱），侵欺贫民”[①]。

这种票面没有固定数额，而是依据商人缴纳钱数多少再临时填写数额，可以在市面流通，也可向接受交子者换取现钱，是一种铁钱代币券。虽然已具有近代“金本位制”时期纸币的某些特性，但更接近于近代欧美各国的“不记名可流通支票”，还不能称作纸币。

大中祥符八年（1015 年），薛田任益州路转运使时，十六户富户发行的“交子”，已经“数致争讼”，薛田“请置交子务，以榷其出入”，“久不报”[②]。天禧四年（1020 年）十一月，寇瑊任益州知州，“到任，诱劝交子户王昌懿等，令收闭交子铺，封印、卓（桌），更不书放”。到次年春，益州及外县的交子铺全部关闭，而且“今后民间更不得似日前置交子铺”。

但是，自天禧五年停罢民户发行的“交子”以后，严重影响了商业活动，因为铁钱“小钱，每十贯重六十五斤”，即使折合大铁钱一贯，也重十二斤，“街市买卖至三五贯文，即难以携持”，“市肆经营买卖寥索”。货币制度的滞后，明显影响了商品交换的发展，成为经济发展的制约因素，一种新货币产生的条件已经成熟。

天圣元年（1023 年）八月，主张发行政府“交子”的薛田出任益州知州，在益州路转运使张若谷、梓州路提点刑狱王继明的共

① 《宋朝事实》卷 15《财用》。又《宋史·食货志下三》叙述仁宗以前交子事，多误，不具。此时交子不能称为纸币，系笔者之见。

② 《宋史》卷 301《薛田传》，但《传》中所记“及寇瑊守益州，卒奏用其议”，有误。参见《长编》卷 101，天圣元年十一月戊午。

同支持下，于同年十一月戊午奏准设立益州交子务，即公元1024年1月12日，世界历史上第一个纸币发行机构设立。

这次发行的官交子，要有“见（现）钱桩管”，不能“虚行刷印”，也即是要“备本钱”，相当于近代欧美发行金本位纸币时的“发行准备金”；而且是“逐道交子上，书出钱数自一贯至十贯文”，即每张交子的票面都有固定的钱额，而这是近代纸币的特有标志之一。这次发行的新交子，即是铁钱本位制的“纸币”。其样式“一依自来百姓出给者阔狭大小”，可能票面上也印有“屋木人物”，但使用益州“铜印印记”①。印刷好新交子，仍依照以前的交子那样书填钱贯数，所不同的，不是依据客户缴纳现钱多少填写，而是事先填写好的固定面额。这就是世界上最早的纸币。

世界历史上最早的纸币首次发行时间，是北宋中叶之初的天圣二年二月二十日“起首书”发行，即公元1024年3月19日②。发行量一百二十五万多贯，这是地方政府发行的地区性纸币。

交子如到交子务兑换现钱，“每小钱一贯文依例克下三十文入官”，有类于近代的“贴现”。由于纸币的发行促进了商品交易，因而受到商人的欢迎，正如苏辙在元祐元年（1086年）时所说：“旧日蜀人利交子之轻便，一头（一贯）有卖一头一百（钱）者”，而“蜀中旧使交子，惟有茶山交易最为浩瀚，今官自买茶，交子因此价贱”，“近岁（一贯交子）止卖九百（钱）以上”③。苏辙在

---

① 《宋朝事实》卷15《财用》。参见《长编》卷101，天圣元年十一月戊午。

② 学者多以咸平元年前后首次出现“交子”，或大中祥符四年时十六户富户联合发行交子时，作为纸币的创始时间（据《宋代经济史》第二十九章二）。笔者在白寿彝总主编《中国通史》第七卷（笔者主编）的《典志》第四章中，提出“票面数额固定是纸币的重要标志”，此时才是纸币的创始时间。

③ 《栾城集》卷36《论蜀茶五害状》。

这里所说买卖交子的价格，应是商人之间以铁钱兑换纸币“交子”的情况，因为商人如到交子发行机构兑换，都要到益州（成都府）交子务才能进行。

印制交子的纸，是以楮树皮为原料制造的（这是世界史上第一种纸币专用纸），因而交子（包括后来的“钱引”、南宋的“会子”）也称为“楮币”、“楮券”，或只称“楮”。可能是为了抑制假币的产生，交子是分“界”，也即是分期发行的，每界两年，由于跨三个年头，因而也常称为三年一界。每次在二月开始发行新一界交子，并回收上一界旧交子；以后每界发行时间改在七月。熙宁五年（1072 年）起改为新旧两界同时使用，每界使用时间为四年，流通量增加了一倍。

交子的面额，自宝元二年（1039 年）起，分为五贯、十贯两种，其中前者占发行总量十分之二、后者占十分之八，但两种交子面额都过大，因而小额交易仍不得不使用沉重的铁钱。熙宁元年（1068 年）改为十分之六为一贯面额、十分之四为五百文（半贯）面额，以适应日常商业贸易的需要。

纸币“交子”的发行，是成都地区经济发达、商业兴盛的产物。不过，既要有“现钱桩管”，即储备现钱（铜、铁钱）作发行交子的准备金，又要控制发行数量，纸币“交子”才能得以流通而不贬值。但是，北宋政府无视或根本不懂得上述条件，仁宗皇祐三年（1051 年）以前，西北的“秦州（今甘肃天水）两次借却（益州）交子六十万贯，并无见（现）钱桩管，只是虚行刷印，发往秦州”。作为商人运送粮草（入中粮草）到秦州后付给的有价证券①，商人再到川蜀地区作货币使用。实际上也在西北地区使用，但“转

---

① “入中粮草”称为“入中制”，是招募商人将粮草等运往规定的沿边地点，政府付给钞引等有价证券，商人凭以到京城或有关地点换取钱、金、银或其他货物如盐、矾、茶叶等。入中也称入纳。

用艰阻”，以致“今来散在民间”，“已是坏却元法，为弊至深”①，政府不得不准备现钱兑回交子，有官员认为即使再过五六年也未必能全部回笼。这是北宋政府第一次违背纸币发行规律，使纸币交子在秦州地区丧失使用价值。

熙宁二年，北宋政府又曾想在使用铁钱的河东地区推行纸币“交子”，并在潞州(今山西长治)设立交子务。但是，一是河东地区经济并不发达，二是河东的“入中粮草”，原是给“盐钞”、“矾引”等有价证券，商人凭以换取盐或矾，地方政府担心发行纸币交子后，携带轻便，商人不再需要盐钞、矾引，因而不久即停罢河东交子的发行。

熙宁四年正月，又因对西夏作战引起军费不足，再次想在陕西发行纸币“交子”。但这种不顾客观需要与条件，只想以印制纸币解决军费的做法，不得不于同年四月废罢。

熙宁七年六月，因陕西沿边“入中粮草”出现虚给“盐钞”而无法兑盐之事，许多官员又要求在陕西发行交子，并提出每年发行一百万贯，可以解决虚给盐钞问题。政府认为：“此不知行交子之意，今若于陕西用交子，止当据官所有见(现)钱之数印造”，比如有商人入中粮草价值一万贯于沿边，要求在某州兑现“交子”，即须在该州有一万贯现钱支付，“如此则交子与钱行用无异”，才可以用“交子”“救缓急及免多出盐钞虚抬边籴之弊”②。政府的意见是正确的，神宗决定在陕西推行交子，也采取了一些相应的措施，如毕仲衍在元丰三年(1080 年)的《中书备对》中提到每年陕西的虢州“在城、朱阳两监各一十二万五千贯，(商州)阜民、洛南两监各一十二万五千贯，以上系折二钱，并应副本路

① 《宋朝事实》卷 15《财用》。

② 《长编》卷 254，熙宁七年六月壬辰。

交子本钱"①。政府虽然以陕西地区的虢州(今河南灵宝)、商州(今陕西商州)四铸铁钱监年产五十万贯铁钱作为陕西"交子"的发行准备金,但陕西籴买的粮草很多,有时一年就达五百多万贯,到熙宁八年十一月时,出现"交子出多而钱不足"的情况,以致交子"价贱亏官"。于是要求在籴买粮草"有折钱多处,交子毋得出多"②,作为控制交子流通量的措施。这个措施显然取得了一定的效果,以致"商人贪贩交子,少肯买钞(盐钞),故(盐钞)钱价更减"③。说明这次在陕西推行"交子",相对来说是成功的,但却影响了北宋政府推销"解盐"的政策。熙宁九年正月,北宋政府在权衡利害关系以后,决定停止在陕西发行交子,维持"盐钞"价以销售"解盐"。

哲宗元祐(1086—1093)年间,保守派当政时期,显然又将川蜀地区的交子行用于陕西,以致绍圣元年(1094 年),成都府路转运使司"言:商人以交子通行于陕西,而本路乏用,请更印制。诏:一界率增造十五万缗"。是年发行了一百四十万多贯交子。元符元年(1098 年)又令增印四十八万道(贯),每界增至一百八十八万多贯。

三、北宋末年的纸币"钱引"

北宋末年徽宗时期,陕西军兴,自"崇宁元年(1102 年)复行陕西交子"④。至大观元年(1107 年),一界增印交子少则二百万贯,多至一千一百万贯。"较天圣一界(印制数)逾二十倍,而(交子)价愈损,及更界年,新交子一当旧者四,故更张之"。宋徽宗、

① 《宋会要辑稿》食货 11 之 8。

② 《长编》卷 270,熙宁八年十一月甲戌。

③ 《长编》卷 272,熙宁九年正月甲申。

④ 《文献通考》卷 9《钱币考二》。

蔡京不从控制纸币“交子”发行量、增加发行准备金（本钱）上着手，以抑制“交子”的贬值，而是想以改变纸币的名称，即改“交子”为“钱引”，继续推行纸币。崇宁“四年，令诸路更用钱引，准新样印制，四川如旧法”行交子，“惟福建、江、浙、湖、广不行”。大观元年又“改四川交子为钱引”。原先一界交子发行量为一百二十五万贯，准“备本钱（发行准备金）三十六万缗（贯）”，而“大观（1107—1110）中，不蓄本钱而增造无艺”，这种没有足够的准备金，随意发行纸币“钱引”的做法，只能导致纸币“钱引”的贬值，“至（钱）引一缗当钱十数”，不及“钱引”面值的百分之二。大观三年，只得下诏自第四十四界起，仍如天圣时限量发行一百二十五万贯，而且流通地区限在只准使用铁钱的四川、陕西、河东地区。次年，又增给成都钱引务五十万贯钱作为“本钱”。以后又规定不再发行四十五界钱引，如发现流通量不足时，只增印一部分四十四界钱引。经过十年的调整，“宣和中（当在宣和二年，1120 年前后），（张）商英录奏当时所行，以为自旧法（指限量发行）之用，至今（钱）引价复平”①。但数年后北宋即被金所灭。

---

① 《文献通考》卷 9《钱币考二》；《宋史》卷 181《食货志下三》。又，“宣和中”定为宣和二年前后，因张商英死于宣和三年十一月。

第八章　北宋中后期的行政制度、法制、赋税与役法

北宋中叶的改革浪潮中，针对宋初以来官名与职务分离，官称混乱，新旧机构混杂、失衡，三省六部名存实亡的状况，宋神宗首先改革文官的京朝官官称，使名实相符；又重建三省六部制，理顺了中央机构的关系。宋神宗还对宋初以来，以长官意志“法外之意”断案的状况进行改革，区分法律、法规的性质，强调依法办案。长期被民户视为灾难的“差役法”，也终于基本上被王安石变法中的“募役法”所替代，虽有反复，但终因顺应历史潮流而得到坚持推行。同时，支移、折变、和买、和籴等征赋的变通手段，在北宋中后期实际上逐渐演变为田赋的变相附加税。

第一节　元丰官制改革与北宋末年的官制变化

北宋中叶是中国古代少有的、剧烈变化的时代，改革浪潮不仅涉及政治、经济方面，发生了庆历新政和王安石变法的改革活动，还涉及社会的其他各个领域，如思想、文化，乃至生产关系、生活方式等诸多方面[①]。

---

① 有关生产关系的变化，参见第七章第一、二节；社会生活方面参见第二十一章第一、二节。

一、三省六部制的重建

北宋中叶神宗时期，对官制进行了重大变革。宋初为了稳定新政权的需要，不仅留用了后周的官员，还保留了原有的政府机构。但是，为了加强中央集权，又实行官称与职权分开，扩大“差遣”（担任的实际职务）的范围；设立新机构，架空旧机构，高官可去任较低的实职“差遣”，也可以低官任较高的实职“差遣”。这些措施虽为巩固宋王朝新政权起过重大作用，但也造成机构重叠、官制混乱、官高责轻、官卑责重、人浮于事、官冗于职的状况。到北宋前期的太宗端拱元年（988 年），不到三十年，已是“蠹弊相沿，为日已久”，“迨及九寺、三监，多为冗长之司，虽有其官，不举其职”。罗处约因而提出：“莫若复尚书都省故事。”[①]此后，王化基、王炳、宋琪等，真宗时杨砺、王旦、杨亿、孙何、张知白、夏竦等，仁宗时苏舜钦、田况、欧阳修、范镇、宋庠、范仲淹、张方平、吴育、包拯等，英宗时韩维、刘安世等，神宗前期吕公著、李常、曾巩等，不断地提出改革官制，以消除弊端，适应新形势的需要。

王安石变法时期，虽在经济、军事、法制、教育、科举等方面均进行了改革，并都取得了显著成效，但对官制只是进行局部调整，将闲散机构司农寺作为推行新法核心机构，设审官西院以分枢密院之权，于地方则设提举常平司监督新法的推行，没有从根本上进行变革。

熙宁末年神宗主持改革以后，官制改革成为首先考虑的事项，命馆阁校勘《唐六典》，为改革官制作准备。元丰二年（1079年）五月，知制诰李清臣奏称：“本朝官制，踵袭前代陈迹，不究其

① 《宋史》卷 440《罗处约传》。

实”，“官与职不相准，差遣与官、职又不相准，其阶、勋、爵、食邑、实封、章服、品秩、俸给、班位，各为轻重后先，皆不相准，乞诏有司讲求本末，渐加厘正，以成一代之法”①，再次提出进行官制改革的请求。元丰三年六月，在“中书”内设“详定官制所”，作为研究与制定官制改革的专门机构。

同年八月，神宗给“中书”下《改官制诏》称：“国家受命百年，四海承德，岂兹官政，尚愧前闻，今将使台、省、寺、监之官，实典职事；领空名者一切罢去，而易之以阶，因以制禄，凡厥恩数，悉如旧章”②，正式宣布官制改革开始。九月，颁布“以阶易官寄禄新格”，称为《元丰寄禄格》，这是以宋朝原“文散官”官名为基础，部分采用唐朝文散官官名，略作调整后制成的“阶官”官名，共二十四阶，作为新的寄禄官官称。原先以三省六部及寺监官名的寄禄官称，对应地改换成新的寄禄“阶官”。如原先节度使等带有中书令、侍中、同平章事寄禄官称（通常称为“使相”），即改换为最高的阶官开府仪同三司（仍习称为使相，并自正二品升为从一品）；而带尚书省长官左、右仆射寄禄官称者，改为阶官特进（为正二品）；其余带尚书省六部尚书、侍郎、郎中及尚书左、右丞，门下、中书省的给事中、左右谏议大夫，各寺、监正副长官卿、监和少卿、少监等寄禄官称者，都改为自金紫光禄大夫至朝议大夫等各种大夫级阶官（从二品至从六品，北宋末又增五种大夫）；六部的员外郎及其他省、寺、监中低级官称的旧寄禄官，改为朝请郎至承务郎等各种郎级阶官（从六品至从九品）③。其中承议郎（从七品）和朝请、朝散、朝奉郎（正七品）以上及各种大夫为朝官，属中、高级阶官；而自奉议郎至承务郎为京官（正八品至从九

---

① 《长编》卷298，元丰二年五月己丑。

② 《宋大诏令集》卷162《改官制诏》。参见《长编》卷307，元丰三年八月乙巳。

③ 参见《长编》卷308，元丰三年九月乙亥。

品，九品京官担任“亲民官”，指任知县、监镇等直接治理人民的官职者为从八品），为低级阶官。

元丰五年四月下旬，新官制修成，并首先以新官衔任命宰相和执政。五月初一，正式实行三省六部及寺、监制，除保留枢密院、学士院等外，废除原有中央各机构和官称。

1. 宰相。废同中书门下平章事，以三省长官为宰相。但尚书令、侍中、中书令虚设而不任命。以尚书省长官左、右仆射为左、右相。左仆射兼门下侍郎，行侍中之职，负责审核诏旨；右仆射兼中书侍郎，行中书令之职，负责草拟诏旨，因而左相虽为首相，但实权则掌于次相即右相之手。还废除宰相所兼昭文馆、集贤殿大学士和监修国史的馆职。

2. 执政。废参知政事，以三省次长官为执政，依次为门下侍郎、中书侍郎、尚书左丞和尚书右丞，共四员。

3. 建新枢密院于中书省西。改以知枢密院事为长官，同知枢密院事为副长官；元祐三年（1088 年）增设签书枢密院事为次副长官，都属执政官。

4. 三省的设置。新官制施行，“官制所虽仿旧三省之名，而莫能究其分省设官之意，乃厘旧‘中书门下’为三，各得取旨出命，既行，纷然无统纪”。同年六月，改依唐制，定为“中书省取旨，门下省复奏，尚书省施行”；并规定中高级官员的任免，左、右相同议，以减少右相权重之弊。随后又进一步明确尚书省六部政事需要取旨的，皆报中书省，门下省、中书省已取旨施行的也不能直接施行，而是送尚书省施行①，经过一个多月调整，才改变了初行时的杂乱状况。

原“中书门下”的中厅（正厅），成为新宰相的办公处兼宰相、执政的议事处，称“三省都堂”，但仍常称之为中书、都堂或政事

---

① 《长编》卷 327，元丰五年六月乙卯、癸亥。

堂。原“中书门下”的办事处“中书五房”同时废罢。

将原“中书门下”东厅改为门下省，是门下侍郎（执政）的办公处。在旧枢密院地建房，称“门下后省”，分设吏、户、礼、兵、刑、工等十房，设给事中掌管，行封驳之职。

将原“中书门下”西厅改为中书省，是中书侍郎（执政）的办公处。也在该地建房，称“中书后省”，分设吏、户、礼、兵、刑、工等八房，设中书舍人掌管，并负责草拟一般诏制（外制）。

尚书省为最高行政机构，以原殿前司地建尚书省新房，建房四千间，是尚书省及六部的办公处。因长官左、右仆射为宰相，一般省务由副长官尚书左、右丞（执政）处理。下设左、右司，也称都司，各设郎中、员外郎为长官，左司治吏、户、礼等房事，右司治兵、刑、工等房事；另有制敕、催驱、印房等，则通治省事。

三省分治制度到元祐元年（1086 年）时，已显现出效率不高的弊病，造成“文字繁冗，行遣迂回，近者数月，远者逾年，未能决绝”[①]，以后实际上形成事前宰、执共同商议决策后奏进，再以“三省同奉圣旨”名义行下的制度，实质上又恢复了官制改革前的“中书门下”制度。三省分治，将取旨、审核、施行分开，相互制约，事实上并不利于中央集权。

5. 六部的重建。将诸多机构归并为六部，是此次官制改革取得的最重要成果。

吏部。唐代吏部只管中、低级文官的任免、考核等，中、低级武官的任免、考核等归属兵部，这次统归吏部。改审官东院为尚书左选，主管阶官六品、职事官大理正（从七品）以下，包括部分朝官和全部京官（至从九品）的中低级文官；改流内铨为侍郎左选，主管通常称为“选人”、“幕职州县官”，从八品至从九品的初级文官。改审官西院为尚书右选，主管皇城使至供备库副使和

---

① 《文献通考》卷 50《职官考四》。

内殿承制、崇班（大使臣），包括诸司使、副使（东、西班）和大使臣的正七至正八品中低级武寄禄官；改三班院为侍郎右选，主管东头供奉官至三班借职，称小使臣的从八至从九品低级武寄禄官。以上文武官员由吏部任免具体职务，通常称为“部注”；一般属常规的考核升遣，因而也称“常调差遣”。具体事务归吏部的吏部司，另有司封司主管封爵、赠官等，司勋司主管升勋及酬赏等，考功司主管文武官员考核等，各司设郎中、员外郎主管。六部中与部名相同的司，习称“头司”，后三司也习称“子司”。

北宋前期最高级的文武官员由皇帝旨授，其次的高官及部分中级官员，甚至较低的官员，由“中书门下”任命，因“中书门下”习称“政事堂”，因而称为“堂除”；级别相当的武臣，由枢密院“宣授”，但比较混乱。元丰官制改革时，神宗“深究其弊，凡堂选、奏举之类，并悉罢去”，重新作了比较严格的规定：“自两府而下至侍从官（从四品）[①]，悉禀圣旨，然后除授，此中书（政府）不敢专也；自卿监（正四品）而下，及已经进擢，或寄禄至中散大夫者（从五品），皆由堂除，此吏部不敢预也；自朝议大夫（正六品）而下，受常调差遣者，皆归吏部，此中书不可侵也。法度之设至详至密，所以防大臣之专，革小人之侥幸也。”吏部所主管的官员任免、考核范围，也是元丰改制所规定的。元丰八年（1085 年）三月，神宗去世，哲宗即位，太皇太后高氏执政，保守派司马光、吕公著先后入为执政。同年八月，“执政申请，以繁剧处、重法地分为词”[②]，将属吏部职权内的官员任免六十四处，收为政府的“堂除”，破坏了元丰新官制。元祐元年（1086 年）闰二月，吕陶

---

① 侍从官指各部侍郎（从三品），各殿、阁学士（正三品）、直学士（从三品）、待制（从四品）等以上，皇帝旨授的主要是三品以上，少数为从四品，如“备顾问”的待制等。

② 《历代名臣奏议》卷 168。参见《长编》卷 371，元祐元年闰二月；卷 359，元丰八年八月。

指出后，三月间才下诏，“自今堂差不得冲吏部已注授人”[①]，但只得到部分纠正。

户部。元丰官制改革前，财政全归三司，三司不仅侵占户部和工部的职权，还侵占刑部、大理寺、将作监等机构的部分职权，尚书省职权的很大部分也为三司所侵，因而，真宗时王旦即称：“今之三司，即尚书省。”[②]熙宁（1068—1077）年间王安石变法时，已将三司的一部分职权分出，而且变法改革中有关财政的新法也不归财政机构三司，而是由闲散机构司农寺管辖。这次官制改革，将原三司所管日常财政事务归属户部尚书和左侍郎；原司农寺所管新法的财政事务归属户部右侍郎，户部尚书不能过问，实际上成为第二户部，户部头司户部司因而分为左、右曹。后除元祐时一度合二为一外，北宋时皆依元丰制度分治。

礼部。废原太常礼院，将其所夺礼部职权归还；科举事务亦归属礼部。礼部事务较少，从元祐时起，礼部子司的郎官时有省员而互兼。

兵部。因枢密院的保留，主要兵权不在兵部，兵部仅“掌兵卫、仪仗、卤簿、武举、民兵、厢军、土军、蕃军，四夷官封、承袭之事，舆马、器械之政，天下地土之图”[③]，可见兵部所管除仪仗、武举及地方兵外，主要作为军事后勤部。兵部事务也较少，元祐时开始，兵部子司的郎官亦常省员而互兼。

刑部。熙宁时已将三司所属帐司、理欠司归属刑部的子司比部司，三司所属衙司归属刑部的子司都官司。此次官制改革，又将审刑院、纠察在京刑狱司废并入刑部。元祐时起，子司郎官也常省员而互兼。

---

① 《长编》卷371，元祐元年三月辛未。

② 《宋史》卷168《职官志八》。

③ 《宋史》卷163《职官志三》。

工部。主要职权原全为三司所夺，熙宁时将三司所管坑冶(矿冶)事务划归工部的子司虞部司，直到这次改官制才恢复了工部应有的职权。

其他如太常、宗正、光禄、卫尉、太仆、大理、鸿胪、司农、太府九寺，国子、少府、将作、军器、都水五监，或恢复职权，或规范职权。除国子监设祭酒、司业为正副长官外，其他则寺设卿、少卿，监设监、少监为正副长官；各寺、监在正副长官下设丞、主簿为属官，其下各设若干"案"以办理具体事务。各寺、监还设有若干附属机构。司天监改为太史局，隶属于秘书省。

六部、寺、监的恢复，其大政归之于一级机构"部"，其他事务归之于二级机构"寺、监"，使政府事务有条不紊，宰执大臣能解脱繁杂的庶务而致力于大政方针，顺应了历史的潮流，为后世所沿袭，直到清朝末年。

其他相关的官制改革有：

废舍人院入中书后省，并废代中书舍人草拟外制的知制诰、直舍人院，而于中书后省设中书舍人草拟外制。

保留学士院。草拟内旨的翰林学士，原为差遣，定员为六人。除寄禄官为中书舍人者不带知制诰衔外，其余都带知制诰衔。现改翰林学士为三品正式官员，定员二人，且全带知制诰衔①。

废谏院，设左右谏议大夫、左右司谏、左右正言为谏官，左属门下后省，右属中书后省。

御史台，元丰官制改革后以御史中丞为长官，侍御史知杂事(通常只称侍御史)隶台院，为御史台副长官；另有殿院，以原言

---

① 北宋改官制前翰林学士带知制诰衔，沿自唐制。有唐史学者认为知制诰只是代中书舍人草外制者(《中国大百科全书·中国历史》第1530页"知制诰"、第353页"翰林院")，与翰林学士无关，欠妥。参见笔者《关于宋代的知制诰和翰林学士》，《宋史研究论文集》，河北教育出版社1989年版。文中论及唐代翰林学士、知制诰。

事御史改设殿中侍御史，掌朝仪；察院设监察御史六人，分察尚书省六部，称为六察。名义上在京三省至百司、宰相至百官，无不属纠察之列，实际上有许多不在纠察之内。宋代不仅御史台是针对百官的，谏官实际上也是以百官作为主要对象，并非专门针对皇帝进谏，因而御史台与谏官职责类似，史称台谏合流。

二、北宋中后期新设的路级机构

路级机构在北宋前期常设的只有转运使司，简称漕司；以及提点刑狱司，简称提刑司、宪司，两司都兼有监察州、县长官之责，因而也都称为“监司”。北宋中后期新设的路级机构中，最重要的是安抚使司，简称帅司；其次是提举常平司，简称仓司，与北宋前期所设的转运使司、提点刑狱司，合称帅、漕、宪、仓，是宋朝最主要的四个路级机构。安抚使习称帅臣。

安抚使司是北宋在北方、西北和广南常设的路级军事机构，类似后代的省军区。北宋前期的地方军事机构部署司、钤辖司，不仅辖区不定，而且是纯军事的统兵机构，类似于后代的驻军司令部。

安抚使在北宋前期职责不定、任期不一。如咸平三年(1000年)，因京东地区连连下雨造成黄河决口成灾，派张舒前往安抚；大中祥符三年(1010年)因江淮地区灾荒，于是江南东、西路，淮南东、西路的首府知州，都带本路安抚使，是为防止灾荒引起灾民流移影响治安，派专人或加强首府知州的权力以安定局势。而景德元年(1004年)永兴军(今陕西西安)知军向敏中担任陕西沿边安抚使，则是因党项族首领李继迁新亡，为安定西北边境而设；随后在河北、河东设置一些安抚使，则是因辽军南侵引起居民流亡；次年设广南西路沿海安抚使，则是传闻交趾国王去世而加强边防。安抚使都是临时性的，事过即废，并不是常设的路级机构。而且北宋中后期仍不时在其他地区设置。

庆历元年(1041年)十月,陈执中提出:"兵尚神密,千里禀命,非所以制,宜属四路各保疆圉","朝议善之"。史称:"始分陕西为四路焉",即秦凤路、泾原路、环庆路、鄜延路,分别由秦州(今甘肃天水)、渭州(今甘肃平凉)、庆州(今甘肃庆阳)、延州(今陕西延安)的知州兼任"本路马步军都部署,经略、安抚、缘边招讨使"①。实际上是将陕西转运司路与西夏接界地区分为四个军区,而中心地区永兴军附近称为永兴军路,所以,陕西实际上分为五路。以后又合为陕西一路,庆历四年二月又复分五路,庆历元年十一月还设立了河东经略安抚使司,都是与西夏的战事有关,并非常设的路级军事机构。庆历四年末,宋与西夏议和。庆历五年正月,将主旨在讨伐西夏的军事机构,河东、陕西路的"招讨使司"罢废,安抚使司才逐渐成为路级常设机构。陕西数经分合后分为五路。

庆历八年四月,河北路分为定州(今河北定州)、真定府(今河北正定)、高阳关(今河北河间)、大名府(今河北大名东)四安抚使路,分别以定州、真定府、瀛州(后升改为河间府,今河北河间)、大名府的知州、知府兼安抚使。

皇祐四年(1052年)六月,在平定侬智高叛乱以后,广南东、西路分别设置经略、安抚使司,分别以两路首府广州、桂州(后改静江府,今广西桂林)知州(府)兼任经略、安抚使。哲宗时废两路经略司,徽宗时复设。

熙宁五年(1072年),又以新开拓的熙(今甘肃临洮)、河(今甘肃临夏)路设经略、安抚司。

哲宗时,除上述诸路外,尚有庆历二年设置的京东东、西两路安抚使司,分别由青州(今山东青州)、郓州(今山东东平)知州兼任安抚使(后者于政和四年改由应天知府兼任);嘉祐五年

① 《宋史》卷285《陈执中传》;《长编》卷134,庆历元年十月甲午。

(1060年)设置的京西南、北两路安抚使司，分别由邓州(今河南邓州)、颍昌府(今河南许昌)知州、知府兼任安抚使；庆历六年设置的荆湖南路安抚使司，由潭州(今湖南长沙)知州兼任安抚使等，基本上也属于常设路级帅司。北宋末还增设了一些安抚使司，多属临时性质。

陕西五路(除永兴军路)，河东路，广南东、西两路安抚使都带经略使衔，经略使"系边任，则绥御夷狄，抚宁疆圉"，而且"凡战守之事"，"听以便宜裁断"[①]；而安抚使"则使事止于安抚而已"[②]，前者重在军事，后者重在治安。但都兼任本路管军长官，河北四路、陕西六路、河东路兼马步军都部署(总管)，其余则兼兵马钤辖或兵马巡检。虽帅臣兼三或二司长官，副长官以武将担任，但安抚司、经略司、部署(总管)或钤辖、巡检司，都独立设置，各有属官，常单独接受与执行相关的命令。

没有常设安抚使司的南方各路(转运司路)首府的知州、知府，都兼任本路的兵马钤辖或巡检，统辖本路军队以维护治安，与安抚使略同。

提举常平司，简称仓司，是依转运司路设置的常设路级机构，因兼监察州、县官，为监司之一。这是王安石变法之初的熙宁二年(1069年)九月，为推行"新法"而创设的，最初的全称是"提举常平、广惠仓兼管勾农田水利、差役事"，将本应归转运司、提刑司的职权专门划出，其用意在于加大推行新法的力度。通常只称提举常平司或提举司。元祐元年(1086年)闰二月废罢，绍圣元年(1094年)闰四月复设，遂成为路级常设机构。

北宋路级常设机构帅(安抚使)、漕(转运使)、宪(提点刑狱)、仓(提举常平)四司，都是以转运司路为基础，但分合并不一

---

① 《宋会要辑稿》职官41之75。

② 《宋史》卷167《职官志七》。

致。除帅司路以首府长官知州、知府兼任安抚使外，其他三司皆单独设置，并皆兼有监察知州等之责，因而有“监司”之称。四司中只有仓司与漕司路一致。

帅司路初设时，陕西（漕司）路设五帅司路、河北路设四帅司路、京东路设二帅司路。神宗时京东、河北、淮南路各分东西，京西分南北，陕西分永兴军、秦凤，共二十三路。而有的合两漕司路为一宪司路。

帅、漕、宪三路的首府即使在同一路，有时也不在一地，如北宋末年，京东西路漕司在应天府（今河南商丘睢阳）、宪司在济州（今山东巨野），而帅司则在郓州（今山东东平）等。本书除特别注明外，提及路的首府，通常是指漕（转运使）司路首府，即转运使司驻在地。

三、北宋末年的官制变化

元丰官制改革时，只改变了文官京、朝官的寄禄官称和职务不相符的状况。如原先“以吏部尚书为阶官（指寄禄官），而同中书门下平章事则其职（宰相差遣）也”①；新官制中吏部尚书不再作为寄禄官称，而成为吏部的实际长官，同平章事“差遣”亦已废除。但初级文官和武官系统未作变动。

北宋末崇宁二年（1103年），吏部侍郎邓洵武上疏称：“今在选（指初级文官“选人”）七阶，自两使判官至主簿、尉，有带知安州云梦县（今湖北安陆、云梦），而为河东（路名，相当于今山西中部及以南大部分）干当公事者；有河中（今山西永济西）司录参军，而监楚州（今江苏淮安）盐场者；有瀛州（今河北河间）军事推官、知大名府元城县（今河北大名东），充濮州（今山东鄄城北）教

① 《宋史》卷158《选举志四》。

授者，淆乱纷错，莫甚于此”，提出“宜造为新名，因而制禄”①。邓洵武所说的“在选七阶”，也称“幕职、州县官”，一部分原是五代、宋初的节度使、刺史系列的幕僚，称为“幕职官”，如宋太祖登基前领节度使时，赵普任其幕职“节度掌书记”等；另一部分原是州的属官，如录事参军、司理、司法、司户等，以及县级的如县令、主簿、县尉、知县令等，称为“州县官”。在官名与职务分离的制度下，都作为初级文官的寄禄官称，且都带有具体州、县名。而这些寄禄官称又与同级的“差遣”（实职）官名基本上相同，因而更容易造成混乱。在邓洵武的建请下，将已经废除的文散官官称中尚未使用的“郎”官五种，另补充两种，编为七阶，代替原先“幕职、州县官”（选人）的官称，作为初级文官“选人”寄禄官的“阶官”，称为“选人七阶”，分别是承直、儒林、文林、从事、通仕（后改从政）、登仕（后改修职）、将仕（后改迪功）郎，都是从八品至从九品的初级文官，与低级文官“京官”（正八品至从九品）品级大体相当，但地位悬殊②。

文阶官共三十七阶，在“阶官”系列中，“选人七阶”排在最低的第三十阶从九品京官承务郎之后。士人考中进士后，除最前的四五名，有时只是前两名初官的寄禄官（阶官）为京官外，其他进士初官的寄禄官（阶官）都是“幕职、州县官”（选人七阶）。幕职、州县官升改为京官，也称“改官”、“选人选京官”，从此以后才能得到继续升迁和重用的机会，否则只能老死于州的属官和县官任上。北宋前期太祖、太宗及真宗初期，下诏才由朝官推荐“选人”改京官。大中祥符二年（1009 年）诏：“幕职州县初任，未

---

① 《宋史》卷 329《邓洵武传》。又，当时邓洵武的官职，《宋史·职官志九》作刑部尚书，似误，此据本传。又，“干当”当时应为“勾当”，南宋时避高宗赵构名讳改“勾”为“干”，他例同。

② 京官与选人都属八、九品的低等文官，而选人又低于京官。本书以“低级文官”称京官，而以“初级文官”称选人，以区别两者。

闲吏事，须三任六考，方得论荐”[①]，次年确立了具体制度，称为“奏荐改官”，但能获得奏荐改官的人数很少。到北宋中期仁宗天圣八年（1030年）八月，又订立捕盗“酬奖”改官：“应自今（县）令、尉亲领弓手斗敌，捉杀全火（伙）十人以上强劫贼，伤与不伤，（县）令除朝官，（县）卫（应作尉）资考合入（县）令、录（事参军），除节（度）、察（观察）推官，仍赐绯；全火不及十人以上，伤中者，令亦除官朝（应作朝官），尉资考合入令、录者除京官，未合入令、录者，除节、察推官”[②]，也称“功赏改官”。“选人”升改京官的制度始完备，分为循资（常调）、酬奖（功赏）、恩例、奏荐四种[③]。

“功赏改官”符合前述条件，常简称为“获盗中率”、“捕击如律”，而且是以“十人”为单位，可以累计进行“酬奖”升官，一次可以进七、八阶甚至更多，官品却仅升一品、半品[④]。这是由于选人官品为从八品至从九品，京官为正八品至从九品，从九品京官如任“亲民”官职则为从八品，因而选人升改京官后，官品不升或所升很少，一般也不会发生降品的情况。

北宋徽宗时，还进行了两项官制方面的改革，一是改变三师、三公及宰相官称；二是改革武官寄禄官的官称等。

改变宰相官称的理由是，不应“以仆臣之贱，充宰相之任”，以及原有的三师、三公名号未正。遂于政和二年（1112年）九月，将原称三师的太师、太傅、太保，改称“三公”，废三师之称；而以少师、少傅、少保为“三少”，并将原三公太尉、司徒、司空废除。并称三公“为真相之任”，三少“为次相之任”。尚书令不设，改左

---

① 《宋史》卷158《选举志四》。

② 《宋会要辑稿》兵11之13。

③ 《宋史》卷169《职官志九》。

④ 裴如诚因此产生误解（《宋江招安资料辨正》，《中华文史论丛》1979年第二辑）。参见笔者《宋史研究中官制引起的几个问题》，《宋史论集》，中州书画社1983年版。选人改官，少有学者论述，致生误解，故稍述之。

仆射为太宰、右仆射为少宰。改侍中为左辅、中书令为右弼①，但设职而不任官。另以太宰兼门下侍郎为首相，少宰兼中书侍郎为次相，而蔡京、王黼先后以“三公”的太师、太傅总治三省事，位在太宰之上，称为“公相”，后又将三公改为荣誉衔。靖康元年(1126 年)闰十一月，废太宰、少宰，恢复左、右仆射为宰相官衔。

枢密院在徽宗时，又增设领枢密院事、权领枢密院事为长官之一。

政和二年进行第二项官制方面的改革，是改变带有宦官色彩的武官寄禄官(武选官)“内臣”官称，即所谓“武选官称，循沿末世(五代)”，必须“易而新之”②。于是将“横行”(横班)的正使改为“大夫”，副使改为“郎”；诸司使改为“大夫”，诸司副使改为“郎”，大、小使臣都改为“郎”。由于横班副使高于诸司使，因而出现部分从七品的郎(原横班副使)，高于正七品的大夫(原诸司正使)的奇怪情况。但当时不以为怪，因为只是改变官称，并没有改变武官寄禄官升迁系列。所以，不会发生正七品的武功大夫(原东班皇城使)，升为从七品右武郎(原横班的西上阁门副使)的事情。又在横班的内客省使与客省使之间，补入“班官”的延福宫使、景福殿使，改称正侍、中侍大夫，并作为横班系列之一运作。并将原三公之一的正一品太尉，改为正二品，作武阶官之首。又增加一些大夫、郎，加上不入品的“下班祗应”一阶，共五十二阶，称为武阶官。

但是，由于武阶官(也称武选官)之首的太尉为正二品，其下即是内客省使改称的正五品通侍大夫，官品阶梯中出现从二品至从四品的缺档。依旧采取由武阶官中的武功大夫(原皇城使，正七品)，一部分转入节度使、刺史(从二品至从五品)系列。尚

---

① 《宋大诏令集》卷 163《新定三公辅弼御笔手诏》。

② 《宋大诏令集》卷 163《改武选官名诏》。

空六品一档，通常是在转入“正任”之前，一般先转入“遥郡”的刺史、团练使、防御使作为过渡，“遥郡”本身虽无品，但可表示地位的高低，然后再转入从五品的“正任”刺史、团练使。

这次还改变了内侍官名和医官的官名，又将节度观察留后改为承宣使；废除武散官，保留武散官的官称，但只用于内附的少数民族。

第二节　封建法治的加强

北宋中叶的改革浪潮中，宋神宗和王安石在变法时期通过法制思想的贯彻及其实践活动，加强了封建法治建设，在中国古代法制史上具有里程碑的意义。这与当时最杰出的政治家、思想家王安石的法学思想有着密不可分的关系，也与具有法治观念的宋神宗的支持是分不开的，他们在法制方面的建树影响及于南宋。

南宋著名思想家陈亮，对宋代的法治有独到的见解：“汉，任人者也；唐，人、法并行也；本朝，任法者也。”[①]他还说：“神宗皇帝思立法度以宰天下。”[②]陈亮认为宋代的法制是汉代以来最完备的，只有宋代可以称得上是以法治国，而且这种法制的完备及实施是在宋神宗时期实现的，这是符合历史事实的。

宋代加强和完善封建法治的措施反映在三个方面：一是对法律、法规作了科学的区分，并进一步细化了法规律令；二是规定官员要熟悉法律、法规以正确判案；三是公布法律、法规，让民众了解其内容，使民众不犯法、少犯法。

---

① 《陈亮集》卷11《人法》，邓广铭编校增订本，中华书局1987年版。笔者在《中国通史》第七卷(上)丙编典章第十章“法律”中，首次提出宋代法治社会及起于神宗时期之说。由于学术界对封建法治的理解不同，这里提出神宗时封建法治加强之说，两说均可供学者参考。

② 《陈亮集》卷12《铨选资格》。

一、修订与完善法律、法规

宋初沿用唐和五代(除后梁外)的法律,也沿用其敕、律兼行的方式。建隆四年(乾德元年,963 年)二月,才对后周《显德刑统》进行修订,同时编辑宋敕。同年八月,修订成《宋刑统》三十卷、《建隆编敕》四卷,仍然是敕、律(《刑统》)并行。以后历朝都进行编辑敕及令、格、式等法律、法规,称为律、令、格、式,而敕也具有律的职能。

神宗年间,对《宋刑统》作了重要修订。熙宁四年(1071 年)二月前,曾布受命"以《刑统》义理多所未安",对之进行审查。在对《刑统》"逐一条析"以后,提出:"《刑统》疏义繁长、鄙俚,及其间条约今所不行,可以删除外",并将"所驳义乖缪舛错凡百余事,离为三卷"奏上①。这是《宋刑统》制定百余年后,第一次进行的重要修订。

神宗时期,法令制定日益完备,除了综合性的《熙宁详定编敕》、《元丰编敕令格式》、《敕书德音》、《申明》外,还有不少专门的法令汇编,其中对于"敕"的编定特别注重。熙宁二年王安石任执政以后不久,即置局进行修改,"诏中外言法不便,集议更定"②。王安石于熙宁六年奏上提举"《熙宁详定编敕》等二十五卷",附《申明》一卷。以后陆续修成的还有《新编续降(敕)并叙法条贯》一卷,是"编治平、熙宁诏旨并官吏犯罪叙法、条贯等事"③;曾布所编《熙宁新编常平敕》、范镗所编《熙宁贡举敕》,以及机构编成的《审官东院编敕》、《熙宁法寺断例》等。这和宋神宗提

---

① 《宋会要辑稿》刑法 1 之 8。

② 《宋史》卷 199《刑法志一》。

③ 《宋史》卷 204《艺文志三》。

高敕的地位有关，“神宗以律不足以周事情，凡律（指《刑统》）所不载者，一断以敕”。并将自唐以来的律、令、格、式，“乃更其目曰：敕、令、格、式，而律恒存乎敕之外”，实际上是以敕代律。

宋神宗亲自主持改革以后，尤其“留意法令，每有司进拟，多所是正”[①]。元丰二年（1079 年）六月，他提出了著名的关于敕、令、格、式功能区分的理论：“设于此而逆彼之至曰格，设于此而使彼效之曰式，禁其未然之谓令，治其已然之谓敕。”[②]实质是将敕定为法律，而将令、格、式定为法规。也是从这一年开始将敕、式区分为敕、令、格、式。这比元丰元年十月蔡确提出的“除令删修为敕外，所定约束小者为令，其名数式样之类为式”，分为敕、令、式三类的建议[③]，不仅更合理，而且更具理论性、科学性。元丰七年三月，按照神宗所定的原则，由刑部侍郎崔台符等编辑的《元丰编敕令格式》完成。“凡入笞、杖、徒、流、死，自名例以下至断狱，十有二门，丽刑名轻重者，皆为敕。自品官以下至断狱三十五门，约束禁止者，皆为令。命官之赏等十有七，吏、庶人之赏等七十有七，又有倍、全、分、厘之给凡五卷，有等级高下者，皆为格。表奏、帐籍、关牒、符檄之类凡五卷，有体制模楷者，皆为式”；“敕十有三卷，令五十卷”，附《申明》一卷[④]。《申明》次于敕、令、格、式，包括杂敕（指未收入敕、令、格、式的敕）和指挥（皇帝的诏旨、尚书省的札子，都称为指挥），凡经审定认为具有普遍

① 《宋史》卷 199《刑法志一》。

② 《长编》卷 298，元丰二年六月辛酉。参见《文献通考》卷 167《刑考六》；《宋史》卷 199《刑法志一》。

③ 《宋会要辑稿》刑法 1 之 11；《长编》卷 293，元丰元年十月甲寅。

④ 《长编》卷 344，元丰七年三月乙巳，注引《国史·刑法志》，个别文字据《宋史·刑法志一》改定。后者称“成书二十六卷”，而前注引《国史·艺文志》作“《元丰编敕、令、格、式、敕书、德音、申明》共八十一卷”，是。《宋史·艺文志三》作“崔台符《元丰敕令式》七十二卷”。二十六卷为《熙宁编敕》卷数，当系元代史官删改宋《国史》时致误。

的法律或法规作用，即“以颁降指挥厘为申明”，“凡申明所载者，悉与成法参用”①。未编入“申明”的杂敕、指挥，只运用于具体事件。

断案时，“凡律、令、敕、式或不尽载，则有司引例以决”。作为法律不足时的补充手段，但判案当否还取决于主审官员的法学水平、能力和品质。为使案例具有普遍的法律效力，政府司法部门进行审定、认可，就非常必要。《熙宁法寺断例》十二卷②，就是经大理寺审定的熙宁年间的可供援查的案例专书。以后还有《元丰断例》等。

《元丰编敕令格式》和所附《申明》的完成，以及《断例》的审定，不仅是神宗朝对封建社会法律制度的进一步发展完善所作出的贡献，而且更反映出这一时期法治化程度大为加强的社会状况。

二、新科明法、进士试断案

与修订法律、法规同样重要，或许更为重要的，是要有懂法并能正确执法的官员。

熙宁四年（1071年）二月进行科举改革，“立新科明法，试律令、《刑统》大义、断案，所以待诸科之不能业进士者”。但是，熙宁六年进行科举改革后的第一次考试时，报考新科明法的人数不多，为了改变“近世士大夫多不习法”的状况③，就在当年三月科举发榜后数日，即下诏：“自今进士、诸科同出身及授试监、簿人，并令试律令大义或断案，与注官；如累试不中或不能就试，候

① 《宋会要辑稿》刑法1之54、55。

② 《宋史》卷204《艺文志三》。又，大理寺虽于熙宁九年诏“复置大理狱”，而设官判案已是元丰元年十二月事，故《熙宁法寺断例》并非大理寺所判案例。

③ 《宋史》卷155《选举志一》。

二年注官。”[①]规定四、五等进士、诸科，以及任命为试衔监当官、主簿等初级文官，都要考试律令大义或断案，才能出任官职，否则两年内不能任官。由于中举的前三等可以免试法令，在下届科举将要进行的熙宁八年七月，有官员提出进士高科担任州级属官，对于熟悉法令尤其重要，“昔试刑法者，世皆指为俗吏，今朝廷推恩既厚，而应者（指考新科明法）尚少，若高科（进士）不试（法令），则人不以（试法令）为荣”。于是宋神宗“诏进士及第自第一人以下注官，并先试律令大义、断案”；而且还命“选人（初级文官）、任子，亦试律令始出官”[②]，即凡要入仕任官者，都要考试法令或断案。史称：“王安石执政以后，士大夫颇垂意律令”[③]，说明文人的风气开始转变。熙宁九年科举考试时，三十九人考取新科明法，尚不足当年录取总人数近六百人的十六分之一；但到下一届元丰二年科举考试时，已有一百四十六人考取新科明法，达到当年录取总人数六百零二人的近四分之一。随后又规定新科明法的举人在考试“断案”时，允“许以律（《刑统》）、令、敕（当指《熙宁详定编敕》）自随”以应试[④]，目的在于考查应试者运用法律判案的实际能力。以后将之编为《元丰广案》二百卷，系“皇朝元丰初，置新科明法成，类其所试成此书”[⑤]。此书的出版显然是为应试“断案”者作参考之用。

当朝统治者的重视法制，并采取了一系列措施以切实提高官员的法学知识及判案能力，为这一时期封建法治化程度达到

---

① 《长编》卷243，熙宁六年三月丁卯；《宋史·选举志一》。

② 《宋史》卷155《选举志一》；《长编》卷266，熙宁八年七月辛巳。又，熙宁四年规定进士分为五等，第一、二等为“（进士）及第”，第三等为“（进士）出身”，第四等为“同（进士）出身”，第五等为“同学究出身”[后也改为“同（进士）出身”]。

③ 晁公武：《郡斋读书志·后志》卷1《断例》。

④ 《宋会要辑稿》选举14之1、2。

⑤ 《郡斋读书志·后志》卷1《元丰广案》。

前所未有的高度提供了现实可能性。

三、传播法律知识

有了适当的法律，又有了懂法且善于判案的官员，还需要有知法的民众，才能使民众少犯法。然而，原先是“法令一藏于有司，而民未尝知之。及陷于罪，然后从而刑之”。这种状况一直持续到神宗时。彭汝砺自治平二年(1065 年)中进士，任保信军(庐州，今安徽合肥)节度推官，以后在审讯案件时，“怪乡间平民，非有饥寒之迫、仇雠之报，而徇情冒法，自陷于重狱”，面询之后，才知道是平民“盖亦不知法之至于此极也”。神宗时奏请“乞悬法示人”，将法令“各以时宪(布告)于州、县、乡、保”，并派官员宣读法律，教导平民：“其知如是，则其法如是；其罪如是，则其刑如是。”这样才能“使天下之民知天子所以教爱之如此”，使平民“得有所避也，刑可得而省矣”①。这是请求通过公布法律，并对平民进行法律知识的教育，以使平民少犯罪，才可以从根本上减少刑事案件的发生。

宋神宗是否完全采纳彭汝砺的建议，已无从确知。但神宗不仅公布法律、法规，熙宁六年规定进士试律令大义或断案才能出任官职的稍后，还在国子监设立“律学”，“置教授四员”，“凡朝廷有新颁条令，刑部即送(律)学”，类似于近代的高等法律专科学校，设断案和律令大义二科，生员可以选学其中的一科，也可兼学二科，“凡命官、举人皆可入学，各处一斋”②。与官办“律学”教授律令大义、断案相对应的，是民间一部分士大夫，也“聚集生徒，教授辞讼文书”，说明宋神宗时允许民间传布法律知识。

---

① 《历代名臣奏议》卷 111，彭汝砺《乞悬法示人状》。

② 《宋史》卷 157《选举志三》。

这和彭汝砺请求在公布法律的同时，请官员宣讲法律条文，至少在普及法律知识方面是共同的。

总的来说，宋神宗、王安石是主张从轻断案，而保守派大臣则主张从重判案。如熙宁元年（1068年）著名的案例，登州（今山东蓬莱）“有妇阿云，母服中聘于韦，恶韦丑陋，谋杀不死。按问欲举，自首”。登州知州许遵引用律“因犯杀伤而自首，得免所因之罪，仍从故杀伤法”，另据“敕有因疑被执，招承减等之制”[①]，即“以谋为所因，当用按问欲举条，减二等”定刑。但是，审刑院、大理寺的官员却认为按照“违律为婚”条定刑，该判绞刑，而刑部审定时也同意审刑院、大理寺所定判为死刑[②]。许遵不服，奏称：“刑部定议非直，（阿）云合免所因之罪。今弃敕不用，但引断例，一切按而杀之，塞其自守（首）之路，殆非罪疑惟轻之义。”[③]神宗命当时同任翰林学士的王安石、司马光共议，司马光赞成刑部判死刑的意见，而王安石同意许遵的看法，百官争论不休，直到次年二月王安石任执政以后，才定议依照许遵的意见执行。同年九月，还有苏州百姓“张朝，因堂兄张念六行抢，杀（张）朝父死后走却，被（张）朝捉见打死张念六”，审刑院、大理寺断张“朝犯十恶不睦”罪[④]，当判死刑。王安石则引律而认为张朝的父亲被堂兄打死，于法不能与堂兄私和，则不能责他以不睦之罪，应依法判加役流罪，遇赦放免。神宗同意王安石的意见。

“罪疑惟轻”、从轻判案，一直是王安石、宋神宗的司法观点。熙宁三年时，王安石即对每年判死刑者近二千人持有异议。在宋神宗、王安石的主持下，每年判死刑的人逐渐减少。范纯仁在元祐元年时说：“前岁（元丰七年）四方奏谳，大辟凡二百六十四，

---

① 《东都事略》卷112《许遵传》。

② 《宋史》卷201《刑法志三》。

③ 《宋史》卷330《许遵传》。

④ 《宋会要辑稿》刑法4之75。

死者止二十五人，所活垂及九分。”这是宋神宗在位最后完整的一年，全年各地按照法治原则所报的死刑只有二百六十四人，比起熙宁三年（1070 年）前“岁断死刑几二千人”，只及七分之一稍多。而且所报二百六十四人死刑中只核准死刑二十五人，还不到各地所报批人数的十分之一，这些情况大体上反映了宋神宗时期量刑从轻的概况。

但是，当元丰八年三月宋神宗死后不久，保守派当政，便主张从重量刑。元祐元年（1086 年）初，范纯仁说：“自去年（元丰八年）改法至今，未及百日，所奏按（死刑）一百五十四，（核准）死者乃五十七人，所活才及六分已上。”与元丰七年相当时日所报死刑人数超过一倍多，而核准的死刑甚至比元丰七年全年核准数超过一倍还多。因此，范纯仁不得不说：“臣固知未改法前，全活数多，其间必有曲贷，然犹不失‘罪疑惟轻’之仁；自改法后，所活数少，其间必有滥刑，则深亏‘宁失不经’之义。”出自保守派中正直人士之口的对元丰末年和元祐元年初的评价，可说是客观地反映出两个时期不同政策的不同结果。

其后不久，保守派中另一位正直人士韩维感叹道：“（神宗时）天下奏按，必断于大理（寺），详议于刑部，然后上之中书，决之人主。近岁有司但因州郡所请，依违其言，即上中书，贴例取旨，故四方奏谳日多于前，欲望刑清事省，难矣。”[①]元祐时的地方官望风承旨，越过审核的大理寺、刑部，直接报给中央政府，借以表明自己判刑从重的态度，以取悦于当局。

保守派还将元丰年间一部分士大夫，“聚集生徒，教授辞讼文书”，传布法律知识的活动，视作洪水猛兽，在他们当政后不久的元祐元年四月，订立专门的“编配（编管和刺配）法及告获赏

① 《宋史》卷 201《刑法志三》。

格”[1],对传授法律知识的士大夫进行严厉惩罚,并奖励告发者。

元祐时期保守派反其道而行之的做法,对神宗朝所苦心经营的法治秩序虽有一定打击,但神宗朝在封建法律制度建设方面的贡献及其对后世的影响,却是保守派所无法抹煞的。

第三节　田赋附加税　商税

北宋前期,虽然解决了唐末五代田赋方面“先期而苛敛、增额而繁征”引发的大部分问题,但对田赋之外的附加税,“复折为赋,谓之杂变,亦谓之沿纳”[2],却继承了下来。到北宋中叶之初的明道二年(1033年)十月,以类归并为一种,如“牛皮、食盐、地钱合为一,谷、麦、黍、豆合为一”之类,“夏秋岁入,第分粗细二色”[3],实际上是并入田赋正额之内,使之完全合法化。

另外还有一些附加的名目,如支移、折变、和买、和籴等,这些在北宋前期或中叶为害还不大,但到了北宋末年,却都成为民户的灾难。

一、支 移(移 输)

“支移”,原是田赋附加的力役,即规定田赋缴纳者将田赋输往其他地区。如景德二年(1005年)“诏陕西路州、军每岁田租(两税)”,“支移就沿边输送”,就是一例。河北地区早年因宋辽战争,例行支移田赋于河北沿边地区。景德元年末宋辽议和签

① 《长编》卷374,元祐元年四月癸巳。

② 《宋史》卷174《食货志上二》。

③ 《长编》卷113,明道二年十月壬戌。参见卷114,景祐元年五月乙丑。

订“澶渊之盟”，河北形势缓和，大中祥符元年（1008 年）五月，“诏以河北罢兵，其诸州税赋，止于本处送纳”①，不再支移去河北沿边；另一方面，也是因为河北“连岁丰稔，边储有备”。除河北外，其他地方亦有，只是作了些限制。大中祥符“九年，诏诸路支移税赋，勿至两次，仍许以粟、麦、荞、菽互相折输”②，“折输”即是“折变”，“支移”亦称“移输”。

支移本来可能只是输往相邻州、军，即所谓“移输比壤”。但至少到真宗末年，情况有了变化，“仁宗嗣位，首宽畿县田赋，诏三等以下户毋远输”③，即是明证。天圣二年（1024 年），陕西的河中府（今山西永济西蒲州镇）、同州（今陕西大荔）、华州（今陕西华县）因灾“请免支移税赋”。显然不是支移到邻州，而是因为“西鄙屯兵”进行的支移，虽因灾也只“特诏转运司量减其数”④。因为支移的路程远，民户常是携带钱到相应的地方购买粮食送纳，并不是直接运粮前往。如宝元二年（1039 年）时华州知州即说：“陕西都转运司将辖下人户夏税，支那（挪）于隔蓦州、军仓分送纳，盖路遥脚重，其人户多将见（现）钱，就粜斛斗送纳。”

以后又产生支移田赋的民户“添纳地里脚钱”事，这可能是不必支移的年份，或以代为运送为名，成为当地政府征收的田赋附加税。庆历五年（1045 年）三月，曾规定“自今支移税赋，更不得添纳地里脚钱”⑤。其文字过略，虽无法详知地里脚钱与支移的关系，但确知此前已经征收“地里脚钱”。地里脚钱也称道里脚钱。

支移本为解决屯兵军需而进行，但也发生屯兵地向其他地

---

① 《宋会要辑稿》食货 70 之 6。

②③ 《宋史》卷 174《食货志上二》；《文献通考·田赋考四》。

④ 《长编》卷 102，天圣二年九月庚寅。

⑤ 《宋会要辑稿》食货 70 之 7、8。

区支移的事件，如至和二年（1055年）发现真定府（今河北正定）路田赋多年以来反常地支移到内地州、军的事，显然与官吏乘机上下其手贪污勒索有关。因而后来规定沿边地区的田赋，只能支移到沿边地区，否则即是违法。

熙宁二年（1069年）七月，正当王安石变法改革时期，因上年陕西地区受灾，命应支移民户在本州、县缴纳田赋。熙宁四年十月，改革派主将章惇奏称："陕西路每岁支移税赋"，"然所支移沿边斛斗才十万三千余石、草二十四万余束，所省不过三数万贯，而一路为之骚扰"；提出在谷贱时收购，使边境无事时兵马就粮于靠内的州、军，沿边的军储就自然会充裕，并"请罢支移"①。宋神宗即诏永兴军（今陕西西安）长官曾公亮进行核实，如不误，即关照陕西转运使罢除支移。陕西罢除支移，也是王安石变法改革的措施之一。但是，到元丰初年时又部分恢复支移。如元丰三年（1080年）八月，"诏永兴军长安（附郭县，今陕西西安）等五县民，（免）夏税支移，以灾伤限内失诉也"②。但对陕西沿边地区仍不进行支移，如元丰七年时经特别奏请后才进行，"陕西转运司言：今秋民户税，乞许本司酌远近支移，以实（原误作"赏"）缘边"，政府允许支移，但规定"毋过三百里"③。

神宗时，民户在缴纳支移的地里脚钱后，官即代为运输。如元丰四年时，衡州茶陵县（今湖南茶陵）田赋税米支移到邻州潭州（今湖南长沙），民户将米送到县城，"米一石别输船脚钱七十，官为运至潭州"④。

但是，支移的地里脚钱在一些地方则变成田赋的附加税。如元祐元年（1086年）正月，吕大忠任陕西转运副使以后，"以支

---

① 《宋会要辑稿》食货70之12。参见《长编》卷227。

② 《宋会要辑稿》食货70之13。又"免"字据文意补。

③ 《长编》卷348，元丰七年八月辛巳。参见《宋会要辑稿》食货70之16。

④ 《宋会要辑稿》食货70之14。

移为名，其实不离本处，止令税户每斗纳脚钱十八文，百姓苦之”。说明这是元祐时的“创新”。当御史奏论此事后，次年三月，户部即进行辩解称：“陕西提刑司奏：逐州、军上四等人户既免支移”，每斗纳脚钱十八文，“比之就远仓送纳费用钱数，别无侵损于民”，并以之为理由，正式将地里脚钱变成全体民户的田赋附加税。不仅原先支移“费用差少”的陕州（今河南三门峡市西郊）、解州（今山西运城西南解州镇）两州民户，和支移费用多的州、军一律对待，而且“第五等自来不曾支移人户”，现在也要支移或缴纳地里脚钱。于是规定陕西各州、军的“第一、第二等户支移三百里内，第三等、第四等户二百里内，第五等户一百里内，如人户不愿支移，乞纳地里脚钱者亦相度分为三等钱数，各从其便”①。

“支移本以便边饷，内郡罕用焉”。但到北宋末年，如京西路地区在崇宁（1102—1106）间，官府说：“支移所宜同，今特免；若地里脚费，则宜输。”从此每年输纳“脚费，斗为钱五十六”，已经相当于元丰（1078—1085）年间正税钱数；而且“反复纽折，数倍于昔”②。到宣和七年（1125 年）北宋灭亡前夕，京西路“却将所纳钱指定州、军，令人户自赍前去，以至下户依条免支移，亦令一例出纳脚费”。下户通常是指四、五等户，此处或是指五等户。

北宋元祐元年以后，还有所谓“递趱支移”，即自甲地支移到乙地，乙地则支移到丙地，直至缺粮地。如“白州（今广西博白）米纳于廉州（今广西合浦）”，“廉州米纳于钦州（今广西灵山，按地理位置看当是纳于属县安远，即今广西钦州）”，钦州“每年支移百姓苗米纳于邕州（今广西南宁）太平寨（今广西崇左）”。从北宋末大观四年（1110 年）的情况看，已是“诸路支移二程，除陕

---

① 《长编》卷 396，元祐二年三月庚午。

② 《宋史》卷 174《食货志上二》。

西、河东外，并系一州一县递趱”支移。北宋末年还发生已经支移又不算的事件，如政和八年（1118 年）大名县（今河北大名东）秋税的杂草钱，折纳小豆；又因“秋灾无豆”，再改纳白米；又奉命支移到浚州（今河南浚县），“间关四百余里，津输甫毕，却指挥纳豆，仍令自往浚州请米”①。宋徽宗、蔡京统治腐败，处理政事随心所欲，根本不顾及民间疾苦。

二、折变（折纳）、预催

“折变”也称“折纳”、“折科”。北宋田赋（两税）的征收，“其入有常物，而一时所须，则变而取之，使其直轻重相当，谓之折变”②。可以由一种谷物改为另一种谷物，如麦改成豆，也可改成钱，再折谷物或绢帛。到北宋末年，折变成了官府搜刮百姓的一种手段，他们常以远低于市场价的价格“折变”百姓所缴的实物，这样，百姓所承担的赋税往往就是原来的二三倍，因而折变成了民户的沉重负担。

折变自宋初太祖时即已开始，如开宝六年（973 年）时，就对“蜀民所输两税（田赋），皆以匹帛充折”。这是将田赋中的钱折成绢或布（麻布）缴纳，但最初绢、布价格低，后来绢、布价格高了，政府仍按低价折成的绢、布匹数征收。这时改为西川“自今将两税钱折匹帛者，并与依逐州三旬时估折纳”③。“时估”是指官府与商户以市场价为基础评定某种商品的价格，每旬进行一次，按“三旬时估”折纳，即是取每月三次时估价的中价，比较接近市价。

---

① 《宋会要辑稿》食货 70 之 29、16、22、25。

② 《文献通考》卷 4《田赋考四》。

③ 《宋大诏令集》卷 185《西川两税折帛依时估诏》。

“折变”，通常折成某种谷物，如太宗至道元年（995 年）时，开封府所属“诸县，凡欠夏税正色斛斗，并蚕食盐（钱）、麻鞋（钱），并令折纳大麦”，进而允许“民所欠租税，许以枣、豆、大小麦取便输纳”，即是一例。

但折变常以当地政府所需而进行，以致大中祥符六年（1013年）时，针对“诸州、府多以少碎要用之物，辄便以正税折科”的随意折变，要求财政主管机关“三司常切约束”。

折变按物价的时估进行，到北宋中叶已流于形式。仁宗嘉祐元年（1056 年）九月，下诏：“其二税折科，自今并平估，不得亏损农人。”①然而只是具文，官吏并不执行。而且是初折变为某物后，再折变为他物，多方剥削民财，已成顽症，虽然宋仁宗后来一再下诏制止，仍然无效。正如一次诏书中所说：“如闻诸路比言折科民赋，多以所折复变他物，或增取其直（值），重困良农。虽屡戒敕，莫能奉宣诏令。自今有此，州长吏即时上闻。”但地方官也仍不奉行，史称：“然有司规聚敛，罕能承帝（仁宗）意焉。”②

神宗时期，折变有所约束，这从北宋末年折变过头时，常有“依熙宁法”、“依熙丰法”可见。北宋末年的折变，已变成徽宗、蔡京集团肆意剥削民财的手段。如“大观二年（1108 年），小麦，孟州温县（今河南温县）实直（值）为钱一百二十，而折科止五十二；颍州（州原作川，误）汝阴县（今安徽阜阳）为钱一百一十二，折科止三十七”。大观四年，永兴军的地方官反映陕西的情况也类似。政和元年（1111 年）时，陕西地区粮价比神宗时已上涨了数倍，但地方官将民户两税的粮食折变成钱时，“乃用熙、丰斛斗之价”，再用此钱数折变其他物品，“遂致常税（田赋）之外，增五、七倍之赋”。

---

① 《宋会要辑稿》食货 70 之 5、6、9。

② 《宋史》卷 174《食货志上二》。

政和二年时莱州(今山东莱州)通判吴长吉说:“以京东一路言之,漕(转运)司不问州、郡输纳所估之价,惟就一路中择其(价)最贱者”,将民户所纳某种谷类折成钱,再将此钱数折变成其他物品,“反复纽折”。正如当时的俞㮚所说:“名为时估,实非随时;名为中价,其实失中;名曰依法,其实侮法。”①

此外,从后周世宗时开始停止、北宋建立和统一以后绝迹的“预催”,原被认为是五代“苛政”的“先期而苛敛”,在宋徽宗时期重又出现。

大观元年(1107 年)正月以前,成都府路、利州路已经在“未合催纳税赋期限内,先次预行科纳租税”。这种预催田赋的情况,不久即遍及各地,政和元年(1111 年)三月曾下诏禁止“不候(谷物)成熟,先期催纳”,但在徽宗、蔡京集团的腐朽统治下纯属具文。同年四月,即有“比来漕司牵于经费不足,五、六月之间,则或敛以米粒;狼戾之际,则使输以帛”。到了北宋末的宣和六年(1124 年),预催已类同劫夺,“近来催税公人等,多不等候人户输纳,一面强牵耕牛典质;或以代纳为名,拘留折欠,更不给还”。在徽宗时期,“蚕者未丝,耕者未获,追胥已旁午于道,民无所措手足”②,可说已是各地习见不鲜的常事。

三、和买(附:布估钱、科配)

宋朝政府所有向民户购买的货物,皆称“和买”,而常用以特指购买绢,也称预买、和预买。咸平三年(1000 年)三司户部判官马元方建议:“方春民贫,请预贷库钱,至夏、秋,令以绢输官”,

---

① 《宋会要辑稿》食货 70 之 22、23。

② 《宋会要辑稿》食货 70 之 19 至 22、29。

推行以后，史称："公私果便，因下其法诸路"①。但显然推行不广。北宋中叶王闢之称：大中"祥符初，王旭知颍州（今安徽阜阳），因岁饥，出库钱贷民，约蚕熟一千输一缣"②。其后，大中祥符三年（1010年），河北转运使李仕（士）衡也提出："民乏泉货，每春取绢直于豪力，其息必倍，本道岁给诸军帛七十万匹，不足则市于民，请使民预受其直，则公私交济"，"制从之，今行于诸道"③。而且允许如遇"或蚕事不登，许以大、小麦折纳，仍免仓耗及头子钱"④。大中祥符九年，"预市紬绢，时青（今山东青州）、齐（今山东济南）间绢匹直八百、紬六百，官给钱率增二百，民甚便之"。"宝元（1038—1040）后，改给盐七分，钱三分"⑤。

原是民户自愿预卖，后成硬性分配预买绢匹数。神宗时，张方平论及和买绢的发展情况时说："初行于河北，但资本路军衣，遂通其法以及京东、淮南、江、浙。景祐（1034—1038）中，诸路所买不及二百万匹；庆历（1041—1048）中，乃至三百万匹，自尔时及今二十年，但闻比较督责，不闻有所宽减。"而且也将和买绢看作田赋的一部分，张方平在不久后说到陈州（今河南淮阳）四县近三万户，"正税并和预买紬绢三万有零匹"，"此常赋也"⑥。把和买绢与正税（田赋）中的绢一并计算，并称之为"常赋"，这种情况实际上从仁宗中期即已如此。但"和买"名义未废，神宗初，

① 《宋史》卷301《马元方传》。《长编》卷44载马元方任三司判官在咸平二年，是。但注中引范镇《东斋记》作"太宗时"，有学者因而认为此事发生在太宗时，不确。按：马元方淳化三年（992年）进士，历任韦城县主簿、万年县知县、御史台推勘官后方任三司判官，不应是太宗时。又，《宋会要辑稿》食货64之35载，咸平三年以税钱"科折帛绢"，即是"和买绢"。

② 《渑水燕谈录》卷9。

③ 范仲淹《范文正公集》卷11《宋故同州观察使李公（士衡）神道碑铭》。

④ 《宋史》卷175《食货志上三》。

⑤ 《宋会要辑稿》食货64之35。

⑥ 张方平《论国计事疏》、《论免役钱疏》，《历代名臣奏议》卷269、256。

“京东转运司请以钱三十万二千二百贯给贷于民，令次年输绢，匹为钱千（一贯）”。熙宁三年（1070 年）时，御史程颢说这次“和买细绢”，实际上是“增数抑配，率千钱课绢一匹，其后和买（绢）并税绢，匹皆输钱千五百”。不论是否抑配，显然已具有贷款性质，因为诏利“息归之内帑”①。

“和买”到北宋末年，徽宗、蔡京集团统治时，巧取豪夺，无奇不有，如“江西和买细绢岁五十万匹，旧以钱、盐三七分预给”②。但自崇宁三年（1104 年）“钞法既变，（各路）盐不复支”，以后又变成“三分本钱亦无”③，遂成为“白取”。也有利用折变，反复纽折，“如绢一匹折纳钱若干，钱又折麦若干，以绢较钱，钱倍于绢，以钱较麦，麦又倍于钱，殆与白著无异”，政府完全是从民户手中白取绢。有些地方政府“和买绢未尝支给价钱”，但政府如此“和买”的绢，还“须以重十三两为则”，如果重量不够，还“勒令人户依丝价贴纳见（现）钱，每两不下二百余文”④。所谓“和买”完全成了田赋的附加税。

“布估钱”。这是仁宗天圣三年（1025 年）薛田任益州（今四川成都）知州后，“于成都府（指益州）、邛（今四川邛崃）、蜀（今四川崇州）、彭（今四川彭州）、汉州（今四川广汉），永康军（今四川都江堰市）产麻六郡，岁市官布（麻布），每匹给钱三百”，“是时价值颇优，民乐与官为市”⑤。到了天圣六年，由于交易时“吏多隐克为奸”，时任益州知州的薛“奎，令民自相保任，预贷其直（值），以期会输官，民便之”⑥，遂成为预买。所给钱史称“布估钱”。到神宗前期因物价上涨，每匹增加到四百，并开始按户等配买。

---

①② 《宋史》卷 175《食货志上三》。

③ 《宋会要辑稿》食货 64 之 35。

④ 《宋会要辑稿》食货 70 之 28、26。

⑤ 李心传《建炎以来朝野杂记》甲集卷 14《四川布估钱》。

⑥ 《长编》卷 106，天圣六年三月辛酉。

“科配”，也称“科率”、“科敷”，有时也称和买。所有政府强制向民户购买或推销的货物，都称为“科配”，分为配买、配卖，而常用以指临时性、不定期的低价强制购买货物。

史称，宋朝“国初，凡官所需物，多有司下诸州，从风土所宜及民产厚薄而率买，谓之科率”①。科配的品种完全取决于政府的需要，如庆历（1041—1048）年间，由于对西夏战争的军需，“兵兴以来，天下科率，如牛皮、（牛）筋、（牛）角、弓弩材料、箭干、枪干、胶鳔、翎毛、漆、蜡，一切之物，皆出于民，谓之和买。多非土产之处，素已难得，既称军须，动加刑宪，物价十倍”。“一年之中，或至数四，官中虽给价直，岂能补其疮痍”②，根本不考虑“风土所宜”，虽给价钱，十不偿一，实是强征，成为民户的附加税。又如至和二年（1055 年）治理黄河时，“计用一千八百万梢、芟，科配六路一百有余州、军”③。而且“科买多出仓猝，故物价翔踊伤民”④。科配主要是配买，而且主要对象是城镇坊郭户。

科配的另一种形式配卖，是从另一个角度去侵夺民户的利益。如庆历四年（1044 年），北宋政府将银十万两配卖给河东各州、军，也是强制性的，而且也以城镇的居民“坊郭户”为对象。河东配卖银的情况，如宁化军（今山西静乐北宁化镇）“城郭主客十等共三十四户，内五等以上只十五户，其余六等以下贫弱之家共有一十九户，去年共配银三百两，数月枷棒催驱，方能了纳。今年所配一千两，比常年三倍，是致百姓送纳不前”⑤。

配卖银、绢、茶等主要是为了筹集资金以“和籴”粮草等，配卖其他物品则有时纯为强制推销政府的积压货物。河东地区在配卖银的前后，还有配卖醋糟的事件，如忻州（今山西忻州）已

---

①④ 《文献通考》卷 20《市籴考一》。

② 《范文正公集·奏议》卷上《奏为置官专管每年上供并军须杂物》。

③ 《欧阳文忠公文集》卷 109《论修河第二状》。

⑤ 《欧阳文忠公文集》卷 115《乞减配卖银五万两状》。

“将十五年积压损烂酒糟，俵配与人户，要清醋价钱”；而石州（今山西离石）“见取索在州及诸县坊郭、乡村酒户等第及州、县色役公人姓名”，准备进行配卖醋糟，每斗二十五文足陌[①]。从中可以看出与配卖银不同的是，银配卖给州、县城的全体坊郭户，醋糟则配卖给城乡的酒户及州、县服役人员，而后者主要是指轮值服“差役”于州、县的乡村主户。

四、和　籴

北宋建隆元年（960 年），因河北连年丰收，宋太祖命增价收购，以免谷贱伤农；以后其他地区丰收，也增价收购粮食，称为“市籴”或“和籴”。有时也称“和买”。曾先后推行于淮南、江南、两浙地区，是北宋政府调节粮价的重要手段，但主要用以解决边境地区的军需粮食储存问题。

“和籴”到真宗中期以后，一些地方已开始向民户强制购粮。景德二年（1005 年）河南（今河南洛阳）知府温仲舒曾“请（按户）等第配籴”，因真宗“以其扰民，不许”而作罢。而大中祥符五年（1012 年）时，京西转运使在“西京（今河南洛阳）市籴，条约过当，民不如约，则杖之”[②]。虽也受到真宗的戒谕，但将“和籴”演变为强买的科配，已渐成现实。如次年十月“诸路和籴”，即是“均于民户”，尽管“颇有烦扰”，但是，真宗这次只是“可令中等户以下，免之”，已不是“不许”或“止当劝谕”。这次“均于民户”的和籴，涉及河北、陕西、京西广大地区。四个月后的大中祥符七年二月，因“陕西州、军不依敕催置收籴斛斗”，有人就提出“乞差中使重定户等”[③]。说明

① 《欧阳文忠公文集》卷 115《乞不配卖醋糟与人户札子》。

② 《长编》卷 61，景德二年九月甲寅；卷 79，大中祥符五年十月癸丑。

③ 《宋会要辑稿》食货 39 之 7、8。“诸路和籴均于民户，颇有烦扰”，《长编》卷 81 误作“诸路和籴不均，民户颇有烦扰”。

“和籴”已在上等户内均配，由于官吏常将中等户（三等户）列入因而提出重定户等，但实际并未进行重定户等，因而中等户也常被强制“和籴”。

和籴到北宋中期仁宗时已完全成为科配。庆历四年（1044年），欧阳修所见“河东百姓科配最重者，额定和籴粮草五百万石，往时所籴之物，官支价直（值）不亏，百姓尽得茶、丝、见钱。自兵兴数年，粮草之价数倍踊贵，而官支价直十分无二三，百姓每于边上纳米一斗，用钱三百文，而官支价钱三十，内二十（钱）折得朽恶下色茶，草价大约类此”①。民户逃亡后，和籴也和田赋一样均摊给其他民户承担。

神宗时，从总体上看，和籴比前减轻。治平四年（1067年）三月，神宗初即位，三司即提出：“在京粳米约支五年以上，虑岁久陈腐，欲令发运司于上供年额，权住起发五十万石，于谷价贵处减和籴之数”，“从之”②。神宗此后不断筹措和籴资金，以期减轻和籴给民户带来的损失。而河东路的和籴改革，是针对减轻民户和籴负担而实施的。

熙宁九年（1076年）五月，派往河东路考察的司农寺官员程之才认为：“和籴之法，惟河东异于诸路，民间所输（和籴）一石，（所得价）才及私市一斗之价。”提出将常年和籴数减去一分，其余“九分均入两税额内，和籴价钱更不支给”。“中书”提出由河东路地方长官商议后，再派官员前来考察以后立法③。同年十一月，太原知府韩绛提出的改革和籴方案是：“和籴宜于元数减放三分，（政府）罢支钱、布，则（民户所）得已厚于前”，以及“宽其

---

① 《欧阳文忠公文集》卷116《乞减放逃户和籴札子》。

② 《长编》卷209，治平四年三月丁卯。

③ 《宋会要辑稿》食货39之21。“私市”，《长编》卷275作“和市”，误。按：私市指民间市价，而和市之意与和籴同。

支移之苦”，遇灾情达七分以上则蠲免和籴等①。次年十月，又提出在太原设立专门机构，商议和籴改革问题，神宗派财政副长官三司户部副使陈安石前往商讨对策。

元丰元年(1078年)初，陈安石指出河东十三州田赋(两税)总数共三十九万多石，而和籴数达八十二万多石，“所以灾伤旧不除免，盖十三州税(田赋)轻”。“其和籴旧支钱、布相半，数既畸零，民病入州、县之费”，州、县所支付和籴价钱不少是“盐钞”，民户“以钞买钱于市人，略不收半”，常不到盐钞面值的一半，“公家支费实钱，而百姓乃得虚名”②。提出今后不再支付籴钱(八万多贯)，每年以此钱支给沿边州、县购买粮、草储存，用以填补灾年时民户所减免原和籴的数额；每三年免去一年原和籴的数额，用储存的粮、草抵补。神宗即任命陈安石为河东路都转运使，实施他提出的方案。陈安石赴任后，令商人“入中”钱于沿边诸州买盐钞，到永利东监(在今山西太原南)、西监(在今山西汾阳)取盐贩卖，以此“入中”钱于沿边诸州购买粮、草储存，作为河东“和籴”的改革措施之一。由于行之有效，元丰四年受到嘉奖。

和籴及与之相关的名称不少，但最主要的是和籴、博籴、便籴。狭义的和籴，指官府以现钱籴买粮草；博籴则是官府不给现钱，而给金、银、绢、茶、盐等，有时只给盐钞、茶引等，实际上常是钱、物品、交引混合给的；商人以盐钞、茶引或货物作价购买粮食，则称为便籴。实际上是承认钞引在商业流通中的合法性。便籴通常行于丰收年份或地区，为使商人就便购得粮草运往边境地区再换取钞引，或直接进行商业贸易。这通常是政府无力和籴，为解决谷贱伤农采取的措施，有时也用以解决从丰收地区将粮草通过商业活动运往缺粮地区。博籴、便籴都是和籴的辅

---

① 《长编》卷279，熙宁九年十二月丙申。

② 《长编》卷287，元丰元年闰正月丙子。

助措施，政府允许商人进行便籴，称为“入便”，政府常“招诱（商人）入便”①。

“和籴”到北宋末年，完全成了徽宗、蔡京集团掠取民财的手段。靖康元年（1126 年）五月，有官员反映荆湖南路和江南西路的情况：“自二税外，敛于民者不知纪极，名曰和市，不酬价直（值），实是掠取之，如此名件，未易殚举。夫和籴之行如此，民安得不困且竭乎！”②这实际是全国情况的一个缩影。

五、商　　税③

宋初，在消灭各地割据政权后，陆续取消五代十国以来苛捐杂税的同时，于淳化五年（994 年）修订《商税则例》，相对来说比较适应商业发展的形势，直至北宋末年以前，一直是各地征收商税的准则。

北宋中叶，原先一部分无税的物品开始征收商税，如《商税则例》中征商税的品名虽有“宝货”一项，但未列具体品名，而黄金是不收商税的。天圣二年（1024 年）四月，“旧例诸色人将银并银器出京城门，每两税钱四十文足，金即不税”，在京商税院提出：“自今每两（金）税钱二百文省”，从此黄金也作为商品征税。又如天圣五年时，发生“有商人自磁州（今河北磁县）贩鬻铁器，经过（开封）府界诸县，而无收税之例”，说明原是不收商税的；商税院提出后改为“自今民贩生铁器上京（开封），所经县、镇依诸杂物例关报上京，送纳税钱”。这里说明开封府地区内的商税，

① 《宋会要辑稿》食货 41 之 1、39 之 18。又，《宋史·食货志上三》称：“自熙宁以来，又有……博籴。”误。仁宗天圣五年时，陕西已“便籴、博籴”，见《宋会要辑稿》食货 39 之 13。

② 《宋会要辑稿》食货 40 之 12。

③ 矿产税参见第七章第二节第一目。

都归在京商税院。还规定:“若出于府(原作“山于率”,误)界县、镇货卖,并令本县收纳过税,给付公引,至所到县、镇住卖,别收住税。”①则是既收过境税,又收营业税。

铜钱是否也收税,中日学者多有论述②,或以为概不收税,或以为除神宗和孝宗时期以外都收税。北宋自开国的建隆元年(960年)和淳化五年(994年)两次诏令中,都提到货币即铜钱是要收税的③。但是,随着社会经济的发展,商品交流的频繁,铜钱作为货币征税,不利于商业的发展,大约真宗时期在经济发达与商业繁荣的地区,对出行携带的铜钱不再征税。到仁宗天圣六年(1028年)十二月,“上封者请税缗钱以助经费,上曰:‘货泉之利,欲流天下而通有无,何可算也!’不许”④。但此时为刘太后执政时期,仁宗所说的“不许”,究竟能起多大作用值得考虑,也许正是此时或稍后重又对铜钱征税。

神宗时期虽兴市易法,以贸易取利,但对商税则有所减免,如:熙宁“七年(1074年)减国门之税数十种,(铜)钱不满三十者蠲之”;“元丰元年(1078年),滨(今山东滨州北)、棣(今山东惠民)、沧州(今河北沧州东南)竹木、鱼果、炭箔税不及百钱者蠲之”等。“闻沿边州军(铜)钱出外界,但每贯收税钱而已”⑤。

熙宁六年前,商税务下负责收税的“专拦”(拦头)依每收税一百文,另收“市例钱”(亦作市利钱)十文。“官中遂以为定例,每纳税钱一百文,别取客人事例钱六文,以给专拦等食钱”,以后市易司概收十文。神宗下诏“自三百(文)以下税钱,并不收市利

① 《宋会要辑稿》食货17之19、20。

② 参见漆侠《宋代经济史》下册,第991、992页。日本学者加藤繁持不征税说,而中国学者持征税说,均值得商榷。孝宗时铜钱不收税,参见《宋会要辑稿》食货18之4。

③ 《宋会要辑稿》食货17之10、13。

④ 《长编》卷106,天圣六年十二月辛巳。

⑤ 《宋史》卷186《食货志下八》,卷180《食货志下二》。

(钱)也"[①]。熙宁八年,神宗还曾询问:"市例钱元条,无税物商人当纳与否?"实际是"皆缘有税物始收"[②]。

元丰三年十二月,改革海南船运税收制度。原先是以船的丈尺分为三等征收,称为"格纳",相差"才一尺,而纳(税)钱多少相去十倍"[③];而且不问所载货物的价值多少,以致运载米、牛、瓦器等物船只不愿前来贸易,影响当地有关物资的供应,因而改为按所载货物价值收税。

对外贸易税收采取"抽解"制,即据实物抽取一部分作为税。北宋初是抽解十分之一,其余的一部分以"和买"的方式低价强制收购;淳化二年(991年)规定贵重物品收购一半,粗重物品不收购。史称:"熙宁初,创立市舶(法)以通货物","抽解旧法(指熙宁法)十五取一"[④]。这当是指熙宁四年初"诏发运使薛向曰:东南之利,舶商居其一。比言者请置司泉州,其创法讲求之"[⑤]。熙宁抽解法当是此时制定的,降低了外贸税率,有利于外贸事业的发展。北宋末年又恢复为抽解十分之一。

元祐时,保守派虽罢除"新法",商税额则"元祐初,户部用'五年并增法'立新额",企图以此增加税收。然而税额过高,以致"岁课不登",收税的"官吏多坐责罚"[⑥]。元祐三年(1088年)只得改用仁宗初年的税额。

北宋末年,徽宗、蔡京集团搜刮民财,增收商税是其重要手段之一。为使增收的商税完全合法化,崇宁五年(1106年)九月

---

① 《文献通考》卷14《征榷考一》。

② 《长编》卷262,熙宁八年四月丁亥。

③ 《宋会要辑稿》食货17之25、26。

④ 《文献通考》卷20《市籴·市舶互市》。

⑤ 《宋史》卷186《食货志·互市舶法》。原文作熙宁五年,按薛向已于熙宁四年三月升任权发遣三司使,故置此事于熙宁四年初。

⑥ 《长编》卷412,元祐三年六月己亥。

修订《商税则例》。为此，“诏令户部取索天下税务，自今日以前五年内所税钱并名件”，作为修订的依据，公布新《商税则例》，“颁下诸路，造为板榜”。官吏为了多收商税，甚至在河道内以官船等故意“截拦河道”，对过往商船进行“非理阻节”，遇有贩运粮食的船只，即“虚以和籴为名邀抑”，使被阻商船“不得起发”。商船“所至（商税）场、务，公私骚扰，乞觅钱物，稍有不从，即加搭力胜（钱）”，在“当职官容纵”下，“缘此商贾不行”①，严重影响了商业贸易。

另外，北宋末年，杂税之多，不可悉举，其中尤以“经制钱”著名。这是起于宣和三年（1121 年）六月，发运使陈遘奉命经制东南七路财赋，设经制司于杭州创收的杂税，有钞旁定帖（赡学）钱、增添酒钱、增添糟钱、增添牙契税钱、楼店务增添三分房钱等七项，称为“经制钱”，也称“七色钱”。后又推行于京东、京西、河北诸路，一年所收近二百万贯。

第四节　役法与役法改革

一、春　夫　役

唐代和五代的夫役，也称力役，主要从事治理河道、维修堤堰，以及官府的各种劳役。这些劳役都是征调民夫进行的，成为民户的沉重负担。北宋建国后，宋太祖设置厢军，代替民夫从事劳役，南宋章如愚说：“古者，凡国之役皆调于民；宋有天下，悉役厢军，凡役作营缮，民无与焉。”②语虽夸张，如仅就民夫从事的普通劳役而言，也还可说是大体符合史实的。

---

① 《宋会要辑稿》食货 17 之 27、28、30。

② 《山堂考索·后集》卷 41《兵制门·州兵》。

但是，从事治理黄河等劳役，却是厢军无力单独承担的。虽然厢军中也设“河清”、“宁淮”等军号，辖有一定数量的军士，但只能对黄河、淮河的河堤，从事一般性的日常维护。像治理黄河这样的重大工程，仍需征调大量民夫进行。

建隆元年（960年）十月，黄河在棣州厌次县（今山东惠民）、滑州灵河县（今河南滑县西南）先后决口。次年，宋太祖派右领卫上将军陈承昭督修，可能是以地方军（州兵）进行的。但乾德元年（963年）正月修筑畿内河堤时，已是调“发近甸丁夫数万”进行①。当乾德三年，黄河在阳武（今河南原阳）、澶州（今河南濮阳）、郓州（今山东东平）决口，宋太祖还“诏发州兵治之”。而次年八月黄河决口，冲坏灵河县（今河南卫辉东）黄河大堤，只得调发“士卒、丁夫数万人治之”。乾德五年正月，宋太祖因河堤屡决，分遣使臣调发开封府属县及附近各州的“丁夫缮治”，事前对黄河等河堤进行修缮。史称：“自是岁以为常，皆以正月首事，季春而毕”②，这是宋代“春夫役”的开始③。随后又命自孟州（今河南孟州南）及以下沿黄河十七州、府的通判（缺通判处以判官）兼任河堤判官，负责黄河河堤的日常维修。但遇到重大河堤决口时，只得再发丁夫治理。

春夫役只实行于北方治黄河的“京畿及京东、京西等路，每岁初春差夫，多为民田所兴，逐县差官部押，或支移三五百里外工役，罕有虚岁”。据淮南西路的仙居县（今河南光山西）县令田渊在至和元年（1054年）时所说，北方的春夫除了治理黄河以外，“多为民田所兴”，即也治理一般的河沟。田渊还说“伏知江淮并不点差夫役”，也说明春夫役只施行于北方的黄河流域，其

---

① 《长编》卷4，乾德元年正月丁巳。

② 《宋史》卷91《河渠志一》。

③ 关于春夫役，以往少有研究。笔者在《中国通史》第七卷（总第11册）第776页，因其不同于一般夫役，以史称服役者为“春夫”，始定名为“春夫役”。

他地区只是兴修重大水利工程时临时调集夫役。田渊请在江淮地区调集春夫役，兴修水利，虽然“诏下三司施行”，但并无多大效果。熙宁三年（1070 年）时，李竦说他以前任淮南西路太湖（今安徽太湖县）知县时，“皆有古来堤堰”，“因循不复修完”。他“因乘其农隙，劝募旁近地主备工料兴筑，民俗始未坚信，粗亦勉从，凡筑成堤岸数处”。随着他的离任，虽然所修“十未一二”①，但后任者也并未续修。说明江淮地区的水利兴修在于地方官是否提倡，并无如北方“春夫”岁修的制度。

春夫役到仁宗天圣八年（1030 年）时，早已扩大到黄河流域的京西路河南府（今河南洛阳），陕西路的陕州（今河南三门峡市西郊）、虢州（今河南灵宝）、解州（今山西运城西南解州镇），河东路的泽州（今山西晋城）、绛州（今山西新绛）等地。“沿河诸埽岸物料，内山梢每年调”上述州、府“人夫，正月下旬入山采砍，寒（食）节前毕”，这些春夫专为采伐治河的木料而调发，每年差夫三万五千人，政府只负担口粮②。春夫役有时也用于筑城，如熙宁七年（1074 年）“诏差大名府（今河北大名东）、德（今山东陵县）、博州（今山东聊城）春夫总三万人修大名府城”③。

春季以后调发民夫进行治河者，称为“急夫”。通常每征调“急夫”，可以抵免下年的春夫役，如果一年抵免不完，可以按年抵免，有时也可用以抵免部分杂税钱。神宗末年京西北路的河阳（今河南孟州南），所差刈芟梢草的春夫，已改为纳“免夫钱”，并推行到京西南路。

春夫又分为沟河夫与河防夫。元祐七年（1092 年）规定，“除逐路沟河夫外，其诸河防春夫每年以十万人为额，河北路四

---

① 《宋会要辑稿》食货 7 之 13、14、22。

② 《宋会要辑稿》方域 14 之 14。

③ 《长编》卷 258，熙宁七年十一月丙午。

万三千人，京东路三万人，京西路二万人，（开封）府界七千人”。还规定距离服役所在地八百里以外的不差派，五百里以内即起发“正夫”，八百里以内、五百里以上的，如不愿充役的可以纳免夫钱，自“元祐八年春夫为始”①。

北宋末徽宗崇宁二年（1103年），又定为“上户出钱免夫，下户出力充役，皆取其愿”。到宣和七年（1125年）十一月，已是“河防免夫钱数目至多”，因而规定“自今后，并于河防免夫钱内预行置办（梢、草），并优立价直雇夫役”②。十二月下旬，诏罢河防免夫钱，但其时金军已入侵，徽宗随后即退位为太上皇，钦宗即位，不久北宋即为金所灭。

二、仁宗时衙前役的变化

宋代职役袭自五代，基本上是由民户按户等差派，也称为差役。到北宋中叶之初，差役存在的问题日益显现。乾兴元年（1022年）二月，仁宗即位。十二月，有官员进行分析：“且以三千户之邑，五等分（户）等，中等以上（户）可任差遣者约千户，官员、形势、衙前将吏不啻一二百户，并免差遣；州、县、乡村诸色役人又不啻一二百户。如此则二三年内已总遍差，才得归农，即复应役，直至破尽家业，方得休闲。”③这里说的是北宋前期一个县的情况，“衙前”还不是民户的差役，民户负担的差役是州、县役和乡役，已经对民户的农业生产发生了重大影响，甚而导致家业破产。当时在刘太后的主政下，对官员户、衙前户等免差役户的田产数额作出限制，以防止免役的形势户荫庇其他人户免服差

① 《长编》卷476，元祐七年八月庚申。

② 《宋会要辑稿》方域15之23、32。

③ 《文献通考》卷12《职役考一》。

役，可能短期内曾起过作用。

“衙前”所管事务相当广泛，主要是“主官物”，即“部送纲运，典领仓库”，管理馆驿、公厨、茶酒司、帐设司等，还担任边远地区的州、县长官，也有管理官庄田地、冶炼、伐木等事务的。

五代时，“衙前”大多由节度使的下级军官担任，皇帝都是节度使篡立的，因而衙前的职名也都带有军官色彩。担任中央的衙前，有衙前大将、军将、守缺军将，合称“军大将”，由主管财政的三司下属机构“衙司”管辖，除主管官员外，设都押衙、衙佐等统领“军大将”；地方衙司只设衙前“军将”等及其他衙吏。衙前的“职次，曰客司，曰通引官（承引官），优者曰衙职”，通称衙吏。衙职也称衙职员、职员，有都知兵马使、左（右）都押衙、都教练使、左（右）教练使、守缺教练使、押衙。都知兵马使任满后“出职”，既可以升入“班行”，即进入正规的武官行列；也可“与摄长史、司马”，即担任文职初级官吏。出缺后依次递升，“长入（长名）军将”依资序升充押衙。遇有州、县官缺员时，高级衙前职员可以担任其职。

为了奖励衙前职员、长名军将等，还可以带有散官、检校官、兼官、勋官等官衔，即所谓“银、酒、监、武”。一个没有官品的“吏人”、衙前军将，竟然可以带有银青光禄大夫（文散官，从三品）、检校国子祭酒（国子祭酒，从三品）、监察御史（正八品，此处属兼官）、武骑尉（勋官，从七品）的官衔。以上制度都被北宋继承。由于衙前将吏有如此多权益，以致北宋中叶的天圣六年（1028年），“豪民于防、团、刺史以上武臣门馆，希求牒帖补充教练使”等衙职，“豪民求此名目，凌驾州乡”[①]（此前学者未论述，系笔者之见）。元丰五年官制改革，才废除衙前所带上述官衔。

五代时，方镇割据，辖区较小，即使中央政府管辖范围也大

---

① 《宋会要辑稿》职官 48 之 96。参见《赤城志》卷 17；《云麓漫钞》卷 3。

大缩小，衙前部送纲运的距离也不是很远，因而风险也较小。及宋太祖、太宗时消灭割据政权，疆域辽阔，衙前押送纲运物资，经常是翻山越岭、渡江涉湖，路途遥远，动辄一月或数月才能到达，风险大增，遂被视为畏途。故而宋太祖在开宝三年（970 年）平定后蜀以后，即利用离任回京的官员，押运物资来京，并给予“减一选，无选可减加一阶”的优厚待遇。

北宋前期末还不是民户差役的衙前，在北宋中期之初的仁宗即位以后不久[①]，即成为民户的差役。天圣六年（1028 年）冬，“免雄州（今河北雄县）归信、容城县两地供输人户为衙前军将”[②]。这里免除“衙前军将”差役的，只是两县北部沿边向宋辽双方交赋服役的“两地供输人户”，其他只向宋朝交赋服役的人户则不在免役之列。衙前“军将”正是州役，其时上距仁宗即位只有七年，由于不是自愿投充的，才有政府下令“免”除之举。

不久，衙前役由乡村发展到城镇。天圣九年七月，“诏河北诸州毋得以坊郭上等户补衙前军将、承引客司。时上封者言河北多差役上户，使掌公用宅库，至有破产者，故条约之”[③]。免除城镇“坊郭上等户”的衙前差役，是因为州、府将重难衙前役差派坊郭上等户；而坊郭上等户是北宋政府商税、科配的主要承担者，这也是此后衙前役主要是由乡村民户承担的原因。衙前由坊郭上等户承担，因称为“坊郭户衙前”。

坊郭户衙前被废罢后，“押、录衙前”遂成为衙前重役的主要承担者。押司、录事是县役，从民户通晓吏事者中招募，不足时由民户差派，是县吏中的重要“职员”。州、府差派押司、录事承担衙前役，史称“押录衙前”。但是，不到十年，衙前役又成为里

---

① 笔者将衙前作为民户差役的时间，定在仁宗即位后不久，系据前引仁宗即位的当年，衙前还不是“州、县、乡村诸色役人”。学者少有论述。

② 《长编》卷 106，天圣六年十一月壬辰。

③ 《长编》卷 110，天圣九年七月丙辰。

正的差役。

里正为乡役，宋初定为一等户的差役，“主催税及预县（中）差役之事，号为脂膏，遂令役满更入重难衙前”，称为“里正衙前”。蔡襄在庆历五年（1045 年）前后任福建路转运使时，“见一县之中所差里正衙前，各于逐县有三四年或五七年轮差一次者”①。以此推测，里正衙前最晚应产生于宝元元年（1038 年）前后。

由于押司、录事在担任衙前之前，通常已担任县吏数年，且原本即是“通晓吏事”者，因而比较熟悉官场，又与州吏关系密切，还可以少承担或不承担“重难”衙前差使。但里正则为乡役，只是偶尔担任某种县役，有的刚担任里正，即被“勾集上州，主管纲运”。有的地区如河北路，原由里正主管的催税，已改由户长担任，里正“只是准备衙前”，“州县生民之苦，无重于里正衙前”。为了逃避此役，“至有孀母改嫁，亲族分居，或弃田与人以免上等，或非命求死以就单丁”。里正衙前遂成为仁宗中期大臣们关心政事的焦点之一。

康定元年（1040 年），荆湖南路转运使王逵“率民输钱免役”，这是免役法之始，其他各路也纷起效行。但从“皇祐（1049—1054）中，诏州县里正、押司、录事既代而令输钱免役者，论如违制律”②，可知王逵在荆湖南路所行的“率民输钱免役”，应包括里正、押录衙前在内。此诏中既未提及其他差役，或许输钱免役只适用于此三种职役，而且并没有排除民户在服这三种职役期间输钱免役，只是不准这三种职役“既代而令输钱免役”。

---

① 《长编》卷 179，至和二年四月辛亥。

② 《长编》卷 171，皇祐三年八月癸未。参见《宋史》卷 177《食货志上五》；《包拯集校注》卷 4《请罢里正只差衙前》。《长编》卷 172，皇祐四年六月丙戌。

或许是王逵于庆历元年(1041 年)八月自荆湖南路转运使降任知州[①],其他路的转运使因而未再推行输钱免役,输钱免役基本上仅限于荆湖南路。

皇祐初年,一些地区如河北路,已有直接差派民户担任衙前,称为直差或直勾衙前。押录衙前、里正衙前一般服役三或二年役满归农;而直差衙前"又不曾经历优轻(差役),却令长久不与番替,直候家产荡尽,方得逐便"。衙前役是当时官员关心的重要问题,约在皇祐四年(1052 年),包拯即请求"直勾衙前请限二年一替"[②]。

差不多同时,韩绛在皇祐三年八月任江南东、西路安抚使,至次年八月的一年间,因"见两路衙前应役不均,请行乡户五则之法"。五则法即是将民户应承担衙前者以州(府、军)为单位,以财产多少依次排为"五则",即五等;同时将本州衙前役按重难程度分等,如第一等有十处,合用十人承担,即排定第一等户一百户,其他等级衙前役也安排相应等第的民户及户数,"以备十次之役"。韩绛是乡户衙前"五则法"的创建者。皇祐五年韩琦任并州(今山西太原)知州后,提出"罢差里正衙前,只差乡户衙前",以各州原差里正衙前的数额作为乡户衙前的定额,令各县诸乡中选财力最富者服役,还可从旁"县户多而役稀处差派"衙前役。到至和二年(1055 年)四月,诏"罢诸路里正衙前",而以乡户五则法推行乡户衙前,即是直差(勾)衙前。"其法虽逐路小有不同,然大率得免里正衙前之役,民甚便之"[③]。

如果说康定元年王逵在荆湖南路"率民输钱免役",试行免役法,是役法改革的尝试;那么至和二年正式实行五则法乡户衙前,可谓是一次役法(对衙前役而言)改革。但王逵的"输钱免

---

① 《长编》卷 133,庆历元年八月壬午。笔者据王逵推行输钱免役已得诏奖,他路因而效行推断,其推行之始最晚当在此前一年,即康定元年。

② 《包拯集校注》卷 4《直勾衙前请限二年一替》。

③ 《长编》卷 179,至和二年四月辛亥。

役”法被认为是苛敛，效行其法者被当作掊克，输钱免役法在行使一个时期后遂即夭折。因为以乡户衙前五则法代替里正衙前，只是将衙前苦役转移给乡户，正如元代著名学者马端临所说：“韩（琦）蔡（襄）诸公所言，固为切当”，然罢里正衙前复选资产最高者为乡户衙前，“则不过能免里正重复应役之苦，而衙前之弊如故也。此王荆公（安石）雇募之法，所以不容不行之熙（宁、元）丰欤？”①

在里正衙前改为乡户衙前不到十年，原先里正衙前之弊，重又出现在乡户衙前身上。具有讽刺意味的是，当年创建五则法乡户衙前的韩绛，成为首先揭露乡户衙前弊端者之一。神宗治平四年（1067 年）上半年，时任三司使的韩绛奏称：“臣历官京西，奉使江南、河北，守藩于陕西、剑南，周访害农之弊，无甚于差役之法，重者衙前多致破产，次则州役亦须厚费。”还列举京东有父子二丁将担负衙前役，为避役，其父自杀以成单丁；江南有以嫁祖母、和母亲分户来避免差役的；有的将田产卖给不服役的官户，而卖田者应负的差役转由其他农户分担。他请求神宗诏令中外臣民奏陈差役之利害，以资讨论改革，史称“役法之议始于此”。神宗遂于同年六月末下诏称：“州郡差徭之法甚烦，使吾民无敢力田积谷”，“至有遗亲背义”，“骨肉或不相保”，“害农若此，为弊最深”，“宜有嘉谋宏策，贡于予闻，朕将亲览择善而从”②。

三、衙前役与免役法

役法改革之议，始于王安石执政之前，然而首先提出将差役衙前改为募役者，却正是后来成为保守派主帅并坚决反对募役

① 《文献通考》卷 12《职役考一》。

② 《宋会要辑稿》食货 65 之 1、2。

的司马光。早在仁宗嘉祐七年(1062 年)五月,司马光在《论财利疏》中称:"臣愚以为凡农民租税之外,宜无有所预,衙前当募人为之,以优重相补,不足则以坊郭上户为之。彼坊郭之民,部送纲运,典领仓库,不费二三,而农民常费八九,何则?儇利戆愚之性不同故也。其余轻役,则以农民为之。"[1]正如马端临所指出:司马光"所谓募人充衙前,即熙宁之法(募役法)也"[2]。

治平四年七月、十月,神宗先后任命赵抃、陈荐、滕甫为"同详定中外臣庶所言差役利害"。熙宁元年(1068 年)五月,吴充称:"当今乡役之中,衙前为重,上等民户被差之日,官吏临门籍记,凡杯盂匙箸,皆计资产,定为分数",类同抄家。及至被差衙前役后,家产"不尽不止,至有家资已竭而逋负未除,子孙既没而邻保犹逮"[3]。以衙前役为主的役法改革,遂成为王安石执政以前神宗朝的政务中心之一。随即又任命钱公辅为"同详定差役利害"。

熙宁二年二月,王安石任参知政事,变法改革开始,役法改革又成为王安石变法的主要组成部分。同年,制定新法的机构制置三司条例司"言,考合众论,悉以使民出钱雇役为便","愿以《条目》付所遣官,分行天下,博尽众议"。免役法《条目》的宗旨是,宽优"村乡朴蠢不能自达之穷氓,所裁取乃仕宦兼并能致人言之豪右"。正是这些豪右及其代言人,后来成为免役法的反对者。

免役法原是"始议出钱助民执民役",最初是称"助役"法,后

---

① 《司马公文集》卷 23《论财利疏》。参见《长编》卷 196。但由于《文献通考·职役考一》将上述引文误接作治平四年九月司马光《衙前札子》的后半部分,而冠以英宗时(同年正月神宗已即位),《宋代经济史》认为司马光提出募人为衙前,是在治平年间(1064—1067)。

② 《文献通考》卷 12《职役考一》。

③ 《宋会要辑稿》食货 65 之 2。

来“悉召募”，遂改称免役法，也称募役法。熙宁三年冬，首先试行于开封府地区。开封府界提点刑狱公事赵子幾制定的《条目》，规定乡户以家产贫富分为五等，每年随夏秋两税输纳役钱；乡村户自四等、坊郭户自六等以下不纳役钱；官户、女户、寺观户、未成丁户减半，然后用此役钱募三等以上户代役，按所服役轻重及性质，按日、按月或按事计酬。如开封县共得役钱一万二千九百贯，留出二千七百贯以备荒年使用，约占总数的十分之二。召募法规定应募者三人互相保任，衙前役以家产作抵押，弓手试武艺，典吏试书计，以三年或二年为一期。《条目》公布一月后执行，应募者执役，原服差役者散归各户。试行后，开封府一府罢除衙前差役八百三十人，属县共放罢乡役数千①。“畿内上等人户尽罢昔日衙前之役，故今之所输钱，其费十减四五；中等人户旧充弓手、手力、承符、户长之类，今使上等及坊郭、寺观、单丁、官户皆出钱以助之，故其费十减六七；下等人户尽除前日冗役，而专充壮丁，且不输一钱，故其费十减八九”②。

熙宁四年十月，正式颁布募役法。基本上按照开封府界的免役法《条目》而略作改动后制定成募役法《条目》，原服役者所出役钱称免役钱；原不服役户及城镇坊郭户减半所出役钱称助役钱；各加收十分之二称免役宽剩钱，以备灾年使用，各州、县征收总数以一年所应用数为额，按户等均收③。

衙前役赔费较多，熙宁二年颁布免役《条目》后，有些地方官即对衙前役的个别役种进行改革。如熙宁四年四月，京西路提举常平陈知俭，首先将许州（今河南许昌）乡户衙前“管勾公使

① 《文献通考》卷12《职役考一》。

② 《长编》卷225，熙宁四年七月戊子。

③ 《长编》卷227，熙宁四年十月壬子。参见第六章第一节二“王安石变法”。

库”的役种，改为由小军官主管，每“月给食钱三千”。原先“诸州差衙前管勾公使(库)，多所赔费，有至破坏家产者”，史称“其后遍及诸路，悉用此法，人以为便”①。衙前役的重难役种之一管勾公使库，在免役法正式公布前已经开始改革，但遍行诸路则当在免役法公布以后。

衙前役最苛重的役种为远程押运纲物赴京。王安石在熙宁三年十二月、四年六月，政府下令招募卸任和罢官的官员管押纲运，以解除乡户衙前应役之苦。权提点江南西路刑狱兼提举常平金君卿与相关人员议定招募衙前押运“钱帛纲”进京，每一万贯、匹，支付“陪纲钱五百贯足”，但原先押运过的乡户衙前还是不愿承担。遂决定执行上述朝廷命令，招募卸任回京文武官员承担押运，并将陪纲钱降为押运绸绢一万匹为一百贯足、押运钱一万贯为七十贯足，招“募到官五十余员管押，及差人船上京交纳，并不差乡户衙前”。今后依此实行，解除了长期以来乡户衙前远程押纲所带来的苦难，同时也节省了陪纲钱四分之三。该项措施得到王安石的全力支持，他对神宗说：“此事诸路皆可行，但令监司稍加意。”金君卿因而受到神宗的嘉奖。王安石并提出允许押纲官员指定好船，差青壮兵士，而且要及时押运出行，“则替、罢官人人争应募之不暇”。王安石还认为如不给卸任、罢任官员以良好的条件，“则虽详立法度，亦无益于事也”②。以往乡户衙前根本不可能得到以上的优厚条件，甚至受到官员的层层刁难，因而导致破产是必然的。宋神宗曾发现过衙前千里押送七钱金子的“纲运”，到京后受到“库吏邀乞，逾年不得还”③，就是其中的极端事例。王安石改用卸任及罢任官员押送远程纲

---

① 《长编》卷222，熙宁四年四月戊午。

② 《长编》卷229，熙宁五年正月甲辰。

③ 《文献通考》卷12《职役考一》。

运，以图从根本上解决乡户承担此种衙前的重难苦役。

继免役法代替差役法之后，宋神宗、王安石又废除了给民户造成痛苦的"圆融"制度。"凡公家之费，有敷于民间者，谓之圆融"①。这是一种在赋税和差役之外，由民户负担官府日常需要的制度，其额度完全取决于长官的意志，以致官吏乘机敲诈勒索。王安石曾亲"见圆融门（门作类解）内户夫"，担任"修造及送纲"；后者与衙前役的押送纲运同类，"圆融"担任的可能是短程的纲运，即"夫力辇载"之类。

熙宁七年（1074 年），在征收免役钱时加收"头子钱"，每役钱一贯加收五文，作为原先的圆融所需。"凡修官舍、作什器、夫力辇载之类"，都从这项"头子钱"中支用；如还不够，可以动用官员犯罪的"赎铜钱"，并禁止再进行"圆融"。

王安石还竭力主张以厢军代替乡户衙前、圆融类服役者，虽因而"占使兵士多，（厢军）供役不足，然此事实可爱惜得民力。若是公私为一体，即稍费厢军，不为害也"②。

四、省并州县以减职役

差役多、圆融多的根源，是州、县多，衙门多。"庆历新政"中"减徭役"（此指职役）的唯一措施，就是省并县及州属衙门。据范仲淹计算，一县"所要役人不下二百数"，而废县为镇后只需派一员文官负责税收及治安等③。然而范仲淹仅废数县为镇后，"新政"即告失败。

王安石变法开始以后，为从源头上减少职役，进一步省并

---

① 《文献通考》卷 12《职役考一》。此前少有学者论及"圆融"问题，而圆融实是差役与赋税混合型的民户负担，亦应重视。

② 《长编》卷 247，熙宁六年九月辛丑。

③ 《长编》卷 143，庆历三年九月丁卯。

州、县，尤其是在免役法试行和正式实行以后，更是大力进行省并，不仅有废县为镇以并入邻县的，也有废县而分别并入数县不再设镇的；而且还将州、军废为县，个别的降为县级监，都并入邻州。熙宁二年时废县为镇还只有两处，但从熙宁三年开始，规模越来越大，熙宁六年达到高峰，以后又逐渐减少①，这与免役法实行的步骤大体一致。具体来讲，熙宁三年，废十县为镇和废七县而不设镇，还废二军为县；四年，废十二县为镇和废四县而不设镇，还废三军、二州为县；五年，废三十县为镇和废七县而不设镇，还废四军、十二州为县（内一州废为县级监）；六年，废三十八县为镇和废四县而不设镇，还废一军、二州为县；七年，废七县为镇和废一县而不设镇，还废一州、二军为县；八年，废四县为镇，还废一军、二州为县。从熙宁三年到八年的六年间，共废一百二十县，其中一百零九县设镇，其余未设镇，辖区分属邻县；废三十二州、军为县（监），大体上分别占当时州、县总数的十分之一左右②。州役的人数远多于县役，即使将降、废每一州、县都按可节省二百名职役计算，那么，以上降、废的州、军、县共一百五十二处，则可减少三万多名职役。仅从降废州、县数这一角度而言，即从源头上为北宋民户减少的职役，约占总数的十分之一，这才是真正的"免役"。范仲淹当年在"庆历新政"时，以废县为镇"减徭役"，"但少徭役，人自耕作，可期富庶"的设想③，经过三十多年后才在王安石当政时实现。王安石还用厢军、官员代行部分职役。更重要的是以"免役法"，即"以税代役"的形式，减轻

---

① 王安石当政期间大规模省并州、县，在宋代是绝无仅有的，是变法改革措施之一。此前和以后，省并州、县只是偶尔有之。

② 此据王存《元丰九域志》统计，熙宁九年以后少数镇又升为县，少数州、军也有变化。元丰三年完成的《元丰九域志》载府、州、军、监共二百九十七，县一千一百三十五。又，此前学者讨论王安石变法时，并不论及废并州、县事，笔者认为此事应为免役法的组成部分，故在此论述。

③ 《长编》卷143，庆历三年九月丁卯。

民户的职役负担，其重大的历史意义在于顺应历史发展的规律，削弱乃至部分消除了中世纪前期遗留的劳役制度问题。

王安石废州、县为县、镇等的措施，主要是在设州、县过多而经济比较落后的北方施行，其次是川蜀四路、广南西路，每路大多并、废数州、县，乃至十多州、县。即使在北方也有很大区别，如京东路只废二军为县、一县为镇，秦凤路只废二州、省一县，其他路则各有六、七，乃至十多州、县被废。而在经济发达的南方诸路，两浙路只废二县，江南西路、荆湖南路、福建路各只废一县，淮南东路废二军为县和废一县，广南东路废一州；淮南西路、江南东路，甚至未废一州一县，反而各增设一县。而熙宁六年(1073 年)两浙路明州(今浙江宁波)增设的昌国县(今浙江舟山)，是首次在东海大岛舟山岛上设县。所有这些，都说明王安石并非为减少职役一味废并州、县，而是依据实际情况采取的改革措施。至于新开拓的荆湖路两江、梅山地区和熙河路，增设州、县则属另一种情况。

除了州役衙前役外，免役法对其他州、县、乡役，都实行招募，改差役制为募役制。

元丰八年(1085 年)三月，宋神宗去世，年少的哲宗即位，太皇太后高氏垂帘听政，起用司马光任执政。元祐元年(1086 年)闰二月司马光任宰相，免役法随即被罢，重又实行差役法。但是，正如王安石闻讯后所说："此法(募役法)终不可罢，安石与先帝(神宗)议之二年乃行，无不曲尽"，史称"后果如其言"[①]。即使在保守派当政的元祐(1086—1093)期间，后来也不得不部分实行募役。

衙前役募人原是司马光首先提出的，元祐元年为了保守派的政治利益，不计利害地改募役为差役。这种出尔反尔的

① 《三朝名臣言行录》卷 6 之 2《丞相荆国王文公》。

行为，受到元代著名学者马端临的批评，“温公（司马光）……所谓募人充衙前，即熙宁之（募役）法也。然既曰募，则必有以酬之，此钱非出于官，当役者合输之，则助役钱（当指免役钱与助役钱）岂容于不征。……盖荆公（王安石）新法大概主于理财……而常平使者所用皆苛刻小民（指提举常平公事任用商人为吏），虽助役良法（指免役法，初时即称为助役法），亦不免以聚敛亟疾之意行之，故不能无弊，然遂指其法（募役法）为不可行，则过矣！”①

五、其他州、县、乡役的变化

哲宗绍圣（1094—1098）对职役又实行募役法，州、县、乡役的一些役种在神宗、哲宗时也有了变化。

州役中收发文书，原是由属县派吏人“后行”到州承领文书后，派“解子”送回本县。熙宁十年（1077 年）创设“祗候典”，属州役；担任收发文书，为募役。绍圣时废，改为低级吏人“守缺”任其职。

乡书手隶属于耆长，为乡役的第四等户差役，熙宁七年改为募役。次年废耆长，乡书手遂成为县役，为吏役。大体上仍依本县乡数设额，地位略低于县贴司，县“吏人”有缺额时可以升补为吏人。

州、县杂役，通常称为“公人”，担任各种杂役，属差役。熙宁时改为以募为主，元祐以后大多恢复为差役。元丰（1078—1085）时，将其中担任“当直”的“人力”与“追催公事”的“承符”合并入“散从官”，仍任当直、追催公事；散从官还和弓手、手力负责迎送到任、离任官员。“手力”原是第二、三等户差役，熙宁时改

① 《文献通考》卷 12《职役考一》。参见第 373 页注①。

为募役，负责追催公事及城内收税；元祐(1086—1093)以后，地位与最低的“杂职”相近。县役“弓手”原是第三等户差役，熙宁时改为募役，县尉统率以巡捕盗贼，有时被任为“狱子”；元祐元年改为第一等户差役，不足则差次等户，实际上被差户大多自行雇人代役。

乡役中的耆长、户长、壮丁，熙宁时实行保甲法后，为保正、保长、保丁、催税甲头所替代。但元丰八年(1085年)三月神宗去世后，十月，又重设耆长，为募役。元祐元年(1086年)改为差、募兼行，绍圣元年(1094年)又为保正、保长所取代。壮丁的废设情况与耆长相同。户长则于熙宁五年改为专责征税；八年，又改为保丁轮差为甲头，以代户长征税，一税一替，称“催税甲头”。甲头多为中、下户，无力完成征税。元丰元年(1078年)，又雇人为户长以征税，无人应募处差四等以上户保丁征税，以税收情况给雇金。哲宗时的变化与耆长相似。

保甲法实行后所设都保的保正、保副及大保长、小保长，为差役，一般由富户担任，以后有的也支给雇钱。熙宁八年设承帖人以代替壮丁，主受公事，隶属于都保的保正，为募役；实际上常兼原耆长、户长、壮丁之责。元丰八年十月废，绍圣元年重设。

大体上州县役以募为主，乡役以差为主。

六、特殊的“养马役”：“户马法”和“都保养马法”

王安石变法期间，为了解决军马不足的问题，熙宁五年五月颁布了民间养马的“保马法”，作为富国强兵，尤其是强兵的重要改革措施之一。首先试行于开封府地区，其重要特征是由政府提供马匹或出钱以购买马匹，由民户自愿代政府养马；由于还有其他优惠条件，以及民户可以使用所养马匹，所以受到民户的欢迎。开封府地区一开始有一千五百户自愿代政府养马。同年十月试行于河东路。次年六月正式颁布保甲养马法，推行于河东路，河北东、西路，永兴军路，秦凤路和开封府界。保甲养马法，也称保马法，具体规定：

凡五路义[勇]保[甲]愿养马者，户一匹，有物力养马二匹者听。以监牧见(现)马给之，或官与其直(值)使自市，毋或强与。府界毋过三千匹，五路毋过五千匹。除袭逐盗贼外，不得乘越三百里。在府界者，岁免体量草二百五十束，(先)[加]给以钱[布]；在五路者，岁免折变缘纳钱。三等以上十户为一保，四等、五等十户为一社，以待死病补偿者，保[户]马[毙]，即马主独偿之；社户马[毙]，半使社人偿之。岁一阅其肥瘠，禁苛留者，凡十有四条①。

诏令一再强调“愿养马者”、“毋或强与”，对自愿养马户除供应被养的马匹或支付马价外还进行优待，规定的养马数量也大体符合实际，如开封府界不超过三千匹，一开始就有一千五百户愿养马，每户养一至二匹，与总数已相差不太多。但到王安石辞相后的熙宁九年十月，情况开始发生变化，不仅每养一匹马，另给的七贯钱被取消，而且总额增加为五千匹，已超过自愿养马可能达到的数额。王安石当初设想由民户“自愿”分担强兵重任，代政府养马以供军用的性质开始改变。

由于保马法民户自愿养马的马由政府供应，而“朝廷以乏马为忧”②，实际上是认为保马法供给的马少，于是政府在元丰三年(1080 年)二月末，推行一项强制民户养马的措施。“物力户”养马条例颁行，史称“户马法”，从而正式将民户“自愿”养马，变为强制民户养马以供给政府的徭役。诏称：“以国马未备，令开

---

① 《长编》卷 246，熙宁六年八月戊戌。据《宋史·兵志十二》校补，“先”字应删。

② 《宋史》卷 198《兵志十二》。

封府界，京东、西，河北，陕西，河东路州县物力户，自买马牧养。坊郭户家产及三千缗、乡村及五千缗，养一匹；各及一倍增一匹，三匹止”。“仍先下诸路，具民户家业等第及合养马数以闻”。这里规定凡是达到上述财产标准，都要养马以备政府调用，而且自己购马，政府不再提供马匹或买马的价钱，也无其他优惠待遇，实质上是民户无偿为政府提供马匹的“劳役”。同年六月下旬，依照上述条件各路所报应养马匹为：“开封府界四千六百九十四，河北东路六百一十五，（河北）西路八百五十四，秦凤等路六百四十二，永兴路一千五百四十六，河东路三百六十六，京东东路七百一十七，（京东）西路九百二十二，京西南路五百九十九，（京西）北路七百一十六”，共计一万一千六百七十一匹。到具体实行时，又将镇的坊郭户与县城坊郭户同样计算资产养马，如果产业分属县镇坊郭和乡村，则合并计算，“从轻牧养”，即坊郭、乡村合计达到五千贯以上，也要养马一匹①，以扩大应该养马的户数。

政府强令整个北方地区养马，即使后来又部分地降低了标准，估计总数也不会低于一万五千匹，但仍满足不了对西夏战争的需要。如元丰七年六月为充实河东及西北禁军的马匹六千匹，就是分别以每匹三十、二十五、二十贯钱征购的户马，其中提及“所发马官买者，给元价”②，当即指熙宁保马法中养马户资产达到户马法标准者。

这次征购的六千匹马，河东、永兴、秦凤三路的户马总数二千五百多匹中，只有不到一千六百匹合格，占原定所养总数的十分之六，这可能已是最高征购量。不足部分由开封府界调拨，征

① 《宋会要辑稿》兵24之20、21。《宋史》卷198《兵志十二》，京西南路作五百九十四。

② 《长编》卷346，元丰七年六月丁丑。

购量达三千三百匹，达到原定所养数的十分之七；尚差一千一百多匹，征购京东西路坊郭户所养户马配填。史所称："户马既配兵，后遂不复补"之说[①]，不确。实际是诏令开封府界调发的户"马已起发者，限三年买足"[②]。其"不复补"是在神宗去世以后的保守派当政时期，作为"养马役"的户马法与元丰保马法先后被废之时。

户马法不须政府事前配给马匹或支付马价，到征购时才给马价，但政府征购的马价往往与实际价格相差很多[③]。一万五千匹的户马总数，显然不能满足神宗对马匹的需求。元丰五年二月，点检京东路刑狱霍翔又提出募民养马的建议。经过长达两年的反复讨论，元丰七年二月，"诏京东、西保甲免教阅，每都保养马五十，匹给价钱十千，京东限十年、京西十五年数足，其当优恤量佐刍粟等，令转运、提举司同议，仍专置官提举。其京东、西路乡村，以物力养马指挥不行"[④]。每匹十千钱，仅比熙宁保马法初行时开封府界除政府无偿供应马匹令民户代养外，每匹马另给钱七千稍多一些，只能说是一种补贴，根本买不到一匹马。而所免的只是乡村所养"户马"。同年五月规定每匹马十千，"先以提举司代支"，即由官府垫付，然后向民户征收"助钱"解决。具体由"三等以上(户)推排主养"，即是强制三等及以上户养马，"助钱"则主要由四、五等户负担[⑤]。都保养马法(元丰保马法)也完全是一种"养马役"。依据政和二年(1112 年)京东

---

① 《宋史》卷 198《兵志十二·马政·户马》。

② 《长编》卷 347，元丰七年七月己未。

③ 马匹市价不详，但治平元年(1064 年)政府买马，"一马官给钱三十千，久之，马不至，乃增直如庆历诏书，第三等三十五千，第四等二十八千"(《宋史·兵志·马政》)。则一、二等马价当更高，说明每匹马平均三十贯是买不到的。而元丰七年征购价每匹分别为三十、二十五、二十贯(千)，最高只有三十贯，明显偏低。

④ 《长编》卷 343，元丰七年二月丁丑。

⑤ 《长编》卷 345，元丰七年五月辛酉。

两路合计一千三百多都保，京西两路合计一千多都保计算，共应养马十一万八千多匹；元丰时即使都保数略少于此数，应养马总数亦当在十万匹左右。

宋神宗于元丰三年、七年，先后实行的户马、都保养马法，都是政府既不供给马匹，也不支付或变相不支付马匹价钱。前者尚是三等及以上户的负担，后者实际上成为乡村各等户的不同负担，与熙宁保马法的民户自愿养马、政府供应马匹或支付价钱的性质，是完全不同的。王安石变法期间推行保马法的初衷，在他辞相去政后不久，实际上已被宋神宗背弃。

然而，马端临《文献通考》称："按：熙宁五年所行者户马也，元丰七年所行者保马也，皆是以官马责之于民，令其字养。"所述有误，不仅将熙宁保马法误称为户马，且漏述元丰三年的户马法；而所称"皆是以官马责之于民，令其字养"，则尤误，已如前述。《宋史·兵志·马政》记载虽较确切，但漏载政府只是垫支马钱，而向不养马户征收"助钱"以"偿还"政府，以及三等及以上户强制养马等；《文献通考·兵考·马政》、《宋会要辑稿·兵·马政》，亦均缺载，遂致使"熙宁保马法"(保甲养马法)与"元丰保马法"(都保养马法)的性质不易区别①。由于"户马法"与"元丰保马法"，都是由"物力户"或三等及以上户强制养马，政府不供给马匹(也不给钱以购马)，或政府变相不给钱(所垫支的转嫁给不养马户负担)，性质完全是一种徭役，笔者称之为"养马役"。

---

① 参见笔者《论保马法》(《宋史研究论文集》，上海古籍出版社 1982 年版)，专文论述三种民户养马法的区别。文中沿称"户马法"与"保马法"，但在保马法前分别加熙宁、元丰以区别；沿称"保甲养马法"，只适用于熙宁保马法；史志所称元丰七年"保甲养马"，则依其性质称之为"都保养马法"或"元丰保马法"，以上名称均系笔者在文中所定，亦在本书中沿用。《宋代经济史》称："章惇也认为'京东铁、马(指霍翔主持的户马法)……'。"括号内所述，值得商榷。笔者认为霍翔主持的为"元丰保马法"，已如上述。其在元丰七年二月，任提举京东保马；三月，兼提举保甲后，改称提举京东保甲马(《宋会要辑稿》兵 2 之 29、30)，可作旁证。又，铁指冶铁，不叙。

第九章　北宋中后期思想、文化的革新

“三代以下称治者三，文景之治，再传而止；贞观之治，及子而乱；宋自建隆，息五季之凶危，登民于衽席，迨熙宁而后”①。且不论王夫之对神宗时期的微辞，若就总体而言，将北宋前中期与西汉文景之治、唐代贞观之治相媲美，并非完全言过其实。宋自建国，削平割据，社会稳定，经过近百年的发展，进入北宋中叶的全盛时期。政治方面有著名的“庆历新政”、“王安石变法”，改革时弊；学术方面主要是新儒学“宋学”的产生及其学派“新学”、“蜀学”和“理学”的形成与发展；经济方面，纸币的问世，具有世界历史意义；社会生活方面，开放式的“厢坊制”的出现，高脚桌椅的使用，影响至今。各方面的创新、变化，成为社会发展的主旋律，思想、文化方面的革新，是北宋中叶革新浪潮的重要组成部分。而晋祠侍女和灵岩寺罗汉塑像，生动逼真。

第一节　新儒学“宋学”的形成与“新学”派独尊时期

一、儒、佛、道学的相互渗透

北宋中叶的改革、创新浪潮，反映在文化学术方面，尤其是思想领域最重大的事件，是新儒学“宋学”的形成。

汉儒的章句训诂之学，到唐代中叶以后，已毫无生气，无法

---

① 王夫之《宋论·太祖十五》。

与佛教相抗衡。唐代著名文学家、思想家韩愈，在开展“古文运动”进行文学革新的同时，提倡儒学，并仿照佛教的法统，倡“儒学道统说”，以孟子上承孔子、而自承孟子，并将传统中上承孔子的颜渊排除在道统的主线之外，以与佛教的法统相抗衡。他还积极探求儒学经典的义理，企图以儒学理论抗衡佛学理论，为此而赋予文学以重任，提出“文以载道”，将文学作为与佛教斗争的武器。其推崇《大学》、《孟子》，其弟子李翱推崇《中庸》，都对后代的学术思想产生了深刻的影响。

但是，自唐代后期至五代末，战乱不断，经济受到严重破坏，文人们救生之不暇，遑论儒学之兴衰。韩愈虽然在文学、思想方面取得了伟大的成就，但当时既未形成不可逆转的形势，后继者又寥若晨星，更缺乏杰出人才。随着唐代古文运动的衰歇，韩愈倡导的新儒学也逐渐销声匿迹。

北宋的建立与统一，宋初数十年相对和平的环境，不仅使社会经济有了长足的发展，文化思想领域也逐渐活跃，儒、佛、道学的思想相互渗透。如活跃于北宋前期的太宗末至仁宗初年的晁迥，史称“通释、老书，以经传傅致，为一家之说”①，是这方面的代表人物。“他把儒、释、道同等对待，不囿于一家一派的成见”，学术趋向是和后来的“宋学家们研究学术的风尚全相符合的”②。北宋前期的释智圆是个融儒入佛的僧侣，认为儒、释两家“言异而理贯”，“共为表里”，提倡《中庸》，甚至自号“中庸子”。宋初的晁迥和释智圆，“作为这个时代的先觉者，对宋学的形成和发展，特别是宋学中理学的形成和发展，有着极其明显的作用”③。

---

① 《宋史》卷305《晁迥传》。

② 邓广铭《略谈宋学》，《邓广铭治史丛稿》，北京大学出版社1997年版。

③ 漆侠《晁迥与宋学》、《释智圆与宋学》，《探知集》，河北大学出版社1999年版。

主要活跃于北宋中叶仁宗时期的释契嵩，也是一个援儒入佛的重要僧人，他不仅将佛教的不杀生、不偷盗、不邪淫、不饮酒、不妄言的五戒，与儒学的仁、义、礼、智、信相配，还提出修行五戒即是孝道。并著《中庸解》、《皇极论》，将儒学思想融入佛学①。

释智圆曾形象地将儒、释、道比作鼎之三足，认为缺一不可。而道教方面对"宋学"尤其是理学学派产生了重大影响，如主要活跃在太宗时期的陈抟，所著《先天图》对理学学派创始人之一周敦颐的《太极图说》的创设有着明显的影响，《太极图说》甚至被认为即是传自陈抟。另一个将儒学与道学结合的，是北宋中叶神宗时的张伯端。他被后世尊为全真道南宗始祖，道教金丹学派的内丹派创始人之一，是将内丹学理论化的首创者，所著《悟真篇》论述内丹修炼中，运用儒学性命学说。

综上所述，说明到北宋中叶，一种新儒学——吸收佛、道学说以阐述儒学的新学派"宋学"产生的条件已经成熟。

二、宋学先驱与宋学的初步形成及其特征

胡瑗(安定先生)、孙复(泰山先生)、石介(徂徕先生)被称为"宋初三先生"，且作为"理学先驱"，而理学也常被称为宋学，这是正确的；但学术界通常即将理学等同于宋学，却是错误的。理学只是宋学中的一个学派②，不仅是宋学中较晚形成的学派，而且在整个北宋时期始终只是个小学派。所以，将"宋初三先生"胡瑗、孙复、石介称为"宋学先驱"，更为恰当。而所谓"宋初"，是

① 参见释契嵩《镡津集》卷3。

② 邓广铭先生在中国宋史研究会1984年年会上发表《略谈宋学》(《宋史研究论文集》，浙江人民出版社1987年版；后复刊于《邓广铭治史丛稿》)，最早指出："应当把宋学与理学加于区别。"

就两宋三百多年的历史而言，三人虽出生在北宋太宗末年和真宗初年，但他们的学术活动却都是在北宋中叶的仁宗时期，是北宋中叶思想、文化革新浪潮的重要组成部分。后世给予他们极高的评价，全祖望称："宋世学术之盛，安定（胡瑗）、泰山（孙复）为之先河。"[①]胡瑗"说《易》以义理为宗"[②]，而孙复"讲说多异先儒"[③]，石介治《易》不取旧说，他们又都先后讲学于太学，因而影响较大。他们的讲学已不是章句之学，而是对儒学经典义理的探索，因而宋学也称"义理之学"。

正如唐代儒学的复兴，是由诗文改革"古文运动"的主将韩愈推动的，北宋中叶"宋学"的形成，也与宋代"古文运动"的领袖欧阳修密不可分。

欧阳修之后的文坛领袖苏轼称："自汉以来，道术不出于孔氏而乱天下者多矣"。"五百余年而后得韩愈，学者以（韩）愈配孟子，盖庶几焉。（韩）愈之后三百有余年而后得欧阳子，其学推韩愈、孟子以达于孔氏"，"士无贤不肖不谋而同曰：欧阳子今之韩愈也。宋兴七十余年，民不知兵，富而教之，至天圣（1023—1032）、景祐（1034—1038）极矣。而斯文终有愧于古，士亦因陋守旧，论卑而气弱。自欧阳子出，天下争自濯磨，以通经学古为高，以救时行道为贤，以犯颜纳说为忠，长育成就，至嘉祐（1056—1063）末，号称多士，欧阳子之功为多"。作为宋学蜀学学派创始人之一的苏轼最后再次强调："欧阳子论大道似韩愈"[④]，说明苏轼承认韩愈创立的孔子、孟子、韩愈道统为正统，又以欧阳修上继韩愈。

苏轼所写的这篇《居士集序》反映了三个重要问题，一是"宋

① 《宋元学案》卷 1。

② 《直斋书录解题》卷 1。

③ 《宋史》卷 432《孙复传》。

④ 《欧阳文忠公文集》卷首《居士集序》。

学”到北宋中叶的仁宗末年时已经形成；二是举出了宋学的三大特征；三是最初形成的宋学是以欧阳修为首，而且还未分学派。

三大特征的形成，是宋学已经建立的标志。其特征之一是“通经学古”，这不是原先儒学《经》书的章句训诂，而是探求儒学经典的义理，前述“宋初三先生”的“讲说多异先儒”，即是以探索所得对儒《经》进行讲说。欧阳修早在景祐四年(1037 年)的《易或问》中，提出“或问《系辞》果非圣人之作?”又进而宣称：“何止乎《系辞》!”[①]四库馆臣评论《毛诗本义》，“自唐以来，说《诗》者莫敢议毛、郑，虽老师宿儒亦谨守《小序》。至宋而新义日增，旧说几废，推原所始，实发于(欧阳)修”[②]。也说明欧阳修是宋儒中最早以新义解释《诗经》的。

宋学的特征之二是“救时行道”。救时即要进行改革，“庆历新政”的主持者范仲淹，“门下多贤士，如胡瑗、孙复、石介、李觏之徒”[③]。说明宋学先驱“三先生”与改革潮流有着密不可分的联系。三先生之首的胡瑗，康定元年(1040 年)，被时任陕西经略安抚副使范仲淹辟为经略安抚司勾当公事。他先后提出变更阵法、制造兵器、开辟荒地为营田(屯田)；招募当地人为兵，并发给经费以购买战马，用以逐渐代替不善战的禁军(东兵)等多项建议。后“自庆历中，教学于苏(今江苏苏州)、湖(今浙江湖州)间二十余年”，学中分设“经义斋、治事斋”，学于“治事斋者，人各治一事，又兼一事，如边防、水利之类”[④]。

石介更是积极参与“庆历新政”的活动，并作《庆历圣德诗》歌颂新政，与新政主持者之一富弼关系密切。“新政”失败后，被指责为“新政”党羽而被迫自求外任。

---

① 《欧阳文忠公文集》卷 18《易或问之二》。

② 《四库全书总目》卷 15《毛诗本义》。

③ 《宋史》卷 314《范纯仁传》。

④ 《五朝名臣言行录》卷 10 之 2。

也可列入“宋学”先驱者之一的李觏，曾著《周礼致太平论》，显然是想以《周礼》来“救时行道”，但未被当政者重视。而王安石变法的主要指导思想之一，即是后来撰成的《周礼新义》。尽管宋学各派对“救时行道”的具体措施有着不同的理解，但积极参加政治活动以改善时政则是共同的。

宋学的特征之三，就是吸收佛、道学说。这在苏轼的《居士集序》中也有反映，苏轼攻击宋学的“新学”派，“以佛、老之似，乱周、孔之实”。其实这是宋学各学派的共同特点，正如清代著名学者戴震所说：“宋以前，孔孟自孔孟，老释自老释”；“宋以来，孔孟之书尽失其解，儒者唯袭老释之言以解之”①。

三、新学、理学、蜀学学派的形成　新学派独尊时期

宋学兴起以后，学者各自治经，以己意讲解，授徒讲学，尽管相互间分歧很大，但并未形成学派，至少未被当时学者认为是学派。

“新学”是宋学最早形成的学派，也是最早为学者所公认的。苏轼在《居士集序》中称：“欧阳子没十有余年，士始为新学。”欧阳修死于熙宁五年（1072 年），说明“新学派”到元丰（1078—1085）中期以后，已得到士人的公认，是当时占有统治地位的思想流派。新学的创立者王安石庆历二年（1042 年）中进士后，任签书淮南节度判官厅公事的三年间，史称：“自先王泽竭，士习卑陋，不知道德性命之理，（王）安石奋乎百世之下”，“著《（淮南）杂说》数万言，其言与孟轲相上下”②。这是王安石创立新学之始。嘉祐八年冬至治平四年秋（1063—1067），王安石守丧于江宁（今

---

① 《孟子字义疏证》附《答彭进士允初书》。

② 《郡斋读书志》卷 4 下《王介甫临川集》。

江苏南京)期间,继续研究义理之学,并聚徒讲学。治平四年九月,时神宗已即位,王安石被召赴京任翰林学士。宋神宗曾对王安石说:“朕顽鄙初未有知,自卿在翰林,始得闻道德之说,心稍开悟。”说明“宋学”虽于仁宗末年形成,但传布还不广,是王安石本人亲自向神宗讲述道德性命之学。王安石于熙宁二年任执政后,即以其学说作为指导思想进行变法改革,以行“救时行道”之实。用神宗的话说,即是“卿所以为朕用者,非为爵禄,但以怀道术可以泽民,不当自埋没,使人不被其泽而已”①。而宋学至熙宁五年时,也正如宋神宗对王安石所说:“经术,今人人乖异,何以一道德?”因此提出:“卿有所著可以颁行,令学者定于一。”②但其时王安石还未撰成系统的著述,《诗义》也才刚开始命其门生陆佃、沈季长撰写。熙宁六年,设立“修撰经义所”,王安石自撰《周礼新义》,王雱、吕惠卿参与修撰《诗义》、《书义》,由王安石定稿,对“先儒传注,一切废不用”,进行新的解释。熙宁八年六月,修撰完成,颁于太学作教材,当时“天下号曰‘新义’”③,合称《三经新义》,标志着王安石创立新儒学的完成。元丰三年(1080年)还对《三经新义》进行修订,其后不久苏轼说“士始为新学”,说明新儒学当时已被大部分士人所接受;而且相对于旧儒学“汉学”,新儒学被称为“新学”。新儒学史称“宋学”,而新学是宋学中最早形成的学派。由于王安石封荆国公,新学派也称“荆公新学”。

《三经新义》并佚,《周官(礼)新义》由四库馆臣辑自《永乐大典》,并称其“依经诠义”处,“皆具有发明,无所谓舞文害道之处。故王绍禹、林之奇、王与之、陈友仁等注《周礼》,颇据其说”④。

---

① 《长编》卷233,熙宁五年五月甲午。

② 《长编》卷229,熙宁五年正月戊戌。

③ 《宋史》卷327《王安石传》。

④ 《四库全书总目》卷19《周官新义》。

上述四人是北宋末至元初人，其中林之奇是南宋高宗、孝宗时人，为攻击新学派者；而王与之著成《周礼订议》时，已是新学派衰微的理宗淳祐三年(1243年)①。

蜀学创始人苏洵，苏轼、苏辙父子，嘉祐元年(1056年)一同到京城开封应举，次年苏轼、苏辙兄弟中进士。当时宋学正在形成之中，学者们大多探求“六经”义理，苏洵也著《六经论》以阐述六经义理，其作《易传》未成，于治平三年(1066年)去世，遗命长子苏轼继述。此后苏轼、苏辙虽也开始探究《易》经，但宦途忙碌，进展不大。元丰二年(1079年)苏轼被贬为不得签署公事的黄州(今湖北黄冈)团练副使，次年初到达后，筑室东坡，号东坡居士，过着无职无权的贬居生活。苏轼以文名世，其间写出不少传世名篇，但将主要精力用于撰写《易传》。除父苏洵未成书的《易传》遗稿外，弟苏辙也将所作《易解》寄来，苏轼经数年的撰述，“卒以成书(史称《东坡易传》)，然后十载之微言，焕然可知也”。实是父子三人合作而苏轼总其成。苏辙又将所撰《论语略解》寄来，苏轼“复作《论语说》，时发孔氏之秘”②；以后又撰《书传》，史称《东坡书传》。《东坡易传》之成约在元丰六、七年间，可视作“蜀学”学派理论的基本形成。蜀学学派的特点之一是吸收佛学学说，这本是“宋学”各派的共同特点，而尤以蜀学为甚，即所谓“其学又杂以禅”③。苏辙亦曾著《孟子解》、《老子解》、《春秋集解》、《诗集传》。蜀学学派在宋学三个学派中始终是影响较小的学派。

宋学的理学学派，在北宋中叶形成之初，又分为洛学、关学两个学派。

洛学是程颢、程颐兄弟所创，史称“二程”。庆历六年(1046

---

① 参见《宋史》卷433《林之奇传》、卷42《理宗纪二》。

② 《栾城集》卷22《苏轼墓志铭》。

③ 《四库全书总目》卷1《东坡易传》。

年)，其父程珦署理南安军(今江西大余)通判时，周敦颐任南安军司理参军，二程时年十四五岁，曾受启蒙教育于周敦颐约半年，但同年冬周即调离南安。程颢后来“泛滥于诸家，出入于老、释几十年，返求诸《六经》而后得之”[①]。说明二程是自己探求近十年后才得“道德性命”之学，并非受之周敦颐。南宋初朱震提出二程师承周敦颐，经朱熹论证，周遂成理学开山祖师。今人辩之甚明[②]。程颢嘉祐二年(1057 年)中进士后，仕宦不显。元丰二年(1079 年)因反对新法而罢居洛阳，授徒讲学。元丰八年(神宗已死)被召用，未赴而卒，文彦博为题墓称明道先生。其弟程颐(史称伊川先生)同在洛阳讲学授徒。二程学派的基本形成，应即在元丰后期，史称“洛学”，但当时洛学学派成员可能还仅限于他们的门生。蜀学重在著书立说，洛学则重在授徒讲学。

元祐时期保守派执政，极力贬低新学派，实际上洛学、蜀学两派尚处于刚形成时期，也并无多大影响。程颐晚年专心著述，元符二年(1099 年)完成的《易传》，是洛学学派学术体系完成的标志。他毕生致力于授业传道，门生弟子较多，而且转相传授，但洛学在北宋时始终只是宋学中的小学派。

关学为张载所创。他早年入范仲淹幕府，范仲淹劝他读《中庸》，嘉祐二年中进士后进入宦途。熙宁三年(1070 年)，其弟张戬因反对新法被贬，张载遂辞职回家乡关中眉县横渠镇(今陕西眉县横渠)，著述授徒，著《正蒙》等，世称“横渠先生”，其学史称“关学”。熙宁十年被召到京，又因病辞官回乡，病死于途中。张载死后，门生大多转投洛学学派。而洛学门徒，包括由关学转入者，力图贬低关学，曾受到程颐的严厉批评。

---

① 《二程遗书》卷 42《明道行状》。

② 二程之学并非师承周敦颐，参见邓广铭《关于周敦颐的师承和传授》，收入《邓广铭治史丛稿》。

被朱震、朱熹推崇为理学开山的周敦颐，后被列为北宋五子之首，著有《太极图》、《易通》等。嘉祐六年（1061 年）筑室江州（今江西九江）庐山莲华峰下濂溪旁，取名濂溪书屋，世称濂溪先生。后历任州、县官，熙宁六年（1073 年）去世。周敦颐在世时既无名望，门生亦寡。

邵雍，字尧夫，长时期隐居洛阳，依靠富弼、司马光、吕公著等接济为生，身自耕作，名所居为安乐窝，自称安乐先生，著述授徒。熙宁十年（1077 年）死，后谥康节。著有《皇极经世》等，程颢称其学为"内圣外王之学也"①，但又认为是"空中楼阁"②，因而不甚重视。邵雍所创"象数学"体系，后被列入理学派学统中。

南宋朱熹将周敦颐、程颢、程颐、张载、邵雍，称为北宋五子，都列为宋学理学学派的创始人，其实在北宋时除二程的洛学、张载的关学外，都未成学派。关学又不久消亡，至北宋末叶，仅存洛学学派，也一直是个小学派。

北宋中叶新儒学兴起，宋学虽初步形成于欧阳修，但承认其为韩愈所创儒学道统继承者的，似只有宋学的蜀学学派。新学学派称王"安石奋乎百世之下"，创"道德性命之理"，则是自承孔、孟；洛学学派明言程颢为"自孟子之后，一人而已"③，也是上承孔、孟，自为道统。

第二节　文学、绘画、书法的革新

一、古 文 运 动

《宋史·文苑传》序称："国初，杨亿、刘筠犹袭唐人声律之

① 《宋史》卷 427《邵雍传》。

② 《二程遗书》卷 7。

③ 《宋史》卷 427《程颢传》。

体，柳开、穆修志欲变古而力弗逮。庐陵（今江西吉安）欧阳修出，以古文倡，临川（今江西抚州）王安石、眉山（今四川眉山）苏轼、南丰（今江西南丰）曾巩起而和之，宋文日趋于古矣。”可说是对北宋中叶古文运动的简要概括。

五代以来，流行骈体文，词藻华丽，讲究声律，称为“时文”。但常以文害意，词不达意，不切于实用。宋初，梁周翰、柳开等是最早以古文（散文）写作的学者，史称：“五代以来，文体卑弱，（梁）周翰与高锡、柳开、范杲习尚淳古，齐名友善，当时有‘高、梁、柳、范’之称。”[①]他们是由五代入宋的古文作家，其中柳开明确他写作古文的目的，是要继承韩愈的文统和道统，他在自传性的《东郊野夫传》中自称：“深得其韩文之要妙，下笔将学其为文。”还说：“捧书请益者咸云，韩之下二百年，今有子矣。”则是直以己上继韩愈。在另一篇自传性的《补亡先生传》中，还说他由柳肩愈改名柳开，字仲涂，“其意谓将开古圣贤之道于时也”[②]。柳开可说是北宋中叶“古文运动”的先行者，但他名位不显，文学才能有限，言论高于实践，影响不大，未能形成气候。而“其后，杨亿、刘筠尚声偶之辞，天下学者靡然从之”。当时虽有穆“修于时独以古文称”[③]，也无补于当时文风的卑弱。正如穆修所说：“今世士子习尚浅近，非章句声偶之辞不置于耳目，浮轨滥辙，相迹而奔，靡有异途焉。”[④]这种情况的改变，直到北宋中叶欧阳修倡导“古文”以后。

明道二年（1033年）刘太后死，仁宗亲政后曾对大臣说：“近岁进士所试诗赋多浮华，而学古者或不可以自进，宜令有司兼以

---

① 《宋史》卷439《梁周翰传》。

② 《河东先生集》卷2。

③ 《宋史》卷442《穆修传》。

④ 《河南穆公集》卷2《答乔适书》。

策论取之。”[①]这一科举制度的改革，为古文运动的开展创造了有利条件。在完全以“时文”取进士的时代，一些文人继续以古文进行写作，而且当他们取得一定的政治地位以后，又积极倡导古文。范仲淹早在天圣三年(1025 年)四月说：“臣闻国之文章应于风化，风化厚薄见乎文章”，将文章与风化直接联系起来，并提出：“以救斯文之薄，而厚其风化也”[②]。虽不为只知揽权的刘太后所重视，但宋仁宗亲政后不久即倡导科举制度改革，不能不说是这类意见的反映。

嘉祐二年(1057 年)正月，翰林学士欧阳修任权知贡举，主持当年的科举考试。他对以骈体文应试者“痛加裁抑”，落选的“时文”举子，“候(欧阳)修晨朝，群聚诋斥之，至街司逻吏不能止，或为《祭欧阳修文》投其家”，“然文体自是亦少变”。而且“场屋之习，从是遂变”[③]，士子由原先习“时文”以应举，改为习“古文”以应举，这是“古文运动”取得决定性胜利的标志。这年科举不仅录取了后来继欧阳修主文坛的苏轼，还有另两位古文大家曾巩与苏辙。他们同列被后世称为“唐宋八大家”的宋代六大家，另外三大家是欧阳修、王安石和二苏的父亲苏洵，成为继唐代韩愈、柳宗元之后，在北宋中叶形成的古文作家群体。

欧阳修是北宋古文运动的倡导者和领袖，他以自己的实践开风气之先，勤奋创作，擅长各种文体，又一丝不苟，精益求精。南宋朱熹曾说：“欧公文，亦多是修改到妙处。顷有人买得他《醉翁亭记》稿，初说滁州(今安徽滁州)四面有山，凡数十字，末后改定，只曰‘环滁皆山也’五字而已。”[④]可见他精心创作之一斑。他的写情文形象生动，情境并茂；政论文剖析时弊，析理透彻，是

① 《长编》卷 113，明道二年十月辛亥。

② 《范文正公集》卷 7《奏上事务书》。

③ 《长编》卷 185。参见《宋史·欧阳修传》。

④ 《朱子语类》卷 139。

散文的典范。

王安石对文学主张“所谓文者，务为有补于世而已矣”[1]。因而他的散文主要是政论文，大多是为改革变法服务，有很强的现实性与针对性，说理透辟，条分缕析，切中要害，简洁明快，常使对方无以应对。

苏轼是继欧阳修之后的文坛盟主，是宋代文坛少有的天才、全才，无论是诗、文、词、赋，都达到极高境界；还是“文人画”派的创立者之一，“尚意派”四大书法家之首。苏轼的散文，气势宏大，与雄浑的韩愈散文，各具特色，史以“韩潮苏海”并称，可说是达到中古散文的最高境界。其父苏洵，晚学成才，长于政论文，纵横辨析，比喻鲜明，具有特色。其弟苏辙，亦长于散文，文风平畅，苏轼称：“其文如其为人，故汪洋澹泊，有一唱三叹之声，而其秀杰之气，终不可没。”[2]此话虽有溢美之意，但大体道出苏辙为文的气韵。人称苏洵为老苏、苏轼为大苏、苏辙为小苏，是北宋中叶文坛的一门三杰，老苏、小苏文学成就虽远逊于大苏，然亦在“古文运动”中作出了自己的贡献。

曾巩是北宋古文运动中，继欧阳修、苏轼、王安石之后，又一位有重要贡献的散文作家。其记叙文情景生动，书序文尤有特色，而常以书札论政，宛转陈述己见。史称他“为文章，上下驰骋，愈出而愈工，本原《六经》，斟酌于司马迁、韩愈，一时工作文词者，鲜能过也”。可说是对曾巩文学成就的高度评价。而《宋史·文苑传》序中，将曾巩列为欧阳修倡导的古文运动中有杰出贡献的第四位散文作家，确立了他在中国文学史上的地位。曾巩本人虽然反对王安石变法，但弟曾布为改革派主将，因此不为保守派首领吕公著所看好，吕向神宗告称：“以（曾）巩为人行义

---

① 《临川集》卷77《上人书》。

② 《苏东坡全集·正集》卷30《答张文潜书》。

不如政事，政事不如文章”①，故而曾巩在政治上未受到重用，但这段话也反映出当时他以文章名世是公认的。

二、诗风的革新

唐末五代社会动荡，诗人寄情于游冶，诗风趋于唯美，所写多为游冶、艳情之文字。宋初的古文名家王禹偁首先提出诗宗李白、杜甫，“篇章取李、杜，讲贯本姬、孔，古文阅韩、柳”②。王禹偁是古文运动的先驱者，散文卓有成就，甚至还被称为诗坛盟主。但其后又兴起“西昆体”诗，因诗集为《西昆酬唱集》而得名，主要作者为真宗初年馆阁文臣杨亿、刘筠、钱惟演等，欧阳修称：“杨大年（亿）与钱、刘数公唱和，自《西昆集》出，时人争效之，诗体一变。”③西昆体讲求韵律、对仗，诗体艳丽，雕金刻玉，铺陈典故，多属唱和之作，取材于诗人的日常生活与个人情趣，脱离社会现实。石介对之深恶痛绝，“以为孔门之大害，作《怪说》二篇，上篇排佛、老，下篇排杨亿，于是新进后学不敢为杨、刘体”④。

诗风改革是古文运动的一个重要组成部分，欧阳修及其友梅尧臣、苏舜钦开宋诗新风。欧阳修诗的成就虽逊于散文，但他力矫西昆体之弊，寄情山水，清新流畅。正如叶梦得在《石林诗话》中所说：“欧阳文忠公诗始矫（西）昆体，专以气格为主，故其言多平易疏畅，律诗意所到处，虽语有不伦，亦不复问”，反映出欧阳修诗风的特点。

熙宁变法改革的主将王安石，诗学杜甫，前期诗作关心民间疾苦、国家安危，以诗言志，如《河北民》、《兼并》、《省兵》等

---

① 《宋史》卷319《曾巩传》。

② 《小畜集》卷3《寄题陕府南溪兼简孙何兄弟》。

③ 《欧阳文忠公文集》卷128《诗话》。

④ 《五朝名臣言行录》卷10之4。

名篇。晚年退居江宁（今江苏南京），政治失意之后，寄情山水，所作小诗清新淡雅，精美工致，尤为后人所称道。叶梦得《石林诗话》称："王荆公晚年诗体尤精严，造语用字，间不容发。然意与言合，言随意遣，浑然天成，殆不见有牵率排比处。"评价是公允的。

苏轼才华横溢，所作诗题材广，立意新，天下事无不可入诗。其政治诗关心社会，亦用以讽喻改革；而抒情写景诗，情景交融，信笔挥洒，诗情画意，奔放驰骋，名篇迭出。苏诗成于天然才气，放笔快意，难免偶有疏脱之感，但苏轼诗的风格特色，自是他人无法比拟。清代赵翼《瓯北诗话》称："苏诗如流水之行地"，"在乎心地空明，自然流出，一似全不着力，而自然沁人心脾"，确是道出苏诗流传千古的魅力所在。

黄庭坚与苏轼并称为"苏黄"，其诗刻意创新，自成一格。与苏诗以才气为诗不同的是，黄庭坚讲究锻字炼句，务出新意，全在人力造成，而又能追求浑然一体，尤长于七律。金末元好问所说："只知诗到苏、黄尽"①，是对黄庭坚诗的高度评价。北宋中叶后期出现的江西诗派，即是以黄庭坚为首，有陈师道、陈与义、吕本中等二十余人，他们创作观点相近，活跃于北宋后期，直至两宋之际。

三、柳永、苏轼对词风的创新

宋初词坛继承五代遗风，多作小令，风格风流典雅，柔情绮语，主要代表词家如北宋前中期的晏殊、张先。古文运动的主将欧阳修虽以文载道，对诗、文进行改革，但以词言情，词风与晏殊相近，世以"晏欧"并称。

---

① 《遗山先生文集》卷11《论诗三十首》。

最初革新词风的是北宋中期的柳永。柳永原名柳三变，因在词中称："才子词人，自是白衣卿相"，"忍把浮名，换了浅斟低唱"[①]，受到仁宗的奚落，从此功名无望，成为纵情风月的风流浪子。柳词多写市民阶层的柔情艳事，袒露无忌，更无矫揉造作，是北宋社会经济繁荣、市民阶层生活情趣的真实反映，因而留下不少城市繁华、社会风习的名篇，因其词语俚俗，被称为俚词。长年羁旅飘泊的经历，也使羁旅行役之情成为柳词的重要题材，佳作频出，尤为后人称道。所有这些都是晏殊、欧阳修所作小令中看不见的。柳词的重要贡献在于大量运用慢词长调，创作新词调，便于铺叙众多内容，为以后的词人所效法。柳词风靡当世，享"凡有井水饮处，即能歌柳词"[②]之誉。

北宋中叶后期的文坛盟主苏轼，不仅诗文独步当世，而且词创豪放一派，对当时与后世影响尤大。苏词可说是无事不可入，扩大了题材的范围，对于提高词的地位，使之能与诗、文并列而无逊色，起到了重要作用。从此，词又有豪放一派，与婉约派争妍于词坛。

北宋中后期著名词人还有秦观、贺铸、晏幾道、周邦彦等。除贺铸外，全属婉约派，尤以周邦彦为著，世以与柳永相匹，称"柳周"。贺铸词虽以婉约著称，而其豪放词作，亦堪称上承苏轼，下启辛弃疾，只是悲壮气氛胜于豪放，盖有感于怀才不遇。

四、尚意派书法的形成

北宋中叶，书法与绘画也都有革新，而北宋中叶及以后，书

① 《能改斋漫录》卷 16。

② 叶梦得《避暑录话》卷下。

法家又常是画家。北宋前期的著名书法家为太宗、真宗之际的李建中，李“建中善书札，行笔尤工，多构新体，草、隶、篆、籀、八分亦妙，人多摹习，争取以为楷法”①。继起者为真宗、仁宗之际的宋绶，被宋人称为“国初称能书者，惟李建中与(宋)绶二人”。但李建中之字淳厚不飘逸，宋人认为“尚有五代衰陋之气”；而宋绶书法，“富于法度，虽清癯而不弱”②，但还属于唐代“尚法派”书法，均非有宋一代开书法新局面者。

北宋真正的书法革新者是苏轼、蔡襄、黄庭坚、米芾。蔡襄书法，“为当时第一”，“科斗、篆、籀、正、隶、飞白、行、草、章草、颠草，靡不臻妙，而尤长于行”。蔡襄上承唐代尚法派书法，下启宋代尚意派书法，行书“自有一种风味，笔甚劲而姿媚有余”③，是其书法的特色。苏轼不仅是北宋中叶后期的文坛领袖，也是宋代最著名的书法家，是尚意派书法的开创者，其自称：“我书意造本无法，点画信手烦推求”；“退笔成山未足珍，读书万卷始通神”④。他讲究气韵，书法丰润而以韵胜，长于行、楷。黄庭坚亦以书法称，擅长行、草，侧险挺秀。北宋后期米芾，“特妙于翰墨，沈著飞翥，得王献之笔意”⑤，为当时书法第一。

宋代以“苏、黄、米、蔡”为四大书法家。四人之外书法成就最大者，当属宋徽宗赵佶，其正楷师法唐代薛曜，稍变其体，世称“瘦金体”，亦善狂草。奸臣蔡京也是当时有名的书法家，长于行书，字体飘逸。北宋中后期以书法著称的还有范仲淹、欧阳修、王安石、文同以及苏轼幼子苏过、米芾之子米友仁等。

---

① 《宋史》卷441《李建中传》。

② 《宣和书谱》卷6《宋绶》，卷12《李建中》。

③ 《宣和书谱》卷6《蔡襄》；《宋史·蔡襄传》。

④ 《东坡全集·正集》卷2《石苍舒醉墨堂》，卷5《柳氏二外生求笔迹》。

⑤ 《宋史》卷444《米芾传》。

五、院体画　文人画(写意画)派的创立　雕塑

五代时后蜀、南唐先后设置画院,罗致画家为宫廷服务。后蜀、南唐亡后,后蜀宫廷画家黄筌等入宋,成为宋初的著名画家。北宋太宗雍熙元年(984 年)始设"翰林图画院",除"勾当"官(长官)外,设待诏、艺学、祇候各数人,学生四十人。元丰四年(1081 年)改为翰林图画局,为翰林院下属机构。

黄筌之子黄居寀等成为北宋翰林图画院的早期宫廷画家。仁宗末有图画院待诏杜用和,神宗时有图画院祇候杜用德等宫廷画家。黄筌、黄居寀父子所作宫廷画,成为宫廷画的"画格";翰林图画院画家所绘的画也称"院体画"。

北宋中叶,出现与追求形似的"院体画"不同的"士人画",也称文人画,由文同首创。文同,字与可,皇祐元年(1049 年)四月进士,元丰元年(1078 年)十月任湖州(今属浙江)知州,次年正月在赴任途中去世,史称"文湖州",后即以其画风称湖州派。墨竹画起于唐代,而文同所画墨竹,一气呵成,追求神似。其论"画竹,必先得成竹于胸中,执笔熟视,乃见其所欲画者,急起从之,振笔直遂,以追其所见,如兔起鹘落,少纵则逝矣"。

苏轼自称其画论初得之于文同,"若予者,岂独得其意,并得其法"①。文同虽首创文人画,史以"善画竹"称②,但只画墨竹,且在当时影响也不大。稍晚的何薳即认为"文人画"首创者为苏轼,"先生(苏轼)戏笔所作枯株竹石,虽出一时取适,而绝去古今画格,自我作古"。并称他家所藏苏轼画二幅,"连手帖一幅,乃是在黄州(今湖北黄冈)与章质夫(楶)庄敏公者。帖云:'某近者

① 《东坡全集·正集》卷 32《文与可画筼筜谷偃竹记》。

② 《宋史》卷 443《文同传》。

百事废懒，唯作墨木颇精，奉寄一纸，思我当一展观也。'后又书云：'本只作墨木，余兴未已，更作竹石一纸同往。'前者未有此体也，是公亦欲使后人知之耳"。他还"于扬州得先生手画一乐工"①。苏轼倡导作画应神似，"论画以形似(指工笔画)，见与儿童邻"。他认为诗、画相通，自然而成，"诗画本一律，天工与清新"②。还将作画与个人的文学修养联系起来，所谓"高人岂学画，用笔乃其天"③。至于他与文同画派的关系，自称："东坡虽是湖州派，竹石风流各一时。"④苏轼以木石、花鸟、人物入画，扩大了"文人画"(写意画)的领域，是文人画开创者之一。《宣和画谱·墨竹叙论》称："有以淡墨挥扫，整整斜斜，不专于形似，而独得于象外者，往往不出于画史(指画院画家)，而多出于词人墨卿之所作。"所说虽为墨竹，实可用以概述"文人画"的全貌；且这里所说的墨竹，似已非文同所画，应是苏轼发挥"神似"以后的画风。由于苏轼文坛领袖的影响，加上他多方面的创作实践，以及透辟的文人画(写意画)理论(远胜于文同的作画方法论)，文人画遂很快在文人中传播。

同时而稍晚的书法家米芾，字元章，史称："画山水人物，自名一家。"其"子友仁，字元晖"，"亦善书画，世号小米"⑤。二米山水画，"多以烟云掩映，树木不取工细，意似便已"，属文人写意派，为水墨大写意画法⑥。小米已属两宋之际画家。

---

① 《春渚纪闻》卷6《东坡事实·墨木竹石》、《乐语画隶三绝》。又章粢谥庄敏，偶误，应作庄简，参见《宋史》本传、《宋会要辑稿》礼58之96。

② 《东坡全集·正集》卷16《书鄢陵王主簿所画折枝》。

③ 《东坡全集·续集》卷1《次韵水官诗》。

④ 《东坡全集·续集》卷2《憩寂图》。

⑤ 《宋史》卷444《米芾传》。

⑥ 参见王伯敏《中国绘画史》(上海人民美术出版社1982年版)第六章第五节。但认为米芾死于1107年(大观元年)，有误。按《东都事略》本传，"大观二年，以言者罢知淮阳军(今江苏邳州西南)，疽发卒"。则是死于1108年。

宋徽宗亦是绘画名家，尤工花鸟，形神俱佳。奸臣蔡京也以画著名当时，他即是以书、画见知于徽宗而得到重用。

与米芾同时的李公麟，史称："雅善画，自作《山庄图》，为世宝。传写人物尤精，识者以为顾恺之、张僧繇之亚"，是当世最著名的人物画家。善画之精，以至能从他画中区分出人物的身份及地域、民族特征。他也善山水、花鸟，而以画马驰名。"然因画为累，故世但以艺传云"①。

由于北宋中叶及以后社会经济的繁荣，前代少有的生活题材成为画家的绘画素材。两宋之际苏汉臣所作《货郎图》，生动地反映了乡村货郎贩卖状况。而传世的张择端的著名长卷《清明上河图》，不仅生动细致地描绘了北宋后期首都开封的繁荣景象，还给后人留下了人物服饰、生活用具及房屋、车船、桥梁的具体形象，是一幅杰出的社会风俗画，具有很高的史料价值。

宋代雕塑，定州（今河北正定）大悲阁中铜铸观音立像，高二十四米，为宋初开宝四年（971 年）所铸，是现存最高的铜铸佛像。天圣（1023—1032）年间在太原晋祠圣母殿内四十二尊侍女塑像，以及北宋末在长清（今山东长清）灵岩寺四十六尊罗汉塑像，均为彩塑，前者色彩艳丽，后者素雅，生动逼真，各具神态。

---

① 《宋史》卷 444《李公麟传》。

第十章　北宋末年的腐朽统治及其灭亡

宋神宗、王安石改革的诸新法，程度不同地收到了预期效果。但在经历元祐、绍圣的反复以后，改革派已经分裂、变质。宋徽宗重用的蔡京就是个变质分子，当时形成以他和王黼为首，勾结宦官童贯、梁师成，以朱勔、李彦为爪牙的“六贼”腐朽统治集团，打击异己(包括改革派)，卖官鬻爵，贿赂公行，引导宋徽宗恣情纵欲，无恶不作。他们以“新法”为幌子，巧取豪夺，搜刮民财，赋税增加数倍甚至数十倍，民不聊生，社会经济遭到严重破坏，激起宋江、方腊起义，把北宋王朝推向危亡的边缘。宋徽宗等还妄图联金灭辽，建立不世功勋，但当金灭辽后转而攻宋时，貌似强大而实已腐朽的北宋王朝，不堪一击，迅即为金所灭。

第一节　宋徽宗、蔡京集团的腐朽统治

一、徽 宗 之 立

元符三年(1100 年)正月，年仅二十五岁的宋哲宗去世，无子。向太后(神宗皇后)与宰执大臣议立继位之君，宰相章惇提出：“在礼、律，当立母弟简王”赵似；而向太后以自己无子，神宗诸子皆庶子，当依长幼为序，但哲宗长弟申王有目疾不能立为帝，“次则端王(赵佶)当立”。结果遭到章惇的反对，甚至“谓其(赵佶)轻佻不可以君天下”。但向太后坚持立端王赵佶为帝，知枢密院事曾布首先附和说：“章惇未尝与臣等商议，如皇太后圣

谕极当。"[①]执政蔡卞、许将也先后附和。于是赵佶被向太后、曾布等扶上皇位，是为中国历史上出名的昏君宋徽宗，他最终将北宋王朝推上了灭亡的道路。

徽宗即位后，向太后权同处分军国事。向太后是个保守派人物，为避免政局如元祐时那样发生突然变化，章惇、蔡卞对向太后称颂神宗改革变法，章惇还说："神宗政事如此，中间遭变乱，可为切齿。"向太后只得以"相公等皆神宗旧臣，且更与辅佐官家"，"官家性勤笃，必似得神宗"，以应付章惇等人。此事刚过，即又因徽宗即位，属兄终弟继，在如何行丧和如何对待哲宗皇后刘皇后的礼仪方面发生争论。太常少卿曾旼公然提出依照宋太宗夺位后的礼仪进行，实是否定哲宗亲政后政事的信号，遭到宰相章惇的厉声呵斥，曾旼有恃无恐，"怒曰：亦不是失职"。于是以宰相章惇为首的改革派，群起否定宋太宗对待宋太祖和太祖皇后宋皇后失敬的礼仪，争取以较高的礼仪对待哲宗和哲宗皇后刘皇后，提出"（太平）兴国中，（太宗对待）孝章（太祖皇后）故事，不可用"。章惇以神宗曾向辅臣说过，宋太宗对孝章皇后的礼仪，"处之太薄"。最后也是向太后说："神宗每以孝章事为未安"[②]，才决定对待哲宗和刘皇后以较高的礼仪。这两次较量，表面上都是以改革派取胜结束。但向太后随后即起用韩琦长子、保守派官员韩忠彦为吏部尚书；为表示无所偏颇，也起用改革派李清臣为礼部尚书。二月，又升韩忠彦和改革派黄履为执政，这大体上反映出向太后听政时期的态度。

同年四月，韩忠彦升任右相，蔡卞于五月间首遭贬为地方官，而保守派官员相继被召用，文彦博、司马光等三十三人恢复名位。向太后在其意志得到体现以后，七月初还政于徽宗。同

---

① 《宋史》卷19《徽宗纪一》，卷22《徽宗纪四》。

② 《长编》卷520，元符三年正月辛巳。

年九月，反对立徽宗为帝的宰相章惇，终于在保守派的攻击下罢相。十月，右相韩忠彦升任左相，拥立徽宗的知枢密院事曾布升为右相。然而新旧两党相互攻击，有些官员则以为元祐、绍圣各有差错，应该调和矛盾以消除成见。徽宗即以“本中和而立政”，以达到“永绥斯民”的目的①，诏改次年为建中靖国。

建中靖国元年(1101 年)正月，向太后去世，保守派失去后台。同年十一月，邓洵武首进绍述之说，劝徽宗继承神宗遗志推行新法，并进献《爱莫助之图》，认为群臣中没有能助徽宗绍述者，推荐蔡京为相，得到徽宗的首肯，诏改次年为崇宁，以表明绍述的意向。

二、祸国殃民的蔡京、童贯集团

蔡京是个政治投机分子，神宗时支持新法；神宗死时正任开封知府，在拥立哲宗即位事件中支持改革派蔡确、章惇，立有“定策功”。但当太皇太后高氏当政，保守派上台，蔡京转而投靠司马光以求保持官位。元祐元年(1086 年)司马光要求在五天内废罢免役法，恢复差役法，还在争论之际，蔡京首先在五日内完成开封府恢复差役法。司马光随后高兴地对他说:“使人人奉法如君，何不可行之有。”此举助长了司马光罢废新法、恢复旧法的决心，使改革派处于更加无助的境地。但到绍圣元年(1094 年)宰相章惇想复行免役而进行研究时，蔡京又说:“取熙宁成法施行之尔，何以讲为”②，态度与元祐时截然相反。徽宗即位时正任翰林学士承旨，在左相章惇、执政蔡卞被贬后，蔡京也受到宰相韩忠彦、曾布的排挤，以提举杭州洞霄宫闲差而居住在杭

① 《宋大诏令集》卷 2《改建中靖国元年御札》。

② 《宋史》卷 472《蔡京传》。

州。当时宦官童贯正主持明金局于杭州，为徽宗收集古字画，蔡京擅长书法、绘画，是北宋末年有名的书画家，与徽宗旨趣相同。蔡京通过童贯不断进奉自己的作品，甚至以之赠送宫妃、宦官，得到他们的一致赞誉，童贯也极力推荐，遂被起用为地方官。当邓洵武推荐蔡京为宰相，又得到执政温益的赞同，徽宗遂决意起用蔡京，蔡京时由大名（今河北大名东）知府调任翰林学士承旨。

崇宁元年（1102 年）五月，韩忠彦被罢左相出任地方官。次月，蔡京即升任执政。闰六月，曾布罢右相出任地方官。七月初，蔡京即升任右相，次年正月又升为左相，从此开始了以绍述新法为旗号的腐朽统治。首先于崇宁三年在显谟阁（神宗御书阁）绘熙宁、元丰功臣像；又以王安石配享孔庙，政和三年（1113 年）再追封王安石为舒王。蔡京以此标榜自己是王安石改革变法的继承者，将“蠹国害民”之举称为新法，“名为遵用熙（宁、元）丰之典”，实际上“未有一事合熙、丰者”①。

蔡京是打着辅佐徽宗“上述父兄之志”②，推行新法的旗号上台的，然而他首先进行的政务，却并不是什么新法，而是致力于打击保守派。

元符三年三月，向太后以四月初一将有日蚀为由，下诏求直言，这实际上是向保守派官员发出的号召，保守派官员纷纷上书指斥绍圣之政，虽也有改革派官员肯定绍圣之政，但人数不多。当崇宁元年七月蔡京任右相后，八月即禁止司马光等二十一人的子弟在京做官，徽宗还证实：“哲宗立时，奸臣诚有异意”，年幼的哲宗“所须衣物，或哲宗自买”；“（哲宗）阁中饮食，皆陶器而

① 《三朝北盟会编》卷 49，靖康元年七月十一日。

② 《宋史》卷 472《蔡京传》。

已"[①]，以此作为对保守派镇压的信号。九月，将元祐时和元符三年当政的文彦博、司马光、苏轼、秦观、张士良和王献可等文武官员及一些宦官共一百二十人，编为党籍，徽宗亲书后刻石于文德殿前正南门"端礼门"。随后公布元符三年上书人，将称颂改革者列为正等（分上、中、下三级），共四十一人；而将反对新法者列为邪等（分为上、中、下及邪上尤甚四级），共五百四十一人，列入正等者升官重用，列入邪等者受到贬、降、免官的处分。崇宁三年，又将元祐、元符当政及上列邪等诸人合并删节为元祐党籍，蔡京还将他所打击的改革派人士，以"为臣不忠"的名义，"并依元祐系籍人"待遇，如著名改革派章惇、曾布等十余人列为一籍，共三百零九人，徽宗亲书后刻石"置于文德殿门（端礼门）之东壁"；又诏蔡"京书之，将以颁之天下"[②]，作为主要的打击对象。昏君徽宗早已将元符三年初曾布所立定策功抛到九霄云外，曾布终于为拥立"轻佻不可以君天下"的徽宗而自食恶果，不仅名列党籍，还被流放到岭南。

蔡京对宦官童贯向徽宗荐引自己，却是铭记在心。崇宁元年末起用原湟州（今青海乐都南）知州王厚（王韶之子），次年正月任命王厚为权发遣河州兼洮（今甘肃临潭）西沿边安抚使，重新开拓河湟地区。蔡京就推荐当时还是小宦官的童贯到河湟地区任走马承受公事，以便立功于边疆而获不次升迁。随着王厚军事上的胜利，童贯的官职也不断越级升迁，只经过两年，到崇宁四年正月，已升为熙河兰湟、秦凤路经略安抚制置使，成为西北地区最高军政长官。

蔡京父子诱导徽宗尽情享乐，并说："人主当以四海为家，太

① 《长编拾补》卷 20，崇宁元年八月辛巳。

② 《长编拾补》卷 24，崇宁三年六月壬戌。

平为娱，岁月能几何，岂可徒自劳苦。”[1]还告诉徽宗：“今泉币所积赢五千万，和足以广乐，富足以备礼。”于是倡丰、亨、豫、大之说，诱导徽宗大肆挥霍钱财，广兴土木。崇宁三年，徽宗采用方士魏汉津之说，铸造九鼎以象征九州，又建九成宫以奉安九鼎。接着修造规模宏大的“明堂”作为举行大典的会堂；大“修方泽”，作为祭地的场所[2]。宋徽宗崇尚道教，又大修道观。

政和三年(1113年)在宫城北兴建略小于原皇宫的延福宫；政和七年又在东北修建规模更大的“艮岳”，称为华阳宫，直至北宋灭亡，修建工程还未完成。同时，为了供应宫廷园林的需要，在两浙地区大肆搜寻奇花怪石，在苏州设立应奉局，由苏州富商朱冲之子朱勔主持。朱勔由于得到蔡京、童贯的重用，狐假虎威，为霸一方，两浙地区的地方长官大多奔走于朱勔门下，因此苏州应奉局被称为“小朝廷”[3]。他们乘搜寻花、石之际，敲诈勒索，搜刮民财，还以奇花异石巴结权贵。这些搜集来的花石都作为贡品用运粮的船只装运，每十船组成一“纲”，经运河、淮河、汴河运往京城，称为“花石纲”。两浙地区许多民户因此家破人亡，民怨沸腾，成为宣和二年(1120年)方腊起义的导火线。

宦官童贯掌握兵权在外，在内受到徽宗宠信的宦官是梁师成，主要负责传宣徽宗诏旨，“凡御书号令皆出其手，多择善书吏习仿帝书，杂诏旨以出，外廷莫能辨”，权倾中外，被人称为“隐相”，“虽蔡京父子亦谄附焉”。“实不能文”的宦官梁师成[4]，竟

---

① 刘时举《续宋编年资治通鉴》卷16。

② 方泽，原指“古者……祭地于泽中之方丘，在国(指京城)之北”(《宋史·礼志三》)。北宋时已是改在地上建坛，元丰三年改筑三层方坛，此时改为二层方坛(但规模更大)以祭地，方泽即后世地坛。

③ 《东都事略》卷106《朱勔传》。

④ 《宋史》卷468《梁师成传》。

然在大观三年(1109年)也能高中进士甲科①,可见徽宗、蔡京集团统治下的北宋王朝已经十分腐败。崇宁二年才中进士的王黼,由于与左相何执中之子同事而得到不次升迁;继又以吹捧致仕的故相蔡京,因而在蔡京以太师总治三省事后受到重用;后又投靠大宦官梁师成,"父事梁师成,称为恩府先生"②。重和元年(1118年)正月升任执政,次年(宣和元年,1119年)正月又升为少宰(次相),因原阶官(寄禄官)太低,连升八阶为特进,这是北宋开国以来所未见。

与梁师成权势相当的大宦官还有杨戬,他得知汝州(今河南汝州)地可以种稻,于是设立"稻田务",并追索民户的田契,由甲到乙,由乙到丙,直至无契可证,即令民户增加租赋;以后又推行到京东、京西等地区,并将废堤、弃堰、荒山、退滩等地,强令民户租佃,租额定后虽遭河流冲毁亦不减额;凡民户超过原田契的地,称为公田,另纳公田钱。以后都并入西城所,共括公田三万四千多顷。梁山泊位于济州(今山东巨野)、郓州(今山东东平)间,凡捕鱼、采蒲的船只都收税,不交税者按强盗论处。

宣和三年杨戬死后,小宦官李彦继任其职,设局于汝州,剥削更加残酷,见民户的好田,即指使人陈告,指为荒地,收为公田,鲁山(今河南鲁山)全县都被收为公田,将民户原有的田契烧毁,由原业主租佃自己的田地而向政府交纳地租。投诉者常死于严刑之下。公田不纳田赋,政府将原先的田赋平均摊派给邻州民户负担。京东、京西的地方官"皆助(李)彦为虐,如奴事主"。当镇压方腊以后,朱勔于两浙地区重兴"花石纲"时,李彦"发物供奉,大抵类朱勔",供奉数根竹竿,即用一辆大车,牛、驴数十头牵引。一切都无偿地取于民户,以致地不得耕,农户有饿死、自杀,家破人

---

① 《宋史》卷155《选举志一》。

② 《宋史》卷470《王黼传》。

亡，“当时谓朱勔结怨于东南，李彦结怨于西北”[①]。

时人称蔡京、童贯、王黼、梁师成、朱勔和李彦为祸国殃民的“六贼”，他们不仅掠夺民户的田产，还公然卖官鬻爵，京城流传的“三千索(意与贯同)，直秘阁；五百贯，擢通判”[②]，就是现实的写照。至于他们家中，更是高官满门，如“蔡京拜相不数年，子六人、孙四人，同时为执政、从官(侍从)”级高官。宰相、执政的子弟，都由“任子”而为侍从高官，其中有的还只是十来岁的小孩，谏官李会将这种状况概括为：“尚嬉竹马，已获荷囊；未应娶妇，已得任子。”[③]是说一些还拿竹竿当马骑的小孩，已经是获得佩带绯鱼袋，甚至是紫金鱼袋的中高级官员；而还没达到娶妻年龄的少年，已经取得可以让他未来的儿子当官的“任子”资格。北宋王朝已经腐败到了无以复加的程度，“打破筒(童贯)，泼了菜(蔡京)，便是人间好世界”[④]，反映当时人们期望结束蔡京、童贯等六贼祸国殃民的统治。然而他们却始终获得昏君徽宗的宠信，一直盘踞在腐朽统治集团的上层。

第二节　宋江、方腊起义

一、宋 江 起 义

由于蔡京、童贯等六贼的残暴统治，民不聊生，北宋末年发生了北方的宋江起义和南方的方腊起义。宣和元年(1119年)中，“宋江起河朔”[⑤]，被称为“河北剧贼”。到同年十二月时，已经转掠

---

① 《宋史》卷468《杨戬传》及所附《李彦传》。参见卷174《食货志上二》。

② 朱弁《曲洧旧闻》卷10。

③ 《文献通考》卷34《选举考七》。

④ 《能改斋漫录》卷12。

⑤ 《宋史》卷353《张叔夜传》。

至京东地区，称为京东“剧贼”或山东“盗”，政府曾试图招安，但未成功。宋江起义军规模不大，宣和二年末，前执政侯蒙上书说：宋“江以三十六人横行齐、魏，官军数万无敢抗者，其才必过人”①，提出招安宋江使讨方腊。侯蒙说当时宋江起义军只有三十六人，应是大体上符合事实的。宋政府随后任命侯蒙为东平（今属山东）知府。但侯蒙还未赴任，即于宣和三年三月前去世。宋江起义军也并未逗留在梁山泊地区，而是转向东南。当时“宋江啸聚亡命，剽掠山东，一路州、县大震，吏多避匿”。说明队伍已经有所扩大，但在途经沂州（今山东临沂）时，遭到知州蒋圆率部袭击，“北走龟蒙间”（龟蒙顶在今山东平邑东）②。宋江起义军虽略受损失，仍继续南下进入淮南路地区，被称为“淮南盗”，途经淮阳军（今江苏邳州西南）时，政府“遣将讨捕”③。宋江起义军在进入楚州（今江苏淮安）地区后，转向海州（今江苏连云港市海州区），经过沭阳县（今江苏沭阳）时，县尉王师心“引兵邀击于境上，败之，贼遁去”。有学者认为：“沭阳一战影响巨大”，宋朝政府“极端重视沭阳一战的作用”④，以说明这是一次规模大的战事。其实宋代县尉所领之兵是“弓手”（乡户的差役），并非正式军队，沭阳县全县弓手约八十人，而敢以之邀击宋江起义军，说明此时宋江起义军规模不大，约在百人上下，最多不过二百人左右，这次战事只是使宋江损失二十人上下⑤，显

---

① 《宋史》卷 351《侯蒙传》。参见《宋会要辑稿》仪制 11 之 5。

② 张守《毗陵集》卷 13《左中奉大夫充秘阁修撰蒋公墓志铭》。

③ 《宋史》卷 22《徽宗纪二》。

④ 裴如诚《宋江招安资料辨正》，《中华文史论丛》1979 年第二辑。

⑤ 此战的指挥者王师心，由原先的“迪功郎、海州沭阳县尉”，升改为“承奉郎、监信州汭口（镇，今江西铅山西）排岸”（汪应辰《文定集·王师心墓志铭》）。同时期的詹太和以迪功郎任扬子县（今江苏仪征）尉，捕“盗十余人，改承务郎”（汪藻《浮溪集·詹太和墓志铭》）。承务郎只比承奉郎低一阶，王师心升八阶、詹太和升七阶，只少升一阶。这是捕盗“功赏改官”，以捕杀十人为单位，可累计“酬奖”，因而推测王师心捕杀为二十人左右。参见第八章第一节以及笔者《宋史研究中官制引起的几个问题》，《宋史论集》，中州书画社 1983 年版。

然此战规模很小，既未产生什么影响，更未受到宋政府的重视。宋江此后的动向，可能是想渡海回京东地区（今山东半岛部分）活动，“贼径趋海濒，劫巨舟十余，载掳获”。海州知州张叔夜“募死士千人”，先焚毁宋江的海船，随后进行伏击，“擒其副贼，（宋）江乃降”[①]。所谓“募死士得千人”之语，显然是夸大其词，《宋史·张叔夜传》所载张叔夜与宋江所部作战经过情况，是四十多年以后南宋人的追记，可能是得自传闻，甚至是他的亲属有意编造[②]，借以夸大宋江所部的规模，其实此时宋江所部最多也只有一二百人。

宋江起义军是宣和三年（1121 年）二月到达淮阳军，可能是四月受张叔夜的招安[③]。其后，李若水记述了宋江等受招安以后的情况：

> 去年宋江起山东，白昼横戈犯城郭。
> 杀人纷纷翦草如，九重闻之惨不乐。
> 大书黄纸飞敕来，三十六人同拜爵。
> 狞卒肥骖意气骄，士女骈观犹骇愕。[④]

从李若水所记宋江等意气骄横的情况来看，宋江等不像是战败后投降，而应是受到招安。

此外，还有记载称宋将折可存在镇压方腊起义以后，“班师

---

① 《宋史》卷 353《张叔夜传》。

② 系据“孝宗隆兴元年（1163 年）七月七日”，“刘仪凤等言：国史日历所见修《靖康日历》将及成书，缘当来文字遗逸，内有臣僚薨卒及死于兵者凡四十一人，虽粗有事迹，即未曾立传”，请求“令所属州县多方求访逐人子孙亲属所在抄录墓志、行状及应干照修事迹，缴申本所以备照用”等，“合立传姓名……张叔夜、何㮚”（《宋会要辑稿》运历 1 之 25、26）。时距宋江投降的宣和三年（1121 年）已四十二年，《（钦宗）靖康日历》中的《张叔夜传》尚未撰写。钦宗《日历》两年多后完成。

③ 《宋史·徽宗纪四》只在是年二月载：“命知州张叔夜招降之。”《东都事略·徽宗纪二》作：“五月丙申，宋江就擒”。丙申即初三日，而该日为张叔夜等人受奖励日（未提及宋江，参见《宋会要辑稿》兵 12 之 25、26），笔者因定四月为宋江受招安时间。

④ 李若水《忠愍集》卷 2。

过国门，奉御笔，捕草寇宋江，不逾月继获”①。此宋江应是同名或冒名。如宣和三年，“河北群贼自呼赛保义等，……久之未获”。十二月，“奉御笔”镇压。则起义当在宋江受招安后不久。据传宋江称“呼保义”，自称“赛保义”，表示绝不投降或受招安。

宋江起义规模虽不大，但活动地区离京城开封较近，加上受招安后在京城行进时意气骄横的形象，给京城居民留下的印象非常深刻。后来成为民间艺人说唱的内容，到南宋中叶时已是遐迩闻名，光宗（1190—1194 年在位）时已开始任画院待诏的宫廷著名画家李嵩，就绘有宋江等人物形象②。元末明初施耐庵、罗贯中编撰的《水浒传》问世以后，宋江起义的故事更是妇孺皆知。

二、方腊起义

就在宋江自河北转入京东地区活动的宣和二年十月，两浙地区爆发了北宋末年最大的农民起义“方腊起义”，其导火线是掠夺两浙人民财富的“花石纲”。方腊本是睦州青溪县（今浙江淳安西）西部山区帮源洞（通峒，山谷）的漆园主③，多次遭到“造作局”敲诈性的掠夺，就利用宗教进行秘密活动。正当他准备起兵反抗时，被里正方有常发觉后向政府报告，方腊立即率人杀死方有常全家（只有其子方庚一人逃走），并对部众一百多人说：“今赋役繁重，官吏侵渔，农桑不足以供应。吾侪所赖为命者漆楮竹木耳，又悉科取”，“吾民终岁勤动，妻子冻馁，求一日饱食不

① 《折可存墓铭》，1939 年出土于陕西府谷，碑文刊《北京大学学报》1978 年第 2 期。后者见《宋会要辑稿》兵 12 之 26、27，“不逾一月，剿除”。二者相似。

② 参见周密《癸辛杂识·续集》卷上。此书及《宣和遗事》都记宋江称“呼保义”。

③ 二十世纪中叶曾有方腊为佣工之说，不可信。参见笔者《方腊起义研究中的几个问题》，《学术月刊》（上海）1979 年第 7 期。

可得”。“东南之民苦于剥削久矣，近岁花石之扰，尤所弗堪”①。随即起兵。次月建立政权，参加者已逾千人，同月攻占青溪县城，参加者已超过万人。

方腊初起时，宰相王黼以为如宋江之流，且远在两浙，期待地方官自行扑灭，遂匿而未向徽宗奏报。及至方腊攻州掠县，东南发运使陈遘奏称：方“腊始起青溪，众不及千，今胁从已过万”，“东南兵弱势单，士不习战，必未能灭贼”②，并提出调发京城的禁军及湖南地方军前往镇压。宋徽宗即派宦官谭稹统兵负责讨灭方腊。

同年十一月两浙都监蔡遵、颜坦战死，十二月初睦州被攻陷的消息，先后传来。十二月下旬初遂任命宦官童贯为江、淮、荆、浙等路宣抚使，谭稹改任两浙路制置使，步军都虞候王禀任统制，率京城及淮东、湖北禁军进讨。

此时，方腊起义军已接连攻下歙州（今安徽歙县）、杭州，但方腊拒绝部属关于北上抢占江宁（今江苏南京），以控扼长江天险抗击官军渡江南下的建议，因为据方腊当初的估计，“朝廷得报，亦未能决策发兵，计其迁延集议，亦须月余；调习兵食，非半年不可”，“此时当已大定，无足虑也”③。遂决定主力南下，先后攻占婺州（今浙江金华）、衢州（今浙江衢州）、处州（今浙江丽水西）等地。方腊没有估计到，宋政府为联金攻辽，已命西北精兵作好准备，就在童贯、王禀统兵南下之后不久，方腊攻州掠县的消息再次传来，徽宗即调“陕西六路汉蕃精兵同时俱南下，辛兴宗、杨惟忠统熙河兵，刘镇统泾原兵，杨可世、赵明统环庆兵，黄迪统鄜延兵，马公直统秦凤兵，翼景统河东兵”④，而以殿前副都指挥使刘延庆任宣抚司都统制。当初童贯率兵南下时，徽宗对童贯说：“东南事尽付

①③ 方勺《青溪寇轨》附《容斋逸史》。参笔者《〈容斋逸史献疑〉质疑》，《历史研究》1980年第2期。

② 《宋史》卷447《陈遘传》。

④ 《宋会要辑稿》兵10之16。

太傅，必有紧急，不得已，可径作御笔行下。”[①]宣和三年正月，诏令官军先头部队抢先渡江，占领咽喉要地江宁，扼守镇江，然后再考虑进剿方腊之计。于是刘镇率部进驻江宁，童贯也进抵镇江，东路官军主力在王禀率领下向东进发。

差不多同时，方腊也考虑派兵进据江宁，但为时已晚。西路军正在向江宁进发，东路军北上围攻秀州（今浙江嘉兴），官军王子武动员军民守城抗击。不久，王禀率辛兴宗、杨惟忠所部官军进抵秀州，与王子武守军内外夹击。方腊起义军首次遭遇宋正规军，被打得大败而逃，退往杭州。王禀率部追击，于杭州北郊江涨桥再次击败方腊起义军，攻占杭州。西路官军都统制刘延庆在遇到方腊西路军进击后，退守江宁；派刘镇率部进据广德（今安徽广德），杨可世率部前往宣州（今安徽宣州）以合击方腊西路军，占领旌德县（今安徽旌德）；刘镇也击败方腊西路军的另一支部队，攻占宁国县（今安徽宁国）。

同年三月，在杨可世、刘镇两部合击下，西路官军占领江东路重镇歙州（今安徽歙县）。东路官军在王禀率领下，由杭州南下，占领沿途诸县，同月中旬攻占浙西重镇睦州，方腊率残部退向青溪县。西路官军主将刘延庆派其子刘光世，自率一军南下，四月初，经两战后攻占衢州，中旬又攻占婺州，青溪遂处于官军包围之中。王禀所部也于中旬攻占青溪县城，方腊率余部万余人退往帮源洞。于是东、西两路官军约定合击帮源洞，四月下旬，西路官军在刘镇、杨可世等率领下，由歙州东进，清晨首先进入帮源洞山谷，纵火为号；王禀、辛兴宗率东路官军自青溪西上，向燎烟方向进攻，两军合击，方腊大败，损失上万，率残余逃往东北部山涧，为当时还是东路官军小军官的韩世忠所俘，但战功为大将辛兴宗所夺。方腊起义失败，余部也先后被平定。

---

① 《三朝北盟会编》卷 52《中兴姓氏奸邪录》。

第三节 金灭北宋

一、宋、金"海上之盟"

政和元年(1111 年)九月,徽宗派郑允中为辽国生辰使,以童贯为副使,出使辽国,返回时途经辽燕京(今北京)郊外卢沟河时,燕人马植夜见童贯,提出联合女真灭辽之策。童贯携马植归宋,改其姓名为李良嗣,后李良嗣向徽宗提出辽天祚帝荒淫无道,辽国必亡,宋应乘机收复燕地,并说:"万一女真得志,先发制人,后发制于人,事不侔矣。"[①]徽宗非常赏识李良嗣,赐姓赵,并授以官职。重和元年(金天辅二年,1118 年)二月,宋派马政与通晓女真语的呼延庆等人,由登州(今山东蓬莱)渡海至辽东。时金已于三年前建国,据《金史》记载,马政携带宋朝国书面见金军将领,约联金攻辽事宜;宋方记载未见带国书事,但宋金联合攻辽及燕、云(今山西大同)地区归宋等事,当已表达,金也遣使返聘。宣和二年(金天辅四年,1120 年)三月,宋使赵良嗣等再次于登州渡海至辽东,时金太祖正率军攻占辽上京(今内蒙古巴林左旗南),赵良嗣等晋见金太祖于附近的龙冈,约定金攻辽中京(今内蒙古宁城西)等地,宋攻燕京,辽亡后,燕、云归宋,宋将原给辽的岁币给金等,史称"海上之盟",受到宋徽宗、宰相王黼、大宦官童贯的积极支持。徽宗命童贯做好军事准备,同年冬适因两浙方腊起义,准备攻辽的西北军遂先南下镇压起义。

金使于宣和三年二月渡海到登州,登州知州以童贯南下两浙未回而留金使于登州,实际上是徽宗有毁约之意。在金使坚持进京的要求下,五月间金使才到达京城,八月间金使返回时所

---

① 《宋史》卷 472《赵良嗣传》。

带北宋国书中已有拖延之意，同时宋也未派使节前往，以致金太祖等认为宋已毁约。

然而当宣和三年冬，金军攻占辽中京；次年三月，辽秦晋国王耶律淳自立于燕京，史称北辽，金军已到达辽西京（今山西大同）地区攻州掠县，辽帝逃入山中，辽的败亡形势已很明显的情况下，徽宗才又任命领枢密院事童贯为河北、河东路宣抚使，领兵十万，以巡边名义企图胁迫耶律淳以燕地归宋。童贯进兵燕京，但都统制种师道并无斗志，也没有出现燕人迎降的情况，相反遭到辽将耶律大石所部的阻击，宋军的第一次攻燕之战，仅进至边界白沟即败退，徽宗闻讯后即命班师退兵。

同年六月，辽燕王耶律淳病死，萧妃执政。七月，宋觉得有机可乘，又命童贯领兵攻燕，改以刘延庆为都统制。九月，宋、金互派使节报聘约期攻辽；辽易州（今河北易县）知州高凤降宋，涿州（今河北涿州）留守郭药师随后以所部八千降宋。十月，辽萧妃迫于形势，虽向宋称臣，但不降附。郭药师献袭取燕京之计，约以刘延庆子刘光世领兵应援，但当郭药师与宋将高世宣、杨可世等袭入燕京城内后，却由于刘光世怯敌失援，郭药师等只得缒城逃出，高世宣等战死城中，刘延庆即烧营夜遁，第二次攻燕之役，不战自败。童贯只得以与金夹攻的名义，邀请金军攻打燕京。金军攻占居庸关后，辽萧妃率残部出逃，燕京遂为金军占领。

二、关于燕、云归宋的交涉

金军占领燕京后，金太祖责问当初约定金宋联合攻辽，及“到燕京城下，并不见（宋军）一人一骑”①。并说当初议定只将

① 《三朝北盟会编》卷12，宣和四年十二月。

后晋时割给辽国的燕京地区归宋，并没有同意将营州(今河北昌黎)、平州(今河北卢龙)、滦州(今河北滦县)归宋，三地是辽在后唐时夺取，并非后晋割给辽朝。

宣和五年(1123年)，宋金议定除每年的岁币外，另添一百万贯代税钱给金。同年四月，金将后晋割与辽朝的燕京地区西部六州二十四县移交给宋，童贯率部进入燕京，但燕京只是一座"城市邱墟，狐狸穴处"的空城①。

关于辽西京(云州，今山西大同)地区主权归宋的谈判则艰难得多，最初只许归还土地，人口全部掠走，经力争后，金太祖允诺归还西京土地、人户。后传言"百僚军人等都不肯许西京，惟是皇帝(金太祖)要与贵朝永远交好，特与西京地土并民户"②，也不再每年另加钱物，只要一百万贯钱作为犒军费。但是金太祖在同年八月死于回军途中。金太宗即位后，宋使与金云州驻军首领粘罕(完颜宗翰)交涉时，粘罕只移交武州(今山西神池)、朔州(今山西朔州)二地，并向金太宗提出："请勿割山西郡县。"金太宗当时还说："先皇帝(金太祖)尝许之矣，当与之。"但当粘罕提出"割付山西诸郡，则诸军失屯据之所"③，金朝即未再移交其他州、县给宋。

三、金军南侵与北宋灭亡

还在宋军第二次北上攻辽燕京失败之前，宋已将辽燕京改称燕山府。燕山府归宋前，已任王安中为知府，辽降将郭药师为同知。金改以平州(今河北卢龙)为南京，以辽降将张觉为留守，

① 《三朝北盟会编》卷16，宣和五年四月十七日引《平燕录》等。

② 《三朝北盟会编》卷14，宣和五年二月九日引《燕云奉使录》。

③ 《金史》卷74《宗翰传》。

张觉却秘密做复辽的准备，并暗中表示降附于宋朝。昏庸的宋徽宗虽觉得“本朝与金国通好，信誓甚重，岂当首违”[①]，但在王黼、王安中、詹度的劝诱下，竟改平州为泰宁军，任命张觉为节度使。宣和五年（金天会元年，1123 年）十一月，金军打败张觉，张觉逃往燕山府藏匿，金向宋索要张觉，后宋虽杀张觉并函首送金，但宋纳金叛将事遂成为金军南侵的借口。

宣和六年（金天会二年）二月，金将娄室擒辽天祚帝，辽亡。同年，金将阇母以宋纳叛亡为败盟请攻宋，斡离不（完颜宗望）则进一步称：“苟不先之，恐为后患。”史称：“故伐宋之策，宗望实启之。”[②]粘罕亦请侵宋。同年十月，金太宗下诏侵宋，以完颜杲兼都元帅，总领侵宋事务。以粘罕为左副元帅，率军自西京南攻太原；阇母为南京路都统，刘彦宗为汉军都统，斡离不为两部监军，自南京西攻燕山（今北京）。白河（今潮白河）、古北口（今北京古北口）两战，宋将郭药师战败降金，燕山府遂为金军占领，郭药师被任为燕京留守，赐姓完颜。西路金军南下攻占朔州（今山西朔州）、代州（今山西代县）、忻州（今山西忻州）后，进攻太原。童贯先已从太原逃往京城开封，太原宋将侍卫马军副都指挥使、河东路副都总管王禀率太原军民坚守，粘罕所率西路金军被阻于太原坚城之下。斡离不、阇母所率东路军继续自燕京南下，越过保州（今河北保定），进攻中山府（今河北定州），知府詹度也率军民奋起抗击。同年十二月，消息传到开封，徽宗随即任命太子赵桓为开封牧，企图以太子赵桓为监国名义守城，自己则向南逃窜。但在给事中吴敏、太常少卿李纲直谏下，同月下旬，徽宗禅位给太子赵桓，是为钦宗。并以吴敏升任执政，李纲升任兵部侍郎，主持抗敌。徽宗自称道君皇帝，准备着出逃。钦宗改次年为靖

---

① 《宋史》卷 472《张觉传》。

② 《金史》卷 74《宗望传》。

康元年。

靖康元年(1126年)正月,东路金军在进攻中山和真定(今河北正定)两城不下的情况下,越城南侵,接连攻陷信德府(今河北邢台)、相州(今河南安阳)、浚州(今河南浚县)。负责守河的何灌率宋军焚毁黄河浮桥后溃逃,“金人寻得小船子十余只,(每只)可载五七人”,“于上下流得大船,遂渡骁骑,至六日方渡毕”,金军将领“曰:南朝(宋朝)可谓无人矣,若有一二千人,吾辈岂能渡哉。”①此时徽宗已决定借口赴亳州(今安徽亳州)太清宫道观进香离开京城,当得知金军渡河南下的消息,即半夜乘船出通津门水门,带着童贯、蔡攸、朱勔出逃,于是皇族、百官也先后逃出京城。宋钦宗随即任命吴敏为知枢密院事,李纲任东京留守。而首相白时中劝钦宗南逃襄(今湖北襄樊市襄阳区)、邓(今河南邓州),遭到李纲的谏阻后,白时中被罢相,李纲升任执政,又兼亲征行营使,次相李邦彦升任首相,张邦昌升任次相。金东路军已攻至开封城下,金军一面攻城,同时又派人要求宋割太原、中山、河间(今河北河间)三府给金以议和。李纲虽督军民多次击败攻城的金军,但宋钦宗决意投降求和,同意割让三镇、巨额赔款和以亲王、宰相为人质的条件。康王赵构、次相张邦昌已被派往金营做人质,但割让三镇的诏书却被李纲扣下未发。这时种师道、姚平仲等所率“勤王”援兵二十余万,先后到达。姚平仲所部准备夜袭金兵,由于消息早已泄漏,宋军战败。钦宗将偷袭金军失败的责任推在与此无关的李纲身上,并将他罢官,随后派割地专使带着诏书到金营请罪。但在随后开封军民数万人请愿下,钦宗又被迫宣布恢复李纲的职务。东路金军考虑到孤军深入,而北宋“勤王”军数倍于己,在钦宗答应割让三镇,以肃王赵枢代替康王赵构、张邦昌官衔由次相升首相作为人质的条件下,

---

① 《三朝北盟会编》卷27,靖康元年正月三日引《南归录》。

不等取足赔款即退兵。但三镇军民拒不接受降金诏令，继续抗金。

钦宗即位时，童贯根本不把钦宗放在眼里，拒绝钦宗任命他为东京留守以保卫开封，而是追随徽宗南逃，逃到江南的镇江后，截住东南的勤王兵和运京的物资及送往朝廷的报告"递角"，企图拥立徽宗于东南。及至金军退兵，钦宗为保持自己的帝位，将"六贼"中王黼、梁师成、李彦以不同方式处死，蔡京、童贯等虽遭贬斥，但未受到严惩。同年三月初，钦宗采纳知枢密院事李纲的意见，迫使徽宗回京，同时铲除其党羽，于是蔡京、童贯再遭远贬，七月间，蔡京死于贬途，童贯则于贬途中被处死。九月，蔡京子蔡攸、蔡翛及朱勔等蔡京党羽都被处死。但李纲由于反对割让三镇，也于六月间被赶出朝廷，改任河东、河北宣抚使，迫令率军以解太原之围，而诸将皆承受御旨，李纲则徒有节制之名。钦宗竭力求和，又诏令李纲停止进兵。八月，当初与李纲扶持钦宗登位的次相吴敏被罢相远贬。不久李纲被诬以"专主和议，丧师费财"[①]，十月也遭远贬。此时，金军因三镇继续抗金而再次南侵，西路军南攻太原，坚守长达八月之久的太原终于在九月初被金军攻破，守将王禀在巷战兵败后自杀。东路金军自保州南下，在进攻中山府受阻后，再次越城南下围攻真定府，李邈、刘翊率不满二千守军抗击金军，四十天后城破，刘翊率军巷战兵败自杀，李邈被俘后被杀害。西路金军又连下汾州（今山西汾阳）、平阳府（今山西临汾）、隆德府（今山西长治）等地；而东路金军又再次到达黄河北岸，顺利渡河南下。金军提出以黄河为界，钦宗随即同意金方要求，并命执政官耿南仲、聂昌前往议和。而此前议割三镇的康王赵构、副使王云，此时才到达磁州（今河北磁县），即受到民众的邀击，他们认为王云是金人奸细而将其杀死，赵构

① 《宋史》卷358《李纲传上》。

只得退回相州。东路金军再次兵临开封城下，不久西路金军也到达，遂又攻城，钦宗此时才又想起用李纲，召他回京任开封知府，但为时已晚。闰十一月下旬，钦宗竟然听信妖道郭京以“六甲神兵”进攻金兵，郭京大败后出逃，开封城遂为金军占领。靖康二年二月，金俘徽宗、钦宗，北宋亡。

同年三月，金立一向主和的张邦昌为楚国皇帝，史称“伪楚”。同月下旬，东路金军宗望押送徽宗一行北上；四月初西路金军宗翰又押送钦宗一行北上，先后两次将皇室直系宗族及后、妃等四百七十多人全部押送回金，金军退兵。宋徽宗后于绍兴五年（金天会十三年，1135 年）四月，死于金，灵柩于绍兴十二年（金皇统二年，1142 年）运回南宋。宋钦宗后于绍兴二十六年（金正隆元年，1156 年）死十金。

北宋世系表
(960—1127)

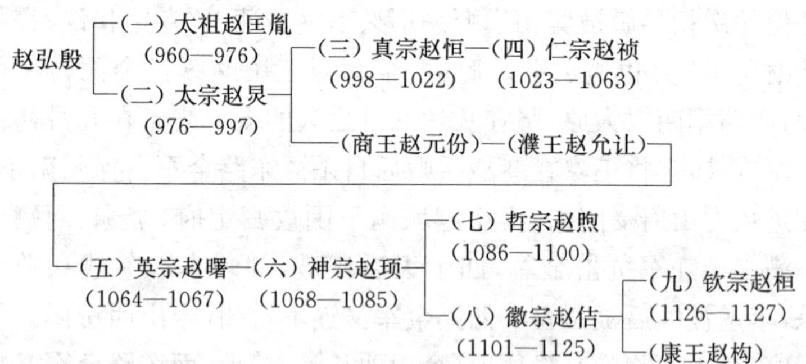

注：（998—　）指开始新年号，并非指实际即位时间，除宋太宗外，都于即位次年改新年号。

第十一章　南宋与金对峙局面的形成

建炎元年(1127年)五月，赵构即帝位于应天府，重建宋王朝，史称南宋。南宋建立后即南迁扬州，在金军奔袭下又南逃杭州，金军渡江南侵，高宗自明州下海南逃。金军追击不及，后退兵时受挫于镇江江中，渡江北归后金兀术部被调赴西北参加宋金“富平之战”，金虽战胜但兀术所部金军主力留驻西北，南宋得以立足江南。金立伪齐作傀儡，又放回奸细秦桧。

北方八字军、五马山寨，江淮赵立、刘位、张荣等组织义军抗金。钟相起义于鼎州，后被擒杀。

吴玠连败金军于和尚原、仙人关，岳飞收复襄阳地区，后又镇压杨么起义军。

伪齐南侵失败后为金所废。宋金第一次和议后金毁约南侵，刘锜大败金军于顺昌，岳飞北伐中原，攻占郑州、洛阳，后接诏令退兵，功败垂成。

宋金订立绍兴和议，岳飞被杀害后，秦桧独相擅权终生，迫害抗金派，任用奸佞，贿赂公行。秦桧死后高宗仍实行降金求和国策，但高宗在位末年，金毁约南侵，高宗被迫抗金以求生存。

第一节　宋王朝的重建与南迁

一、宋王朝的重建

南宋的建立者赵构，是徽宗的第九子，宣和三年(1121年)

封为康王。宣和七年十二月，当南侵的金军即将兵临首都开封城下之际，徽宗仓促将帝位传给长子赵桓，是为钦宗。靖康元年(1126年)正月上旬，金军已攻抵开封城下，宋钦宗同意割让太原(今山西太原)、中山(今河北定州)、河间(今河北河间)三镇，并以亲王、宰相作为人质。同月中旬，康王赵构与次相张邦昌前往金军营作为人质。二月初，宋将姚平仲夜袭金军失败，金军要求更换人质，提出以徽宗弟越王赵偲及首相为人质，钦宗以越王为叔父不可遣派，改以五弟肃王赵枢代康王赵构，并升张邦昌为首相去做人质。同年八月，金军第二次南侵。十一月，康王赵构又奉命前往河北金东路军军营求和，刚到达磁州(今河北磁县)时，副使王云被误作金人奸细为民众杀死，磁州知州宗泽劝康王赵构不要前行，赵构遂退往相州(今河南安阳)。闰十一月，处在金军围城中的钦宗，接受次相何㮚的奏请，于中旬派秦仔等八人持钦宗亲笔诏书分别縋城而出前往相州，任命康王赵构为河北兵马大元帅，中山府知府陈遘为元帅，相州知州汪伯彦、磁州知州宗泽为副元帅，率军进援开封。

同年十二月一日，康王赵构开大元帅府于相州，元帅陈遘在中山围城中未能到任，后死于中山。赵构以陈淬为大元帅府都统制，有众万人，应募从军的岳飞作为前军统制刘浩部属归附赵构。在汪伯彦的建议下，赵构率部踏着河冰渡过黄河，前往河北重镇北京大名府(今河北大名东)，同时传檄河北各州府会兵于大名，于是副元帅、磁州知州宗泽率民兵二千，信德(今河北邢台)知府梁扬祖率军三千先后赶到，随梁扬祖前来的军官有张俊、苗傅、杨沂中、田师中等，后来成为赵构属下的核心部队。副元帅宗泽主张赵构应率军南下进援开封，但遭到赵构和汪伯彦的反对，他们主张应向东平府(今山东东平)转移。于是命宗泽率军数千，以陈淬任统制，率前军统领刘浩等前往开德府(今河南濮阳)，并声称赵构也在营中前去开封抗金，以吸引金军。赵构自己则率大队人马逃向东平。靖康元年正月，高阳关（今河北河间）路安抚使黄潜善、总管杨惟忠率部数千到达东平，杨惟忠被任为大元帅府都统制，赵构率部又转向济州（今山东巨野）。

次年三月，金立张邦昌为皇帝，国号楚，史称伪楚。四月，金军北归，吕好问向张邦昌建议将哲宗废后孟氏请入宫中摄政，称宋太后，张邦昌仍退为首相。孟太后得知赵构在济州，即遣使来迎；张邦昌亦遣使劝进，伪楚即自行消亡。宗泽进言赵构当即帝位于南京应天府（今河南商丘睢阳区），赵构遂率部向应天府进发，韩世忠、刘光世也先后率所部前来，刘光世被任命为五军都提举。

同年五月一日，赵构即帝位于应天府，是为宋高宗。并改当年为建炎元年（1127 年），重建赵氏宋王朝，后迁都临安（今浙江杭州），史称南宋，而称此前建都开封的赵氏宋王朝为北宋。

二、宋室南迁与金军渡江南侵

宋高宗即位后，尊哲宗废后孟氏为元祐皇太后（后因避讳改称隆祐皇太后，为便于行文，只称孟太后）。以黄潜善为中书侍郎、汪伯彦为同知枢密院事，分掌政、军大权。为避免日后金军追问废伪楚重建宋王朝之事，到时“则令（张）邦昌以天下不忘本朝，而归宝避位”向金陈述[1]。为此，封张邦昌为同安郡王。说明宋高宗从一开始就不想抗金，而是取代伪楚成为金的附庸。高宗随后设御营司以统诸军，黄潜善兼御营使、汪伯彦兼御营副使，王渊任都统制，刘光世任提举一行事务，张俊任前军统制、韩世忠任左军统制等。同时任命李纲为右相，六月一日李纲始到

---

① 《建炎以来系年要录》（下称《系年要录》）卷 5，建炎元年五月壬辰。

任，首先奏参伪楚帝张“邦昌已僭逆，岂可留之朝廷，使道路目为故天子哉？”①张邦昌因而被贬为节度副使、潭州（今湖南长沙）安置，后又被处死。岳飞可能在此时上书高宗请求抗金，却以小臣越职被夺官放归田里。李纲兼御营使后，荐宗泽任开封知府、张所任河北招抚使、傅亮为河东经制使，积极布置抗金事宜。岳飞又投张所部下从军。但此时高宗正听从黄潜善、汪伯彦之计，准备逃往东南，遭到李纲的反对。宋高宗表面上接受李纲的建议退向南阳（今河南南阳），随后又升李纲为左相，但同时升黄潜善为右相以夺李纲之权，又要废罢河北招抚司、河东经制司等抗金机构，李纲争而无效，遂自请辞相。同年八月，李纲被罢相，朝政因而落入黄潜善、汪伯彦之手。宋高宗积极准备南逃，先命侍卫马军都指挥使郭仲荀护送孟太后南逃江宁（今江苏南京）。前太学生陈东上书留用李纲而罢黄潜善、汪伯彦，并反对南逃，布衣欧阳澈也上书“极诋用事大臣”，黄潜善向高宗说，如不立即将二人处死，二人又“将复鼓众伏阙”闹事②，二人遂被处死。

宋高宗虽遣使向金奉表请和，但以南宋取代伪楚，并非金廷意，金太宗决定进军消灭南宋，但金在河北的将领主张放弃陕西，集中兵力先平河北，再南下灭宋；而河东主将粘罕（宗翰）则主张先平定陕西以控制西夏，然后再灭南宋，争论久而不决。直到同年十月，金“太宗两用其策”，“康王（赵）构当穷其所往而追之，俟平宋，当立藩辅如张邦昌者。陕右之地，亦未可置而不取”③。这大体上决定了今后一段时间内的金军动向。但宋高宗等一行已于十月一日乘船南逃，下旬到达扬州（今江苏扬州）。

---

① 《宋史》卷475《张邦昌传》。

② 《宋史》卷455《陈东传》、《欧阳澈传》。

③ 《金史》卷19《睿宗纪》，卷74《宗翰传》。

当金决定以娄室、蒲察率军西平陕西，而命粘罕（宗翰）率主力东会河北金军统帅讹里朵（宗辅）所部，先平河北，然后再南下攻宋，已是建炎二年初。进攻陕西的娄室部金军，西破同州（今陕西大荔）、华州（今陕西华县）、京兆（今陕西西安）、凤翔（今陕西凤翔）等地。而东路金军主力不得不逐个攻取黄河南北各州，以致整个建炎二年无力南下追击宋高宗。北方许多城市全力抗击金兵，如孤悬敌后的河东路西北边境晋宁军（今陕西佳县），在知军徐徽言的坚守下，金军西路主将娄室自同年十一月围攻晋宁，直至建炎三年二月，金军切断水源后，金将“娄室、塞里、鹘沙虎等破晋宁军，其守徐徽言据子城拒战”，“率众溃围走，擒之。使之拜，不拜；临之以兵，不动”，“谕之降”，“出不逊语，遂杀之。其统制孙昂及士卒皆不屈”①，全部被杀害，这是南宋初年抗金战争中最悲壮的一幕。

东京留守宗泽率部坚守旧都开封，屡次打败来犯的金军，但到建炎二年七月一日，年已七十的宗泽病死。继任东京留守的杜充，面对金军的南侵，只是于十一月中旬命人掘开黄河堤岸，使黄河东流入淮，企图以此阻挡金军的继续南侵，其实滔滔河水最多也只是稍稍延缓了金军南侵的进程。建炎三年正月下旬，东路金军主力南下，攻占徐州（今江苏徐州），知州王复遇害，守将赵立巷战夺围而出。韩世忠所部屯驻于淮阳（今江苏邳州东南）以御敌，战败后南逃至盐城（今江苏盐城）。金军遂进至泗州（今江苏盱眙北，已淹没在洪泽湖中），孙荣率百余人抗敌战死，金军渡淮南下。拔离速、马五等率小股金军奔袭扬州。二月初，金军占领天长（今安徽天长），高宗得报后未告知他人，立即乘马出逃，只有王渊及内侍五六骑跟随，直奔瓜洲乘小船渡江到镇江（今江苏镇江）。当晚金军马五率五

① 《金史》卷3《太宗纪》。

百骑兵追到扬州，得知高宗已出逃，又追至瓜洲长江边，未获，遂退回扬州劫掠焚烧后北返。

宋高宗逃到杭州(今浙江杭州)，认为黄潜善、汪伯彦应对扬州溃逃负责，遂将他们降职出任地方官。三月，高宗以朱胜非任宰相，以御敌无策导致扬州溃逃的御营司都统制王渊为同签书枢密院事仍兼御营司都统制，这引起先期到达杭州的将领苗傅、刘正彦的愤恨，加上武将们对高宗身边宦官的专横跋扈久已不满，于是发动兵变，杀死王渊及宦官百余人，并迫高宗退位，由高宗的三岁幼子赵旉即位，孟太后垂帘执政，改当年为明受元年，史称"苗、刘之变"，"明受之变"。当消息传到平江府(今江苏苏州)，礼部侍郎兼节制平江等处军马的张浚，立即邀同签书枢密院事兼江宁知府吕颐浩前来会商大计，并召刘光世、韩世忠及在平江的张俊兴师问罪。韩世忠因部属大部分已溃散，遂借张俊所部兵二千前往秀州(今浙江嘉兴)。韩世忠夫人梁氏原被苗、刘扣押①，她以招降韩世忠为名，单骑驰至秀州韩世忠军前，传达孟太后速来救驾的诏旨，韩世忠遂加速向杭州进军，刘光世、张俊所部随后也向杭州前进。四月一日，苗傅、刘正彦在韩世忠等的军事压力下，被迫恢复高宗帝位，恢复当年为建炎三年，随后率部出逃，韩世忠率军于五月间擒获苗傅、刘正彦，苗、刘后被处死。

高宗恢复帝位后，朱胜非罢相，改任吕颐浩为右相兼御营使，刘光世升任御营副使，韩世忠、张俊各加节度使衔分任御前左、右军都统制，张浚升为知枢密院事兼御营副使。高宗并于五月上旬前往江宁府(改称建康府)，作出抗金的姿态。此前高宗已听从张浚关于"中兴当自关陕始，虑金人或先入陕取蜀，则东

---

① 邓广铭《韩世忠年谱》(独立出版社，重庆，1944 年，现已收入《邓广铭全集》)已考证，梁氏史传无名，梁氏名红玉系后世虚构。

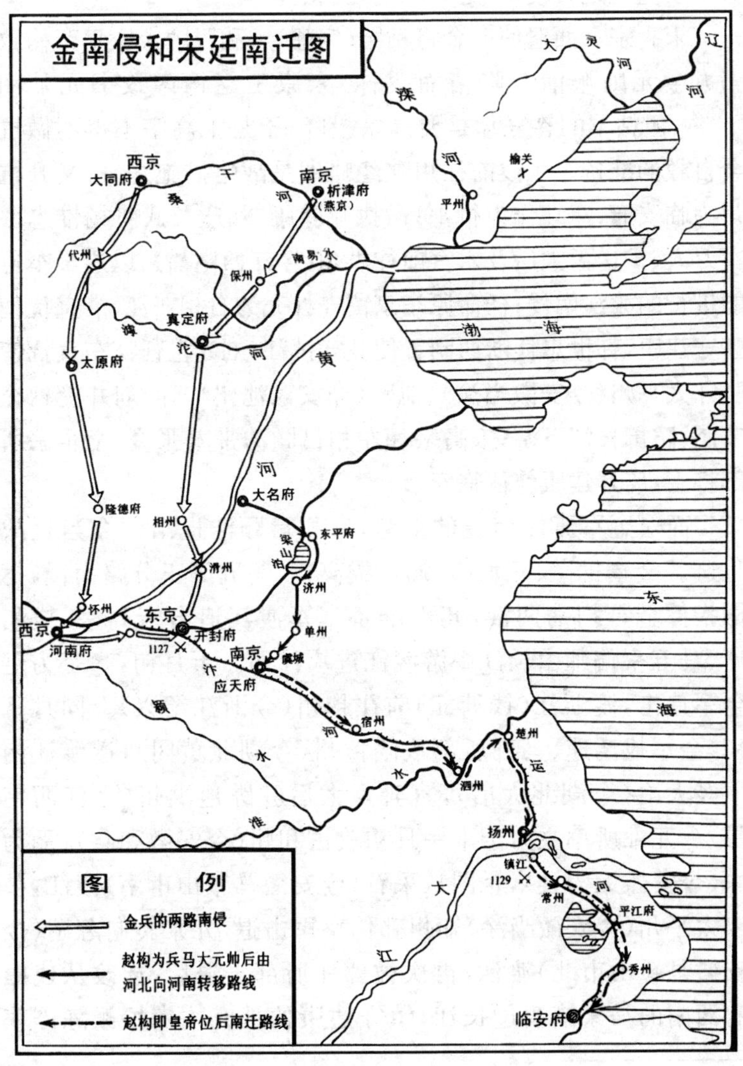
金南侵和宋廷南迁图
西京
大同府
南京
析津府
（燕京）
代州
保州
真定府
太原府
隆德府
相州
滑州
怀州
西京
河南府
东京
开封府
1127
大名府
东平府
梁山泊
济州
单州
虞城
南京
应天府
宿州
泗州
楚州
扬州
镇江
1129
常州
平江府
秀州
临安府
平州
榆关
滦河
大凌河
辽河
桑干河
南易水
滹沱河
黄河
渤海
东海
汴河
颍水
淮水
运河
大江
图例
金兵的两路南侵
赵构为兵马大元帅后由河北向河南转移路线
赵构即皇帝位后南迁路线

南不可保”的意见，张浚又自“请身任陕蜀之事”①，遂任命张浚兼川陕宣抚处置使，于七月间前往西北。

宋高宗一面遣使向金将粘罕(宗翰)求和，从“大宋皇帝构致书大金元帅帐前”，降格而改称“宋康王赵构谨致书元帅阁下”②，但粘罕的答复却是要高宗投降，于是宋高宗不得不做抗金自救的准备。张浚前往川陕经略即是战略措施之一；又升杭州为临安府，意在作为行都；命执政滕康、刘珏及武将杨惟忠率军万人，护送孟太后及六宫前往洪州(今江西南昌)，以避金军可能进行的渡江南侵；任命原东京留守杜充为右相兼江、淮宣抚使驻守建康，韩世忠任浙西制置使驻守镇江，刘光世任江东宣抚使驻守太平州(今安徽当涂)、池州(今安徽池州)，韩、刘并受杜充节制，防御长江下游；宋高宗和左相吕颐浩带着张俊、辛企宗所部将士，离开建康前往临安。

面对金军渡江南侵的形势，宰相吕颐浩提出：“今当且战且避。”金军挞懒、兀术(宗弼)、拔离速、马五等正分路南侵，挞懒指挥金军扫荡两淮，兀术准备率军渡江追击宋高宗，拔离速、马五率偏师由长江中游渡江进攻江西。十月初，高宗为避金军追击，渡浙江(钱塘江)前往越州(今浙江绍兴)。同月下旬，金军拔离速、马五所部攻陷黄州(今湖北黄冈)，遂渡江南下经大冶(今湖北大冶)，直奔孟太后驻跸地洪州(今江西南昌)。兀术所率主力于十一月初攻占和州(今安徽和县)、无为军(今安徽无为县)，企图从采石(今安徽马鞍山市南)渡江，被宋太平州(今安徽当涂)知州郭伟率军击退，兀术转向慈湖(今安徽马鞍山市北)渡江，再次被郭伟所部击退后，遂改从建康府西南的马家渡渡过长江，镇守建康的杜充才慌忙派陈淬率

① 《宋史》卷361《张浚传》。

② 《金史》卷74《宗翰传》。

岳飞等领军抵抗。岳飞自受张所之命随王彦收复新乡后，与王彦分军抗金，后隶东京留守宗泽守卫开封，宗泽死后随继任者杜充南下建康。陈淬阻击金军战死，岳飞率残部退往蒋山（今江苏南京紫金山），后又转往茅山（今江苏句容、金坛县界），金军遂占领建康。杜充出逃后降金。消息传来，宋高宗惊慌失措，宰相吕"颐浩遂进航海之策"①，并称："既登海舟之后，敌骑必不能袭我"，"俟其退去，复还二浙，彼入我出，彼出我入，此正兵家之奇也。"②宋高宗一行遂离越州前往明州（今浙江宁波），十二月初到达明州，枢密院提领海船张公裕奏称，此前调集的海船到达的已有上千艘，自福建调来的大海船有二百多艘，而广东转运使赵亿招募的海船首先到达，高宗已作好乘海船航海南逃的准备。金军南侵主力兀术所部在占领建康以后，经溧水（今江苏溧水）、广德（今安徽广德）、湖州（今浙江湖州），直奔临安，越州知州李邺奏报至明州，高宗带领执政等登船逃往定海（今浙江宁波市镇海区），当金军占领临安时，高宗等已逃至昌国（今浙江舟山市）。金将阿里、蒲卢浑率军四千追击宋高宗，占领越州，追至明州城下，张俊、杨沂中与知州刘洪道率部抗击，金军战败后退屯余姚（今浙江余姚北）以待援军准备再攻。建炎四年正月初，宋高宗一行已乘海船南逃至台州（今浙江临海）海面。当金军再次进攻明州时，张俊率部南逃台州，知州刘洪道也一并出逃。宋高宗的海船逃到温州（今浙江温州），金军也自明州乘船入海进行追击。在昌国县沈家门（今舟山市南）附近海域，宋枢密院提领海船张公裕率宋水军船队击败金军。③金军便声称"搜山检海已毕"④，焚烧明州后退兵。十日后又从临安退兵，沿

① 《宋史》卷363《吕颐浩传》。

② 《系年要录》卷29，建炎三年十一月己巳。

③ 据《系年要录》卷31，建炎四年正月丙寅，注引赵甡之《遗史》。

④ 《系年要录》卷31，建炎四年二月丙子。

江南运河北上。三月中旬，金将兀术（宗弼）率部北返，企图从镇江渡江北归，遭到韩世忠所率船队的邀击，韩世忠夫人梁氏亲自击鼓助战，宋军士气大增，奋勇作战。金军战败后沿长江南岸西行，宋军船队且战且行，阻击金军。金军被迫退入建康东北的黄天荡，二十多天后另开水道逃入长江，又遭遇宋军船队拦击。四月中旬乘无风之日，金军船队利用船小行动方便，以火攻宋军船队，宋军船大无风行驶不便，篷帆着火而败，金军才得以逃回江北，岳飞乘机率军收复建康。同月，侵犯江西的金军也渡江北归。

宋高宗一行在三月间得知金军北退的确讯后，从温州北上，三月末到达定海，随后到明州，四月初到越州，结束了五个月的海上逃亡生活。当韩世忠阻击金军于镇江、建康屡屡取胜之际，宰相吕颐浩主张高宗应北上以鼓舞宋军士气，宋高宗随后下诏亲征。但抗金并非高宗的本意，赵鼎乘机攻击吕颐浩的亲征之策，提出如果“敌骑起袭我之计，能保其（指亲征）必胜乎？”实际是指亲征是轻举妄动，吕颐浩随后即因建“请浙右之行（指亲征），则力违于众论”而罢相①，亲征之举也因此未能进行。五月初，范宗尹升任右相，赵鼎随后也升任签书枢密院事成为执政官。

金太宗派金将兀术（宗弼）率主力渡江南侵，但企图消灭南宋的计划不仅未能实现，而且北归时遭到宋军韩世忠所部邀击，几乎丧师江中，使金统治集团感到短期内不可能消灭南宋，于是便考虑建立傀儡政权以统治旧黄河以南金军占领区。建炎四年（金天会八年，1130 年）九月上旬，金立降臣（原宋济南知府）刘豫为“子皇帝”②，国号齐，史称伪齐。伪齐初建都大名（今河北

① 《系年要录》卷 32，建炎四年四月丙戌、丙申。

② 《金史》卷 77《刘豫传》。

大名东)，后迁都汴京(今河南开封)[1]。

两淮金军主将左监军挞懒可能认为既然不能消灭南宋，那就应使南宋臣服于金。建炎四年十月初，金左监军挞懒放奸细秦桧回南宋，史称:“盖(秦)桧在金廷首唱和议，故挞懒纵之使归也。”即是让秦桧劝说宋高宗降附于金。所以，当同年十一月初秦桧首次晋见宋高宗时，就提出:“如欲天下无事，须是南自南，北自北。”“遂建议讲和，且乞上(高宗)致书左监军昌(挞懒)求好”。而且秦桧奏进“所草与挞懒求和书”。这显然是挞懒当初放回秦桧时的授意，然而这可能只是挞懒个人的设想，没有取得金太宗的同意。秦桧所草拟的求和书原拟为“国书”，宋高宗认为两国正在交战，不宜使用国书，即授意大将刘光世以私人名义写信向挞懒表达求和的意向[2]，金将挞懒未予答复。

金太宗并没有放弃消灭南宋的企图，建立伪齐的目的，是以伪齐作为金与南宋的缓冲区，便于金巩固新占领的旧黄河以北地区。再是企图以伪齐攻灭南宋，取代南宋，伪齐遂成为南宋首先要面对的敌人。

南宋自建立以后，“朝廷虽数遣使(求和)，但且守且和”，并非一味无条件地求和降附。自金将挞懒放回秦桧以后，南宋“专与金人解仇议和，实自(秦)桧始”[3]。虽然以刘光世私人名义求和意向的书信，没有得到金将挞懒的答复。但宋高宗任用秦桧以向金求和的意志已定，绍兴元年(1131 年)二月，秦桧即被任命为参知政事，同年八月又升任右相兼知枢密院事，执掌军政大权，这标志着南宋初年以求和为主基调时代的开始。但由于金太宗消灭赵宋政权，别立傀儡政权的方针未变，宋高宗不得不在

---

① 北宋建都开封，号东京。但因开封府为唐汴州，宋人有时亦称之为汴京，而正式建号为汴京的则是伪齐，故本书只称宋都为东京而不称汴京。

② 《宋史》卷 473《秦桧传》;《系年要录》卷 39，建炎四年十一月丙午、丁未。

③ 《宋史》卷 473《秦桧传》。

谋求议和的同时，抗金以求自存。

三、北方义军的抗金斗争

北宋末金军南下攻灭北宋，北方城市被金军占领的并不多，北宋灭亡后各地守军有不少进行了殊死的抵抗，前述的河东路晋宁军宁死不降就是其中的一例。此外，河北重镇中山府（今河北定州）、洺州（今河北永年东南）两城，都坚守到建炎二年（1128年）三四月间，才被金军攻占。除官军的抗金斗争外，民间的“义军”抗金战争也在轰轰烈烈地展开，著名的有河北路的八字军、五马山寨义军，河东路的红巾军，京西路陕州（今河南三门峡市西郊）的李彦仙义军等。

“八字军”原是河北招抚使张所派遣王彦率领的七千官军。建炎元年九月收复新乡（今河南新乡），被金军打败后退到共城县（今河南辉县）西太行山地区继续抗金，因战士面刺“赤心报国，誓杀金贼”八字以表达抗金的决心，因此被称为“八字军”。附近各地人民纷纷响应起兵抗金，人数达十万以上，他们接受王彦的领导，声势大振。王彦后率“八字军”主力万人到东京开封，留守宗泽派王彦南下扬州（今江苏扬州），劝宋高宗北上抗金，因其与执政黄潜善、汪伯彦的逃跑求和意见相左，没有进见高宗的机会，王彦遂称病去真州（今江苏仪征）求医。“八字军”此后作为官军，参与了抗金战争。

河北路中部还有一支著名的抗金义军——五马山（今河北赞皇县境）寨义军，是由武翼大夫赵邦杰在北宋末靖康元年（1126 年）冬开始组织的。建炎二年（1128 年）二月，和尚洞（今河北正定西）义军首领马扩被俘后逃出至五马山寨，也被推为首领之一。徽宗第十八子信王赵榛，在被押往金国途经庆源府（今河北赵县）时逃出，藏匿于真定府（今河北正定）境内，被赵邦杰、马扩"阴迎(赵)榛归,奉以为主,两河遗民闻风响应",五马山寨义军发展至十多万。同年四月,信王赵榛派马扩到扬州朝见高宗,奏请高宗大举攻金,"黄潜善、汪伯彦疑其非真,上识(赵)榛手书,遂除(赵榛)河外兵马都元帅",马扩任元帅府马步军都总管,但"密授(马扩)朝旨,使几察(赵)榛",马扩知道高宗等不愿看到信王赵榛的势力扩大,在到达大名府(今河北大名东)后不再前行。当传言信王赵榛南渡黄河要到开封时,南宋政府马上宣布高宗将"择日还京"①,目的在于表明高宗是正统。但五马山寨义军于同年秋天被金军挞懒所率主力攻破,信王赵榛不知所终。

河东地区的抗金义军也非常活跃,活动在泽(今山西晋城)、潞(今山西长治)地区的称为"红巾军"。红巾军有一次袭击金军时,几乎活捉金主将粘罕(宗翰)。20 世纪 70 年代初,在今山西省灵石县发现了南宋初年遗留下来的四件与抗金义军有关的文件,再现了八百多年前李宋臣等义军抗金的悲壮场面②。自建炎年间开始,韦寿(忠)佺、李宋臣、冯赛等山寨义军在河东路中南部地区抗击金军,势力日益强大,并接受南宋政府的领导,南宋政府于建炎四年八月,任命山寨义军首领韦忠佺为河东路制置使司都统制兼太原(今山西太原)知府,李宋臣为同都统制兼平阳(今山西临汾)知府,冯赛也任同都统制兼隆德(今长治)知府,并各兼本路经略安抚使③。绍兴二年(1132 年)四月,都统制韦寿佺被金军打败后降敌,同都统制李宋臣(宋用臣)、冯赛率余部随原河东路制置使王择仁投向川陕宣抚处置使张浚,加入官

---

① 《宋史》卷 246《赵榛传》。

② 陈振《有关宋代抗金义军将领李宋臣的史料及其他》,《文物》1973 年第 11 期;参见《灵石县发现的宋代抗金文件》,《文物》1972 年第 4 期。

③ 《系年要录》卷 36,建炎四年八月乙酉;《三朝北盟会编》卷 148,作绍兴元年八月己卯。又李宋臣《系年要录》作宋用臣。

军以抗击金军。

京西路陕州李彦仙义军，是一支宋旧官员领导的著名抗金义军。李彦仙原是陕西宣抚使范致虚部下小军官，建炎二年初金军娄室（洛索）部进攻陕西时，李彦仙正任陕县（陕州州治所在县，今河南三门峡市西郊）驻石壕镇（前硖石县治，今河南三门峡市东）的县尉。他并没有像其他地方官那样逃跑，于是不少民众聚集在他的周围，李彦仙遂将他们组织成民兵。同年三月，李彦仙率数百民兵乘夜袭取陕州，南宋政府随后即任命李彦仙为陕州知州兼安抚使，活跃在黄河北中条山地区的邵兴义军也接受李彦仙领导，被任命为统领河北忠义军马，屯驻在黄河北岸的平陆县（陕州属县，今山西平陆东）的三门镇。同年七月，邵兴在解州（今山西运城西南解州镇）地区击败进犯的金军，被李彦仙提升为陕州安抚司都统制，建炎三年正月邵兴又攻占虢州（今河南灵宝），被李彦仙任命为虢州知州。李彦仙的势力日益强大，估计金军必将大举进攻陕州，李彦仙遂向川陕宣抚处置使张浚提出派三千骑兵来陕州，当金军进攻陕州时李彦仙率全部人马渡河北上，进攻被金军占领的河东地区，金军必将回救，我军遂西渡黄河再南下归陕州。而张浚则劝李彦仙当金军来攻时，撤出陕州，空城清野，保聚山寨。李彦仙不同意退避战术，决定整修城池、训兵聚粮，作好守城的准备。建炎三年十二月，金军陕西主将娄室率军数万围攻陕州。次年正月中旬，陕州被金军攻陷，李彦仙受伤后投河自尽①。陕东忠义民兵遂先后失败。

四、宋金富平之战

川陕宣抚处置使张浚自建炎三年七月出行，同年十一月到

① 《宋史》卷448《李彦仙传》。

达秦州(今甘肃天水)后,积极组织兵力经营川陕,以牵制金军主力,借以减轻金军对东南地区的压力。十二月,张浚遂拜因部将吴玠屡败金兵而获虚名的泾原路经略使曲端为威武大将军、川陕宣抚处置使司都统制兼渭州(今甘肃平凉)知州,企图利用其虚名组织西北宋军抗金。但曲端实际上怯敌惧战,他认为:“我军未皆习战,须教士十年,然后可以大举。”①完全否定了张浚组织陕西兵力与金西路军主力娄室所部决战的策略。建炎四年正月中旬,金将娄室在攻陷李彦仙驻守的陕州以后,西上进攻邠州(今陕西彬县)南的麻亭,曲端派部将吴玠于彭店(一作彭原店,当在麻亭附近)抗击金兵,自己却在远离战场的宜禄(今陕西长武),当吴玠军稍有不利,曲端不是出兵援助而是立即率部逃往泾州(今甘肃泾川),反而“劾(吴)玠违节制”所以致败,而吴“玠怨(曲)端不为援”而败②,张浚终于罢去曲端的兵权。同年五月初,金军东路主将兀术(宗弼)所部,虽自建康(今江苏南京)渡江北还,但仍停留在淮南。“初,宗弼(兀术)自江南北还”,金左副元帅粘罕(宗翰)主张兀术(宗弼)再次渡江南侵,而遭受过韩世忠所部在长江中阻击的兀术(宗弼)说:“江南卑湿,今士马困惫,粮储未丰足,恐未成功”,不同意再次渡江南侵,虽然受到粘罕(宗翰)的责备,“都监(兀术)务偷安尔”③。但兀术仍坚持不再渡江南侵的主张,受到右副元帅讹里朵(宗辅)的支持。但饱受航海逃难之苦的宋高宗并不知道金将的意见分歧,仍担心金军再次渡江南侵,“至是,上(高宗)亦以虏欲萃兵寇东南,御笔命公(张浚)宜以时进兵”④。张浚遂采取前所未有的方针,公然“移

---

① 《吴武安玠功迹记》,《琬琰集删存》卷 1,哈佛燕京学社 1938 年版。

② 《宋史》卷 369《曲端传》。

③ 《金史》卷 77《刘豫传》。

④ 《张浚行状》,《朱文公文集》卷 95。参见《系年要录》卷 37,建炎四年九月癸丑。

檄河东左副元帅宗维（宗翰、粘罕）问罪”，目的就是要将金军主力吸引到西北来。金立即命令尚在淮南的“宗弼（兀朮）以精兵二万先往洛阳（今河南洛阳），以八月往陕西”，并派右副元帅讹里朵（宗辅）指挥兀朮（宗弼）、娄室两军作战。同年九月，张浚调集熙河路经略使刘锡、泾原路经略使刘锜、秦凤路经略使孙渥、权永兴军路经略使吴玠和环庆经略使赵哲，统五路“骑兵六万、步卒十二万”，号称四十万、马七万匹，以刘锡为都统制，前进至富平（今陕西富平北）。金军统帅讹里朵（宗辅）也率数万金军到达富平，以“娄室为左翼、宗弼（兀朮）为右翼，两军并进，自日中至于昏暮，凡六合战”①，刘锜率泾原军身先士卒，打败金军兀朮所部，“宗弼（兀朮）左（前作右）翼军已却”，“宗弼（兀朮）陷重围中，韩常流矢中目”，宋军已占优势，但当金军“娄室以右（前作左）翼（军）力战，（金）军势复振”②。宋军环庆经略使赵“哲擅离所部，将士望见尘起，惊遁，军遂大溃”③。富平之战遂以宋军战败结束。这是宋、金两军前所未有的大兵团决战，宋军本有取胜的可能，但赵哲所部怯金怕战，不战而溃，是导致战败的根本原因。宋军此战虽然失败，但对金军而言，也是从未遇到过的恶战，金军统帅讹里朵（宗辅）在战后对扭转战局的娄室说：“力疾鏖战，以徇王事，遂破巨敌，虽古名将何以加也。”④此战中金军伤亡亦重，加上时近日暮，因而也未追击败退的宋军。张浚在邠州（今陕西彬县）处斩恶战中首先逃跑的环庆经略使赵哲，前敌总指挥、都统制刘锡也以指挥失当而被贬。张浚随后从邠州退往秦州（今甘肃天水），再退至兴州（今陕西略阳），吴玠退至大散关（今陕西宝鸡西南）东和尚原，陕西各地遂相继失守。绍兴元

①④ 《金史》卷19《世纪补·睿宗（宗辅）纪》。

② 《金史》卷72《娄室传》，卷77《宗弼传》。

③ 《系年要录》卷37，建炎四年九月癸丑。

年(金天会九年,1131 年)十一月,金将陕西地划给伪齐统治。

五、江淮义军的抗金斗争

北宋灭亡后,金军南侵,江淮人民参加义军进行抗金斗争,著名的有原徐州(今江苏徐州)禁军小军官赵立、泗州(今江苏盱眙北)土豪刘位、梁山泊(在今山东东平、巨野间)渔民张荣组织的抗金义军等。

徐州原驻有侍卫步军司禁军武卫军二指挥约八九百人,赵立原是武卫军的军士。北宋末金军南侵,社会动荡,赵立在维护地方治安中多次立功,建炎三年(1129 年)初金军进攻徐州时,赵立已升为都虞候。正月下旬,金主将粘罕(宗翰)率金主力攻陷徐州,知州王复被杀,赵立率部巷战夺门而出,受伤昏死后复苏。同年二月金军在奔袭扬州(今江苏扬州)后退兵北归。三月下旬,赵立率残部邀击北退的金军取胜,军声复振,于是组织义军乘徐州"城中弛备"[①],收复徐州,被南宋朝廷任命为知州。同年十二月,金将兀朮(宗弼)渡江南侵攻占杭州(今浙江杭州)、越州(今浙江绍兴),金将挞懒率领的江北金军主力在淮南,徐州孤悬敌后又缺粮,赵立遂率军南下。金将挞懒正率部攻围楚州(今江苏淮安),赵立奉命救援,进至淮阴(今江苏淮阴西南)与金军遭遇,"于是率众先登,自旦至暮,且战且行,出没敌中,凡七破敌,无有当其锋者,遂得以数千人入城"[②]。南宋朝廷即任命赵立为楚州知州。建炎四年五月,南宋政府创设镇抚使,这是半独立的地方军政机构,借以鼓励当地首领守土抗金,赵立被任命为楚州、泗州、涟水军(今江苏涟水县)镇抚使,兼楚州知州。同月

---

① 《系年要录》卷 21,建炎三年三月。

② 《系年要录》卷 30,建炎三年十二月己亥;《宋史》卷 448《赵立传》。

下旬，金将兀术（宗弼）自建康（今江苏南京）渡江北归，屯驻于楚州附近的九里径，想切断楚州的粮道，被赵立率部击败。赵立还多次率军出击盐城（今江苏盐城）、宝应（今江苏宝应）等地。八月，得知金又聚兵扬州，赵立随即回到楚州，金两淮主将挞懒也已率军兵临城下，再次围攻楚州，赵立派人向南宋朝廷告急，张俊、刘光世都不肯出兵，只有兵力尚弱的通州（今江苏南通）、泰州（今江苏泰州）镇抚使岳飞出兵北上，到达承州（今江苏高邮）；海州（今江苏连云港市海州区）、淮阳军（今江苏邳州西南）镇抚使李彦先率部南下，到达淮河北岸，都受到金军阻击，而赵立已战死，楚州也被金军攻陷，随后李彦先也战死。

招信县（今安徽嘉山东北）横山寨（今江苏盱眙西北）义军首领刘位，原是当地土豪，金军南侵时，刘位"聚乡民保守横山"，"西北衣冠与百姓奔赴东南者，络绎道路"，"入招信投横山为乐国"①。建炎三年十一月，金军占领庐州（今安徽合肥），濠州（今安徽凤阳东北）知州出逃，南宋即以刘位为濠州权知州，节制军马，实际上刘位一直守卫在横山寨，并未前往濠州。建炎四年五月，南宋又任命刘位为滁州（今安徽滁州）、濠州镇抚使兼滁州知州，而滁州、濠州实际上皆在他人之手，建炎四年六月，刘位率军攻占滁州，流寇刘文孝出逃后又于次日晨回攻滁州，刘位率军拒敌，误以贼兵为己军，遂遇害，南宋即以其子泗州知州刘纲任滁州、濠州镇抚使。同年九月，因粮食缺乏，刘纲率部自采石（今安徽马鞍山市西）渡江，驻屯于溧阳（今江苏溧阳）。横山寨义军从此作为官军的一部分继续进行抗金斗争。

张荣原是京东路梁山泊渔民，北宋末年聚众于梁山泊，有船数百艘，不时出击金军，人称张敌万。建炎二年秋、冬，南宋授以武功大夫官衔。建炎三年二月金军攻占扬州，张荣率船队南下，

① 《三朝北盟会编》卷134，建炎三年十一月十三日。

屯驻于鼍潭湖(当是今高邮湖的一部分),与邻近的承州(今高邮)、天长军(今安徽天长县)镇抚使薛庆协同抗金。建炎四年十一月,张荣水寨受到金淮南主将挞懒多次攻击后,张荣于绍兴元年三月转移至泰州附近的缩头湖重建水寨,金将挞懒正驻军泰州,于是以船队进攻张荣水寨,张荣义军"遂弃舟登岸,大呼而杀之,金人不能骋,舟中自乱,溺水陷淖者不可胜计,昌(挞懒)收余众二千奔楚州(今江苏淮安)"①。张荣向镇江(今江苏镇江)的宋将刘光世报捷,被任命为泰州知州、统制军马。从此,张荣义军也作为南宋官军抗击金兵。

除了上述抗金义军外,还有许多官匪一体的流寇集团,主要的有李成、孔彦舟等。李成原是归信县(今河北雄县)弓手,后任县令。金军南侵,率众投靠黄潜善,此后时而为官军,时而为土匪进行抢掠。南宋建炎四年五月,盘踞在淮南西路,被任命为舒州(今安徽潜山)、蕲州(今湖北蕲春北)镇抚使。

孔彦舟原名孔彦威,北宋末从杨青入大元帅府康王赵构幕,建炎元年(1127 年)五月,赵构即皇帝位,孔彦威以元帅府左军副统制任东平府(今山东东平)兵马钤辖。建炎二年正月,孔彦威叛变,并改名孔彦舟,率众掳掠,南下至淮南西路,后又西行到荆湖地区。建炎四年二月初,金军攻占潭州(今湖南长沙),孔彦舟率部流窜至荆南(今湖北荆州市荆州区)、鼎州(今湖南常德)、澧州(今湖南澧县)一带。

六、钟 相 起 义

钟相,武陵(今湖南常德)人,北宋末利用宗教进行活动,宣传说:"法分贵贱贫富,非善法也。我行法当等贵贱、均贫富。"北

① 《系年要录》卷 43,绍兴元年三月壬子。

宋末，金军侵宋，钟相曾派长子钟子昂率领三百人“勤王”，半途被解散回乡，北宋随后灭亡。金军南侵，天下大乱，钟相自称老爷，也称“弥天大圣”，组织群众，“入法”(参加活动)称为“拜爷”，参加者被称为“爷儿”。当建炎四年二月初金军占领潭州，孔彦舟流窜至澧州时，为免遭孔彦舟的劫掠，钟相随即于中旬起义，附近群众纷纷响应。钟相“杀官吏、儒生、僧道、巫医、卜祝”等，并称之为“行法”。鼎州、澧州、荆南府、潭州，以及峡州(今湖北宜昌)、岳州(今湖南岳阳)、辰州(今湖南沅陵)等所属十九县①，都为其势力范围。钟相自称楚王，建元天战(一作天载)。

三月初，孔彦舟进入鼎州，被南宋任为荆湖南北路捉杀使以镇压钟相。孔彦舟有意散布“爷(指钟相)若休时我也休，依旧乘舟向东流”②。表示互不侵犯，自己向东方流窜，以使钟相放松警惕，孔彦舟又暗中派人“入法”，投入钟相部下。同年三月末，孔“彦舟乃乘筏夜渡，而使入法之人为内应”③，大败钟相。钟相逃入山谷后被擒，亲信、家属包括长子钟子昂等都被俘杀，只有少子钟子仪逃入洞庭湖，余部杨华、杨广、杨么等继续进行活动。

第二节　宋金对峙局面的基本形成

一、和尚原、仙人关之战，金军侵川战争的失败

南宋的政治军事形势到绍兴元年(1131 年)初，宋高宗不仅结束海上逃亡生涯回到越州(今浙江绍兴)，金军也于上年五月退往江北，高宗因害怕金军再次渡江南侵，命张浚出兵进行牵

---

① 《三朝北盟会编》卷 137，建炎四年二月十七日。

② 熊克《中兴小纪》卷 8。

③ 《系年要录》卷 32，建炎四年三月戊辰。

制，九月的富平之战虽然战败，但金军渡江南侵主将兀术（宗弼）及所部，不仅从江北被调往西北，而且被牵制在西北，消除了金军再次渡江南侵的威胁。而九月伪齐政权的建立，表明金军已暂时放弃消灭南宋的计划，建立傀儡政权于中原作为缓冲地带，南宋政权终于有了喘息的时机。宋高宗于是在建炎五年正月元旦，改当年为绍兴元年，以示新时期的开始。

川陕地区自建炎四年九月富平战败之后，形势十分险恶，吴玠率部退守大散关（今陕西宝鸡西南）东的和尚原，“积粟缮兵，列栅其上”①。绍兴元年五月，金军数万分别从凤翔（今陕西凤翔）南下，阶州（今甘肃武都）、成州（今甘肃成县）北上，两路夹击和尚原，南路金军先至，列阵以待北路金军，吴玠率军主动出击，由于路狭多石马行不便，金军骑兵不能作战，宋军四战皆捷，南路金军弃马而逃。三日后北路金军才到，吴玠又派兵出击，两路金军始终未能会师，只得退兵。同年十月，金陕西主将兀术（宗弼）亲率主力数万，自宝鸡（今陕西宝鸡）建浮桥渡过渭河，南攻和尚原，志在必得。吴玠命“选劲弓强弩与战，分番迭射，号驻队矢，接发不绝，且繁密如雨”②，金军既“抵险不可进，乃退军，伏兵起，且战且走，行三十里，将至平地，宋军阵于山口，宗弼（兀术）大败，（金军）将士多战没”③。宋军俘金军将士一千多人，粉碎了金军由陕窥蜀的企图。金将兀术（宗弼）遂经河东回燕京，而以撒离喝为陕西金军主将，屯兵凤翔与吴玠对峙。吴玠因功进镇西军节度使、陕西诸路都统制。

绍兴二年冬，金将撒离喝又“请收剑外十三州”④，企图再次攻蜀，但采取避开和尚原的战略。撒离喝率金军主力自商州（今

① 《吴武安玠功迹记》，《琬琰集删存》卷1。

② 《系年要录》卷48，绍兴元年十月乙亥。

③ 《金史》卷77《宗弼传》。

④ 《金史》卷84《杲（撒离喝）传》。

陕西商州)南向上津(今湖北郧西西北),向西南进发,攻占洵阳(今陕西旬阳)。绍兴三年初又攻占金州(今陕西安康)。兴元(今陕西汉中)知府刘子羽命宋将驻守饶风关(今陕西石泉西北)以阻击金军,同时驰书吴玠求援,吴玠率轻骑自河池(今甘肃徽县),一日夜奔驰三百里到达饶风关。抗击金军六昼夜,金军得奸细引路由小路出饶风关后,宋军战败,兴元府失守,金军随后也退兵。

吴玠遂改变战略部署,放弃远离蜀地的和尚原,另于西南仙人关(今陕西略阳西北)右侧筑垒,号杀金坪(一作平)。绍兴四年二月,金将兀朮(宗弼)指挥撒离喝部金军及伪齐军刘夔所部共十万人,进攻杀金坪。其时吴玠弟吴璘正驻屯于七方关(今甘肃康县东北),闻讯后转战七昼夜如约与吴玠合军,奋力抗击金军。吴玠命田晟所部以长刀大斧左右搏击,又命王喜、王武分率紫、白旗队勇士冲入金营奋战,金军阵乱败退,吴玠又派张彦率部夜袭金军营寨,王俊率部于河池设伏兵,金军遭伏击再次战败,退还凤翔。金、伪齐"本谓蜀可图,既不得逞"①,不得不放弃由陕取蜀的战略,改为防守战略。四月,吴玠又收复凤州(今陕西凤县东凤州镇)、秦州(今甘肃天水)、陇州(今陕西陇县)三地,川陕形势终于稳定,吴玠弃陕保蜀的战略得以实现。

二、岳飞收复襄阳地区

由于建炎四年九月伪齐政权的建立,南宋政府对江淮战场也采取了稳定形势的措施。同年十二月,任命神武右军都统制张俊为江南招讨使,讨伐盘踞江淮数州之地的流寇李成所部,并命通泰镇抚使岳飞所部与陈思恭等数军皆归属张俊。岳飞自上月弃泰州渡江退保江阴(今江苏江阴),此时奉命从张俊讨伐李

---

① 《宋史》卷366《吴玠传》。

成。李成部将马进在围攻江州（今江西九江）百日后，已于绍兴元年（1131 年）正月占领江州。绍兴元年二月，岳飞率军到达鄱阳（今江西波阳）后，又奉张俊之命前往洪州（今江西南昌）。三月初，岳飞军击败李成部将马进于洪州西的生米渡，马进退向筠州（今江西高安），再次被张俊、岳飞等部击败，在宋军追击下逃遁，宋军遂收复江州。李成退向江北蕲州（今湖北蕲春），以后又北上降附伪齐。岳飞被留驻洪州以镇抚江西地区。

同年十二月，岳飞以功升任神武副军都统制。刘嵘在上书中称："陛下今欲于刘（光世）、韩（世忠）、张（俊）、岳（飞）四人之兵，有所易置，知其不能矣。"①说明岳飞已是东南地区的四大将之一。当时南宋东南地区的兵力情况，宰相吕颐浩说："今张俊（原作浚，误）军三万，有全装甲万副，刀枪弓箭皆备；韩世忠军四万、岳飞军二万三千、王瓒军一万三千，虽不如俊（原作浚，误）之军，亦皆精锐；刘光世军四万，老弱颇众，然选之亦可得其半。"②以及杨沂中、巨师古各有万人，御前忠锐军也有二万，总计兵力十六七万。

岳飞在征讨李成之后，奉命在湖南征讨曹成，绍兴三年奉命镇压江西吉州（今江西吉安）、虔州（今江西赣州）农民起义军。绍兴三年七月又奉诏留五千兵镇抚虔州，三千人移戍广州，率精兵万人驻守江州，并担任江南西路、舒州（今安徽潜山）、蕲州（今湖北蕲春北，二州时属淮南西路）制置使，这是要岳飞控制长江中游江州段，作为南宋政府临安西南屏障。此前二日，岳飞到临安朝见高宗时，高宗亲书"精忠岳飞"军旗给岳飞，所部也由神武副军改为神武后军，列为南宋主力军"神武军"之一，由岳飞任统制。

绍兴四年春，岳飞奏请出兵收复襄阳（今湖北襄樊市襄阳

---

① 《三朝北盟会编》卷 152，绍兴二年十月六日刘嵘上万言书。

② 《系年要录》卷 60，绍兴二年十一月己巳。

区)地区,因为“襄阳六郡,地为险要,恢复中原,此为根本”①。三月,南宋政府授权岳飞“遣兵收襄阳府、唐(今河南唐河)、邓(今河南邓州)、随(今湖北随州)、郢州(今湖北钟祥)、信阳军(今河南信阳市)六郡地土”②。岳飞随后由江州西上,移驻鄂州(今湖北武汉市武昌区)。五月初北上,首先攻占郢州,岳飞随后率主力直奔襄阳,并派张宪、徐庆、岳云东攻随州,后又派牛皋助战,伪齐襄阳守将李成闻讯后率部逃遁,而随州在经过激烈战斗后也于六月被攻下。又于七、八月间先后北上攻占邓州、唐州、信阳军。八月下旬,岳飞因按计划收复襄阳地区而被授清远军节度使衔,并任湖北路、荆、襄、潭州(今湖南长沙)制置使,成为长江中游驻防大将,也将南宋中部防线由汉水下游,向北推至淮水(今淮河)一线,对南宋政权的稳定起到了很大的作用。

三、镇压杨么起义

洞庭湖地区的杨么起义经久不能扑灭,被南宋政府视为心腹之患,自建炎四年四月孔彦舟俘杀钟相及长子钟子昂后,北向降附于伪齐。同年六月,南宋政府任命程昌寓任鼎、澧州镇抚使兼鼎州知州,负责镇压继起的杨么起义,杨么、杨华、杨广、杨钦、夏诚等在钟相遇害以后,拥戴钟相次子钟子仪为首领继续进行活动,实际首领是杨么。杨么原名杨太,在诸首领中最年轻,当地人称兄弟排行中最小的为“么”,因而称杨太为杨么,杨么建寨于鼎口(鼎江,今沅江,鼎江入湖之口,在今湖南汉寿西北),成为起义军的中心。程昌寓造车船作为攻击杨么的战船,但在进攻

① 王曾瑜校注《鄂国金佗稡编》(下称《金佗稡编》及《金佗续编》)卷10《乞复襄阳札子》,中华书局1989年版。

② 《金佗续编》卷5《朝省行下事件省札》。

夏诚水寨时，车船因搁浅而被夏诚所俘，于是起义军各部纷纷建造车船，这种在船身两边设车轮，以人踏车击水行进的车船，速度快，大船建有二三层楼，在水战中颇具优势。程昌寓多次被起义军打败以后，南宋政府决定派主力军之一的神武前军统制王𤫉任制置使，率所部三万人马及建康府(今江苏南京)水军一万人前往镇压。但是，绍兴三年十一月的鼎口之战，官军因战船矮小，被起义军的大车船碾压撞沉，建康来的水军几乎全军覆没。此后官军改为在险要处建寨，并派军破坏其农业生产，使之陷入困境，然后再发起攻击以消灭起义军的策略。绍兴四年七月，杨钦利用夏季水涨，率部攻破官军的鼎州社木寨，“官军死者不可胜数，贼愈增气”①。表明官军建寨控扼策略的失败。

早在岳飞出兵收复襄阳地区的绍兴四年三、四月间，南宋政府先后向岳飞通报洞庭湖地区的形势时，提及伪齐李成与杨么起义军勾结，准备顺江东下侵犯江浙之事，尽管李成的来使被起义军杀死，但包括岳飞在内的南宋官员都深信李成与杨么相互勾结。当同年八月岳飞被授清远军节度使衔的同一天，“乃诏专委(岳)飞措画讨捕”②。岳飞随后也作了准备。但九月间金、伪齐联军向两淮进犯，楚州(今江苏淮安)失守，韩世忠自承州(今江苏高邮)退保镇江，十月初韩世忠又奉命率部进驻扬州，金与伪齐联军已呈临江之势。韩世忠虽小胜金军于大仪镇(今江苏扬州西北大仪集)，部属董旼、成闵等又分别击败金军于天长(今安徽天长)鸦口桥和承州北门。但总的形势十分严峻，宋高宗命后宫从温州(今浙江温州)航海去泉州(今福建泉州)，自己从临安(今浙江杭州)北上至平江(今江苏苏州)，以示亲征抗敌。十一月，金伪齐联军攻占滁州(今安徽滁州)，于是高宗命刘光世移

---

① 《系年要录》卷78，绍兴四年七月癸丑。

② 《系年要录》卷79，绍兴四年八月壬寅。

军建康(今江苏南京)、韩世忠移军镇江、张俊移军常州,并重新起用张浚任知枢密院事,前往镇江督战。高宗又诏岳飞全军东下,岳飞遂移军池州(今安徽池州),并命徐庆、牛皋率军二千余人渡江北上。十二月,金伪齐军进迫庐州(今安徽合肥),知州仇悆坚守城池,并向岳飞求援,于是徐庆、牛皋率五百余骑驰援,入城不久,金军五千骑已至城下,牛皋、徐庆即率骑兵出战,出敌不意,金伪齐联军疑有伏兵随即退兵,牛皋、徐庆乘势率骑追击。金伪齐联军适因粮尽而全线退兵,南宋面临的一场危机终于化解。绍兴五年正月,韩世忠任淮东宣抚使,置司镇江;刘光世为淮西宣抚使,置司太平州(今安徽当涂);张俊任江东宣抚使,置司建康府;二月初,岳飞自池州入朝,被授以两镇节度使以赏功,高宗在措置江防及对诸大将赏功后,离平江返回首都(行在所)临安。高宗又升赵鼎为左相、张浚为右相,"始议(张)浚以右揆出使湖外平杨么"。同日任命岳飞为荆湖南、北、襄阳府路制置使,军职也由神武后军统制提升为都统制,"将所部平湖贼杨么"①。

绍兴五年四月下旬,岳飞率军到达潭州(今湖南长沙),右相张浚随后也于五月中旬初来潭州督师。岳飞率军于五月末进至鼎州,先后派受招安并任潭州兵马钤辖的杨华及新近受招安的黄佐等,进入洞庭湖区招安其他起义军首领;并准备乘当时天旱,湖水枯竭之机进攻杨么起义军。而南宋高宗急诏张浚归朝商议金军乘秋季南侵的"防秋"之计。六月初,张浚对来潭州的岳飞说:"恐误防秋之期,俟明年再来讨之如何?(岳)飞请除往来之程,限八日破贼,请(张)浚曲留以俟之。"②张浚同意等待岳飞剿灭杨么起义军后再回临安。

六月初,岳飞先已攻破杨么起义军的主要首领杨钦水寨,杨

---

① 《系年要录》卷85,绍兴五年二月丙戌。

② 《系年要录》卷90,绍兴五年六月甲辰。

钦出降，张浚随后授杨钦为武略大夫。六月中旬初，岳飞又率军攻破杨么起义军最坚固的夏诚水寨，杨么跳水自杀，于是诸部纷纷投降，黄诚斫下杨么首级并挟持钟相幼子钟子仪投降，杨么起义终于失败。岳飞将投降与俘获的起义军中年轻力壮者数万人，编入自己的部队，将原起义军的船舰千余艘编为水军，岳飞所部此前并无水军。岳飞所部原先的编制是设立十“将”，这年八月初，经批准“共以叁拾将为额”，岳飞的军力因而大增，由三万多人增为十万人左右[1]。老弱者放归田里，共二万七千多户，免三年田赋以优待，湖湘地区终于平静。岳飞也因而加官晋爵，官衔升为检校少保，爵位也由武昌郡开国侯进为开国公。从此以后，岳飞被人们尊称为岳少保。绍兴六年初，职衔又升为宣抚副使，两三年前还受张俊指挥东征西讨的岳飞，如今不仅官衔、军衔、职衔已与韩世忠、刘光世、张俊相当，而且军力有过之而无不及，已是南宋屯守长江中游及汉水流域的中坚力量。

四、伪齐南侵的失败，南宋的淮西兵变

面对伪齐不断的南侵与挑衅，绍兴六年（1136 年）初，南宋在右相、都督诸路军马张浚的主持下，决定对伪齐采取攻势，以打击伪齐的嚣张气焰。二月，右相张浚命“韩世忠自承（今江苏高邮）、楚（今江苏淮安）以图淮阳（今邳州西南古邳镇）”，命刘光世屯合肥以吸引伪齐与金军，张俊进驻盱眙（今江苏盱眙），同时“命湖北、京西招讨使岳飞屯襄阳（今湖北襄樊市襄阳区）以图中原”[2]。岳飞也命幕僚撰写了《奉诏移伪齐檄》文，以表明即将率

① 《金佗续编》卷 6《照会添置将分省札》。岳飞军人数系参据王曾瑜教授计算，参见《岳飞新传》第 176 页，上海人民出版社 1983 年版。

② 《系年要录》卷 98，绍兴六年二月辛亥。

部北进中原，敦促伪齐各地官员及时开门迎降。此后数月，南宋各军都向北进发，淮东韩世忠军北攻淮阳，金将兀朮（宗弼）亲自率军救援，韩世忠率军退回楚州；金、伪齐联军南攻涟水，被韩世忠所部击败。淮西刘光世所部击败伪齐军，收复寿春府（今安徽凤台）。京西地区伪齐军四月间南下攻占唐州，岳飞于六月间自江州（今江西九江）进驻襄阳，随后即开始第一次进兵中原的战争。此前，伪齐栾川（今河南栾川）知县李通率五百多人，南下邓州，向岳飞投降，并提供了伪齐在这一带的兵力情况。岳飞决定避实就虚，将主要进攻方向放在京西、陕西交界地区。于是派牛皋率部攻打东北方的伪齐镇汝军（当为今河南鲁山）①，牛皋攻占镇汝，活捉伪齐守将薛亨。而岳飞所部主力王贵等攻占伪齐虢州治所卢氏县（今河南卢氏），又北向攻占朱阳（今河南灵宝西南朱阳镇）、虢略（今河南灵宝），西向攻占商州（今陕西商州）及属县洛南（今陕西洛南）、商洛（今陕西丹凤西商洛镇）、丰阳（今陕西山阳）和上津（今湖北郧西上津镇）；向东南攻占栾川伊阳（今河南嵩县西南旧县镇）；向东北攻占长水（今河南洛宁西长水镇）、永宁（今河南洛宁）、福昌（今河南宜阳西韩城镇）诸县，距原北宋西京洛阳仅百里之遥。绍兴六年南宋进攻伪齐的诸军，只有岳飞所部取得前所未有的胜利，攻占了京西、陕西交界的大片地区，夺得伪齐牧马监数以千计的马匹，充实了岳家军的骑兵部队，也夺得伪齐储存在该地区相当数量的粮食，岳家军得以补充军粮及救济当地的贫民。岳飞此举，虽然“捷音五至，中外称快”②，“十余年来所未曾有”③。但是，由于这里地处深山，粮运困难，又处于孤军无援状态，岳飞只得于九月中旬退兵，除将商

---

① 今地不详，此据王曾瑜《岳飞新传》第187页。

② 《金佗续编》卷30陈公辅《论已破汝、颍、商、虢、伊阳、长水乞豫防虏叛会合之计奏札》。

③ 李纲《梁溪全集》卷128《与岳少保第二书》。

州地区交由吴玠部将、商州知州邵隆管理外，其余大部分地区不得不放弃，又陷入伪齐统治之下。

岳飞退兵不久，伪齐在得不到金军直接支援的情况下，单独发兵三十万攻宋，号称七十万，其意为显示实力，以求在金朝卵翼下继续生存。刘豫命被征调的乡兵穿金人服装冒充金兵，并声称伪齐与金联军大举攻宋。兵分三路，中路由刘豫之子刘麟率领，由寿春进犯合肥；东路由刘豫之侄刘猊率领，由涡口（今安徽怀远）渡淮，南下定远（今安徽定远）；西路偏师由降伪齐的孔彦舟率领，自光州（今河南潢川）进犯六安（今安徽六安）。其时南宋主力张俊所部在盱眙、韩世忠所部在楚州、岳飞军在鄂州。面对伪齐三路齐下的是军力较弱的刘光世所部，主力驻守于长江南岸当涂，前线庐州只有刘光世的少量守军。刘光世向左相赵鼎提出应以枢密院的指令退保长江，得到高宗、赵鼎的赞同，高宗又企图调岳飞东下救援。右相张浚得知此事后，一面向高宗指出不能采取退保长江，自弃两淮之地做法；岳飞镇守华中也不可轻动。宋高宗才又命刘光世率部抗击伪齐。此时张浚得到刘光世已弃庐州南逃的消息，遂连夜赶往长江南岸的采石（今安徽马鞍山市南），制止刘光世所部渡江，并派人告诉刘光世，“若有一人渡江，即斩以徇”①，并督刘光世率部返回庐州。又命张俊进援淮西，杨沂中所部受张俊节制以抗伪齐。宋军得知并无金军同时南侵，怯战之心因而大减。

杨沂中率部到达濠州（今安徽凤阳东北），而伪齐军十万已南侵至濠州、寿州之间，杨沂中受张俊之命率部前往泗州会师，南逃的刘光世也奉张浚之命返回庐州，率部北上。绍兴六年十月上旬末，杨沂中所部与伪齐东路军刘猊所率十万大军相遇于藕塘（今安徽定远东南藕塘镇），杨沂中以所部兵少，乘敌未明情

---

① 《系年要录》卷106，绍兴六年十月戊戌。

况之时，派吴锡率骑兵五千冲击敌阵，又乘伪齐军阵乱，杨沂中率其余军队全线进攻；由泗州南下的宋军张宗颜所部恰于此时到达藕塘，于是也向伪齐军阵后冲击，伪齐军在宋军杨沂中、张宗颜两部的夹击下大败而逃，宋军俘敌以万计，史称“藕塘之战”。后被列为南宋中兴十三处战功之一，也是南宋与伪齐直接进行军事较量唯一的一次大战，伪齐主力遭遇的只是南宋次要将领杨沂中、张宗颜所部即大败，其他路伪齐军即退兵。

同年冬，左相赵鼎被罢相出任绍兴知府，右相张浚独居相位。绍兴七年正月，秦桧出任枢密使，重新登上政坛。二月，岳飞的官衔由检校少保升为太尉①，职衔也由湖北、京西路宣抚副使升为宣抚使，官衔虽仍低于韩世忠、张俊，但职衔已相同，都是统率方面军的最高衔，成为东南三大将之一。当时正在处理刘光世退兵几乎危及南宋政局之事，准备将他罢官，宋高宗在三月初接见岳飞时，曾亲自向岳飞表示要将刘光世所部五万二千多人马交给岳飞统辖，并于三月中旬由都督府下达了将刘光世所部调拨给岳飞的指令②，但由于刘光世罢官令尚未宣布，这个指令暂时未对外公布。然而岳飞兼统刘光世旧部，首先遭到奸臣枢密使秦桧的反对，加上张浚也想直接统辖这支军队，得到宋高宗的赞同，因而在三月下旬初宣布刘光世罢官的同时，也宣布刘光世旧部隶属于都督府。岳飞气愤宋高宗的出尔反尔，遂请辞官回庐山守母丧。张浚即派张宗元任湖北、京西路宣抚判官，意在岳飞不肯复职的情况下暂掌其兵权。而岳飞的不待批准便擅自离军回庐山守孝，也被宋高宗视为对自己的大不敬。高宗虽

---

① 宋代对高级军官的尊称为太尉，北宋末列为武阶官之首，为正二品，岳飞所升官衔即此。而通常仍尊称高级军官为太尉，含义有些类似近代的“将军”。北宋末，在东京开封夜袭金兵的姚平仲，年轻时被称为“小太尉”，意即小将军(陆游《渭南文集》卷23《姚平仲小传》)。

② 《金佗续编》卷8《督府令收掌刘少保下官兵札》。

一再下诏挽留，但自此岳飞已成为高宗猜忌的武将。岳飞终于在参谋官薛弼、参议官李若虚及张宪、王贵等陈述利害关系与劝说下重回军中视事，南宋华中军事形势又趋于平静。

张浚在刘光世罢官以后，将其所部左护军收归都督府，升任统制官王德为都统制，但其他统制如郦琼等不服。为解决矛盾，张浚又升郦琼为副都统制，并命王德率原部到建康府。张浚派兵部尚书吕祉前往庐州，安抚左护军的其他各部将士。但吕祉只会纸上谈兵并无谋略，他到庐州后，郦琼等向他诉说王德骄横因而才反对他当都统制，吕祉一面安抚郦琼等“保无他虑”，“事小定”；一面竟“密奏乞罢(郦)琼及统制官靳赛兵权”①。但机事不密，密奏反被郦琼部下所获，郦琼遂杀死吕祉等，并裹胁全军四万人北渡淮河投奔伪齐，史称“淮西兵变”。南宋朝野大震。主战派张浚被迫于九月引咎辞相，赵鼎重又出任左相。

五、宋金第一次绍兴和议

绍兴七年时金朝掌握实权者，正是当年放还秦桧，想以秦桧为内助诱使南宋臣服于金的挞懒(完颜昌)。当初由于金太宗坚持另立异姓为傀儡，挞懒才举刘豫为帝，建立伪齐。然而伪齐进不能攻，退不能守，每次都乞求金朝出兵，未能起到金宋之间的缓冲作用，更谈不上攻灭南宋，取代南宋。

绍兴五年(金天会十三年，1135 年)，金太宗死，金熙宗即位，伪齐刘豫遂失去后台。当次年秋伪齐准备进攻南宋时，请求金朝出兵，金朝却一改以往共同南侵的方针，任由伪齐单独攻宋，这也可能是金朝统治者考验伪齐有无存在的价值。结果伪齐被南宋二流将领杨沂中等部所击败。绍兴七年(金天会十五

---

① 《宋史》卷 370《吕祉传》。刘光世绍兴十年组建三京招抚处置使军。

年）十月，挞懒升为左副元帅，十一月即废伪齐，金置行台尚书省于开封。

宋徽宗于绍兴五年四月死于金朝，绍兴七年初凶讯传到南宋，宋高宗于二月间派王伦为使，迎奉宋徽宗的灵柩；同时通过王伦向金求和，表示南宋愿意代替此时尚未被废的伪齐为金的属国。王伦告辞时，宋高宗命王伦向当时任元帅左监军的挞懒说："河南地，上国既不有，与其付刘豫，曷若见归？"王伦见挞懒于涿州（今河北涿州），转告宋高宗的请求。同年十一月金废伪齐后，已升为左副元帅的挞懒送王伦归宋时即说："好报江南，自今道涂无壅，和议可以平达。"①当王伦回到南宋，向宋高宗转告了挞懒的意见，还说可以归还旧黄河以南土地。

宋高宗遂决定向金投降求和，绍兴八年（金天眷元年，1138年），定都临安府，称为"行在所"，表示为皇帝行幸之所，名义上仍以北宋京城东京开封府（今河南开封）为首都，另以建康为南宋的陪都。三月，即升秦桧为右相，仍兼枢密使。四月，王伦第二次出使金朝到达祁州（今河北安国），再次向挞懒转达宋高宗愿意以南宋代替伪齐成为金朝的属国，于是挞懒派人陪同王伦赴金京城会宁府（今黑龙江阿城）朝见金熙宗。金随即派遣使臣前往南宋，宋高宗在接见金使以后，再派王伦随金使前往金朝议和，赵鼎和秦桧虽都主张向金求和，但在一些具体问题上又有所不同。秦桧向高宗提出由他单独主持降金议和之事，赵鼎不得不于同年十月辞相，从此开始了奸臣秦桧长达十八年的独相时期。十一月，金朝派张通古为"诏谕江南使"，随王伦来到南宋，按属国的地位，宋高宗必须跪接金熙宗的诏书，这遭到文武大臣

---

① 《宋史》卷371《王伦传》。原作命王伦向金左副元帅昌（挞懒）曰："河南地……"误。按：南宋遣王伦使金在本年二月（《宋史·高宗纪五》），而挞懒由左监军升左副元帅在本年十月（《金史·熙宗纪》）。

们的竭力反对，也使临安市民无比愤慨，市上甚至出现了秦桧是奸细之类的榜帖（类似近代的标语）。枢密院编修胡铨上疏激烈抗议："义不与（秦）桧等共戴天"，"愿断三人（指主持议和的秦桧、孙近、王伦）头，竿之藁街"，最后提出如果这样屈辱求和，"臣有赴东海而死尔，宁能处小朝廷求活耶"①。宋高宗、秦桧大为恼怒，想将胡铨处死，后迫于舆论，将其除名编管于岭南昭州（今广西平乐）。宋高宗虽然极想跪接金熙宗诏书，甚至说："向使在明州（今浙江宁波，指下海南逃事）时，朕虽百拜亦不复问矣！"但还是不敢贸然行事。于是就由秦桧以皇帝居丧"谅阴，三年不言"②为借口，代替高宗拜接金熙宗诏书，南宋君臣终于完成了臣属金朝的典礼，这是绍兴八年末签订的和议。南宋对金称臣，每年进奉"银、绢至五十万"两、匹③，金以原伪齐统治的河南、陕西地区划给南宋。

第三节　岳飞北伐中原　绍兴和议

一、刘锜顺昌保卫战

南宋与金签订的和议招致一片反对声，抗金名将岳飞更是极力反对，当南宋朝廷议和赦书送到鄂州（今湖北武汉武昌区）岳飞帅府后，幕僚张节夫代岳飞撰写的《谢表》称："臣愿定谋于全胜，期收地于两河。唾手燕、云，终欲复仇而报国；誓心天地，当令稽颡以称藩。"④表达了岳飞抗金的决心，奸相"秦桧见之切

---

① 《宋史》卷374《胡铨传》。

② 《系年要录》卷124，绍兴八年十二月戊寅。

③ 《系年要录》卷135，绍兴十年五月戊戌。

④ 《金佗稡编》卷10《谢讲和赦表》。

齿”忿恨①。

绍兴九年，正当高宗、秦桧以投降求和得逞，大事庆贺之时，金朝统治集团内却发生主战派兀术（宗弼）在首相斡本（宗幹）支持下，告蒲鲁虎（宗磐）、讹鲁观（宗隽）、挞懒（昌）等受宋人贿赂，“遂以河南、陕西与宋”②，请诛挞懒，“复旧疆”。金诛蒲鲁虎、挞懒等，并撕毁不久前签订的宋金和议。

正当南宋政府委派官员接管河南、陕西地区时，金都元帅兀术（宗弼）已率军南下。绍兴十年五月，金军分兵四路攻宋，东京（今河南开封）留守孟庾降金，河南、陕西州县地方官大多是原伪齐官员，纷纷降金。东京副留守、节制军马刘锜率所部（原八字军）及军人家属，自三月间从临安乘九百多艘船北上，历时四十多天，此时才到达顺昌府（今安徽阜阳）。知府陈规上任后即修城聚粮，刘锜率部到达后，得知城中已有粮数万石，决心守城抗敌，并沉船明志以示坚守，“于是军士皆奋，男子备战守，妇人砺刀剑，争呼跃曰：平时人欺我八字军，今日当为国家破贼立功”③。刘锜随即部署修城，并在城外环城修筑“羊马城”④，派勇将许清率部防守。六日后，金军三万余人到顺昌城下，进攻失利后遂围城待援，并告急于在开封的都元帅兀术。兀术亲自率军前来，“见其城陋，谓诸将曰：彼可以靴尖趯倒耳。”并狂妄地下令，明天早上到顺昌府衙门会食，而且“折箭为誓”⑤。次日清晨，金军十余万进攻顺昌。兀术的亲兵都是重装甲骑兵，号长胜军，是金军的核心力量。时方盛夏，早晨凉爽时，刘锜不出战，到

① 《三朝北盟会编》卷192《岳飞上表谢赦》。

② 《金史》卷77《宗弼传》。

③ 《宋史》卷366《刘锜传》。

④ 羊马城是指城外修筑的矮墙，通常是备城外居民避战乱进城后安泊羊马之用，也是守城的第一道防线，此处主要指后者。

⑤ 《系年要录》卷136，绍兴十年六月庚戌。

下午金军锐气受挫疲劳时，刘锜出兵专攻兀术亲兵，不用长枪，只用短兵器，刀砍斧劈，甚至徒手相搏，官兵们殊死奋战，身中刀箭也不退却，终于打败兀术的亲兵，杀敌五千，金军战败后退屯城西，掘壕自卫，企图坐困宋军。适值当晚大雨，平地积水，刘锜又派兵进行袭击，金军支撑数日后，不得不退向开封。刘锜以不满二万的兵力，除守城军外，可出战的只有五千人，击败金军十万人，顺昌之战震惊宋金朝野。当时在金燕京（今北京）的洪皓向宋高宗密奏称："顺昌之捷，金人震恐丧魂。"①虽不无夸张，但遭此大败，确令金人震惊。刘锜随后升为武泰军节度使、侍卫亲军马军都虞候。

陕西此时也已被金军撒离喝所占领，驻陕宋军近半被阻隔在陕北，宋将吴璘、杨政、姚仲等率部先后奋战于凤翔的石壁寨、百通坊以及青溪岭（今甘肃泾川西南）、泾州（今泾川北）等地，金军伤亡惨重，退回凤翔。陕西宋军屡经苦战，才得以南下归蜀，因而保持了军力。

二、岳飞北伐中原

当金都元帅兀术（宗弼）毁约南侵，绍兴十年六月初顺昌之战紧急时，宋高宗命韩世忠、岳飞、张俊三大将都兼河南、河北招讨使，摆出收复失地的架势，其实只是希望诸军抵挡一下金军的南侵锋芒，而随时准备"班师"。岳飞却认为北伐中原的时机到了。六月下旬，岳飞自鄂州到达德安府（今湖北安陆）时，宋高宗派往岳飞"军前计事"的李若虚也已赶至，并向岳飞"谕以面得上旨，兵不可轻动，宜且班师"。这说明宋高宗的抗金完全是虚张声势。岳飞向李若虚说明北伐的计划，不同意班师退兵，李若虚

---

① 《宋史》卷366《刘锜传》。

即说:“事既尔,势不可还,矫诏之罪,若虚当任之。”①岳飞在李若虚的支持下继续向北进兵。而此前张宪援救顺昌的军队,因顺昌已解围,即由张宪率以折向西北攻占蔡州(今河南汝南)。闰六月中旬末,张宪击败金军大将韩常所部后攻占颍昌府(今河南许昌),岳飞即将指挥中心移驻于郾城(今河南郾城)。数日后,张宪、牛皋率军再次打败金军并占领淮宁府城(陈州,今河南淮阳)。岳飞的另一支部队在王贵率领下继续北上攻占郑州,又向东袭取中牟县城(今河南中牟),距金军指挥中心开封仅百里之遥;王贵的部将又西上,于七月中旬初攻下洛阳,岳飞军取得了前所未有的战果。

但是,金都元帅兀术不甘心失败,当得知岳飞已将大部分军队派往前线,指挥部所在地郾城的部队不多,于是精选一万五千名骑兵,于七月初由兀术亲自率领奔袭郾城,在到达离郾城北二十多里时,遭到岳飞的背嵬军(亲军)与游奕军(皆为军号)骑兵的阻击,宋军将士手提刀、斧与麻札刀,奋勇作战,上砍马上的金兵,下砍马腿,与之进行肉搏战,从下午直战到天黑,终于将金军打败。此后又在郾城北及临颍县境内数次打败企图进攻岳飞指挥中心郾城的金军。

金将兀术(宗弼)奔袭郾城失利后,随即又集中三万多人马,于七月中旬大举进攻岳飞北伐的前哨阵地颍昌府城。王贵、岳云等正率岳飞所部主力三万人马驻守在颍昌府。当大量金军于早晨到达城西摆开攻城阵势时,宋军主将王贵见而怯战,在岳云的督责下,命董先、胡清率踏白、选锋两军守城;王贵自率主力“中军”及游奕军两军人马,岳云率背嵬军,一起出城抗击。这是一场少有的恶战,岳云首先率骑兵八百冲入金阵,步军继进,经过几十个回合的恶战,直至中午,仍未分胜负,董先、胡清遂分别

① 《系年要录》卷136,绍兴十年六月乙丑。

率领两支生力军出西门投入战斗，金军终于溃败而逃，宋军杀敌五千，俘敌二千、马三千，取得空前的胜利。金军在平原地区一向以骑兵取胜，但在与岳家军的诸次战斗中均告失利，失去了军事上的优势，以致金军统帅兀术（宗弼）“乃自叹曰：我起北方以来，未有如今日屡见挫衄。”①“撼山易，撼岳家军难”②，这是金军将领们在与岳飞所部多次较量以后无可奈何发出的感叹。

但是，岳飞的抗诏北伐，进军之速，建功之大，拓地之远，大大超出宋高宗、秦桧的阻挡金军大举南侵以便向金求和的目的。所以，大约在七月初接到岳飞部队攻占郑州的消息以后，宋高宗即于上旬末诏命岳飞退兵，发出“班师”诏书，以“金字牌”快速递送。七月十八日，岳飞接到班师诏书后，立即上《乞止班师诏奏》，陈述“金虏重兵尽聚东京，屡经败衄，锐气沮丧”，“虏欲弃其辎重，疾走渡河，况今豪杰向风，士卒用命，天时人事，强弱已见”，还提出“功及垂成，时不再来，机难轻失”③。但在奏章发出二三天后，却接连收到同一内容的班师诏书，据说接连收到十二（?）道诏书，这既可能为在战争状态下不易送达而多发，但更可能因为岳飞有抗诏北伐事例在前，多发诏书以强调岳飞不得再违诏自行进军。岳飞部队自北伐以来，连续进行战斗，而且多是与敌肉搏的恶战，虽都取胜，但伤亡亦当不少，而且也得不到休整，如今高宗又强令退兵，如果再进兵，不仅犯有违诏之罪，而且还要冒得不到其他宋军的配合，独自与金军决战的风险。何况兀术所率金军主力虽多次战败，但并未遭到毁灭性的打击，仍保持着相当大的战斗力。因而岳飞再三权衡利害关系以后，还是

---

① 《金佗续编》卷14《忠愍谥议》;《宋史》卷365《岳飞传》。

② 《金佗续编》卷30《鄂州（今湖北钟祥）忠烈行祠记》。《金佗稡编》卷9《遗事》所载，当即据此。

③ 《金佗稡编》卷12《乞止班师诏奏略》。高宗班师诏书发出时间等，参据王曾瑜《岳飞新传》，上海人民出版社1983年版。

决定按宋高宗、秦桧的意志，即按班师诏书指令退兵。但是，岳飞的部队散处洛阳、郑州、中牟、颍昌等处，向指挥中心郾城集中，亦需时日，何况进军容易退军难，稍有不慎，将会导致重大损失。为此岳飞决定向开封发动一次佯攻，在宣言进兵深入的同时，派出一支部队向开封西南四十五里的朱仙镇进发，但驻守朱仙镇的金军在与宋军稍一接战后，立即退向开封，这或许是想诱使宋军至开封的坚城之下以歼灭宋军。而佯攻的宋军已达到转移金军注意力的目的，为散处在洛阳、郑州等地宋军的南撤争取了有利条件与时间，这可能是"朱仙镇之战"的情况①。

由于有朱仙镇的佯攻之战，岳飞驻守洛阳、郑州等地部队的南撤，并未引起金军的重视，直至"金人闻(岳)飞奔颍昌"，才有所醒悟而"遣骑追之"②，或是追之已不及，或是恐有伏兵，金骑只是象征性地追击后退回。岳飞于七月二十一日在郾城宣布班师后，未受到金军的追击。岳飞退到蔡州，略作部署，命大军退回鄂州，自己带轻兵奉诏前往京城临安。其他各路将领已都先后奉诏退兵。一场因金毁约南侵而引发的南宋抗金战争，在即将取得胜利的情况下，由于宋高宗、秦桧的阻挠而功败垂成。宋高宗只是想向金显示一下实力，促使金承认南宋的存在，有利于南宋向金求和。八月初，宋高宗将反对议和的张九成等七名官员同日降黜，进一步表明其向金求和的意向。

但是，金都元帅兀术(宗弼)不甘心在中原战场上的失败，于绍兴十一年正月再次南侵，并于中旬攻占寿春府，渡淮南侵，企图

① 学者对于《金佗稡编》卷8所载，岳飞在朱仙镇以背嵬骑兵五百击败十万金军事，有不同看法，或以为确有其事，或以为是岳珂所编造。笔者以为即使无大战，亦非全是空穴来风，当系岳飞为掩护撤退而进行的佯攻，并非真的进攻，因而事后不见于其他记载。且金帅兀术亦不应空开封城而以全军十万之师聚于朱仙镇，驻守朱仙镇的金军应亦是较小的部队，"十万"之说当是传闻中的夸大之词。

② 《系年要录》卷137，绍兴十年七月庚申。

在淮南战场上战胜宋军。刘锜奉诏自太平州率军二万渡江北上，下旬初到达庐州城外，见城池残破不能守，立即冒雨率军南下，屯守东关寨(属含山县，今安徽巢湖市东南)，金军遂占领庐州。宋高宗又命岳飞进援淮西，岳飞提出应乘虚直取开封以迫使金军退兵，遭到高宗、秦桧的拒绝，只得提兵自鄂州东下。但金军已南下呈临江之势，与宋军激战于和州(今安徽和县)、无为、含山(今安徽无为、含山)和巢县(今巢湖市)等地。此次金将兀朮南侵，屡屡遭到宋军的顽强抵抗，屡吃败仗，已远不是十多年前他率金军南侵时，宋军望风而逃的状况。尤其是二月中旬，当金军十余万人到达柘皋镇(属巢县，今巢湖市西北)时，首先与宋将刘锜所部遭遇，金军断桥列营自固，刘锜即命军士架木为桥，派重甲步兵过河列阵以待，宋军杨沂中、王德等亦率部赶到；次日双方展开恶战，宋军持大斧奋击，金军大败，宋军战死者亦有九百多人，金军退向西北的紫金山，宋军遂进克庐州。张俊、杨沂中听说金军已渡淮北归，即向濠州进发，企图耀武淮上以为首功，却命刘锜原地驻守以免分功。但当杨沂中、王德率军到达濠州时，遭到金军伏击，溃败逃回，金军战胜杨沂中等部后即渡淮北归。

柘皋之战，金军十万在野战中被南宋二级将领刘锜、杨沂中所部宋军打得大败，改变了以前只有岳飞、韩世忠、张俊三大将才能与金军角逐的形势，金都元帅兀朮(宗弼)也由此战得知宋军已今非昔比，金已不可能消灭南宋。宋高宗、秦桧也因而认为不必依靠岳飞、韩世忠、张俊就能保持半壁江山，南宋已没有被金灭亡之虞，求和的最好时机已经来临，于是秘密议和加紧进行。

三、绍 兴 和 议

宋高宗既决心向金求和，为避免握兵大将岳飞、韩世忠等的反对，奸臣秦桧的党羽范"同献计于(秦)桧，请皆除枢府，罢其兵权。桧喜，乃密奏以柘皋之捷，召三大将赴行在，论功行赏"①。三大将中除张俊因杨沂中、刘锜等都受他节制，还有"功"可言，至于岳飞、韩世忠则都与柘皋之战毫无关系，但都接到来临安朝觐的诏令，由于韩世忠、张俊驻地离临安较近，因而先期到达。岳飞驻地远在鄂州，接到诏书的时间较晚且路程亦远，到达临安的时间晚了七八天，这使得奸相秦桧担忧万一岳飞借故不来，阴谋便不能得逞，所以当岳飞一到，立即将随岳飞前来的幕僚朱芾、李若虚派出任地方官，以免他们为岳飞出谋划策。

绍兴十一年四月下旬，宣布韩世忠和张俊任枢密使、岳飞任枢密副使，张俊附和秦桧对金投降求和政策，数日后首先提出上交兵权，于是宣诏罢宣抚司，各宣抚司军官的官衔前都加"御前"二字，以示直属于皇帝，遂夺三大将兵权。六月，又派张俊、岳飞去镇江、楚州瓦解韩世忠的部队，虽然遭到岳飞的反对，张俊却收买了韩世忠部下总领财赋官胡纺，胡纺诬告韩世忠亲信将领耿著在楚州"鼓惑总听"②，意在生事，耿著随后被逮捕，刺配远地。秦桧、张俊可能意在由此加害韩世忠，但韩世忠在建炎之初"苗、刘之变"中，对高宗有救驾之功，或许由于高宗的庇护才未被深究。由于岳飞在对待韩世忠问题上与张俊意见不合，实际上即是违背了秦桧的意志，回到临安后随即被罢除实权。七月间只派张俊前往镇江措置军务，谋害岳飞的活动即是在镇江的张俊策划下进行的。八月初，岳飞被迫辞官赋闲。

另一方面，金朝实际掌权者兀术(宗弼)也感觉到消灭南宋已无可能，另立傀儡又不足以抵挡南宋的进攻，迫使南宋臣服看来是唯一可能的结局。九月初，兀术遂放回以前扣留的宋使莫

---

① 《宋史》卷380《范同传》。

② 《系年要录》卷141，绍兴十一年七月壬寅。

将、韩恕，实际上是在向南宋示意可以降附。所以，当宋高宗得知此事，即认为“敌有休兵之意”①。二人带回的信中，首先扬言要进行军事威胁，但接下来即称“义当先事以告，因遣莫将等回，维阁下熟虑而善图之”，这是没有先例的，胁降之意显现于字里行间。高宗心领神会，随后即派刘光远、曹勋出使兀朮军前，并回信说上次抗金之战，南宋“将士临危，致失常度，虽加诛戮，有不能禁也”，这一方面是对宋军打败金军表示歉意，另一方面是说如果金军再次南侵则只有抵抗一途，最后请求兀朮对南宋“曲加宽宥，许遣使人请命门(阙)下”求和。兀朮在十月初由宋使刘光远带回的信中说：宋高宗“如果能知前日之非而自讼，则当遣尊官右职、名望夙著者持节而来”议和，即是说刘光远等地位太低，不能担任谈判代表。十月中旬，宋高宗改派吏部侍郎魏良臣为金国禀议使担任议和谈判代表，在致金兀朮(宗弼)的信中除提出金应休兵以便进行和谈外，并声明：“专令(魏)良臣等听取钧诲，顾力可遵禀者，敢不罄竭以答再造”之恩，表明高宗屈膝臣属的诚意，这次和谈取得了初步成果。十一月初金兀朮(宗弼)派萧毅来南宋以最后确定议和条件，并在来信中说：宋高宗“自讼前失，今则惟命是听”。并说：“本拟上自襄阳，下至于海为界”②，“重念江南凋弊日久，如不得淮南相为表里之资，恐不能国，兼来使再三叩头哀求甚切，于情可怜，遂以淮水为界”，“来使云：岁贡银、绢二十五万两、匹”，这实际上是将已在南宋手中的淮南“恩赐”给南宋，还要南宋称臣纳贡。又说：“其间有不尽言者，一一口授(金使萧毅)，惟(高宗)详之。”③

宋高宗、秦桧在与金和谈的同时，迫害岳飞的阴谋也在加紧

① 《系年要录》卷141，绍兴十一年九月戊申。

② 《三朝北盟会编》卷206。

③ 《系年要录》卷142，绍兴十一年十一月辛丑。

进行。秦“桧与张俊谋杀(岳)飞”,“诱(王)贵告(岳)飞,贵不肯”,张“俊劫贵以私事,贵惧而从”①。秦桧又指使他人令王俊告张宪。绍兴十一年九月上旬,王俊即向都统制王贵告发副都统制张宪想据襄阳谋反,王贵即据以向张俊报告,当张宪到达镇江向张俊报告军务时即被捕,随后被送往临安大理寺狱。岳飞、岳云父子也因而被捕入狱。御史中丞何铸进行审讯,却“阅实无左验,(何)铸明其无辜”,于是秦桧等改命万俟(音“莫其”)卨进行审讯,然而岳“飞坐系两月,无可证者”。但是,金都元帅兀朮(宗弼)给秦桧的信中说:“汝朝夕以和请,而岳飞方为河北图,必杀(岳)飞,始可和。”②因而当绍兴十一年十一月南宋与金签订和议以后,岳飞遂被诬以“莫须有”的罪名,在同年十二月末被害于大理寺狱中,张宪被判处绞刑,岳飞长子岳“云坐与(张)宪书,称可与得心腹兵官商议”,其罪“为传报朝廷机密事,当追一官、罚金”③,即只是降一官及罚金的罪,但宋高宗竟命杨沂中将岳云与张宪一起处以斩刑。

绍兴十一年十一月宋金订立的和议,史称“绍兴和议”,以淮河为界,将唐(今河南唐河)、邓(今河南邓州)二州割属金;南宋每“岁奉银二十五万两、绢二十五万匹”给金④。

绍兴十二年三月,金派刘筈为江南册封使,九月到达南宋京城临安,册文称:“皇帝若曰:咨尔宋康王赵构”,“今遣光禄大夫、左宣徽使刘筈等持节册命尔为帝,国号宋,世服臣职,永为屏翰”⑤。南宋在比金强,至少是军力相当的情况下求和。正如南宋理宗时学者吕中在《大事记》中所说:“向者战败而求和,今则

① 《宋史》卷368《张宪传》。

② 《宋史》卷365《岳飞传》。

③ 《系年要录》卷143,绍兴十一年十二月癸巳。

④ 《宋史》卷29《高宗纪六》。

⑤ 《金史》卷77《宗弼传》。

战胜而求和矣！向者战败而弃地，今则战胜而弃地矣！”[1]宋高宗之所以如此屈辱地向金称臣求和，实际上是私心作祟，是怕金朝放出宋钦宗作为傀儡来与他抗衡，因而影响到他帝位的稳固。正如金兀术（宗弼）数年后临死前“遗言”：“如宋兵势盛”，“若制御所不能，向与国朝计议，择用智臣为辅，遣天水郡公（赵）桓（即宋钦宗）安坐汴京，其礼无有弟与兄争”[2]。

宋高宗如此卑劣的思想当然不能公开表述，他公开表白的是：“若归我太后，朕不惮屈己与之和，如其不然”，“朕亦不惮用兵也”[3]。绍兴十二年八月，高宗生母韦太后及徽宗等灵柩到达临安，宋金划分陕西边界也已完成。

四、高宗在位后期的政治形势

绍兴和议以后，奸相秦桧开始长期擅权。宋高宗自绍兴八年专主对金求和时起，秦桧就一直是独相。但绍兴十一年的“绍兴和议”，“方约和时，《誓书》有不得辄更易大臣之语”[4]。这一方面是金朝统治集团看中奸相秦桧是一条忠实的走狗，另一方面又将奸相秦桧是否掌权，作为宋高宗是否对金屈服的标志。同时还保留赵桓（宋钦宗）这张牌，以便在宋高宗不愿再屈服，而金的兵力又不足以压服南宋时，随时另立赵桓为傀儡。以致当赵桓于绍兴二十六年（金正隆元年，1156 年）六月死后，由于当时的金帝完颜亮南侵的准备尚未做好，仍然对南宋封锁赵桓的死讯，直至绍兴三十一年五月，金完颜亮即将南侵前，才向南宋宣布赵桓的死讯。

---

① 《系年要录》卷 146，绍兴十二年八月己丑注。

② 《三朝北盟会编》卷 215 引李大谅《征蒙记》。

③ 《系年要录》卷 142，绍兴十一年十一月壬子。

④ 《朱文公文集》卷 95 下《张浚行状》下。

“绍兴和议”以后，宋高宗“以国事委之(秦)桧，以家事委之(宦官张)去为，以一身委之(医官王)继先。(王继先)所以凭恩恃宠，靡所忌惮，而中外之士莫敢议者三十年”①。秦桧为勾结王继先，指“使其夫人王氏与之(王继先)叙拜为兄弟，往来甚密”②。结成秦桧、王继先为首的腐朽统治集团。秦桧由于有金统治集团撑腰，基本上控制了南宋的朝政，宋高宗除在特殊情况下稍作干预，以表示皇权的存在外，上至执政大臣的去留，下至地方州级长官的任免，主要取决于秦桧，部分则受制于王继先、张去为等佞幸。秦桧为了独掌大权，在杀害岳飞、排斥韩世忠之后，就将矛头指向协助残害岳飞的主要帮手张俊。绍兴十二年十一月，秦桧指使人奏称：张“俊据清河坊以应谶兆，占承天寺以为宅基，大男杨存(沂)中握兵在行在，小男田师中拥兵于上流，他日变生，祸不可测”，直接攻击张俊准备谋反。独掌兵权的枢密使张俊被迫辞职，进封清河郡王后奉朝请闲居。从此，朝中已无可以与秦桧抗衡的大臣。其他执政大臣，都是由秦桧提拔的“柔佞易制者”，他们与秦桧“既共政，则拱默而已”，完全是秦桧的应声虫，不敢有丝毫异议。尽管他们如此顺从，也经常是“或一阅月，或半年即罢去”，以免他们久任执政后影响到秦桧的相位。秦桧公然“开门受赂，富敌于国，外国珍宝，死犹及门”③。秦桧自己更是一门富贵，养子秦熺(秦桧无子)及孙辈均为高官，亲党故旧无不夤缘高升。当秦熺升任知枢密院事后，秦桧向他亲近的理学家胡安国之子胡宁问道：“儿子(秦熺)近除，外议如何？(胡)宁曰：外议以为公相必不袭蔡京之迹”④。这是将秦桧

① 《三朝北盟会编》卷230引《中兴遗史》。

② 《系年要录》卷147，绍兴十二年十一月癸巳。

③ 《宋史》卷473《秦桧传》。

④ 《系年要录》卷157，绍兴十八年三月壬午。秦桧是以太师任宰相，故称之为公相。又，秦桧另有私生子林一飞，但未认祖归宗。

间接地比作北宋末年的奸相蔡京，其实奸相秦桧的权势远远超过蔡京，以致此时尚在世的蔡京旧吏高栋对人说："看他秦太师，吾主人（蔡京）乃天下至缪汉也。"①绍兴二十年正月，发生了杨沂中主管的殿前司后军低级武官施全，乘秦桧坐轿上朝时刺杀未遂的著名事件，施全被捕后声明他是因为秦桧向金屈膝求和而谋刺他的。从此，秦桧每出行便带领五十名卫兵，秦府门前也派兵士防卫。秦桧也许受此惊吓，当年九月起开始生病，到绍兴二十五年（1155 年）十月，恶贯满盈的奸相秦桧病死。"天下酌酒相庆，不约而同，下至田夫野老，莫不以手加额。"②张浚的奏章真实反映了当时人们对独夫民贼奸相秦桧之死的额手称庆的情形。后宋高宗谥秦桧为忠献，还亲写"决策元功精忠全德"八字作为秦桧神道碑额，但是，秦桧神道碑"有其额而无其辞，卧一石草间，曰：当时将以求文，而莫之肯为"③。竟然没有一个文人愿意为奸相秦桧撰写碑文。

秦桧死后，宋高宗虽然将秦桧的一些主要党羽免职或贬降，但他并没有改变降金求和的国策。经过半年多的挑选，到绍兴二十六年五月，任命沈该为左相、万俟卨为右相，两人都是秦桧的党羽，后者还是秦桧杀害岳飞的主要帮凶。万俟卨下台病死以后，继任右相的汤思退，也仍然是秦桧的党羽。直到绍兴二十九年，沈该罢相后，汤思退升任左相，才任命一个不是秦桧党羽的陈康伯为右相。宋高宗在位的末年，其主要的国策，仍和秦桧在世时基本相同，他坚持不给冤死的岳飞平反，即是一例。据载爱国词人张孝祥是首先向宋高宗提出为岳飞平反的，大约在绍兴二十五年十月秦桧病重期间，张孝祥"上书言：岳飞忠勇，天下

---

① 《老学庵笔记》卷 8。

② 《朱文公文集》卷 95 下《张浚行状》下。

③ 岳珂《桯史》卷 2《牧牛亭》。

共闻，一朝被谤，不旬日而亡”。“今朝廷冤之，天下冤之，陛下所不知也，当亟复其爵，厚恤其家，表其忠义，播告中外，俾忠魂瞑目于九泉，公道昭明于天下”。宋高宗对自己选拔的这位新科状元“犯上”之言，采取了“特优容之”[①]，但并不为岳飞平反昭雪。

尽管奸相秦桧死后，宋高宗仍然采取降金臣附的国策，但金朝新统治者完颜亮却要消灭南宋，统一天下。当绍兴三十年金军将要南侵的形势已经十分明朗之后，宋高宗不得不将被群臣指责为秦桧党羽的左相汤思退罢免。在金军南侵前夕的绍兴三十一年（1161 年）三月，抗战派陈康伯由右相升任左相，而宋高宗心存侥幸，仍希望能避免与金作战，不断派出使臣，以进一步了解金朝的情况。但金于同年四月开始由中都（今北京）迁都南京（今河南开封），宋使徐度、虞允文归朝，向宋高宗报告看到金朝备战的情况。五月，金使到临安，厉声向宋高宗索要长江以北的汉水、淮河流域土地；并宣布北宋末帝赵桓（钦宗）已死五年。宋高宗被迫应战，由左相陈康伯向群臣“传上（高宗）旨曰：今日更不问和与守，直问战当如何”。[②]实际上标志着南宋初期，宋高宗对金采取逆来顺受、屈辱求和的时代告一段落。

同年九月，金帝完颜亮率军大举攻宋。十月，宋高宗被迫宣布亲征，“绍兴和议”以来乞求得来的和平，终于被金军南侵的铁蹄所踏破[③]。

---

① 张孝祥《于湖居士文集》附录《宣城张氏信谱传》。但《传》称张孝祥“方第即上疏”，则与他在绍兴二十四年三月应举的册文称：高宗“畀以一德元老（秦桧）志同气合”（《系年要录》卷 166）不符。当是次年诬告张孝祥父亲张祁参与谋反后，秦桧已病重不能加害他人时，故《传》只称“秦相益忌之”。

② 《宋史》卷 384《陈康伯传》。

③ 本章参考王曾瑜《荒淫无道宋高宗》，河北人民出版社 1999 年版。

第十二章　南宋中期的政治、军事形势

金帝完颜亮南侵，宋高宗被迫抗金，淮西宋军南逃，虞允文督率宋军击败渡江南侵的金军于采石。金世宗自立后，金将杀死完颜亮后北归。

宋金和战未定之际，宋高宗传位于孝宗，帝系从此转入太祖一系。孝宗时，北伐攻金，师败于宿州，宋金订立“隆兴和议”。

孝宗惩治腐败，轻徭薄赋，兴修水利，发展生产，控制“会子”流通量以维持币值，南宋经济繁荣。孝宗时，创造了良好的学术文化环境，新学、蜀学、理学及心学派、功利学派，同时兴起，并存争鸣。

淳熙十六年（1189 年），孝宗禅位给太子赵惇，是为光宗。但光宗受制于李后，于是赵汝愚等策划政变改立宁宗。后赵汝愚亦以专政擅权被罢相。韩侂胄掌实权后兴起“庆元党禁”，打击赵汝愚党羽及理学派。

韩侂胄主持北伐攻金，败多胜少，吴曦叛变，和议又起。史弥远矫诏杀韩侂胄后向金乞和，又订“嘉定和议”，南宋陷于史弥远专政擅权时期。

金受蒙古攻击后南迁，宋停贡赋后宋金战事又起，金后因无力南侵而战停。

第一节 孝宗中兴

一、采石之战

绍兴三十一年(金正隆六年,1161 年)二月,金帝完颜亮迁都南京开封,并积极准备南侵。五月,金使以贺宋高宗诞辰“天申节”的名义,到临安向宋高宗转告完颜亮的口头旨意,直接提出将淮南及汉水流域划给金朝的要求,命宋高宗指派将相大臣赴金谈判划界事宜,并进行军事威胁;还将隐瞒了五年的北宋末帝(钦宗)赵桓的死讯,告知宋高宗,以表示金已无需利用另立赵桓为傀儡来威胁宋高宗;金使所带的画家又偷画临安地图等,使南宋君臣感觉到,金要求划长江为界,只是挑衅的借口,其真正目的是要消灭南宋。宋高宗为了求生存,不得不违心作出抗金部署,任命吴璘为四川宣抚使兼陕西、河东招讨使,负责西部防区;侍卫马军司长官成闵率所部三万出戍鄂州,任湖北、京西制置使兼京西、河北西路招讨使,负责中部防区;刘锜任江、淮、浙西制置使兼京东、河北东路招讨使,担负东部抗金重任。李宝任浙西副总管,提督海船,统率水军。

自绍兴十一年(1141 年)南宋对金屈膝臣附以来,在过了近二十年之后,抗金名将刘锜尽管已年老多病,但终于有了统率宋军抗金的时机,他决心利用余年,收复北宋旧都东京开封以报国,当绍兴三十一年八月,因病不能骑马而乘竹舆,从镇江渡江前往扬州时,刘锜对部将们发出“取重阳日到京师(开封)”的豪言①。

金军分三路南侵,由徒单合喜、张中彦统五万金军以攻川

① 《三朝北盟会编》卷 231 引《中兴遗史》。

陕，刘萼、仆散乌者率二万金军攻荆襄，东路主力由完颜亮亲率以进攻两淮。据称完颜亮曾“枚举南朝诸将，问其下孰敢当者，皆随姓名其答如响，至（刘）锜，莫有应者，金主曰：吾自当之”，还“下令有敢言（刘）锜姓名者，罪不赦”。

刘锜自镇江到达扬州以后，“命尽焚城外居屋”，仍采取了绍兴十年（1140 年）守卫顺昌（今安徽阜阳）时坚壁清野的战略防御措施，还增加了“用石灰尽白城壁，书曰：完颜亮死于此”①。决心在扬州与南侵的金帝完颜亮决一死战，以保卫南宋。刘锜又派部将分屯宝应、盱眙，积极部署防御。同年十月，刘锜又带病前往盱眙、淮阴前线督战，但是主管淮西防务的王权，一听到金军已渡淮南侵的消息，立即率部南逃，金军遂如入无人之境，南宋即将再次面对金军临江的险恶形势，宋高宗立即以金字牌召刘锜回军守江。

宋高宗任命知枢密院事叶义问兼督视江淮军马，以统一指挥江淮战事，中书舍人虞允文任督视府参谋军事。他们还未出发，王权已逃到长江南岸的采石，形势十分严峻。刘锜奉诏自前线退回扬州的途中得知真州（今江苏仪征）已被金军攻占，他对将士们说：“虽失真州，而扬州犹（可）为国家守，当速进。”②然而当刘锜率军进入扬州后，才知驻守扬州的安抚使刘泽竟完全没有作守城的准备，而金军又在攻陷真州后，“得城不入”③，“自山路径犯扬州，屯于（城西北）平山堂下”。“扬州居民皆倾城而奔”④，刘锜只得率军出南门退守长江北岸的瓜洲，并在离瓜洲七八里处设阵以待。为了稳定军心，刘锜特地派人从镇江将自己的家属接来瓜

---

① 《宋史》卷 366《刘锜传》。

② 《三朝北盟会编》卷 236。“可”字据《系年要录》卷 193，绍兴三十一年十月戊午条补。

③ 《系年要录》卷 193，绍兴三十一年十月戊午。

④ 《三朝北盟会编》卷 236。

洲。十月下旬,金军占领扬州后,数万金兵追击刘锜于瓜洲,刘锜派兵拒敌于皂角林,左军统领员“琦陷重围,下马死战数十合”,而刘锜所派“中军第四将王佐以步卒百有四人(一作四百人)往林中设伏”①,金军遇伏而败,宋军乘胜奋击,金军大败而退。但由于淮西主将王权逃回江南,促使宋高宗诏令刘锜专守江防。这时刘锜已病重,回到镇江后“坐起不得,行以两人扶掖”②,督视江淮军马叶义问遂以李横代刘锜指挥军事。李横、刘汜率军坚守瓜洲,后被金军打败,瓜洲渡口遂为金军占领。其间,“河朔”“义军攻下太名,以待王师”,不至,后“归朝”③。

十一月初,参谋军事虞允文随叶义问从镇江到建康时,王权已罢职,改由李显忠接任建康府御前诸军都统制,但尚未到职,而王权的原部属已退到长江南岸的采石,三五成群地散坐在路边,骑兵已丢失了马匹,士气十分低落。长江北岸已经满布金军,“金主(完颜)亮登高台,张黄盖,被金甲,据胡床而坐,(南岸的宋军)诸将已为遁计”④。虞允文奉命到达采石犒军时看到这种情形,立即召集诸将,告以只有整顿队伍,奋起抗金,才是唯一的出路,随即指挥诸将于长江南岸布置防务,官军虽有水军却不敢出战,于是虞允文命令当涂民兵驾船参与抗金战斗。部署刚毕,金完颜亮亲自指挥的金军“舟数百艘,绝江而来,一瞬间,七十余舟已达南岸,其登岸者与官军战,我师小却”,将官时俊在虞允文激励下,“即手挥双长刀出阵奋击,士皆殊死战,无不一当百,俘斩略尽”⑤,尽歼登岸的金军。金军船队虽遭南宋军民船

---

① 《系年要录》卷193,绍兴三十一年十月乙丑;参见《朝野杂记》甲集卷20《刘锜皂角林之胜》。

② 《三朝北盟会编》卷236。

③ 陆游《渭南文集》卷43《入蜀记》,乾道六年六月二十五日。

④ 《系年要录》卷194,绍兴三十一年十一月丙子。

⑤ 杨万里《诚斋集》卷120《虞(允文)神道碑》。

舰的冲击，但在金完颜亮严令下，“半死半战，日暮未退”①，适有从光州（今河南潢山）溃退南来的宋军，虞允文授以旗鼓，从山后转出，金军疑是宋援军赶到，遂逃遁而去，宋军杀敌四千多，俘五百多。虞允文推测金军次日必将再次渡江南侵，于是半夜派宋水军乘船先往上流设伏。次日，金军果然再次渡江，虞允文派盛新率船队出击于北岸的杨林口江面，金船队在南宋两支水军的前后夹击下，大败而逃。此战，宋军烧毁金军船舰三百艘，摧毁了金完颜亮在采石渡江的计划，史称“采石之战”，完颜亮遂进兵扬州，准备由此渡江南侵。

此前的十月上旬，金东京（今辽宁辽阳）留守完颜雍即位，是为金世宗，北方的金地方军政长官纷纷归附。十月下旬，南宋的浙西副总管李宝，已自江南率船舰千里奔袭驻守于金胶西县（今山东胶州）东南海湾（今山东青岛西胶州湾）中的金水军，南宋水军到达时，“敌舟已出海口，泊唐岛”，准备南下直接进攻南宋京城临安，配合金帝完颜亮所率主力渡江南侵以消灭南宋。金水军突然见到南宋水军到来，“大惊，掣碇举帆，帆皆油缬，弥亘数里，风浪卷聚一隅，窘束无复行次”，宋将李宝见此情形，立即“命火箭环射，箭所中烟焰旋起，延烧数百艘”，宋军又登上未被火烧的金船奋勇杀敌，全歼金朝准备南侵的水军。

“采石之战”前，金世宗即帝位的消息已传到完颜亮军前，完颜亮任命耶律（完颜）元宜为浙西道兵马都统制，加速渡江南侵的进程。“采石之战”战败转往扬州后，完颜亮又得知金水军全军覆灭的消息，“大怒，召诸酋约以三日渡江”②。

由于金世宗已即位于辽东，随完颜亮南侵的许多将士因“海陵（完颜亮）军令惨急，亟欲渡江，众欲亡归”投靠金世宗。而完

---

① 《宋史》卷383《虞允文传》。

② 《宋史》卷370《李宝传》。

颜亮又“会舟师于瓜洲渡，期以明日渡江”，金军自经历采石渡江之战惨败后，闻听这一诏令，“众皆惧”①，于是完颜（耶律）元宜乘机煽动金军叛乱，十一月下旬，金帝完颜亮（后谥海陵庶人）被杀死于扬州城外龟山寺②。金军随即退向淮北，宋金战场的东线战事暂告结束，但其他地区的战争仍在不断进行，大体上宋军胜多败少，形势对宋有利。

其时金朝境内起义、叛乱频发，后来的著名爱国词人辛弃疾，正是此时参加山东西路东平府（今山东东平）的耿京起义，并任掌书记，于绍兴三十二年初奉命到南宋，请求北伐收复中原。金朝北部临潢府（今内蒙古巴林左旗东南）地区的契丹族移剌（萧）窝斡叛乱，势力日盛，在金世宗称帝后不久也建契丹国并称帝，而且屡败金军。金世宗于绍兴三十一年（1161 年）十二月上旬末到达中都（今北京）后，为避免两面作战，于下旬派遣了金建国以来规格最高的使臣，最早拥立世宗称帝的第二功臣、即位之日任命的元帅左监军高忠建为报谕宋国使，以归还完颜亮侵占的南宋土地，争取与南宋讲和，以便金可以集中兵力平定移剌窝斡。史称完颜“褎（金世宗）与其下谋，以谓（移剌）窝斡（斡原作幹，误）兵势如此，若南宋乘虚袭我，国其危哉！设有所求，当割而与之”③。正是这位金使在归国以后不久即出任镇压移剌窝斡的主帅之一，说明金朝当时的形势确实十分严峻。所以，当绍兴三十二年三月中旬高忠建在晋见宋高宗进国书等礼节方面，都按降低的规格进行时，虽然高忠建以“奉书跪不肯起”的形式表示反对，但当

---

① 《金史》卷 133《完颜元宜传》，卷 5《海陵纪》。

② 《系年要录》卷 194，绍兴三十一年十一月乙未。据《宋史·刘锜传》载：完颜亮到扬州，见到城墙上的“完颜亮死于此。金主（完颜亮）多忌，见而恶之，遂居龟山”。则龟山寺当在扬州城外。

③ 《系年要录》卷 199，绍兴三十二年四月。

宋只以馆伴使“掣其书以进”时，高忠建也只是“气沮”①，而并没有表现出上国使臣常有的强硬态度，显然他不想在这些细微末节上多生事端，以便尽早稳定宋金形势。而宋高宗竟然洋洋自得地“嘉叹”，以致错过了进攻金朝，至少可以取得平等地位的时机，而给金世宗集中兵力镇压移剌窝斡，争取到了宝贵的时间。这是宋高宗在处理宋金关系上所做的最后一件大事。

绍兴三十二年(1162年)五月，宋高宗封建王赵玮为太子，更名赵昚。六月，高宗禅位于太子，标志着宋太宗一系统治的结束。

二、孝宗之立

北宋初年，宋太祖赵匡胤于开宝九年(976年)十月死后，其弟赵光义登基。由于宋太祖赵匡胤之死与传位于宋太宗赵光义之事充满了疑问，故太宗一系子孙虽拥有天下，但这件疑案不免贻人口实，成为宋皇室的一块心病。太平兴国二年(977年)四月，宋太祖下葬永昌陵，史称：“永昌陵既覆土，司天监苗昌裔私谓内侍王继恩曰：太祖之后，当再有天下。”因而当宋太宗于至道三年(997年)死后，宦官王“继恩与参知政事李昌龄，谋立(太祖长子)燕懿王(赵德昭)之子冀康孝王(赵)惟吉”，但由于事情败露而“以贬死”。这件事发生以后，“太祖之后，当再有天下”的传言不胫而走。熙宁八年(1075年)，李“昌龄孙(李)逢为临沂(一作余姚)簿，与方士李士宁导(燕)懿王之曾孙、右羽林卫大将军、秀州防御使(赵)世居谋不轨，复坐诛”，当是受“太祖之后，当再有天下”的传言影响。北宋靖康元年(1126年)闰十一月，金军攻占京城开封城后，燕王赵德昭的五世孙赵子崧，时任淮宁(今河南淮阳)知府，起兵勤王。史称赵“子崧传檄中外，语颇不逊”。

① 《系年要录》卷198，绍兴三十二年三月壬子。

其檄文称："艺祖（赵匡胤）造邦，千龄而符景运；皇天佑宋，六叶而生眇躬"，完全是以太祖之后，当再有天下者自居，还准备"筑坛告上帝，杀三牲歃血"。虽然后来得知康王赵构在济州（今山东巨野），决定投奔赵构，但还是在举"行登坛歃血之礼"后，再去归附赵构①。到建炎二年（1128 年）二月，宋高宗在扬州稍稍立定脚跟后，即决心追究这个敢于在北宋灭亡，伪楚建立后，自称"眇躬"以宋朝继承者自居的赵子崧，于是在京口（今镇江）置狱进行审讯。在"究治得情"后，尽管宋高宗十分"震怒，然不欲暴其罪"②，以免扩大"太祖之后，当再有天下"的影响，危及他的帝位，而以其他罪名将赵子崧流放岭南。

北宋王朝顷刻间土崩瓦解，被金所灭；而新建的南宋王朝，被金军追赶，颠沛流离，几乎是居无定所，在这样的形势下，"太祖之后当再有天下"的传言又起作用了。即如孟太后亦认为这是宋太祖赵匡胤对其弟赵光义夺位不满，因而导致太宗一系的子孙远囚异域。日有所思，夜有所梦。史称孟太"后尝感异梦，密为高宗言之，高宗大寤"。此事经当时的执政赵鼎传出，以后亦载入"国史"。而当时的宰相范宗尹亦深信这一传言，遂"造膝以请"。宋高宗说："太祖以圣武定天下，而子孙不得享之。"而宋高宗自扬州溃逃后惊吓过度，以致丧失了生育能力，因此，立太祖之后为嗣，以"慰（太祖）在天之灵"③就成为宋高宗采取的权宜之计。于是诏选太祖之后，立即得到执政李回、张守的赞同。开始挑选艺祖（太祖）之后宗子数人育于宫中，而不选太宗系的宗子，说明宋高宗本人至少此时也深信"太祖之后，当再有天下"的传言。于是次年正月初一改元绍兴，以示更新之意。

---

① 《系年要录》卷 4，建炎元年四月壬戌。参见《宋史·赵子崧传》、《宋史·高宗纪二》。

② 《系年要录》卷 13，建炎二年二月戊寅。

③ 《系年要录》卷 45，绍兴元年六月戊子。

绍兴二年五月，又选赵伯琮、伯浩二人入宫，高宗召见时适有猫经过，赵伯浩用脚踢猫，而赵伯琮拱立未动，于是赵伯浩被认为性格轻浮而被退回。赵伯琮时年六岁，养育于后宫张婕妤处。赵伯琮是宋太祖次子赵德芳的六世孙，次年赐名瑗，初授和州防御使荣誉衔。绍兴四年五月，吴才人争宠，也请育一子，于是选宗室子赵伯玖入宫，育于吴才人，赵伯玖也是赵德芳的后裔。绍兴五年五月，宋高宗以“朕年二十九未有子”为借口①，不肯确认赵瑗为王子，不肯封王，只依皇子例，进为保庆军节度使，封建国公。次年正月，高宗又赐赵伯玖名为璩，初授也是和州防御使，引起臣僚们的议论。

建国公赵瑗自绍兴五年开始就读于资善堂，大将岳飞在某次觐见高宗以后，曾到资善堂，见赵瑗“英明雄伟，退而叹曰：中兴基本，其在是乎！”②绍兴七年九、十月间，岳飞在觐见高宗时，“密奏请正建国公(赵瑗)皇子之位”。实际上岳飞无意中陷入内宫吴氏与张氏争宠的漩涡，而吴氏(即后来的皇后)日益得势，张氏抚养的赵瑗地位正在受到威胁，宋高宗对岳飞拥立赵瑗的言论十分反感，因而含蓄地训斥说：“卿言虽忠，然握重兵于外，此事非卿所当预也。”③岳飞的建储之奏，此前奏请正赵瑗皇子之位的臣僚尚有多人，实际上都起了相反的作用。绍兴八年八月，宋高宗不但没有正赵瑗的皇子之位，相反，以“御笔”的方式，提出将吴氏抚养的赵璩也升为节度使、封吴国公，即将赵璩提高到与赵瑗相等且稍高的地位。这当即遭到宰相赵鼎、执政王庶和刘大中的反对，宋高宗用近乎乞求的口气说：“俱是童稚，姑与放

---

① 《系年要录》卷89，绍兴五年五月辛巳。

② 《金佗稡编》卷21《建储辨》。

③ 《系年要录》卷109，绍兴七年二月庚子。时间系据邓广铭《岳飞传》(人民出版社1983年版)第222页注③所考订。

行。”①但仍遭到赵鼎的坚决反对，宋高宗不得已，只好暂时搁置。但同年十、十一月间，宰相赵鼎和执政刘大中、王庶相继被罢政出为地方官。在秦桧独相的绍兴九年三月，赵璩被授予保大军节度使，封崇国公，其地位与赵瑗完全相等。绍兴十年五月，金军撕毁和议南侵，岳飞在领兵抗金前夕，再次密请正赵瑗皇子的地位。宋高宗对岳飞此前因没有能并统刘光世旧部，不待批准即擅自离军回庐山守母丧，已有猜忌；此时对岳飞不顾上次的训斥，重又干预高宗建储事，极为反感，但当时正需岳飞全力抗金，因而不得不下诏称：“览卿亲书奏，深用嘉叹，非忱诚忠谠，则言不及此。”②敷衍应付，实已伏下杀机。绍兴十一年十二月，岳飞终于被诬以谋反而赐死。

绍兴十二年，赵瑗时年十六，以例出阁居外第，封普安郡王。绍兴十五年二月，赵璩也出阁居外第，封恩平郡王，与普安郡王赵瑗的居第号称东、西府。

在奸相秦桧时期没有人再敢提出建立储君之议。绍兴二十五年秦桧死后，群臣又纷纷上奏请正普安郡王赵瑗的皇子之位，国子博士史浩则采取表面上不偏不倚的态度，向高宗称赵瑗、赵璩都很聪明，应选择其中更贤惠者以区别对待，正符合高宗的心意，即任命史浩兼普安郡王府和恩平郡王府两府的教授，以进行观察。普安郡王赵瑗二十多年来，一直循规蹈矩，喜怒不形于色，终日读书习武，衣着简朴，加上在高宗与奸相秦桧权力之争中暗助高宗，高宗对他具有良好的印象。但在最后确立谁为皇子时，据称高宗竟然采取“各赐宫女十人”③给两王府的办法，以考验他们。而赵瑗平时就不好女色，数日后高宗果然将宫女们

---

① 《朝野杂记》乙集卷1《壬午内禅志》。

② 《金佗稡编》卷21《建储辨》。

③ 周密《齐东野语》卷11《高宗立储》。

召回体检，这才决定立普安郡王赵瑗为皇子。

绍兴二十九年十二月，金贺正旦使施宜生到临安，暗中向宋馆伴使张焘透露金即将南侵的消息，面对金军再次南侵的形势，高宗决定将可能发生的抗金重任交给赵瑗。绍兴三十年二月中旬在处理完高宗生母韦太后的丧事以后，宋高宗主动向宰执们提出立赵瑗为皇子之事。同月下旬，终于确立赵瑗为皇子，改赐名为玮，进封建王。并明确赵璩为皇侄，并出任置司于绍兴的判大宗正事，赵瑗、赵璩的皇子之争终告结束，但这并不意味着建王赵玮就可以顺理成章自然地继承皇位。

绍兴三十一年九月，金帝完颜亮大举南侵。十月，宋高宗下诏亲征，“建王抗疏请率师为前驱”。赵玮的抗金热情，谁知竟触犯了禁忌（可能被高宗误解为像唐代安史之乱时，唐肃宗领兵平叛而自立为帝，迫使唐玄宗退为太上皇），宋高宗大怒。建王府教授史浩知道赵玮自请领兵抗金之事以后，随即向赵玮说明“太子不可将兵”的禁忌①，赵玮这才明白其中的利害关系，因而立即撰写奏章，辞意恳切地表示，赵玮愿“请扈跸以供子职”，史浩以后又代表赵玮谢绝了担任元帅或留守京城临安的一切建议，而是跟随在高宗左右，以消除高宗对他的一切疑虑。

“采石之战”后，绍兴三十二年春，金世宗与宋高宗互派使臣，宋金关系暂告平静。五月末，宋高宗诏立赵玮为皇太子，改赐名眘。六月初，正式立赵眘为皇太子。数日后又罢此次宋金战争之初设立以表明抗金的招讨司，这是给皇位继承者赵眘以议和，而不是继续抗金的政局。又把奸相秦桧的旧居改建为德寿宫，六月中旬初宋高宗宣布退位为太上皇帝、吴皇后为太上皇后，退居德寿宫，太子赵眘即位，是为孝宗。

---

① 《宋史》卷396《史浩传》。

三、隆兴北伐与议和

绍兴三十二年六月孝宗即位后，宋金战争实际上仍在进行之中。七月上旬末，孝宗便以太上皇高宗的名义下诏恢复岳飞的原有官衔，并按照相应的礼仪进行改葬。为岳飞平反昭雪的其他举措，以后又陆续进行，显然旨在鼓舞南宋的士气，为随后进行的北伐作准备。同年九月，金世宗派遣使臣前来索要“旧礼”(指“岁贡”银、绢)。孝宗即下诏给群臣，指出：“从之，则不忍屈；不从，边患未已”，要他们提出对策。群臣战、和意见分歧，新任执政史浩实际上主和，而以“帝王之师，当出万全”为对，孝宗从史浩议，诏吴璘退保川蜀，但由于吴璘的战略失误，不是采用当年岳飞的以进为退的战略，而是单纯的撤军，金军乘机追击，宋军遭受重大损失，西部宋军从此始终未能恢复元气，仅足以守川，而无进攻能力。

隆兴元年(1163 年)正月，史浩升任右相的同时，张浚也升任枢密使。金朝在镇压了移剌窝斡叛乱以后，遂决定对南宋采取强硬态度。以左副元帅纥石烈志宁经略对宋战事，右丞相兼都元帅仆散忠义受命进攻南宋。三月间，金以左副元帅纥石烈志宁的名义，向南宋枢密使张浚致书，要求南宋按照绍兴和议向金进贡，并索取被宋在采石之战期间占领的淮北地区。南宋则提出宋金应地位平等及重新划界，遭到金的拒绝，宋孝宗遂决定以武力改变宋金关系。但南宋早已丧失了对金作战的最有利时机，而且金军也正全力应对南宋的进攻。五月初，张浚命宋将李显忠、邵宏渊率军六万，号称二十万，分别渡淮北上，李显忠率部首先攻占灵璧(今安徽灵璧)，邵宏渊所部围攻虹县(今安徽泗县)却未能攻下，李显忠遂率部助攻，金守将却未经战斗即向李显忠投降，宋军占领虹县。邵宏渊因此忌恨李显忠，宋军刚一出战两将即失和，为此后的溃败伏下危机。

宋军乘胜进攻淮北重镇宿州（今安徽宿州），守城金军没有遵照金统帅部关于坚壁待援的决策，而是率军出城抗击宋军，被李显忠所部打得大败，伤亡以千计，李显忠乘势攻占宿州。南宋随后任命李显忠为淮南、京畿、京东、河北招讨使，邵宏渊为招讨副使，准备收复北宋旧疆。金左副元帅纥石烈志宁亲率精兵十万来攻宿州，李显忠驻军城外，主动迎击金军，双方展开恶战，金军败退，伤亡各数千人，邵宏渊被恶战的形势所吓倒，当金军再度进攻时，邵宏渊之子及邵宏渊部将率军乘夜逃跑，李显忠即率部入城准备据城抗击，但部属也乘机南逃。邵宏渊又宣称二十万金援军即将到来，宋军如不退兵，即可能发生兵变。李显忠知道邵宏渊想南逃，宿州已不可守，遂乘刚打退攻城金军之机，率军南退，虽然辎重尽失，但保存了兵力。金军对李显忠乘胜退兵，不测其意，或因恐遭伏兵邀击，或因金军伤亡很重，因而没有追击南退的宋军。宿州退兵并非宋军战败，而是主将失和，副帅邵宏渊坐视不战，士气低落，邵宏渊所部又率先逃遁，导致弃城南逃，移军守淮的败局。由于宿州的郡名符离，故宿州之战史称"符离之战"。

符离之战的溃退，说明南宋部分将士的怯金心理并未消除，尤其是惧怕进行恶战，南宋的军力还不足以打败金军。而金军也感到南宋军队具有较强的战斗力，金军不仅在恶战中未能打败宋军，而且在整个战役中也没有能真正打败过宋军，因而金朝也有议和的意向，但金左副元帅纥石烈志宁乘南宋符离之溃，致书索取被宋军占领的地区。此时，虞允文向孝宗陈述宋军放弃陕西的利害关系，孝宗说："此史浩误朕。"①加上宋军出师北伐未向丞相史浩通报，史浩自请辞职后罢相。符离之败使主战派

---

① 《宋史》卷383《虞允文传》。

受挫，秦桧党羽汤思退于七月出任右相，与左相陈康伯俱力主求和。金主持对宋事务的右丞相仆散忠义也致书南宋，可改金宋的君臣关系为叔侄关系，索取宋占淮北原金属地等，太上皇宋高宗得知后“甚喜”，并告诉孝宗，他“欲自备一番礼物”。时在扬州的张浚得知后，反对弃地，孝宗又倾向于不放弃新占土地，议和进程遂又受阻，陈康伯乘机辞相。于是汤思退升为左相，张浚升为右相。隆兴二年初，金致书南宋，坚持索回南宋所占土地，汤思退见孝宗仍不同意金的议和条件，于是提出请孝宗“以社稷大计，奏禀上皇而后从事”。以致孝宗气愤地说：“敌无礼如此，卿犹欲和，今日敌势，非秦桧时比，卿之议论，秦桧不若。”但是，右相张浚在压力下于四月自请辞相，金军又进军淮南，占领楚州（今江苏淮安）、滁州（今安徽滁州），再次形成临江之势。宋孝宗虽将接替张浚都督江淮军马的左相汤思退罢除（不久死于贬途），但在太上皇宋高宗的干预下，不得不下诏：“朕以太上圣意不敢重违”进行议和①。同年十二月订立和议，“正皇帝之称，为叔侄之国，岁币减十万之数，地界如绍兴之时”②。与“绍兴和议”相比，屈辱的程度有所减弱，如不称臣而称侄，不称岁贡而称岁币，且银、绢各减五万两、匹。虽是次年（乾道元年）初双方才正式签订和议，但基本上于本年十二月议定，因而史称“隆兴和议”。

四、孝宗之治

孝宗在位时，注意吏治，慎选官员，惩治腐败，形成了良好的政治风气，是南宋政治最清明的时期，南宋后期的著名学者真德秀称颂道：“乾道、淳熙间，有位于朝者，以馈及门为耻；受任于外

---

① 《朝野杂记》甲集卷20《癸未、甲申和战本末》。

② 《宋史》卷33《孝宗纪一》。

者，以包苴入都为羞。”[①]即以受贿、行贿为耻。孝宗关心民间疾苦，轻徭薄赋，兴修水利，改善纸币流通状况，关注学术自由，其在位时期也是南宋经济文化最繁荣的时期。

几乎所有的皇帝，都会颁布一些减免赋税之类的诏令，但大多并不过问效果如何，对民户有何实际效益，也从不检查，宋孝宗则比较注重政策实施以后的实际情况。五代时盛行的“先期而苛敛”[②]，称为“预催”的败政，在绝迹一百多年以后，到北宋末年开始抬头，南宋建立后愈演愈烈。田赋的夏税按规定是八月半前缴纳，但逐渐提前，到孝宗时户部已规定各地在五月，甚至四月即将当年的田赋“夏税”送到首都临安，孝宗曾多次下诏禁止，但户部并不执行，因为财政急需所收田赋支用。淳熙四年(1177 年)孝宗得知实际情况，于是决定采取户部每年四月上旬向“南库”借钱以应付支用，待田赋“夏税”按规定的八月半期限征收后归还，终于在孝宗亲自干预下，预催夏税得到比较妥当的解决，使得“民力少宽，公私俱便”[③]。

宋孝宗在兴修水利上注重实效，经常派官员检查兴修的水利工程。如淳熙二年十月对工程质量低劣的有关官员进行处分时即说：“昨委诸路兴修水利以备旱干，今岁灾伤乃不见有灌溉之利，若非当来修筑灭裂，即是元申失实。”由于孝宗关心水利兴修的实效，史称孝宗时“水利之兴，在在而有，其以功绩闻者既加之赏矣，否则罚亦必行，是以年谷屡登，田野加辟，虽有水旱，民无菜色”[④]，基本上反映了孝宗时的情况。

孝宗对苛捐杂税采取了逐步减免的政策。如淳熙六年七月取消“无额上供钱”。五代时吴越国“以进际为名”，对新城县(今

---

① 《宋史》卷 437《真德秀传》。

② 《宋史》卷 174《食货志上二》。

③ 《文献通考》卷 5《田赋考》。

④ 《皇宋中兴两朝圣政》卷 54。

浙江富阳西南）虚增田赋的税额，在宋朝建立二百年后的乾道三年（1167 年），才得到“减临安府新城县进际税赋之半”。又如对兴化军（今福建莆田）自建炎三年（1129 年）开始在正常田赋之外征收的“犹剩米”二万四千多石，于乾道元年减去一半，到乾道八年将剩下的全部免除。再如徽州（今安徽歙县）自唐末五代以来二百六十多年额外征收“料杂钱”一万二千多贯，乾道九年时得以免除。宋代例将灾年的田赋，移到丰收年分为二或三年补交，孝宗说既是灾荒不应再收田赋，不准到丰收年补收。淳熙五年又下诏：“比年以来，五谷屡登，蚕丝盈箱”，谷贱伤农，除常规的折帛、折变外，严禁强令将应缴纳的谷、帛“折钱”缴纳，“若有故违，重置于法，临安府刻石，遍赐诸路”①。

由于矿冶业的衰减，因而铜钱铸造量很少，导致货币流通量的严重不足，绍兴三十一年设“行在会子务”发行纸币“会子”。隆兴元年，会子上盖“尚书户部官印会子之印”，使之成为完整意义上的国家货币，加上孝宗注意控制会子的流通量，使之与铜钱等值，保持了会子币值的稳定，促进了商品经济的发展与繁荣。

孝宗时期还创造了百家争鸣的学术环境，不偏倚于某一学派，正如淳熙十四年（1187 年）时理学大师朱熹所说：“若诸子之学（包括理学、新学、蜀学三大学派），同出于圣人，各有所长，而不能无所短。”②正是各学派在学术上自由发展的反映。因而南宋末年著名学者黄震称许孝宗在位时期，“正国家一昌明之会，诸儒彬彬辈出”③，其时著名理学家朱熹、陆九渊，功利派著名学者陈亮、叶適，著名诗人陆游、范成大，著名豪放派爱国词人辛弃疾等，群星辉映，这在中国古代学术文化史上也是难得一见的辉

---

① 《宋史》卷 174《食货志上二》。

② 《朱文公文集》卷 69《学校贡举私议》。

③ 《慈溪黄氏日抄分类》卷 68《读水心集》。

煌时代。

孝宗虽在太上皇高宗的压力下，与金签订了“隆兴和议”，但仍不忘恢复中原。乾道八年(1172 年)，他对丞相虞允文说：“丙午(靖康元年，1126 年)之耻，当与丞相共雪之。”同年九月，宋孝宗授虞允文以少保、武安军节度使、雍国公，出任四川宣抚使以经营川陕。希望能按照绍兴三十二年(1162 年)虞允文提出的，进军陕西，会师河南的计划进行。虞允文也满怀雄心地向宋孝宗提出：“异时戒内外不相应。”孝宗更明确地说：“若西师出而朕迟回，即朕负卿；若朕已动而卿迟回，即卿负朕。”①宋孝宗为此亲自到正殿赋诗赐酒送行，年过花甲的虞允文乘马以节度使仪仗上道。但是，当虞允文到达川中时，面对的却是尚未恢复士气的军队，尽管虞允文竭尽全力采取各种措施，战斗力虽有提高，但仍不足以出兵进攻金朝，直至淳熙元年(1174 年)二月，六十五岁的虞允文终因劳累过度而病死于任上，宋孝宗、虞允文东西两路攻金以复中原的计划落空。

虽然宋孝宗“未尝一日而忘中原也，是以二十八年之间，练军实，除戎器，选将帅，厉士卒，所以为武备者，无所不讲”②。但宋孝宗再也没有能找到虞允文那样志同道合，以恢复中原为己任的大臣、将领，而在背后随时制约孝宗的太上皇高宗，直到八十一岁时才去世，其时已是孝宗在位末年的淳熙十四年(1187 年)，孝宗已年过花甲，早年的雄心壮志也逐渐消沉。淳熙十六年(金大定二十九年，1189 年)正月金世宗去世，皇太孙完颜璟即位，是为金章宗。宋孝宗即将对这个年仅二十二岁金章宗称侄，遂于同年二月禅位给太子赵惇，是为宋光宗。孝宗退位为太上皇，六十八岁的太上皇宋孝宗于绍熙五年(1194 年)病逝。史

① 《宋史》卷 383《虞允文传》。

② 《皇宋中兴两朝圣政》卷 29。

称宋孝宗“卓然为南渡诸帝之称首”①，是很恰当的评价，宋孝宗才是南宋的中兴之主。

五、短促的光宗时期

淳熙十六年(1189 年)二月，宋孝宗禅位给被他认为是“英武类己”的太子赵惇，是为光宗。赵惇自乾道七年(1171 年)初被立为皇太子后，随即被任为首都临安府尹，据称他“究心民政，周知情伪”，还算是个称职的地方官。淳熙十五年二月，孝宗又命太子赵惇赴议事堂“参决庶务”。孝宗对帝位继承者精心培植，认为其合格以后，才禅位“退就休养”，孝宗对光宗有相当高的期望。光宗即位初年，确也重视朝政，“薄赋缓刑”，关心民间疾苦，如免除“郡县第五等户身丁钱及临安第五等户和买绢各一年”②。姜特立是光宗为太子时的旧臣，光宗即位后“恃恩无所忌惮”，“声势浸盛”，干预朝政。淳熙十六年五月，左丞相周必大罢相后，“会副参缺，(姜)特立谒(留)正曰：上以丞相在位久，欲迁左相，叶翥、张杓当择一人执政，未知孰先?”③公然推荐执政人选，干预执政大臣的任免。而当时的户部尚书叶翥正“结近习，图进用”④；张杓为前相张浚次子，时任权刑部侍郎兼知临安府。留正即向光宗奏论姜特立招权纳贿之状，光宗“大怒，诏(姜)特立提举兴国宫”⑤。说明光宗确是不庇佞幸，也算是有作为之举。

但是，光宗皇后李氏，性妒悍残忍，又喜揽权。光宗有一次

---

① 《宋史》卷 35《孝宗纪赞》。
② 《宋史》卷 36《光宗纪》。
③ 《宋史》卷 391《留正传》。
④ 《宋史》卷 397《刘光祖传》。
⑤ 《宋史》卷 470《姜特立传》。

看到一个宫女手白，表现出喜悦之状，李后竟然派人将该宫女的双手砍下装入盒中送给光宗。绍熙二年(1191年)十一月，李皇后乘光宗前去祭祀天地，将光宗的宠妃黄贵妃杀死，以暴病而死告诉光宗，加上当天正值大风雨，祭祀典礼未能进行，“帝(光宗)既闻(黄)贵妃薨，又值此变，震惧成疾”①，不再临朝处理政务，“政事多决于(李)后”②。李后又离间孝宗、光宗的父子关系，称孝宗要废光宗，甚至认为孝宗想乘光宗朝见之机投药毒死光宗，光宗竟然听信谗言，从此不再到孝宗退居的重华宫(即原德寿宫)请安，后虽在群臣奏请下数次前往重华宫请安，但双方关系并未好转。绍熙五年五月，太上皇孝宗病重，光宗及李皇后又拒绝群臣之请，不去重华宫探望。同年六月，太上皇孝宗病逝，光宗、李皇后又以光宗有病，拒绝参加孝宗的丧礼，丧礼因而无法进行。七月，知枢密院事赵汝愚策划政变，迫使光宗退位。

史称光宗“宫闱妒悍，内不能制，惊忧致疾。自是政治日昏，孝养日怠，而乾(道)、淳(熙)之业衰焉”③。孝宗中兴之业，终于在光宗后期李皇后擅权以后走向衰落。

第二节　权臣秉政的宁宗时期

一、宁宗之立

绍熙五年(1194年)六月，太上皇孝宗病逝，光宗以病为借口拒绝到重华宫为其父孝宗主持丧礼，于是宰相留正奏请光宗立子嘉王赵扩为太子，以太子监国主持孝宗丧礼，事后再归政于

---

① 《宋史》卷36《光宗纪》。

② 《宋史》卷243《李皇后传》。

③ 《宋史》卷36《光宗纪赞》。

光宗。当时光宗御批“甚好”，但可能在李皇后的干预下，第三天应正式批示立赵扩为太子时，光宗的御批却是：“历事岁久，念欲退闲。”根本不提立太子之事。在宰执们的一再奏请下，六月末宫内“付出（御批的）封题稍异”，留正可能怀疑李皇后对光宗的御批做了手脚，留“正不启封，付之内降房”。七月初一，赵“汝愚辄启封，（留）正视牍尾，色忧，始密为去计”。这次御批的内容虽已无从得知，但可以肯定是否定了以前的御批，宰相留正因而装病逃出京城以避祸。宋太宗后裔、知枢密院事赵汝愚，却积极策划宫廷政变，想利用光宗曾有“念欲退闲”御批，强迫光宗退位，扶立嘉王赵扩为帝。赵汝愚想得到殿前司长官郭杲的武力支持，曾派人三次交涉但都遭到拒绝，最后请对郭杲有恩的宗室赵彦逾进行劝说，在赵彦逾的再三劝说下，郭杲才勉强接受枢密院的命令。但此事还必须得到太皇太后（高宗皇后）吴氏的支持，赵汝愚遂又通过吴太后的侄女婿韩侂胄，设法请太皇太后下旨立嘉王赵扩为帝，于是太皇太后七月初在孝宗灵前垂帘，宣布光宗“念欲退闲”的手诏，立嘉王赵扩为帝①，是为宁宗，尊光宗为太上皇。

二、韩侂胄擅权与开禧北伐

此次政变的成功，主要得力于外戚韩侂胄和宗室赵彦逾。赵汝愚为独占定策功，甚至可能为了实现更大的阴谋，对韩侂胄说：“吾宗室也，汝外戚也，何可以言功。”而对赵彦逾说：“吾辈宗室，不当言功。”②他以这些欺人之谈压制二人，引起二人的不满。赵汝愚自己则于同月升为枢密使，八月又升任右丞相，且是

---

① 《两朝纲目备要》卷3；《宋史》卷37《宁宗纪一》，卷243《吴皇后传》，卷392《赵汝愚传》。

② 《宋史》卷474《韩侂胄传》，卷247《赵彦逾传》。

独相。他所引进并重用的朱熹、彭龟年等，攻击外戚韩侂胄，致使韩侂胄被免去实职而任闲差，政局完全为赵汝愚所控制。赵汝愚还公开宣扬曾“梦孝宗授以汤鼎，背负白龙升天”①，说这是他扶持宁宗即位的先兆。汤鼎即九鼎，代表国家政权，而孝宗将之授给赵汝愚，且背负白龙升天，也可解释为白龙携之升天，以之解释孝宗命他继承帝位，似乎更有道理。也许是害怕宗室赵彦逾与殿前司长官郭杲关系密切，同年闰十月，赵汝愚即将赵彦逾逐出朝廷，加以虚衔后出任建康知府。庆元元年(1195 年)二月，赵汝愚终于被以“自居同姓，数谈梦兆，专政擅权，欺君植党”②，将不利于宁宗的罪名罢相，以后又连遭贬降，死于贬途。以后朝廷又申禁“伪学”，至庆元四年(1198 年)又下诏禁伪学，赵汝愚、朱熹等五十九人被列为伪学逆党，史称“庆元党禁”。

韩侂胄此后即升领节度使，直至少师，封平原郡王等荣誉衔，虽从没有担任实职，但权势日益巩固。终于成为宁宗早期的权臣。

随着蒙古兴起于北疆，金朝屡受攻击，境内又不断兴起小规模农民起义，为防南宋乘机攻金，金在与宋接壤地区屯兵聚粮，并封锁消息，甚至在一些地区采取禁止与宋贸易的措施。这些反常的举措使南宋统治者误以为金即将发动南侵战争，于是南宋也采取一些预防措施，任命执政官张岩、程松分守两淮等地，著名爱国词人辛弃疾也被起用。不久，南宋知道金朝内忧外患的实情以后，主战派认为收复中原的机会终于来临。嘉泰四年正月，绍兴知府兼浙东安抚使辛弃疾“入见，陈用兵之利，乞付之元老大臣”③。其他抗战派官员也先后表示了类似的意见，有人

---

① 《宋史》卷 392《赵汝愚传》。

② 《两朝纲目备要》卷 4。

③ 《两朝纲目备要》卷 8。

即劝权臣韩侂胄乘机攻金以收复中原，建盖世功勋。同年二月，建韩世忠庙于镇江；五月，追封岳飞为鄂王，大力表彰两位抗金名将，以鼓舞士气。开禧元年（1205 年）七月，权臣韩侂胄终于由幕后走上前台，任平章军国事，权位在丞相之上。次年四月，又追夺奸臣秦桧的申王爵位，取消忠献谥号，后改谥谬丑，全面否定对金乞降求和的国策。在没有准备好的情况下，贸然发动北伐中原的战争，金朝虽受蒙古侵扰，但还未至危及存亡的程度，南宋选择进攻金朝的时机也为时尚早。但开禧北伐确实为爱国人士所称颂，即使曾遭韩侂胄打击的章颖，也呈上所撰《刘（锜）岳（飞）李（显忠）魏（胜）传》，以达到"可传于百世"，"张大国家之威"，"几成功于今日"①。在北伐战争进行时，著名爱国诗人陆游称颂："日闻淮颍归王化，要使新民识太平。"②著名爱国词人辛弃疾，不仅奋勇参加北伐的进程，还作词称："堂上谋臣帷幄，边头猛将干戈。天时地利与人和，燕可伐与曰可。"③明确地表示支持北伐中原的战争。

开禧二年四月，任命四川宣抚副使吴曦兼陕西、河东路招抚使，镇江都统制郭倪兼山东、京东路招抚使，鄂州都统制赵淳兼京西北路招抚使，江陵（今湖北荆州市荆州区）副都统制皇甫斌为副招抚使，摆开了全面攻金的态势。同月下旬，郭倪统率的东路宋军不宣而战，郭倪派武锋军统制陈孝庆渡淮攻金泗州④。小军官毕再遇是岳飞部将毕进之子，此时从陈孝庆北伐，率八十七人为先锋。泗州有东、西两城，毕再遇佯攻西城，而自率勇士登上东城杀敌，东城金军逃走，宋军占领东城，西城随后也向毕

---

① 《宋会要辑稿》礼 59 之 21。

② 《剑南诗稿》卷 67《赛神》。

③ 邓广铭《稼轩词编年笺注》卷 6《西江月》，上海古籍出版社 1978 年新一版。

④ 陈孝庆此时军职，《宋史·宁宗纪二》、《两朝纲目备要》卷 9，皆作都统制，误，当时都统制为郭倪。此据《宋史·韩侂胄传》。

再遇投降。五月初，陈孝庆部宋军又攻占虹县（今安徽泗县）。消息传来，宋廷君臣振奋，随即公开下诏攻金。东路军主帅郭倪调池州（今安徽池州）副都统制郭倬、侍卫马军司长官李汝翼，率军会攻宿州（今安徽宿州），命陈孝庆率部为援军。首建战功的毕再遇则奉命率四百八十名骑兵为先锋，直取徐州（今江苏徐州）。郭倬、李汝翼却被金军打败，当五月下旬初毕再遇率骑兵到达虹县时，正遇上败退的宋军，毕再遇随即加速前进到达灵璧（今安徽灵璧）。毕再遇深知“兵易进而难退”，如不打退追击的金军，则败退的宋军主力必将遭到重创，于是率部驻守在灵璧北门外，并宣誓：“宁死北门外，不死南门外也。”①追击的金军终于被毕再遇所部打败而退，宋军主力才得安然退兵。毕再遇成为东路宋军唯一不败的将领，以功升任殿前司选锋军统制，成为中级将领。

南宋攻金，出乎金的意料，金布置在河南、淮北的金军，志在以守待援，金统治者也曾误以为南宋军力强大，在占领河南后还可能北上进攻金首都中都（今北京），因而进行了多种防御措施，甚至考虑设置一条西起今河北石家庄北，东到天津南的东西防线，兼以进援河南的金军②。

但是，南宋军队大多战斗力不强，又缺乏战斗意志，尽管是主动进攻，但遇金军出城接战，或有金军来援，不论多少，经常是一战即败，甚至未战先溃。而被寄以厚望的四川吴曦，不但没有进攻金军，相反于同年六月暗中向金投降，受金封为蜀王。金遂置川陕边境于不顾，集中兵力于东、中两路。十月，金军渡淮南侵，宋金形势随即逆转，楚州、六合、庐州、和州、襄阳等城先后受敌，已改任镇江都统司中军统制的毕再遇，奉命救援楚州时，盱

---

① 《宋史》卷402《毕再遇传》。

② 参见《金史》卷12《章宗纪四》。

眙的宋军不战而逃，毕再遇只得回军打败占领盱眙的金军，因功升为镇江副都统制。毕再遇再次援救楚州时，金军已围攻和州，宋将周虎率部拒战，金军又攻占真州（今江苏仪征），造成临江的形势。迫使毕再遇再次回军以拒敌，而都统制郭倪因救援六合被金军打败，已弃扬州南逃。毕再遇率军坚守六合，多次打败进攻的金军，并追击至滁州，俘获大量军需物资与骡马，宋廷随即升毕再遇为都统制，接替郭倪指挥淮东抗金战争。但是，南宋指挥两淮军事的宣抚使丘崈已受命遣使向金求和。金亦有和意，随后即逐渐退兵淮北，淮南仅占领濠州一城，以保持淮河渡口，便于南宋拒和时渡淮南侵。

开禧三年正月初，宋廷改命知枢密院事张岩，接替丘崈任督视江淮军马，实际是处理向金求和事宜。同月中旬，曾被韩侂胄寄以厚望的吴曦，在金的诱降下，公开宣布为金的傀儡伪蜀王，金章宗得意地说："吴曦之降，朕所经略。"①

但是，伪蜀的建立，遭到四川大部分军民的反对。兴州（今陕西略阳）中军正将李好义即"与其徒谋举义"②，以铲除伪蜀王吴曦。兴州合江仓官杨巨源也"结义士三百人"，准备刺杀叛贼吴曦，事为伪蜀丞相府长史代行丞相职权的安丙所知。安丙是吴曦父子的部属，被视为心腹，竟然与杨巨源相约在三月六日吴曦带领千名卫士谒庙之时行刺，其意可能是乘机将杨巨源等一网打尽。当杨巨源与李好义联系时，李好义指出："彼（吴曦）出则戺巷（清道），从卫且千人，事必难济。闻熟食日（寒食节，吴曦）祭东园，图之此其时也。"③于是杨巨源假造圣旨，倒盖合江仓印，以备杀吴曦时使用。

---

① 《金史》卷98《完颜纲传》。南宋史籍多载吴曦降金早有预谋，欠确，当以《金史》记载为准。

② 《两朝纲目备要》卷10。

③ 《宋史》卷402《杨巨源传》。

李好义，军官世家。吴曦叛变后，兴州中军马军正将李好义从七方关（今甘肃康县北）前线赶回兴州，联络李贵、王换等准备诛杀吴曦。李好义与杨巨源商议后，为防夜长梦多，决定提前到二月末动手。时，李好义率一百多人冲进伪王宫，宣称："奉朝廷密诏……令我诛反贼，敢抗者夷其族。"乘吴曦卫兵惊恐而逃时，李好义等冲入吴曦卧室，李贵和王换合力杀死吴曦，李好义等"持（吴）曦首抚定城中，市不改肆"。

李好义等提前动手诛杀吴曦，令吴曦死党措手不及，因而对李好义恨之入骨。踏白军统制王喜当天就要杀李好义，事虽未成，"然日以杀（李）好义为心"①。

吴曦叛变很快被平定，然而平叛的首功却被吴曦的心腹、伪丞相府长史安丙所窃取，安丙升任四川宣抚副使；吴曦的死党王喜被安丙报为平叛功臣，升为兴州诸军都统制。

杨巨源参与策划、平叛的功绩被安丙抹杀，杨巨源遂将事件的经过及安丙的言论写信向前侍御史刘光祖呈述，并刻印散布，欲向朝廷申诉，但不久即被安丙指使人杀死。

李好义升任中军统制，随后统率宋军收复被吴曦割给金朝的西和（今甘肃西和）、阶（今甘肃武都东）、成（今甘肃成县）、凤（今陕西凤县东北）四州。五月，李好义升任沔州副都统制（单独置司于利州，今四川广元）。六月，还未及赴任的李好义被都统制王喜所派的奸细毒死于西和州。

吴曦的降金使韩侂胄的威望严重受挫，吴曦被杀的消息并未能使韩侂胄改变向金求和的意向。礼部侍郎史弥远勾结宁宗皇后杨氏（因韩侂胄曾不赞成立她为后），伪造宁宗密旨，指令殿前司长官夏震将权臣韩侂胄杀死。

---

① 《宋史》卷402《李好义传》。

三、嘉定和议后奸臣史弥远擅权时期

由于史弥远是伪造诏书杀死韩侂胄，不敢向宁宗奏告真相，仅命临安府向宁宗申报韩侂胄已死，而昏庸的宁宗三天后还不相信韩侂胄已死，在知道死讯后也未追究原因，遂使史弥远的奸计得逞。史弥远仅升为礼部尚书，但掌握了政府实权，积极进行求和活动。

嘉定元年(1208 年)三月，为向金表明屈膝求和的诚意，恢复了奸臣秦桧的申王爵位与忠献谥号。九月，宋金和议签订，史称“嘉定和议”。改金宋叔侄为伯侄关系，岁币由每年银、绢各二十万两、匹，增为各三十万两、匹，比绍兴和议还各多五万两、匹，另有一次性的犒军费(战争赔款)三百万贯钱，这是历次和议中所没有的，是宋金间最屈辱的和议。太学博士真德秀对和议的评价是：“金人欲多岁币之数，而吾亦曰可增；金人欲得奸人(指韩侂胄)之首，而吾亦曰可与；至于往来之称谓、犒军之金帛，根括归朝流徙之民，承命惟谨，曾无留难”①，反映了朝野的不满情绪，奸臣史弥远是第二个秦桧，十月，奸臣史弥远升为右丞相。

对开禧北伐成功满怀希望的著名爱国诗人陆游，次年带着“王师北定中原日，家祭毋忘告乃翁”(《示儿》)的遗恨辞世。这年五月，还发生了军官罗日愿、张兴等多人谋杀奸相史弥远未遂而被处死的事件。嘉定四年六月，又有军官陈大节、吴仲哲等认为罗“日愿(只是)为(韩)侂胄报仇，非大丈夫”②，显然他们想做更“明智”之举，也被流放。嘉定十四年，又发生军事理论家、小军官华岳(著有《翠微南征录》等兵书传世)因对史弥远的乞降不

① 《两朝纲目备要》卷 11。

② 《两朝纲目备要》卷 12。

满而想谋杀他也被处死的事件等[1]，表明南宋人民对奸臣史弥远痛恨已极。

但是，奸相史弥远为改善自己的丑陋形象，接受理学家刘爚的建议，倡导理学，表彰朱熹，引用理学人士，还特地对不符合赐谥号条件的理学家朱熹、周敦颐、程颢、程颐、张载五人[2]，先后特赐谥号为文、元、纯、正、明，以提高理学派的地位，争取理学派人士为他的丑恶行径遮掩。

嘉定六年（金至宁元年，1213 年）八月，金朝发生兵变，金帝完颜永济（卫绍王）被杀，完颜珣（金宣宗）即位。次年三月，金献公主（卫绍王女）向蒙古成吉思汗乞和。金宣宗于七月迁都南京（今河南开封）以避战祸。当金遣使向南宋通报迁都事后，真德秀奏请停给金的岁币，史弥远虽迫于朝野呼声，不得不于嘉定八年二月，向金提出岁币减为“隆兴和议”的银、绢各二十万两、匹之数。被蒙古军打得狼狈逃窜的金宣宗，仍不将南宋放在眼里，并认为这是南宋软弱的表现，不愿白白少收岁币，遂严拒南宋减少岁币之请。南宋终于决定停给岁币，沉重地打击了南迁后财政十分拮据的金朝。然而，金宣宗对金、宋的形势仍没有清醒的认识，在他的脑海中仍是六七年前，南宋奴颜婢膝、唯金命是听的乞降景象。金宣宗决定发动侵宋战争，以迫使南宋进贡的岁币分文不少，还指望宋金以长江为界，夺取江北土地，以补偿被蒙古侵扰的河北地区。于是从嘉定十年（金兴定元年，1217 年）至嘉定十五年（金元光元年），连续三次发起大规模的侵宋战争，虽也能攻城略地，但败多胜少，而且都先后被宋将赵方、王辛、扈再兴、吴政所部打败而退回淮北。由于奸相史弥远采取与南宋

① 《宋史》卷 455《华岳传》。

② 通常是爵为王、公及职事官三品以上赐谥号，葬后不赐谥号；五人中朱熹最高，也只是从四品，且都已葬多年。

初年奸相秦桧相同的消极防御政策，只要击退侵宋的金军以保持半壁江山，从没有考虑乘胜追击以收复中原，因而当金朝在第三次侵宋战争失败后，由于受蒙古军的侵扰而无力再进行南侵，宋金又处于相对的和平状态中。

嘉定十七年闰八月，宋宁宗病死。宁宗虽然“在位三十年，但池台苑囿无所增置，府库之财未尝妄费，袴屣虽敝或加补濯”①，是一个生活简朴的皇帝。但也是一个缺乏政治才能的庸君，史称奸相史“弥远擅权，幸帝耄荒，窃弄威福”，宁宗也不加以制约或撤换。及至宁宗死后，“皇储国统，(史弥远)乘机伺间，亦得遂其废立之私，他可知也”②。南宋从此走向衰败。

---

① 《两朝纲目备要》卷 16。

② 《宋史》卷 40《宁宗纪赞》。

第十三章　南宋晚期的腐朽统治 元灭南宋

宋宁宗中期后，史弥远擅权。宁宗死，史弥远策划宫廷政变，废原嗣君，扶立理宗，史弥远死后理宗亲政，败政如故。

宋、蒙古联军灭金后，宋军乘虚攻占蒙古统治下的河南，不久战败退回，宋蒙从此战起。

蒙古改国号为元以示正统，南侵灭宋。元军攻占襄阳后沿江东下，丁家洲、焦山二战，宋军战败，元军进抵临安，南宋恭帝降。宋臣扶立端宗于福州，再建宋朝。元军南下，宋廷航海流亡。右丞相文天祥抗元战败被俘。端宗病死后末帝嗣立，张世杰率军抗击元军于厓山，宋军战败，左丞相陆秀夫背负末帝投海自尽，南宋亡。

第一节　南宋晚期的腐朽统治

一、理　宗　之　立

宁宗于庆元元年(1195 年)生子夭折，庆元四年从宰相京堂之请，收养宋太祖长子燕王赵德昭之后赵与愿于宫中，赐名赵曮，嘉泰二年(1202 年)封卫国公。开禧三年(1207 年)，年仅十六岁的赵曮，受资善堂翊善、礼部侍郎史弥远的蛊惑，曾向宁宗奏罢韩侂胄，虽有杨皇后从旁协助，亦未能得到宁宗同意。同年十一月，奸臣史弥远与杨皇后伪造密旨杀害权臣韩侂胄后，赵曮随后即被立为皇太子，改名赵恃，封荣王。嘉定十三年（1220年）八月，年仅二十九岁的赵恃病死。

孝宗次子赵恺死后，其子赵抦于开禧二年死，追封沂王，赵抦之子又夭折。诏以太祖次子德芳裔孙赵均为沂王赵抦的嗣子，称皇侄，嘉定四年（1211年）赐名赵贵和。皇太子赵恃病死后，嘉定十四年六月，宁宗以赵贵和为皇子，赐名赵竑，封济国公。赵竑虽已娶妻生子，但其既胸无城府，又无政治头脑，刚被立为皇子，即在宫中向宫女透露他对奸相史弥远的不满，并指着舆地图上的"琼（今海南海口）、崖（今海南三亚西崖城镇附近）曰：吾他日得志，置史弥远于此。"又称史弥远为"新恩"，即是指将来至少也要将史弥远贬于新州（今广东新兴）或南恩州（今广东阳江）①，被史弥远安排在赵竑宫中做奸细的宫女一一向史弥远密告。史弥远遂日夜谋划夺储政变。

嘉定十四年九月，以宋太祖长子赵德昭的另一后裔赵与莒，赐名赵贵诚为沂王赵抦的嗣子。宰相史弥远与其爪牙、时任九品小官的国子学录郑清之，谋划以赵贵诚代替宁宗确定的储君赵竑为帝。史弥远遂安排郑清之兼沂王府教授，并以相位相许。其后郑清之虽不断升官，但一直兼任沂王府教授，以等待宁宗去世后发动夺储政变。

嘉定十七年，庸君宁宗生病，虽年近花甲，但仍恋栈帝位，既未作禅位准备，也未让皇子赵竑临时"监国"，更未免除史弥远的相权。而史弥远却乘宁宗病重不能处理朝政之机，伪称宁宗下诏立赵贵诚为皇子，并改名赵昀，作改立新君的准备，朝中无人敢追问真伪。其时史弥远的党羽已布满各军政要害部门，虽不足以改朝换代自立为帝，但已能左右政坛为所欲为。同年闰九月，宁宗病逝。

---

① 《宋史》卷246《赵竑传》。

奸相史弥远遂命杨皇后的侄子杨谷、杨石兄弟，告知改立赵贵诚为帝之事。当年与史弥远勾结伪造诏书杀害权臣韩侂胄的杨皇后，此时却不同意改立之事，并说："皇子（赵竑）先帝所立，岂敢擅变。"尽管史弥远已勾结当年杀害韩侂胄的凶手、殿前司长官夏震，以便必要时以武力发动政变，但仍力图通过合法程序进行。在杨氏兄弟当晚七次进宫，促使杨皇后改变主意未果的情况下，史弥远竟对杨氏兄弟进行威胁，杨氏兄弟告知杨皇后："苟不立之（赵昀），祸变必生，则杨氏无噍类矣。"[①]杨皇后这才违心地同意废皇子赵竑，改立赵昀为帝，是为理宗。改封赵竑为济王，迁居湖州。帝系从此转入太祖长子赵德昭后裔。

二、作为傀儡的理宗前期

宋理宗意外地当上了皇帝，他知道史弥远的势力布满朝廷，他既为了感恩，也无力改变现状，于是在史弥远当权期间甘心充当傀儡。杨皇后虽名为"同听政"，实亦不预朝政，次年四月即归政。

史弥远深知废皇子赵竑为济王、立赵昀为帝之事，不得人心，于是加紧推行已行之有效的政策，即扶植理学及引用理学人士。理宗即位的次月，即"诏褒表老儒"，于是理学家朱熹弟子傅伯成、陆九渊弟子杨简，以及自幼即读理学著作的柴中行，虽均已年迈，无法出任实职，但均被授以殿、阁职名，及带宫观闲差以取俸禄；在职的理学人士真德秀、葛洪、乔行简等，均升兼被认为是儒者之荣的侍读、侍讲。

宝庆元年（1225年）正月，发生了湖州人潘壬、潘丙等率渔民及部分地方军近百人拥立济王赵竑为帝的事件，虽然次日即

---

① 《宋史》卷243《杨皇后传》。

被赵竑率兵平定，并报告朝廷，但赵竑仍被史弥远派爪牙迫害致死。此次事件史称“霅川（湖州别称）之变”。这件事引起理学家真德秀、魏了翁等正直人士的不满，真德秀一月之内四次辞免“直学士院”要职，后又三次自请黜责。理学家魏了翁为“霅川之变”而遭贬斥的官员送行，被史弥远爪牙认为是“首创异论”①。魏了翁即以病告假并请领宫观闲差。史弥远为了拉拢他，对魏了翁不降反升，同年九月再升为权工部侍郎，魏了翁再辞职未成后，又荐他人自代。拉拢不成，史弥远遂以“朋邪谤国”的罪名处罚魏了翁，“柄臣（史弥远）初意，将寘臣必死之（地）”，经理宗“保全”②，才改为罢职降三官（阶官），贬往靖州（今湖南靖州）。魏了翁即于贬所建鹤山书院，传播理学。真德秀则因济王赵竑被害后的赠典事，与史弥远及其党羽对抗，因而史弥远准备对真德秀严加惩处，“请加窜殛”，但宋理宗这时却说：“仲尼不为已甚”③，亲自出面加以保全。也许理宗认为如果对当时的理学宗师真德秀严惩，则奸相史弥远一向标榜崇奉理学的画皮，即被撕破。史弥远也可能是在了解这层利害关系后，真德秀才能在同年十一月被罢职后，回到家乡浦城（今福建浦城）授徒著书，虽然次年二月又受到降二官（阶官）的处分。

史弥远为了改善他卖国降金的奸臣形象，于宝庆元年二月，追谥岳飞谥号为忠武。

史弥远在惩处当代理学宗师真德秀、魏了翁之后，仍举着推崇理学的大旗，宝庆三年正月，追封已故理学大师朱熹为信国公，特赠最高官衔“太师”。并通过诏书大力表彰朱熹的《四书集注》，称之为“发挥圣贤蕴奥，有补治道”④。

---

① 《宋史》卷437《魏了翁传》。

② 《鹤山先生大全文集》卷18《应诏封事》。

③ 《宋史》卷437《真德秀传》。

④ 《宋史》卷41《理宗纪一》。

但是，惩处当代理学宗师，无论如何与史弥远标榜的崇奉理学形象不符。于是，绍定四年（1231 年）就给真德秀、魏了翁恢复原官衔祠禄；次年又起用真德秀为泉州（今福建泉州）知州，魏了翁为潼川安抚使兼泸州（今四川泸州）知州。

奸相史弥远"擅权用事，专任憸壬"，"李知孝、梁成大等以为鹰犬"①。"馈赂公行，薰染成风"②。史弥远的爪牙梁成大，甚至将收受的贿赂公然陈列在居所的堂上及廊下，引导来客观看，实际是以此索贿。魏了翁在端平元年（1234 年）陈述：奸相史弥远自宁宗嘉定"五、六年，威势已成，遂至决事于房闼，操权于床第"，"其上无人主，旁无同列，下无百官士民"，蔡京、秦桧、韩侂胄也不敢如此擅权妄为③。在奸臣史弥远长期擅权，尤其是在理宗前期完全控制政局以后，正如魏了翁所指出：史弥远"内擅国柄，外变风俗，纲常沦斁，法度堕弛，贪浊在位，举事弊蠹，不可涤濯"。正常的封建朝典法制，几乎被摧毁殆尽。因而魏了翁在史弥远死后，奏请理宗恢复三省、二府、都堂、侍从、经筵、台谏等旧制④，重建朝章典制，恢复正常的封建统治秩序。

绍定六年（1233 年）十月，奸相史弥远病死，长达二十六年的擅权政局终于结束。

三、理宗亲政后的南宋政局

史弥远的帮凶郑清之，在理宗即位后不久的绍定元年（1228 年）升为签书枢密院事，进入执政之列，绍定三年又升兼参知政事。绍定六年十月，史弥远病死前不久，郑清之又升为右丞相兼

① 《宋史》卷 414《史弥远传》。

② 《宋史》卷 437《真德秀传》。

③ 《鹤山先生大全文集》卷 18《应诏封事》。

④ 《宋史》卷 437《魏了翁传》。

枢密使，理宗亲政时面临的仍然是史弥远安排的政局。但是，理宗和郑清之都深知史弥远为政不得人心，因而在绍定六年十一月即下诏改次年为端平元年（1234 年），以示与民更始。随后又将史弥远党羽中最为人们痛恨的李知孝、梁成大、莫泽“三凶”，以及向史弥远行贿的贪官袁韶、郑埙等贬斥。企图以此改变郑清之原是史弥远帮凶的形象。

此时，影响南宋末年政局的宋蒙关系也有了新的发展。史弥远在世时，蒙古军在进攻金朝的同时，也不断侵扰南宋边境，尤其是川陕边境，还不时强行穿越宋境攻打金军，对南宋军民多所杀掠。当绍定四年（1231 年）夏，蒙古遣使至南宋襄阳（今湖北襄樊襄阳区），与宋边帅陈垓相约联合攻金事，理宗曾命群臣集议，结果如何不详，但边帅陈垓曾派兵与蒙军于次年进攻金首都汴京①。金哀宗逃向归德（今河南商丘睢阳区）。“大元（时为蒙古）再遣使议攻金”，京湖安抚制置使、兼襄阳知府史嵩之，“以邹伸之奉使草地，报聘北朝（蒙古）”，蒙古“仍许以河南归本国（南宋）”②。其时金哀宗已逃到蔡州（今河南汝南）。绍定六年八月，蒙古军都元帅塔察儿派王檝出使至南宋襄阳，约宋出兵与蒙军联合进攻蔡州，京湖制置使史嵩之遂派副都统制孟珙与部将江海率军二万，与蒙军会攻蔡州。端平元年（金天兴三年，1234 年）正月初十（2 月 9 日），蔡州城危之际，金哀宗传位给族人完颜承麟，是为金末帝。传位仪式刚结束，宋军已攻进南城，随即又开西门接蒙古军入城，金哀宗自尽，金末帝为乱兵杀死，金亡。

宋、蒙联军灭金以后，蒙古毁约未将河南划给南宋，只将陈（今河南淮阳）、蔡东南一隅归宋，南宋被迫接受既成事实，并没

---

① 据《宋史》卷 41《理宗纪一》，绍定五年十二月“时宋与大元兵合围汴京”；《宋季三朝政要》卷 1，亦载是年“国兵与韃靼国兵合围汴（原作燕，误）京”。宋、蒙联合进攻汴京事可能有，但似非南宋朝廷所派，或许为边臣所为。

② 《宋史》卷 41《理宗纪一》；《宋季三朝政要》卷 1。

有据理力争。然而当蒙军主力北归后，南宋理宗却采纳部分官员意见，乘虚出兵河南，收复中原，随后西据潼关（今陕西潼关），北守黄河，以建不世之功。同年六月，宋庐州（今安徽合肥）知州全子才率淮西兵占领开封；随后京河制置使兼淮东制置使赵葵，率淮东兵五万，经泗州（今江苏盱眙北）到达开封。七月，宋军占领洛阳，蒙军由陕州（今河南三门峡市西郊）反攻洛阳，虽胜败相当，但宋军因缺粮而退兵；蒙军又决黄河水灌开封，宋军弃城南归，南宋收复河南之举失败。

同年冬，蒙使王檝前来，"已挟昔年金使例册自随"①，责问南宋违约攻蒙事，实际上是要求南宋如同臣服金朝时那样，向蒙称臣并纳岁币。十二月，理宗虽接见蒙使王檝，但并未达成协议，从此进入宋、蒙（元）对峙与交战时期。

理宗在部署对蒙防御措施的同时，重又举起崇奉理学、引用理学人士的大旗，端平二年正月，理宗下诏讨论北宋理学创始人邵雍、周敦颐、张载、程颢、程颐及司马光、苏轼等人从祀孔庙事。三月，将当世理学宗师真德秀升为参知政事，但真德秀已病，随后于五月病死。同年十一月，丞相郑清之等，"遂谓近臣惟（魏）了翁知兵体国"②，将当时最著名的理学家魏了翁，由礼部尚书升为同签书枢密院事（执政）、督视京湖军马，表面上是重用理学家，实际是将他排挤出朝廷。然而出乎郑清之等的意外，宋理宗又任命魏了翁兼督视江淮军马，开督视府于江州（今江西九江），享有"便宜"措置大权，统一指挥除川陕以外的所有抗蒙军事大权。郑清之等心有不甘，于是事事加以牵制，次年二月即将魏了翁免去督视大权，以升任签书枢密院事调回京城，魏了翁遂以病力辞新命。

---

① 《真文忠公文集》卷14《（端平元年）十一月癸亥后殿奏已见札子一》。

② 《宋史》卷437《魏了翁传》。

端平二年六月，蒙古决定兵分三路南侵，西路蒙军于同年十二月侵入四川，围南宋四川制置使赵彦呐于蜀北的咽喉青野原（今陕西略阳西南陕甘边境），利州都统制曹友闻率部击败蒙军。端平三年九月，制置使赵彦呐未采纳曹友闻据险制敌的战略，强令出战，抗蒙名将曹友闻及所部英勇抗击数倍于己的蒙军，致全军覆没，曹友闻战死。蒙军遂长驱直入，占领川西重镇成都等地，大肆劫掠后北归。嘉熙三年（1239 年）蒙军再度侵入四川东部，沿江东下，进至巴东（今湖北巴东）被宋军击败。

中路蒙军于端平三年初侵入宋境，占领襄阳、随州、荆门、枣阳等地。蒙军在进攻江陵（今湖北荆州市荆州区）时，被宋将孟珙率军击败，蒙军渡江南侵计划破灭。宋军继又连败蒙军于信阳（今河南信阳）、光化（今湖北丹江口市），遂收复襄阳等失地，但不久襄阳宋军降蒙。嘉熙二年，襄阳蒙将又降宋。

东路蒙军端平二年冬大举南侵，攻城略地，直至长江边的真州（今江苏仪征），被知州邱岳的伏兵击败后北返。嘉熙元年，蒙军再度南侵，在进攻黄州（今湖北黄冈）时被宋军击败，转攻安丰（今安徽霍丘西），池州（今安徽池州）都统制吕文德率援军突入城中，与知州杜杲联合抗击蒙军，蒙军在久攻不下后退兵。嘉熙三年九月，蒙军又大举围攻庐州（今安徽合肥），新任知州杜杲百计抗击，以炮击取胜后又率军出击蒙军，蒙军才退兵。

南宋政府面对蒙军南侵的严峻形势，嘉熙三年正月，参知政事史嵩之升为右丞相兼枢密使，由督视京湖军马升兼都督两淮、四川、京湖军马，依旧置司鄂州（今湖北武汉武昌区），全面负责抗蒙事务。后又以吴潜升任兵部尚书、浙西制置使，兼镇江知府，以董槐任江州（今江西九江）知州兼都督府参议、太平州（今安徽当涂）知州吴渊兼都督府参赞、鄂州江陵府都统制孟珙兼都督府参谋，进行抗蒙的全面部署。四年春又任命孟珙为四川宣抚使兼夔州（今重庆奉节）知州，企图借孟珙在宋、蒙联军灭金战斗中的威望，以扭转四川形势。

南宋在蒙军端平二年攻宋之前，已遣使通好于蒙古，以求避免蒙军侵宋。在蒙军侵宋之际，蒙再遣王檝使宋，嘉熙二年二月到达。王檝之来，是提出宋蒙划江为界，及按宋向金贡岁币之例，“复求岁币银、绢各二十万”两、匹①；三月，宋派周次说为通好使。嘉熙四年春，宋使“与（王）檝偕来，议岁币”，由于南宋朝廷对和议是否可行，犹豫不决，宋蒙议和之事，遂无果而终。

由于嘉熙三年抗蒙形势略有好转，不仅使南宋中断次年进行的宋蒙议和进程，并使理宗再次致力于扶植理学的活动。

淳祐元年（1241 年）正月，宋理宗颁诏以周敦颐、张载、程颢、程颐、朱熹五人从祀孔庙，后又将王安石排斥出从祀孔庙之列。理学被确认为南宋官方统治思想，取得了独尊的地位，这可算是宋理宗最重要的政绩，时距南宋灭亡仅三十多年。

当时被称为自“西山（真德秀）请老既殁，公独岿然为大宗工”②，继真德秀之后成为理学宗师的刘克庄，在淳祐六年八月，称理宗的执政方针是：“薄物细故，纷拏不已；急政要务，谦逊未遑。未免有‘不言防秋而言《春秋》，不言炮石而言（王）安石’之讥。夫废《春秋》、用（王）安石，致祸之本也，于时（指北宋末）尚以为不急；况今之不急，有甚于此者乎。”“今庙谟睽异，邪党（指新学派）揶揄，臣实未知其所终。”③作为南宋晚期理学宗师的刘克庄，尽管对王安石和新学派依然进行攻击，但他认为学派之争，以及理宗随后下诏称理学为“千载绝学”，表彰朱熹的《四书集注》；又声称王安石为“万世罪人”，将之排斥出孔庙从祀之列；进而追封周、张、二程为伯爵，又亲自祭祀孔子；命学官进讲《大

① 《宋史》卷 405《李宗勉传》；《宋史翼》卷 17《方岳传》。

② 《后村先生大全集》卷 194，林希逸《刘克庄行状》。

③ 同上书，卷 52《召对札子》。参见笔者《略论南宋时期“宋学”的新学、理学、蜀学派》。

学》，还亲制《道统十三赞》，宣示于国子监等一系列扶植理学派活动，全都是小事，是“薄物细故”，但理宗却一而再、再而三地“纷挐不已”。然而对有关国家兴亡安危的“急政要务”，理宗却不去过问，唯恐涉及。这种治国态度，与北宋末年国家危亡之际，宋钦宗与理学家杨时等，不去防备金军南侵，而去谴责新学派不重视儒家经典《春秋》之罪；不去作战争防御准备，而去攻击王安石，没有什么区别。

理宗在亲政前期，实际上“嫔嫱已溢于昔时”，“金帛多靡于浮费”，不认真处理急政要务，而热衷于“宴安”①。

南宋淳祐元年十一月，蒙古窝阔台汗病死后，蒙古内部忙于争夺汗位，直到淳祐十一年蒙哥继承汗位后，才又开始南侵活动，而且主要在西南地区，攻占大理，招抚吐蕃（今西藏）等地。南宋的形势并不严峻，理宗唯务享乐宴安，及至末年又为贾似道欺蒙，从不以国事为重，然而国势危亡，已与北宋末年类似。宋元之际的周密称：“至（理宗）宝祐、景定，则几于（徽宗）政（和）、宣（和）矣”②，正确地论述了理宗亲政后期的形势。

理宗前期宠幸贾贵妃，淳祐五年贾贵妃死后，后期又宠幸阎贵妃。阎贵妃与“内侍董宋臣表里用事”③，丁大全（后任丞相）又与董宋臣内外勾结。董宋臣“招权纳贿，无所不至”，人称“董阎罗”。宝祐四年（1256 年）“时阎妃怙宠，马天骥、丁大全用事”。有人在朝门上写：“阎马丁当，国势将亡”④。

宝祐六年二月，蒙哥汗率西路蒙军侵入四川，攻城掠地。开庆元年（1259 年）正月，率军进攻合州（今重庆合川）钓鱼山（时州治迁于此），知州王坚率部抗击蒙军，直至七月下旬，蒙哥汗攻

---

① 《宋史》卷 405《李宗勉传》。

② 《武林旧事·序》。

③ 《宋史》卷 422《徐侨传》。

④ 佚名《宋季三朝政要》卷 3。

城时受伤而死，蒙军才解围。中路蒙军由忽必烈统率，八月才渡淮南侵，月末进抵长江北岸。九月初，忽必烈接到蒙哥汗去世的快讯，并请其北归以接汗位，他决定建功后才北归。遂渡江进围鄂州，但久攻不下。十一月下旬，又接到其妻察必所遣使臣急讯，告知宗室争夺汗位，请即北归以夺汗位。忽必烈扬言直取南宋首都临安，作为渡江北归的掩护。身为右丞相在鄂州督战的贾似道，虽然接到合州知州王坚派人告知蒙哥汗已死于钓鱼山下的消息，但将信将疑，而对忽必烈直取临安的烟幕，却信以为真，因而他不是指挥军民奋起抗击蒙军，促使蒙军退兵，相反派使前往求和，以割让长江以北土地及称臣纳贡为条件以议和。忽必烈随即遣使到鄂州谈判，因蒙军北归在即，他嘱咐蒙使见旗动即随军北上。宋、蒙双方正在鄂州城头谈判，协议尚未达成，蒙使见蒙军旗动后立即返回。由大理北上围攻潭州（今湖南长沙）的兀良合台部蒙军这时也奉命撤围北归。贾似道伪称击退蒙军，有再造功，遂专国政。

景定元年（1260 年）三月，忽必烈即位后遣郝经为国信使来宋告即位事，并提出尚未达成协议中的岁币之事①，贾似道怕私自议和割地纳贡事暴露，遂密令淮东制置使扣留蒙使郝经于真州，不让他晋见宋理宗。沿江诸将常被以莫须有罪名罢职或下狱。景定二年六月，潼川（今四川泸州）安抚使、骁将刘整，以军需经费为蜀帅俞兴所阻，心生疑惧而降蒙。忽必烈于七月间以南宋扣留郝经为背约，下诏南侵，但又忙于镇压内部叛乱，顾不上南侵，宋蒙又处于相对稳定时期。

景定五年（1264 年）九月，建宁府（今福建建瓯）教授谢枋

---

① 胡昭曦主编《宋蒙（元）关系史》（四川大学出版社 1992 年版）第 250 页，认为割地纳贡事或为蒙方提出而非贾似道提出，值得商榷。如是蒙方提出且未达成协议，南宋即无必要扣留蒙使郝经于真州，不令晋见理宗。正是由于是贾似道私自遣使向蒙古提出割地、称臣、纳贡，才决定扣留蒙使于真州，以免蒙使进见理宗时暴露真相。

得，“考试建康（今江苏南京）”时，指出当时的严重形势，“言权奸（贾似道）误国”，蒙古“兵必至，国（南宋）必亡”，被丞相贾似道以“其怨望腾谤，大不敬，窜兴国军（今湖北阳新）”[①]。同年十月，理宗在南宋危亡在即时去世。理宗除赞同经理襄阳城守外，可说是别无善政，而“史弥远、丁大全、贾似道窃弄威福，相与始终”[②]。理宗“在位久，嬖宠浸盛，宫中排当频数，倡伎傀儡，得入应奉”。其为政正如周密所说与北宋徽宗相似，徽宗打着新学的旗号，进行腐朽统治，将北宋王朝送上了灭亡之途；理宗则是崇奉理学，置大政要务于不顾，也将南宋送上了衰亡之道。史称：“上（理宗）自临御，以终始崇奖周（敦颐）、程（程颢、程颐）、张（载）、朱（熹）义理之学，故得庙号曰理。”[③]理宗崇奖理学，后代理学家也投桃报李，尽管其为政腐朽至极，还为他辩解说：“身当季运，弗获大效。”甚至说：“后世有以理学复古帝王之治者，考论匡直辅翼之功，实自帝（宋理宗）始焉。”[④]元代理学家为宋理宗开脱罪责，可说是用心良苦。

第二节　元灭南宋

一、傀儡皇帝宋度宗

理宗虽生子，但早夭，于是以侄为嗣子，淳祐七年（1247年），赐名孟启。赵孟启是理宗同母弟、荣王赵与芮之子，生于嘉熙四年（1240年），七岁才开始说话，是个弱智儿童。淳祐九年，封益国公。十一年，改赐名孜，封建安郡王。宝祐元年（1253

① 《宋史》卷45《理宗纪五》，卷425《谢枋得传》。

②④ 《宋史》卷45《理宗纪赞》。

③ 《宋季三朝政要》卷3。

年)立为皇子,赐名禥,次年封忠王。景定元年(1260 年),立为皇太子。景定五年十月,理宗病死,太子赵禥即位,是为度宗。尊理宗皇后谢道清为皇太后。

度宗时期贾似道擅权,“每朝(度宗)必答拜,称之曰‘师臣’而不名,朝臣皆称(贾似道)为‘周公’”[1]。咸淳三年(1267 年),特授贾似道平章军国重事,虽定为“三日一朝,赴中书堂(都堂)治事”,实际是“居西湖葛岭赐第,五日一乘湖船入朝,不赴都堂治事,吏抱文书就第呈署,宰执书纸尾而已”[2]。大小朝政,一切取决于馆客廖莹中、堂吏翁应龙。贾似道虽擅权专恣,但也不忘扶植理学,同年以理学创始人之一的邵雍及司马光从祀于孔庙,并追封邵雍为伯爵。还命陈宜中等向度宗进读《中庸》,咸淳六年(1270 年)又命陈宜中进讲《春秋》。继又将理学著作《太极图说》、《西铭》、《易传序》、《春秋传序》,诏令“天下士子宜肄其文”。由于贾似道擅权专恣,许多官员不愿与之同流合污,但又怕遭打击,纷纷借故辞官。咸淳四年诏中所称:“迩年近臣无谓引去以为高,勉留再三,弗近益远,往往相尚”[3],正是这种情况的反映。

理宗唯一的政绩是赞同“经理襄阳”。华中重镇襄阳残破十多年后,在淳祐十年(1250 年)三月,李曾伯出任京湖安抚制置使兼江陵知府,从战略高度认识到襄阳地位的重要性,即提出“经理襄阳”的方略,曾浚筑江陵城濠有功的王登也参与其事[4]。经过二三年的经营,襄阳、樊城(今湖北襄樊市樊城区)重又成为华中前线的堡垒。宝祐二年(1254 年)三月,修复襄阳的有功人员知府高达及王登、程大元、李和等数以千计的官员和将士都受到嘉奖。理宗在经理襄樊之初,曾在诏中对李曾伯称:“自顷边

---

① 《宋史》卷 474《贾似道传》。

② 《宋季三朝政要》卷 4。

③ 《宋史》卷 46《度宗纪》。

④ 《宋史》卷 412《王登传》。

臣不善牧御，巨镇坚垒，弃如赘疣。朕每饮食，意未尝不在襄、樊也。卿专阃几何时，而二城复归于职方氏，厥功茂焉。”并提出期望“安集新民，拊（抚）循斗士，使开关可以战，闭户可以守”①。襄、樊终于成为进可战、退可守的堡垒，达到了预期的目的，在南宋末年的抗蒙战争中起到关键作用。

咸淳元年（1265年）八月，元军进攻庐州、安庆（治今安徽潜山）等地，宋将范胜、张林等战死，战火燃及两淮。三年十二月，宋任命吕文焕为京西安抚副使兼襄阳知府。其时，蒙军正在襄、樊附近的白河口、万山、鹿门山修筑城堡。这是忽必烈纳宋降将刘整的攻宋“宜先从事襄阳”的建议以后②，采取的攻宋新战略。咸淳四年九月，蒙军开始围攻襄阳、樊城。

咸淳五年三月，京湖都统制张世杰率马步军及水军援救襄、樊，与蒙军战于襄阳东南的赤滩浦，救援未获成功；襄阳守将吕文焕多次出战，也未能击退蒙军。同年十二月，吕文德病死。次年正月，又调李庭芝任京湖安抚制置使，兼夔路策应使、江陵知府，接替吕文德措置华中防务，并督师援救襄阳。十月，又调殿前副都指挥使范文虎，统率殿前司及两淮诸军前往襄、樊抗击蒙军。但贾似道一直对度宗隐瞒襄阳危急的真相，有一天度宗问贾似道：“襄阳之围三年矣，奈何？”贾似道竟说：“北兵（蒙军）已退去。”③实际上襄、樊已被蒙军包围，宋军组织的多次救援部队都被阻。贾似道又同意范文虎只听命于他，不受制置使李庭芝的节制，使宋军援襄行动不能统一调度。

咸淳七年（1271年）十一月，蒙古改国号为元，以表明元王朝取代宋为封建正统，于是元军更加紧了对南宋的进攻，南宋西

---

① 《后村先生大全集》卷55《赐京湖制置使李曾伯辞免除宝文阁学士、职任依旧不允诏》。

② 《元史》卷6《世祖纪》。

③ 《宋季三朝政要》卷4《度宗纪》。

起四川，东至襄、樊，全线告急。

咸淳八年三月，樊城外城失守，退守内城。制置使李庭芝组织张顺、张贵将死士三千，半夜出发，从清泥河顺流而下，冲过重围，黎明时到达襄阳，张顺在战斗中牺牲。援军船队的到达，鼓舞了守军的斗志。但后来，张贵率船队顺流而下冲出重围，宋将范文虎却违约不予接应而事前逃跑，致张贵船队被伪装成宋军的元军在原接应点所邀击，船队奋勇抗击，张贵受伤被俘后遭杀害。从此，襄、樊援绝。咸淳九年正月中旬，坚守达五年之久的孤城樊城，首先被攻破，都统范天顺兵败自杀，统制牛富也在巷战受伤后自尽。二月中旬，襄阳知府吕文焕降元。

襄樊失守，南宋朝野震动，但仍没有认识到问题的严重性，实际掌握政权的贾似道，依旧文过饰非，只是对防务略作调整。任命汪立信以权兵部尚书任京湖安抚制置使、江陵知府兼夔路策应使，担当防守长江中游的重任；任命高达为湖北安抚使兼峡州（今湖北宜昌）知州，守护由川东下的门户；李庭芝任淮东安抚制置使兼扬州知州，夏贵为淮西安抚制置使兼庐州知州，分守两淮。

二、元 灭 南 宋

咸淳十年七月，南宋灭亡前夕，年仅三十五岁的度宗病死。四岁的长子赵㬎即位，是为恭帝（降元后，封瀛国公）。尊皇太后谢道清为太皇太后，垂帘听政。同年九月，元军分兵二路，西路由伯颜为统帅、东路由合答领兵，分攻荆、淮，而以伯颜所统为主力，攻取荆湖。十月，伯颜率主力二十万南攻郢州（今湖北钟祥），抗元名将张世杰奋起抗击，元军被阻于郢州城下，伯颜决定越过郢州，顺汉水而下南攻鄂州，张世杰派副都统制赵文义率军追击退走的元军，赵文义战败而死。十二月中旬初，伯颜率部攻击淮西路长江北岸的阳逻堡（今武汉阳逻镇）渡口，淮西安抚制置使夏贵派兵坚守阳逻堡，都统制王达战死，但元军也未能攻占阳逻堡。元军于是派偏师乘雪夜从上游青山矶（今湖北武汉青山区）渡江，宋军都统制程鹏飞率部抗击，战败受伤后逃回鄂州。伯颜再次以重兵攻打阳逻堡，宋军都统制刘成战死，夏贵兵败退回庐州。元军遂大举渡江，鄂州守将程鹏飞等以城降元。南宋朝野大惊，贾似道被迫兼任都督诸路军马，以孙虎臣总统诸军，并下诏勤王。

德祐元年（1275年）正月，元军顺江而下，相继占领黄州（今湖北黄冈）、蕲州（今湖北蕲春北）、江州（今江西九江）、安庆（今安徽潜山）。二月，又占领池州（今安徽池州）。贾似道派宋京前往元军中，请求南宋称臣、贡岁币，被拒绝。在东进途中，元军与宋将孙虎臣所率的七万宋军激战于池州附近江中的丁家洲，督战的贾似道远远地躲在后方鲁港（今安徽芜湖南），当先锋姜才率军与元军奋勇作战时，主帅孙虎臣也弃军逃往鲁港，淮西安抚制置使夏贵也不战而逃，宋军遂战败。贾似道、孙虎臣乘船逃往扬州，置江防于不顾。郢州守将张世杰此前即率军东下入卫临安，江西提点刑狱文天祥起兵勤王。谢太后迫于群臣的奏请，将贾似道罢官，但许以不死，贾似道才从扬州回临安，被贬往循州（今广东龙川西），后被押送官郑虎臣杀死于贬途中的漳州。

三月间，元军又接连占领建康、镇江、常州、无锡等地。张世杰率军勤王途中，收复了饶州（今江西波阳），但丞相陈宜中认为张世杰有降元嫌疑，于是调换他所统率的军队，但当时带兵勤王到京的不多，故又不得不任命他总督诸军，张世杰遂分兵向广德、平江（今江苏苏州）、常州进军。

五月间，张世杰部将刘师勇收复常州，张世杰又派兵收复平江、安吉（今浙江安吉西）、广德、溧阳（今江苏溧阳）等地，一些地方降元后又反正归宋，宋军士气稍有振奋。张世杰又于七月间指挥刘师勇、孙虎臣，以水军与元军激战于镇江焦山，因寡不敌众，宋军战败，刘师勇率部退回常州。刘师勇命王安节（王坚之子）、张詹，协同知州姚訔、通判陈炤，防守常州，抗击元军达数月之久。十一月，伯颜亲率元军主力攻陷常州，姚訔、陈炤等战死，王安节率部巷战受伤后被俘杀，刘师勇突围而出。伯颜遂兵分三路直取临安，东路由董文炳率元水军直奔澉浦（今浙江海盐南），西路元军由建康南出广德，伯颜自率中路主力东进，定期会师临安。

德祐二年正月，伯颜所部到达皋亭山（今杭州东北），南宋遣使迎降，但请求保留南宋王朝，封为小国。文天祥被任命为右丞相兼枢密使，前往伯颜军营议和，被元军扣留。二月初，南宋恭帝等出降。

德祐二年正月中旬，元军兵临临安城下前，恭帝异母兄赵昰被封为益王，判福州；异母弟赵昺被封为广王，判泉州。随后由杨镇、杨亮节等送往婺州（今浙江金华），当元军追向婺州时，杨亮节、张全等又送他们去温州，陈宜中、张世杰、陆秀夫、苏刘义等先后到达，遂一起前往福州。五月初一日，扶立年仅七岁的赵昰为帝，是为端宗。端宗母杨妃为太后，垂帘听政，改福州为福安府，作首都，重建南宋王朝，改元景炎。陈宜中为左丞相，时在淮南的李庭芝为右丞相，张世杰为枢密副使，陆秀夫任签书枢密院事。文天祥在被元军押送北上途经镇江时逃脱，这时由淮南来到福州，被任命为右丞相兼知枢密院事，小朝廷初具规模，继续进行抗元斗争。其时南宋疆域已大部被元军占领，仅剩闽、广及浙东南和江西南部等地，此外，还有李庭芝、姜才坚守的淮东，张钰坚守的重庆，以及各处的一些零星地区。

同年十一月，元军进入福建，张世杰、陈宜中等奉端宗、杨太后航海逃亡，文天祥则率军转战于福建、江西、广东边界地区，战败被俘，后就义于元大都（今北京）。端宗、张世杰等船队一直转战于福建、广东沿海，未能登陆。景炎三年四月，端宗病死。异

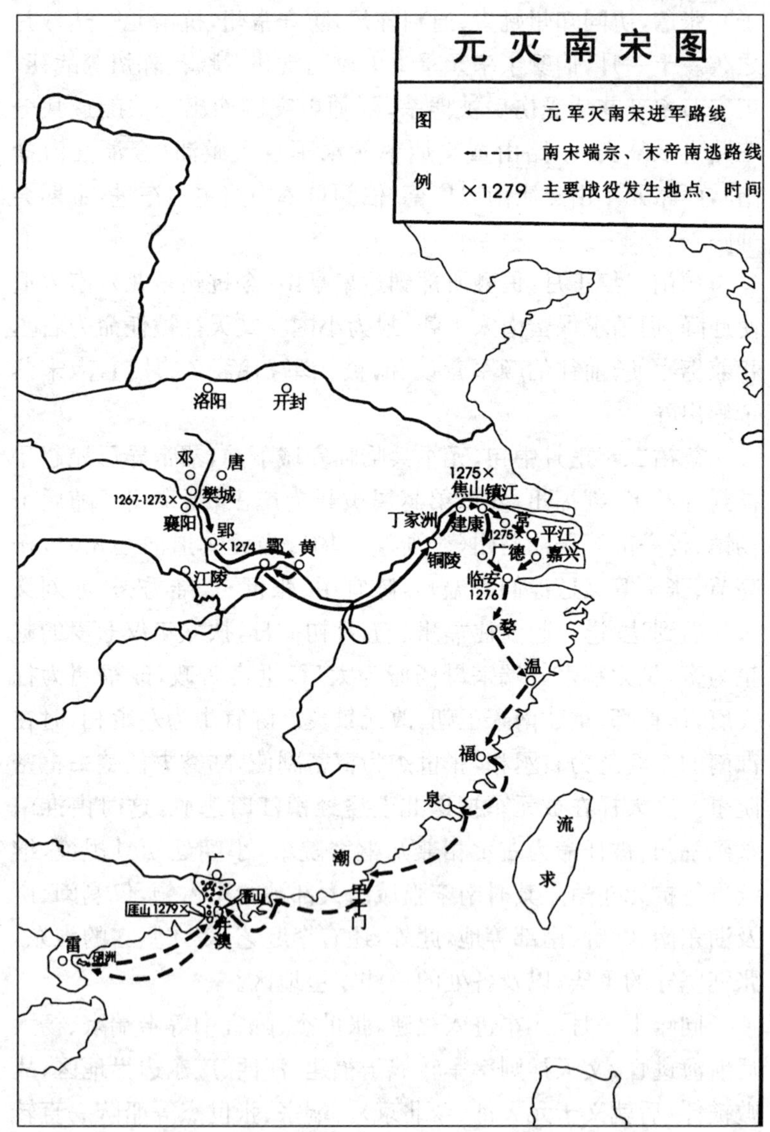

元灭南宋图
图例
元军灭南宋进军路线
南宋端宗、末帝南逃路线
×1279 主要战役发生地点、时间
洛阳
开封
邓
唐
樊城
1267-1273×
襄阳
郢
×1274
鄂
黄
江陵
丁家洲
铜陵
1275×
焦山
镇江
建康
常
1275×
平江
广德
嘉兴
临安
1276
婺
温
福
泉
流
求
潮
甲子门
广
香山
厓山1279×
井澳
雷

母弟卫王赵昺即位，时年六岁，是为南宋末帝，仍由杨太后听政，改当年为祥兴元年。陆秀夫任左丞相、张世杰为枢密副使。祥兴二年（元至元十六年）二月初六日（1279 年 3 月 19 日），元军大举进攻张世杰于厓山（今广东新会东南，当时是海岛），宋军战败，陆秀夫背负末帝赵昺投海自尽，杨太后也投海死，南宋亡。张世杰率部分船队冲出重围，数日后，因船遇风浪倾覆，张世杰溺水死，一称投海自尽。

南宋世系表
(1127—1279)

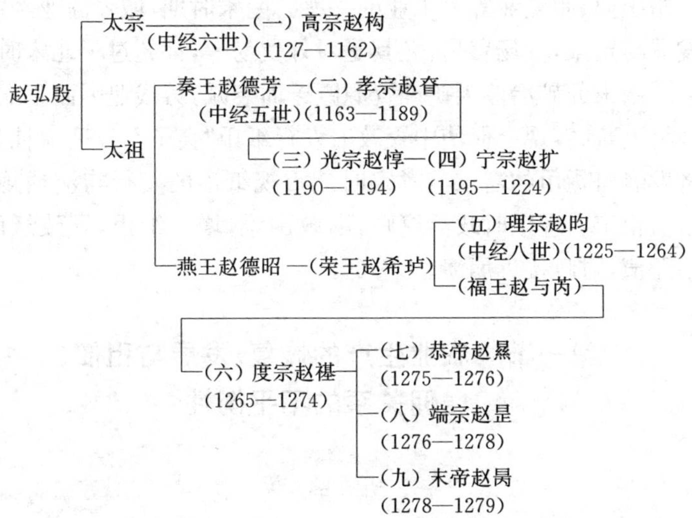

注：除高宗、端宗、末帝当年改元外，其余皆即位次年改元。

第十四章　南宋的社会经济

南宋之初虽曾颁布减免田赋，招抚流亡，以恢复农业生产的诏令，但不受重视。直至秦桧死后，政府才又注意恢复农业生产。孝宗时重视兴修水利，减赋兴垦，农业经济迅速发展，促进了纺织业、制瓷业等手工业的兴盛。南宋时期，城乡商业经济的发展与繁荣，榷场贸易，尤其是对外贸易等，都超过了北宋时期。

南宋的矿冶业因矿产资源匮乏而衰减，铸钱业因而不振，铸钱量大减，客观上促使中央政府发行纸币"会子"，以适应社会经济发展对货币的需求。孝宗时期重视纸币的发行与流通规律，币值稳定。理宗时政治腐败，财政困难，增发纸币，导致纸币不断贬值，财政接近崩溃。

第一节　农业生产的恢复、发展与租佃、雇佣关系的不平衡性

一、开 垦 荒 地

南宋时期，主要针对宋金交战的江淮和川陕沿边地区采取了鼓励垦荒的政策。

自建炎四年(1130 年)五月南侵的金军渡江北归以后，虽然又发生多次金军南侵的战事，但再也没有能渡江南下，从绍兴元年(1131 年)起，江南地区的社会经济开始恢复，南宋政府也采取了一些相应的措施，如鼓励民户开垦荒地、户绝田，兴修水利，

减免税赋等。绍兴十一年冬宋金签订“绍兴和议”以后，划淮为界，淮南等原先的战区，因荒地多、人口少、邻近敌区等特点，农业生产一直未得到恢复，直至奸相秦桧死后，南宋政府才开始采取屯田、营田等政策以及恢复农业生产的措施，而开荒是南宋政府恢复农业生产采取的首要措施。

南宋初对恢复农业生产作出成绩的官员进行了奖励。长江南岸的兴国军(今湖北阳新)，建炎末年曾是“兵匪”李成践踏的地区，自岳飞于绍兴元年三月将李成集团赶往江北以后，南宋政府才又控制兴国军。参知政事王绹自建炎四年五月罢政，九月被任命为兴国军知军，但直到绍兴元年五月后才能赴任，“单车行荆棘中，至累日不见人烟，八月始视事。贼(李成)虽去，而官府草创，豪右暴横，公(王绹)竭力爬梳，始就绳墨”。又“招集耕农，贷以种粮”，“已而流逋回归，井邑渐复，物价亦平”[①]。这大体上反映了绍兴初年江南地区屡经兵乱以后，农业恢复过程的概况，王绹也因此于次年七月升官，他是南宋初年最早重视恢复农业生产的官员之一，兴国军附郭县永兴县知县陈升也同时受到奖励。

南宋政府也一再颁布减免租税的法令，以减少田地抛荒。早在建炎四年十月上旬，颁“佃户法”，规定“候秋成日，除(秋税)纳官拘收外，止给五分”。对官田佃户实行减租，当是指在原有地租的基数上再减半收租。虽然“委实为便于民”，实际上佃户得益不多，因而“深虑无人请佃，转见荒闲”。绍兴二年(1132年)六月，江东安抚大使李光又提出对广德(今安徽广德)政府所管八百多顷闲田(人户逃亡)，采取先免本年的秋季租税，从第二年起依据“请佃法”，再免一次秋租，只收田赋“正税”[②]，以期人户愿意请佃。绍兴三年九月，又采取人户逃亡后的田产，在两年

① 周必大《省斋文稿》卷29《王绹神道碑》。

② 《宋会要辑稿》食货1之35。

以后允许他人耕种，但是在“十年内，田产虽已（被他人）请射（耕种）及充职田者，并听（本户）归业，孤幼及亲属应得财产者，守令验实给还”，保护原业主产权的措施，以鼓励原业主归业和其他人户垦荒。当洞庭湖地区杨么起义于绍兴五年六月被镇压以后，南宋政府随即于七月对相关地区的“潭（今湖南长沙）、鼎（今湖南常德）、岳（今湖南岳阳）、澧（今湖南澧县）、荆南（今湖北荆州市荆州区）归业之民，其田已佃者，以附近闲田与之，免三年租税，无产愿受闲田者，亦与之”①，享受同样的待遇。这是一项稳定在钟相、杨么起义的六七年间已经耕种相关田地的新业主的规定；“其田已佃者”，即是原业主的土地已被他人耕种，不再归还原业主，而是“以附近闲田与之”，使原业主得到补偿，并享受免征三年租税的待遇，以减少新、旧业主之间的矛盾；同时为了鼓励垦荒，原来没有产业者也可以认种闲田。

绍兴十一年宋金签订“绍兴和议”以后，原先是战区的淮南、京西大片地区，有了和平的环境。但是，当时正是奸相秦桧当政时期，并没有采取措施加以开垦。

绍兴二十五年十月，奸相秦桧病死。次年，南宋政府才开始采取移民政策，开垦上述地区的荒地。据载这年三月，“京西、淮南系官膏腴之田尚众”，而川“蜀地狭人众”。于是令四川置制司出榜晓谕，如有“愿往（京西、淮南）之人”，就发给凭据并津贴路费，承佃官田以后，“官贷种、牛，八年乃偿”还贷款；“并边（地区）悉免十年租课，次边半之。满三年，与充己业，许行典卖”②。这是只要耕种三年就成为自己的田产，而且有免租税五或十年等优惠条件以吸引移民垦荒的政策。同年冬，还对“离军添差之人”，“望于江（南）、淮（南）、湖南荒田，人一顷，为世业。所在郡

① 《宋史》卷173《食货志上一》。

② 《系年要录》卷172，绍兴二十六年三月己巳。

以一岁奉(该军人一年的俸禄)充牛、种费,仍免租税十年、丁役二十年"优惠待遇[①],这是优待退伍军人垦荒的政策。这是高宗末年才采取的开垦荒地的积极政策。

南宋绍兴初年除了如王绹在兴国军率民开垦荒田外,还有如楼璹于绍兴三年前后任临安府於潜县(今浙江临安西於潜镇)知县时,在衙门两侧墙上"为耕、织二图,耕自浸种以至入仓,凡二十一事;织自浴蚕以至剪帛,凡二十四事",每一事绘一图,并配以五言诗一首八句,"农桑之务,曲尽情状"[②]。向民户宣传农耕与丝织业的基本知识,这在中国古代农业生产史上实属首创。楼璹因治绩优异于绍兴五年升任邵州(今湖南邵阳)通判,绍兴二十六年前后任扬州知州。楼璹在官衙门外以绘连环图配简短诗句的方式,向民户宣传农耕与丝织业知识,是当时重视农业、家庭手工业生产的反映,深受元代中叶虞集的赞叹:"前代(指南宋)郡县所治大门东西壁,皆画耕织图,使民得而观之,而今(元代)罕为之者。"[③]

孝宗即位以后,更重视开垦荒地以发展农业生产。这一时期,许多地方官都提出了有利于发展农业生产的建议。如鄂州知州李椿提出:鄂"州虽在江南,荒田甚多",此前"请佃者开垦未几,便起毛税",民户不胜其扰而重又逃亡。他建议乾道四年(1168年)后开垦荒地者,免税三年,耕种三年以后便可成为自己的产业,开始征收田赋的三分之一,再过三年才征收田赋的三分之二,直至开垦九年后才正常征收田赋。同时规定为了保护新业主的权益,"归业者别以荒田给之",以补偿旧业主的权益。乾道七年,扬州知州晁公武提出,淮南地区民户复业与新开垦者

---

① 《宋史》卷173《食货志上一》。

② 楼钥《攻媿集》卷76《跋扬州伯父耕织图》。参见《宋会要辑稿》选举29之24注。

③ 虞集《道园学古录》卷30《题楼攻媿(耕)织图》。

“虽阡陌相望”，但报到官府的“十才二三”，都怕以后税重。为了消除民户的顾虑，鼓励开垦荒地，“两淮更不增赋”税。淳熙六年(1179年)，浙西的官员又提出：“今乡民于己田连接闲旷硗确之地，垦成田园，用力甚勤”，因为没有交田赋，以致被以“盗耕”论罪，有碍于鼓励垦荒，“止宜实田起税”，以抑止“告讦之风”，以及限止两淮豪民广占土地又不能开垦等①，都得到孝宗的赞许并颁发诏令执行。

组织屯田、营田是政府对恢复农业生产采取的重要手段。南宋营田最早是从绍兴元年五月开始的，荆南知府、荆南镇抚使解潜将辖区内五州、府、军十六县的户绝田，“召人耕垦，分出子利”②，随后设置官员提领，史称：“渡江后营田盖始于此，其后荆州(荆南府)军食仰给，省县官之半焉。”③绍兴六年，右相张浚奏改江淮的屯田为营田，“依民间自来体例，召庄客承佃”，“每县以十庄为则，每五顷为一庄，召客户五家相保为一甲共种”④，“以一人为长，每庄给牛五具，耒耜及种副之，(每户)别给十亩为蔬圃。贷钱七十贯，分五(一作二)年偿”还⑤。又命五大将刘光世、韩世忠、张俊、岳飞、吴玠等都兼领营田使。绍兴七年九月，川、陕宣抚使吴玠治内兴置营田六十庄，岁收粮食二十五万石以助军需。这种以荒地组成营田官庄，每庄五户，贷给牛、种子，供应农具的做法，成为孝宗时江淮地区垦荒的主要形式之一。乾道五年(1169年)在淮南东路宝应(今江苏宝应)、山阳(今江苏淮安)两县开垦“空闲水陆官田”，“每名给田一顷，五家结为一甲，内一名为甲头”，然后依据该地自然形势，“置为一庄。每种田人二名，给借耕牛一头，犁、把(耙)各一副，锄、锹、镢、镰刀各

① 《宋史》卷173《食货志上一》。

② 《宋会要辑稿》食货2之7。

③⑤ 《宋史》卷176《食货志上四》。

④ 《宋会要辑稿》食货2之15。

一件。每牛三头用开荒𨬍刀一副;每一甲用(脚)踏水车一部,石辘轴二条、木勒泽一具。每一家用草屋二间,每两牛用草屋一间,每种田人一名借种粮钱一十贯文省(省陌)”,“其田给为己业,通计满十年起纳税赋”,“元置造农具、屋宇及元买耕牛价直,并所借种粮钱,均作五年拘还”①。这是安置“归正人”(从金方投向南宋者)的,规定得非常具体,从中可以看到对淮南地区实行的开荒政策,还可了解当时耕作使用的基本农具。乾道七年,“江湖大旱,流民往往北渡江;边吏复奏淮北(金辖区)民多款塞者(即归正人)”,宰相虞允文派薛季宣前往淮南西路安置归正人和江南来的流民,“复合肥(今安徽合肥)三十六圩,立二十有二庄于黄州故治(今湖北武汉市黄陂区东)东北,以户颁屋,以丁颁田,二丁共一牛,犁、耙、锄、锹、䦆、镰具,六丁加一锹刀,每甲辘轴石、水车一,种子钱丁五千,禀其家,至食新罢”,“户授二室”②,未提及每丁受田数,可能也是一顷,共安置了六百多户。黄州故治与山阳两地相距在千里以上,安置流民的政策相同,使用的农具等也相同,反映了乾道年间鼓励垦荒以发展农业生产的政策在南宋境内普遍施行的情况。

南宋初年以来在沿边(与金接界)地区,多处设屯田以开垦荒地,但总的情况正如乾道六年时庐州知州赵善俊所说:“屯驻诸军,愿耕者不得遣,所遣者不愿耕,军司并缘为奸,当遣者侥幸苟免,得遣者骄惰不率”,结果效益很差,一年耕种的收获大多只相当于屯田官兵“两月请给之费”。因而多数屯田被废,但屯田所在大多是“膏腴之地”,因而一部分改作由民户佃种的营田,或直接召民户佃种,并将原先屯田时,“官给种子等,所收花利主客中

---

① 《宋会要辑稿》食货 3 之 17。

② 吕祖谦《吕东莱文集》卷 7《薛常州(季宣)墓志铭》,丛书集成本。“锹刀”,《四库本》(卷 10)作“𨬍刀”,当与𨬍刀相同或相似。

分”；改作“营田系是四六分，官收四分，客户六分”；由民户直接租佃的，也改为“除种子外，依营田例四六分数，官私分受”。由于屯田官兵耕作粗放，每年实际收获通常低于应有的收获量，所以官府在出租土地时，“只认军中租额”，也有“以三年内(军中)所收租课，取最高一年为额”等定额租的形式，以吸引民户租佃。也有为了避免田租定得过低，“尽为有力之家所佃”，而定得高则“未必有人请佃”，改为分地段“先次估定价钱，开坐田段，出榜召人实封投状，增价承买，给付价高之人”，作为私产①。这是采取类似近代招投标的形式以出卖官田。这些南宋初年宋金交战的江淮和川陕沿边地区，在绍兴十一年(1141 年)和议以后数十年的和平环境下，本应进行有效的垦荒以发展农业，但由于奸相秦桧长时期当政而又不重视发展经济，直到宋孝宗时期才进行了开发。

二、兴 修 水 利

长江以南，除南宋绍兴元年(1131 年)以前，曾受金军渡江南侵抢掠外，直至南宋末元军渡江灭宋的一百二三十年间，一直处于和平发展时期，是南宋的主要农产区，尤其是太湖流域及其邻近地区，更是农业经济的重心所在，为了保持稳产高产，兴修水利成为最重要的手段，尤其是政治清明的南宋孝宗时期。

北宋末年，徽宗、蔡京腐朽统治集团借兴修水利之名，在江南东路、两浙路大修圩田、湖田，而以其得益归己。史称：“圩田、湖田多起于政和(1111—1118)以来，其在浙间者隶应奉局，其在江东者，蔡京、秦桧相继得之。”②都不作为国家的财政收入，应奉局所得全归徽宗，类同皇帝的私产，而圩田则为蔡京的产业。

---

① 《宋会要辑稿》食货 3 之 18 至 21。

② 《文献通考》卷 6《田赋考六》。

圩田起于五代时南唐，到北宋末年大规模发展。关于圩田的含义，宋人多有解释，而以南宋诗人杨万里所说最为确切："江东水乡，堤河两涯而田其中，谓之圩。农家云：圩者围也，内以围田，外以围水，盖河高而田反在水下，沿堤通斗门，每门疏港以溉田，故有丰年而无水患。"这是他在绍熙二年(1191年)任江南东路转运副使，于同年八月间"行部"视察辖区时所见的圩田情况。他接着说："余自溧水县南一舍所登蒲塘河小舟至孔镇，水行十二里，备见水之曲折。上自池阳(池州，今安徽池州)，下至当涂，圩河皆通大江。"①他从溧水城内的中山驿出发，南行25里到蒲塘驿改乘小船水行12里到石臼湖畔的孔镇，视察附近湖中的永丰圩，"圩上人牵水上航，从头点检万农桑，即非使者秋行部，乃是圩翁晓按庄"。这首《圩丁词》之十，记载了他视察过程②。杨万里夜"宿孔镇"后，又从孔镇南经漆桥(今江苏高淳漆桥镇)等地，入建平(今安徽郎溪)界后又作诗一首："一岁升平在一收，今年田父又无愁，接天稻穗黄娇日，照水蓼花红滴秋。"③杨万里此次"行部"沿途所见一片丰收在望的景象，正是南宋孝宗(两年前才退位)兴修水利政绩的反映。

杨万里在孔镇旁视察的永丰圩，是北宋末政和五年(1115年)围垦石臼湖(今石臼湖的东半部)而成，"圩四至相去皆五六十里，有田九百五十余顷"④，被宋徽宗赐给奸相蔡京。南宋绍兴三年(1133年)时，"近岁垦田不及(北宋时)三之一"，而"租米

---

① 《诚斋集》卷32《圩丁词十解》"小序"。

② 《诚斋集》卷32《圩丁词十解》及小序。《宋代经济史》称："杨万里曾亲自乘小船考察了'上自池阳，下至当涂'的圩田。"此说欠妥。杨万里此后又陆行十多日后才到池州，"却借楼船顺流下"，"至繁昌舍舟出陆"，回到建康(参见《诚斋集》卷32、33)，显然与"乘小船"无关。杨万里所说："上自池阳，下至当涂，圩河皆通大江"，只是对江东路水利情况的叙述。

③ 《诚斋集》卷32《入建平界》。

④ 《宋史》卷173《食货志上一》。

岁以三万石为额”,则北宋末时当近十万石,皆归蔡京所有。南宋绍兴二十三年,宋高宗以永丰圩赐给奸相秦桧,“秦桧既得永丰圩,竭江东漕计修筑堤岸”。秦桧死后,永丰“圩复归有司”。总的来讲,圩田是高产稳产的良田,只有个别圩田因阻碍水势畅流,如孝宗乾道九年(1173 年),命户部侍郎叶衡考察宁国府(今安徽宣州)、太平州圩田情况,叶衡奏称:“宁国府惠民、化成旧圩四十余里,新增筑九里余;太平州黄池镇(今安徽芜湖市东)福定圩周四十余里,延福等五十四圩周一百五十余里,包围诸圩在内;芜湖县(今芜湖市)圩岸大小不等,周围总约二百九十余里,通当涂圩岸共约四百八十余里,并皆高阔壮实,濒水一岸种植榆柳,足捍风涛,询之农民,实为永利。”宁国府知府汪得也说:“他圩无大害,惟童圩最为民害,只决此圩,水势且顺。”当时正在对北宋末围湖造田、损害其他民户权利的事进行处理,孝宗遂同意掘毁童圩(童家圩)而保留其他圩田。此前也曾有官员认为建康永丰圩“横截水势,每遇泛涨,冲决民圩”,提出“欲将永丰圩废掘”的意见,宋孝宗也曾下诏同意掘毁;以后由于江东路转运使韩元吉指出:根本的原因在于自永丰圩建成以来,“权臣(蔡京、秦桧)大将(韩世忠)之家,又在御府,其管庄多武夫健卒,侵欺小民”,甚至公然进行抢劫,“乡民病之,非(永丰)圩田能病也”,才没有被掘毁①。江南东路是南宋圩田最集中的地方,如建康府属县除东部的句容县主要是山区外,都有大量圩田,尤其是南部的水乡溧水县(包括今江苏高淳县)的三十万亩农田基本上都是圩田,附郭的上元、江宁两县,分别有二十万亩和十八万亩圩田,东南部溧阳县圩田较少,也有近四万亩②。除上述地区外,“淮西和州(今安徽和县)、无为军(今安徽无为县)亦有圩田”,“凡圩

---

① 《文献通考》卷 6《田赋考·圩田水利》;参见《宋会要辑稿》食货 8 之 4。

② 参见《景定建康志》卷 40《田数》。

岸皆如长堤，植榆、柳成行，望之如画”[1]。无为军的“庐江县杨柳圩一所，周环五十里”，亦应是北宋末年修筑，自南宋初年金军南侵以后，“不曾修筑，致圩埠损缺，沟洫壅闭，一向荒闲二十余年”。此外，无为军嘉城圩的命运也大体类似，到绍兴三十年(1160年)时也是处于荒闲状态。这年三月，淮南转运判官张祁“已修筑圩埠，盖造庄屋，收买牛具，招集百姓耕垦”[2]，“官给牛种，始使之就耕”[3]。这是南宋时在长江北岸少有的圩田，直到高宗在位末年才重新修复耕垦。

与圩田利多害少不同的是，主要集中在两浙路的“湖田”、“围田”，则害多利少。绍兴五年(1135年)闰二月，湖州(今浙江湖州)知州李光奏称：“明(今浙江宁波)、越(今浙江绍兴)之境，皆有陂湖，大抵湖高于田，田又高于江、海，旱则放湖水溉田，涝则决田水入海，故无水旱之灾”。北宋“政和(1111—1118)以来，创为应奉，始废湖为田，自是两州之民，岁被水旱之患”，“莫若先罢两邑(此指绍兴所属上虞、余姚两县)湖田。其会稽(绍兴府首县)之鉴湖、鄞(明州首县)之广德湖、萧山之湘湖等处，尚望诏漕臣尽废之”。“其后议者虽称合废，竟仍其旧。”不仅如此，奸臣秦桧执政的后期还产生“坝田”为害的事，绍兴二十三年七月，史才奏称：“浙西民田最广，而平时无甚害者，太湖之利也。近年濒湖之地，多为兵卒侵据，累土增高，长堤弥望，名曰坝田。旱则据之以溉，而民田不沾其利，涝则远近泛滥，不得入湖，而民田尽没。”其实“坝田”只是加重了涝灾，根本原因在于太湖入江河道，南宋以来从未疏浚，以致“泥沙淤塞”，因而在高宗同意废除坝田的次

---

① 李心传《建炎以来朝野杂记》(下称《朝野杂记》)甲集卷16《圩田》。

② 《宋会要辑稿》食货7之56。

③ 《朝野杂记》甲集卷16《圩田》。又《系年要录》卷184，绍兴三十年三月癸未，所称“然卒无成”，当是指同一记载中淮东转运副使魏安行所请之“募民力田法”，而非指上述圩田。

年九月，周环即提出疏浚入江河道，但并未进行①。直到奸相秦桧死后，绍兴二十八年九月，“平江（今江苏苏州）积水已两月未退”，平江知府等又提出疏浚入江河道以泄水，才定于次年正月动工兴修②。南宋高宗在位时对待水利的态度，大体都是如此。

孝宗于绍兴三十二年（1162 年）六月即位以后，对农田水利采取主动兴修的政策，除圩田事前已述外，对湖田、围田则采取还田为湖的政策。隆兴二年（1164 年）八月，即“诏：江、浙水利，久不讲修，势家围田，堙塞流水”，这可说是对高宗时期水利情况的概括，孝宗要求诸州长官视察后向他报告，湖州、宣州、秀州（今浙江嘉兴）、常州的各知州“并乞开围田，浚港渎”③。于是兴利除害的水利建设普遍展开，平江知府沈度奉诏在辖区内大规模开掘围田还湖、还水，到乾道元年（1165 年）已经“开掘长洲县（附郭县）习义乡清沼湖围田一千八百三十九亩、益地乡尚泽荡围田一千五百亩、苏台乡元潭围田一千五百八十八亩”，以及该乡樊洪等地围田近四千亩。此外，还有府属昆山县（今江苏昆山）的大虞浦、小虞浦、新洋江、昆塘、许塘、六河塘的各处围田；常熟县梅里塘、白茆（即白毛）浦等围田，全都开掘还田为湖、为河，因而“自今通泄水势”，太湖水北入长江的通道终于得到较好的解决。

孝宗为了解决围田造成的水患，决心向权要开刀，提出：“闻浙西自有围田，即有水患，前此屡有人理会，竟为权要所梗”，要求检查其前后情况，于是查出奸臣秦桧帮凶张俊的侄子、曾任建康府、镇江府、两浙西路的都统制、都总管的张子盖名下的围田“占籍两县，堙塞水势，久为民患”，于是当年四月，在“地名四塘，周回约二十里，开掘已尽，泄水通快；地名长安，周回约四十里，

---

①③ 《宋史》卷 173《食货志上一》。

② 《系年要录》卷 180，绍兴二十八年九月己巳。

见督县官并工开掘”①，开掘以后标明界址，孝宗并诫谕张子盖不得再围湖造田。但到淳熙十年（1183年），又出现“近者浙西豪宗，每遇旱岁，占湖为田，筑为长堤”的情况，“苏、湖、常、秀，昔有水患，今多旱灾，盖出于此”②。于是又进行了全面清理，于淳熙十一年对每一处合法的围田立石作为标志，共有一千四百八十九处围田，以后在标志之外擅自围湖造田者以违法论处。南宋中后期兴修水利时，也常以这次所立标志界石为基准，但到南宋末理宗后期，朝政早已败坏，对标志界石以外的新围垦土地，已不是全部掘毁，而是改为衡量其轻重利益而定是否掘毁，实际上是庇护非法围湖造田的权贵们。

南宋时广泛使用新创造的牛拉农具“开荒銐刀”，进行开垦荒地，扩大了农田种植面积。而在缺牛的地区，则普遍使用北宋初年武允成创造，曾在淮河流域使用过的新农具“踏犁”。建炎二年（1128年）时，曾下“诏令诸路转运司取索”踏犁式样广泛制作③，踏犁又在南方地区流行。周去非在孝宗淳熙五年（1178年）记载他在静江府（今广西桂林）为官时，见到踏犁耕作的情况，“踏犁五日可当牛犁一日”，记载了踏犁的形制和操作方法，他认为在“荆棘费锄之地”，“甚易为功，此法不可以不存”④。

三、建康府所属各县租佃、雇佣关系发展的不平衡性

宋代户籍制度，以民户有常产为主户，无常产为客户；同时又区分为城、镇和乡村二类，城、镇户称为坊郭户，主户分为十等，经济比较落后的城镇，也常将无常产的民户划入十等户之

---

① 《宋会要辑稿》食货8之7、8。

② 《宋史》卷173《食货志上一》。

③ 《宋会要辑稿》食货63之197。

④ 《岭外代答》卷4《踏犁》。

内。坊郭户是商税和科配承担者，商税通常比乡村民户田赋为重。主户主要是工商业者，其余为小商小贩、小手工业者，客户为无产业者，基本上是雇佣劳动者。坊郭户中的下户可以免除科配，一般以九、十等户为下户，经济不发达的城镇，也有将八等、七等，甚至六等作为下户，后三者可能即是将无常产的民户也算作主户。宋朝将城镇民户列为坊郭户，主要是为了增加税收。乡村民户有常产的称为主户，除田赋（农业税）外还要负担差役，无常产的称为客户，主要是佃户，通常不直接承担税、役。但是，户籍统计时则不分城乡，只列主户和客户两项。

租佃与雇佣关系在大区域间的不平衡性，如西川与中原、华北与边境及南方之间，学界（包括本书）多有论述，但一州、府内的不平衡性却不为注意。而一个州府和县主客户的比例，在一定程度上反映着租佃、雇佣关系的程度，南宋《景定建康志》载，景定二年（1261 年）以前的建康府（今江苏南京市）共有主户 103 545 户，客户 14 242 户，无地农户和城、镇贫民占总户数的 12.1%。宋代的乡村主户分为五等，一、二等户为地主，三等户为小地主、自耕农，四、五等户为少地农户，也或多或少地租种地主的土地，乡村客户则完全依靠租佃地主土地为生，其中一部分成为官僚、地主家的长年雇工，无地、少地的农民也常成为官僚、地主家的家庭佣人或季节性雇工。但各地租佃与雇佣关系发展不平衡，通常是平原地区的租佃与雇佣关系较为发达，建康府所属上元、江宁（两县，今南京市及江宁县）、句容（今县名同）、溧水（今溧水、高淳两县）、溧阳（今县名同）中，东南部的溧阳县的租佃与雇佣关系最不发达，全县 6 398 户全是主户，没有一户是客户，即使溧阳县城也没有一户客户，这竟然比北宋时邻近辽宋边界的宁化军（今山西静乐北宁化镇）还落后，简直不能想象。北宋庆历四年（1044 年）时，宁化军城内虽然把客户算入十等之内，当时是“城郭主客十等共三十四户”，毕竟还有一、二或三、四户是客户。宁化军城内是把“六等以下”户，算作“贫弱之家”（即下户）[①]。看来溧阳县城的情况也应类似。反映溧阳县农户或多或少都有一些土地；城镇主户多少有些常产，城镇贫民可能划入十等主户之内，相对于本府其他各县来说小农经济与城镇小商、小手工业者都占优势，而租佃及雇佣关系很薄弱，地主、富商及大手工业作坊也极少，甚至没有。

府属五县中租佃及雇佣关系最发达的是江宁县和上元县，无地农户及城镇贫民前者占59%、后者占40%多。除了其中有相当多的是城市贫民与小工商户外，仍有大量的农村无地农户。建康府辖区内租佃与雇佣关系发展不平衡性[②]，可说是宋朝各州、府辖区内，租佃与雇佣关系概况的范例。

第二节　矿冶业、铸钱业与其他手工业

一、衰减的矿冶业与铸钱业

南宋以半壁江山而与金、元周旋长达一个半世纪，主要依靠恢复与发展南方（主要是东南地区）的农业经济，而工矿业与铸钱业在南宋时则呈衰减不振的状态，残存在半壁江山内的工矿业和铸钱业，即使在全盛的孝宗时期，也始终未能恢复北宋盛时的旧观，大多仅及北宋盛时的几分之一，甚至只及几十分之一。而铸钱业的衰减，又促使纸币的发展，南宋的“会子”因而成为全国性的纸币（四川、江淮行用地方性纸币），这与北宋中后期着力推行纸币“交子”、“钱引”于川蜀以外地区而以失败告终，“交子”

---

① 《欧阳文忠公文集》卷155《乞减配卖银五万两状》。

② 参见笔者《宋代江宁（建康）的社会经济》，《南京经济史》（中国农业科技出版社1996年版）第八章。

始终只作为川蜀四路的地方性纸币的情况不同。虽与南宋时商业经济十分发达有关，但与矿冶业的衰减，导致铸钱业不振，也有着密切的关系。

与铸钱业直接相关的铜冶业，北宋时分布于四川、湖南、广东、广西、江东、江西、浙东、福建等地，后来属南宋辖区的有一百零九所，南宋时废罢者四十五所，只存六十四所。北宋时铜冶业岁额七百零五万斤[①]，而孝宗乾道(1165—1173)时每年只有二十六万多斤，分别产于信州(今江西上饶)、饶州(今江西波阳)、韶州(今广东韶关)、潭州(今湖南长沙)、建宁府(今福建建瓯)、连州(今广东连州)、池州(今安徽池州)、汀州(今福建长汀)、邵武军(今福建邵武市)、潼川府(今四川三台)、利州(今四川广元)、兴州(今陕西略阳)、南剑州(今福建南平)等。乾道二年(1166年)前，产胆铜最多的是信州铅山场(今江西上饶铅山南)，课额为九万六千多斤。其次是韶州涔水场(今广东曲江东南)，课额近八万九千斤，另有黄铜课额一万零四百四十斤，合计近十万斤。而在北宋元丰元年(1078年时)韶州的铜课额曾达到一千二百八十万多斤，占当时全国课额的百分之八十七以上，南宋时的课额还不及北宋元丰时的百分之一。南宋时除上述两地外，其他各地课额都在万斤以下。而且南宋铜课额的二十六万多斤中，二十一万多斤属于胆铜，这是以薄铁片浸在胆矾溶液中，通过化学反应生成的铜，真正的黄铜课额只有四万斤。

铅矿冶炼主要在淮西、湖南、广东、福建、浙东、江西地区，北宋末上述地区有铅矿冶五十二所，南宋初已废罢十五所，乾道二年前每年收入仅十九万一千多斤，主要产于信州铅山场，年课额达十一

① 以下皆据《宋史》卷185《食货志下七·坑冶》，《朝野杂记》甲集卷16《铜铁铅锡坑冶》，《宋会要辑稿》食货33之18至26。所称“祖额”，既非元丰前的“元额”，也非元丰元年所收数，当是北宋后期的全国额数。

万五千多斤，虽然只是北宋后期当地课额二十八万五千多斤的十分之四，却是南宋时当年全国总课额的十分之六。占第二位的是浔州（今广西桂平）马平场，年课额为二万二千多斤，其他产铅地还有南剑州、宾州（今广西宾阳北）、韶州、邕州（今广西南宁）、连州、兴国军（今湖北阳新）、衡州（今湖南衡阳）等十八州、军。

锡矿在南宋时年课额只有二万多斤，最主要的产地为广西路的贺州（今广西贺州东南）东北的太平场，年课额锡一万二千多斤，占全国年总课额的十分之六以上。其他产锡地是荆湖南路的衡州常宁县（今湖南常宁市）、桂阳军的平阳（今湖南桂阳）和临武、郴州的宜章。

除铸造铜钱的原料铜、铅、锡的矿产外，铁的年课额乾道时为八十八万多斤（四川地区未计在内），都作为胆铜原料，因而实际上也是铸造铜钱的原料。其中产铁最多的吉州（今江西吉安），年课额铁二十九万斤，全部运往“韶州涔水场浸铜”；年课额铁二十五万七千斤的信州，则全都运往本州“铅山场浸铜”。其他如饶州课额一万七千斤运到本州“兴利场浸铜”；池州铜陵县（今安徽铜陵市北）课额三千多斤铁即在“本县浸铜”，而本州附郭县贵池（今安徽池州）课额的三千多斤铁则分别运“赴信州铅山场、饶州兴利场浸铜”。其他的舒州（今安徽潜山）、宾州、江州（今江西九江）、潭州、惠州、广州、韶州等所产铁，也无不运往信州铅山场、饶州兴利场、潭州永兴场、韶州涔水场“浸铜”。

铁、铜、铅、锡都直接、间接地成为铸造铜钱的原料，但仍由于南宋产量比北宋时大幅度减少，铸钱量也因而大减。南宋政府为增加铜的来源，绍兴六年、二十八年两次大肆搜刮民间的铜器，后一次收得二百多万斤，但是仍解决不了铜钱原料的缺乏。铸造铜钱的机构“钱监”也因而停闭、合并，大为减少。

南宋辖区在北宋时原有十所铸钱监，分别是江州广宁监、池州永丰监、饶州永平监、建州（今福建建瓯）丰国监、衡州咸丰监、舒州同安监、严州（今浙江建德东北）神泉监、鄂州宝泉监、韶州永通监、梧州元丰监，北宋时每年铸钱少的为十万贯钱，如舒州同安监、鄂州宝泉监；多的达八十三万贯钱，如韶州永通监，十监每年铸钱二百八十九万贯之多。

南宋建炎（1127—1130）年间，因金军南侵与流寇侵扰，各铸钱监全都停罢。绍兴元年（1131 年）因江州、池州经战乱而残破，于是将江州广宁监迁往虔州，改称铸钱院；同时将池州永丰监并入饶州永平监，同年开始铸造铜钱，但仅铸造了八万贯钱，次年虽定岁额为二十五万贯，实际也只铸造了十二万贯。

南宋各地铜、铅、锡矿冶产品都分别运往指定的铸钱监、院铸造铜钱。其中锡运往韶州永通监、饶州永平监和赣州铸钱院三处；而各矿冶所产的铜、铅运往铸钱监、院，除上述三处外，还有建宁府丰国监和严州神泉监二处①。由此可知南宋铸造铜钱机构已减少为上述五处。由于铸钱成本高，“每铸（铜）钱一千，率用本钱二千四百”，于是一些官员提出停止铸钱。绍兴五年福建路转运判官郑士彦提出：“本路旧额合发新钱二十八万四百千省（陌）”，福建路转运司与提点坑冶司“岁认其数”，不断向中央发运，虽然有时不能及时起运而拖延时日，“不犹愈于鼓铸（新铜钱）之折本”，因此建宁府的丰国监一度被废罢。由于各“钱监既废复不一，故（铸钱）兵、匠有缺（原作阙，误）不补，视旧损十之三，积其衣粮，号‘三八缺额钱’”。有的铸钱监停止铸造铜钱，因为铸钱的成本远高于铸成的铜钱，于是“尽取（原准备铸铜钱的）木炭、铜、铅本钱，及官吏缺额衣粮水脚之属，凑为年计（指本年应上交的铸钱数）”，都反映了南宋铸造铜钱监的残败状况。

由于矿冶业的衰落，绍兴三十二年（1162 年）时统计，此前每年课额铜二十万斤（当是指专供铸钱的胆铜，共十四所矿冶，

---

① 参见《宋会要辑稿》食货 33 之 19 至 26。

另有六万斤,可能是黄铜)、铅十九万斤(共二十四所矿冶)、锡二万斤(共五所矿冶)以供铸铜钱之用,此外三十八所铁矿冶,课额铁二十八万斤,系供冶胆铜之用,而实际上每年铸造铜钱在十五万贯左右,五所铸铜钱监、院中"唯严(州神泉监)钱直输行在(临安府),而建(宁府丰国监)、韶(州永通监)、饶(州永平监)、赣(州铸钱院)等州(所铸钱),皆自提点所泛湖由江入漕渠输之京(临安)帑焉"。每年十五万贯钱中,"隶封桩者半,内藏者半,左藏咸无焉"①,即一半储作军用,一半归皇宫所有,而政府可说是分文未得,南宋时期铜钱铸造和使用情况大体如此。川陕地区仍自铸铁钱行使,长江以北的淮南地区自绍兴六年起自铸夹锡铁钱,称为淮钱,不许到江南使用。由于铜钱缺乏,纸币"会子"遂成为东南地区主要的流通货币。

二、兴盛的丝织业、制瓷业

与衰落的矿冶业、铸钱业相比,南宋其他的手工业都有较大的发展,丝织印染业即是其中之一。丝织业是南宋人民重要的家庭手工业,绍兴(1131—1162)年间,楼璹任地方官时在衙门两侧绘图宣传农业耕织常识,其中一侧即是丝织图,"自浴蚕以至剪帛,凡二十四事,事为之图","曲尽情状",每图还配以简明五言诗进行解释②,这说明丝织业在南宋农户中的重要地位。一些地方生产出具有特色的丝织品,如南宋著名诗人陆游在孝宗淳熙末年(1189 年)以后说:"遂宁(今四川遂宁)出罗,谓之越罗,亦似会稽尼罗而过之。"③说明绍兴府(原越州)会稽的尼罗,

---

① 以上参见《朝野杂记》甲集卷 16《铸钱诸监》。《系年要录》卷 86,绍兴五年闰二月丁巳;卷 148,绍兴十三年闰四月丁酉。《宋史》卷 180《食货志下二·钱币》。

② 《攻媿集》卷 76《跋扬州伯父耕织图》。

③ 《老学庵笔记》卷 2。

以“越罗”闻名于时，以致远在川西的潼川府路遂宁纺织的罗也称为“越罗”，而质量更好，即是一例。丝织业除家庭手工业的形式外，还有许多民营丝织印染手工业作坊，甚至有些地方官也参与经营，南宋孝宗后期的台州（今浙江临海）知州唐仲友，在家乡婺州（今浙江金华）开设“彩帛铺”，是前店后作坊形式，主要从事印染丝织品并出售。有些丝织品则是在台州唐仲友住宅内进行染色，唐仲友的婺州彩帛铺曾“高价买到暗花罗并瓜子春罗三四百匹及红花数百斤”，运至台州，又在台州“收买紫草千百斤”，然后在唐仲友的官宅内将暗花罗、瓜子春罗“变染红紫”，除分给妻、妾、歌伎做衣服外，“其余所染到真红紫物帛，并发归婺州本家彩帛铺货卖”。他还在台州“雕造花板印染斑襭之属凡数十片，发归（婺州）本家彩帛铺充染帛用”，“染造真紫色帛等物，动至数千匹”。①可见唐仲友所开设的印染丝织物手工作坊规模相当大。宁宗时谈钥在《嘉泰吴兴志》中说：吴兴（今浙江湖州）的“富室育蚕有数百箔，兼工机织”。说明吴兴已有了较大的家庭丝织手工业作坊。以上两种手工业作坊，大体反映了南宋中叶丝织印染业的概况。

20世纪后期出土的南宋墓中的大量丝织品，更直接地反映出当时丝织品的精美程度。如福建福州出土的南宋黄昇墓中②，有四百八十件各种衣服、鞋袜和被衾，以及一百三十四件成幅丝织品。其中有平纹的纱、绉纱、绢，以及绮、花罗、花绫、花缎，绫、罗、缎多为提花丝织品，图案有牡丹、山茶、芙蓉、海棠、百合、月季、菊花等，还有松、竹、梅等。有一幅丝织物的匹端有墨书的“宗正纺染金丝绢官记”，福州正是南宋的西外宗正司所在地，这幅丝织品很可能就是西外宗正司官营手工业作坊的产品。

---

① 《朱文公文集》卷18《按唐仲友第三状》。

② 福建省博物馆《福州南宋黄昇墓》，文物出版社1982年版。

黄昇墓中出土的丝织品，大量是印花与彩绘的，其先印出花纹的底纹或金色的轮廓，再进行彩绘描色，图案有各色花卉和鸾凤、飞鹤、蝶、鹿、狮等飞禽走兽，以及亭台楼阁和人物，这是出土的众多南宋墓葬丝织品中最能代表南宋时期高超的丝织印染技术水平的丝织品。

其他纺织品，如南宋孝宗淳熙(1174—1189)年间任静江府(今广西桂林)通判的周去非，在离任以后所著《岭外代答》中说："邕州(今广西南宁)左、右江溪洞，地产苎麻，洁白细薄而长，土人择其尤细者为练子，暑衣之，轻凉离汗者也。""有花纹者为花练，一端四丈余，卷而入之小竹筒，尚有余地，以染真红，尤易着色。厥价不廉，稍细者一端十余缗也。"他介绍的是一种精致的苎麻细布。南宋中叶赵汝适介绍棉花、棉布的情况时说："吉贝，树类小桑，萼类芙蓉，絮长半寸许，宛如鹅毳，有子数十。南人取其茸絮，以铁筋碾去其子，即以手握茸就纺，不烦缉绩，以之为布"，"或染以杂色，异纹炳然，幅有阔至五六尺者"①。20 世纪 70 年代浙江兰溪的南宋墓中出土一条独幅白色木棉毯，宽 1.15 米，长 2.51 米，说明南宋时确有阔幅织机织成的"广幅布"。同时还说明棉织品已进入南宋人民的日常生活，并已由华南延伸至长江流域。

制瓷业在南宋时也有较大的发展，如北宋时已是制瓷地之一的景德镇(今江西景德镇)，到南宋时已成制瓷的中心之一。南宋蒋祈所著《陶记》称："景德镇陶首三百余座"，"陶工、匣工、土工之有其局，利坯、车坯、釉坯之有其法，印花、画花之有其技"。"埏埴之器，洁白不疵，故鬻于他所，皆有饶玉之称"(景德镇时属饶州浮梁县)②。

---

① 《诸蕃志》卷下。

② 刘新园《蒋祈〈陶记〉著作时代考辨》、《〈陶记〉校注》，《文史》第 18、19 辑，中华书局出版。

两浙的余姚也出瓷器，余姚属绍兴府，即原越州，因而称为越器，很有名声。南宋陆游称："耀川（今地不详）出青瓷器，谓之越器，似以其类余姚县秘色也。然极粗朴不佳，惟食肆以其耐久，多用之。"①这两种质量相去甚远的青瓷器，陆游都曾亲见，耀川所产似都是"极粗朴不佳"，却也称为"越器"，或许是为了利于出售。除越窑外，两浙南部的龙泉窑也很出名，以龙泉（今属浙江龙泉）为中心，初创于北宋时，受越窑的影响相当深，直到南宋中期以后才有较大的进步。陆游正处于南宋中期前半叶，他所说"耀川"所出青瓷，或许即是指龙泉窑的前期产品。此外，南宋时期发展起来的吉州（今江西吉安）窑，多仿造其他名窑的产品；建阳（今福建建阳）的建窑，以黑瓷著称。还有广州、德化（今福建德化）、晋江（今福建泉州）等地窑厂的产品以外销为主，德化窑以白瓷著称。位于今杭州市南郊的南宋"官窑"，则专门生产宫廷用瓷器。

南宋时印刷业、漆器、金银器等也很发达，传世的南宋刻本书籍和出土的金银器、漆器的数量不少，也都显示了南宋手工业的兴盛与技术的精湛。

第三节　商业、榷场与海外贸易

一、以临安为代表的南宋城市商业

临安府北宋时为杭州，是除开封以外的最繁华的城市，熙宁十年（1077 年）前后约为三十多万人②。临安自绍兴八年（1138 年）正式建为首都以后，迅速繁荣起来，到南宋中后期，已是近百

---

① 《老学庵笔记》卷 2。

② 系笔者推算，参见第七章第三节二。

万人口的大都市。

南宋虽只统治南方半壁江山，却是宋代经济最发达地区，虽然矿冶业不景气，但是农业和其他手工业比北宋更为发达，为南宋繁荣的城镇商业奠定了基础，而临安兴盛的商业可以作为南宋城镇商业经济的代表。临安，南宋人仍称之为杭州。“杭州大街自和宁门（宫城在城南部，此为宫城北门）杈子外，一直至朝天门（时门已废，但仍作地名）外清河坊。南至南瓦子北，谓之界北，中瓦子前谓之五花儿中心。自五间楼北，至官巷南街，两行多是金银盐钞引交易。”这是以金、银、现钱等待客户以“盐钞引”前来进行结算兑换的私人金融性行铺；“自融和坊北，至市南坊，谓之珠子市”，这是进行大型交易的街区，“如遇买卖，动以万数”。其他各种商业店铺，“自大街及诸坊巷，大小铺席，连门俱是，即无虚空之屋”。“杭城乃四方辐辏之地”，“客贩往来，旁午于道，曾无虚日”，“处处各有茶坊、酒肆、面店、果子、彩帛、绒线、香烛、油酱、食米、下饭鱼肉鲞腊等铺”。而且是“大街买卖昼夜不绝，夜交三、四鼓，游人始稀，五鼓钟鸣，卖早市又开店矣”。南宋末年吴自牧记载的临安城的繁华景象跃然纸上。

吴自牧还记载了临安城各种商业、手工业的行会，大体上商业称行、团、市，手工业称作。称行的如官巷方梳行、销金行、冠子行、城北鱼行、城东蟹行、姜行、菱行、北猪行、候潮门外南猪行、南土门菜行、北土门菜行、坝子桥鲜鱼行、横河头布行、鸡鹅行，还有骨董行是买卖七宝者，散儿行是钻珠子者，而做靴鞋者称双线行，开浴堂者称香水行，另有酒行和食饭行等。称为团的如城西花团、泥路青果团、后市街柑子团、浑水闸鲞团等，鲞团是干鱼行，也许包括咸鱼。

手工业作坊及个体手工业者的行会，称为作。如碾玉作、钻卷作、篦刀作、腰带作、金银打钑（雕刻）作、裹贴作、铺翠作、裱褙作、装銮作、油作、木作、砖瓦作、泥水作、石作、竹作、漆作、钉铰作、箍桶作、裁缝作、修香浇烛作、打纸作、冥器作等，大体上反映南宋城镇手工业各行的情况。

与商品经济的发展相适应，南宋的雇佣关系亦渗透各领域。南宋时虽保留“差役”之名并进行差派诸役，但实际施行的是以“和雇”为名的雇役，“虽医、卜、工役，亦有差使”，“然虽差役，如官司和雇支给钱米，反胜于民间雇倩（意与请同）工钱，而工役之辈，则欢乐而往也”①。也说明南宋城镇不论官府和民间，都实行雇佣劳动，如绍兴二十六年（1156 年）时文思院官营工场提出：“立定工限、作分、钱数，与免对工除豁支破工钱（指因故克扣工钱），庶得易为和雇手高人匠”②。这是仿照民间雇佣劳动关系，先标出工程量、工种、工钱，才能雇到技术高的工匠。

临安府城商业繁华的情况，在南宋宁宗时西湖老人（佚名）的《繁胜录》、理宗时耐得翁（佚名）《都城纪胜》，及宋末四水潜夫周密于南宋亡后所著《武林（杭城旧称）旧事》，都有详细的记载。

除南宋首都临安府城以外，其他城镇的商业也很繁华兴盛，如建康府城（今江苏南京）在孝宗乾道（1165—1173）时，城内设四厢，每厢少者二坊，多者九坊，共二十坊③。但是，随着南宋社会经济的发展，建康城的商业也日益兴盛，而且城外的“草市”也很繁华，到宁宗嘉定十七年（1224 年）时，已发展为“城内五厢、城外二厢”，这是将城外“草市”也划为市区。由于城内的商业发达，人口增加，居民小区的“坊”，也已发展为三十五坊④。

建康城的主要商业区，是南门（相当于今中华门）的镇淮桥向西至新桥（饮虹桥）的内秦淮河两岸，“自江、淮、吴、蜀游民，行

---

① 吴自牧《梦粱录》卷 13，中国商业出版社 1982 年版。

② 《宋会要辑稿》职官 29 之 3。

③ 据《至正金陵志》卷 4 引《乾道建康志》统计。

④ 《景定建康志》卷 23《平止仓》，卷 16《坊里》。

商分屯之旅，借道之宾客，杂沓旁午，穷日夜不止”[①]。为了适应两岸日益繁忙的交通需要，乾道五、六年(1169、1170年)时重建两桥为砖石桥，两桥宽各三丈六尺，比旧桥增宽四分之一，镇淮桥长十六丈，两端各建一亭以供行人休息，新桥(饮虹桥)长十三丈，桥上建有十六间连屋以避日晒雨淋，是繁华商业区的标志性建筑。内秦淮河沿岸有称为牛马市、谷市、蚬市、纱市等十分兴盛的商业市场，城中还有称为银行、花行、鸡行、鱼市的街道，“鸡行街自昔古繁富之地”，银行街“物货所集”[②]，花行街又称花市。此外，城内中部的笪桥、北门内的清华市，也很繁华，只有比较偏僻的清化市，不如其他市场兴盛。嘉定十七年时，建康知府说城区有“数十万之民”，“日食二千余石”米[③]，是一座规模相当大的城市，可以作为南宋一般城市的代表。[④]

二、从澉浦镇的发展管窥南宋乡村经济发展之一斑

南宋常棠撰有专记澉浦镇事的《澉水志》，通过对海盐县澉浦镇(今属浙江)的分析，可以比较全面地了解南宋镇的概况。

熙宁十年(1077年)，澉浦镇还称为澉浦场[⑤]，到元丰三年(1080年)撰写的《元丰九域志》卷五中，已称澉浦镇，可见宋代澉浦建镇是在11世纪70年代末。北宋时以“监澉浦镇税兼鲍郎盐场”，尚无“烟火公事”系衔。南宋前期，则以鲍郎盐场官“兼澉浦镇税烟火公事”，盐场官署即是镇署，并无专门的镇署。嘉定十四年(1221年)，澉浦镇与鲍郎盐场始分设专官，初时亦无

---

① 《景定建康志》卷16《镇淮桥》。

② 《至正金陵志》卷4《镇市》引《庆元建康志》。

③ 《景定建康志》卷23《平止仓》，卷16《坊里》。

④ 参见笔者《宋代江宁(建康)的社会经济》。

⑤ 《宋会要辑稿》食货16之9。

专门的镇署，寓居民房或僧舍为镇署，绍定五、六年（1232、1233年）才建造了镇署。

绍兴二十一年（1151年）到咸淳六年（1270年）的一百二十年中的四十一任澉浦镇监镇，包括由监鲍郎盐场官兼任澉浦镇的前二十四任监镇，他们的阶官都是“选人”，宋代多数镇只差小使臣（武官）或选人（文官）任监镇，杖罪并送县，所以澉浦镇反映的是宋代大多数镇的情况，尤其是反映了沿海的多数镇的情况，这是由于澉浦镇有某些沿海镇的特有机构，如市舶场等，只要将其中的特殊性除去，便是宋代一般镇的情况。少数镇如绍兴十四年的湖州（今属浙江）“管下镇官，乌墩、梅溪镇系在文武京官以上，及许断杖罪（一百）以下公事”①。

澉浦镇原来的管辖区是“周回二里半”（据所引《武原志》），绍兴年间“人民稀少”。但是，随着社会商品经济的发展，“今烟火阜繁，生齿日众”，“户口约五千余”。由于是商业中心的镇，常住户口少而流动人口多，以致常常也只好说：“往来不定，口尤难记。”随着人口的增多，镇的辖区（“镇境”）已是“东西一十二里，南北五里”，“东至海岸边海界，西至六里堰近潮村界，南至筱山边海界，北至官草荡新浦桥界”，而辖区的农业税收，却“隶县之德政乡，田肥税重”。南、北宋的镇辖区内农业税收，都归本县邻近乡征收。

澉浦镇的镇上共有二坊六弄、巷，镇的西街为阜民坊，有四条弄、巷；东街为广福坊，有两条弄。由镇司直接管辖，坊设“坊正”。宋代城镇居民还编有专门的户籍，称“坊郭户”，镇称为“镇坊郭”。

澉浦镇未设专职的监镇以前，由邻近的监鲍郎盐场官兼任监镇，全称为“监鲍郎盐场兼澉浦镇税烟火公事”。澉浦镇设置

① 《宋会要辑稿》方域12之20。个别军事要地派巡检任镇官。

专官监镇后，税务与治安为其主要职责。收税之地有二：一在镇东五里的“弦风亭，在海岸，即镇官收税之地”；一在栅桥，在镇西三里，派员收税。此外，监镇原先还兼抽解抱纳竹木钱，以后转运使派遣专官来镇抽解；铁布军需场原先也属澉浦镇税之一，以后也由浙西安抚司在镇上设置专门机构办理，都不再隶属监镇。还设有镇学，设于镇上的禅悦教院内。镇的郊区有六里堰、三里堰等五堰，既是“灌田堤防之所”，又是“军船之往来，盐场之纲运，酒库之上下，与夫税务诸场之版解，商旅搬载海岸南货”之道，而“提督诸堰，实隶镇官”。镇中有闸一所，“今隶镇官司”。可见作为一镇之长的监镇，除了列入官衔的监税和烟火公事之外，还管学校、灌溉、航运等事。

澉浦镇除镇署之外，还有巡检营；镇区东海边有市舶务，设市舶官“澉浦司舶”；属于殿前司的水军寨，设“镇守澉浦镇统领水军”，水军百人，设统制官，下属有统领官，以及前已举出的抽解竹木专官和铁布军需官，此外还有镇附近的监鲍郎盐场官和户部犒赏库的子库酒库官等。所以，澉浦镇除监镇外，还有这许多大体上与监镇同级的机构和官员，这就给监镇增加了不少事务。不仅要避免“估客”“畏重欲逸外江”，做到“恬熙轻平，风帆雨楫辐集”，以保证税收；“民讼苦繁”，“折以片言”，以维持治安，这些属于本职的事务；而且还要注意“军民杂处”的状况，及时协调与处理其间的关系。

关于澉浦镇的税课，仅有熙宁十年（1077 年）的具体记载，为钱 1 819 贯（零数不计，下同），折银约 2 600 两；同时的海盐县县城的税为钱 3 660 贯，约折银 5 230 两，澉浦（场）的税课约为县城税课的一半。南宋时澉浦镇的税收想必有很大的增长，这可从元初（至元十三至三十一年，1276—1294 年）修撰的《至元嘉禾志》卷 6 记载中看出，澉浦镇税务的各类税课总额为银 45 300 多两，而海盐县县城的各类税课总额为银 16 600 多两。

其时离南宋灭亡(1279 年)不久,所以,南宋晚期澉浦镇与海盐县城的税课数,亦应与此数相去不远。

通过对澉浦镇的具体分析,不仅可以从中了解宋代镇的概貌。而且澉浦镇的税课到宋末元初,比北宋中期增长达三四十倍之多,并由原先只占海盐县县城的约一半,增加为县城的近三倍的情况,也是值得注意的。当然,澉浦镇的情况可能比一般镇突出,但由此可见,镇在商品经济活动中的地位显然越来越重要①。

乡村集市到南宋时也非常兴盛,通常称市或草市,江东和两浙地区小于市的集市称为“步”或“阜”(后世都称“埠”),通常是河、湖港口的乡村商业中心;大于市的为镇,成为政府建制下最低的直属单位,设有监镇作为长官,地位、职权略低于县官,负责税收和治安,市和步(阜)则由派出税务人员征收商税,如建康府所属五县就有十三个镇,近三十个市和四个步②,平均每县有九个以上的镇、市、步,而其中句容县的下蜀镇、溧阳县的举善镇(今戴埠镇)、溧水县邓步镇(在今高淳县境),都是列入南宋政府单列商税额的重要乡村经济中心。举善镇俗名戴步,和邓步镇都是由较小的“步”发展为镇。

镇市的繁华与地理位置有很重要的关系,如诸暨县(今浙江诸暨)东北的枫桥镇,因为是“浙东一路冲要之地”③,虽然已经设有监镇和税收官各一员,嘉泰四年(1204 年)又在诸暨县增设县尉一名驻守枫桥镇以维持治安。而盐城县(今江苏盐城)西的岗门堰市,因“居民日繁,商旅所聚”,而“无官司弹压”,但没有升市为镇,而是于嘉定七年(1214 年)增设盐城县尉一员,称为盐城县西尉④,驻守岗门堰市。商业兴盛是设镇的主要条件,但如

---

① 参见笔者《关于宋代“镇”的几个问题》,《中州学刊》1983 年第 3 期。

② 《景定建康志》卷 16《镇市》。

③ 《宋会要辑稿》职官 48 之 83。

④ 《宋会要辑稿》职官 48 之 85。

当地常住居民户太少，也不设镇，如徽州（今安徽歙县）城西的岩市和城东的新馆，“两处商旅聚会”，“内岩市去年收到（商税）六千三百余贯，新馆二千一百余贯”，绍兴五年（1135 年），岩市因而升为镇，而“新馆虽客旅过往，缘本处（住户）不满百家，不可为镇”①。由此可见一些小的乡村“市”，商业也很兴盛。

三、榷 场 贸 易

南宋的边境贸易主要是指南宋与金的官方榷场贸易。绍兴十一年（1141 年）末宋金签订“绍兴和议”，次年五月初即于淮南东路的盱眙县设置第一个榷场，金于对境淮河北岸的泗州也设有榷场。南宋规定将商人资金在一百贯以下的小商人称为“小客”，每十人结为一保，互相担保。小客须将货物的一半留在盱眙榷场，由榷场代为保管，自己携带另一半货物到金方泗州榷场进行交易后，购买金方货物回到宋方盱眙榷场，然后再将剩下的一半货物运到金方泗州榷场出卖，最后依据出进货物的价值的十分之二纳税。而资金在一百贯以上的大商人及其货物，只能停留在盱眙榷场，等待金方商人前来进行贸易。以后又在淮南西路的光州（今河南潢川）、安丰军（今安徽寿县）西北的花靥镇、京西南路的枣阳军（今湖北枣阳）也设立榷场，金亦于对境设有多处榷场。南宋输出的货物主要是粮食、绢布、茶叶、书籍、各种手工业产品及海外贸易所得的药材及手工业产品；输入的货物主要是“应造军器之物及犬、马等”②。

绍兴二十九年（金正隆四年，1159 年）正月，金帝完颜亮准备发动侵宋战争，下令关闭金方所有榷场，只留泗州一处榷场，

---

① 《宋会要辑稿》方域 12 之 19。

② 《文献通考》卷 20《市籴考一》。

每五日一次开场;南宋也于二月关闭其他榷场,只保留对应的盱眙榷场。但官方榷场封闭的结果是导致走私贸易相当繁忙,"如楚州(今江苏淮安)之北神镇、杨家寨,淮阴县(今江苏淮阴西南)之磨盘,安丰军之水寨,霍丘县(今安徽霍丘)之封家渡,信阳军(今河南信阳)之齐冒镇,及花靥、枣阳旧有榷场去处,不可胜数。其间为害最大,天下之所共知,商贾之所辐凑,唯蒋州(即光州,今河南潢川)之西地名郑庄,号为最盛,甚者如茶、牛、钱宝,巧立名目,一例收税,肆行莫禁,以岁计之,茶不下数万引,牛不下六七万头,钱宝则未易数计"①。这是南宋中央政府明令禁止,而地方政府却收税放行的边境贸易。

金帝完颜亮侵宋败死,南宋北伐也失败,隆兴二年(1164年)末,宋金签订和议,史称"隆兴和议"。乾道元年(1165年)二月,复设盱眙榷场;三月,移原枣阳榷场于襄阳府(今湖北襄樊市襄阳区)西北的邓城镇;四月,恢复花靥镇榷场;九月,又将光州榷场移置于光山县(今河南光山)的中渡市,于是宋金边境贸易全面恢复。

四、海外贸易

南宋建炎元年(1127年)六月,新登上帝位不久的宋高宗,为了树立自己良好的形象,"诏以市舶司多以无用之物,枉费国用,取悦权近"为由②,废罢两浙、福建提举市舶司对外贸易的专门机构,归并于两路的财政机构转运司。但是,次年五月,已从应天府(今河南商丘南)逃到扬州半年多的宋高宗,也许觉得形势比较稳定,又下诏重建两浙、福建两路的提举市舶司,并各发给价值十万贯钱的"度牒"、"师号"供出卖以作两市舶司的本钱。

---

① 《宋会要辑稿》食货38之38。

② 《宋会要辑稿》职官44之11。

建炎四年五月，渡江南侵的金军退回江北，下海南逃的宋高宗回到越州（今浙江绍兴）。十月，将两浙路市舶司下属的秀州（今浙江嘉兴）华亭县（今上海松江）市舶务，移到吴淞江（今亦称苏州河）南岸的通惠镇（今上海青浦北白鹤港附近），靠江临海，更便于管理对外贸易。绍兴二年（1132 年）三月，又将两浙路提举市舶司，移到秀州华亭县，南宋东北部地区对外贸易的一级机构移入今日上海地区。两浙路提举市舶司下属的二级机构市舶务，除通惠镇外，还有临安府、明州、温州等市舶务；绍兴十五年十二月，又于江阴设置市舶务，一共五处市舶务。而广南、福建两路市舶司只于市舶司所在地广州、泉州设市舶务，具体管理对外贸易。外商货物到市舶务所在地，市舶务进行"抽解"式收税，市舶务也称抽解务，即一种货物抽取其中的一部分，通常为十分之一归官。又强制以低价收买一部分（通常为十分之二），称为"和买"或"博买"，然后对剩下的货物给"引"（凭证）由货主自行出卖。绍兴二十九年（1159 年）时统计，每年"抽解"与"和买"所得的税收及利润"约可得二百万缗"①，是一笔相当大的财政收入。

隆兴二年（1164 年）七月，又重申北宋神宗熙宁（1068—1077）"旧法抽解既有定数，取之不苛，纳税宽其期，而使之待价（出售）"，以招揽外商之意。这是针对近年来市舶务所在地"州郡官吏趣办抽解之外，又多名色，兼迫其输纳，货滞则减价求售，所得无几，恐商旅自此不行"情况而进行的。八月，两浙路市舶司又进行具体分析称："抽解旧法十五取一，其后十取一，又其后择其良者，谓如犀（牛角）、象（牙）十分抽二分，又博买四分；真珠（珍珠）十分抽一，又博买六分之类"，并提出"十分抽解一分，更不博买"，以及其他优惠条件，以扩大海外贸易，都得到宋孝宗的批准。淳熙二年十二月，又对"蕃商止许

① 《系年要录》卷 183，绍兴二十九年九月壬午。

于市舶置司所贸易，不得出境”贩卖的规定，作了部分调整，福建路市舶司在征税以后，外商在“召保”以后开具贩往外地的货物名称、数量，向市舶司报告，市舶司即给付凭证，可以在福建路内各地贩卖①，以吸引外商进行贸易。南宋的海外贸易在孝宗时得到比较顺利的发展。

但到南宋理宗时吏治腐败，外贸税率又迅速提高，以庆元府（明州）为例，将货物“分作一十五分，舶务抽一分起发上供（国库），纲首抽一分为船脚摩费，本府又抽三分低价和买，两倅厅各抽一分低价和买，共已取其七分，至给还客旅之时止有其八，则几于五分取二”②。

南宋高宗、孝宗时财政总收入是：“渡江之初，东南岁入不满千万（贯），逮淳熙（1174—1190）末遂增至六千五百三十余万（贯）。”③虽然南宋外贸收入未再见具体数字，但其在国家财政收入中占有重要地位则是无疑的，因而被称为“国课”。

南宋外贸很发达，海盗也很猖獗，为了保证外贸的正常进行，港口城市的地方官很重视海上治安。绍定五年（1232年）八月，著名学者真德秀出任泉州知州，他组织官军、民兵进剿海盗，残余海盗南逃，“今贼徒深入广南，正当舶回之时，必有遭其剽劫者，岂不亏失国课”。“而福建提舶司正仰番船及海南船之来，以供国课。今为贼船所梗，实切利害，本州不敢以闽广异路为限”④，真德秀准备与广东水军联合剿灭海盗，以保障海上交通安全，促进对外贸易的正常进行。但是，南宋末年政治腐败，海盗日益猖獗，外贸也日益衰败。

---

① 《宋会要辑稿》职官44之27至31，参见《文献通考》卷20《市籴考一》。

② 《宝庆四明志》卷6《市舶》。

③ 《朝野杂记》甲集卷14《国初至绍（应作淳）熙天下岁收数》。

④ 真德秀《申枢密院乞修沿海军政》、《申尚书省乞措置收捕海盗》，《真文忠公文集》卷15。

第四节　纸币“会子”及其他货币

一、铜钱与铁钱

南宋由于矿冶业的衰减，虽然所产铜、铅、锡全用于铸铜钱，东南地区所产铁也全用于炼胆铜，南宋前中期每年仅铸铜钱十五万贯至二十万贯，与北宋神宗熙宁末年每年铸铜钱五百多万贯，根本无法相比，而且北宋的铜钱十分之八以上是在南方（后为南宋统治区）铸造的。南宋主要铸造“当二”（折二）、“当三”（折三）钱，部分铸造“小平”钱（只当一文），当三钱为大钱，钱文为“重宝”，如理宗时的“嘉熙重宝”，而小平钱和当二钱则为“嘉熙通宝”。孝宗乾道年间还曾出现过“毁钱，夹以沙泥重铸，号沙毛钱”的事件①，沙毛钱遭到严令禁止。

旧用铁钱的四川地区，南宋初以成本过高而停铸，绍兴十五年（1145 年）又开始在利州（今四川广元）铸造铁钱，目的在于回收贬值的纸币“钱引”（即原“交子”）。虽然当时每铸造一贯铁钱的成本为二贯，但每年也铸造十万贯，以后增加为十五万贯。高宗后期，又恢复嘉州（今四川乐山）、邛州（今四川邛崃）铸造铁钱，此前都是铸造小平钱。绍兴二十三年（1153 年）开始，又铸造“折二”（当二）、“折三”（当三）铁钱。嘉定元年（1208 年）开始，利州铸造当五（折五）大铁钱，随后邛州也铸造当五大铁钱，每年铸造三十万贯。

由于淮南的铜钱多流向金统治区，于是议改淮南为铁钱区，乾道五年（1169 年）八月，开始命淮西路铸小铁钱。次年二月，恢复舒州（今安徽潜山）的铸钱监，铸造铁钱；同年六月，又于蕲

① 《宋史》卷 180《食货志下二·钱币》。

州(今湖北蕲春北)、黄州(今湖北黄冈)各设铸钱监以铸造铁钱。淮南铸造铁钱额一度定额每年六十万贯,由于不许铁钱到江南使用,因而铁钱受到人们的轻视,且已铸的铁钱积存数量很多,故将每年的铸造量降为四十万贯。

二、国家发行的纸币"会子"

南宋建立之初,除四川、陕西仍使用地区性纸币"钱引"(原交子改称)外,其他地区均使用铜钱,但由于铜钱缺乏,加上商业经济的繁荣,货币流通量增加,纸币的使用已成为时代的需要。但在国家发行的纸币"会子"产生以前,国家曾发行带汇票性质的"见(现)钱关子",绍兴元年(1131 年)十月,当时临时首都在越州(今浙江绍兴),命神武右军都统制张俊率军屯守婺州(今浙江金华),由于水路交通不便,军粮不易解决。于是发行"见钱关子",由商人在婺州缴纳现钱,政府给予等值的汇票"见钱关子",商人持"关子"到临安或越州的政府机构榷货务换取现钱(铜钱),也可以换取等值的茶引、盐引或香料等钞引,以便携带到相关的地方领取实物,每"关子"一千钱另加给十钱作为优惠。于是州县政府逐渐在收购粮食等货物时,强行以"关子"作为现钱使用,而临安的榷货务没有足够的现钱兑付"关子",许多人无法换得现钱,因此引起人们的强烈不满。

绍兴六年二月初,在临安设立"行在交子务","印造交子,分给诸路,令公私并同见(现)缗行使,期以必信,决无更改"①。这是南宋政府首次决定由国家发行全国性纸币。此前,都督行府主管财务的张澄,已经依照四川印造交子(钱引)之法,印造了三十万贯交子与现钱一起行用于江淮地区。这时南宋政府接受张

① 《系年要录》卷 98,绍兴六年二月甲辰。

澄的建议，又准备行用交子于整个东南地区。但由于没有能备足“本钱”(发行准备金)，许多大臣认为这必将造成纸币“交子”的贬值，故南宋政府在五月即将发行“交子”之际，不得不收回成命，重新改为以“关子”为收购粮、绢之用，称为“籴本关子”。六月，又停罢新设的交子务及官员等。南宋政府第一次发行纸币“交子”的打算，遂致“流产”。

但是，货币流通量严重不足的情况，阻碍了商业的进一步繁荣，尤其是绍兴十一年末宋金绍兴和议以后，和平环境下的南宋手工业、商业日益繁荣兴盛，而铜钱流通量严重不足，政府既无意发行纸币以解决，于是首都临安城的豪富在绍兴二十九年(1159 年)前，便私自发行“便钱会子”，以解决货币流通量不足的问题，“会子”作为纸币的名称起于民间。次年二月，钱端礼任临安知府，“始夺其利以归于官”[①]。“命临安府印造会子，许于(临安府)城内外与铜钱并行”[②]，这只是首都临安府的地方性纸币。同年七月，钱端礼升任主管财政的户部副长官侍郎；九月初又兼任临安知府。同年十二月，钱端礼提出国库(左藏库)应该支付现钱(铜钱)时，以临安府印造的会子搭配支出。从此，纸币会子遂行用于临安府城以外的整个东南地区。

绍兴三十一年一月，钱端礼罢临安知府兼职，专任户部侍郎。二月丙辰(1161 年 3 月 11 日)，世界历史上第一个中央政府设立的纸币发行机构“行在会子务”建立，并发行纸币“会子”。这是首次由国家财政部(户部)发行的铜钱本位制纸币，“并同见(现)钱，仍分一千、二千、三千(文钱)凡三等，盖权户部侍郎钱端礼主行之”[③]。纸币“会子”最初用徽州制造的纸币专用纸“会子

① 《朝野杂记》甲集卷 16《东南会子》。

② 《系年要录》卷 187，绍兴三十年十二月乙巳。

③ 《系年要录》卷 188，绍兴三十一年二月丙辰。

纸”制作，后改用成都的以楮树皮为原料的纸币专用纸制作，因而会子也如同四川交子（钱引）一样，称为楮币，或简称“楮”、“会”。史称：钱“端礼尝建明用楮为币，于是专委经画，分为六务，出纳皆有法，几月易钱数百万”①。在不长的时间内，增加了相当大的货币流通量，大大缓解了货币供应量不足带来的供需矛盾，进一步促进了南宋中叶的社会经济，尤其是商业的繁荣。

然而纸币“会子”的发行流通，既存在发行量多少才合适的问题，也存在人们对“会子”的信任和政府对“会子”保持信誉等问题。于是政府规定“其路不通舟处上供等钱，许尽输会子。其沿流州、军，钱、会中半；民间典卖田宅、马牛、舟车等如之，全用会子者听”②。改变了原先“有司出纳皆用见钱”、歧视会子的政策，增加了会子作为货币与铜钱具有同等币值的合法性。政府机构不得歧视会子，因而也增加了民众对纸币的信任度，这一过程是在孝宗时期完成的。作为世界上最早发行纸币的国家，南宋也产生了世界历史上最早的纸币发行的原始理论。史称：“楮（会子）未至于滞也，而已虑其滞，隆兴元年（1163 年）广行堆垛本钱（备足发行准备金）以给之；楮之未至于轻（贬值）也，而已虑其轻，淳熙二年（1175 年）多出金、银以收之；楮未至于多也，而已虑其多，淳熙三年更不增见在之数（以控制发行量）。”③这些措施称为“秤提”。

淳熙七年，孝宗对宰相赵雄提及“近来会子与见钱等”值，赵雄说：“民间尤以会子为便，却重于见钱也。”孝宗说：“朕若不爱惜会子，散出过多，岂能如今日之重耶。”④这说明孝宗对于纸币会子的发行规律已有一定认知，并用之于实践。

---

① 《宋史》卷 385《钱端礼传》。

② 《宋史》卷 181《食货志下三》。

③ 《皇宋中兴两朝圣政》卷 46，乾道三年正月。

④ 《皇宋中兴两朝圣政》卷 58。

南宋的纸币会子的发行不断加以完善。隆兴元年诏令会子上使用“隆兴尚书户部官印会子之印”，会子改用铜版印造，以加重政府发行会子的信誉。又增加印造五百文、三百文、二百文的小额会子，以便于民间交易使用，实际上是将铜钱降为辅币。乾道三年，又印造新会子五百万贯，以替换民间破损的旧会子，并规定破损的旧会子只要钱数目可以辨认的，都可以交纳赋税。会子最初未定“界”，乾道五年定为三年一界，一界印造新会子一千万贯替换旧会子，每“道”（指一贯、二贯、三贯面额的每张）旧会子收工本费二十文；五百、三百、二百文面额的，每张旧会子收工本费十文。此前还规定除太上皇宋高宗处全部支取铜钱外，各地驻军和皇宫支用时，铜钱与纸币会子都按比例支用，不得例外，以进一步取信于民。后又定两界会子相沓而行，这是除第一界外，流通的纸币会子量（两界）为两千万贯。每一贯会子相当于铜钱七百五十文，与原先铜钱实际行用的“省陌”（即名义为一千文，实际支付七百五十文现钱）相同，从这个含义上讲，纸币会子与铜钱是等值的，南宋史学家李心传在宁宗嘉泰二年（1202年）时称：“自会子创造，至今四十年，遂与见缗并行，不可复废矣。”①说明此前会子的币值相当稳定。

理宗时，由于四川局势混乱，蒙古军已入四川，原先制造楮纸的成都所在川西地区尤为蒙古军队经常侵扰之地，于是会子专用纸“楮纸”来源短缺，直到完全断绝，因而原先“尽用川纸（楮纸），物料既精，工制不苟，民欲为伪，尚或难之”。“至十八界则全用（江南所产）杜纸矣。纸既可以自造”，“今之为伪者易”。淳祐“七年（1247 年）以十八界与十七界会子，更不立限，永远行使”。时值权相贾似道当权的南宋末年，只能以不再增印会子以控制流通量。但到景定四年（1263 年），“复日增印会子一十五

① 《朝野杂记》甲集卷 16《东南会子》。

万贯”，会子更是日益贬值，到咸淳四年（1268年）时，“十八界（会子）每道作二百五十七文足”①。这里的每“道”指一贯，仅是原先的一贯当铜钱七百五十文的三分之一，纸币会子终于走上末路，不久南宋即灭亡。

三、其他纸币

会子作为南宋国家发行的纸币，主要行用于“东南”地区，所以也称“东南会子”。“东南”是指四川以东、长江以南的南宋主要统治区。

此外，地方性纸币还有四川的“钱引”，这是在北宋末大观元年（1107年）将交子改称为钱引，简称“川引”、“川钱引”。南宋时仍称钱引，名义上仍规定每界印制一百二十五万贯。然而从建炎二年（1128年）至绍兴十二年（1142年）宋金战争期间，不断增印钱引以供军用，少则六十多万贯，多至五百万贯。到绍兴三十年（1160年），金帝完颜亮即将侵宋，四川又增印钱引，至孝宗隆兴二年（1164年）少则一百万贯，多则二百万贯。钱引分为一千文和五百文两种。到宁宗初年，“每引钱一千（文），民间直铁钱七百（文）以上”②。但到宁宗“嘉定（1208—1224）初，每缗止直铁钱四百以下”，换界之际，边远地区“一引之直，仅售百钱”，经过“秤提”措施，以金、银收兑以后，每“引直铁钱五百有奇，若关外用铜钱，（每）引直百七十钱而已”。理宗淳祐九年（1249年）又改每界三年为十年。其时蒙军已南侵，不久四川陷为战区。

地方性纸币除四川钱引外，还有湖北会子和两淮会子。湖北会子，也称“湖广会子”、“湖会”。孝宗隆兴元年（1163年）秋，

① 《宋史》卷181《食货志下三·会子》。

② 《朝野杂记》甲集卷16《四川钱引》。

宋金尚在交战之际，湖北印造五百文与一贯两种纸币共七百万贯，称为“直便会子”，行用于湖北路。“隆兴和议”后的乾道元年(1165 年)初，回收了三百万贯，剩下的四百万贯继续在本路流通。一度因流通范围不广，影响到荆南府(今湖北荆州市荆州区)商业的繁荣和货物流通。乾道三年曾将湖北会子的印版收回，后又采取多种措施回收湖北会子，但到淳熙十一年(1184年)时，对于行用“迄今二十二年，不曾兑易，秤提不行”的湖北会子，采取的措施只是“印给一贯、五百(文)例湖北会子二百万贯，收换旧会”子，以达到“流转通快，经久可行”的目的①，也是从这年起，湖北会子“始通行于京西路”。淳熙十三年，湖北会子也开始定为三年一界，“每界二百七十万贯”②，也是两界相沓而行，名义上总流通量为五百四十万贯。但到理宗嘉熙二年(1238年)的第七界湖北会子至少印造了九百万贯。

两淮会子，称为交子，因而也称“淮交”。乾道二年“六月，诏别印二百(文)、三百(文)、五百(文)、一贯交子三百万(贯)”③，限于两淮地区使用。每贯淮交当铁钱七百七十文。为便于长江两岸的贸易，允许在江南的沿江八州、军，“江(今江西九江)、池(今安徽池州)、太平(今安徽当涂)、常州、建康、镇江府，江阴军界内行应用”④。自绍熙三年(1192 年)新印造三百万贯交子开始，也规定三年为一界。嘉定十一年(1218 年)以后，常增印淮交，“自是其数日增，价亦日损，秤提无术，但屡与展界而已”⑤。这不仅是对淮交的评价，实际上南宋宁宗时奸臣史弥远擅权以后及南宋末年，各种纸币的情况大体相似。

小的地区性纸币，还有流通于四川北部边区兴元府(今陕西

---

①⑤ 《宋史》卷 181《食货志下三·会子》。

② 《朝野杂记》甲集卷 16《湖北会子》。

③ 《文献通考》卷 9《钱币考二·淮交》。

④ 《朝野杂记》甲集卷 16《两淮会子》。

汉中)、金州(今陕西安康)和洋州(今陕西洋县)的“铁钱会子”,这是隆兴元年十月首先行用金州地区,铁钱会子都是小面额,分为一百文、二百文、三百文三种,随后才行用于洋州和兴元府地区。

四、虚银本位纸币“银会子”

白银在宋代商业贸易中有时也作为货币的代金使用,但并没有真正进入货币行列。绍兴七年(1137 年)二月,南宋名将吴玠在所任川陕宣抚副使驻地河池(今甘肃徽县),发行以银的两为单位的纸币“银纸”①。后来称为“关外银会子”,是因为行用于宋金交战的阶(今甘肃武都)、成(今甘肃成县)、岷(今甘肃岷县)、秦(今甘肃天水)、凤(今陕西凤县东)、兴(今陕西略阳)等州地区,因都在剑门关(今四川剑阁北)以北,即习称为“关外”地区。当时可能是吴玠作为右护军使用的“军用券”而发行的,不属于地方政府。当时发行“一钱银十四万纸,四纸折(合四川的)钱引一千(文);半钱银十万纸,八纸亦如之”。每“岁一易,其钱隶军中”②。直到绍兴九年六月吴玠死后,“银纸”(银会子)的发行、运行之权转归四川地方政府,才成为四川关外的地方性纸币。宋金绍兴和议以后,秦州已割属金朝,但“银纸”仍在南宋境内上述诸州中使用。南宋地方政府于大安军(今陕西勉县西南)

---

① 将“关外银会子”称为“银纸”,系笔者的推测之说(参见白寿彝总主编《中国通史》第七卷上册,总第 11 册第 667 页)。因“会子”之名,始起于绍兴二十九年前不久的南宋首都临安府,此后才成为纸币的通用名称。绍兴七年时西北的河池不应有“会子”之名,“银会子”之名当是绍兴末年以后,将“银纸”比拟于“会子”后的别名。

② 《系年要录》卷 109,绍兴七年二月丙午。在这里称“一钱银十四万纸”,可能是原始记载。在《朝野杂记》甲集卷 16《关外银会子》中作“一钱银会子十四万纸”,可能已是依照后来对“银纸”的习称“银会子”而增“会子”二字。“军用券”性质系笔者推测。《宋代经济史》称为“银本位”纸币,值得商榷。

印造“银纸”时已是绍兴十七年，并改为两年更换一次。孝宗乾道四年（1168 年），又“增（印）一钱银三万纸”①，两种史籍记载具体事件时都不称“银会子”，可见“银会子”始终只是习称而非正式称谓。这年行用地区扩大到文州（今甘肃文县）。但所谓“一钱银”、“半钱银”，并无可兑换白银的记载，可见其为“虚银本位制纸币”，一钱银、半钱银都只是一种符号。

五、南宋末年的纸币“铜钱关子”

南宋理宗末年，政治腐败，加上蒙军南侵，连年战火，纸币会子不断贬值，信誉降低。理宗在景定五年（1264 年）十月死前十多天，发行新的纸币“铜钱关子”，不用会子之名，而取名“关子”，企图以改换纸币名称和多加盖印章的方法取信于民。铜钱关子也称“金银见钱关子”，“其关子之制，上黑印”，“中红印三相连”，“下两傍各一小长黑印”。规定关子每一百文作铜钱七十七文足，并相当于十八界会子三百文，又停废十七界会子。但是这并没有能改变经济混乱状况，反而是“关子行，物价顿踊”②。其时南宋已处于灭亡前夕。

---

① 《建炎以来朝野杂记》甲集卷 16《关外银会子》。

② 佚名《宋季三朝政要》卷 3。关子发行的时间，此书作景定五年正月，可能是下诏发行的时间。这里作十月，系据《宋史》卷 45《理宗纪五》，当为实际发行时间。

第十五章　南宋的行政制度、军事制度、法制、赋税和役法

南宋在行政制度方面采取了省并机构、减少编制、职务互兼的变革，以适应偏安政局。孝宗时小州及县城的城市基层组织，开始实行隅坊(巷)制。宁宗初年，首都临安创设了专业消防队。

南宋正规军由各宣抚司统领，转为各都统司管辖，三衙所统只是皇帝近卫军。各路遍设安抚司以统地方军。

孝宗时重建法治秩序，理宗时已无法制可言。

孝宗时对田赋、商税也进行了整顿，宁宗以后则败坏日甚。役法焦点已集中到乡役中征收田赋的保正、长，民户创行自行集资或购田产以供当役户的“义役”，孝宗时加以推广。

第一节　精简机构　城市制度的变化

一、宰执官称的改变与省并机构

南宋偏安江左，政简事省，庞杂的北宋行政制度已不适应新的形势。建炎三年(1129 年)四月，首先将中书省、门下省合并为中书门下省，此后实际上只有尚书省和中书门下省两省，但行文及习惯仍称三省；宰相的官称也由尚书左、右仆射分兼门下、中书侍郎为左、右相，改为尚书左、右仆射各带同中书门下平章事为左、右相，以示左、右宰相通治三省(实际是二省)事，执政官也将门下、中书侍郎改为参知政事，省罢尚书左、右丞。在此前

后还曾设“权知(及同知)三省、枢密院事”，则是临时性官衔，属执政官。

乾道八年(1172 年)二月，将宰相的官称改为左、右丞相，同时取消了侍中、中书令、尚书令的虚名，丞相官品升为正一品。

开禧元年(1205 年)四月，权臣韩侂胄出任“平章军国事”，权位都在丞相之上。北宋元祐元年(1066 年)四月、三年四月，文彦博、吕公著曾分任“平章军国重事”、同平章军国重事，虽位在宰相之上，但并不处理日常政府事务，而韩侂胄则事无不总，夺丞相职权。南宋末咸淳三年(1267 年)二月，奸臣贾似道所任虽名为“平章军国重事”，但夺丞相职权，较之韩侂胄有过之而无不及。嘉熙三年(1239 年)正月，乔行简所任平章军国重事，则与文彦博、吕公著类似，并不过问政府日常事务。

南宋建立的建炎元年(1127 年)五月，设御营使、副使，由执政兼任；六月，命宰相兼任御营使，执政兼副使，总领南宋军队，枢密院有其名无其实。建炎四年六月，罢御营使、副使，恢复枢密院。南宋建立之初，虽任命知枢密院事、同知枢密院事、签书枢密院事、同签书枢密院事，只是作为执政的官衔，此后又成为枢密院正副长官。南宋的枢密院(包括此前的御营司)是最高军政、统军机构，北宋时的最高统军机构“三衙”(殿前司、侍卫马军司和侍卫步军司)，已成为皇帝的禁卫机构。

枢密院正长官常由宰相兼任，有时另设正长官处理枢密院事务。绍兴七年(1137 年)增设枢密使、副使，以枢密使为正长官；诸副长官常与参知政事互兼。宁宗时起丞相兼枢密使成为制度。

尚书省六部的尚书、侍郎，除吏、户部外，常只设其中之一，通治部务。隆兴元年(1163 年)，除户部四司因财政事务繁多未减外，对其他五部所属各司进行省并。吏部的司封司郎官兼领司勋司，实际只存三司。礼部下属四司，建炎三年(1129 年)以礼部司郎官兼领主客司，祠部司郎官兼领膳部司，实已并为二司；隆兴元年，又诏礼部司、祠部司只设一员郎官兼领，实际上礼部只剩下一司。兵部职权本已为枢密院所夺，只管辖民兵、后勤、礼仪事务，建炎三年以兵部司郎官兼领职方司，驾部司郎官兼领库部司；隆兴元年又诏驾部司、兵部司只设一员郎官兼领，实际只存一司。刑部，建炎三年以比部郎官兼领司门司，实剩三司；隆兴元年又诏都官、比部两司只设一名郎官兼领，刑部实际上只剩下刑部司和都官司二司。工部在高宗时只设尚书或侍郎一员，隆兴元年则规定尚书、侍郎各设一员；建炎三年以工部司郎官兼领虞部司、屯田司郎官兼领水部司；隆兴元年又诏工部司、屯田司共设一员郎官兼领，实际上四司合而为一司；但淳熙九年（1182 年）屯田司独立，工部实际上剩下工部司和屯田司两司。各部司级长官郎官中通常只设郎中或员外郎一员，尤其是礼、兵、刑、工四部的司级长官各只有一员。

建炎三年也对寺、监进行省并，“并宗正寺归太常（寺），省太府、司农寺归户部，鸿胪、光禄寺、国子监归礼部，卫尉寺归兵部，太仆寺归（兵部的）驾部（司），少府、将作、军器监归工部”。绍兴年间，宗正、太府、司农、光禄、鸿胪五寺及国子、将作、军器三监，陆续恢复①。孝宗初年鸿胪寺重又并入礼部，光禄寺并入太常寺；将作监事务归并于工部所属的文思院及临安府负担，原机构保留，但只设将作丞一员；军器监制造军器归于工部所属军器所，其他情况与将作监类似。乾道五年（1169 年）前后，两监官员又陆续复设，“凡台省之久次与郡邑之有声者，悉寄径于此（将作监），自是号为储才之地”。军器监也是“事务稀简，特为储才之所焉”②。因而寺监有具体职权的仅有太常、大理、太府、宗

① 《系年要录》卷 22，建炎三年四月庚申。

② 《宋史》卷 165《职官志五》。

正、司农五寺及国子一监。御史台仍沿设;谏官则重设谏院,后成为中书门下省的下属机构。所有省、部、寺、监、台、谏等机构,规模大为缩小,官、吏的人数也大为减少,多数机构只及北宋时的一半,有的甚至不及三分之一。

二、南宋的地方行政制度

南宋的地方政权机构,大体沿袭北宋。各路仍设置安抚使司(帅司)(参见下节)。转运使司(漕司),除各路都设置外,还因军事需要设随军转运使以供应军需,如建炎三年(1129年)张浚任川陕宣抚处置使,赵开任随军转运使。有时合数路设都转运使,如绍兴五年(1135年)任命赵开为四川都转运使,总领川蜀四路财政;而绍兴二年张公济任江、浙、荆湖、广南、福建都转运使,则是除四川四路外,都在其管辖之内。这些都是临时措施,正常的仍是由各路转运使主管本路财政。诸路提点刑狱司也仍是路的常设机构,南宋初年为加强治安,各路曾普遍任命武官为提点刑狱,不久停止。乾道八年(1172年)起,提点刑狱司兼管本路的经、总制钱(杂税)的督责征收。在辖地辽阔而又荒僻的广南西路,嘉定十五年(1222年)起,除在路(漕司路)首府静江府(今广西桂林)设司外,还在南部的郁林州(今广西玉林)设司,广西提点刑狱官分时到两地办公,就近受理与督察狱讼案件。

各路的提举常平司情况比较复杂。南宋建炎元年(1127年)五月,废罢提举常平司,次年八月又复设。绍兴九年(1139年)正月设立经制使司后,将常平司并入,长官称经制某路干办常平等公事,同年九月废经制使司后,复设提举常平官附属于提点刑狱司。绍兴十五年,设提举常平茶盐公事,才又"合依旧法为监司",通常只称常平司。

州、县级地方政权,南宋时变化较小。州级也分府、州、军、监，长官称知府、知州等，副长官称通判，小州及军、监不设，一般只设一员，大府州设二员，如临安府、湖州等，后者本只设一员，另一员为“添差”。大州、府常有节镇名，如平江府（今江苏苏州）为平江军节度使节镇、湖州为昭庆军节度使节镇之类。虽然节度使都是高官的加衔，对该节镇只是“遥领”，但节度使的属官则常设置，一般只设“节度判官”一员，这是由初级文官“选人”担任，如是京官（承务郎以上）担任，则称“签书节度判官”，简称“签判”；大镇则还设观察判官（察判）、节度推官（节推）、观察推官（察推），实际都是州、府长官的属官。不设通判处，签判代行通判职权，不少地方只是用以安置老弱官员。

州、府等属官，也称诸曹官。录事（司录）参军“掌正违失、莅符印”，为首佐官；此外，司理参军掌刑狱、司户参军掌帐籍赋税、司法参军掌议法判刑、司理参军掌审讯狱事①，大州、府都设，一般州、府常以司户兼司法，小州、军则常以司户兼知录事。一般州、府还设有教授，掌州、府教育。通水运的州、府，还设“排岸司官”。

路首府的州、府长官兼安抚使、都总管，另设副都总管、路分都监，一般只设州、府钤辖一员、兵马都监或监押一员，管辖地方军。武官大使臣（修武郎）以上称都监，小使臣（从义郎以下）称监押。

各州府通常还有都税务主管商业税收，都酒务主管酒税；有的州、府还有户部赡军库，主管储在本州府的军用物资。

县设知县或县令，通常京官称知县、选人称县令，南宋宁宗时“近制：从政郎以下为令，从事郎以上为知县事”。从事郎以上至承直郎四阶，也是“选人”之列，则是将知县的阶官衔降低。孝宗“隆兴（1163—1164）中”将南宋境内诸县选择“四十大县”，这

① 谈钥《嘉泰吴兴志》卷7；《宋史》卷167《职官志七》。

些县的“知县事皆堂除”，即由丞相、执政的“都堂”直接任命，而不是通常的知县由吏部任命。大县还设县丞，通常由“选人”担任。南宋宁宗时“近制：京官以上曰知县丞”①；一般县还设主簿、县尉，小县通常只设县令、县尉。县尉率数十至一百五十名左右弓手（差役）维护城乡一般治安。

各县大多在边远要地设“管界巡检”，率数十名至百余名“土军”，“止在城外巡警乡村盗窃，及承受追会事件”。南宋政府为了避免巡检与县尉双方在负责乡村治安事务上的重叠或互相推诿情况的发生，又采取巡检与县尉分区负责乡村治安，如两浙东路的明州（今浙江宁波）“定海县（今镇海区），从旧系海内、白峰、管界三（巡检）寨并尉司（县尉）共四处，分认乡界，巡捕盗贼，搜检铜钱、禁物，及承受府、县送下词诉”。宁宗嘉定七年（1214年）又规定：“除管界一寨外，所有白峰、尉司，却令与海内新迁乌崎寨，重分（乡）界至。”因而“所有定海港等处巡拦市舶物货，元在海内巡检差札内系衔。今来本寨既移屯乌崎，合系定海县尉名衔带管”②。即是一例。

县下的镇，设监镇，如湖州乌程县（附郭县，今浙江湖州）在乌青墩镇（今乌镇），设“监乌青墩镇税兼烟火公事一员，多差文臣京官”。有时不设监镇，而是增设县尉驻镇，如淳熙十一年（1184年），鄂州蒲圻县西四十里的新店市（今新店镇）建镇，即不设监镇，而是增设蒲圻县“西尉（驻镇），仍兼鄂、岳州（今湖南岳阳）、蒲圻、临湘（今临湘西北）新店市镇、莼湖盗贼烟火公事”，领有弓手三十五名，这显然是以治安为主。而诸暨县东北的枫桥镇，原已“有镇（监镇）、税官各一员，无事力可以弹压”。嘉泰

① 《嘉泰吴兴志》卷7。

② 《宋会要辑稿》方域19之41、40。

四年(1204年)“添置县尉一员”驻镇以加强治安[①]。所有这些,都说明南宋政府加强了县、镇与乡村统治。

各县通常都设有“监税务”官,其下设“专栏”(即栏头,收税人员)数名。各县还有各种吏员和杂役,如长兴县(今浙江长兴)“吏额管:典押二名,印典二名(两者应有一作“三”名),长行九名,共十四名;乡书手十五名。诸色役人管:手力四十五名,弓手九十名,杂职六名,县、镇所由四名,栏头四名,保正一百五名,承帖人一百五名”[②]。这是南宋宁宗时一县的情况,可以大致了解县政的概况。所由是城市隅坊(或厢坊)的基层官员,保正则是乡村的基层官员,这里都作为“役人”的一部分。

三、厢坊制向隅坊(巷)制的转变　城市消防制度

南宋建立之初,城市的行政以及治安、消防,仍沿袭北宋末年的制度。杭州城内分为左、右二厢,每厢设巡检一人,负责治安、消防事务;设厢官(厢典)为基层行政官员以统辖诸坊(巷),这大体是南宋初年各州、府城的普遍情况。建炎三年(1129年),杭州升为临安府,作为南宋的临时首都(称行在所,绍兴八年正式定都)。绍兴二年(1132年)正月,城内增为四厢,各设厢官、巡检,其下共设巡铺一百二十,“每一铺差禁军长行(兵士)六名,夜击鼓以应更漏,使声相闻,仍略备防火器物”[③]。这是首都的治安、消防基层单位。

南宋高宗在位末年成书的《州县提纲》所载:各州、县城“市民团五家为甲,每家贮水之器各置于门,救火之器分置必预备,

---

① 《宋会要辑稿》职官48之80、83。

② 《嘉泰吴兴志》卷7。有关吏役、杂役的情况,参见第三章第四节三“职役”,第八章第四节五“其他州、县、乡役的变化”。

③ 《宋会要辑稿》兵3之8。

立四隅，各隅择立隅长以辖焉，四隅则又总于一官”①。作为州、县长官的职责之一。说明州、县城内设立四隅，主管城市消防的制度早已普遍设立，并非此时新创。其最初创设的时间应是高宗在位的前半期，约绍兴十一年（1141 年）宋金议和之后不久，战争结束，局势稳定的这一时期。但是，可能到绍兴末至孝宗乾道（1165—1173）年间，隅官已主要作为城市的基层行政官员，消防当已成为兼管事务。

淳熙五年（1178 年），朱熹任南康军（今江西星子）知军，军辖星子（附郭）、都昌（今江西都昌）和建昌（今江西永修西北）三县。后因遇旱灾进行救济时，朱熹向属县长官提出：“根括（统计）贫民，请详本军所立帐式，行下诸都隅官、保正子（仔）细抄札，着实开排。”“如有未当，就令改正，将根括隅官、保正，重行责罚。”说明“隅官”已作为城市的基层行政官员。在随后进行“赈粜”时，隅官也是重要人物，“至（赈粜）日，天未明，监官入场，隅官入交钱位子。……以监官逐队叫名，保正以旗引保长，保长以旗先行，赈济人户以次诣窗前呈牌，隅官以入门印印其左手讫，拨入门”等，隅官是赈粜场中监官以外的唯一吏员。朱熹在其后不久督察设厢的绍兴府赈济情况时，提及：“虽委逐厢官沿门抄札。”②说明隅官与厢官职责相同。

南宋宁宗庆元（1196—1200）时，董煟所撰《救荒活民书》（卷 2）③，提及当时“常平赈粜……今委隅官、里正监视”。真德

---

① 卷 2《备举火政》。按：《州县提纲》佚名所撰，或托名陈襄，而书中有“昔刘公安世”，刘安世死于宣和七年，两年后北宋亡，可见此书非北宋时撰成。又书中自注载及绍兴二十八年，则其成书当在此后。而“隅”到孝宗时已成行政机构。故定其书成于绍兴末。

② 朱熹《朱文公文集》卷 26《与星子诸县议荒政书》，《别集》卷 10《施行置场赈粜济所约束事》，《朱文公文集》卷 16《奏绍兴府都监贾祐之不抄札饥民状》。

③ 董煟，绍熙五年（1194 年）进士。自序称：“半生奇蹇，晚叨一第”，恐“素志无由获伸”，才将所著《救荒活民书》“缮写进呈”，故定此书著于宁宗初的庆元年间。

秀贬居家乡浦城(今福建浦城)城内的绍定三年(1230年)时,曾提到:"将于此月中旬与同社百家修祀于本坊之社……今先浼隅官、总首遍行告报。"[①]也说明浦城城内实行的是隅统坊的"隅坊(巷)制"。可见小州、军和县城实行"隅坊(巷)制",大州、府城实行"厢坊(巷)制",而南宋城市大多数为小城市,这可能是《救荒活民书》中只提隅官不提厢官的原因。

但是,隅坊(巷)制对大中城市也产生了重大影响。南宋施谔《淳祐临安志》卷6列有《厢隅》目,其下子目有"宫城厢"、"在城八厢"、城"南北两厢"、"四隅"、"城东西都巡检使"。其中除"四隅"职能不详外,其余都是行政、治安机构;而消防机构"火十二隅"等则列在同卷的《军营》目下。可见这里的"四隅",与《厢隅》目内的其他机构职能相同或相近,也是行政、治安机构。而在周淙《乾道临安志》相关记载中还没有"四隅",可见其设立的时间是在乾道五年(1169年)以后。《淳祐临安志》中新增事物载年最早为淳熙十二年(1185年),但卷6《厢隅》目内的子目"四隅"(东西南北四隅),却并无设置时间,则其设置时间应在乾道六年至淳熙十一年(1170—1184)间。最初可能也是行政兼管消防,但并未废厢,而是厢、隅并存,厢隅间的关系虽不详,但隅似应高于厢。这可从元军占领临安的次年,"元至元十四年(1277年),分为四隅录事司"[②],而城内原有的九厢被废可知。元初的"四隅",应是在南宋"四隅"基础上建立的。南宋的四隅当是临安府治理城内"在城八厢"(宫城厢是皇宫所在地,也许不受临安府治理)的中层行政机构,可能是临安府的派出机构,本身不设长官,由府的判官、推官分理,类似北宋天禧四年(1020年)首都开封城内分为左右

① 真德秀《真文忠公文集》卷40《浦城谕保甲文》。

② 《元史》卷62《地理志五》。

厢，不设长官而以府的判官、推官分理。临安府城内的“在城八厢”仍作为基层行政机构，以治理厢辖区内的坊、巷事务。类似的情况可能还有福州，《元史·地理志》载：“至元十五年，行中书省于在城十二厢分四隅，置录事司。”福州城在南宋末年可能也曾像临安那样设过“四隅”。

南宋中后期明确废厢设隅的有镇江府城（今江苏镇江），元《至顺镇江志》（卷2）称：“坊隅之设，所以分城市居民。”又称：“古无录事司，城内亦隶丹徒县，宋分为左右厢以任郡事，旧志弗载，其详不可得闻。中为七隅，归附后（元初）亦颇仍旧。”“归附之初，每隅设坊官、坊司，皆老胥旧吏为之。”在《元史·地理志》中，提及宋或“旧”设厢的，有杭州、福州、洪州（今江西南昌）、韶州（今广东韶关）、太平州（今安徽当涂）等十二处城市，主要是大中城市。但是更多的城市如同镇江府那样，在宋代已不设厢，而以隅统坊。

南宋“隅坊（巷）制”的产生，是中国古代城市制度继“坊市制”、“厢坊制”之后形成的又一新制度，为后代元、明、清所沿袭，光绪《兰溪县志》卷1引康熙《兰溪县志》称：“城中之地分为四隅，而隅各有坊”，即为“隅坊制”。

“坊”大约到北宋晚期已是一条街、巷的雅称、别名，南宋《乾道临安志·坊市》所列68坊，都附有“巷”名；《淳祐临安志》（卷7）即列为《坊巷》目，新增的十七坊、巷，如原先太平坊即新街巷，现在分列为太平坊与新街，有的即称“新开北巷”、“新开南巷”，不再附以坊名，坊与巷、街含义相同，不再代表居民小区。

南宋《嘉泰吴兴志》（卷2）即载“旧图经统记坊十有六，名存而无表识”；“坊名乡地久废，官司乡贯止以界称。今为界十七，分属四厢，南门界、崇节界、飞英界、报恩界（……以上四界左一厢管）”等。坊名甚至已被遗忘，而以“界”代替坊作为居民小区名，而且界与原先的坊大体相当，后来将五十多条街、巷，各加上新定的坊名[①]，坊已作为街、巷俗名的雅称、别名。这里实行的是厢统界，界辖坊、巷，笔者因而称之为“厢界坊(巷)制”。看来在设厢城市中，至少有一部分城市是实行这种新制度，首都临安城也是其中之一，在《乾道临安志·坊市》目后列有《界分》目，下列“钱塘县”、“仁和县”二子目，分列有“南城界、西城界”等三十界和“众安东界、小新营界”等十一界。到《淳祐临安志》中坊、巷虽然增加十七条，而《界分》目内两县名下的界数与名称却没有变化，说明界的设置比较稳定。两县所辖乡村部分称乡，“市区”部分称界，包括临安府城内外，在城内地界的左一(南、北)、二、三厢属钱塘县，右一、二、三、四厢属仁和县。不仅钱塘县地界内的南城界、西城界、内界(州内界)明显在城内，而净因寺界、吴山北界在左一北厢，三桥南界、北界和中棚界、井亭桥北界在左二厢，木子东界、西界在左三厢；众安东界、灞东界、永新桥界、仁和界，则是在仁和县地界内的右二厢，这是从查对有关坊、巷、桥、寺等得知的，不一定很确切。如以左一北厢有吴山坊、吴山北坊，用以对照吴山北界；中和坊旧名净因坊，又临安府治即以净因寺故基创建，用以对照净因寺界等。又如城外的外沙河，旧志作外河，用以对照外河界，则知此界在城外等，可见两县都有一部分界在城外，而尤以钱塘县为多，参据上述吴兴(今浙江湖州)的情况，临安府城也应是以厢统界，界辖坊、巷[②]，即实行“厢界坊(巷)制”，更确切地说，是在以四隅辖八厢的前提下实行的。

综上所述，南宋的城市行政体制，自乾道五年(1169 年)前后开始，分三个方向发展，即小城市(小州、军和县城)实行以隅

---

① 原文称：“嘉定癸未(十六年，1223 年)，太守宋济”时，新的坊名才“复置”；而丛桂坊之由原仁政坊改称，注文称在“咸淳乙丑(元年，1265 年)”，而《嘉泰吴兴志》(谈钥纂)史称嘉泰元年(1201 年)撰(《文献通考·经籍考三十一》)。

② 在坊与街、巷含义完全相同的情况下，坊是否仍是一级行政机构，无从确知。故在界与坊、巷之间用“辖”字，含义与“有”略同。

统坊(巷)的"隅坊(巷)制",一部分大中城市以后也实行此制;另一部分大中城市则实行厢统界,界辖坊(巷)的"厢界坊(巷)制",而临安府城等则在"厢"上还有"隅"。可能多数大中城市(包括部分小城市)仍实行"厢坊(巷)制"。而"厢坊(巷)制"、"厢界坊(巷)制"最终随着南宋的灭亡,元初废厢设录事司而消失,但"隅坊(巷)制"仍为后世,至少是部分县城所承袭。

据《元史·地理志》,南宋荆湖南路、江南西路等地区在宋亡前,在一些城市中设都监司、兵马司以统辖城区,这也许是南宋末年由于军事形势的需要,为加强对城区的统治,而以掌管本城军队的都监(兵马司长官也是都监)治理城区,当即是南宋初年规定:"逐路(各州府)兵马都监、兵马监押,掌烟火公事、捉捕盗贼"职务的延伸①。如潭州(今湖南长沙)"宋有兵马司,都监领之,元至元十四年改置"录事司。而衡州(今湖南衡阳)"宋立兵马司,分在城民户为五厢";武冈军(今湖南武冈)"旧有兵马司,领四厢",明确记载南宋设兵马司管辖城内诸厢;江州(今江西九江)则称城区"宋隶都监司",元初均先后改立录事司。"坊"已如前述是街、巷的雅称、别名,可是在某些边远小城市,仍作为居民小区名而非街、巷名,如南安军(今江西大余)在元初"割大庾县(附郭县)在城四坊,设录事司"②,即是一例。这里的四坊决非四条街巷,而是全城分为四个居民区③。

南宋城市的消防设施较北宋完善,中小城市设隅,大中城市设厢,加上巡检、都监、监押等,首都临安更有巡铺军士巡警,与北宋首都开封相同。

但是,临安城内在嘉泰元年(1201 年)三月、三年三月两次

---

① 参见《宋史》卷 167《职官志七》。"资浅者为监押"。

② 《元史》卷 62《地理志五》。

③ 参见笔者《略论宋代城市行政制度的演变》,载《漆侠先生纪念文集》,河北大学出版社 2002 年版。

发生特大火灾，前一次烧毁五万多户房屋，“死而可知者为五十有九人”；而后一次被称为“自生民以来，未尝见此一火”①。还有数次较小的火灾，如开禧二年（1206年）二月，皇宫外太皇太后所居的寿慈宫发生火灾，太皇太后谢氏被迫移居皇宫内，消防遂成为临安府的重要任务。知府廖俣即于同年创设“帐前四队”，有消防士兵三百五十人，队部即设在知府衙门大门内，类似近代的消防总队，以专门从事消防活动。这是有史以来建立的第一支专业的消防队。嘉定四年（1211年），知府王楠创建地段消防队，称为“火隅”，分为东、西、南、北、上、中、下七火隅，每一火隅有专业消防兵士一百零二人，类似近代的消防中队。其中东、西、南、北四火隅的简称，也是东隅、西隅、南隅、北隅，且宋人著作常用简称，容易和行政四隅混淆。但是，《淳祐临安志》不仅将行政四隅与消防四隅分别列在《厢隅》与《军营》两目下，且其各自所在地亦不同，如行政四隅是“东隅在丰乐桥、南隅在桐木桥、西隅在白龟池桥、北隅在潘阆巷”；而消防四隅则是“东隅在都税院侧……西隅在本府铁作院侧……南隅在太岁庙下……北隅在潘阆巷”，其中两北隅虽同在潘阆巷，亦当是一巷两局。七火隅之设的同时，也许取消了行政四隅原先可能还兼管消防的职责。此后还不断增设消防机构，新增的地段消防机构有府隅、新隅、新南隅（南新隅）、新北隅（北新隅）、新上隅，以上合称为“火十二隅”，南宋末年又增南上隅、西南隅，城内共有十四火隅，共一千五百多人。城外还有城西隅、城北上隅、东（城?）北下隅、钱塘隅、新西隅、外沙隅、城东隅、茶槽隅、海内隅共九隅。城外市区因地域辽阔，可能重在自救，每隅的消防士兵多达五百人，少则三百人，共三千人。城内诸火隅多数设有“望楼”，城外亦有两火隅设有望楼，“朝夕轮差兵卒卓望，如有烟爝处，以其帜指其

---

① 佚名《两朝纲目备要》卷7、8。当时全城约有20万户，近百万人。

方向为号，夜则易以灯。若朝天门内（皇宫及政府机关在内），以旗者三；朝天门外（工商业区及府、县机关所在地），以旗者二；城外以旗者一；则夜间以灯如旗分三等也”①。消防总机构则增设水军队、搭材队、亲兵队，各一或二百多人，合原“帐前四队”，称为“潜火七队”，这是近九百人的消防总队。本火隅辖区发生火灾，统制官立即率隅兵进行扑救；如其他隅发生火灾，则集合消防隅兵以备临安府的调遣。而消防总队“潜火七队”则随时参与重大火灾的消防活动，这是当时世界上最完备的城市消防体系。

第二节　变化了的南宋军事制度

一、御营司、三衙

北宋的“枢密（院）掌兵籍、虎符，三衙（殿前、马军、步军司）管诸军，率（帅）臣主兵柄，各有分守”的体制②，随着北宋的灭亡而瓦解。建炎元年（1127 年）五月南宋建立后，设御营使司（简称御营司）“以总齐军中之政”③，统辖随从的数万军队，以执政兼任御营使、副使，后亦以宰相兼御营使，枢密院、三衙名存实亡。御营司集军政、统军于一身，建炎四年六月罢御营司，职权归属枢密院。绍兴三十一年（1161 年）、隆兴元年（1163 年）宋金战争时所设御营宿卫使，职务只是护卫皇帝及协助皇帝协调各支抗金宋军。

殿前司、侍卫马军司和侍卫步军司“三衙”，曾是北宋分统全

① 吴自牧《梦粱录》卷 10《防隅巡警》；参见施谔《淳祐临安志》卷 6《军营》。

② 《宋史》卷 162《职官志・枢密院》。

③ 《系年要录》卷 5，建炎元年五月丁酉。

国军队的最高军事机构，但“三衙”随着北宋的灭亡而败散，只有殿前司的少量班、直随宋高宗南逃，但在建炎三年又因叛乱而被解散。绍兴元年（1131 年）五月，开始重建三衙，但那只是皇帝亲卫军，任命郭仲荀为“权主管殿前司公事”，“权主管”遂成为南宋三衙非正式长官的官衔。到绍兴五年初，殿前司有兵九百多人，侍卫马军、步军司各有六百多人，总数只有二千多人。随后将解潜所部三千人拨隶马军司，杨沂中所部神武中军万余人调属殿前司，颜渐所部归属步军司。以后又将名将刘锜的亲兵遥隶步军司，原都督府直属部队也分归三司，以及原王彦所部的抗金义军“八字军”万余人，在成为南宋军队以后又调属马军司，三衙才各有了一定规模的军队，其中杨沂中、刘锜分别主管的殿前司、侍卫马军司的军队，实际上主要作为两支抗金的作战部队，但仍是远逊于岳飞、韩世忠、张俊、刘光世、吴玠所统的南宋五支主力军的次要军事力量。

侍卫马军司于孝宗乾道七年（1171 年）移驻于陪都建康府（今江苏南京）。侍卫首都临安的只有殿前司与侍卫步军司的军队，除负责首都巡警治安外，还在南宋的历次宫廷政变中（主要是殿前司），起着举足轻重的作用，如宁宗、理宗之立，杀害权臣韩侂胄等，无不是借重殿前司及由殿前司直接参与的。

二、地区性军事机构

南宋最大的地区性军事机构，莫过于建炎三年（1129 年）五、六月先后设立的宣抚处置使和副使。这年五月以知枢密院事张浚为宣抚处置使，机构称宣抚处置使司，简称时略去“使”字（副使司，同），以川、陕、京西、湖南、湖北为辖区；六月以同知枢密院事杜充为宣抚处置副使，也设副使司，辖区为淮南、京东、京西，都没有地区名，职权很大，实际上分辖抗金地区的军政（以军事为主)大权。

与之相类似而权位更高的是都督、督视军马，绍兴二年(1132年)四月，以左相吕颐浩兼都督江、淮、荆、浙诸军事，置司镇江；同年八月，又改以参知政事孟庾兼同都督上述诸路诸军事，是南宋新设的大区性统军机构。职位略低于都督的称"督视军马"，如绍兴三十一年十月，知枢密院事叶义问任督视江、淮军马。两者机构称都督府、都督行府及督视府，指挥采石之战的中书舍人虞允文，时任督视府的参谋军事。

宣抚使是低于宣抚处置使、都督和督视军马的大军区长官，建炎三年秋，刘光世任江东宣抚使，机构称宣抚使司，通常略去"使"字。最著名的绍兴十一年"绍兴和议"前，岳飞、韩世忠、张俊三宣抚使，都不设副职(副使、判官)与统兵官(都统制)，是直接统兵的大帅。宣抚副使、判官虽名为副职，但大多单独建司，尤其是南宋前期，如绍兴十年杨沂中任淮北宣抚副使，并无宣抚使；而淮北宣抚判官刘锜也并不隶属于杨沂中，两人都系单独建司的长官，只是表明他们的名位较低，而以副职名义任正职。

制置使低于宣抚使，只有建炎元年八月，侍卫马军都指挥使郭仲荀以"制置东南盗贼"为名(并非正式官名)率部护送孟太后(哲宗废后)南逃时，为便于南逃，规定"应江(东)、淮(南)、荆(湖)、(两)浙、闽(福建)、广(南)诸州皆为所隶"，而且各地"经制使以下并受节制"；整个东南地区都在管辖之下，但这只是南逃时期的特殊事例。南宋初年所设的其他制置使，军、政、财皆管，建炎四年五月以后改为专职军事长官，且大体都兼所部军队的统兵官"都统制"，著名抗金将领岳飞、韩世忠、刘锜，都在担任制置使以后才升任宣抚使、副使及判官的，制置使都是临时性的，事过即罢，并非常设官职。制置使常设机构是明州(今浙江宁波)的"沿海制置使"，有时在平江府(今江苏苏州)也设，正使由知州、知府兼任，副使由武将担任，武将担任正使时也兼任地方长官。制置使常设的还有建康府的“沿江制置使”，也是由知府兼任；鄂州也设置，有时只设副使，但单独置司，都由知州兼任。这些常设机构统辖南宋的水军。

建炎四年至绍兴五年（1130—1135）间，还曾设置过只统辖两三州府、半独立性的镇抚使，这是南宋政府为利用抗金义军、统辖人数较少的官军，甚至是兵匪一体的流寇以抗击金兵而特地设置的官职。辖区内除征收盐、茶税收的常平司或茶监司外，其他路级机构一律撤销，知州、知府也由镇抚使提名后由政府任命，其他官吏都由镇抚使任命，辖区内的财政收入不上缴（实际上大多也无法征收），政府也不拨给经费，军事由镇抚使全权处理，还规定抗金有大功的可以世袭。东起淮南路的通州（今江苏南通），西到利州路的金州（今陕西安康），北自原京西北路的河南府（今河南洛阳，实际是在伊阳，今嵩县西南），南到荆湖路的鼎州（今湖南常德），可说是除西部川陕地区以外的整个宋金交战地区，共设置了二十多个镇抚使，其中有后来成为名将的岳飞担任通、泰镇抚使，其他担任镇抚使的还有陈规、解潜、王彦、牛皋等近三十人，还有流寇李成、孔彦舟。当南宋形成了岳飞、韩世忠、刘光世、张俊、吴玠五大主力抗金力量以后，即撤销了所剩无几的镇抚使。

三、南 宋 大 军

南宋的正规军，习称“大军”，建于建炎元年，统属于新设置的御营使司，时由王渊任统兵长官，称都统制，刘光世任首佐官，称提举一行事务，下设前、后、左、右、中五军；军的统兵官称统制，时由张俊任前军统制、韩世忠任左军统制[①]。各军实际上是

① 参见王曾瑜《宋朝兵制初探》(五)《南宋兵制》，中华书局 1983 年版。

半独立的单位，也设提举一行事务为首佐官。人数多的军下又分前、后、左、右、中五军，还设踏白、选锋及亲军“背嵬军”等二级军，长官称统领。韩世忠、张俊后来升为都统制以后，上述统领大多升为统制，名位低的仍称统领。军下设将，一军通常有数将，以后多的有十将，甚至更多，每个两级军统制或统领统两将或更多。将的指挥官称“正将”、“副将”及“准备将”，这些编制实际上是南宋正规军的基本模式。

建炎三年，御营统制苗溥、刘正彦发动兵变，都统制王渊被杀。苗、刘兵变被平定后，刘光世因功升为太尉、御营副使，所部首先从御营司分出，称为御营副使军，习称“太尉军”，下分五军，时王德任前军统制，又任命名位较低的御营司后军统制辛企宗任都统制，这引起平定苗、刘兵变中建大功的韩世忠、张俊的不满，于是改两人所统为御前军，韩世忠任御前左军都统制、张俊任御前右军都统制。南宋正规军主力实际上分为御前军、御营军和御营副使军三部分。御前军、御营军又扩编为五军。建炎四年撤销御营司，御营副使军改为御前巡卫军，御前军改称神武军、御营军改称神武副军，两军各设五军，统兵官名位高的如韩世忠、张俊称都统制，其余则称统制；如绍兴元年七月，岳飞自镇抚使升为神武右副军（即神武副军右军）统制（同年十二月升任神武副军都统制）。

建炎四年五月后，曾将万人上下的正规军（如岳飞所部）、抗金义军及收编的流寇，改编为近二十个镇抚使军。

绍兴二年二月，又将一些只有一二千人的小部队，编为“御前忠锐军”七将，后扩编为十将，各将的规模以原所辖部为限，隶属于侍卫步军司，各将设正将、副将为统兵官。“后独留忠锐第五将在朝廷，余九将拨并（韩世忠、张俊及地方安抚司）。故忠锐第五将至今犹属朝廷也。”①其时已是光宗绍熙五年（1194 年）。

---

① 《三朝北盟会编》卷 155。是书成于绍熙五年。第五将最初的长官为李捧。

绍兴五年十二月，新的“三衙”军终于组成，但只是南宋正规军中较小的部队。同月，又将神武军改称“行营护军”，将五支最主要的军队编入，韩世忠所部为前护军、岳飞（前年由神武副军升为神武后军）所部为后护军，张俊所部为中护军；原先不属神武军的刘光世所部为左护军，四川宣抚副使吴玠所部改为右护军，这是南宋五支最强大的主力军。除岳飞级别最低是制置使，其他都是宣抚使、副使，但次年春岳飞也升为宣抚副使（绍兴七年升宣抚使），都独立建司，所以行营护军习称宣抚使军，各宣抚使军通常不设都统制，由宣抚使、副使直接指挥，宣抚使刘光世罢官、吴玠病死后，左、右护军各设都统制为统军官。

绍兴十一年四月，韩世忠、张俊、岳飞三宣抚使升为枢密使、副使，兵权被夺，三宣抚司随即被撤销，前、中、后护军，分别改称为建康府、镇江府、鄂州驻扎御前诸军，统军机构分别为建康府、镇江府、鄂州都统司；刘光世新组建的所部改为池州、太平州驻扎御前诸军，置司池州，称池州都统司，各部队都称为“屯驻大军”。绍兴十七年，吴璘所部右护军改称“御前诸军”，称兴州（今陕西略阳）都统司，次年，杨政所部四川宣抚司军也改为“御前诸军”，称兴元（今陕西汉中）都统司；在此前后，金州（今陕西安康）驻军也改称“御前诸军”，统兵官职位较低，称“节制屯驻御前军马”。绍兴三十年，金州也升为都统司；又增设荆南节制屯驻御前军马，后也升为都统司；又增设江州（今江西九江）都统司。共九都统司。乾道九年（1173年），荆南都统司撤销，部队并属鄂州都统司；淳熙四年（1177年），又改称鄂州、江陵（原荆南）府都统司、副都统司，分别建司驻鄂州、江陵府，开禧三年（1207年），设沔州（原兴州）副都统司于利州（今四川广元），后改称利州副都统司，都统司设都统制、副都统司设副都统制为统兵官，共有十一个屯驻大军分属于各都统司、副都统司。各屯驻大军常分兵屯戍于辖区内其他州府，江陵副都统司则别戍襄阳府，嘉定十年(1217 年)，副都统司也移驻襄阳。

军、将是南宋正规军的基本单位，一军的人数自一千多人至七千多人不等；每军二将至十多将，每将人数也自五百人至一千四五百人不等。将下设队，每队五十人，有拥队、押队、旗头等，将与队之间，有时还设部，长官称为“部将”。

四、南宋地方军(禁、厢军)与地方军事机构

南宋建立后，南方的禁、厢军中一部分并入南宋的正规军“大军”；但大多数厢军仍作为地方军与役兵，北宋时作为正规军的南方禁军也沦为地方军与役兵，与厢军情况相近，不同的是禁军则主要作为地方军，厢军主要作为役兵。但南方的禁军本来就为数不多，许多州府原本就没有禁军，这些地方的厢军也仍担负地方军的作用。

北宋原先设置于与辽接壤的河北两路地方的常设军事机构安抚使司，通常只称安抚司，亦称帅司。南宋初年因抗金的需要，曾在与金作战的各州、府设州、府的安抚使，由州、府的长官兼任安抚使，其性质与北宋的河北地区安抚司有差异，只是用以加强地方长官的军事权威性，以便进行抗金斗争，但不久南宋即取消了这些小安抚司。绍兴和议前后，南宋各路都设置安抚司，成为常设机构，由一路首府的知州、知府兼任安抚使；并兼任马步军都总管，多数由文官担任此职，则另以武将任马步军副都总管，有些武将还兼安抚副使。而同时废罢了上述府、州的安抚司。广南东、西路则仍沿旧制加“经略”，称经略安抚使司；南宋初年荆南、襄阳地区亦称经略安抚使司，不久后罢废。其管辖的军队即是已沦为地方军的禁军和厢军。

第三节 南宋的法制与刑制

一、孝宗时期任法治国与南宋末年的“非法残民”

南宋时虽省并机构，但作为主要司法机构的大理寺，不仅保留下来，而且更受重视。大理寺的佐官大理正、大理丞，也由吏部任命改为由宰相府任命，即“堂除”。岳飞就是被杀害于大理寺狱。南宋的其他司法机构也大体上与北宋相同或相近，临安府作为南宋首都，设左、右司理院和临安府院，殿前司、步军司、马军司（后者移驻建康）也依北宋例设司法机构。与北宋不同的是，南宋设于各地的所有屯驻大军都统司，也都设有“推狱”，称为“后司”。

自北宋王安石变法时建立封建法治以后，虽有所反复，但法治传统得到延续，尤其是政治比较清明的宋孝宗时期，史称：“孝宗究心庶狱，每岁临轩虑囚，率先数日令有司进款案披阅，然后决遣。”乾道三年（1167 年）正月诏：“狱，重事也。稽者有律，当者有比，疑者有谳。比年顾以狱情白于执政，探取旨意，以为轻重，甚亡谓也。自今其祗乃心、敬于刑，推当为贵，毋习前非。不如吾诏，吾将大寘于罚，罔有攸赦。”①以极力纠正高宗、秦桧时期律令抵牾难考的混乱状况。

南宋初律令混乱，“绍兴以来指挥无虑数千，抵牾难以考据”。以致乾道初，“当是时，法令虽具，然吏一切以例从事，法当然而无例，则事皆泥而不行；甚至隐例以坏法，贿赂既行，乃为具例”②。这里说的虽是孝宗前期情况，实际上是高宗时情况的延

---

① 《皇宋中兴两朝圣政》卷 46。

② 《宋史》卷 200《刑法志二》。

续。孝宗初年，命大理寺的法官对律法进行了审查，审"定其可否"施行，进行分类后申报给刑部；并将其与各部相关的法令，分送六部长官参审[①]。孝宗对"法司更定律令，必亲为订正之"。乾道六年(1170 年)编成《乾道敕令格式》，乾道八年颁行。为了改变官吏一切以"断例"替代法令的状况，宋孝宗诏令："除刑部许用乾道刑名断例，司勋许用获盗推赏例，并乾道经置条例事指挥，其余并不得引例"断案[②]，将引用案例权控制在很小的范围内，普通的刑事、民事审判不准引用案例判案，迫使官吏只能依法判案。但是，《乾道敕令格式》本身有不少前后矛盾的地方，于是又进行删改，达九百多条。淳熙四年七月，颁行《淳熙敕令格式》，仍以敕、令、格、式分类编成，同一案例使用的法律(敕)法规(令、格、式)分散在各类，查检很不方便。淳熙二年(1175 年)时，吏部首次依照事件的性质分类编排，将同类性质的敕、令、格、式及"申明"合编在一起[③]，便于查检。其后孝宗指出《淳熙敕令格式》："其书散漫，用法之际，官不暇遍阅，吏因得以容奸。"于是重新编定，以随事分门编类，于淳熙七年五月编成《淳熙条法事类》，史称："前此法令之所未有也。"[④]这是法律史上对法令、法规编纂的重大改革，便于官员查检，有利于依法审案。孝宗在位末年还对此书进行修订，即为宁宗庆元四年(1198 年)编成的《庆元条法事类》，今有残本传世[⑤]，存选举、赋役、刑狱等十

① 《宋史》卷 199《刑法志一》。

② 《宋史》卷 200《刑法志二》。

③ "申明"是指尚未编入"敕、令、格、式"的"杂敕"，以及尚书省札子等，具有法律、法规的普遍作用，没有编入"申明"的只对该具体事件有效，而不具备普遍作用。

④ 《宋史》卷 199《刑法志一》。原文称《淳熙条法事类》，淳熙"四年七月，颁之"。案：此时颁行的是《淳熙敕令格式》，也称《淳熙重修敕令格式》；颁行后又进行修订，六年十二月，又颁行《重修淳熙敕令格式》。《淳熙条法事类》修成时间据《宋会要辑稿》刑法 1 之 52。

⑤ 燕京大学图书馆 1948 年印本。

六门半，门下设目，少则数目，多达五十二目，目下依敕、令、格、式、申明排列，残本虽不及全书之半，仍可以看到南宋中叶法律、法规的概貌，为后世保留了可贵的史料。

正是由于孝宗时期政治比较清明，封建法治的情况也较好，南宋著名思想家陈亮说："天下之大势一趋于法，而欲一切反之以任人，此虽天地鬼神不能易，而人固亦不能易。""人心之多私，而以法为公，此天下之大势所以日趋于法而不可御也。"他还指出封建法治虽然还存在诸多弊病，"法之不恃也久矣，然上下之间每以法为恃者，乐其有准绳也"①。说的正是孝宗时期的封建法治情况。

然而，"至宁宗时，刑狱滋滥"，及至南宋末年的理宗时期，"天下之狱不胜其酷"，加上政治腐败，地方官借以索取贿赂，否则"意所欲黥，则令入其当黥之由；意所欲杀，则令证其当死之罪"。虽"无州、县专杀之理，往往杀之而待罪"。"法无拘锁之条"，"是时，州县残忍，拘锁者竟无限日，不支日食，淹滞囚系，死而后已"。豪强向官吏行贿，将有关平民罗织罪名"而囚杀之"。至于"擅置狱具，非法残民"，更是名目繁多，无奇不有，如"断薪为杖，掊击手足"，称作"掉柴"；"木索并施，夹两脰"，称为"夹帮"；"缠绳于首，加以木楔"，称作"脑箍"；"反缚跪地，短竖坚木，交辫两股，令狱卒跳跃于上，谓之超棍"②，种种酷刑，惨绝人寰。然而，在这政治腐败，"法无拘锁"，"非法残民"的黑暗时代，仍有数十位清明公正的地方官为人民所传颂。南宋灭亡前不久，理宗景定二年(1261 年)或其后，佚名编辑刻印的《名公书判清明集》③，辑录了宁宗、理宗时朱熹以下二三十位清明公正的地方

---

① 《陈亮集》卷 11《人法》，卷 12《铨选资格》，邓广铭编校，中华书局 1987 年版。

② 《宋史》卷 200《刑法志二》。

③ 参见中华书局 1987 年点校本。

官员的判决书，这反映了即使在这样黑暗的时代，宋代的法治精神仍闪耀着熠熠光辉。

二、刑　　制

南宋沿袭了北宋时期的刑制。北宋初年的刑制，分为笞、杖、徒、流、死五等，笞、杖、徒刑各分五级，流刑分四级，死刑分绞、斩两级。乾德元年(963年)，颁布折杖法，对笞、杖、徒、流四刑实施折杖减刑。笞、杖两刑施行臂杖而减数，笞刑五级减为七、八、十共三级；杖刑自一百至六十减为二十至十三，仍为五级；徒刑自三年至一年改为脊杖二十至十三后免役，仍为五级。流刑自"加役流"，改为脊杖二十，配役三年；流三千里至二千里三级，改为脊杖二十至十七为三级，各配役一年。只对罪行特重者才加"刺配"刑。但自太祖以后，刑制日益增重，真宗《大中祥符编敕》中"刺配"刑只有四十六条，到神宗初年，增为二百多条。到哲宗前期高太后执政时，刑法更为严峻，再经北宋徽宗、蔡京集团和南宋高宗、秦桧集团，半个多世纪的严刑峻法的残暴统治，到孝宗时，"刺配"刑已增加到五百七十多条。理宗时已无法纪可言，"罪无轻重，悉皆送狱；狱(此指案件)无大小，悉皆稽留"，而"囚多瘐死"。

南宋时的"配法"，分为永不放还、海外州军、远恶州军、广南、三千里至五百里(又分为六级)、邻州、本州、本城、不刺面。徒刑通常配五百里及以下，超过五百里的常不放还；流刑通常配一千里以上，而杖、刺、配成为徒刑、流刑的加刑，适用于百姓与文武官员。但自神宗熙宁二年(1069年)，房州(今湖北房县)知州张仲宣犯贪污罪，判处"杖脊、黥，配海岛"，减为"免杖、黥，流贺州(今广西贺州东南)"。而史称："自是命官无杖、黥法。"[①]不

① 《宋史》卷200、201《刑法志二、三》。

确，只是大多数官员犯罪可免杖刑和刺面。而受杖刑、刺面的仍不少，仅南宋孝宗乾道五年（1169 年）就有两名犯贪污罪的官员，薛衮、张广仁都先后被判处“决脊杖二十、刺面”，分别“配韶州（今广东韶关）”、“惠州牢城”。刺面而免杖刑的，如乾道三年判决贪污犯、广南东路提点刑狱石敦义，则因“癃老，免其决（杖）”，“刺面，配柳州牢城”。执行杖刑而不刺面的，如绍兴二十五年（1155 年）武官王世雄因“讥讪朝政”（实际是对奸相秦桧的不满），被判处“决脊杖二十、不刺面，配邕州（今广西南宁）本城收管”①。通常“刺面配”刑相当于三年期徒刑，“不刺面配”刑相当于二年期徒刑。

犯刺、配罪者不管是不是军人，一般都刺配为各州府的厢军“牢城军”，不刺面的罪犯通常也配入牢城军，都称为“配军”，从事各种劳役。也有刺配入屯驻大军从事军中杂役。还有免除杖刑、刺面而充当其他厢军，与招募的厢军相同，只刺厢军号，如厢军的运粮军等。

低于刺配（包括不刺面）的，有编管、羁管、移乡，都相当于一年期徒刑。通常犯徒罪判处“配”（包括刺面、不刺面）刑，犯杖罪五次者被判为“编管”，而徒罪减为杖罪也被判为编管，即所“谓如徒罪配，杖罪编管者；虽减等，徒罪仍配，减至杖者编管之类”②。以及罪犯连坐的家属、年老及残疾人犯徒罪、士人犯罪而以祖荫赎罪者等，都判编管。

羁管略低于编管，两犯杖罪以上、罪犯连坐的家属，都可能被判处羁管。官员犯罪常被判处编管，也分为二千里、邻州等数级。许多由于政治原因而贬降的官员，大多被判处编管、羁管。被编管、羁管人，北宋时每旬、南宋时每月本人须到长

---

① 《宋会要辑稿》刑法 6 之 33 至 35。

② 《庆元条法事类》卷 75《刑狱门·编配流役》。

官厅接受查验；南宋孝宗时起，原是官员的不须亲去，改由厢官呈报状况。通常所有被判编管及羁管者遇赦、满十年或十二年以上者、年老（六七十岁）、患笃疾者等，可解除编管、羁管。被判“永不放还”的编管、羁管人，可以在当地或其他州落户，但不能回本州和邻州及近边州；如判处在本路以外其他路的，则不能回本路。

低于羁管的，还有依配法配于他处为奴、婢者，似高于移乡，亦应相当于一年期徒刑。在有编配人的各州，编制的《编配人（原作久，误）籍册》中，首项为配军（分刺面、不刺面），依次为编管、羁管、奴婢，其中不列移乡。

最低为移乡，也称迁乡，主要是罪行较轻而不宜住原地者，以及被判配军遇赦放还而不准回原籍者，移乡人虽未被列入《编配人籍册》，但也相当于一年期徒刑，也分为五百里、邻州及本路、外路之别。移乡人通常不许回原住地，但除判永不放还者以外，依罪行轻重满十、十五、二十年后，可以自由居住。

所有配军（刺面、不刺面）、编管、羁管、移乡人，他们的家属是否随行听自便。但劫盗的知情者、藏匿者，则拆毁其房屋，迁徙其家属，不准在原地居住。

宗室犯罪通常由宗正司判刑，较轻则判“拘管”，相当于编管；死罪免死则判“锁闭”，则失去行动自由。普通的官、民判编管、羁管，如无“保识人”，也有可能被处以“锁闭”。由于“锁闭”失去行动自由，以致往往因病、甚至饥饿而死；南宋孝宗时规定每日支取钱、米以供应伙食，有病则令医治，情况才有了改变。

死刑称为大辟，宋代原只分为绞、斩二级，以后增加凌迟，由于绞刑时常被判重杖处死，因而改成处死、处斩、凌迟三级，偶有判处腰斩的。

第四节 赋税和役法

一、预催、预借、经总制钱等

“预催”是指提前征收本税季的田赋，这在南宋初年高宗、秦桧集团统治时期已普遍存在。夏税本定为八月半纳毕，但是户部却规定必须在七月底以前送到首都临安，到宋孝宗时，已提前到五月，甚至四月就要送到临安，其时农作物根本没有成熟，而各地还须提前一两个月征收，则刚下种或还未下种就要交纳田赋。淳熙四年(1177 年)二月，孝宗认为“既是违法病民，朝廷须别作措置，安可置而不闻”①，于是令户部先向南库(储备军费)借支以解决本年的经费，待各地按规定的时间(八月半)征收夏税解送到京后归还南库，循环借还，这样既解决“预催”以纾民困，政府又有经费以应付日常支出，南库的储备军费也不会短缺。但到宁宗及以后，不仅预催问题日益严重，而且产生更为困民的“预借”问题，成了南宋的不治之症。

“预借”是指提前征收下一季、下一年及以后年份的田赋。南宋是从建炎四年(1130 年)五月，“于浙西民间预借秋料苗米”开始的②。这是“预借”下税季的田赋。预借下一年田赋，如绍兴“六年(1136 年)，八月，预借江、浙来年夏税绌绢之半，尽令折米”，“每匹折米二石”③。“绍兴和议”以后情况更为严重。淳熙五年(1178 年)有官员向孝宗指出：“郡县之政最害民者，莫甚于预借”，“是名为借，而终无还期，前官既借，后官必不肯承”④。

① 《皇宋中兴两朝圣政》卷 55。

② 《系年要录》卷 33，建炎四年五月壬寅。

③ 《宋史》卷 174《食货志上二》。

④ 《皇宋中兴两朝圣政》卷 56。

实际是增收田赋，孝宗诏令严禁。孝宗后又诏令南库支还户部所借江山县(今浙江江山)折帛钱，“其诸县预借，并令措置补还，庶绝其弊”①。但到南宋后期，预借成了民户的灾难，淳祐八年(1248年)，陈求鲁向理宗奏称：“预借一岁未已也，至于再，至于三；预借三岁未已也，至于四，至于五。窃闻今之州、县，有借淳祐十四年者矣。以百亩之家计之，罄其永业，岂足支数年之借乎？”②并要求采取措施以制止预借之弊，但是昏君理宗除了推崇理学外别无良策，根本没有采取任何措施。

北宋宣和三年(1121年)，经制使陈遘创设“经制钱”以征收杂税，靖康元年(1126年)被废除，南宋建炎三年(1129年)又开始征收“经制钱”，除原先的“五色经制钱”杂税及牛畜契息钱等多种杂税外，不仅新“增添三分白地钱”等多种杂税，还在原有税目中增加税额，如每升酒原先只收九文“添酒钱”，改为转运司、发运司、提刑司、提举(常平)司、学事司等都收“添酒钱”，自一文至十文不等，改称“诸色添酒钱”，总数是原先的数倍。

绍兴五年(1135年)执政孟庾提领措置财用，以“总制司”为名增收各种杂税，如省司头子钱、常平司头子钱、二税畸零剩数折纳钱、增添七分商税钱等数十种新设的杂税，称为“总制钱”。与经制钱合称“经总制钱”，是南宋政府在正常的田赋、商税之外征收的各种杂税，是南宋的重要的税源。

但是，南宋的杂税远不止“经总制钱”包括的几十种税，还有丁绢、丁盐钱、折布钱、僧道免丁钱、市例钱、秤提钱等，“其他如罚酒、科醋、卖纸、税酱、下拳钱之类，殆不可以遍举，亦不能遍知”③。

---

① 《文献通考》卷5《田赋考五》。

② 《宋史》卷174《食货志上二》。又，淳祐只有十二年，淳祐十四年相当于宝祐二年(1254年)。

③ 《文献通考》卷19《征榷考六》。

二、商　　税

南宋的商税更为苛暴，尤其是南宋前期的高宗、秦桧集团和南宋后期史弥远、贾似道擅权的腐朽统治时期。

孝宗淳熙五年（1178 年），对南宋初年以来各种苛暴违法的商税，进行了一次比较全面的清理。指出："池州雁汊（港）谓之大法场，黄州（今湖北黄冈）谓之小法场，鄂州谓之新法场"，是征收商税最为苛暴的场所，以致被商人比之杀人的"法场"。还指出各种商税征收的弊端，如对商人没有贩运的货物，却编造出货物名称、数量，命商人纳税，称为"虚喝"；商人贩运的本是少量价贱的货物，却被改成贵重而量多的货物以征税，而且"以一为百，以十为千"地虚增数量，称为"花数"；当时流通的主要是纸币"会子"，铜钱十分缺乏，但税收机构却强迫商人以铜钱交税，商人无法交纳铜钱，货物即不予放行，过了期限即强令"以物货抵（原作低，误）当价准折（税钱），或元（原）直（值）十文，止折作三两文之类"，称为"折纳"；收税的栏头都有七八尺长的铁锥，称为"法锥"，对过往船上"所有箱笼，并行锥插，其衣服物帛之属，多被损坏"，弊端丛生。至于船上本"无货物，却称有货物"；或已"纳税钱，却称不曾收税"，更是频频发生。甚至各地收税"栏头"，"各有小船离税务十里外，邀截客旅搜检税物，小商物货为之一空"，实为抢劫①。孝宗诏令革除上述所有弊端的同时，并于各地征收商税机构"税务"前，用大字公布，如仍有不法侵扰商人事件，如主管机关及本路转运司没有发觉并处罚，而有商人投诉，首先将该路财政长官转运使从严惩处。后又限制各税收机构的收税人员数量，以减少舞弊事件的产生，各种弊端因而得到有效的遏

① 《庆元条法事类》卷 36《库务门・商税》。

制。但是，到南宋后期“贪吏并缘，苛取百出，私立税场”，行人随身携带的铜钱、一斗米、一束柴，以及蔬菜之类，无不收税。又如以食用的米作为酿酒用的米、以衣服作为布匹，士人携带的行李作为贩运的货物等，无不收税。甚至“空身行旅，亦白取百金”，史称各地税务官吏对商贩、民户“不啻仇敌，而其弊有不可胜言矣”①。

南宋与金进行的榷场贸易所征的商税，是南宋重要的税源之一，所有货物除按一般商税征收外，还要交纳特殊商税，如孝宗乾道三年(1167 年)以前，茶叶每“引”价值为二十三贯钱，到“沿淮州、军住卖者，每引纳翻引钱十贯五百文，改榷场折博者(即在榷场出卖)，每引再纳翻引钱十贯五百文，其引榷场又合纳通货牙息钱十一贯五百文”，三者相加，几乎是每引茶叶价值的百分之一百五十，因而走私猖獗，为了减少走私，这年改为“每引只贴纳翻引钱十五贯五百”文②，减去二分之一以上。

海外贸易的商税也是南宋财政重要收入之一，孝宗于隆兴二年(1164 年)，对高宗时期掠夺性的海外贸易商税进行清理。海外贸易商税实行“抽解”制，“抽解旧法(北宋神宗时)十五取一，其后十取其一，又其后择其良者谓如犀(牛角)、象(牙)十分抽二分，又博买(低价收购)四分；真(珍)珠十分抽一分，又博买六分之类”③。不论是何货物，都改为十分抽解一分作为商税，海外贸易的商税得到整顿，也促进了海外贸易的繁荣，因而也增加了商税。

---

① 《宋史》卷 186《食货志下八》。

② 《宋会要辑稿》食货 31 之 17。原文指“小引”，小引价值仅数贯，此处当指价值二十三贯的“短引”。

③ 《宋会要辑稿》职官 44 之 27。

三、南宋特有的“义役”

南宋役法大体上沿袭北宋，差、募兼行，但其中可以作威作福、擅权纳贿的州、县吏役，大多被旧吏们所垄断，他人无从进入这一行列。他们大多控制着地方政权，左右地方长官意志，“官之贪者不敢问吏，且相与为市；官之庸者不能制吏，皆受成其手”①，成为普遍现象。更有号称“十虎”、“立地官人”之类的恶吏。只有少数清明强干的地方官，才能对为非作歹的恶吏有所惩处。南宋中叶著名学者陆九渊指出：“吏人自食而办公事，且乐为之、争为之者，利在焉故也。故吏人之无良心、无公心，亦势使之然也。”②可说是南宋州、县吏役的基本情况。

无利可图的职役，却成了民户的灾难，主要是保正、保长等乡役，因而也成为南宋役法改革的重点。南宋初年以保正代户长催税，多致破产；又改差催税甲头，或募户长，或以大保长兼户长并给雇钱催税等，都没有能解决问题。民户为了应付催税差役，创立了“义役”，最初是绍兴十五(一作十九)年，金华县长仙(西山)乡民户汪灌等十一户，自动依户等筹集资金以供应当役户，以后又改为筹资购买田产百亩，以收入资助轮充役户使用，后来这成为义役的主要形式，义役因而也称“助役”。绍兴三十二年(1162 年)六月，吴芾任婺州(今浙江金华)知州后，不仅肯定这一做法，并准备推广，但因次年秋离任而未果。“义役”实际是民户自行集资的变相募役。

乾道五年(1169 年)范成大任处州(今浙江丽水)知州，“处(州)民以争役嚣讼，(范)成大为创义役”，松阳(今浙江遂昌东

① 《名公书判清明集》卷 2《汰去贪庸之官》。

② 《象山集》卷 84《与赵推官》。

南)县民户"随家贫富输金买田(三千三百亩),助当役者,甲乙轮第至二十年,民便之"。范成大"请命诸县通行之",未果。范成大于乾道七年任中书舍人时,"复言处州六邑义役已成,可以风示四方,美俗兴化,请命守臣胡沂以其规约来上"。于是孝宗"诏颁其法于诸路"①。胡沂是乾道六年继任处州知州,继续推行义役于处州其他各县。经孝宗颁诏推行后,义役遂推广。

乾道九年李舜臣任饶州(今江西波阳)德兴县(今江西德兴)知县,"奉诏举行义役事,乃令民以田之多寡,为役之久近,如多者役二年,少者不过役三月;又自三等以上各户,赋输皆与之期,不以委之保正","期年役成,民大便利"②。

义役的集资,各地形式略有不同,分别依户等、家产、田产、田赋的多少,各出土地或钱购买土地,以其所出供当役户使用。一般都由应役户出土地或钱,但是役首都是由富户担任,因而有些役首为了转嫁负担,迫使本不服差役的下户也出钱以购买"义产"土地。淳熙六年(1179 年)常州知州李结提出,以未出租的官田充当义役的田产,未果。淳熙八年处州知州李翔提出,不问贫富、僧道、官民,一律出田二亩,引起朝臣的争议。次年正月,主张推行义役、并著有《义役法》的谢谔"力陈其弊",诏令"义役、差役,各从民便"③。于是,义役继续得到实施,总的来说利大于弊。淳祐四年(1244 年)江东路提点刑狱刘克庄说:"当职累历郡县,所在义役、词讼绝少。"是他从嘉定二年(1209 年)历任江西、淮东、福建等路地方官以来,对各地义役情况的概括。但此时对江东路辖区内鄱阳的义役,指出"盖(此处)义役乃不义之役,而义册乃不义之册,或六文产或三文产不免于差,则役首之

① 《宋史》卷 386《范成大传》;《朝野杂记》甲集卷 7《处州义役、德兴义役》。

② 《宋史》卷 404《李舜臣传》;《朝野杂记》甲集卷 7《处州义役、德兴义役》。

③ 《皇宋中兴两朝圣政》卷 61。

罪反甚于乡书手矣”。他向属县提出:“如役首不公,可将其人解来切待惩一戒百”①,以便继续推行义役,说明确有一些地方的义役,成为担任役首的富户盘剥贫民的工具。南宋末年的文天祥也对义役作了充分的肯定,称:“是(义)役之权,不在官与吏与乡胥与奸民与适至之天,而在吾乡里和气间。义之用大矣,利久远而无讼,仁也。”②这是他对家乡吉水县(今江西吉水)永昌乡兴办义役的评价。义役实际是民办的助役,以减少差役带来的苦难,因而直至南宋灭亡前,仍在不断兴起。

---

① 《后村先生大全集》卷192《鄱阳县申差甲首事》。

② 《文山先生全集》卷9《吉水县永昌乡义役序》。

第十六章　南宋的学术与文化

南宋初，理学派兴起。孝宗时期政治清明，学术思想活跃，理学派已开始与新学派相抗衡，蜀学派也有所恢复；理学心学派、事功学派相继兴起。理宗时理学被确立为官方统治思想，其他各学派相继衰微。史学，袁枢创纪事本末体。

陆游、范成大、刘克庄、文天祥等的爱国主义诗篇，爱国词人辛弃疾、陈亮等豪放派词作，形成南宋文坛的主流。李清照、姜夔、吴文英等婉约派，则将宋词推向更完美的境界。“市民文学‘话本’，对后世产生了无可估量的影响，为《三国演义》、《西游记》和《水浒传》提供了最初的祖本。”

画坛上出现了李唐、刘松年、马远、夏珪南宋四大画家，其画风对后世影响深远。

大足石刻有佛、道、儒混合的石刻，及反映社会生活的养鸡女、丧事场景的石刻，为宋代以前石刻所未见。

第一节　宋学三大学派及事功学派

一、南宋初年秦桧与理学派的微妙关系

由于北宋末年蔡京是打着新学派与崇奉王安石旗号进行腐朽统治的，当金军南侵之际，被蔡京起用的理学家杨时，乘机攻击新学派，当时有人对理学派这种不顾国家危亡，只顾学派私利的行为，进行讽刺：“不管太原（当时正被金军围攻），却管太学

(争夺学派的思想阵地);不管'防秋'(指秋季防备金军南侵),却管《春秋》(新学派否此书的学术价值);不管炮石,却管(王)安石;不管肃王(时在金营做人质的钦宗弟赵枢),却管舒王(王安石)。"这是"深中时病"的。杨时还乘机攻击王安石主编修撰的《三经(诗、书、周礼)新义》为"邪说"①,攻击王安石与新学派是导致北宋末年衰乱的根源。借以表明理学派才是学术正宗,企图以此扩大理学派的势力。但未等理学派的势力有所扩大,北宋王朝便迅速灭亡了。

南宋建立初期,南宋理学家、宋高宗及大部分官员,都将北宋的灭亡归结为王安石与新学派的罪过,以掩饰宋徽宗腐朽统治导致北宋灭亡的事实。尽管宰相范宗尹曾在建炎四年(1130年)向宋高宗正确地指出:王"安石学术本不至是,由蔡京兄弟以绍述之说,敷衍被蔓,浸失其意"②。但是,不仅理学派绝不放弃攻击新学派及其创始人王安石的机会,借以扩大还是小学派的理学派势力,一些政客也利用新学、理学的学派之争,扩大自己的政治势力,奸臣秦桧就是最先利用扶植理学派以扩大自己政治势力的。

绍兴元年(1131年)八月下旬,秦桧由参知政事升任右相(独相)的次日,即给理学派创始人之一的程颐赠官为直龙图阁,制词称他"自得于正心诚意之妙",理学派为"高明自得之学",还暗指王安石新学派为"曲学"③。当同年九月吕颐浩任左相后,秦桧加速起用理学家与有关人士,即所谓"绍兴初,秦桧为亚相,引(胡)安国侍经席,一时善类多聚于朝"④。一时间形成以大理学家胡安国为首的"桧党"达二十多人,他们"布列要路,党与既

① 《三朝北盟会编》卷51引《靖康遗录》。

② 《系年要录》卷34,建炎四年六月己亥。

③ 《系年要录》卷46,绍兴元年八月戊子。

④ 佚名《两朝纲目备要》卷4,庆元二年正月甲辰。

植，同门者互相借誉，异己者力肆排摈”①。但次年九月均遭左相吕颐浩的排挤，秦桧随后也罢相。秦桧首先培植的理学派人士，除胡安国外，还有大理学家杨时（时已 78 岁）的首座弟子兼爱婿陈渊，以及北宋时推荐杨时给蔡京的张觷等。

绍兴四年九月，赵鼎任宰相后，又培植理学派，当初被称为秦桧党羽的理学人士胡安国、张觷、刘一止等多人再次被起用。次年科举时，在当时新学是显学的情况下，赵鼎打着“许用古今诸儒之说”的旗号②，实际是凡不用理学学说的举子一概不录取，即史称：“向者朝论专尚程颐之学，有立说稍异者，皆不在选。”③理学派虽然得到秦桧、赵鼎的先后扶植，正如陆游所说：“绍兴初，程氏之学始盛”④，但还未能形成气候。

绍兴八年，秦桧重任宰相，由于其杀害抗金名将岳飞，主持屈辱的“绍兴和议”，成为臭名昭著的奸臣，于是南宋中叶的理学人士把秦桧说成是打击理学、扶持新学的人物，即所谓秦“桧再得政，复尚王金陵（指王安石），而洛学废矣”⑤。实际上秦桧当时是竭力拉拢与扶植理学人士的，他们之间存在着相当微妙的关系，只是为后来的理学人士所讳言罢了。

大理学家尹焞是当时唯一在世的程颐嫡传门徒，因而成为秦桧首先拉拢的对象。绍兴八年十月赵鼎罢相后，秦桧独相。次月，即提升尹焞为太常少卿兼崇政殿说书，权礼部侍郎兼侍读。尹焞在辞职的同时，还给秦桧写信说：“勿以小智孑义而图大功”，谴责秦桧的对金求和活动，秦桧得书以后“乃大怒之”⑥，

① 《系年要录》卷 58，绍兴二年九月戊午。

② 《系年要录》卷 90，绍兴五年六月甲子。

③ 《系年要录》卷 173，绍兴二十六年六月乙酉。

④ 《老学庵笔记》卷 9。

⑤ 《两朝纲目备要》卷 4，庆元二年正月甲辰。

⑥ 《系年要录》卷 124，绍兴八年十二月己卯。

但事后仍竭力挽留，于次年正月，改任尹焞为徽猷阁待制、提举万寿观兼侍读。侍读是个被认为是"以经入侍，此儒生之至荣"的职位①，何况尹焞是以侍从官"徽猷阁待制（高于同品的权礼部侍郎）"兼任侍读。史称：当尹"焞自入经筵，即乞休致，朝廷（实为秦桧）以礼留之"②。虽然尹焞以年已七十而一再请求致仕，乃于绍兴十年正月官升一级后致仕，但秦桧竭力挽留之迹是十分明显的。

秦桧对于已经去世的大理学家杨时之子杨迪、杨迥及婿陈渊，在他再相后也一一起用；杨迪更是因为进呈其父杨时的理学著作《中庸解》、《论语解》而升官；而杨迥则与秦桧（无子）的养子秦熺同事，并于绍兴二十三年一起因进讲《尚书》受赐，只是在随后揭出他与另一理学大家胡安国之子胡寅的特殊关系才被罢官。

胡寅在秦桧再相后由知州升任试礼部侍郎，兼侍讲，后又兼直学士院，应该说都属要职之列，其父胡安国死后持服守丧，起复任知州，后告老致仕。史称其弟胡"宁本因其父（安国）、兄（寅）与（秦）桧厚，故召用之"，当绍兴十九年，秦"桧知（胡）宁兄徽猷阁直学士致仕（胡）寅之贫"，乘胡宁省亲之便，"遗以白金"，可见秦桧同胡寅兄弟的密切关系。但是，同年十二月胡寅的回信，被秦"桧以为讥己，始怒之"③，加上秦桧党羽对胡寅的攻击，他们之间的关系才恶化。

绍兴二十三年，秦桧党羽郑仲熊说："初，赵鼎立专门（指绍兴四年赵鼎任相后扶植理学派）之后，有司附会，专务徇私，不论才与不才，有是说（指理学派观点）必置之高等，士子扼腕二十年

---

① 参见《历代名臣奏议》卷9《牟子才奏议》。

② 《宋史》卷428《尹焞传》。

③ 《系年要录》卷160，绍兴十九年十二月丁丑。

于兹。”都说明没有奸相秦桧明中暗里的支持，绝不会发生这类情况，虽然他的目的仍然只是取得理学人士支持，至少是不反他的对金屈辱求和政策，但仍遭到正直理学人士的谴责，终于决定改为打击理学派的政策，称“一时群小（指理学人士）所聚，而（胡）寅为之魁”①。这种打击是从绍兴二十年九月，侍御史曹筠指出：“近来考试官，多以私意取专门之学（指理学派），至有一州而取数十人。”今后“其有不公”②，应进行弹劾的意见被采纳之后，才开始打击理学派。但奸相秦桧只是“取其说稍涉程学者，一切摈弃”，因而产生“阴佑王安石”的效果，并非专意录取新学派举子，也从没有提出崇尚王安石新学派。产生“阴佑王安石”的原因，是新学派在当时仍是显学，理学派尽管得到秦桧明中暗里的支持而有所扩展，仍还是较小的学派，既然引用其说者即被摈弃，剩下的即大多是持新学派观点的应试者。宋高宗所说的“秦桧尚（王）安石”③，实际上只是秦桧在位的最后五六年采取打击理学派的副产品。而理学人士所说的秦桧再相以后即崇尚王安石新学，明显是从理学派的学派利益出发，即是将卖国的奸相秦桧与王安石新学派联系在一起；同时还可以掩饰理学派长时期得到秦桧明中暗里支持不光彩的一面，真是一举两得。

二、孝宗时的“百家争鸣”

孝宗时期是南宋学术思想最为活跃的时代，由于政治比较清明，在学术政策上也一改高宗时树一派打一派的做法，因而形

① 《系年要录》卷165，绍兴二十三年十一月甲午。

② 《系年要录》卷161，绍兴二十年九月乙酉。

③ 《系年要录》卷173，绍兴二十六年六月乙酉。

成了有利于百家争鸣、各学派自由发展的学术环境。南宋后期的著名学者黄震称颂说：孝宗“乾（道）、淳（熙）正国家一昌明之会，诸儒彬彬辈出”①。这一时期，除了新学仍是主流学派，原有的理学、蜀学两学派有了新发展外，还产生了理学的心学派和反理学的事功学派等新的学派。

沉寂了几十年的蜀学派，由于得到了宋孝宗的扶植而迅速崛起，到乾道中期已初具规模。乾道六年（1170 年）前，蜀学派重要人物员兴宗提出：“今苏、程、王之学，未必尽善，未必尽非，执一而废一，是以坏易坏，宜合三家之长以出一道，使归于大公至正。”②这是想将处于次要地位的蜀学派提高到与新学、理学派相等的地位。孝宗也于这年赐苏轼谥为文忠，九年又赠太师，还亲为《苏轼文集》作序，称：“人传元祐之学（此当指蜀学），家有眉山之书（指《苏轼文集》）”，并称苏轼“志在行其所学”③。淳熙三年（1176 年）在赐苏辙谥“文定”时，称他“尝传《诗》、《春秋》，训释先儒之未达”；“自谓得圣贤处身临事之微意”④。再次推崇蜀学派。稍晚的赵彦卫称：孝宗“淳熙（1174—1189）中尚苏氏”⑤。因此苏氏蜀学派在孝宗后期，有了一定程度的发展，但相对于新学派与理学派来说，影响仍较小。淳熙五年三月，谢廓然说：“近来掌文衡（科举）者，主王氏之说（新学）则尚穿凿，主程氏之说（理学）则务为虚诞。”⑥可见当时的主流学派是新学派和理学派。

---

① 《慈溪黄氏日抄分类》卷 68《读水心文集》。

② 《九华集》卷 9《苏氏、王氏、程氏三家之学是非策》。员兴宗死年不详，《九华集》附录祭员兴宗文数篇，最早的撰于乾道六年八月，员兴宗当死于此时或稍早。

③ 《苏轼全集（东坡七集）》卷首，《宋赠苏文忠公太师制》、宋孝宗御制《文忠苏轼文集赞并序》。

④ 《栾城集》卷首《苏文定公谥议》。

⑤ 《云麓漫钞》卷 8。本书是他开禧二年（1206 年）任地方官时序刻。

⑥ 《皇宋中兴两朝圣政》卷 56。

员兴宗将宋学三派并提，是孝宗时期学术自由的反映，理学大师朱熹于淳熙十四年(1187 年)所撰的《学校贡举私议》，主旨几乎与员兴宗相同。时年五十八岁的朱熹称："若诸子(指宋学三派学者)之学，同出于圣人，各有所长而不能无所短。""近年以来，习俗苟偷，学无宗主"，"今欲正之，莫若讨论诸经之说，各立家法而皆以注疏为主"，在所提出的诸经注疏中，除主要是理学派学者的注疏外，还有王安石的《易》、《书》、《诗》、《周礼》四经的注疏，也有苏轼的《书》、《诗》二经的注疏，他还说："《大学》、《论语》、《中庸》、《孟子》，则又皆有集解等书，而苏轼、王雱、吴棫、胡寅等说亦可采"，并认为参考各派注疏以后，"先王之道得以复明于世"①。赵彦卫称："绍熙(1190—1194)尚程氏，曰洛学"②，说明理学派真正受到政府重视，是从光宗时开始的。史称：孝宗"乾道、淳熙间，程氏学稍振"③，并非已经兴盛。

孝宗时除宋学的三大学派外，理学派中还分化出由陆九渊创建的心学派，对后世也产生了重大影响。他是江南西路金溪(今江西金溪)人，当时也称江西学派。淳熙二年(1175 年)六月，由吕祖谦邀请理学主流派朱熹与陆九渊两大学者，在铅山县(今江西铅山东南)东北的鹅湖寺，进行的著名学术辩论会，史称"鹅湖之会"。此外，理学派中还有以张栻为代表的湖湘学派，其观点与以朱熹(闽学派)为代表的理学主流派相近。

与此同时，两浙东路还形成观点庞杂的不少小学派，如陈亮为代表的永康(今浙江永康)学派，叶適为代表的永嘉(今浙江温州)学派，还有以吕祖谦为代表的吕氏婺(今浙江金华)学派和唐仲友为代表的唐氏婺学派等，婺学派也称金华学派。其中陈亮

① 《朱文公文集》卷 69。

② 《云麓漫钞》卷 8。

③ 《宋史》卷 389《尤袤传》。

与叶適观点相近，他们倡导事功之学，也称为功利学派，反对理学派的空谈性、理。淳熙九年（1182 年）以后的数年间，陈亮与朱熹通过书信（今分存于两人文集中），进行了中国古代思想史上著名的“王霸义利”之辩。唐氏婺学派观点接近于功利学派，而吕氏婺学派则接近于理学派，后者也可以说是理学派的一个支派。

三、理学的官方统治思想地位的确立

绍熙五年（1194 年）七月，赵汝愚策划了宫廷政变，迫使光宗退位，光宗子宁宗即位，赵汝愚升任宰相。此时，以朱熹为代表的理学人士开始进入政府，理学派得到了空前发展的机会。但参与政变的韩侂胄于次年将赵汝愚赶下台，理学人士也先后被逐出朝廷，韩侂胄又定朱熹的道学（理学）为“伪学”。庆元三年（1197 年）又将赵汝愚、朱熹等五六十人列为“伪学”人士以进行打击，史称“庆元党禁”。宋学的新学、理学、蜀学三大学派并存的局面被打破。直至嘉泰二年（1202 年）解除“党禁”后，理学派才有所恢复。

开禧三年（1207 年）十一月，奸臣史弥远利用“开禧北伐”战败之机，阴谋杀死权臣韩侂胄，随即向金屈膝求和，又为奸臣秦桧恢复名誉，并于嘉定元年（1208 年）签订了宋金史上最屈辱的“嘉定和议”。史弥远在长达二十六年的擅权时期，所作所为比之秦桧有过之而无不及。南宋后期的著名学者刘克庄即将二人看作是同类的“小人”①。两人不同的是，秦桧晚年打击过理学派，因而后来被理学人士视作奸臣；而史弥远则始终扶植理学派，因而在元代理学人士参与修撰的《宋史》中，逃脱了奸臣的

① 《后村先生大全集》卷 51《轮对札子》二。

恶名。

奸臣史弥远和昏庸的宋理宗都把扶植理学派，引用理学人士，作为他们政治活动的一个重要内容，以期获得理学派人士的支持与合作。

为了提高理学派的学术地位，为了让理学在学术思想界占统治地位，理宗时，不惜采取了许多政治措施。嘉定十三年(1220年)，南宋理学的集大成者朱熹及理学派创始人北宋的程颢、程颐及周敦颐等，不符合通常赐谥条件者被先后特赐谥号(张载赐谥在稍后)后，理学派的地位因而大为提高。然而在某些方面仍不能和新学派相比拟，如这时王安石仍从祀于孔庙，而理学派的代表人物还没有一人能享受这一崇高的礼遇。所以，同年九月，理学人士胡卫的奏议仍称，自五代末年以来，“士气卑弱，二三圣人作而新之”，“若王安石之造意平雅，苏轼之发语纯明”，“程颢、程颐又以洙泗之源流兴于伊洛间，士之所趋一归于正”①。虽然意在推崇理学，却不得不把三大学派的代表人物同列为“二三圣人”的行列，说明当时仍是三大学派并存的局面。直到淳祐元年(1241年)，将王安石自孔庙从祀中排除，而将程颢、程颐、周敦颐、张载和朱熹从祀于孔庙，这标志着理学成为南宋官方统治思想地位的确立②。时距南宋灭亡只有三十多年。

第二节　文学、史学、绘画与石刻

一、文　　学

北宋在金军的进攻下迅速覆灭，整个南宋时期，宋金对峙，

---

①　《宋会要辑稿》选举6之40。

②　参见笔者《略论南宋时期“宋学”的新学、理学、蜀学派》，《庆祝邓广铭教授九十华诞论文集》，河北教育出版社1997年版。

抗金与降金成为贯穿南宋政治始末的议论焦点。抗金名将岳飞的北伐，曾给南宋带来收复中原的希望，但在奸臣秦桧和宋高宗降金求和的决策下，岳飞被处死，其他爱国人士遭到迫害，以称臣纳贡换取东南半壁江山的偏安政局。人们在金军南侵下饱受家破人亡、流离失所之苦，他们关心国家安危，主张坚决抗金，恢复中原，这形成了一股强大的爱国主义思潮，成为南宋文学发展中的主流，尤其是在两宋之际和南宋灭亡前后的文学作品中，充分抒发了这样一种忧国忧民的爱国主义情怀。

两宋之际的文学作品中，多有反映国家危亡，呼吁人们起而抗金的慷慨悲歌。北宋时已知名的张元幹（有《芦川归来集》、《芦川词》传世），北宋末即对钦宗割地求和不满，靖康元年（1126年）的《感事》诗称："戎马环京洛，朝廷尚议和。"及至南宋初更以豪放的爱国词作闻名，建炎三年（己酉岁，1129 年）"己酉秋吴兴（今浙江湖州）舟中作"《石州慢》，大声喊出"长庚光怒，群盗纵横，逆胡猖獗。欲挽天河，一洗中原膏血"的抗金呼声。而抗金名将岳飞的《满江红》①更是壮志凌云，气壮山河，爱国主义精神，永远激励着后人。北宋末以婉约词风名家的女词人李清照（有《李清照集》），南渡后的诗作《夏日绝句》："生当作人杰，死亦为鬼雄。至今思项羽，不肯过江东。"诗风悲壮，满怀英雄气概，鞭挞苟且偷安的南宋高宗与奸臣秦桧，真乃千古绝唱。

爱国词人张孝祥，是绍兴二十四年（1154 年）宋高宗钦定的状元，次年十月上奏"言岳飞忠勇，天下共闻"②，请求为岳飞恢复名誉，虽未被采纳，但张孝祥的爱国主义精神溢于言表。反映爱国思想的词作（有《于湖居士文集》），豪放雄迈。当孝宗北伐，

---

① 参见邓广铭《再论岳飞的〈满江红〉词不是伪作》，《邓广铭治史丛稿》，北京大学出版社 1997 年版。

② 《于湖居士文集・附录・宣城张氏信谱传》，参见页 470 注①。

"符离(今安徽宿州)之战"溃败以后又重开和议时,张孝祥愤而赋词:"念腰间箭,匣中剑,空埃蠹,竟何成!时易失,心徒壮,岁将零。""闻道中原遗老,常南望、翠葆霓旌。使行人到此,忠愤气填膺,有泪如倾。"(《六州歌头》)

豪放派词到著名爱国词人辛弃疾时,进入了一个崭新的境界,抒情、写景、议论、叙事,无往不宜。辛弃疾创作了大量的词,存留于世的尚有六百多篇,是宋代词人词作留传最多的①。他为另一位爱国词人、著名思想家陈亮所赋《破阵子》:"马作的卢飞快,弓如霹雳弦惊。了却君王天下事,赢得生前身后名。可怜白发生。"可说是作者自况。辛弃疾是宋代豪放派两大代表人物之一,与豪放派词风创始人苏轼,合称"苏辛"。而辛词更为悲壮慷慨,充满爱国主义情怀,对当时及后世产生了重大影响,是南宋豪放派词坛领袖。同时的陈亮、刘过及其后的岳珂、刘学箕、戴复古、陈人杰、文天祥等,或词风相近,或受辛词的影响,词风豪放,无不充满爱国主义热情。辛弃疾等豪放派词作家,大多亦兼善作婉约词,正如南宋后期受辛弃疾豪放词风影响的刘克庄,评价辛弃疾词:"大声鞺鞳,小声铿鍧,横绝六合,扫空万古,自有苍生以来所无。其秾纤绵密者亦不在小晏(晏幾道)、秦郎(秦观)之下。"②

宋词的婉约派南宋时也有重大发展,著名婉约派女词人李清照,号易安居士,称词"别是一家"③,注重音律、韵味,词句平淡精巧,南渡后词风受现实影响,婉约中带豪放,别树一帜,时号"易安体"。与李清照同时而稍晚的女诗人朱淑真,以诗名世;词作婉丽清新,亦是两宋之际的婉约派女词人。

---

① 参见邓广铭《稼轩词编年笺注》,上海古籍出版社1978年版。

② 《后村先生大全集》卷98《辛稼轩集序》。"无"字原缺,据邓广铭《稼轩词编年笺注》附录补。

③ 胡仔《苕溪渔隐丛话·后集》卷33。

南宋自孝宗“隆兴北伐”、韩侂胄“开禧北伐”失败以后，严重挫折了抗战派的信心。偷安于东南半壁江山，贪图逸乐的气氛弥漫于南宋朝野，达官贵人们生活骄奢淫佚，或自恃才学，或附庸风雅，家养歌伎，门有食客，不时大宴宾客，吟诗作赋，及时行乐。仕途失意的文人墨客，依附、游食于达官贵人门下，他们刻意创作新词，不仅遣辞造句力求典雅，更讲究词句的格律、声韵，将婉约派词推向纯艺术的高峰，更为精美绵密，使宋词达到更完美的境界。南宋婉约派词坛领袖姜夔（号白石道人，有《白石道人歌曲集》，夏承焘《姜白石词编年笺校》），和堪称与之双峰并峙的著名婉约派词人吴文英（号梦窗，有《梦窗词集》），都是这样的失意文人，姜夔精通音乐，部分词作附有他自注的乐谱（工尺谱）留传后世。他们又都讲究格律，琢字炼句，追求艺术美，先后辉映于南宋婉约派词坛。南宋中后期著名的婉约派词人还有史达祖、周密、张炎等人，而周密是南宋末词坛领军人物。

南宋诗坛以杨万里、范成大、陆游、尤袤最为著名，号称“中兴四大诗人”。尤袤成就平常。范成大田园诗轻巧清新，不少诗篇反映民间疾苦，出使金朝时所写的七十二首的组诗，充满着爱国主义思想。四人中尤以陆游、杨万里成就最大。陆游号放翁，是南宋最著名的爱国诗人，平生勤于创作，留存后世的诗篇达九千三百多首，还有大量的散文与词，而以诗名世（有《陆游集》）。诗作涉及社会各个方面，而最突出的是爱国主义诗篇，悲壮奔放。杨万里，号诚斋，传世的诗篇达四千二百多首（仅次于陆游、刘克庄，有《诚斋集》），也是一位爱国诗人，而大量诗篇反映人民生活，其中有他任江东路转运副使时所写《圩丁词十解》并序，为后世留下了宝贵的圩田水利史料。杨万里诗作师法自然，清新明快，意境新颖，号称“诚斋体”。

南宋后期诗坛活跃着“永嘉四灵”和“江湖诗派”。赵师秀（号灵秀）、徐照（字灵晖）、徐玑（号灵渊）和翁卷（字灵舒）四人的字、号中都有“灵”字，他们又都是温州（今浙江温州）人，温州的郡名为永嘉，因而合称“永嘉四灵”。他们或终生未宦，或沉沦于州属官及县官，他们交往最多的是低层官吏及失意文人，因此作品中少有涉及社会现实或感时伤事之作，他们将注意力集中于作诗技巧，长于写景，虽多清新可读之作，在当时亦有相当大的影响，但取材太窄，又无杰出的成就，远逊于同时而稍后的江湖派诗人。

江湖派诗人因首都临安书商、诗人陈起将他们的诗作汇刻为《江湖集》而得名。其代表人物前期为婉约派词坛领袖姜夔，他虽以词名家，但诗的成就也很高，几与陆游、杨万里等四大名家比肩。后期为刘克庄（号后村居士，有《后村集》），他是南宋陆游、辛弃疾之后最著名的爱国诗人、词人，是南宋晚期的文坛盟主，也是江湖派诗人中最杰出的作家，辛弃疾之后最出名的豪放派词人。“江湖士友为四六及五七言，往往祖后村氏，于是前、后、续、新四集二百卷，流布海内，岿然为一代宗工。”①刘克庄诗作约四千五百首，仅次于陆游。江湖派诗人著名的还有刘过、戴复古、方岳等人，也有很高的成就。

南宋末年国家危亡、山河破碎，这一时期的诗人、词人多有悲愤之作，如词人陈人杰、周密、张炎、刘辰翁、蒋捷，诗人谢翱、林景熙、汪元量、谢枋得、郑思肖等。郑思肖由于有《心史》在明末苏州古井中出土，名声尤为后世所知。南宋末年的文天祥，亦以诗名，其《过零丁洋》、《正气歌》等诗篇，悲壮激昂，“人生自古谁无死，留取丹心照汗青”等诗句，更是千古绝唱。

南宋散文成就远不能与北宋相比，散文成就卓著者，虽前有陆游、辛弃疾、杨万里、范成大、朱熹、陈亮、叶適，后有刘克庄、文天祥、郑思肖等，但他们都不以散文名家，而各以诗、词或思想家

---

① 《后村先生大全集》卷 195，洪天锡《刘克庄墓志铭》。

为后世所知。

市民文学"话本"，是宋代"说话"（类似现代的"说书"）人的讲说故事的底本，"话本"起于北宋末，只作为"说话"人的底本，作为文学作品流传则在南宋。"话本"具体来说，讲史的称"平话"，如《三国志平话》；小说家则称"小说"，如《小说张子房慕道记》；也有称"诗话"，如《大唐三藏取经诗话》；还有奇闻佚事，如《（大宋）宣和遗事》等。都是民间文人创作的，这是宋代城镇繁荣的产物。传世的话本，一部分比较简单，可能是原始话本，但有一部分显然是经无名文人加工，这些人就是市民。如著名的《（大宋）宣和遗事》是宋刻本，其中关于宋江起义中的一小部分，竟然与南宋末年婉约派词坛的领军人物周密（《武林旧事》作者）《癸辛杂识·续集》的《宋江三十六人赞》中一小部分，完全相同（《宋元话本》[①]未提及）。何况"说话"人就是城镇居民。笔者因而称"话本"为"市民文学"。

"话本"，尤其是《三国志平话》、《大唐三藏取经诗话（也称"纪事"）》和《（大宋）宣和遗事》，对后世产生了无可估量的影响，它们是《三国演义》、《西游记》和《水浒传》的祖本。

二、史　　学

宋代，尤其是南宋，是中国史学的兴盛时期。北宋时主要由官府编纂前朝史书，如宋初薛居正等编纂的《五代史》（《旧五代史》），王溥所撰的《唐会要》、《五代会要》（薛、王二人皆以宰相兼监修国史领衔），后有欧阳修等奉诏修成的《唐书》（《新唐书》）等。神宗时司马光主编的《资治通鉴》（由私修转为官修），是一部编年体通史，其开创了通史编撰的新体例，史称"通鉴体"，对

① 本段参考程毅中《宋元话本》，中华书局1980年版。

当时和后代都产生了巨大的影响，成为后来编撰编年史的范本。北宋私人修史的风气还不盛，主要有欧阳修《五代史记》（《新五代史》）、托名曾巩所撰的《隆平集》等，后者还是少有的北宋人私撰的本朝史。编撰本朝史，北宋前期主要由官府修史机构崇文院的史馆，中期以后则由国史院、实录院和会要所，编撰日历、实录、国史、会要等，其数量之多、记述之详，雄视于中国古代各王朝。但国史、实录的编撰常受政治斗争的影响，如《神宗实录》便一改再改。官修本朝史的传统一直持续到南宋灭亡。元修《宋史》即是依据宋朝《国史》，参考《实录》、《日历》等删削而略作增补而成。宋朝《国史》原创设有《老释志》，是记载道佛二教的专志，但为元修《宋史》者所删除，至为可惜。而宋代《会要》，幸有清代徐松借修《全唐文》之机，命书手从《永乐大典》中抄出，虽只是宋官修《会要》残本，但辑成的《宋会要辑稿》史料仍十分丰富，是宋史研究的重要史籍。

与北宋不同，南宋时私人修史之风大盛，而且主要是修撰本朝史，这可能与北宋的迅速崩溃、南宋的屈服于金朝有关，南宋的史学家们企图通过修撰本朝史，或探求其原因，或为统治集团提供政治经验。徐梦莘编辑《三朝北盟会编》，即是辑录了起自北宋徽宗时的宋金“海上之盟”，迄于南宋高宗在位末年的各种原始文献资料，其目的性十分明确。南宋私修史书中成果最著的，是李焘编撰的北宋编年史《续资治通鉴长编》，今本由清四库馆臣从《永乐大典》辑出，虽残缺徽、钦二朝及其他卷帙，但其史料价值是不可估量的，至今仍是宋史研究者不可或缺的重要史书。它是“通鉴体”的巨型续作，其目的亦是以本朝史供南宋统治者“资治”。李心传的《建炎以来系年要录》以编年体记述高宗一朝史实；而《建炎以来朝野杂记》则以近似会要体例，记高、孝、光三朝及宁宗前期事。王称《东都事略》则为纪传体北宋史，而无表、志；南宋史则有佚名《皇宋中兴两朝（高宗、孝宗）圣政》、

《两朝(光宗、宁宗)纲目备要》等。袁枢撰《通鉴纪事本末》四十二卷,其将《资治通鉴》中的重要事件,每事备载始末,各立标题,以类编纂,创立纪事本末体,为后世所沿袭。本书自孝宗淳熙四年(1177年)前后刊出以后,章冲亦于淳熙十三年撰成《春秋左氏传事类始末》;理宗时杨仲良又依据李焘《续资治通鉴长编》编撰《皇宋通鉴长编纪事本末》。

名著还有高宗在位末年郑樵撰成的《通志》,以及马端临撰自宋末成于元初的《文献通考》,二书与唐代杜佑《通典》并称"三通"。

地理志书至宋体例始完备,全国志如北宋初年乐史所撰《太平寰宇记》,创设风俗、人物、土产等门,四库馆臣称:"盖地理之书记载至是书而始详,体例亦自是而大变。"①北宋中叶又有王存等奉敕修撰的《元丰九域志》,则分路(类似后代的省)记载州府户口、土贡,分县记载乡数与镇名。北宋末又有欧阳忞《舆地广记》,详载地理沿革。南宋理宗初年成书的王象之《舆地纪胜》,仅限于南宋地区,主要是节录当时数以百计的地方志、图经编纂而成,详于山川、景物、碑刻、诗咏,以备"纪胜"之览。理宗中期又有祝穆《方舆胜览》,所载亦为南宋疆域,详载各地名胜古迹、诗赋序记。

地方志在北宋时有宋敏求《长安志》,但还较简略,到南宋时则体例完备,内容丰富,而且各州府纷纷修志,总数在百种以上,传世的尚有二十多种。有些地方还不止一次地进行修撰,如首都临安府就有三种地方志传世,虽有残缺,但仍可见

---

① 《四库全书总目》卷68《太平寰宇记》。学者(《中国大百科全书·中国历史》第1071页)认为:"此书撰于宋太宗太平兴国年间(976—983)",此说欠妥。据乐史《太平寰宇记序》系衔为太常博士、直史馆,乐史系雍熙三年(986)"迁著作郎、直史馆"(《宋史》本传),太常博士高于著作郎,迁升至少需一二年,笔者因而定本书成于端拱元年(988年)前后。

各个时期的概况，其中孝宗乾道五年（1169 年）周淙所撰《临安志》（史称《乾道临安志》），是南宋传世地方志中最早的；其后有理宗淳祐十二年（1252 年）施谔撰成的《临安志》（史称《淳祐临安志》）；宋末元初潜说友《咸淳临安志》，在南宋各种地方志中以详备见称。

南宋其他著名的州、府地方志，传世的还有范成大《吴郡志》、施宿《嘉泰会稽志》、谈钥《嘉泰吴兴志》、罗愿《新安志》、陈耆卿《嘉定赤城志》、梁克家《淳熙三山志》和周应合《景定建康志》等，县志如高似孙《剡录》。而镇志有常棠《澉水志》，是海盐县（今浙江海盐）南的澉浦镇志。镇志的编撰，是南宋市镇经济中心繁荣的反映。反映都市繁华景况的，有南宋初年孟元老追记北宋首都东京开封的《东京梦华录》；记述南宋首都临安的著作更多，有理宗端平二年（1235 年）灌圃耐得翁《都城纪胜》、宝祐二年（1254 年）西湖老人《繁胜录》，篇幅虽不大，却是当时人所记南宋后期临安的盛况；还有临安陷落前夕，度宗咸淳十年（1274 年）吴自牧《梦粱录》，以及南宋亡后周密追记的《武林旧事》，记述均颇为详赡。

此外，有关史学著作还有北宋欧阳修的《集古录》、吕大临的《考古图》、王黼的《宣和博古图》，以及赵明诚和李清照的《金石录》。南宋则有洪适的《隶释》、《隶续》，以及佚名的《续考古图》等金石学（考古学前身）专著、图录等。

三、绘画与石刻①

南宋有名的画家，大多出自南宋画院，由北宋入南宋的著名画院画家李唐，是山水画大师，创“大斧劈皴”法作水墨山水画，

① 本目参考王伯敏《中国绘画史》，上海人民美术出版社 1982 年版。

画风苍劲。明郁逢庆撰《书画题跋记》载:“李唐善山水,初法李思训,其后变化愈觉清新,多喜作长图大障,其石大斧劈皴,水不用鱼鳞縠纹,有盘涡动荡之势,观者神惊目眩,此其妙也。”南宋中叶画院的著名画家刘松年、马远、夏珪都受到李唐画法、画风影响。李唐、刘松年、马远、夏珪被称为南宋四大画家。李唐兼工人物画,而以画牛著称。

山水画的青绿着色画派,自唐末以后衰微,后在南宋初年的赵伯驹、赵伯骕兄弟的倡导下而复兴,他们是宋太祖长子赵德昭的后裔,赵氏兄弟并非画院画工而是南宋官员。他们擅长画亭台楼阁,画作以金线勾勒后上色,除青、绿主色调外,兼施朱砂、赭石、白粉等色,画风严谨巧整,色彩瑰丽。青绿山水画虽非山水画派主流,但对当时及后世也有较大影响。他们的水墨、青绿山水画多有画作传世。

南宋花鸟画著名画家,有南宋中期的李迪、李安忠、张茂、张纪等人,后期以法常最有名。画作或工笔、或写意、或两者结合;或水墨、或设彩,画风多样,佳作纷呈,尤以李迪、法常为著,工笔、写意兼工,亦有画作传世。

南宋人物画尤为著名,不少画作反映社会生活。著名画家有北宋入南宋的苏汉臣,所作《货郎图》反映了南宋乡村社会生活的一个侧面。南宋中期的李嵩曾画宋江三十六人像,亦有《货郎图》等传世。刘松年有《中兴四将图》传世,绘有抗金名将岳飞、韩世忠及大将刘光世、张俊四人像。南宋后期的梁楷,初善工笔人物画,后有《泼墨仙人》传世,为水墨写意画,以泼墨画人物,为梁楷首创。宋末著名画家龚开,人物、山水兼长,山水画师法北宋米芾、米友仁的写意山水,原是南宋官员,入元后不仕。由人物画延伸为社会风俗画,除苏汉臣、龚开各有《货郎图》等社会风俗画传世外,还有不少宋代佚名画家的社会风俗画传世,如《耕织图》、《牧放图》、《捕鱼图》、《观灯图》等,其中当有部分为南宋画院画家所作，笔者所见一幅《耕织图》印版①，上绘两屋，各有二或三女，各作织布及织前准备状，均属“织图”。南宋初年楼璹任州、县官时，为传播农耕与丝织生产知识，于衙门两侧分别绘耕、织二图，织图分为二十四事②，上述《耕织图》似与楼璹命人所绘《织图》中的二事有关，此《耕织图》应是南宋佚名画家的社会风俗画。

南宋不少画家以画作表现爱国主义情操，如南宋中叶的著名水墨山水画家马远、夏珪，画常不满幅，有“马一角”、“夏半边”之称，后人认为他们意在表明南宋的“半壁江山”之意。南宋末年的著名爱国者郑思肖，不仅有著作《心史》存世，也是著名画家，宋亡以后所画兰花，画兰不画土，称为“露根兰”，自称是国土沦丧，兰花无土可植，是通过画作以表达爱国之情。

石刻以大足（今重庆大足）最为著名，大多为宋代作品，上起北宋太宗年间，下至南宋理宗年间；有纪年铭刻的自神宗元丰（1078—1085）至南宋高宗绍兴（1131—1162）年间。其中有佛、儒、道混合的石刻，以及反映社会生活的作品，如“养鸡妇女”石刻等。心神车窟的菩萨像，是南宋初年雕刻的，具有女性妩媚姿态，所有这些都反映了宋朝的时代气息。

最近在重庆市大足县发现，南宋绍兴末年的“三座长约3米、宽2米、高约2米的墓室里，雕有30尊表情丰富的圆雕石刻，吹拉弹唱场面样样俱全”，“这些圆雕高约20厘米”，“具有极高的艺术价值”，据称“墓室内的歌舞场面与现今的丧事音乐会如出一辙，均是悲中作乐”③。反映了南宋时生活场景的又一个侧面，可说是丰富了大足石刻的内容，使大足石刻更全面地反映了南宋的社会生活。

---

① 参见《中国绘画史》第267页。

② 参见第十四章第一节。

③ 引自《重庆商报》2001年7月18日记者路易的报道（新陆校友顾天铭剪报提供）。报载据专家称“距今约841年”，则是绍兴三十年（1160年）。

第十七章　宋代的科学技术[①]

唐末五代连年征战，社会经济遭到严重破坏，科学文化事业停滞不前，但历法涉及“国运”，仍不断编修，科举的明算科也断续举行，为天文学、数学培养了人才。宋朝建立后，首先得到发展的科学就是天文学和数学。随着社会经济的发展，天文学、数学、医学教学的兴盛，这些都为科学技术的发展奠定了雄厚的基础，许多科学得到了很大发展，有些学科如数学、天文学、物理学、化学以及医药学等都达到了中世纪各自领域的顶峰，在世界科学史上占有重要地位。

第一节　数　　学

宋代数学是取得突破性发展的学科之一，当时著名数学家如贾宪、秦九韶、杨辉等，取得了许多重要的成就。

北宋前期数学家、天文学家楚衍，真宗、仁宗时期人，自司天监学生起，历任至管勾司天监，“于《九章》、《缉古》、《缀术》、《海岛》诸算经，尤得其妙”。天圣元年（1023 年）与宋行古等制成《崇天历》。皇祐（1049—1054）时，又与宋行古等撰《司辰星漏历》[②]。著名数学家贾宪也曾在司天监任职，是楚衍的弟子，撰

---

① 一至三节参据白寿彝总主编《中国通史》第七卷（笔者主编）丁编第八十八至九十一章，不一一出注。

② 《宋史》卷 462《楚衍传》。

有《黄帝九章算法细草》等。从南宋末年著名数学家杨辉著作中保留的上述著作部分内容得知，贾宪提出了著名的“开方作法本源”图及说明，后世称之为“贾宪三角”，这是数学史上的重大发现。这项发现被应用于数学的许多领域，比西欧同行的发现，早了几个世纪。贾宪还有“立成释锁”开平方法和开立方法，并创造了增乘开方法。数学家刘益又在所著《议古根源》中，提出“正负开方术”。南宋后期的著名数学家秦九韶，在淳祐七年(1247年)撰成的《数书九章》(《数学大略》、《数学九章》)中，继承与发展了前人的研究成果，创造性地提出了一套完整的正负开方术程序，并将其运用于面积、体积、测量等计算中，这在高次方程数值解法方面，比西欧数学家早了五个多世纪，被现代数学家称之为“秦九韶法”。他还在《数书九章》中创立“大衍求一术”，即“一次同余组解法”。南北朝时数学著作《孙子算经》首先提出这个问题，到秦九韶才得到解决，这也比西欧数学家早了五百年，现代数学家因而称秦九韶的解法为“孙子剩余定理”或“孙子定理”。他的《数书九章》提供了一种便捷的计算方法，为天文历法、建筑工程、商业贸易、货币金融等领域的发展奠定了基础。尤其难能可贵的是，他只是业余数学家，他的一生主要是作为州、军的地方长官。

沈括是更为著名的业余科学家，他在数学方面的重要贡献，是创立“隙积术”(垛积术)和“会圆术”，前者是解决某种物品按一定方式堆积后的总数计算问题，即高阶等差级数的求和方法；后者则是提出了弧、弦、矢之间的关系问题，这种新算法相当于球面三角学中求解球面直角三角形的方法。

南宋末年著名数学家杨辉，钱塘人，曾任地方官，其传世的数学著作有五种：一为《详解九章算法》，后附《纂类》，十二卷，南宋景定二年(1261年)成书；二为《日用算法》，二卷，景定三年成书；三为《乘除通变本末》，三卷，咸淳十年(1274年)成书；四为

《田亩比类乘除捷法》，二卷，德祐元年(1275 年)成书；五为《续古摘奇算法》，二卷。杨辉在数学上取得了多方面的成就，其中以算法方面最为突出，在他的著作中详细记述了增乘开方法、开方作法本源，杨辉还将只有四句的珠算“九归歌诀”扩展为三十二句，推进了珠算的发展，另外，杨辉还编制了除数为二位数的除法口诀，提高了人们的运算速度，促进了数学的发展。

第二节　天文学与历法

一、天　文　学

宋代政府重视天象的观察与记载，如景德三年(1006 年)的“周伯星见”，“状如半月”，这是豺狼座爆发的一颗超新星，其亮度据研究相当于月亮满月时亮度的十分之一。而至和元年(1054 年)的天关客星，则是更著名的超新星爆发，在天文史研究上都具有很高的价值。科学家沈括在《梦溪笔谈》中详细记载了治平元年(1064 年)一颗陨石在宜兴(今江苏宜兴)坠落过程，也有助于天文学的研究。北宋时还进行过七次规模较大的恒星(主要是二十八宿)测量，其中皇祐(1049—1054)时周琮等观察所得的成果，后被收入王安礼修订的《灵台秘苑》中，是明末以前所收星数最多的一份星表。元丰(1078—1085)时的测星结果，在南宋绍熙元年(1190 年)由黄裳绘成天文图，淳祐七年(1247 年)由王致远刻成石碑，这就是现存今苏州博物馆的著名石刻天文图，共刻星 1 431 颗，是研究宋代天文学的重要资料。而以崇宁(1102—1106)时姚舜辅等测量的结果最为精确。苏颂《新仪象法要》中所附五幅星图，比较科学地表现出全天星空，对观察不到的南极星空，以空白表示，这在天文学史上是首创。

天文学与历学的发展需要，促使天文仪器进一步发展。太平兴国四年(979 年)正月,蜀人张思训被召入宫中,于文明殿东侧鼓楼下建造“浑仪”。浑仪楼高丈余,机械都隐藏在楼内,有“七直神左摇铃、右扣钟、中击鼓,以定刻数(一昼夜为一百刻),每一昼夜,周而复始。又以木为十二神,各值一时(一昼夜十二时,时又分为时初、时正,后称为小时,共二十四小时),至其时则自执辰牌,循环而出,随刻数以定昼夜短长”①。又上有天顶以及日、月、星辰的运行,以“水银”作为运转的动力,解决了水在冬日冰冻而导致运转失灵的问题。苏颂在元祐七年(1092 年)设计制造完成的“浑仪”,以水为动力,后世称为“水运仪象台”;他还发明了“天衡”,类似近代钟表的擒纵器,以使机械运行均匀,这是中国古代最复杂、宏伟的“天文钟”。他所著的《新仪象法要》,对此有相当详细的记载,反映了北宋时的工艺水平。他还制造了以竹条编制成球体,以纸、绢等裱糊在表面,再按星宿的位置开孔,人坐其中通过光线,可见到如同夜晚天空的繁星,这是世界上最早的“假天仪”,天文钟、假天仪的创造都比西欧早了五六个世纪②。

二、历　　法

天文学、数学的发展,也促进了历法的改进。北宋建国后沿用后周显德二年(955 年)王朴所上的《钦天历》,但不久即发现不精确。建隆二年(961 年),宋太祖即命后周时曾编过《明玄历》、时任司天监少监的王处讷负责编造新历。乾德元年(963 年)四月,新历编成,赐名《应天历》,参加编制者有外来的伊斯兰

---

① 《宋史》卷 48《天文志一》。

② 王振铎《科技考古论丛》,文物出版社 1989 年版。

学者马依泽，后世学者认为“推定朔弦望日辰七直”①，七直即是日月加五星（火水木金土），亦即星期推算法，可能是马依泽的贡献。宋太宗时又颁行吴昭素编制的新历《乾元历》，但不久也发现有误差，真宗咸平四年（1001 年）三月又颁行《仪天历》。但历法实行不久即出现误差。天圣元年（1023 年）八月，又颁行数学家、天文学家楚衍等人编制的《崇天历》。但在行用四十年后，也出现误差。司天监周琮、王炳又编制成《明天历》，仅行用九年。熙宁六年（1073 年）六月，民间研究历法有成就的卫朴被召用，熙宁八年闰四月，由沈括领衔、卫朴主编成《奉元历》②。到绍圣二年（1095 年）又改用《观天历》。崇宁二年（1103 年）又采用民间历法研究者姚舜辅私自编制的《占天历》，但此为民间私造，并非官方颁布的，因而命姚舜辅修造新历，于崇宁五年修成《纪元历》，在回归年、朔望月等计算上相当准确，《纪元历》共行用了三十年。

南宋初年，仍用《纪元历》。绍兴五年（1135 年）二月，诏常州布衣陈得一编制新历，陈“得一少嗜历学，老而弥笃，年逾七十”③。同年十月，编造《统元历》成。乾道二年（1166 年），光州（今河南潢川）士人刘孝荣指出《统元历》的差误，并自陈“尝自著历，期以半年可成，愿改造新历”④。编制的新历在乾道五年颁行，赐名《乾道历》。淳熙三年（1176 年），太史局长官李继宗等又编制成《淳熙历》，次年颁行。淳熙十二年时，杨忠辅又指出《淳熙历》简陋，宋孝宗对此有相当正确的看法：“日月之行有疏数，故历久不能无差。”当有人提出：“试用民间有知星历者，遴选

① 《宋史》卷 69《律历志二》。

② 《长编》卷 263，熙宁八年闰四月壬寅。

③ 《系年要录》卷 85，绍兴五年二月丙子。

④ 《宋史》卷 81《律历志十四》。

提领官。"孝宗说："朝士鲜知星历者，不必专领。"①于是"布衣"皇甫继明等请造新历，绍熙二年(1191 年)又颁《会元历》，这是民间人士刘孝荣在编制《乾道历》后，又继续编制《淳熙历》、《会元历》，但都没有"测景"。杨忠辅在实测的基础上编制的《统天历》，所定的岁实为 365.242 5 日，比现行公历采用的相同数值早 384 年，且对每年的微小变化，提出了斗分差的数值改正方法，这是天文学史上的重要发明，《统天历》被清代学者梅文鼎认为是宋代最完善的历法。

宋代历法的编制中另一个重要现象是民间研究历法的活跃，宋代颁行的历法中有多部是由民间历法学家编制的，有些民间历法学家在编制历法后，成为政府有关部门的官员，继续为政府服务。

第三节　物理学与化学

一、物　理　学

宋人对浮力、表面张力、液体浓度的测试，以及热气流动力学、固体传声、气腔共振等，也都有一定程度的认识。南宋末年的俞琰(琬)记载："予幼时有道人见教，则剧烧片纸纳空瓶，急覆于银盆水中，水皆涌入瓶"，"又依法放于壮夫腹上，挈之不坠"②。这是对空气压力的一种认识，当瓶中空气经纸片燃烧后，瓶内空气减少，大气压力使水涌入瓶中，瓶也因而可以吸附在人腹上。

宋人对针孔成像的原理已有所认识。北宋中叶的著名科学

---

① 《宋史》卷 82《律历志十五》。

② 《席上腐谈》卷上。

家沈括曾记载："若鸢飞空中，其影随鸢而移，或中间为窗隙所束，则影与鸢遂相违，鸢东则影西，鸢西则影东；又如窗隙中楼塔之影，中间为窗所束，亦皆倒垂。"这是他观察到的针孔成像现象。他还说："阳燧面洼，以一指迫而照之则正，渐远则无所见，过此遂倒。""阳燧面洼，向日照之，光皆聚向内。离镜一二寸，光聚为一点，大如麻菽，着物则火发。"①则是观察到的球面镜成像及凹面镜聚焦的现象。

宋人对虹形成的原理亦有所认识。与沈括同时的蔡卞曾进行试验："先儒以为云漏日，日照雨滴则虹霓生。今以水喷日，自侧视之，则晕为虹霓。"因而认识到："虽则虹生于地之气，不晕于日不成也，故今雨气成虹，朝阳射之则在西，夕阳射之则在东"②。南宋初叶的程大昌则从另一种物体，观察到类似的情况，他说雨后或晨露所积水滴，"点缀于草木枝叶之末"，"日光入之，五色具足，闪烁不定，是乃日之光品着色于水，而非雨露有此五色也"。他还指出："《杨文公(亿)谈苑》曰：嘉州(今四川乐山)峨嵋山(今四川峨眉山)有菩萨石，人多收之，色莹白如玉，如上饶(今江西上饶)水晶之类，日光射之有五色，如佛顶圆光，文公之说信矣。然谓峨嵋山有佛，故此石能见此光，则恐未然也"。并正确地指出："此(菩萨石)之五色，无日则不能自见，则非因峨嵋有佛所致也。"③这些都是宋人观察到的色散现象。

北宋科学家沈括还对透光镜的机理与物体导电现象作了记载："世有透光鉴，鉴背有铭文凡二十字"，"以鉴承日光，则背文及二十字皆透在屋壁上"。"人有原其理，以谓铸时薄处先冷，唯背文上差厚，后冷而铜缩多。文虽在背，而鉴面隐然有迹，所以

---

① 《梦溪笔谈》卷 3。

② 《毛诗名物解》卷 2。

③ 《演繁露》卷 9。

于光中现，予观之，理诚如是。”沈括对这种现象进行观察研究后，得出了相同的结论。关于导电现象，他记载宋神宗时“内侍李舜举家，曾为暴雷所震，其堂之西室，雷火自窗间出，赫然出檐”。“及雷止，其舍宛然，墙壁窗纸皆黔。有一木格，其中杂贮诸器，其漆器银扣者，银悉熔流于地，漆器曾不焦灼；有一宝刀极坚钢，就刀室（刀鞘）中熔为汁，而室（鞘）亦俨然。”导电的银、铁因雷击而熔化，而不导电的漆器、木质、皮革物品则完好无损。而所记：“方家以磁石磨针锋，则能指南，然常微偏东，不全南也。”①这是科学史上首次明确记载磁偏现象。

宋代还开始运用物理学原理，制造虹吸管及唧筒。北宋仁宗时，曾公亮等所编的《武经总要》前集卷6中记载：“凡水泉有峻山阻隔者，取大竹去节，雄雌相合，油灰黄蜡固缝，勿令气泄，推竹首插水中五尺，于竹末烧松桦薪或干草，使火气自竹内潜通水所，则水自（竹）中逆上。”而苏轼所记自仁宗时蜀中“始创‘筒井’，用圜刃凿如碗大，深者数十丈，以巨竹去节，牝牡相衔为井，以隔横入淡水，则咸泉自上。又以竹之差小者出入井中为桶，无底而窍其上，悬熟皮数寸，出入水中，气自呼吸而启闭之，一筒致水数斗。”②都是应用大气压力制造的。北宋治平三年（1066年）时，僧人怀丙则是利用水的浮力，将沉没于水中的铁牛打捞出水，其法是“以二大舟实土，夹牛维之，用大木为权衡状钩牛，徐去其土，舟浮牛出”③。

利用物理学原理制造的器物中，最为著名的当属指南针。北宋科学家沈括介绍以磁石磨针锋，然后采取水浮、悬丝或放置于指甲及碗口边上，能达到“指南”的效果。到南宋时应用于航

---

① 《梦溪笔谈》卷19、20、24。

② 《东坡志林》卷4《筒井用水鞴法》。

③ 《宋史》卷462《僧怀丙传》；参见《长编》卷208。

海的，已是指南“针盘”，当“风雨晦冥时，唯凭针盘而行，乃火长掌之，毫厘不敢差误，盖一舟人命所系也”①。

二、化　学

化学也是宋代科学中取得重要成果的学科之一，在冶金化学方面取得了重大成就，南宋赵彦卫记载采得黑色矿石(辉银矿)后，经“用臼捣碎，再上磨”，再经洗矿，“黑者乃银，用面糊团入铅，以火煅为大片，即入官库，俟三两日再煎成碎银”②。这是使银熔入铅中，再使铅氧化，入炉灰中使银分离的“灰吹法”炼银。而用胆水炼铜法更得到大力推广，其法“以生铁炼成薄片，置胆水槽中浸渍数日，上生赤煤，取刮入炉，三炼成铜”③，称为胆铜，是起自唐末五代，成熟于宋代的重大的科学发明与技术成就，是后世水法冶金的先声。

宋代的炼丹是化学另一个取得重大成就的方面。唐代道教的金丹派，也称丹鼎派。丹鼎派主张长期服用仙丹，一些道士因此丧生，故五代时，道士吕洞宾等开始改以炼内丹，炼气养生，被称为内丹派，以丹鼎炼仙丹者则称为外丹派。内丹派到南宋白玉蟾时，广收门徒，逐渐成为丹鼎派的主流派。而丹鼎派在两宋的大部分时间，尤其是南宋中叶及以前，炼丹一直是外丹派的主要活动，内丹派的道士虽排斥外丹派，但也深知炼丹术，被后世尊为全真道南宗(内丹派)五祖之末的白玉蟾，就是这样一位内、外丹兼通的著名道士。著名的炼丹术著作《金华冲碧丹经秘旨》，据称即是白玉蟾传授，孟煦于南宋宝庆元年(1225年)撰成

---

① 《梦粱录》卷12《江海船舰》。

② 赵彦卫《云麓漫钞》卷2。

③ 《文献通考》卷18《征榷考五》注文。

的，对炼丹设备有详细的叙述，其中的石榴罐、水海等设备，都符合科学原理。重要的炼丹术著作，还有南宋隆兴元年（1163 年）吴悮所撰的《丹房须知》，玄真子孟要甫编辑的《诸家神品丹法》，以及《道藏·庚道集》中所收录的南宋《丹阳术》等著作，不仅记载了许多重要的化学原料，更重要的是记载了许多运用化学反应，制造金粉、砷白铜、醋酸铁（铁华粉）、醋酸铅、绿矾的方法。当时，有些化学方面的成就已被用于化学药物“铁华粉”、“密陀僧”（用“灰吹法”制造）等的制造，还生产了酒精度高，当时称为“烧酒”、“白酒”的蒸馏酒，并用于治疗毒蛇咬伤。

火药的制造与应用在宋代取得了突破性的发展。火药自唐代发明后，一直是炼丹家的秘密，到宋代首先在军事上得到应用，这方面的最早记载见于曾公亮等编写的《武经总要》，该书详细记述了黑火药的配方及火药武器，但这些火药武器均为燃烧性，不具有爆炸杀伤力。约北宋末开始制造爆炸性武器，李纲《靖康传信录》中记载的霹雳炮即是这类武器。南宋初，使用火药的筒形发射器发明并随之用于军事。金人曾对该武器改进并装备部队，南宋后期，更有改进，于开庆元年（1259 年）制造出突火枪，“以巨竹为筒，内安子窠，如烧放焰绝，然后子窠发出，如炮声，远闻百五十余步”①。将铁滓等物制成子窠，杀伤力大大提高，已远非先前火器威力所能比。在火药用于战争的同时，其他方面的应用也得到了发展。《东京梦华录》中尚无北宋用火药制成烟火的记载，而南宋时的焰火已是用火药制成，《武林旧事》中记载，当时杭州已有许多“卖烟火”者②，即是经销此类用火药制成的焰火。

---

① 《宋史》卷 197《兵志·器甲之制》。

② 《武林旧事》卷 6《小经纪》。

第四节　医　药　学①

一、药　　学

药学，中国古代称“本草”。唐代显庆四年（659 年），由政府主持编撰的《新修本草》二十卷完成，史称《唐本草》，共收药物八百五十种，这是中国古代由政府颁布的第一部药典，对唐代医药学的发展起过重大作用。但是，经历了三个世纪以后，医药学已有了很大的发展，《唐本草》已不能适应新的需要。宋朝政府重视药典的编撰，开宝六年（973 年）四月，知制诰王祐进呈政府编撰的《重定神农本草》二十卷，增加药材一百三十多种，宋太祖作序，刻印颁行②，这是宋朝政府颁行的第一部药典，以后又不断编撰、颁布新的药典，以适应医药学不断发展的需要。嘉祐二年（1057 年），大臣韩琦奏称：“《神农本草》虽开宝中尝命官校定，然其编载尚有所遗，请择知医书儒臣与太医参定颁行。”③于是命“掌禹锡、林亿、苏颂、张洞等为之补注，以《开宝本草》及诸家（杂取他书凡十六家）参校采拾遗逸，刊定新旧药名一千八十二种，总二十卷”，新增药材近百种，称《（嘉祐）补注神农本草》，简称《补注本草》。宋仁宗“又诏郡县图上所产药本”，注明各种药物生长情况及用途，这是继唐代永徽之后又一次全国性药物普查，由苏“颂再与（掌）禹锡等裒集众说，类聚铨次，各有条目”④，嘉祐六年成书奏上，因为有图有文，故称《图经本草》，收药材图九百三十三幅，有残刻本传世，是一部图文并茂的药典。

---

① 本节参考白寿彝总主编《中国通史》第七卷（笔者主编）丁编第九十四章。

② 《长编》卷 14，开宝六年四月戊申。

③ 《长编》卷 186，嘉祐二年八月庚戌。

④ 《文献通考》卷 222《经籍考四十九》。

神宗元丰五年(1082年)前后[1],蜀州晋原(今四川崇庆)人、成都名医唐慎微(1056—1093)撰成《经史证类备急本草》,简称《证类本草》,三十二卷(传世本为三十卷),共收药材一千五百多种,比《唐本草》增加了近一倍,所收单方达三千多首,内容非常丰富,史称:"合二本草为一书,且集书传所记单方附之于本条之下,殊为详博。"[2]大观二年(1108年)刻印,称《大观经史证类备急本草》,简称《大观本草》。政和六年(1116年)宋徽宗又命官校刊,改称《政和本草》,北宋灭亡,版入金朝,南宋所传只是《大观本草》。南宋绍兴二十七年(1157年),御医王继先等校定《大观证类本草》完成,改名《绍兴校定经史证类备急本草》,简称《绍兴本草》,王继先奏状中备列该书的组成情况为:"今之为书,自《嘉祐补注(本草)》一千八十二种,唐慎微续添八种,唐本余七种,食疗余八种,海药余十一(一字衍或应作一十)六种,新分条三十五种,陈藏器四百八十八种,本经外草本类九十八种,绍兴新添六种,通前合一千七百四十八种以为定数"。则该书主要由《嘉祐补注本草》和陈藏器《本草拾遗》(《宋史·艺文志六》)二书组成,当即是前引晁公武所说:"合二本草为一书",而非通常认为的合《嘉祐补注本草》与《嘉祐图经本草》为一书。陈藏器为唐人,所著《本草拾遗》当为补《唐本草》而作,宋开宝、嘉祐时数修本草,或未见陈藏器《本草拾遗》传本,唐慎微虽只增添八种药材,但将《本草拾遗》收入其著作,并加考订,得以传世,功不可没[3]。《证类本

---

① 原无成书时间,据金皇统三年(1143年)翰林学士宇文虚中为金刻本所作跋称:"遂集为此书,(宋)尚书左丞蒲传正欲以执政恩例奏与一官,拒而不受"(参见《四库全书总目》卷103)。传正即蒲宗孟字,他任尚书左丞为元丰五年四月至六年八月,因定此书成于元丰五年前后。

② 晁公武《郡斋读书志·后志》卷2。

③ 《宋会要辑稿》崇儒4之14。《证类本草》系合《(嘉祐)补注神农本草》、《本草拾遗》而成,此为笔者推测。

草》经后人不断补充、校订，沿用五个世纪，明代著名医药学家李时珍甚为推崇。

此外，宋代用风茄花、火麻花合成全身麻醉剂的“睡圣散”，以水银、枣膏制成坐药以治蛲虫，以水银作为利尿药，以砒霜治疗疟疾、痢疾和痔疮，以蟾酥作强心药，用延胡索、天南星、罂粟作止痛药等，这些都是药学史上的重大发明。神宗熙宁九年(1076 年)设立太医局熟药所，依据“复方”制成膏丹丸散、药酒出售，是中医学史上的创举，不少成药(或加改进)传至今日，仍是治病良药。

二、医　方　学

医方学在宋代也有很大的发展，最早颁行的是淳化三年(992 年)编成、刊行的《太平圣惠方》，据称首先是宋太宗即位前“在潜邸日，多蓄名方异术。太平兴国(976—984)中内出亲验者千余首(方)，乃诏医局各上家传方书”，“又万余首”，太宗命御医王怀隐及“陈昭遇参对编类，每部以隋太医令巢元方《病源候论》冠其首，而方药次之”①，这是首部针对各种病情配以药方的方剂学著作，共一百卷，收方一万六千八百三十四首。因篇幅过大，不易普及。庆历六年(1046 年)，又命何希彭等据《太平圣惠方》选编成《太平圣惠选方》，主要作为医学教科书之用，对宋代及后世有一定影响。皇祐三年(1051 年)医官周应受命从《太平圣惠方》中选编成《皇祐简要济众方》五卷，以利于推广。神宗“元丰(1078—1085)中，诏天下高手医各以得效秘方进”，编成《太医局方》十卷，太医局熟药所依方制为成药出售，“仍模本传

① 《郡斋读书志・后志》卷 2；参见《宋史》卷 461《王怀隐传》。

于世”[①]，可说是国家编制的首部配方手册。到北宋末徽宗大观(1107—1110)时，命陈师文等进行校正，“校正七百八字，增损七十余方”[②]，编成《和剂局方》十卷，分二十一门，药方二百九十七首。南宋绍兴十八年(1148年)改熟药所为太平惠民局，此书遂改称《太平惠民和剂局方》，分十四门，收方七百八十八首。盛行于宋元时期，不少名方沿用至今。

三、内、外、儿、产、眼、针灸等科

宋代前期医学仍依唐代只分为方脉(内科)、针(灸)、疡(外科)、少小(儿科)、耳目口齿(五官科)五科，到仁宗嘉祐五年(1060年)前，已分设大方脉(内科)、风(内科)、小方脉(儿内科)、疮肿(外科)、产(妇产科)、眼、口齿兼咽喉(口腔科)、金镞(创伤外科)兼书禁等[③]，还有针灸学及法医学，已接近近代医学分科。

内科学有北宋朱肱《南阳活人书》，始撰于元祐四年(1089年)，成书于大观二年(1108年)，二十卷近十万字，于政和八年(1118年)修订刊行，是整理和阐释东汉名医张仲景《伤寒论》的重要著作。南宋前期的许叔微(绍兴二年进士)，晚年以平生的验方编成《普济本事方》，简称《本事方》，以病症分门详载病例，精选医方，流行数百年，其他内科学著作亦很多，此不详列。宋代内科已能鉴别天花、水痘、麻疹、风疹、斑疹伤寒与伤寒等疑难病症。

宋代外科学也有较大发展。南宋名医陈自明(三代行医)于景定四年(1263年)所著《外科精要》，流行三个世纪以上。南宋东轩居士《卫济宝书》，已能区别乳炎与乳癌。此外，还有伍起予

---

① 《郡斋读书志·后志》卷2下。

② 《郡斋读书志·后志》卷2；参见《四库全书总目》卷103《太平惠民和剂局方》。

③ 《宋会要辑稿》职官22之36。

《外科新书》、佚名《痈疽方》等。外科用的器械如针、刀、镊、钩等，已用烧灼消毒；整形外科已有缝缺唇、切骈指。

妇产科是北宋新创的分科，著作以南宋名医陈自明《妇人大全良方》二十四卷最著名，分调经、众疾、求嗣、胎教、妊娠、坐月、产难、产后八门，每门数十证，总二百六十多论，论后附治疗方案，综论妇科、产科诸症，对孕妇的卫生和妊娠疾病以及胎位转正、产后护理，都有系统论述，对后世影响很大。此外，还有陆子正《胎产经验方》、佚名《产宝诸方》、《产育宝庆方》等。

儿科学有神宗时名医钱乙《小儿药证直(真)诀》，亦称《钱氏小儿方》，有三卷本、八卷本两种，宣和元年(1119 年)刊行的为三卷本，门生阎季忠整理刊行，并附自己的医方①。钱乙主张不拘成方，采取对症下药，对儿科病症特征有比较正确的认识，对中医基本理论的发展也有较大的影响。儿科学的著作很多，南宋初刘昉(方明)、楼璹等编撰的《幼幼新书》四十卷，是中国古代首部儿科学专著。

眼科学也是北宋新创的分科。《太平圣惠方》中对白内障的手术疗法有详细记载。托名孙思邈的《银海精微》创“五轮八廓”之说，论述眼病与内脏的关系，采用外治内服配合的治疗方法，备录三百多方，是中国古代较早的眼科学专著。佚名者所撰《眼针钩方》，当为针拨白内障专著。还有穆昌绪《疗眼诸方》等眼科学著作。口腔科专著有《咽喉口齿方论》五卷等。

针灸学在唐代《外台秘要》中只收灸法，北宋时针法受到重视，天圣时“上(仁宗)以针砭之法传述不同，俞穴稍差，或害人命。遂令医官王惟一考明堂气穴经络之会，铸铜人式。又纂集

---

① 《宋史》卷 462《钱乙传》。陈振孙《直斋书录解题》作《钱氏小儿药证真诀》三卷，晁公武《郡斋读书志》作《钱氏小儿方》八卷，《宋史·艺文志》作钱乙《小儿药证直诀》八卷，则三书实为一书而分卷不同，疑先有三卷本后有八卷本。

旧闻订正讹谬为《铜人针灸图经》”①，天圣五年（1027年）十月，《图经》及所铸“俞穴铜人”完成，诏令刻印颁行，对后世影响很大。南宋嘉定十三年（1220年）序刊的王执中《针灸资生经》七卷，第一卷载针穴，二至七卷分论诸症，条理分明，简明易懂。

四、法 医 学

法医学远在秦汉时已经萌芽，但长期以来一直是“个案”行为，五代时和凝父子始汇集史传所载平反冤狱等案件，著《疑狱集》三卷，以供司法官员参考，只是史料汇编，没有进行科学性研究。随着宋代医药学的发展，对于人体器官的了解成为一种时代的需要，庆历五年（1045年）宋军平定欧（区）希范叛乱，在处死欧希范后进行解剖，派医生及画师观察并绘制人体器官的位置与形状，这就是著名的《欧希范五脏图》。北宋末年泗州（今江苏盱眙西北）地方官在处死刑犯后也进行解剖，派医生和画师绘制内脏图，称《存真图》，史称：“实有益于医家也。”②这种原始的解剖学，为法医学的发展创造了条件。

北宋前期，官员判案往往不重视证据，自宋神宗以后，官员大多重视依法判案，重视证据，各种类似的案例，有助于官员们判案时参考。史称：“王安石执政以后，士大夫颇垂意律令。”③两宋之际的赵仝编撰《疑狱事类》，当是分类纂集各种刑案，以便官员查检。南宋高宗时，郑克以《疑狱集》、《疑狱事类》两书“皆未详尽，因增广之”，起自春秋时郑国子产到宋朝的三百九十五事，纂为《决（折）狱龟鉴》二十卷（传世本为八卷），分为二十门，

---

① 《长编》卷105，天圣五年十月壬辰。

② 《郡斋读书志·后志》卷2《存真图》。

③ 《郡斋读书志·后志》卷1《断例》。

企图从中找出规律性，也为法医学提供了历代的案例。

在审理致死人命的案件中，验尸成为取证的重要手段，但是“重以仵作（验尸吏）之欺伪，吏胥之奸巧，虚幻变化。茫不可诘”①。验尸的证据真伪完全操纵于胥吏之手，为消除这些弊端，宋孝宗时，两浙西路提点刑狱郑兴裔创制《检验格目》，淳熙元年（1174年）五月颁行于全国，“吏不得行其奸”②。《检验格目》分为《初验尸格目》、《复验尸格目》（三验及以上同复验），规定：“非理（非正常）致死者”，须经复验，然必须以棺木埋葬，“并不得烧化”，以备日后如有必要，则进行第三次及以上复验，如擅自火化，则“必有情弊”，要对有关官吏进行追究。初、复验尸格目都必须填明“已死人痕损数，内致命因依，的系要害致命身死分明”③，一式三份，一份留给死者所在州、县，一份给死者直系亲属，一份上报本路提点刑狱司。《检验格目》的颁布，为法医学的建立奠定了基础。但《检验格目》只有文字叙述，不便操作，因而湖南、广西两提点刑狱司已先后“刊印《正背人形（图）》，随《（检验）格目》给下检验官司，令于伤损去处依样朱红书画横斜曲直，仍于检验之时唱喝伤痕，令罪人同共观看所画图本，众无异词，然后著押”。嘉泰四年（1204年），经江西提点刑狱徐似道奏请④，诏颁刊印《检验正背人形图》于各路提点刑狱司，作为附件随《检验格目》一起发给检验官员使用，使检验尸体的进程更加规范化。而无名氏的法医学（或具有法医学知识）著作《内恕录》等多种亦已问世。

著名法医学家宋慈（1186—1249），曾任广东、江西、广西、湖

---

① 宋慈《洗冤集录·序》，杨奉琨《洗冤集录校译》，群众出版社1980年版。又本目参考此书，不一一出注。

② 《宋史》卷465《郑兴裔传》；《朝野杂记》乙集卷11《检验格目》。

③ 《庆元条法事类》卷75《验尸》。

④ 《文献通考》卷167《刑考六》。《宋史·刑法志二》作“嘉定四年”，误。按：嘉定二年二月江西提刑徐似道罢官，嘉定四年时江西提刑为李珏，参见《宋会要辑稿》职官74之32、39。

南提点刑狱(四叨臬寄),积累了丰富的实际经验,“遂博采近世所传诸书,自《内恕录》以下凡数家,会而粹之,厘而正之,增以己见”(《自序》),撰法医学名著《洗冤集录》,于淳祐七年(1247年)刊行,是中国古代法医学发展的一个里程碑。

《洗冤集录》对自杀与他杀、暴力死与非暴力死、机械性死亡及其原因、毒死、病死、受伤死等,都有比较科学的论断。如对于自缢和被勒死后假作自缢的区别是:“真自缢者,用绳索、帛之类系缚处,交至左右耳后,深紫色,眼合唇开……若被人打勒杀,假作自缢,则口眼开……痕迹浅淡……身上别有致命伤损去处。”还对被人勒死的各种情况及不同的绳痕加以区别。又如区别溺水死亡与被打死后推入水中,自己“落水则手开,眼微开,肚皮微胀;投水则手握,眼合,腹内急胀”;“若被人殴打杀死,推在水内……其尸肉色带黄不白,口眼开,两手散……肚皮不胀,口、眼、耳、鼻无水沥流出,指爪罅缝并无沙泥,两不拳缩”。又如“凡生前被火烧者,其尸口鼻内有烟灰,两手脚皆拳缩;若死后烧者”,“口内即无烟灰,若不烧着两肘骨及膝骨,手脚亦不拳缩”,等等,都符合人的生理机能反应原理。再如“验尸并骨伤损处,痕迹未见,用糟醋泼罨尸首,于露天以新油绢或明油雨伞覆欲见处,迎日隔伞看,痕即见”。这是因为光线透过油绢等物时,吸收了部分影响观察的光线之故,符合现代光学原理,与现代法医学以紫外线检验骨伤,异曲同工。《洗冤集录》中虽也有一些不科学的论述,但大多数论述符合科学原理,是世界法医学史上第一部专著,比西方同类著作早了三个半世纪。自南宋刻印以来,成为历代司法官员进行检验的指南,元至清虽有不少新的法医学著作,但无不以《洗冤集录》为蓝本。自15世纪至20世纪初,先后被译成朝、日、法、英、德等文本,成为很多国家审理案件时参考及研究法医学的重要参考书。时至今日,《洗冤集录》仍然是一部很有价值的法医学文献。

第十八章 宋代的教育与科举

五代时虽战乱不断，但科举基本上年年举行，却并不重视教育，“多有未曾授业辄取解送(应举)者”①，士人多由私学(书院)习经以应举。北宋真宗、仁宗之际，私学(学院)发展为州府学，庆历时建太学，后又建武学、律学、医学、算学、书学和画学。仁宗时的“古文运动”，改变了教育与科举的文体；神宗时兴起的新儒学“宋学”新学派，改变了当时科举与教育的内容。而英宗时所定科举的“三年大比”，以及宋代将进士分“甲”(等)。文举外还有武举和童子举，又将文、武前三名称为状元、榜眼、探花等；南宋时宋学的理学派以“书院”传播学说，随着其官方学术思想地位的确立，教育与科举的内容为之改变，影响皆及于后世。

第一节 教　育

一、私 学、书 院

宋代私学兴盛，广建书院。北宋建立之初，虽沿后周旧制建有国子监，作为国家最高教育机构，但并无监生(学生)，也没有教学活动。“是时未有州、县之学，先有乡党之学。”②乡党之学

① 《文献通考》卷41《学校考二》。

② 《宋会要辑稿》崇儒2之2。

包括私学与书院，私学也称“乡学”、“乡校”，既有专门从事启蒙教育的，也有传授经义以备学生参加科举考试的，规模较大的私学则常称为书院。著名的如宋州（今河南商丘睢阳区），自五代至“国（宋）初有戚同文者，通五经业，高尚不仕，聚徒教授，常百余人”①。“请益之人，不远千里而至，登第者五六十人”，不少人是“践台、阁”的中高级官僚②。

北宋初年的国子监及学舍，虽是后周世宗时建造的，但从未举行讲学活动。北宋建立后，直到建隆三年（962 年）六月，崔颂任判国子监事，“始聚生徒讲学”，但人数不多，当即是开宝八年（975 年）所说的，“生徒旧数七十人”③。其时州、县没有官办的州学、府学、县学，只有包括称为“书院”在内的私学，讲授五经经义，至于启蒙教育，一直是私人办学进行讲授。北宋前期以私学讲授著名的，有博平（今山东聊城东北）孙奭，“解析（经义）微旨”，“门人数百”；酸枣（今河南原阳东北）王昭素，“常聚徒教授以自给”④。稍后有被称“宋初三先生”的孙复讲《易经》于泰山；耕讲于徂徕山（今山东泰安东南）的石介，“以《易》教授于家”；而胡瑗也是“以经术教授吴中”⑤。聚徒教学为生，不仅是宋初，也是整个宋代贫穷士人的谋生之道，这也是私学长盛不衰的重要原因。在州、县学兴起之前，地方长官创办的学校也称书院，其规制当是仿照私学的书院。宋初有著名的四大书院：白鹿洞（今江西九江庐山五老峰下）书院原是南唐官办的白鹿洞书馆，明起在入宋后继续讲学，成为私学，太平兴国五年（980 年）曾受到宋太宗的奖励。太祖开宝九年（976 年），潭州（今湖南长沙）知州

---

① 《宋会要辑稿》崇儒 2 之 2。

② 《宋史》卷 457《戚同文传》。

③ 《宋会要辑稿》崇儒 1 之 29。

④ 《宋史》卷 431《孙奭传》、《王昭素传》。

⑤ 《宋史》卷 432《孙复传》、《石介传》、《胡瑗传》。

朱洞创办岳麓书院，咸平四年（1001 年）“修广舍宇，有书生六十余人”，大中祥符八年（1015 年）又赐岳麓书院匾额，这是由官员创建并一直得到政府扶植的书院。宋初戚同文在宋州开设私学讲学，戚同文之后遂废。真宗时，“应天府（宋州改）民曹诚以资募工，就戚同文所居造舍百五十间，聚书千余卷，博延生徒，讲习甚盛”①。大中祥符二年，应天府官员上奏其事，于是诏赐额为应天府书院，并任命戚同文之孙戚舜宾主持书院，命应天府派官员管理书院事务，这可说是民办官助的书院。天圣五年（1027年）初，晏殊任应天府知府后，“乃大兴学，范仲淹方居母丧，（晏）殊延以教诸生”，大力兴办应天府书院。

此外，著名的书院还有河南府（今河南洛阳）的嵩阳书院、衡阳（今湖南衡阳）的石鼓书院，两者之一与前三所书院，合称宋初四大书院。江宁府（今江苏南京）的茅山书院，宋初也很有名。

二、州、县学的兴起

在私学，尤其是书院兴盛之后，地方也注意兴办州、县学。史称：“自五代以来，天下学废，兴自（晏）殊始。”②这里所说的“天下学废”，即是指各地政府官办的州、县学唐末五代被废，而晏殊任应天知府后，始将应天府书院办成应天府的府学，只是名称没有改变，所以史称宋代地方政府官办州、县学从晏殊始。

实际上宋代最早建立州、县学的是兖州（今山东兖州）知州孙奭。天禧五年（1021 年）二月孙奭任兖州知州，在“文宣王庙（孔庙）内修建学舍四十余区，受纳生徒，俾隶所业，自后听读不下数百人”。但这还不是官办州学，虽然修建学舍的经费，可能

① 《长编》卷 71，大中祥符二年二月庚戌。

② 《长编》卷 105，天圣五年正月庚申。

出自州的经费，但日常经费却是孙奭“以己俸养赡”的，因而仍带有官助私办的书院性质。乾兴元年（1022年）孙奭调离兖州到京任翰林侍读学士。同年十一月孙奭奏称“今臣罢任（兖州知州），必恐学徒离散”，于是推荐杨光辅为兖州州学的讲书，并且建议“仍望给赐职田十顷，冀学校不废”。宋人称：“本朝国初未建州学，乾兴元年兖州守臣孙奭私建学舍聚生徒，余镇未置学也”。指出兖州州学是宋代首建州学，其比晏殊兴办应天府学院早五年，而且兖州州学采取在孔庙内建学的方式，成为此后州、县建学的主要形式（包括在孔庙侧近建学）。

北宋“自明道、景祐（1032—1038）间，累诏州、郡立学，赐田、给书，学校相继而兴”，这当是仁宗于明道二年四月亲政以后兴起的第一个州府办学高潮，应天府书院也于景祐二年（1035年）改称应天府府学，成为名副其实的州、县学之一。但是，“近制惟藩镇立学”，因而当“时大郡始有学，而小郡犹未置也”①。小州首先建学的是颍州（今安徽阜阳），时为宝元元年（1038年）。次年，大郡湖州（今浙江湖州）建立州学，以著名学者胡瑗讲授，胡“瑗教人有法，科条纤悉备具”，学生常数百人②，成为当时最著名的州学。

三、太学的兴建与州、县学的扩展

庆历三年（1043年）八月，范仲淹担任参知政事，开始进行改革，史称“庆历新政”，于是又兴起了一次中央和地方的办学高潮。此前，天章阁侍讲王洙曾讲述国子监的情况：每次科举考试，允许官员子弟投保并稍作测试后，即“给牒充广文、太学、律

① 《宋会要辑稿》崇儒2之2、3。

② 《宋史》卷432《胡瑗传》。

学三馆学生，多至千余”。当科举考试结束，“则生徒散归，讲官倚席，但为游寓之所，殊无肄习之法”，有些类似考前辅导班性质，考罢即散。而“居常听讲者，一二十人尔”①，国子监的学生实际上只有一二十人，并没有真正起到国家大学的作用。庆历新政期间，大讲“取才养士之法”，“而国子监才二百楹，制度狭小，不足以容学者”②，于是在庆历四年四月，将锡庆院改建为太学。当时以湖州（今浙江湖州）州学胡瑗的教学法为最佳，史称：“庆历中，兴太学，下湖州取其法，著为令。”③庆历五年正月中旬初，因锡庆院原是接待辽使之所而不可废，仍恢复为锡庆院，太学另建他处，后以禁军的“马军都虞候公宇为太学”④，同月末，庆历新政以范仲淹罢官而告失败，兴学之事虽未因此中止，但已不被重视。

庆历新政期间及稍后的一段时期内，州、县学也得到较大的发展，“庆历（四年）诏诸路州、府、军、监，各令立学，学者二百人以上，许更置县学”。县学由此兴起，虽为数不多，但此后“州郡不置学者鲜矣”。⑤

太学在庆历四年兴办以前，只有国子监，而国子监生，有时亦称为太学生；太学兴办以后，太学生有时也称国子监生。太学自采用胡瑗在湖州的教学法以后初具规模。皇祐三年（1051年）以前，“朝廷拨田土二百余顷，房缗六七千（当是六七千贯），入（太）学充用，是时供生员（内舍生）二百人”，“后亦不下百人”。皇祐四年后，胡瑗被任为国子监直讲，胡“瑗既居太学，其徒益众，太学至不能容，取旁官舍处之”。至和三年（嘉祐元年，1056

---

① 《宋史》卷157《选举志三》。

② 《长编》卷148，庆历四年四月壬子。

③ 《宋史》卷432《胡瑗传》。

④ 《宋会要辑稿》崇儒1之30。

⑤ 《宋会要辑稿》崇儒2之3。参见《文献通考》卷46《学校考七》。

年)时,赵抃指出:太学“近胡瑗管勾,已逾三岁,才赡及掌事谕义(指学正、学谕等)、孤寒学徒三二十人而已”①,要求将太学主管机构国子监所占用太学经费归还太学,可能多少有了些着落。到神宗熙宁元年(1068 年)时,太学生“近年每人只月钱三百文添厨,其余自备,比旧所费殊寡”,与庆历时“官给日食”相比,只是很少的一部分。刘庠又指出“今太学斋舍空闲甚多”,请求扩充太学生为三百人,“况本监(国子监)岁收租课,足以供赡”。吴申又进一步提出在“内舍生二百人外,增一百名外舍生”,外舍生先“令入斋听读,仍不给官中贴厨钱,候内舍生有缺,即将外舍生拨填”②。神宗采纳他们的奏请,太学终于初具规模。不久,又扩为九百人。

四、三　舍　法

王安石变法,重视对人才,尤其是改革人才的培养。熙宁四年扩充太学,将锡庆院的全部及朝集院的西庑,“建讲书堂、诸生斋舍、掌事者直庐,始仅足用”,除太学的长官外,“增置直讲为十员,率二员共讲一经”。将太学生分为三等,称为“三舍法”,“始入学为外舍(生),初不限员,后(熙宁五年八月)定额七百人”,“日给食钱”,“外舍(生)升内舍(生),员二百;内舍(生)升上舍(生),员百”,每人专攻一经。“优等上之中书”,太学的学正、学录、学谕等学官,由上舍生担任,“学行卓异者”,由太学的长官与讲官“直讲”向政府推荐,直接任命为官员。宋神宗还对王安石说:“今谈经者人人殊,卿所著经,其以颁行,使学者归一。”③熙

① 《历代名臣奏议》卷 114,赵抃《乞给还太学田土房缗状》;《宋史》卷 432《胡瑗传》。

② 《宋会要辑稿》崇儒 1 之 30。

③ 《宋史》卷 157《选举志三》;《长编》卷 237,熙宁五年八月辛卯。

宁八年，王安石主编，王雱、吕惠卿参加，以新学派观点撰写的《书》、《诗》、《周礼》“义”，称为《三经新义》，颁行于学校，作为教科书。元丰二年(1079 年)又扩建太学房舍，外舍生定额为二千人，内舍生三百人，上舍生一百人，并规定升舍的各种考试制度。上舍生又据成绩分为三等，上等生可以直接任命为官，但要求很严，绍圣元年(1094 年)，郭知章称：“自元丰以来，十余年间，上舍生推恩(特命官)者林自一名而已；”①中等生可以不参加“省试”(礼部试)，直接参加“殿试”(皇帝亲试)；下等生可以不参加“解试”(太学解送参加省试前的考试)，直接参加“省试”。

神宗时也重视地方教育，熙宁四年诏各州、县普遍设学校，但主要仍是州、府学。县学很少。私学主要是启蒙教育，讲授经义者虽仍不少，但相对而言“书院”已衰微。

北宋晚期，将太学的三舍生分别扩大为外舍人三千人、内舍生六百人、上舍生二百人，太学三舍生由州学的学生升入，以考试定在太学的等级。

州学自哲宗元符二年(1099 年)起，也仿照太学三舍法考试升补学生。徽宗崇宁元年(1102 年)时，小州还没有州学，因而规定：“郡小或应举人少，则令三、二州学者聚学于一州，置学州并差教授。”②县学到北宋末才有较大的发展，崇宁三年规定学生大县五十人、中县四十人、小县三十人为额。其后“建州浦城县(今福建浦城)学生，隶籍者至千余人，为一路(福建路)最”③。这当是指挂名在县学者，其中当有不少是启蒙学生，因崇宁元年规定州、县学都可以附设“小学”，收十岁以上学生入学。哲宗时开始设“在京小学”，分设“就傅”和“初筮”两斋。徽宗政和四年

---

① 《宋会要辑稿》职官 28 之 12。

② 《宋会要辑稿》崇儒 2 之 7。

③ 《宋史》卷 157《选举志三》。

(1114 年)，“在京小学”有小学生近千人，自八岁至十二岁，以诵读经书字数多少分等级，也实行三舍法，优者升入内舍，“若能文，从博士试本经、小经义各一道，稍通补内舍，优补上舍”①。

崇宁五年(1106 年)下诏停止科举考试(省试)，由上舍生中选拔，首名称为“上舍魁首”，而无原先“省试”的“省元”。选拔的优秀上舍生只参加“殿试”，首名仍称状元。

五、南宋的教育

南宋初的建炎(1127—1130)年间，设国子监，只有国子监生三十六人。绍兴十三年(1143 年)设立太学，仍实行三舍法，以七百人为额，其中上舍生三十名、内舍生一百名，其余为外舍生。始终达不到北宋神宗时的规模。

南宋初年，州、县学都因战乱而停废，绍兴十二年(1142 年)宋金和议以后，渐次恢复。各州、县学大多有学田提供经费，但也未能恢复北宋末年的状况，而且在绍兴后期，州、县“赡学田土，多为势家侵佃”②。

南宋新儒学“宋学”的“理学”派，受佛教各派寺院宣传本派教义的影响，也开始兴办书院作为宣扬理学的基地。乾道元年(1165 年)潭州(今湖南长沙)刘珙修复岳麓书院，由理学家张栻主持，成为理学湖湘学派的中心。而书院中最著名的当属白鹿洞书院，淳熙五年(1178 年)，朱熹任南康军(今江西星子)知军，次年上奏修复原白鹿洞书院，淳熙七年修复，朱熹亲自制定《学规》，即著名的《白鹿洞规》，并常去授课讲经，成为宣扬程朱理学的中心。绍熙五年(1194 年)朱熹任潭州知州期间，又扩建岳麓

---

① 《宋史》卷 157《选举志三》。

② 《文献通考》卷 46《学校考七》。

书院，学生达千余人之多。各派理学家相继创办书院以宣传本派观点，如理学心学派创建者陆九渊的象山书院，理学婺学派吕祖谦的丽泽书院等。南宋末马端临说："盖州县之学有司奉诏旨所建也，故或作或辍，不免具文。乡党之学，贤士大夫留意斯文者所建也，故前规后随，皆务兴起。后来所至书院尤多，而其田土之锡、教养之规，往往过于州县学，盖皆欲仿四书院云。"①以之说明南宋书院的兴起，是很恰当的。南宋先后兴建的书院总数达三百所以上，大多以宣传理学为务，成为理学在南宋中期以后大兴的重要因素之一。其他学者也多进行讲学，宣传自己的观点，如反理学的陈亮在孝宗初年不受重用，而"退修于家，学者多归之，益力学著书者十年"。著名史学家郑樵在绍兴十九年(1149 年)以后，"益厉所学，从者二百余人"②。

普通士人，包括一些著名学者，自设私学，教授生徒作为生活的来源。如陈亮在淳熙十二年(1185 年)所说的，"今年不免聚二三十小秀才，以教书为行户"③，即是事例之一。启蒙教育大多在初识文字之后，以南朝梁周兴嗣编的《千字文》和宋初吴越地区编的《百家姓》为教材，南宋中叶朱熹弟子陈淳，为其子编写的三字一句《启蒙初诵》，是后来托名王应麟所编《三字经》的先声，《千字文》、《百家姓》、《三字经》，构成了中国古代启蒙教育的基本教材。

六、武学、律学、医学、算学、书学、画学

武学。

仁宗庆历三年(1043 年)五月，置武学，八月罢。王安石变

① 《文献通考》卷 46《学校考七》，宋初白鹿洞、应天府、岳麓、石鼓四大书院后按语。

② 《宋史》卷 436《陈亮传》、《郑樵传》。

③ 《陈亮集》卷 20《(答朱熹)又乙巳春书之一》。

法时期的熙宁五年(1072年)六月,在武成王庙重设武学。“凡使臣未参班,并门荫、草泽人,并诏京官两员保任,先试验人材弓马就武举格者,方许入学。”①即是说应试者只有具有武举水平才能入武学为学员。武学学员学“习诸家兵法”,以“文武官知兵者为教授”,“教授官纂次历代用兵成败,及前世忠义之节足以训者,讲释之”。即教师用官定的教材授课。武学学员“愿试阵队者,量给兵伍隶习”。这是在正常的课程外自愿参加的选修课,借以训练其指挥才能。武学的学制三年,“则具艺业保明考试等第推恩(授官),未及格者,逾年再试”。学员原是“三班使臣,与(按:指西北)三路巡检、监押、寨主”;学员原是“白身,与(按:指西北三路)经略司教押军队,准备差使”②。这可能是原来是“白身”的学员,武学毕业后所授的是无品的武寄禄官,“教押”应与“监押”(武寄禄官品高的称都监)职务相近,“监押”负责屯戍军队的管理和训练,“教押”可能只担任训练。

同年“七月五日诏:武学生员以百人为额。如遇(武学)生员缺”(即不足一百人),武举考试前一年,各地举荐的参加武举者,“愿入学(武学)者,听,仍免试。生员(按:指武学学生)及白身应举(按:指武举)其不得过二百人”③。武学也实行三舍法。享受太学三舍法的所有规定不再复述。

徽宗崇宁(1102—06)至宣和二年(1120年)前,诸州也设“武学”,也实行三舍法,学制也是三年,政和三年(1113年)规定,三年而校试不合格者除名。

南宋高宗绍兴十六年(1146年)三月,开始重建武学。其时正是奸相秦桧当政时期,武学名存实无。直到二十五年七月秦

① 《宋会要辑稿》选举17之12。

② 《续资治通鉴长编》卷234,熙宁五年六月乙亥。庆历时建武学,即据此的原注。

③ 《宋会要辑稿》选举17之13。

桧死后，二十六年四月，宋高宗看到武学已没有一个学员，才重建武学，学员名额八十人，七月增至一百，也实行三舍法。史志称：孝宗淳熙"五年(1178年)，始立武学国子额，收补武臣亲属；其文臣亲属愿附补者亦听"。则武学已成为官员子弟借以入仕之途。

律学。

是宋神宗、王安石建设封建法治的重要措施之一，熙宁二年设立"新科明法"，六年三月又规定"自今进士、诸科同出身及授试监、簿人，并令试律令大义或断案，与注官；如累试不中或不能就试，候二年注官"①。四月，建立"律学"，设在原朝集院。"命官、举人并许入学，(内举人，仍召命官二人委保行止，其)试中"才能成为学员，分为学"习律令"和学"习断案"及学"习(律令)大义兼断案"三个专业。学员学习《刑统》、《编敕》、律、令、格、式，及应系刑法文字(当包括"断例"在内)，每月公试一次，私试(可能指非正式考试，类似测试)三次。"习断案者，试断案一道、刑名如补试例；习律令大义者，试律令义三道。私试一次(当指每一次)，每次(习断案者)试案一道；刑名三件至五件；(习律令者)律令义三(一作二)②道"。

这里"命官"(另一记载即作"本官"，含义更确切，即寄禄官)即是指"试监(当官)、(主)簿人"和中举后为"同出身"(五等进士)者。前者虽已是实职，"试"表明只是试用；后者通常都已授从九品的寄禄官，可以担任监当官(收税、管库等)、县尉、主簿等实职。"注官"即任命实职。

"举人"即是准备参加科举考试者，初步测试虽不合格，仍允

---

① 《续资治通鉴长编》卷243，熙宁六年三月丁卯。

② 《续资治通鉴长编》卷244；《宋会要辑稿》崇儒3之7至11。建立时间据前者。

许入律学听读，听读人入住律学，但就餐者要交伙食钱，也允许自己在外就餐。听读人要进行“补试”，学习断案者考试判案一道，每道刑名五件至七件（前述“如补试例”，即指此“补试”）；学习律令大义者，考律令大义五道，都是“取通数多者充（律学）生员”，律学供应伙食。有寄禄官的学员也供应伙食，元祐三年（1088 年），“命官学生不给食”。

律学没有提及学制几年或几月，这可能与学员身份不同有关，对于“举人”来说，应也是三年，但本次实为二年半左右，因这次科举刚过；而对已有寄禄官（即后来改称的“阶官”）学员，可能取决于再“令试律令大义或断案”时间的长短。

元丰八年（1085 年）四月（哲宗已即位）“命官公试（每月一次）律义、断案，考中第一人，许依吏部试法与注官……从之”。则其学制为一月。

南宋只复设明法科举，而未再设“律学”。

医学。

神宗熙宁九年（1076 年），也是修缮旧朝集院建医学，以翰林医官和社会名医为教师。“愿充学生者略试验收补，勿限员；常以春试，取合格者以三百人为额”。分设方脉（内）科、针（针灸）科、疡（外）科三个专业，方脉科专业以《素问》、《难经》、《脉经》为大经，以《巢氏病源》（即《巢氏诸病源候论》）、《龙树（眼）论》①、《千金翼方》为小经；针科、疡科二个专业则去《脉经》而学《（黄帝）三部针灸经》。

崇宁二年（1103 年）又对医学的科系重新作了设置，分大小方脉科（小方脉科，即儿内科）、风科（即心脑血管病、高血压等）、针科（原注：通习针灸、口齿、咽喉、眼、耳。按：“口齿”，相当于后

---

① 《续资治通鉴长编》卷 275；《宋史》卷 159《选举》三。《文献通考》卷 222，有《龙树眼论》应即是此书，据以增“眼”字。

世的牙科；而咽喉、眼、耳，则相当于五官科）、疡科（原注：通习疮肿、伤折、金疮。按：疮肿是普通外科，伤折是指骨折等，金疮则是刀剑等所伤，两者可称为创伤外科，而后者更类似后世战地外科）。时只称“三科”（则“风科”并入“方脉科”，据后所记，产科亦在内），各习七书：《黄帝素问》、《难经》、《巢氏病源》（即《巢氏诸病源候论》）、《补本草》、《内（经？）》大小（此二字原在《内经》前，据文意移此，大小后原有“方”字，当是衍文，故删）方脉科兼习《王氏脉经》、张仲景《伤寒论》；针科兼习《黄帝三部针灸经》、《龙本论》（应即是《龙树眼论》之误）；疡科兼习《（黄帝）三部针灸经》、《千金翼方》。以及许多规定。

医学也实行“三舍法”，享受太学三舍法的待遇。太学、武学、律学、算学、艺学（应即是“书、画”学）学员有病，“轮差内舍、上舍生医治”，症状及处方经学官审核后记录在案，等候疾“愈或失”注明，每“岁中比较”为三等，以十分为率，不失一分为上，失一分为中、二分为下。上等内舍生升补上舍生，中、下等则需经“考察”后升上舍，痊愈不及七分则降舍，“失及五分，屏出学”，即除名。上舍生“赐医学出身”，相当“文举”的第四等（一、二、三等称及第）。而上舍生上等授阶官（即寄禄官）从事郎（从八品）、中等授登仕郎（正九品）、下等授将仕郎（从九品），有了俸禄，“依旧在学，满三季（九个月）日，不犯学规”，依“上舍法”由吏部注受差遣，担任中央及地方相应的实职。

后州、县亦设医学，也分三科教学。县取“文理稍通”者，“申州（医）学，岁试合格人补外舍”生。经“公试升补内舍”生等。

由于医学生“赐第之后，尽官州县”，弃医从政，不再从事医术，变成又一个当官的捷径。宣和二年（1120 年），州、县和“在京医学可并罢”。而原医学三舍生，仍“愿入（医）学者”，“降一舍”，即上舍生降为内舍生，内舍生降为外舍生，和原来的外舍生一样，实际上只是取消独立的“医学”（可能隶属国子监）、取消上舍生及“赐医学出身”，以及八、九品阶官衔等。大观四年（1110年）废置，学员并入太医局。

史志称：南宋高宗时，复设医学，隶属翰林局。隆兴元年（1163年），省罢翰林局及医学，乾道三年（1167年）保留医学各科，由太常寺（绍熙二年，1191年；重设太医局）管理。淳熙十五年（1188年）又“命内外白身医士”，经礼部先行测试，考“试脉义一场三道，取其二通者，赴次年省试”。考“（医）经、（脉）义三场十二道，以五通为合格，五取其一，补医（学）生”等待下次省试，也是考三场十二道（“以第一场定去留”），八通任“翰林医学”（从九品），六通任“祇候”（无品，医官中最低者）。

算学。

元丰七年十二月设立，选址在“武学东大街北”进行修造。但未及开建，神宗即于次年三月去世。元祐元年（1086）六月废罢。

崇宁三年（1104年）六月，重又设立，建于原算学地。以“命官及庶人”为学员定额为二百一十人，设立天文、历算（历法）、三式（占卜，三式即太乙式、六壬式、雷公式，一作遁甲式）、法算（应是实用数学。史志无此科，只有前三科）四科，隶属国子监。大观四年（1110年）废罢，学员转入太史局。

算学学员亦实行“三舍法”，学习《九章义》、《周髀义》，以假设的疑数作为算学的问题（称为“算问”）；兼习《海岛算经》、《孙子算经》、《五曹算经》、《张丘（邱）建算经》和《夏侯阳算经》，诸“算经”，时亦称为“算法”。也实行分三场考试及“公试”、“私试”。上舍生上等通仕郎、中等登仕郎（皆正九品）、下等将仕郎（从九品）。

宣和二年（1120年），也是“赐第之后”，不复责以所学，算学也和医学一样，成为从政的捷径，被彻底罢除。

南宋复设，以侧重在历法，史志称：“淳熙元年（1174年）春，聚(太史)局生子弟,试历算(北宋,楚衍)《崇天(历)》、(唐)《宣明(历)》、(唐,僧一行)《大衍历》三经”。淳熙十四年,改以(北宋,姚舜辅)《纪元历》、(南宋,陈得一)《统元历》代《宣明历》、《大衍历》,三年考试一次。淳祐十二年(1185 年)又改为“(太史)局(算学)生补及二年以上”,参加考试,“一年试历算(即历法)一科,一年试天文、三式两科,每科取一人”。似只为补充太史局所属天文、历法、占卜的官员。

书学。

崇宁三年(1104 年)制定《书、画学敕令格式》。五年,决定于国子监设立书学、画学学员各三十人。史志称:学“习篆、隶、草三体”字,“篆以古文、大小篆为法,隶(书)以二王(羲之、献之)、欧(阳询)、虞(世南)、颜(真卿)、柳(公权)真(楷书)、行(书)为法,草(书)以章草、张芝九体为法”。亦实行“三舍法”等,与“算学”类似。所授寄禄官比“算学”学员低一等,即上等为登仕郎(正九品)、中下等或皆为将仕郎(从九品)。也是大观四年废罢,原因相同。“书学”学员并入翰林书艺局。

宣和六年(1124 年)又设立“书艺所”,学员五百人。(大)篆书师法钟、鼎文,小篆师法李斯,隶书师法钟繇、蔡邕,真(楷)书师法欧阳询、虞世南、褚遂良、薛稷,草书师法王羲之、颜真卿、柳公权、徐浩、李阳冰。学员分为士流、杂流二等。任命著名书、画家米友仁等人为长官。杂流的武寄禄官亦应与画学杂流相同。

画学。

与“书学”同时设置。一作画学学员五十人,其中上舍十人、内外舍各十五人;则书学亦应同为五十人。学员学习佛道、人物、山水、鸟兽、花竹、屋木。其补试、公试、私试略同于武学,也“公厨给食”,“依武学法”。补试“取文理通者为合格”,“以所习画定高下”。学员也分为士流、杂流二等,其他事项与书学相同,也是大观四年(1110 年)废罢,学员并入翰林图画局,未见再设。

杂流的寄禄官分为三等，最高的为武寄禄官从九品的三班借职，其余为无品的三班差使、三班借差①。

南宋时，书学、画学均未再重设。

七、科举改革与教育的关系

教育，除了启蒙教育以外，与科举有着密切的关系，可以说受教育者主要是为了参加科举以达到进入仕途的目的。建隆元年(960年)二月，北宋建国后首次举行科举时，“前乡贡‘三传’孙兰治《左氏春秋》，聚徒教授，其门人有被黜退者，兰乘醉突入贡部，喧哗不已”，后被“决杖配商州(今陕西商州)”②。

宋代在科举制度方面有较大的变革，这些变革直接影响了宋代的教育制度。这些大的变革有四次，第一次是北宋嘉祐二年(1057年)，古文运动领袖欧阳修主持当年的科举考试所倡导的变革文风。此前流行骈体文，“时士子尚为险怪奇涩之文，号太学体”。欧阳修将这样的应举者痛加排斥，一概不予录取，而录取“古文”(散文)优秀者，著名文学家苏轼、苏辙、曾巩当年同榜中举。虽然事后欧阳修乘马外出，遭到因撰写骈体文而落榜的举子们围攻，“聚噪于马首，街逻不能制”。但是，科举文章的文体“从是遂变”③。此后学校教师多教散文，少教骈体文。虽然，北宋末年骈体文在科举中曾有所抬头，但始终未能形成气候。散文的文体是直至1919年“五四”新文化运动，推行“白话文”以前的主要文体。

---

① 《宋会要辑稿》崇儒3之1、26、27；《宋史》卷157《选举志三》。诸学，此前学者未有论述，仅王曾瑜《宋朝军制初探(增订本)》对武学有所介绍，似亦未详；故并稍详之。

② 《长编》卷1，建隆元年二月壬辰。

③ 《宋史》卷319《欧阳修传》。

二是宋神宗熙宁变法时期对科举制度进行改革，罢废背诵为主的诸科，而注重考“经义”，冀图改变以前考进士科的士人，“闭门学作诗赋，及其入官，世事皆所不习”的状况①。熙宁四年(1071年)制定《贡举新制》，进士科“罢诗赋、帖经、墨义”②，改考《诗》、《书》、《易》、《周礼》、《礼记》(选择其中)之一，兼考《论语》、《孟子》等“大义”(要旨)，又废专以记诵为功的诸科(专考帖经、墨义)。虽然元祐四年(1089年)及南宋进士科设经义、诗赋两科，但从此以后，教育不再过分强调记诵，而更多注重理解经书的大义要旨。

崇宁三年(1104年)诏:“天下取士悉由学校升贡，其州郡发解及试礼部法并罢。”虽然崇宁五年时又诏:“大比岁(科举年)更参用科举取士一次”，但此后即停止科举，全部由州、县学升贡入太学，从太学中升贡入官。名义上是实行“古之取士，俱本于学校”，实际是政治腐败在科举制度上的反映。因为当“时州、县(学)悉行三舍法，得免试入学者，多当官(者)子弟”，也即是官员们以“三舍法”的名义，垄断入仕之途。这一措施遭到有识之士的反对，大观四年(1110年)借“星变”而进言，认为“疑天亦谴怒”，于是诏再举行一次科举。到宣和三年(1121年)，终于“诏罢天下三舍法”，恢复科举制。只有太学仍行三舍法，“遇科举仍自发解”③。由于多年没有进行科举，宣和六年参加省试(礼部试)的举子达一万五千人之多。

科举改革对教育的重大影响之三，是士人法制意识的加强，

---

① 《文献通考》卷31《选举考四》。

② 《长编》卷220，熙宁四年二月丁巳。“贴经”，也称“贴书”，系将某经的某页无关部分以纸盖住，只留一行，又用纸帖住数字，称为“一帖”，由举子填写。“墨义”，是举子据经义答题，如真宗时吕夷简乡试时墨义，“有云作者七人矣，请以七人之名对，则云七人某某也”;“有云请以注疏对者，则对云注疏曰云云”(《文献通考》卷30)，不能以己意解释。

③ 《宋史》卷155《选举志一》。

熙宁时不仅新设了“明法新科”，以录取不考经义进士科的举子，而且此后又不断诏令考取进士科的举子，都要考试“断案”等法律知识，才能出任官职①，这终于成为促成封建法治的重要因素之一。正如南宋末年的学者赵希弁所说：“王安石执政以后，士大夫颇垂意律令。”②

科举改革对教育最重大的影响，莫过于熙宁八年（1075年），将王安石主编的《三经新义》作为学校教科书，也即是以新学派的观点作为科举考试时的录取标准。此后，直至南宋灭亡，当政者崇尚“宋学”中哪一学派的学说，这一学派的学说就成为科举取士的重要标准。反之，也可以从被录取者的学术观点中看出当政者支持某一学派。如绍兴十八年（1148年），后来成为理学大师的朱熹中进士，同榜有徐存因为冒充理学家杨时的同名弟子也被录取为进士，这说明当时的奸相秦桧是扶持理学派的。这种情况不能不反映到各类学校，包括私学在内的教育内容方面，尤其是普通士人以猎取功名为目的，并不坚信某一学派的观点，只要求能中举任官。而某一学派的中坚分子，则力图使当政者扶植他们学派的观点，以控制士人入仕之途，尤其是南宋时的理学派更是如此。③

第二节　科　　举

一、宋初的科举

宋代科举制度虽是沿袭唐、五代旧制，但有很大改进，各项

---

① 参见第十五章第二节。

② 《郡斋读书志·后志》卷1《断例》。

③ 参见第十六章第一节。

制度日趋完善，其中有些制度影响所及直至清末，在中国科举史上占有重要地位。

宋初沿五代旧制，设进士、九经、五经、开元礼（后改《开宝通礼》，简称“通礼”）、三史、三礼、三传①、学究（自九经至学究常合称明经）、明法等科，嘉祐二年（1057 年）设立明经科，进士科以外的其他各科，合称“诸科”。

科举考试沿五代旧制，任命中书舍人等任权知贡举，由考官决定取舍，向皇帝奏报进士、诸科合格情况后，即发榜公布。进士科首名依唐俗称为状元，亦称状头。开宝五年（972 年）闰二月，考官录取进士、诸科后，宋太祖召对以后才下诏放榜，史称“新制也”。

开宝六年三月，考官李昉录取进士十人、诸科二十八人，宋太祖召对时，各有一人“对问失次”而被罢黜。加上有落第举子控诉李昉考试不公，于是从落第者选出一百九十五人，加上已被录取者，“乃御殿给纸笔，别试诗赋”，另外任命考官阅卷，共录取百余人，“殿试遂为常制”②。

“殿试”，也称御试、廷试、亲试，殿试起自唐代武则天时，然而武“后不过下行其事”③，只是代替考官（考功郎中）主持考试，并非重新进行复试。宋太祖则是在知贡举官考试以后，再进行复试，这次复试录取者，列名于已录取者之后，作为一榜公布。开宝八年二月，知贡举官进行“省试”后，上奏录取王式等数十人，而宋太祖主持殿试后，改以王嗣宗为首，王式为第四，首次出

---

① 五经为《易》、《书》、《诗》、《礼记》、《春秋》，九经为五经（内《春秋》改为《左传》）加《周礼》、《仪礼》、《论语》、《孟子》。开元礼为唐开元二十九年（741 年）制定的唐代礼仪，宋开宝六年（973 年）编成《开宝通礼》，代开元礼为科举所试科目。三传为《春秋》的《左传》、《公羊传》、《穀梁传》，三史为《史记》、《汉书》、《后汉书》，三礼为《周礼》、《仪礼》、《礼记》。

② 《宋史》卷 155《选举志一》；参见《长编》卷 14。

③ 《文献通考》卷 30《选举考三》。

现省试与殿试名次不同的情况，于是省试的进士科首名称“省元”[①]，殿试的首名才称为“状元”。此时或其后不久，殿试的进士科第二、第三名被称为“榜眼”。“当时以第二人及第者为榜眼”，这是陈若拙在太宗太平兴国五年（980 年）以第二人及第时的情况，而陈“若拙素无文，故目为‘瞎榜’云”[②]。王禹偁《送第三人朱严先辈从事和州（今安徽和县）》诗：“乘船东下历阳湖，榜眼科名释褐初。”王禹偁为太平兴国八年进士[③]，他称朱严为先辈，则朱严最晚也是太平兴国五年（其间二年暂停科举），甚至更早中举。

宋太祖时科举取士，少则一二十人，最多也只百余人。而且中举进士入仕的初官级别也很低，状元王嗣宗的初官为秦州（今甘肃天水）司寇参军，属最低等的文官“选人”，四五年后才升为“京官”大理寺丞、睦州（今浙江建德东）通判。

特奏名，开宝三年三月科举时，宋太祖又“诏礼部阅贡士及十五举尝终场者，得一百六人”，不经考试，直接“赐本科出身”，以示与通过正常考试而录取者“赐本科及第”之间的区别，史称“特奏名恩例，盖自此始”。“特奏名”成为制度是真宗时开始的，咸平三年（1000 年）三月科考时，将多次参加省试或殿试而落第者，“遇亲策士（殿试）则籍其名以奏，径许附（殿）试，故曰‘特奏名’”[④]。这是只免去省试，仍需参加殿试，与太祖时可不再参加殿试者不同。而正常参加省试合格者，经主考官向皇帝“奏名”后参加殿试。“奏名”，后亦常称为“正奏名”，以示与“特奏名”之间的区别。

---

① 科举的全国性考试，是以尚书省礼部贡院名义进行，因而称为“省试”，也称“南省（尚书省）试”、“礼部试”。后世称“会试”，首名称“会元”。

② 《宋史》卷 261《陈若拙传》。

③ 《小畜集》卷 11；《宋史》卷 293《王禹偁传》。

④ 《宋史》卷 155《选举志一》。

宋太宗于开宝九年(976 年)十月继位后,即迫不及待地举行科举考试。到次年正月初七日,省试已经结束(通常在二、三月份进行),次日进行殿试,宋太宗亲自出诗赋题,诗题为《主圣臣贤》,是要举子们为夺位不到三个月的皇帝歌功颂德,带有浓厚的政治意向,录取进士一百多人,以其所作诗赋优劣分为三等,这是首次将进士分等;两日后殿试诸科,录取二百多人,以上都“赐(本科)及第”。又将参加科举十五次(包括五代时)以上的举子一百八十多人(其中不合格而年老的举子十余人),也都予以录取,并“赐(本科)出身”,以示与上述正式录取者间的区别,这次科举共录取五百多人,系前所未有。

随后“上(太宗)令中使典领,供帐甚盛”,以宴诸进士及诸科中举者①。“赐新及第进士、诸科绿袍、靴、笏,时未命官,先解褐,非常制也。”②在任命官、职时,第一、二等进士及诸科的“九经”科及第者,“皆授(京官)将作监丞、大理评事,通判诸州;其余亦优等注拟(官职)”。史称:“宠章殊异,历代未有也。”宰相“薛居正等言:取人太多,用人太骤”。但宋太宗根本“不听”,因为他正是以此笼络新进士们,所以当这些新官赴任时,“仍赐装钱,人二十万”③。就是让他们对这位非正常即位的新皇帝感恩戴德。

由于宋太宗将科举作为笼络士人的一种手段,并一反常规地扩大录取人数,由此而产生了一些意想不到的后果。太平兴国八年三月,一次竟录取近一千人,因为录取的标准低,应试的举子们都希望能考取,“孟州(今河南孟州南)进士张雨光以试不

① 《长编》卷 18,太平兴国二年正月庚午。

② 《宋会要辑稿》选举 2 之 1。应为青袍,史志只作:“赐袍笏。”当是《元丰增修五朝会要》依时制而云。

③ 《文献通考》卷 30《选举考三》;《长编》卷 18。“装钱”即治装费,二十万钱即二百贯,大约十贯钱可购黄金一两,十六两约当 500 克,二十万钱约值黄金 625 克。系据天圣(1023—1032)时,每两黄金官府各地收购价为五至九贯钱,参见《宋会要辑稿》食货 34 之 14、15。

合格，纵酒大骂于街衢中，言涉指斥”太宗，“上（太宗）怒斩之”。端拱元年（988 年）五月科举，共录取不到一百四十人，“榜既出，而谤议蜂起”。宋太宗可能是害怕再次出现张雨光事件，当即“遽召下第人，复试于崇政殿”，又录取了近七百人；六月，又命召“诸下第进士及诸科”在武成王庙重考，主考官可能是理解了宋太宗的用意，所以这次补考的省试，竟“得合格数百人”。或许是实在太滥了，六月十一日的殿试总共录取了一百二十人，“并赐及第”①。通常省试合格后，殿试时基本上都录取，即使有黜落也只数人，而这次补行的殿试竟只录取几分之一；以及这次科举在不到三十天内，连续三次录取进士及诸科，用以安抚应试的举子，这在宋代都是绝无仅有的。

二、科举制度的改革

宋太宗时是宋代科举很不正常的时期，但从宋太宗时开始，对科举制度也作了多项重要改革。

别头试，也称别试、别院试，是宋太宗时为解决科举不公而进行的第一项改革（唐代曾进行过“别头试”，后废）。雍熙二年（985 年）正月，“有诏，凡（考官）亲属就举者，籍名别试”②。史称：“始令试官亲戚别试者凡九十八人。”③这是省试首次进行别头试，以后成为制度。

“解试”首先进行别头试的，是国子监、开封府，“旧制：国子监、开封府举人有与发解官（解试考官）亲戚者，止两司更互考试”，容易形成互相庇护。真宗咸平元年（998 年）秋，改为“特选

① 《文献通考》卷 30《选举考三》；《宋会要辑稿》选举 7 之 4、5；《长编》卷 29。

② 《宋史》卷 266《苏易简传》。

③ 《长编》卷 26，雍熙二年正月己巳。

官别试"①。仁宗景祐四年(1037年)二月,又规定"举人有亲戚仕本州,或为发解官,及侍父母远官距本州二千里",由该路(类似后代的省)"转运司选官类试",即将本路各州府的有关举子,集中到本路转运司所在地,由转运司派官单独进行考试,每十人取三人,发解参加省试,以解决各州、府发解考试中,州府的考官庇护自己及本州府官员的子弟、亲戚,影响普通士人的录取,史称:"自是诸路始有别头试。"②由于转运司常简称"漕司",所以各路进行的别头试,也称"漕试"、"漕举"。这样,除殿试外,各级考试都要进行别头试。

第二项改革是对考场规制进行规范。雍熙二年(985年)正月,为了杜绝考场"奸伪之迹,朋结相连,或丐于他人,或传以相授,纷然杂乱,无以辨明,考核既难,妄冒滋甚"的状况,将各科的考席(当时是"席地而坐")"贴科目字号",各科应试者"间隔就坐",并"稀次设席",将考席之间的距离加大,又轮差两位官员监考,如有作弊行为者,"永不得赴举"③。

第三项改革是颁行"锁院"制。淳化三年(992年)正月,苏易简被任命为"同知贡举",主持当年的省试。苏易简"受诏即至贡院视事,不更至私第,以杜请托"。这本是苏易简的个人行为,并非制度规定,但自"后遂为常制"④。

第四项改革是"糊名"制度,也称"弥封"、"封弥"。淳化三年三月,太宗采纳陈靖的建议,殿试时"始令糊名考校"⑤,即将考

---

① 《长编》卷43,咸平元年秋。又,"解试"指国子监、开封府、各州为解送举子参加省试进行的考试。

② 《长编》卷120,景祐四年二月甲寅。熙宁三年(1070年)规定,有关官员的"门客"也在别头试之列。

③ 《宋会要辑稿》选举3之5。

④ 《宋会要辑稿》选举3之6,《长编》卷33。又,在职官员参加科举,停止办公,称"锁厅",该官员称"锁厅人"是另一回事。

⑤ 《长编》卷33,淳化三年三月戊戌。

卷姓名处折叠封住，阅卷后才拆封。真宗景德四年十二月，“令礼部（省试）糊名考校”，任命滕“元晏等封印卷首，凡封卷首及点检、详试别命官，皆始此。先糊名用之殿试，今复用之礼部也”①。李焘据《国史·周起传》称，糊名之法是周起创用于省试，时周起与滕元晏“同掌封印事”②。

同年十二月，还制定《亲试进士条制》，进一步严格殿试的糊名制度。试卷由编排官将卷首的“乡贯状”去掉，另以字号进行编排，试卷由封弥官进行誊写、校勘，用御书院印加盖后，交阅卷官考定等级，再糊封以后送复考官再定等，如两次定等不同则再考定等，“如复不同，即以相附近者为定”。最后取出乡贯状与字号合在一起，排出姓名、等级名次③。

大中祥符八年（1015 年），设立誊录院，设书吏专门进行试卷的誊录、校对。不久，各州、府解送举人考试的试卷也实行糊名、誊录制度。庆历四年（1044 年）制定的《贡举新制》，曾想废止州、府解试的糊名、誊录，但到庆历八年实行时，诏令仍实行糊名、誊录④。科举糊名的制度为后世沿袭。

科举进行的时期，宋初沿五代旧制，每年都进行一次，甚至改朝换代也不改变。如赵匡胤在建隆元年（960 年）正月初代周建宋，二月即举行科举。开宝七年（974 年）诏权停贡举，开了间年举行科举的先例。

太宗末年曾连续五年未举行科举，真宗初年又连续三年举行科举，此后又间隔一或二年甚至三年举行一次，但在不举行科

---

① 《文献通考》卷 30《选举考三》；《长编》卷 67。

② 《长编》卷 67，景德四年十二月壬寅注。

③ 《宋史》卷 155《选举志一》。参见《长编》卷 67，景德四年十二月壬寅。类似内容，《宋会要辑稿》选举 3 之 8 作（景德三年闰五月）“二十九日”，或《宋会要辑稿》日期前脱年、月。

④ 《宋会要辑稿》选举 3 之 31。

举之年，通常都要宣布“权停贡举”，以示本应举行科举之意。

英宗即位以后，群臣讨论隔年举行科举的利害关系，“议者以间岁贡士法不便”。治平三年(1066 年)十月，“乃诏礼部三岁一贡举”[①]。“三年大比”的科举制度成为定制，为后世所沿袭。

宋初科举的应举人由各州、府解送，并无人数的限制，每次科举的省试举子少则三四千，最多时达一万七千人以上。真宗时开始采取措施进行制约，咸平五年(1002 年)各地解送的举子达一万四千五百余人，但只录取二百十八人，许多地方因解送的举子质量太差，解送官遭到黜责。景德三年(1006 年)规定：“自今开封府、国子监、诸路州府，据秋赋(指解试)投状举人解十之四”，随后又补充各州府中“自来举子止有三两人，欲听全解”。这是规定各地报名参加解试者中取四成作为解额，只有二三人的州可以全解。大中祥符二年(1009 年)，又“诏令于五年最多数中特解十之五”，这是指在此前五次科举中按本州解额最多的一次，减半作为定额。到仁宗庆历四年(1044 年)前，各地解送的举子在二千人左右，中举者在五百人上下。治平三年(1066 年)实行三年举行一次科举时，又规定“天下解额，于未行间岁之法已前四分取三为率”[②]。再次减少各地解送举子的名额，以达到提高各地解试举子的质量。

“解试”，即由各州、府举行的科举考试，也称“乡试”[③]，各路转运司进行的“别头试”称“漕试”，国子监、太学试称为国学试等，由于解试都是省试的前一年秋季举行，通常也称为秋试、秋赋。各州、府士人应解试，也分为进士与诸科两类，进士科由判官主考，诸科由录事参军主考，试卷由州、府长官加印后发给各

---

① 《宋史》卷 155《选举志一》，卷 13《英宗纪》。

② 《文献通考》卷 30、31《选举考三、四》。

③ 乡试，后世以省(行省)为单位进行的称乡试。

举子，进士科的考卷称“文卷”，考卷的帖经卷称“帖由”、墨义卷称“义卷”，考试合格者的各考卷经主考官、监考官签名后，随合格举子的名单一起“发解”上礼部，称为“乡贡”、“乡举”，各类解试也按成绩排名次，进士科首名称“解元”，也称“解头”。如著名文学家欧阳修就是天圣七年（1029年）的太学试解元，他在《谢国学解元启》中称：“伏睹解文，滥膺名荐……叨首举以为荣。”①次年如进行科举，则当年冬天集中京城，以等待次年春天参加省试、殿试，即“秋取解、冬集礼部、春考试”。

如果不需要经过上述各种途径送解，可以直接参加省试的，称为“免解”。如开宝六年（973年）特许当年的落第举子可以免除以后解试；咸平二年（999年）诏令参加过三次省试的落第举子，可以免除解试；咸平四年，则是对遭受辽军侵扰的河北地区及京东的北部三州举子，特许可以不参加解试，直接参加省试。史称后者为“泛免（解）之始”②。

还有个别人经皇帝特许“免解”，至于某些人不参加科举考试，即“赐进士及第”，这里的进士及第是荣誉职衔。开宝七年（974年），南唐落第举子樊若水（冰）叛唐投靠宋朝，“上（太祖）令学士院试，赐（进士）及第”③。以后“赐及第”连这种象征性的考试也不进行，如景德二年（1005年），郑州（今河南郑州）知州“王矩上书自荐求进士第”，真宗以其“自燕蓟（此指辽朝）归化”，“特赐进士及第，仍附（在当年）新榜”之内④。

士人有五代以内及相关亲属中犯“大逆”（造反等）罪，本人品德不好，以及工商业者、僧道还俗人、残疾者，都不准参加科举。

---

① 《欧阳文忠公文集》卷95。后世以全省进行的乡试首名称解元。

② 《文献通考》卷30《选举考三》。

③ 《长编》卷7，开宝七年七月。

④ 《文献通考》卷30《选举考三》；《长编》卷59，景德二年三月甲寅。

举子都要亲自写“家状”，包括自己的体貌、肤色、年龄、籍贯，参加科举的次数等，以后如发现试卷的字体与“家状”不同，即被除名，甚至永远不许参加科举。

各州、府长官要考察应举者是否本州府人及其品行，而且举子每十人互相连保，其中如有品德不好者，其他九人要连坐，如太平兴国八年(983 年)落第举子张雨光乘酒醉大骂宋太宗，不仅张雨光被杀，同保的其他九人也永远不准参加科举，即是一例。临考前，考官还要引问连保的十人并都签状后才能参加考试。考试中不能挟带书籍，及交谈、传递字条等作弊行为，一经发觉，立即除名。

宋代科举的科目、场次，前后多有变化。宋初，进士科考试四场，第一场考诗、赋各一首，第二场考论一篇，第三场考策五道，第四场考帖经(帖《论语》十帖)、墨义(对《春秋》或《礼记》十条)，前场不合格，即不准参加以后场次的考试。宝元元年(1038 年)起改为第一场考策，第二场考论，第三场考诗、赋，第四场考帖经、墨义，最后阅卷统一计算成绩，举子不论前场成绩如何，都可以考完四场。

诸科中九经、五经两科，分考帖经一百二十、八十帖，墨义六十、五十条；其他三礼、三传、开元礼(不久改开宝通礼)、三史、学究、明法各科只考墨义，自四十至三百条不等；九经、五经、明法各考六场；三史、开宝通礼各考三十场每场墨义十道；其余为四场。淳化三年(992 年)，明法科增为七场；三史、开宝通礼改为十五场考墨义，另十五场“令面读，能知义理，分辨其句，识难字者为合格”①。

天圣四年(1026 年)九月，“诏礼部贡院，举人有能通三经

① 《文献通考》卷 30《选举考三》。

者，量试讲说（即进行“口试”）。特以名闻，当议甄擢之”①。称为“说书举”，也称“说书科”。嘉祐二年十二月废罢。司马光后又提出：“说书一科，议者多以为不当废，欲乞与明经（科）并置，但每次科场止取十人。”②未被采纳。

嘉祐二年废说书科的同时，设明经科，分为明二、三、五经三类，各考墨义大义十道，帖书《论语》、《孝经》十帖，分为八场，合格者再考“时务策”三道。

熙宁四年（1071 年）二月，进行科举改革，进士科罢试诗、赋，又废明经诸科。设“新科明法科”，各分四场。同年八月，复设“春秋三传科”，保留原先诸科解额的十分之一，为不能改考进士、新科明法的举子考“春秋三传科”。

元祐四年（1089 年）进士科分为经义、诗赋两科，诗赋进士科首场选考《易》、《诗》、《书》、《周礼》、《礼记》、《春秋左传》之一的经义二道，《论语》、《孟子》义各一道，第二场考诗赋各一首，第三场考论一首，第四场考子、史、时务策二道。经义进士科，第一、二场各考经义（包括原九经、三传）三道，分兼《论语》、《孟子》各一道，第三、四场与诗赋进士科相同。绍圣元年（1094 年）废诗赋进士科，南宋建炎二年（1128 年）又恢复诗赋进士科，以后时而分设两科，时而合为一科，绍兴三十一年（1161 年）分为两科后成为定制，南宋末马端临概括南宋进士科的情况是：“然共场（合为一科）而试，则经拙而（诗）赋工；分科而试，则经少而赋多（指投考经义科的举子少、诗赋科举子多），流传既久，后来所至场屋，率是（诗）赋居其三之二，盖有自来矣。”③

建炎元年十二月，逃到扬州的宋高宗，诏令各路举子集中到

① 《长编》卷 104，天圣四年九月庚申；参见卷 186，嘉祐二年十二月戊申。

② 《司马光文集》卷 19《论举选状》。

③ 《文献通考》卷 32《选举考五》，建炎元年后按语。诗赋科举子录取受当权者学派观点影响较少，也是举子多愿报考诗赋科的原因。

本路转运司所在州、府城进行考试，以代替原先集中于京城的省试，称为“类省试”。次年九月，在扬州进行殿试，其时川、陕、河北、京东诸路“类省试”的“正奏名”进士一百多人，未能到扬州参加殿试，一律给予其进士资格。绍兴五年（1135年）九月，才又开始集中各地解送的举子于临安，由礼部进行“省试”，而四川诸路则于宣抚司进行“类省试”，绍兴七年改设于四川制置司（所在地成都），称“川陕类省试”，第一名待遇与殿试第三人相同，绍兴十八年（1148年）因第一名何耕在对策中不赞同奸相秦桧的乞和政策，而被改为较低的“进士出身”。从此，类省试高第者也都赴临安参加殿试，在不进行殿试的年份，类省试第一名仍等同于殿试第三名，类省试的二、三名附入第一甲，第九名以上附入第二甲。

三、进士的分甲（等）

宋初，进士、诸科并不分等，太平兴国二年（977年）正月，录取进士一百零九人，“命翰林学士李昉、扈蒙定其优劣为三等”，这是首次分等；太平兴国五年三月，又将进士分为甲、乙，即一、二两等，虽分等但进士名称并无区别，都是进士“及第”。而不经科举考试，“以敕赐进士及第，或赐御前进士及第，又有同进士及进士出身之目”，这里的“进士出身”、“同进士出身”①，多用于此类不经科举者。太平兴国八年又将进士分为三等，史称“进士始分三甲”②。但分甲的随意性很大，如淳化三年（992年）“得（进士）孙何已下三百五十三人，第为五等”，“第一至三（等）赐及第，

---

① 《长编》卷18，太平兴国二年正月戊辰；卷21，太平兴国五年闰三月甲寅。

② 《宋史》卷155《选举志一》。参见《宋会要辑稿》选举1之6“分甲取人始于太平兴国八年”。

第四、第五(等)赐出身”。而分甲的情况是“淳化三年,第二甲五十一人,第一甲三百二人,反六倍于第二甲之数”①。“孙何以下凡三百二人,并赐及第;五十一人同出身”②。则第一甲包括一至三等,第二甲为四、五等,甲和等的含义并不相同。咸平三年(1000 年)的进士,“第一、二、三等及第,四等出身,五等同三传学究出身”,而又称“得陈尧咨已下三百六十五人,第为六等,并赐及第、出身、同学究出身”③。虽有分为六等的史实,但此后进士分为五等成为定制,且五等即五甲,通常第一、二甲为“进士及第”,第三甲为“进士出身”,第四、五甲为“同进士出身”,也常简称为“及第、出身、同出身”;也有将第五甲改为“同学究出身”;又,同进士出身、同学究出身常用“特奏名”进士。南宋孝宗时对“正奏名”的殿试进士,改为第一、二甲为进士及第,第三、四甲为进士出身,第五甲为同进士出身。

宋代第一甲通常有二三十人,而受到重视的为前四五人,尤其是前三名,通常入仕的寄禄官(阶官)为京官,差遣(职事官)也远高于同甲的其他进士。通常第四名或第六名起的入仕寄禄官(阶官)是“幕职州县官(选人)”,差遣(职事官)多为县官。

进士第一名称状元,第二、第三名北宋时称榜眼,南宋时第二名仍称榜眼,第三名则称探花。探花亦称探花郎,北宋初期仍沿唐制,以进士中年少者二人在进士“期集”宴上为探花使,探花郎由本科状元选人。据称皇祐三年(1051 年)郑獬榜,已选定二人,而最年少的西方琥向状元提出也作探花使,于是探花使为三人④。可能从此“期集选年少三人为探花使赋诗”。端平二年(1235 年)前后成书的戴埴《鼠璞》称:“蔡宽夫(居厚)《诗话》亦

① 《宋会要辑稿》选举 7 之 5,1 之 6。

② 《长编》卷 33,淳化三年三月戊戌。

③ 《宋会要辑稿》选举 7 之 5、6。

④ 参见赵翼《陔余丛考》卷 28《状元榜眼探花》。

言，期集择少年为探花……（探花）本非贵重之称，今以称鼎魁，不知何义。……熙宁（六年）余中为状元，乞罢宴席探花以厚风俗，从之。恐（探花为三人）因此讹为第三人。”①戴埴为宁宗、理宗时人，则南宋时早已以进士第三名为“探花”②。

进士、诸科之外，还有武举、童子举等一些科目，另外还有“贤良方正能直言极谏”（称为“制科”）等。

四、武举、童子举

1. 武举

武举，也称武选、武科。宋咸平二年（999年）冬，赵安仁《答诏论边事》称：“况今武选已议复行，其军谋宏远、武艺绝伦科，望依唐室故事，复开此选”③。次年四月，“乙丑，命两制、馆阁详定武举、武选人入官资序故事。既而未尝行也”④。而“咸平五年十月四日，以应武举进士王渊为海州怀仁县（今江苏赣榆）主簿”⑤。笔者认为宋初曾设置“武举”，而且以“文武官子弟”应武

---

① 《鼠璞》的《探花郎》目。又，《楮卷源流》目论及“第十七界新券（会子）”，而未提及第十八界会子，则其成书在端平二年前后。

② 赵翼《陔余丛考·状元榜眼探花》称：“戴埴《鼠璞》云：本朝故事，吴旦榜冯拯为探花……不知何义。戴埴系宋末人，而其说如此，则宋南渡后固以第三为探花矣。”但未引“不知何义”以下的文字，如笔者所引“熙宁余中……第三人”等；又赵翼所引“本朝故事，吴旦榜”，笔者所见无“故事”二字，“吴旦”作“胡旦”，吴为错字。则赵翼所见《鼠璞》的版本，与笔者所见左圭辑《百川学海》（民国影印明弘治本）中《鼠璞》不同。否则赵翼不应置戴埴明言南宋进士第三人为探花，以及由探花三人“恐因此讹为（进士）第三人”的推测于不顾，而自下断语。进士前三名的礼遇参见武举。

③ 《历代名臣奏议》卷322。

④ 《续资治通鉴长编》卷47，咸平三年四月。注称：“去冬赵安仁……”，故此奏章为咸平二年冬。

⑤ 《宋会要辑稿》选举17之5。王砺子渊，即是此人，王砺，太平兴国五年（980年）进士，咸平四年十二月时，任知淮阳军（今江苏邳州市）；《宋史》卷457、463。

举。这是朝廷赋予的特权，使无力应“文举”的官员子弟通过武举入仕。

“天圣七年（1029 年）闰二月二十三日，诏置武举”。应试人为：“三班使臣（低级武官）、诸色选人（初级文官）、文武官员子弟”和“未食禄人”。官员以“军机策论伍首，上本（兵）部”，一般的“未食禄人”则“召命官三人”保举，还要试步、马射箭后，到京城（今河南开封）考试，先考策论、后“试弓马”，最后由皇帝“亲试武举人”，录取八人，其中二人授三班奉职、三人授三班借职，都是小使臣中最低的从九品，另三人授无品的三班差使，可能都是官员子弟及“未食禄人”；还有六人则“策不入等、射不中格”而未录取。而景祐三年（1036 年）宋仁宗在崇政殿“观”知广信军（今河北徐水西）赵振之子，右班殿直（正九品）赵珣和奉职赵瑜“呈试武艺”，“帝悦称善”，赵珣“补阁门祗候”，这是“三班使臣带阁门祗候”，是可以“代诸司使（正七品）、副使（从七品）差遣”任职（《职官分纪》卷 44）的重要职位；次子赵瑜也从奉职（从九品），升为右班殿直。笔者认为这是早期有武寄禄官称的官员，通过武举升迁的事例。

由于即使“策不入等、马射生疏”也授官。终于在皇祐元年（1049 年）九月，以“如闻所隶习（武举）者，率编户年少，以至捨学业（指文举）而事（武举）筹策（论）”而停武举。原因即在于容易取得寄禄官位。

嘉祐八年（1063 年）十月（英宗已即位），枢密院提出恢复武举，理由是“今朝廷所用武人，稍有声称者，由武举而得”。治平元年（1064 年）复置武举，依旧制（庆历六年，1046 年）“以策略定去留，以弓马定高下”。并制定详细规则①。

---

① 以上除注明外皆出《宋会要辑稿》选举 17（武举）之 5 至 11。又，参见（南宋）王林《燕翼诒谋录》卷 5《武举更革》，与笔者所述互有详略，且多有其未述。

武举最初在秘阁考义、策，熙宁八年(1075 年)改为与文举同时在贡院进行，防止文举落选后改考武举。在殿前司考武艺，最后进行殿试，考骑射。

由于武举出身者真正从事军事征战及治安的不多，大多数则是“监当官”，担任管库、征税等事。武举实际上成为一些无力考中文举者取得官职的途径，以致南宋孝宗时，胡沂、蒋芾都提出将考中武举者全部任命军职，洪适竟然认为:“武举人以文墨进，杂以卒伍非便也”①。

武举最初不定期进行，后亦三年举行一次，与文举同时进行，最多也只有二三百人应试。南宋时，也和文举一样，四川等地也进行“类省试”。

武举中举者最初并不分等，只是授官有差别。康定元年(1040 年)中举者一百八十一人，分为五等，可能是最多的一次。治平元年分为优等、次优、次等、末等，不中举者称不合格。中举者通称为武举进士，乾道五年(1169 年)才“始依文科(文举)给黄牒，榜首赐武举及第，余并赐武举出身”。

淳熙元年(1174 年)又规定，武举榜首的首任官(职事官)，由(“中书”的)“堂除”任命，其余仍由吏部任命;前五名仿照“文举”的进士甲科享受相应的待遇。

《繁胜录》:文举进士“第一名状元，第二名榜眼，第三名探花郎。每有(一?)个各有黄旗百面相从，戴羞帽，执丝鞭，骑马游街;武状元亦如此”。

吴自牧《梦粱录》(卷 3):“武举进士，前三名照文科为状元、榜眼、探花，恩例:各赐紫囊、金带、靴、笏。状元授秉义郎、榜眼授从义郎、探花授保义郎”(按:《宋史·职官志九》，从义郎在秉义郎之上，则《梦粱录》所载，可能在传写刻印中失误)。从义郎、

① 《宋史》卷 157《选举志三》。

秉义郎，都是从八品武阶官、保义郎为正九品。文、武“两状元差委同年进士充本局职事官，措置提名登科录……就丰豫楼开鹿鸣宴。……文、武状元注授毕各归乡里。本州则立状元坊额牌所居之侧，以为荣耀，州、县亦皆迎迓，设宴庆贺”。

2. 童子举

童子举，又称童子选、童子科。年十五岁以下，能通经作诗赋者由州、府申报朝廷，由皇帝亲试。

早期的如太宗时淳化二年（991 年）的谭孺卿（年岁不详），至道二年（996 年）的段祐之，十一岁。童子举通常只是给个进士出身的名义，表示已经中举，相当“文举”中举的低等进士，获得被任命为官员的资格。但真宗咸平二年（999 年）的邵焕，十二岁，任命为秘书省正字，即后来的承务郎，虽不担任具体职务，却开始领取从九品京官的寄禄官俸禄，享受相应的礼遇，已经是低级文官，比文举中举的低等进士（可以担任县尉等）的初级文官“选人”高①。

景德二年（1005 年）五月，晏殊年十四、姜盖年十二应试，真宗亲试后，晏殊进士出身、姜盖同学究出身，相当于文举进士的第四、五等（一、二、三等称进士及第）。晏殊后也被任命为秘书省正字，命在秘阁读书。

而大中祥符八年（1015 年），蔡伯希（一作俙）只有四岁，也授以秘书省正字，后只是陪皇子（仁宗，大中祥符三年生）读书。其父多次参加文举未中，这次因“善于为训子”，真宗命“召试中书”后，也授校书郎②，这是虽比秘书省正字低，后来同改为承务郎，是从九品京官的寄禄官，从此也有俸禄，不管有无实际职务。

---

① 参见第八章第一节第三目。

② 《续资治通鉴长编》卷 85，闰六月丙戌；《文献通考》卷 35。

景祐元年(1034 年)开始,改为只赐绢。五年(十一月改宝元)六月"诏:今后不得奏念书童子"实际上是废童子举。但康定二年(十一月改庆历,1041 年)又恢复,并又"赐出身"。皇祐三年(1051 年)九月,再次"诏:今后诸处更不得申奏及发遣念书童子赴阙"。终于罢废童子举。三十多年后的元丰七年(1084 年)又恢复童子举,也是"赐出身"。其后时废时复,北宋末一度规定十岁以下才能考童子举。南宋孝宗时曾分为三等,只有上等才授官,中、下等只是免除"文举"的"解试"(州、府级的预考)二次、一次。宋代童子举也常以"免文解"一次或二次,甚至"永免"文解,以及"赐绢"、"赐帛"等作为对不授官的应试童子的奖励;而"赐服"、"赐金带"则是被授寄禄官(即"阶官",又称"本官",或只称"官")童子的特殊奖励。

童子举也有授武寄禄官的,如南宋绍兴二年(1132 年),十岁的朱虎臣,不仅"能诵七书(七种兵书)",还会"排冲方阵兼步射",被授以承信郎(从七品)。次年,还有五岁的刘毂"善骑射皆中格",被授以"进武校尉",虽属无品,但有俸禄,且是无品中的最高者,归吏部管辖。

童子举只有男童应试。而孝宗淳熙元年(1174 年)有女童林幼玉求试中举,被封为"孺人",这是荣誉称号,有相应的礼遇,按规定只有正八品京官之母、妻才能得此封号①。

史志称:应童子举后著名的,有杨亿、宋绶、晏殊、李淑四人,《宋史》皆有传。杨亿,太宗时十一岁中童子举,真宗时为《册府元龟》两总编之一,后任翰林学士。其余三人都是真宗时中童子举,宋绶,十五岁中举,仕至参知政事(副相);李淑十二岁中举,

---

① 《宋会要辑稿》选举 9 之 21 至 130;《宋史》卷 156《选举志二》,卷 169、170《职官志九、十》。又,童子举,此前未见有学者介绍;武举,见王曾瑜《宋朝军制初探(增订本)》第九章第二节(中华书局 2011 年版),与笔者介绍互有详略,且未提及武榜眼、探花及礼遇,笔者本书文举前三名亦未提礼遇,故并详之。

后历任翰林学士及多处州、府长官；四人中最著名为前已述的晏殊，仕至宰相兼枢密使。

此外，还有“贤良方正能直言极谏”、“军谋宏远材任边寄”、“识洞韬略运筹帷幄”等科，称为“制科”，都是表示朝廷英明，即史志所说：“待天下之才杰”、“进贤”等。甚至发生水灾，也是因为不举行“制科”，不能“进贤”所致。

第十九章　宋代官员任用的回避制度、创建执政官“官邸”（在任时居住）

宋代官员任用的回避制度，初沿唐制，几十年后有所改革：分为亲族回避，地区回避和职务回避。小官避大官，同级则后到者回避在任者。县级回避者到本州（府）别县，州（府）级到本路别州（府），路级到别路任职，只能同级或降级任职。官员到任三十日内要自报是否应回避，不自报者“杖一百”等。

宋神宗时首创为宰相、副相及枢密院（武）正副长官建立“官邸”，称为“东府”、“西府（武）”，在任时居住，卸任后迁出。南宋沿袭，称为“诸府”。但自北宋末蔡京起，权相不住“官邸”而住私宅，“官邸”不便“怙权营私”。只有普通执政官住“官邸”。

第一节　宋代官员任用的回避制度

通过科举等途径进入仕途的宋代官员，首先遇上的是官员任用的回避制度。回避制度分为亲族回避、地区回避和职务回避三种，都是为了清除腐败、澄清吏治。

一、亲族回避制度

亲族回避制度，称为避亲，法令称为“避亲法”。宋初沿用唐制，避大功以上（同祖父三代）亲嫌（嫌指其他原因经特许回避的，本书不叙）。到康定二年（1041 年，时距宋建立已八十一年），制定了《详定服纪亲疏在官回避条例》，规定：“本族缌麻以上（同高祖父的五代）亲，及有服外亲、无服外亲，并令回避，其余勿拘。”这比唐代回避大功以上亲族，范围大了许多，而且五服之外的外亲也要回避。

不仅在职官员要回避亲族关系，还为了防止地方官们，“兄弟伯叔子侄自相为代”，以及某些地方官实际上长期为某一家族所控制，至和二年（1055 年）规定：“所注拟外官，其五服之内于法许相容隐者，皆不得相为代，有敢妄冒居之者，以私罪论”，意即从重处分①。这些也可以算作职务回避制度。

对于任官实行亲族回避的具体办法，嘉祐八年（1063 年，时距宋建立已 103 年）规定：“应京朝官有亲戚妨碍合回避者，如到任未及一年，即与对移。本县官相妨碍，于本州别县对移；本州官相[妨]碍，于邻州对移；本路职司相妨碍，于邻路对移；及一年以上者，除祖孙及期以上亲依此对移外，其他亲戚即候成资放罢。”宋代的州约略相当于现在的地区或省辖市，路约略相当于现在的省。

熙宁二年（1069 年），宋神宗、王安石开始进行变法改革，第二年就下诏：“应内外官事局相干，或系统摄”的亲族都要回避，也就是凡在上下级机关及互相有关系的机关内做官的，都要回避，以防止他们“交相党援”、“袭势营私”。宋神宗时期是宋代严格实行任官回避制度的时期，史称：“熙（宁、元）丰致治之际，持之尤严。”这对于清除腐败，推行改革是很有利的。

宋哲宗初年宣仁太后当政的元祐五年（1090 年）十月，虽然在《避亲法》中增加了“或妻之大功以上姊妹之夫及其子”，扩大了对女方亲属的回避范围，但是，当时为了政治的需要，宣仁太

---

① 私罪、公罪，参见页 192 注②。

后“多用特旨，更不回避”，到元祐八年四月，就形成“今乃类使叔侄兄弟更相临统，则是按察之法，名存而实废”。这也说明任用官员实行回避制度，确实对清除腐败、澄清吏治有一定作用。因为只经过不到三年，就使得监察、检查的法规“名存实废”了，以至于宣仁太后不得不同意“更不降特不回避指挥”，“并令依法回避”①。

宋代亲族回避的范围很广，嘉泰元年（1201 年）政府编辑的法令汇编《庆元条法事类》卷 8 有很具体的规定（包括相应官员 15 日内向路级申报，路级 5 日内审查完，等等），差不多所有亲戚关系都包括在内，不再引述。

宋代对于司法和财政的官员，实行更严格的回避制度，不仅朝廷的命官，而且被称为“吏人”（无品）的下级官吏，也包括在内。如诸州的推法司与路的提点刑狱司（相当于今省级的司法机构）的“吏人”，有亲戚关系应回避而不自报，要“杖一百”。路级转运司（财政部门）的账计官与下属诸州的造账官之间，提点刑狱司的检法官与下属州的正副长官及州属司法官员之间，都在亲族回避之列。可能因为这是官员之间最容易利用亲戚关系营私舞弊、贪赃枉法的地方，因而引起宋代最高统治者的特别关注。这种制度也可算作职务回避制度。

二、地区回避制度

在残存的南宋吏部文件汇编《吏部条法》中，除了避亲法外还记载了地区回避制度。“诸注官不注寄居及本贯州；不系寄居及本贯州，而有田产物力处，亦不注。即本贯开封府者，唯不注本县。”从本条规定的最后一句，可知是北宋制定的法令，而南宋

① 《宋会要辑稿》职官 63 之 6、7。

时仍然遵行，所以收入南宋晚年编辑的《吏部条法》之中。

宋代任官的地区回避的范围，基本上是州，包括同级的府、军、监。而如果是路级的帅司（军区司令部）、监司（行政、财政、监察机关）的属官，那么籍贯是这几个机关所在地的人和寄居本路的人，就不能在路级机关做官，后者回避的范围是路。

三、职务回避制度

职务回避制度，地方官因亲戚关系而回避的情况，前面已讲。宋朝政府还规定："应文武官不许注拟前任差遣。""诸注官，不注前任州，在京唯不注前任缺。即前任州官今注县及非前任治所，各不因体量过犯离任，并听注。"这也可能是北宋的制度，因宋代通常称北宋首都东京开封为京。

宋朝政府不许地方官长期在某一地方任职，也不许中央的官员长期担任某一职务，旨在防止他们因长期任职而拉帮结派以营私舞弊。对于那些不是因有"过犯"而罢官的官员，以不在原所在县当官为条件，可以在本州之内的别县当官。还有条例规定，有过"过犯"的官员，不能担任府、州、县的正长官及司法等官员。

宋朝政府规定官员到任三十日之前，要自报有无应回避的地方，如果应回避又不自报而直接去任职的，"杖一百"。

当时的惯例是小官避大官，官职相等，则后任者回避。应回避的官员"当移一等职任，不则辞尊居卑"①。也就是原则上改任同等的官，如果没有同等官职，只能改任比原来低的官职。

宋代与隋、唐时期相比，亲属回避，不仅直系亲属回避的面扩大了，而且还要回避母、妻、媳、女婿及妻之三代以内姐妹之夫

---

① 《宋会要辑稿》职官 83 之 6。

及子方面亲属；地区回避不仅回避本籍，还要回避寄住地和有资产的地区，回避的地区虽仍以州、府为主，但也部分地扩大到路（相当于省）；职务回避，唐代还只有属于亲族回避之内的，宋代则增加了回避连任旧职和原地区继续任职，有“过犯”的官员还要回避许多官职，以及不能担任正职，等等。宋代是中国历史上任用官员回避制度的成熟期，说明宋代最高统治者认识到，回避制度可以达到部分地清除腐败，相应地澄清吏治，以利封建统治政权的巩固。

元代与宋代社会经济基础不同，因而建立了自己的回避制度，明承元制后发展，清承明制后再成熟完备。

在回避制度两千年的历史中，除了两汉时期的任用官员的回避制度还在萌芽时期就夭折以外，隋代以后的一千三百年中，隋唐宋和元明清，通过不同的途径，到代表这两个时期的宋代和清代，就其所制定的回避制度的主要方面来看，可说是大同小异，殊途同归。宋代和清代的最高统治集团，在各自继承前代经验的基础上，得出了大体相同的统治经验，从而制定了相似而又具有本朝特色的任用官员回避制度。有“过犯”的官员不能担任正职及司法官，即使“旧病复发”，也减轻其危害性，且对其他官员具有警示作用，以及不能在有财产的地方当官，亲属不能在上、下级关系和关系密切的单位工作等。这些可说是宋朝回避制度的特色。

隋代以后的历代统一王朝，都实行任用官员的回避制度。但是，却都是在新的统一王朝建立一二十年（隋、元），乃至几十年（唐、宋、明、清）以后，才引起统治者的重视。这说明新王朝建立初期，政治一般都比较清明，随着时间的推移，官场中利用亲属关系、地区关系，乃至职务关系，拉帮结派、营私舞弊、武断乡曲、欺压平民等腐败现象日益严重，这时也往往正是回避制度制定和完善时期。

自秦王朝起的两千多年的历史，历代在开始都比较清明，后来逐渐腐败，被新王朝所代替，短的只有二三十年（如秦、隋），长的两三百年（如两汉、唐、宋、明、清）。这可能就是当年毛泽东主席和黄炎培先生在延安窑洞对话时，所说的“历史周期律”[①]。中国古代王朝建立和完善官员任用的回避制度，可说是这个“历史周期律”的衍生物。历史证明，凡是回避制度比较完善而又执行比较好的王朝，是其统治时间较长的原因之一，反之亦然[②]。

领导的配偶、子女不得经商，并规定了一方退出机制等。在某种意义上，可说是宋代不得在“有田产物力处”任职，在现代政治经济条件下的一种体现。

第二节　创建执政官“官邸”（在任时居住）

“东府”和“西府”都只是中书和枢密院的别名，不是两个机构的正式官衔名，合称“二府”。各类著作和辞书都是如此解释，如《中国历史大辞典·宋史》的“东府”、“西府”两条都作“见二府”条，“二府”条的解释即是如此。周宝珠《宋代东京研究》[③]第二章一、“宫城”的“政事堂、枢密院建筑群”，其后的说明也是如此，其在该书首页“北宋东京图”，宫城宣德门外的“里城”，标有“东府”、“西府”（对待新建的尚书省，也只在图中标示），但对它是什么性质，与“中书”的别名“东府”与枢密院的别名“西府”，又是什么关系，该章三、“里城”及全书都没有作任何说明。这也许是该书只介绍宫城内的建筑的缘故，如本书（第八章第一节第一

---

① 报载（据新华社通讯）2012 年 12 月，习近平总书记“走访各民主党派中央和全国工商联”时，“谈到毛主席和黄炎培在延安窑洞关于历史周期律的一段对话”时，“说这至今对中国共产党都是很好的鞭策和警示”。

② 参见笔者《中国古代官员任用回避制度的产生与发展》，原标题是《中国历史上官吏任用的回避制度》，《中州学刊》1986 年第 5 期。1986 年 6 月先刊于《中共中央组织部第三梯队建设理论研讨会论文选编》（内部）。

③ 周宝珠《宋代东京研究》，河南大学出版社 1992 年版。

目)介绍的建屋四千间的尚书省,尽管远比“政事堂、枢密院建筑群”(介绍也不完整)多几倍,对于“二府”的性质,该书也只字不提。但诸书中解释最具体的,是1983年印行的《辞源》(修订本)“东府”条,尽管它所依据的史料,实际上正是否定此说的。这就是因为学者们只要一看到“东府”一词,随即联想到,在宋代就是“中书”,就是宰相、副相的办公处,而“西府”就是枢密院及其长官的办公处的原因。然而,这种观点却是值得商榷的。

一、创建“官邸”的原因及“东府”、“西府”的建成

北宋中期以前在京的官员,上至宰相,都是租房、购房或由皇帝“赐宅”居住的。

南宋曾任执政官“同签书枢密院事”的魏了翁称:“国朝盛时,以尚书(省)为外省,受四方讼牒;置政事堂(中书)于禁中,为宰执聚会之地。凡有司之公见、府吏之呈书,率合堂同席,佥议公决,日下昼(原作画)数刻,鸣钟会食,排马归第。然百年之间,未建私第,犹僦民居,往往距城迥远。(执政们)出省之后,吏持文书走诸第,率多稽迟,或至漏泄。神宗皇帝病其若比(此),度地于阙(原作关)之西南,为东西而(“而”字疑衍)二府各四位,将以严谨事机也。”

熙宁二年(1069年)二月,王安石任参知政事,开始进行变法改革。熙宁三年(1070年)九月“癸丑,作东、西二府各四位,东府第一位凡一百五十六间,余各一百五十三间。东府命宰臣、参知政事居之,西府命枢密使、副使居之。(次年)府成,上(神宗)以是临幸。后十日(原注:十月丁巳),赐宴王安石位,始迁也”①。这是历史上首次为宰相和执政们修建的“官邸”,八所

① 李焘《续资治通鉴长编》卷216、226。

“官邸”共计房屋一千二百二十七间。离职时迁出，以备新执政官居住。这里的“东府”、“西府”，是官邸的正式府名，不是中书和枢密院的别名。

“官邸”的建成和使用，是“王安石变法”的组成部分。从熙宁四年(1071 年)前开始，直至德祐二年(1276 年)元军占领南宋首都临安(今浙江杭州)，实行了二百年左右。这不仅是中国历史上，也是世界历史上的首创，远比欧、美类似的“官邸”早六七百年以上。

欧美类似的“官邸”，最早的是英国首都伦敦的唐宁街 10 号首相府及“官邸”，建于 1680 年，比我国北宋熙宁四年(1071 年)建成执政官“官邸”的“东府”、“西府”，晚六百多年。两者相同的是，上任时居住，离任时迁出；不同的是，前者是办公、住宅在同一门牌号内，也即是在同一大院内，而我国宋代的“官邸”是纯住宅性质，办公则在另一地方的政府机构。

二、司马光改变了“东府”、“西府”的纯住宅性质

司马光将“东府”、“西府”的纯住宅性质，改变为既是住宅又是议政场所。元丰八年(1085 年)司马光任门下侍郎(副相)，住进东府以后的七月“庚戌，三省、枢密院言：同差除及进呈文字理须会议者，先于都堂聚议。或遇假及已归东、西府，听便门往来聚议，从之”①。这是由于司马光罢废新法步伐加快，等不及假日过后，甚至等不及明日到宫城内的“都堂”聚议而采取的变通措施。这里的“已归东、西府”，用现在的话说就是(下班)回家以后。

对此，元祐元年(1086 年)，司马光以左仆射兼门下侍郎任宰相后称：“臣近奉圣旨(事在五月)，许臣乘轿子三日一至都堂聚

---

① 《长编》卷 258。

议。伏缘三省、枢密院每有职事，难以臣故，必令三日一聚。检会去岁曾有指挥，遇假日有公事，许于东、西府聚议。其东、西府近北旧有便门，臣欲乞于近南更开一便门。臣今有足疾，乞遇假日，或日晚执政出省后，有合商议公事，许乘小竹轿子往诸'位'商议，其诸执政有欲商议公事者，亦许来臣'本位'，更不一一奏闻。"①

上述两个奏章说明了四个问题：

（1）东府、西府既不是执政官（包括枢密院正副长官）的办公处，也不是他们商议政事的场所。元丰八年七月开始，"遇假日"，才"许于东（府）、西府聚议"。至于"出省后"，从司马光的奏议看，应是从元祐元年，才请求在执政官们"日晚执政出省后，有合商议公事"，在东府、西府商议政事。这里"省"其含义是单位、机关，也就是执政官们在傍晚下班离开机关，回到东府、西府内的家中以后的事。

（2）到其他执政官家中或其他执政官到司马光家中商议政事，原先是需要上奏的，现在请求"不一一奏闻"。

（3）东府、西府"近北"处原有"便门"，显然是为进出宫城方便而设，但不便于各执政官"官邸"之间往来，可是又不想走南边的"正门"。为避免来往频繁而引起外界，尤其是政敌的注意，请求在"近南"再开一"便门"，保护他们交往的私密性。

（4）司马光奏议中所说的"位"，就是东府和西府各四位的"位"，含义与府相同，即是官邸。本位即本府，"诸位"就是各执政官的"官邸"。

三、自蔡京以后权相不住"官邸"

建在宫城西南的东府、西府一直作为执政官们的官邸，直到

① 《温国文正司马公文集》卷53《乞与诸位往来商议公事札子》。

蔡京在崇宁元年(1102 年)七月任宰相以后,因为“官邸”不便于“怙权营私”而居私第。正如魏了翁所说:“官邸”“连墙接畛,声咳相闻,则怙权营私之相,多谓不便,是以偃然私第,不恤同列,蔡京以来,相承皆尔。”①

四、南宋的“官邸”——“诸府”、“百官宅”等

魏了翁的奏章中还说南宋初年,宰相“吕颐浩居私阎治事,人已议之。其后虽建诸府,而秦桧自居望仙桥私第”②。说明南宋政府也建“诸府”官邸,以供执政官居住,可能是在绍兴四年(1134 年)至十五年之间(吕颐浩已于三年九月罢相),而南宋自奸臣秦桧开始③,权臣居住于私第,“诸府”只供普通执政官居住。

“诸府”,分为“左右仆射府”(在寿域坊南)、“枢密·知院府”、“执政府”(二府都在天庆坊)。“仆射”后改称“丞相”,是最高行政长官。枢密是枢密使的简称,知院是知枢密院事的简称,两者都是最高军事长官。这里的“执政”是指参知政事(副相),最高军事副长官枢密副使、同知枢密院事、签书枢密院事、同签书枢密院事。以上自宰相以下,通常都称为执政官。

此外,还有“台谏宅(在太常寺西)”供御使台官员和谏官居住,“百官宅(在石灰桥)”④供其他官员居住。“台谏宅”、“百官宅”的性质,虽未见于记载,但当时的临安(今浙江杭州)知府周淙在所著《临安志》中,将上述府、宅列在同一“目”内,可见性质

---

①②③　魏了翁奏议见《鹤山先生大全文集》卷 18《应诏封事》。又,《辞源》所据即此。秦桧迁居望仙桥在绍兴十五年,《建炎以来系年要录》卷 153、岳珂《桯史》卷 7。

④　周淙《乾道临安志》,卷 1《行在所》“府第”目。又,乾道八年(1172 年)二月,“左、右仆射”改称“左、右丞相”,则此书成于此前。

相同，都是“官邸”。

至于为何执政官的住所称“府”，而其他官员的住所称“宅”，这和宋代的制度有关。“臣庶室屋制度”规定：“私居，执政、亲王曰府，余官曰宅，庶民曰家。”①

南宋后期，上任时居住，离任时迁出，继任者居住的“官邸”，比高宗、孝宗时期更全(广义的“官邸”，指官员住宅，不论是自有或租住)。据南宋末年咸淳(1265—1274)末的《咸淳临安志》②记载：

> 左丞相府、右丞相府、枢密知院府、参知政事府、同知枢密府、签书枢密府在太庙北大渠口。绍兴二十六年，诏两浙转运司建三执政府，又即都省北，建左、右丞相府，后聚建于今处。
>
> 侍从宅，在都亭驿东；景定四年(1263年)创，为厅十有二，又有堂曰进思。台谏宅，在油车巷；为厅五，又有厅为会茶议事之所。省、院官宅③，在开元宫前。卿、监郎官宅，在俞家园，咸淳七年(1271)创。七官宅，在郭婆井。五官宅，在仁美坊。三官宅，在潘阆巷。十官宅，在旧睦亲坊。

在该书《目录》中，同类的“官邸”合并在一个名称中，“(卷十《官宇》：宰执府、侍从宅、台谏宅、省官院宅(应作“省、院官宅”)、百官宅)”。其中“百官宅”包括“卿、监郎官宅”、“七官宅”、“五官宅”、“三官宅”、“十官宅”。这里的“百官宅”有五种“官邸”，分处五地，显然与《乾道临安志》中“百官宅”“官邸”，只在一处，含义完全不同。

---

① 《宋史》卷154《舆服志六》。

② 潜说友《咸淳临安志》卷10《官宇》，注文不录。其中记事有咸淳七年，故定为咸淳末年。

③ 省指都省、院指枢密院，当为二者长官外其他的高官住宅。应与吴自牧《梦粱录》卷10《诸官舍》的六房院、五房院不是同一事，因三“官邸”各在三处。

魏了翁于端平二年(1235年)任同签书枢密院事,其《应诏封事》即在端平元、二年间。故奏议所言当有据。“官邸”制的破坏或即是秦桧,不仅自居私第,其他执政官其后也都迁居私第,更便于“怙权营私”,而且秦桧对其他执政官,常是“甫入(按指任执政)即出,或一阅月,或半年即罢”①,“官邸”制也终于被废。直至绍兴二十五年(1155年)八月才重建“官邸”制(十月,秦桧病死),次年正月建成。这即是《咸淳临安志》所说“绍兴二十六年诏:两浙转运司建三执政府”。实际是二十五年八月,宋高宗对“辅臣曰:‘向来韩世忠(二十一年已死)纳宅,当时令移左藏库及仓基,造二府’以处执政,此祖宗故事(按“二府”指北宋时所建“东府”和“西府”的“官邸”,可见性质相同),今各散居,非待遇之体,所降旨挥已三年矣,转运司犹未施行,可呼至都堂传旨催促,并要日近了毕”。“二十六年正月九日,新建执政府三位,诏令选(“选”字疑衍)入[住]东位魏良臣、中位沈该、西位汤思退”。三人都是副相(参知政事),后者还兼任签书枢密院事,这或许是入住“西位”的原因。

至于《咸淳临安志》接着所说,“又即都省(按即“政府”)北建左、右丞相府,后聚建于今处”,此处左、右丞相应作左、右仆射,前已述。关于“台谏宅”,据载是乾道二年(1166年)“将怀远驿地基,创行盖造廨舍五所,专充台谏官住屋”②。其余不赘。

吴自牧在《梦粱录·诸官舍》③中,记载南宋末年的情况是:“左右丞相、参政、知枢密院使(应作“枢密使知院”)签书府,俱在南仓前大渠口”。应即是《咸淳临安志》中“宰执府”“目”中所列各府。

---

① 《宋史》卷473《秦桧传》。

② 《宋会要辑稿》方域4之18、19、20。

③ 吴自牧《梦粱录》卷10《诸官舍》,( )中文字,为笔者所加。又,杨和王即杨存中,府“在洪桥”(《咸淳临安志》卷10)。

但“台谏宅”、“百官宅”，则更细分为“侍从宅，在都亭驿。东台(为台谏之误)官宅，在油车巷。省、院官宅，在开元宫对墙。卿、监郎官宅，在俞家园。七官宅，在郭婆井。五官宅在仁美坊。三官宅，在潘阆巷。十官宅，在旧睦亲坊。六房院，即(中书门下)后省官所居处，在涌金门东如意桥北。五房院，即枢密院诸承旨所居处，在杨和王府西也。[①]”可见基本上是南宋中、后期新建的。而入住“官邸”的官员，可能只是各部门的正副长官和高级官员。

至于将《诸官舍》的性质定为“官邸”，和前述的“台谏宅”、“百官宅”为“官邸”的原因相同。而且，两书(前者在同卷、后者在卷九)都记载了三省、枢密院至六部、寺、监等机构各自的所在地，与“府第”、“诸官舍”中诸“官邸”的所在地完全不同。

“官邸”设置的地点，南宋也沿用北宋的原则，与机构所在地较近。北宋时最高政、军机构都在宫城内，“官邸”东府和西府就建在宫城正南门外的西南，以避免住所与机构所在地，距离“迥远”，“吏持文书”奔走其间，因而“率多稽迟，或至漏泄”。南宋的宫城在临安城的南部，而且较小，最高政、军机构只能都设在宫城正北门外，执政大臣等“官邸”就建在附近“右一厢”的寿域坊西和天庆坊(亦即《咸淳临安志》的“都省北”)。御史台在“左一厢”的“清河坊之西”(谏院设在最高政、军机构北)，“台谏宅”就建在同“厢”“天井巷”的“大常寺之西”等。

---

① 参见笔者《北宋新建的“东府”、“西府”是执政官的“官邸”》，刊于笔者《宋代社会政治论稿》(论文选集)，上海人民出版社2007年版。

第二十章　宋代的交通、邮传与轿子的产生

宋代交通以都城为中心，形成全国性的水陆交通网络；各路、州、府、县也都以治所所在城市为中心，形成规模不等的交通枢纽。

宋代的邮传（递铺）有了很大的发展：官员私人信件正式纳入官方递铺邮递；递铺分为三等，急脚（递）、马递、步递。南宋初，专设"斥堠铺"以传递军事情报，后又设"摆铺"传送"军期急速文字"，并以"金字牌"等区分递件的等级。

北宋前期，人抬坐的交通工具只有手抬的"兜子"和肩抬的"檐子"（肩舆），但"兜子"逐渐消失。"檐子"逐渐发展为立有支架，前挂帘、左右后有屏障的交通工具。宋神宗（1067—1085）中后期，再发展成上有顶的轿子。先有凉轿，后有暖轿。

第一节　交通与邮传

一、交　　通

北宋首都为东京开封，位于北宋辖区北半部偏东，是华北东部的水陆（主要是水路）交通中心，由于主要依靠东南地区的粮食供应，通向东南与真楚运河、浙西运河（今江南运河）相接的汴河，成为最主要的航运渠道。宋朝建都开封，即是"以大梁（开封）四方所凑，天下之枢，可以临制四海，故卜京邑而定都"。而汴河"首承大河（黄河），漕运江、湖，利尽南海，半天下之财赋，并

山泽之百货，悉由此路而进”。宋初每年漕运，汴河六百万石、广济河六十二万石、惠民河六十万石，“广济河所运，止给太康（今河南太康）、咸平（今河南通许）、尉氏（今河南尉氏）等军粮而已”，“而惠民河斛斗（粮食）不入太仓，（京城）大众之命，惟汴河是赖”①。汴河水运系首都开封的经济命脉。汴河东南行经南京应天府（今河南商丘睢阳区），至淮南地区宿州（今安徽宿州）后，东行南下达泗州（今江苏盱眙北，已淹没在洪泽湖中），进入淮河后东行。由于淮河水流湍急，常导致船只翻沉，雍熙元年（984 年）在淮河南岸淮阴（今江苏淮阴西南）磨盘口至楚州（今江苏淮安）末口，开挖“沙河”长 60 里；皇祐（1049—1054）时，又在淮河南岸由淮阴向西南开挖“新河”49 里至洪泽镇；元丰六年（1083 年），再自洪泽镇向西南开挖 57 里至龟山镇（今均已淹没在洪泽湖中），称龟山运河，与新河、沙河连接，在淮河中航行只有二三十里，至楚州与真楚运河相接。

真楚运河自楚州南下至扬州，再南下至长江边的瓜洲镇（今称“里运河”），主要承接浙西运河的航运②；而长江中上游的船只，大多到真州（今江苏仪征）将货物转驳较小的船只进入真楚运河，经扬州北上首都开封，南宋时只能到宋金边境的楚州。

浙西运河自镇江东南至苏州，南下秀州（今浙江嘉兴）后向西南至杭州，是东南地区最主要的水运航道。南宋建都杭州（改称临安府），浙西运河更是命脉所系，“国家驻跸钱塘（杭州），纲运粮饷，仰给诸道，所系不轻。水运之程，自大江（长江）而下至镇江则入闸，经行运河，如履平地，川、广巨舰直抵都城（临安）”③。其重

---

① 《宋史》卷 93《河渠志三》。

② 真楚运河的楚州至扬州段，与浙西运河，分别为今“大运河”的“里运河”、“江南运河”段。

③ 《宋史》卷 97《河渠志七》。又，海上交通参见第七章第三节五“海外贸易”，不赘述。

要性比之北宋的汴河，有过之而无不及。

长江在宋朝辖区内除大渡河以上河段外，全线通航，是宋代的主要航行水道。黄河和北方河流大都只有小部分通航，而南方的江、河、湖都是水运航道，其情形与后代接近。

船有海船河舟之分，南宋人吴自牧记载："浙江（今钱塘江及其上游）乃通江渡海之津道，且如海商之舰，大小不等，大者五千料，可载五六百人；中等二千料至一千料，亦可载二三百人；余者谓之'钻风'，大小八橹或六橹，每船可载百余人……亦有名'三板船'。……风雨晦冥时，唯凭针盘（指南针）而行。"①1975 年福建泉州湾出土的宋代海船，经考证是二千料左右的海船②，属于中型海船。上述五千料船当是出洋的大海船，其他则为沿海及近海船只。

内河航行的船只，"若士庶（从杭州）欲往苏（今江苏苏州）、湖（今浙江湖州）、常（今江苏常州）、秀（今浙江嘉兴）、江（今江西九江）、淮（江淮或泛指江南东西路、淮南东西路）等州，多雇舸船、舫船、航船、飞篷船等"③。南宋著名诗人陆游于乾道六年（1170 年）夏，乘船自临安经浙西运河，入长江赴川东任夔州（今重庆奉节）通判，他乘坐的是二千料（斛、石）的大型内河船，船帆的"樯高五丈六尺"，七月"四日风便，解缆挂帆发真州，岸下舟相先后发者甚众"。九月十一日在石首县（今湖北石首）境内，船近"潜军港"，"遥见港中有两点……久之渐近可辨，盖二千五百斛（料）大舟也"。十六日船到沙市（今湖北荆州市东部），"舟不复进矣"。次日"迁行李过嘉州（今四川乐山）赵青船，盖入峡（三

---

① 《梦粱录》卷 12《江海船舰》。

② 陈高华、吴泰《宋元时期的海外贸易》（天津人民出版社 1981 年版）附录二，《关于泉州湾出土海船的几个问题》。二千料（石、斛）指载重量，约合一百二十吨。

③ 《梦粱录》卷 12《河舟》。

峡)船也"①。由此可知大船可到沙市,较小的船可航行到长江支流岷江的嘉州,当亦能到(或换乘更小的船)川西重镇成都,陆游的《入蜀记》具体描述了长江航运情况。

宋代各州、县之间都有官路相通,官路也称官道;通驿传的官路也称驿路、驿道,通常大多数官路即是驿路,主干线常称为大驿路、大路。最著名的大驿路,如"入川大路,自凤州(今陕西凤县东北凤州镇)至利州(今四川广元)、剑门关(今四川剑阁北),直入益州路"。通常自首都到各路(类似后代的省)首府,都有大驿路相通,以便于快速传递文件。驿路、官路两侧大多栽种行道树,挖有排水沟渠,北宋末政和三年(1113 年),又诏令:"遍于驿路及通州、县官路两畔,栽种杉、松、冬青、杨柳等木。"随后各地申报"共栽植到杉、松等木共三十三万八千六百株,渐次长茂,已置籍拘管"。并依照官有山林法令管理,未经政府批准"辄采伐者,杖八十"。告发私自砍伐行道树者,可以获得二十贯钱(相当于二两、约 60 多克黄金)的奖励。北宋政府最晚从大中祥符五年(1012 年)起,在河北"沿边官路左右及时栽种榆柳"②,以后不断要求各地栽种行道树,但直到北宋晚期才有严惩盗伐行道树的法令。

宋代在驿路、官路旁,每隔十或五里设有"堠子",即里程碑,因而各州、府之间及到首都的距离都有较准确的记载(参见《元丰九域志》)。

宋代沿驿路每隔四十里左右设驿站(水驿亦相同,称"沿流亭馆")一所,两所驿站之间的路程称为一驿程,或一驿、一程。由于地理环境的关系,有时一驿程为五六十里;极少数达七十里,通常则在其间增设一所驿站。各府、州、县城的驿站,常称为驿馆;乡村驿站通常设在镇市上,只有极少数设在荒僻地点。驿

① 陆游《渭南文集》卷 43 至 47《入蜀记》。

② 《宋会要辑稿》方域 10 之 1、2、6、7。

站建有馆舍，以供赴任、离任官员住宿，路、府、州长官在辖区内“行部”（视察），也住在驿站内。如南宋著名诗人杨万里于绍熙元年（1190 年）任江南东路转运副使，次年八月南下“行部”，第一天即住秣陵驿（今江苏南京秣陵关），次日宿乌山（今江苏溧水西北），第三天“发乌山入溧水县（城内）中山驿”，即是一例。“纲运”的押纲官兵、差出的官吏军卒，也可凭“驿券”住驿站，先到者入住，但通常低官要让后到的高官，尤其是直系高官。北宋时北方官员多乘“递马”赴任、“行部”，南方官员水行乘船，陆行乘“檐子”（参见下节），南宋时乘轿子，杨万里“行部”时，“人报官来争出看，牛逢轿过忽然惊”①，说明乡村中轿子还不多见。驿站还允许“品官之家，及未入官人若校尉，虽不请（驿）券，并听入住”②。宋代“驿站”不备马匹，官员们凭“走马头子”乘骑“驿马”，实际是乘骑“马递铺”的“递马”。驿站只是提供食宿服务的“官旅”，只供官员及其家属居住，这里的“未入官人”是指九品以下，“校尉”即是无品的低级武官，“进义校尉”以下至“守缺进勇副尉”八阶，仍属于官员。

二、邮 传（递 铺）

宋代“递铺”沿袭五代旧制设置，主要递送官方文书。五代时将此作为平民的一种差役，北宋建国的第二年，建隆二年（961年）五月，即诏：“诸道（后称为“路”）州、府以军卒代百姓为递夫。”③这是宋朝政府最早以兵士（以后称厢军）代替民户承担力役的措施。最长的邮递线路是“自京（开封）至广州”，长达四千

① 杨万里《诚斋集》卷 32《发乌山入溧水县中山驿》、《野店二绝句》。

② 《庆元条法事类》卷 10《舍驿 · 驿令》，参见《宋史》卷 169《职官志九》“武阶”。

③ 《宋会要辑稿》方域 10 之 18。又，宋代邮传未见学者叙述，故稍详之。

七百里，而且是为邮传广州市舶司进口的“香药”（泛指进口的贵重物品）设置，“置卒万人，分铺二百，负担（肩挑）抵京师”，这实际上是专业的“香药纲”，由兵士接力递送。在户部判官凌策建议下，自广州邮递至南安军（今江西大余），经赣江水系进入长江，再经真楚运河、汴河，“泛舟抵京师”，“止役卒八百”，实际是“省自京至广南驿递军士及使臣计六千一百余人”①。

北宋时递铺分为“三等，曰急脚（递），曰马递，曰步递，并十八里或二十里一铺”。急脚递铺，通常即称急递铺，实际上是年轻的“急脚军士晨夜驰走”传递，通常只设于主干线，传递机要文件，“事干外界或军机，若朝廷支拨借兑急切备边钱物，或非常盗窃”（指叛乱之类），包括最重要的“御前金字牌”，“并入急脚递，日（一昼夜）行四百里”②。

马递铺，也称马铺，设于驿路的干线，备有铺马（递马、驿马）。宋代马分十五等，“十五，马铺马”。以产地区分，“文（今甘肃文县）、雅（今四川雅安）诸州为下，止给本处兵（厢军）及充铺马”；福建路所产“马，皆低弱不（堪）被甲，唯以给本道（路）厢军及江、浙诸处铺马”。所有铺马都是“不堪披带”、“稍堪乘骑者支马铺”③。马递铺虽有五百里、三百里的规定，实际上远不能达到。官员凭枢密院的“走马头子”，乘骑铺马，只是代步，传递文件时也不堪奔驰，仅比步递略快，最快的通常是急脚递。

步递铺普遍设置于各州、县，是唯一允许传递私人信件的递铺，主要是传递官员及相关人员的信件。这是从景祐三年（1036年）五月，“诏中外臣僚许以家书附递”开始的。这是私人（虽只是官员）信件由专门机构邮递之始，是中国邮政史上的里程碑。

---

① 《宋会要辑稿》方域10之18；参见《长编》卷52，咸平五年七月乙巳；《元丰九域志》卷9《广州》。

② 《宋会要辑稿》方域11之31、9。

③ 《宋会要辑稿》兵24之3、20。

此前一旦远宦他乡，除"达官贵人"可以派"专人驰书"[①]，普通官员遂与家人音讯隔绝。但是，到北宋末的徽宗崇宁四年（1105年），政治腐败也影响了邮递，"近来官司申请许发急递司局甚多，其间有将私家书简，并不依条入步递遣发"，而以各种理由将普通文件"应入急脚递文书为名，夹带（私家）书简，附急脚递遣发"[②]。

各种递铺还承担递送小件物品，甚至连最重要的"急脚递"铺也不能幸免。宋政府不得不于大中祥符元年（1008年）十月诏令："沿路所置急脚递铺，盖令传送文书。如闻有近上臣僚并往来中使，多令赍持（原误作特）物色负重奔驰，咸不堪命。自今非宣敕，并不得应付。"[③]实际上有些线路的递铺，是以"纲运"为主，递送文件为次，如上述首都开封到广州原先的步递铺，是专为运送广州市舶司进口的贵重物品，由铺兵肩挑进京的"香药纲"；首都开封到西南重镇成都的递铺，曾是宋初乾德三年（965年）征服后蜀以后，运送后蜀贵重物资进京的主干线，其后也一直由步递铺承担。天禧四年（1020年）七月"遣使市小车，给凤翔府（今陕西凤翔）至绵州（今四川绵阳）驿递军士，仍为增葺庐舍，悯其劳也"[④]。这段驿路是成都至开封总长三千七百里中，最艰苦的一千九百里路程，这里称"悯其劳"，可见其一直在从事"纲运"的递送，并非只是递送文件。这类步递铺也称"车子铺"，元丰五年（1082年）五月，即"自秦州（今甘肃天水）至熙州（今甘肃临洮），量地里远近险易，置市车子铺二十八，招刺兵士（厢军）"担任铺兵[⑤]。在这五百多里的路程中，每隔二十里左右设

---

① 王栐《燕翼诒谋录》卷5《入递发书》；《长编》卷118。

② 《宋会要辑稿》方域10之28。

③ 《宋会要辑稿》方域10之19。

④ 《长编》卷96，天禧四年七月丙辰。

⑤ 《长编》卷326，元丰五年五月丙午。

一铺，其任务当是“以便运粮、转送文书”①。

南宋初，新设“斥堠铺”专门传递军事情报，以适应战时形势。北宋时递铺基本上是适应和平时期的需要，在西北战场设置递铺也只是往前线运送粮食等军需物资。当金军南侵，军情随时变化，原先递送文书的递铺已不能适应战时的形势。建炎二年（1128年）二月，因战况不明，当金军即将到达扬州时，宋高宗几乎是只身仓皇出逃渡江。次年二月，杭州知州康允之指出：去年因“维扬（扬州）无斥堠，故金人奄至而不知”②。于是命“康允之措置本路（两浙路）冲要控扼去处摆铺斥堠，每十里置一铺，专一传递日逐探报斥堠文字，每铺五人，新、旧弓手内选有心力、无疾病、能行步少壮人充”。“每铺并限三刻（一昼夜为一百刻）承传，置历（簿）批写时刻”③。这种新设的铺，称为“斥堠铺”。后来遍设于江南东路、两浙西路的沿江地区，宋金绍兴和议（绍兴十一年，1141年）以后，只设于首都临安府至江淮间。

北宋时步递、马递、急脚递三种递铺，虽在同一城、镇，也是分别设置，分别递送各类文件及物品。南宋初年由于斥堠铺的设置，最紧急、机要的文件实际上也已由斥堠铺递送，上述三种旧递铺逐渐合而为一，有的地方只有步递、马递，不少地方只有步递，由于都是由尚书省兵部的驾部司管辖，因而合称“省铺”。通常仍保留三或两种铺名，按递件的性质以三或两种不同方法递送，当铺兵、铺马缺乏时，常是将各类递件积存一定数量后，以步递进行递送，甚至是家属挑担递送。

---

① 《宋会要辑稿》方域10之25。

② 《系年要录》卷20，建炎三年二月丁卯。紧接着说：“于是初置‘摆铺’。”则欠妥，此为斥堠铺。李心传在《朝野杂记（乙集）·金字牌》中又说：“绍兴（熙）末，丘宗卿为蜀帅，始创摆铺。”著名学者偶然前后有失照应，此为一例。

③ 《宋会要辑稿》方域10之43、44。

绍兴十九年(1149年)三月,派黄敏行"往四川诸路措置递角"[①],"黄敏行措置江、浙、荆、襄之间旧无斥堠(铺)者,一切创增"[②]。黄敏行措置增设的斥堠铺是一条自四川到首都临安的快速步行递铺。绍兴二十九年二月,在洪迈的建请下,"将有斥堠(铺)去处,应干'省递'并行减罢,其常程文字(指普通递件)每日类聚,轮差一人传送"[③]。这是将有斥堠铺地方的"省铺"任务并入斥堠铺。

绍兴三十年(1160年),金帝完颜亮准备侵宋,南宋又创设一种新的递铺"摆铺","立九里或十里一铺,止许承传军期紧切文字"。史称:"建炎三年初立斥堠(铺),绍兴三十年又创摆铺。"[④]可见这是两种不同的递铺。

绍兴三十一年十月,宋向金正式宣战,金军已大举南下,战斗激烈,作为传递军情的"摆铺"特别忙碌。同月"二十四日,都省(尚书省)言:十月分诸路'摆铺'兵级,日夜往来传送文字,委是有劳"。因而"诏令户部并诸路总领(财赋),各随路分依例犒设一次"。说明"摆铺"在抗金前线诸路已普遍设置。

因为"摆铺"主要为军事需要而设置,在宋金战争期间及战后的一段时间内,实际上是军队递铺。孝宗即位后的绍兴三十二年十一月,兵部奏称:"诸军摆铺兵级传送军期急速文字,近更稽迟。缘未立定日行地里、并论罪条法及措置勾考之方。"说明"摆铺"创立不久,尚无规章。于是兵部提出方案:"近诣诸军,自

---

① 《系年要录》卷159,绍兴十九年三月甲辰。

② 《系年要录》卷181,绍兴二十九年二月庚戌。

③ 《宋会要辑稿》方域11之13。

④ 《宋会要辑稿》方域11之31。李心传《朝野杂记》乙集卷9《金字牌》称:"绍兴末,丘宗卿(密)为蜀帅,始创摆铺。"丘密,隆兴元年(1163年)进士,绍熙三年(1192年)至五年任四川安抚制置使,则"绍兴末"是"绍熙末"之误,当是传写印刷之误。《宋史·舆服志·符券》即作:"绍熙末,遂置摆铺焉"。《宋志》当袭自李心传之说或同源,然两书皆误。

兴州(今陕西略阳)之行在(临安),沿路接连,每十里置铺,选不入队少健轻捷军兵五人(一铺),每十铺添差巡铺使臣一员,往来机察”。“今欲除‘金字牌’日行五百里外,余日行三百里”。还规定违背有关递件规定,“并依斥堠铺(等)第降罪论指挥断定”。新创的“摆铺”才有了正式的规章。

由于摆铺传递的速度快,于是各种递件纷纷设法转入摆铺递送。隆兴二年(1164 年)三月,兵部再次规定:“自今诸军摆铺,止许承传尚书省、枢密院、都督府、沿边州军等所遣发军期、钱粮要切文字;余闲缓处不许辄入,并依条入斥堠(铺)、急(脚)、马、步递(铺)”。还规定负责递件分类的官员、机构如不按规定发递,将受到惩治,此后还陆续颁布了不少规定。

但是,随着隆兴二年末宋金议和(隆兴和议),南宋进入和平时期,“摆铺”的命运就如同建炎三年创立的“斥堠铺”一样,逐渐混同于一般递铺。淳熙十三年(1186 年)时,已是“近来摆(铺)、斥堠(铺)、省递(包括急脚递、马递、步递),混而为一,共分食钱(正常军俸外的伙食津贴),通同递传,所以多有违限”。“措置诸递角”王厚之提出了整顿意见,并得到孝宗的批准,于是“诸路转运司日下分别诸铺名额,就择少壮有行止人充摆铺,依元(原)来指挥内外军期急速文字,专入摆铺,常行文字并入斥堠(铺);其元(原)无摆铺处军期亦入斥堠(铺),常行(文字)并入省递”①。摆铺传递文件,常称自某地“摆至”某地。

“绍熙(原作兴,误。1190—1194)末,丘宗卿(崈)为蜀帅,始创摆铺,以健步四十人为之……(自成都)至行在(今浙江杭州),率一月而达。……自创摆递以来,蜀中动摇,靡所不闻。……自后私书丛委,每递至百数,由是往来稍逾期,自成都而东(至行

---

① 以上均见《宋会要辑稿》方域 11 之 17 至 32。各种递铺兵士食钱不同,摆铺兵士的食钱最高,相当于编外的无品军官。

在)犹不过月,自行在而西(至成都)或三十五六日云。"[①]李心传时(或稍后)在成都,所称丘密"始创摆铺"虽欠准确(见前述),但其所述事实则不误。或绍兴三十年(1160年)所创为军事性质的摆铺,且西起川陕的兴州(今陕西略阳),成都未设摆铺,直至绍熙三年四月丘密任四川安抚制置使(至五年冬)时,成都"始创摆铺",且系传递日常政务速递件。其后南宋政治日趋腐败,邮递也逐渐没落。

各种递铺传送的邮件,称为"递角",装入木制或皮制的"递筒"内,封印并编字号后发递,通常以"千字文"号编发。各类递件分别由不同递铺递送,各铺都要登记每一递件到发时刻,并检验递筒的"封头",如有破损即报告,以便兵部驾部司依条追究有关人员。尤其是路途遥远,承传的递铺很多,以致发生盗折、藏匿递件,甚至有只传递空筒而内无递件,又无从追究的事件。而元祐三年(1088年)二月,改革派主将章惇(哲宗亲政后任宰相)任越州(今浙江绍兴)知州时所发生的"越州(官)告为递兵偷匿"事件,似并非普通的偷匿事件。当时章惇正受到当政的守旧派的猛烈攻击,从章惇不追究越州知州官告"丢失",而是"乞更不别给(官)告"[②],以提举宫观奉养父亲,四月又辞去在父亲居住地苏州(今江苏苏州)任知州的任命,可见端倪。守旧派或许只发了空筒而未发官告,意在警告章惇安于赋闲现状是最好的选择。这次官告"丢失"的事件,在宋代邮递史上是绝无仅有的。

邮递最快的是"金字牌",著名科学家沈括称:"熙宁中,又有金字牌急脚递……以木牌朱漆黄金字,光明眩目,过如飞电,望

---

① 《朝野杂记》乙集卷9《金字牌》。李心传称"丁卯岁(开禧三年,1207年)","余在成都",时距绍熙五年仅十多年。

② 《长编》卷409,元祐三年四月庚寅;参见卷408,元祐三年二月癸巳。

之者无不避路，日(一昼夜)行五百余里"[①]。金字牌创自神宗前期。元丰六年(1083 年)记载的金字牌形制为："金字牌，长尺余，朱漆，刻金字书'御前文字，不得入(递)铺'，尤速于急递。"[②]"日行四百里，邮置之最速递也。凡赦书及军机要切则用之，由内侍省发遣也。"[③]南宋时，"自行在(临安)至成都，率十八日而至，盖日行四百余里"[④]。绍兴元年(1131 年)五月，规定金字牌递卒"走递，前铺闻铃预备人出铺就道交收，不得时刻住滞"，否则将受处分。绍兴四年，"江南东路、淮南西路宣抚使(刘光世，置司池州)司，近缘承受御前金字牌递角，计住滞一日五时辰(一昼夜为十二时辰)"，问题出在平江府(今江苏苏州)，于是"催督平江府依法科罪"[⑤]。除"赦书及军机要切"外，凡"御前文字"，都可用"金字牌"。孝宗时赵善任秀州(今浙江嘉兴)知州，"金字牌忽夜下，上(孝宗)亲札曰：海盐(今浙江海盐)地高病旱，岂有水利可兴乎?"[⑥]则是要求赵善兴修水利，即是一例。

普通递角可能是本色的，为达到快速传递目的，乾道三年(1167 年)三月，创制两种速递牌，第一种是上行的"黑漆白字牌"，发给沿边各驻军及少数沿边州、府，江、淮地区各给五块，荆湖、川陕各给十块，"专一申奏军期切紧，寻常不许辄用申发文字。并填实日递铺走传，日行三百五十里"。这是沿边驻军及州、府向朝廷报告军情的"上行"专用速递牌，简称白字牌。同时又创制第二种"下行"的"雌黄漆青字牌"，称为"雌黄青字牌"，简称青字牌。这

---

① 沈括《梦溪笔谈》卷 11。又《宋史・舆服志・符券》："檄牌，其制有金字牌、青字牌、红字牌"。皆朝廷"下行"的速递，故称"檄牌"。而地方"上行"的"白字牌(黑漆白字牌)"，《宋志》则缺载。

② 《长编》卷 339，元丰六年九月丁卯。

③ 《宋史》卷 154《舆服志・符券》。

④ 《朝野杂记》乙集卷 9《金字牌》。

⑤ 《宋会要辑稿》方域 10 之 48、11 之 4。

⑥ 叶適《水心文集》卷 21《赵公(善)墓志铭》。

是当各地“申奏”的黑漆白字牌“到行在，令进奏院具承受日时。发回朝廷降付诸处急(原作乞，误)切文字，亦乞置‘雌黄漆(原作膝，误)青字牌’五十(面)，以备给发”①。则“黑漆白字牌”是地方申报“军期”专用，“雌黄青字牌”是朝廷发回文件专用。

《建炎以来朝野杂记·金字牌(雌黄青字牌)》称：“乾道末，有旨令枢密院置军期急速文字牌，雌黄(漆)青字，日行三百五十里(八年十月十三日指挥)。”《宋史·舆服志·符券》所载略同。似是“雌黄青字牌”(简称“青字牌”)此时才初创，此说欠妥。原始史料是：“乾道八年十月十三日专降指挥，令枢密院置给发军期急速文字牌子，系雌黄青字，日行三百五十里。”②李心传所引在“枢密院置”后，删去“给发”二字，遂失去其系“下行”专用速递牌的性质。数日后的同月“十七日，诏激赏库依昨置黑漆白字牌式样，更行制造，四川宣抚司给牌十，建康(今江苏南京)、……安丰军(今安徽寿县)各给牌五，申奏朝廷要切文字”③。可见“上行”专用速递牌，几乎与“下行”专用的“雌黄青字牌”再次同时制造，分别发给有关单位使用。不同的是黑漆白字牌用途未变，而雌黄青字牌原先只是当各地“黑漆白字牌”，到首都以后，“发回朝廷降付诸处急切文字”时专用的速递牌，现在也作为枢密院“给发军期急速文字牌子”，只是增加了“雌黄青字牌”的用途。淳熙三年(1176年)十一月，又因为“近来入递给发紧急文字，递铺走传往往留滞”，于是“诏激(原作给，误)赏库置造雌黄漆青字牌子六十六面赴尚书省，专一遣发紧切不可待时文字，日行三百五十里”。这是再一次增加雌黄青字牌的用途，作为尚书省下发“紧切文字”的速递牌，并重申乾道三年创始时的规定：“其承受

① 《宋会要辑稿》方域11之19、20。又《朝野杂记·金字牌》亦只载朝廷“下行”的金字牌、青字牌、红字牌，缺载由地方“上行”的白字牌，则《史志》袭于此或同源。

② 《宋会要辑稿》方域11之34。

③ 《宋会要辑稿》方域11之24。又，白字牌也称粉字牌。

去处，候（雌黄青字牌）到，将牌子即时缴还。若住迟时刻”就要受处分[1]。说明这是一种单程的“下行”速递牌，不能逆向使用。乾道八年枢密院使用的“雌黄青字牌”，可能也有单向使用的规定，笔者所见已是绍熙四年（1193 年）时枢密院追述时的摘录，已无上述单向下行后“将牌子即时缴还”的记载，南宋李心传所见或许也是此摘录文件，故未述其单向下行的性质。

但是，随着时间的推移，雌黄青字牌文件逐渐被递铺当作一般递件处理，绍熙四年（1193 年）十月，枢密院指出：“近年以来，（雌黄青字牌）多是滞留程限，盖缘岁月浸久……将雌黄军期文字牌子，与常递混为一等，展转积压在（递）铺，更不摘出先行。”并提出“换用黑漆牌子，上镌刻‘枢密院军期急速文字牌’，减作限日行三百里……其字号朱红填写”，以及其他规定[2]。史称“黑漆红字牌”，简称“红字牌”，以代替原先枢密院用的雌黄青字牌。“明年，尚书省亦踵行之”，则尚书省也以红字牌代替青字牌，但是，“久之，稽缓复如故”。开禧三年（1207 年）前后“日行才百余里耳”[3]。红字牌实行仅十多年，日行速度已降为规定的三分之一左右，其后南宋政局日非，各种速递便名存实亡。

此外，还有军队内部使用的“传信木牌”，这是“用坚木朱漆为之，长六寸，阔三寸，腹背刻字而中分之（通讯双方各持一半，至者合契以验真伪），字云某路传信牌”，牌上贴纸并附有笔墨，纸上写（使用暗语）要传达的事，如是“临阵传言”，下属或对方也要在纸上写执行情况送回，由“军吏”以皮绳挂在颈上传送；也用于屯驻军队的堡、寨之间，“事须往来关会之处”[4]，系咸平六年

---

① 《宋会要辑稿》方域 11 之 28、20。

② 《宋会要辑稿》方域 11 之 34。《朝野杂记·金字牌》作“绍兴末”，“兴”为“熙”之误；而《宋史·舆服志·符券》作“淳熙末”，则“淳”又为“绍”之误。

③ 《朝野杂记》乙集卷 9《金字牌（雌黄青字牌、黑漆红字牌）》。

④ 《宋史》卷 154《舆服志·符券》。

(1003 年)创制[①]。这是有别于普通递角的军用短程递角，也称传信牌、传言牌。

第二节 轿子的产生

一、兜子与檐子(肩舆)

关于轿子，《辽宋西夏金社会生活史》[②]中称："轿又名肩舆、檐子、兜子等，宋时达官贵人乘轿已相当普遍。"这一观点值得商榷。而周宝珠《宋代东京研究》全书关于这些甚至一个字也没有提及。该书第四章中只说到："在北方的陆路交通工具，主要是大车……其他如人力车、畜力小车，以及马、驴、骆驼等，亦是各地往来京城的交通工具。据记载：'京师赁驴，途之人相逢无非驴也。熙宁以后，皆乘马也'(《麈史》上)"。对此，本书专门对宋代的交通工具轿子的产生作了考证。

太平兴国七年(982 年)奏议："工商庶人家乘檐子，或用四人、八人，请禁断，听乘车；兜子，兜不得过二人。"[③]兜子以两人用手抬，类似于现代的担架，但被抬的人是坐着的；檐子则以肩抬，凡用肩抬的，包括后来的轿子都称肩舆。

高承《事物纪原》(卷 8)兜子条："又名兜笼，巴蜀妇人所用。唐乾元(758—760)以来，蕃将多著勋于朝，兜笼易于檐负。京师(长安)先用车、辇，后亦以兜笼代之(笔者按：兜笼所代的只是辇)，即今兜子也。"

---

① 《长编》卷 55，咸平六年十月戊寅。参见王曾瑜《宋朝兵制初探》七《军事装备和通信》。

② 中国社会科学出版社 1998 年版。又，"檐"字二音二义，音"旦"，含义与"担"(原为繁体)同。

③ 《宋史》卷 153《舆服志五》。

檐子条:“开成末(事在开成五年,840 年)定制,‘宰相、三公、诸司长官及致仕官、疾病官许乘檐子,如汉、魏载舆之制’。按:唐乾元以来,始用兜笼代车、舆,疑自此又为檐子之制也,亦汉、魏载舆、步舆之遗事云。”

“如汉、魏载舆之制”,《新唐书·车服志》则作:“如汉、魏载舆、步舆之制”,多“步舆”二字,因载舆是指车舆。唐代李善称:西晋“步舆,方四尺,素木为之”①。则唐代檐子应与西晋步舆相近。

唐代皇帝乘坐步辇的坐姿是盘坐,宋初皇帝正式的坐姿为“屈右足,垂左足而凭几”②。则宋初人坐兜子、檐子的坐姿应与上述两种坐姿相近。

宋仁宗景祐三年(1036 年)八月,再次诏令:“民间毋得乘檐子……其用兜子者,所兜毋得过二人。”③效果都不大。此后兜子也少见于记载。

二、轿子的产生与发展

元丰五年(1082 年)以前,对宗室年老、有病者,已“恩许私家乘垂帘肩舆出入”④。说明乘坐这种肩舆,需经特许。肩舆而垂帘,则必有框架以挂帘,且其他三面亦必有屏障,即有“帘蔽”,坐姿应为垂脚高坐。

元祐元年(1086 年)五月“戊午诏:尚书左仆射(兼门下侍郎)司马光所患(病)已安,惟足疮有妨拜跪……许乘轿子三日一

---

① 《新唐书》卷 24,参见《文选·闲居赋》,李善注。

② 《宋史》卷 144《仪卫志二》。

③ 《宋会要辑稿》舆服 4 之 7。

④ 《宋会要辑稿》舆服 4 之 17。

至都堂聚议，或门下（省）、尚书省治事”①。这是轿子作为人抬交通工具，最早进入官方记载之一，但轿子的式样不详。

绍圣二年（1095 年）六月，侍御使翟思称：“近者京城（开封）士人与豪右大姓，出入往来，率以轿自载，四人舁之；甚者饰以棕盖，彻（通撤）去帘蔽，翼其左右，旁午于通达之衢。”②其“不甚者”的式样虽不祥，而所谓“甚者”的式样则比较清楚，大体上是从“垂帘肩舆”演变而成。是加了轿顶“棕盖”，而将前面的“帘”和其他三面的“蔽”（屏障）去掉，改成左右两侧有屏障，而称为“翼其左右”——或即是部分有屏障，当即是左右下半截有屏障者，这可能就是马端临所说南宋的“凉轿”③。

然而，《事物纪原》的《舟车帷幄部》中，只有兜子、檐子，却没有轿子，可见轿子是新产生的人抬交通工具，还来不及载入《事物纪原》。史称《事物纪原》“开封高承撰，元丰（1078—1085）中人”④，则轿子的产生，可能是神宗在位（1067—1085）的中后期，与翟思所说的“近者”意合。

虽然，宋哲宗对翟思奏请“乞行止绝”民庶乘坐轿子（凉轿），采取“从之”，但禁令的效果不大，而轿子继续向完善的方向发展。

三、凉轿与暖轿

政和七年（1117 年），“今京城内暖轿，非命官至富民、娼优下贱，遂以为常”乘坐，宋徽宗下诏：“非品官，不得乘暖轿。”⑤亦

① 《长编》卷 377。

② 《宋会要辑稿》舆服 4 之 7。

③ 《文献通考》卷 119 末按语。

④ 《文献通考》卷 214“事物纪原”条。

⑤ 《宋史》卷 153《舆服志五》。

反映了当时有庶民乘坐凉轿的现象。

史载南宋时的轿子,“正方……凸盖无梁,以席为障,左右设牖,前施帘,舁以长竿二,名曰竹轿子,亦曰竹舆”①。此则已是暖轿。北宋末年的著名风俗画,张择端《清明上河图》中的轿子,全都是这种类型,以上半部的前一半为窗。不是后世的轿子,窗子开在上半部的中间且不到顶。图中没有“凉轿”。

关于暖轿和凉轿的区别,南宋著名诗人杨万里在诗中有形象的描述:“暖轿行春底见春,遮栏(拦?)春色不教亲;急呼青伞小凉轿,又被春色著莫人。”②诗句虽然夸张,但说出了暖轿三面有屏障、前有垂帘的特征,“底见春”的“底”当指垂帘下端的空隙;而“青伞”系指青色轿顶,“小凉轿”与前述的凉轿同类型。“著莫”,会不会是有褒义的“折磨”的某种含义。

两宋之际孟元老所撰《东京梦华录》,“公主出降”条中的檐子,“覆以剪棕”,即棕顶,而“四维垂绣额珠帘”,显然与前垂帘、三面有屏蔽而左右设窗的暖轿不同。“皇后出乘舆”称:“士庶家与贵家婚嫁亦用檐子”,而“婚嫁”条也说:“儿家(男方)以车子或花檐子(当指带装饰的檐子)”迎娶新妇。可见,那种将乘者都障蔽的、不能显示其华丽衣饰与花容月貌的轿子(暖轿),还未能进入正式的礼仪行列。

史称:宋“高宗建炎元年(1127 年)诏:百官特许乘轿,惟不以入皇城”。二年,“隆祐太后至杭州。有司言:州僚乘轿张盖,不少裁抑,于礼未安。诏:不许乘凉轿”,则杭州流行的是凉轿。后又诏:百官“退朝入局并乘马,遇雨乘轿”。各路的“监司”长官出巡时,也规定乘马,只有山路险恶的地方,才允“许于所过州县和雇”人抬轿子。但是,这些诏令、规定都成为

① 《宋史》卷 150《舆服志二》。

② 《诚斋集》卷 31《三月三日上忠襄坟》。忠襄是杨邦义的谥号。

具文。百官“乘轿自扬州（建炎元年十月）始，后遂不复乘马，惟从驾则乘之”[1]。

绍熙二年（1191年）秋，诗人杨万里时任江东路转运副使，外出巡视时，水路乘船，陆路乘轿，诗称“牛逢轿过忽然惊”[2]，可见乡村中轿子还是比较少见的。

南宋时轿子与檐子有区别的记载，如南宋理宗（1225—1264）时内宫出行，“大内棕檐外，约有五百余乘轿”[3]。迎娶新娘时，“引迎花檐子或粽（应为棕）檐子、藤轿，前往女家”[4]。藤轿式样虽不详，但属于轿子而非檐子的别名。在租赁的货物中，也是花檐子与轿子分列[5]。

关于轿子，《辞源》（修订本）称：“轿子，肩舆。五代时已有此名。宋王铚《默记》：‘艺祖（赵匡胤）初自陈桥推载入城，周恭帝即衣白襴，乘轿子，出居天清寺。’”这个解释是欠妥的。

王铚，南宋人。且不说赵匡胤兵变入城，周恭帝即出居天清寺，与史实不符，当得自传闻。其所说“乘轿子”，亦应是以南宋的轿子比附北宋初的檐子。

---

① 《文献通考》卷119；《庆元条法事类》卷7。

② 《诚斋集》卷33《野店》。

③ 西湖老人《繁胜录》，书成于端平二年（1235年）。

④ 吴自牧《梦粱录》卷20《嫁娶》。

⑤ 四水潜夫（周密）《武林旧事》卷6《赁物》。檐原作车旁，为异体字。又，本节参见笔者《轿子的产生与发展》，刊于笔者《宋代社会政治论稿》，上海人民出版社2007年版。

第二十一章　宋代社会生活与宗教

宋代是中国古代汉族生活习俗，由席地而坐向使用高脚桌椅垂脚而坐的过渡时期，直至南宋末，在正规礼仪中，仍保留席地而坐习俗。

婚礼、丧仪、节庆中，具有时代特色。室屋与服饰相类似，也不仅是官民有别，而且高官与一般官员有别。宋代志趣相投或信仰相同的人，结成会、社，习称“社会”。

随着社会经济的发展，民间艺人活跃在城乡各地以谋生。以两宋首都开封、杭州为代表的大城市中，出现了称为“瓦子”的综合性消费场所，不仅有各种商铺，还有四周有围档的“勾栏”和上有顶棚的“棚”，演出曲艺、傀儡戏、(纸、皮)影戏、杂剧，以及相扑、魔术、武术等杂技。

宋代宗教主要是佛教和道教，佛教禅宗最盛，华严宗、律宗北宋时复兴，华严宗东传高丽，律宗(资持宗)东传日本；禅宗黄龙派、杨岐派(后者最盛)，南宋时先后东传日本。道教分为符箓派和金丹派，前者以龙虎宗最盛；后者宋代流行的是其中的内丹派，后亦兼行符箓。

第一节　生活习俗与社会风俗

一、由席地而坐到使用高脚桌、椅、凳的转变

北宋初年的乾德二年(964 年)正月前，发生了中国古代朝

仪史上历史性的变化。此前，沿袭宰相坐而论道的旧制，即“先是，宰相见天子必命坐，有大政事则面议之，常从容赐茶而退”。“唐及五代，皆不改其制，犹有坐而论道之遗意焉。”但由于范质等原是后周的宰相，宋王朝建立后仍留任宰相，因而“稍存形迹”，一些日常政务本属宰相职权范围，也常具札子进呈，由宋太祖批准后实施。“由是奏御浸多，或至旰昃，赐茶之礼寻废，固弗暇于坐论矣。后遂为定式，盖自(范)质等始也。”①从此以后，宰相上朝也是立班，不再设座位，这是指正式的上朝议事处理政务。至于通常的皇帝召见大臣，仍赐坐，宰相坐杌子，其他大臣坐墩。北宋前期仍是“席地而坐”为主的时期②。

唐代中期及以前，坐具、卧具皆称床，也称榻，专用坐具称小床，坐面使用绳条的称为绳床。唐德宗贞元十三年(798 年)，张洗《济渎庙北海坛祭器碑》碑阴所载“绳床十”，原注“内四倚子”③，这是关于椅子的最早记载之一，是一种坐面靠背都使用绳条的新坐具，但还不是一种独立的家具，只是“绳床”(包括卧具)的一部分。但不论是绳条还是全木的椅子，直到宋代仍只是尊长、老人、病人、残疾及特殊需要者使用，而且在正式场合通常都不使用椅子。“椅”字通常作“倚”。

宋代皇帝在正式场合的坐具，仍沿用唐、五代的“龙床”，也

---

① 《长编》卷 5，乾德二年正月戊子。

② 关于中国古代的生活习俗，直至 20 世纪 90 年代中期，学术界普遍认为宋代已是使用椅子、凳和桌子等高脚家具。朱大渭《中古汉人由跪坐到垂脚高坐》(《中国史研究》1994 年第 4 期)，是这一观点的代表作，认为使用椅、凳“至唐末五代已接近完成”，宋代当然是不言而喻；1995 年出版的《中国全史》(人民出版社)有关分册，1998 年出版的《辽宋西夏金社会生活史》(中国社会科学出版社)，两书的观点与之相同或近似。笔者认为使用椅、桌始自北宋中叶，而非唐末五代，在白寿彝总主编《中国通史》第 7 卷(笔者主编，上海人民出版社 1999 年版)已作论述。后又撰《再谈中古汉人从跪坐到垂脚高坐的演变》(下称《再谈》，《北大史学》第 7 辑，北京大学出版社 2000 年版)详加阐述。

③ 《金石萃编》卷 103。

称御榻。北宋前中期称为“驾头，一名宝床，正衙法坐也。香木为之，四足瑑山，以龙卷之。坐面用藤织云龙，四围错采，绘走龙形，上加绯罗绣褥，裹以绯罗绣帕”。这是一种香木架藤面的矮榻，并不是龙椅。“每车驾出幸，则使老内臣马上拥之，为前驱焉”①，说明皇帝出宫，也携带这种坐具。仁宗于嘉祐六年(1061年)的一次“出幸”时，“抱驾头内臣坠马，坏驾头”②，修复以后只是在其后面两侧各增加两个空手者，以备必要时前去救助。

北宋前期仍沿用“席地而坐”的朝仪。太宗淳化四年(993年)重开停废十多年的“大宴”时，参加的官员以官位高低，分坐于正殿、朵殿(侧殿)、两庑(庑廊)，坐在正殿上的“宰相、使相坐以绣墩(原注：曲宴、行幸用杌子)，参知政事以下用二蒲墩、花毯(原注：曲宴，枢密使、副使并同)，军都指挥使以上用一蒲墩”；而“自朵殿而下，皆绯缘毡条席”③。说明侧殿、庑廊上的极大多数官员，是名副其实的席地而坐。正殿上坐墩的少数高官们，也属席地而坐的范畴。即使在次要的宴会(曲宴)及行幸等次要场合，坐杌子的也只是宰相和享受宰相礼仪的“使相”等三五人，其他大官只能坐墩。北宋天禧四年(1020年)十一月，丁谓因故罢相，后在进见真宗时，他表示想继续当宰相，真宗没有表态，只命“赐坐，左右欲设墩，(丁)谓顾曰：‘有旨复平章事。’乃更以杌子进”④。也说明坐杌子只是宰相的特殊礼遇，其他大臣则只能坐墩。

席地而坐还反映在办公家具上。丁谓记载的“使相”“上事”仪式，“使相”虽有宰相官衔，但只是具有节度使衔等高官的加衔，享有宰相的礼遇而没有实权，仍需进行“上事”，即上任的仪

① 《宋史》卷148《仪卫志六》。

② 《宋史》卷144《仪卫志二》。

③ 李攸《宋朝事实》卷12《仪注二》；参见《宋史》卷113《礼志十六》。

④ 《宋史》卷283《丁谓传》；参见《长编》卷96。

式，称为“赴上”。“若使相(赴上)，即中书正宰相送上(陪同进行上任仪式)，正宰相坐东位，使相看几位，列坐西位讫，然后逐位(使相)就牙床、小案子上判案三道，仍侧坐拽一脚，候几员(使相)判案讫，正宰相退，然后看使相几员，并正面并坐受贺”①。这里记载的办公家具是牙床、小案子，属于席地而坐的家具，不是高脚的椅子和桌子。这次礼仪还说明，当时的坐姿是盘坐，“拽一脚”(放下一脚)而仍能坐稳，显然不是通常所说的跪坐。席地而坐时坐姿由跪坐为主转变成以盘坐为主，这可能是由席地而坐向使用椅、凳、杌等高足坐具的过渡性坐姿②。

随着时间的推移，到北宋中叶起居生活方式已有变化，高足椅、凳、杌的使用，至少在尊长们使用时已逐渐普及，当时的文坛主将苏轼曾撰文称：“古者坐于席，故笾豆之长短，簠簋之高下，适与人均。今土木之像，既然已巍然于上，而列器皿于地，使鬼神不享，则不可知；若其享之，则是俯伏匍匐而就也。”③这里的“巍然于上”是指坐像，不是立像，因为自古以来站立与席地而坐以就餐，并不矛盾。现在既塑鬼神为坐像，却没有与之配套的高脚桌子以供祭品，仍将祭品陈列于地上，正说明由席地而坐向普遍使用椅、凳、桌等高足家具转折时期的特殊现象，但椅子仍是尊长、老人、病人等使用④，通常情况是使用坐凳和高脚桌子，这在张择端的《清明上河图》中得到充分的反映，图中绘有许多酒楼、茶肆，但只有许多高脚的长凳和桌子，却没有椅子，只有进城(上侧)第一家有一先生(或店主)坐一椅，还有“赵太丞家”有一

---

① 《丁晋公谈录》，百川学海本。

② 笔者在《再谈》一文中，首次提出“席地而坐”的坐姿，由跪坐为主转变成以盘坐为主，这种转折可能在五代时已接近完成，参见五代顾闳中《韩熙载夜宴图》，而这是由席地而坐向坐高足家具椅、凳的过渡性坐姿。

③ 《苏轼文集》卷7《策问·庙欲有主祭欲有尸》。笔者《再谈》中阐述为席地而坐向使用桌、椅等高脚家具转折时期的特殊现象。

④ 参见《长编》卷520，元符三年正月戊寅注。

空椅，说明椅子还不普及。这种情况还反映在北宋末年为宋徽宗祝寿的国宴上，坐具只有“红面青墩”和“黑漆矮偏凳（凳，原作钉，误）”两种①。可能是原先坐绣墩、蒲墩的高官坐红面青墩，而坐绯缘毡条席的坐黑漆矮偏凳。“偏”在这里作“半”解，偏凳即半凳，可能指条凳、长凳，矮偏凳即矮长凳。这时期皇帝出行的仪仗中，也带有“金交椅”、“御椅子”，“亲从官执之”②。

《清明上河图》中仅有的两把椅子，似是全木交椅，类似现代的木制折叠椅。至于宋徽宗出行时所带的金交椅，是折叠式还是固定式的已无从确知。这是因为“交椅”早期专指折叠椅，后来则包括固定式并带扶手的椅子，这种变化可能是从北宋末年开始的。

南宋绍兴初（三至六年，1133—1136），梁汝嘉在担任首都临安知府时，有人向他说：“近见一交椅样，甚佳，颇便于此（指假寐，即打盹儿）”，系“用木为荷叶，且以一柄插于（交椅）靠背之后，可以仰首而寝（假寐）”，可见原先的交椅是矮靠背固定式普通椅子，高靠背椅子从此流行，到南宋宁宗庆元（1195—1200）时，“今达宦者皆用之，盖始于此”③。

南宋理宗时张端义在《贵耳集》中称，交椅“自来只有栲栳样”，以“荷叶托首”的高靠背，是秦桧任宰相（可能是绍兴十二年，1142 年）时有人“出意撰制”的，时称“太师样”。都说明高靠背交椅，创自南宋初年。

著名诗人陆游称：“徐敦立言：往时士大夫家妇女坐椅子、兀（杌）子，则人皆讥笑其无法度。”④说明南宋初年已是不论男女

---

① 《东京梦华录》卷 9《宰执亲王宗室百官入内上寿》。钉改作凳，系据《梦粱录》卷 3《宰执亲王南班百官入内上寿赐宴》中也有“黑漆矮偏凳坐物”。

② 《东京梦华录》卷 6《（正月）十四日车驾幸五岳观》。

③ 王明清《挥麈三录》卷 3《靠背交椅自梁仲谟（汝嘉）始》。

④ 《老学庵笔记》卷 4。陆游北宋宣和七年（1125 年）生，官宦世家。到南宋绍兴元年（1131 年）后，当已记事，已不及见士大夫家妇女坐椅子、杌子被看作无法度的事。则徐敦立所言当是北宋末年之事。

都可坐高脚的椅子、杌子、凳等，这是中国古代汉人生活起居方面划时代的变化。

南宋时日常生活的礼仪中，已是“设椅卓(桌)置于堂中……各置杯、匕、著、蔬果于卓上”[①]。而祭祀孔子时“夫子像设置于椅上，已不是”；却陈列祭品“于地，是甚义理”[②]。说明北宋中期至南宋中期是席地而坐向使用桌椅等高足家具的转折时期。

高足坐具的普及也反映在南宋皇家仪仗中，皇帝出行所坐的“平辇”，已是“形如一朱龙椅而加长竿二”，皇太后、皇后、妃子等出行，南宋初年已是乘龙椅或红色椅子；而北宋时皇帝、皇后等出行时的坐具是牙床、小案和坐床、小床、朱漆床等，主要是“席地而坐”的坐具[③]。但在正规场合，南宋皇帝坐具仍是“御榻”、“龙床”，并不是龙椅。大臣们被赐坐时，也仍分别坐杌子或墩，也没有坐椅子的[④]。

“席地而坐”由于正规场合礼仪的需要，以及习惯势力的影响，直到南宋灭亡前夕，也并没有完全被废除。度宗(1265—1274)时，虽然谢太后生日宴会上，已是大臣们“殿上坐杌”，“第三、四行黑漆矮偏凳坐物”。而更正规的度宗生日宴会上，“仪銮司排设御坐龙床”，以供度宗坐；丞相、执政、亲王“系高坐锦褥”，其他高官“并矮座紫褥”；坐在偏殿、庑廊的百官，都“系紫沿席，就地坐”[⑤]，是名副其实的席地而坐。此外，皇帝前往国子监时，“除司业、祭酒(国子监长官)外，其余学官、前廊长谕，并带黄号

---

① 《朱文公文集》卷69《赵婿亲迎礼大略》。又，“著”为酒器，著或为箸之误，箸即筷。

② 《文献通考》卷44《学校考五》引朱熹语。可能由于朱熹的影响，后世孔子像多塑立像，少塑坐椅子像。

③ 《宋史》卷149《舆服志一》。

④ 《宋史》卷110《礼志一三》、卷113《礼志一六》。

⑤ 《梦粱录》卷3《宰执亲王南班百官入内上(皇太后)寿赐宴》、《皇帝初九日圣节》。

于隔门外席地坐，赐酒食三品”①，更明确地说，大多数正规场合还是“席地而坐”的。

二、服饰　室屋

宋沿唐、五代旧制，赭、黄为皇帝的专用衣服颜色。最著名的事例是后汉乾祐三年（950年），郭威进行“澶州（今河南濮阳）兵变”时，因事前没有准备好皇帝穿的袍服，于是将士“或有裂黄旗以被帝（郭威）体，以代赭袍”②。至于后周显德七年（960年），赵匡胤发动“陈桥（今河南封丘南，时在黄河南）兵变”时，已有事前做好的“黄袍加身”。皇帝常用服色为赭黄、淡黄，还有红色。头戴皂纱折上巾，也称幞头，类同后代的帽子，折上巾是二脚向上日常戴的幞头。幞头之制，沿自五代，“伪孟蜀（后蜀）始以漆纱为之”。“至刘汉祖（后汉高祖刘暠）始仕晋为并州（今山西太原西南）衙校，裹幞头，左右（脚）长尺余，横直之，不复上翘，迄今（指南宋宁宗时）不改。国初时，（幞头）脚不甚长，巾子（幞头）势颇向前，今（幞头）两脚加长，而巾势反仰向后矣。”③这是宋代皇帝和官员在正式场合常戴的帽子。皇帝的冠服还有“大裘冕”、“衮冕”、“通天冠”和“绛纱袍”等礼服，以用于重大的祭祀、典礼及大朝会等活动④。

官员们常用的服装称为“常服”，也称“公服”。北宋前期依唐制，一至三品为紫色，四、五品为朱（绯）色，六、七品为绿色，八、九品为青色。元丰元年（1078年），因为深青色近于紫色，因而取消青色，改为一至四品为紫色，五、六品为绯色，七至九品为

① 《武林旧事》卷8《车驾幸学》。

② 《旧五代史》卷110后周《太祖纪一》。

③ 《云麓漫钞》卷3《幞头之制》。

④ 《宋史》卷151《舆服志三》。

绿色，都是以官员的散官官品定服色。元丰三年九月，对原先的寄禄官进行改革，是以文散官官名为基础，制定新的寄禄官官称，称为“阶官”，并取消文散官官称，官员的服色即改以阶官的官品而定。“武臣、内侍皆服紫”。散官及阶官的官品低，实际职务高的，通常原穿绿色的可以穿绯色、原穿绯色的可以穿紫色；重要官职则不问原先是穿绿色，还是穿绯色，都可以改穿紫色公服，称为“借绯”或“借紫”。还规定京官及以上官员穿绿色或绯色公服满十五、十七、二十年的，可以改穿高一级服色的公服①。官员们也有“朝服”、“祭服”等礼服，以便参加大朝会及祭祀等活动②。此外，每年十月，还给百官赐“时服”，这是一种织锦面料的服装，花纹中除花以外，还有动物“师子(狮子)”、雕、雁、鹊等，以示等级差别③。

普通平民最初穿白色衣服，“白衣”是无官职人的代名词。太平兴国七年(982 年)增加皂(黑)色，这两种颜色是平民百姓及未入品的吏、“公人”(指担任杂役的差役)的专用服色。但民间老百姓早已服用紫色，端拱二年(989 年)宋太宗曾下诏禁止，但效果不大，不得不于至道元年(995 年)取消禁令。而且高官子弟不在上述禁令限制之列。宋代服色禁令是针对男子的，而且是指纯色和以纯色为底色的“遍地密花”；妇女、小孩衣服颜色不受限制，甚至可用皇帝专用色“纯以红、黄为衣”④。

宋代的百姓也可戴“幞头”，但限以高度不得超过二寸五分，而民间通常都是戴帽、抹额(以头巾束在额上)或裹巾。《东京梦华录》中有：“天武官皆顶双卷脚幞头”、“殿前班顶两脚屈曲向后

---

① 《宋史》卷 153《舆服志・公服》。

② 《宋史》卷 152《舆服志・祭服、朝服》。

③ 《宋史》卷 153《舆服志・时服》。

④ 《庆元条法事类》卷 3《服饰器物》。又，服色禁令男女有别，少有学者论及。

花装幞头"、"御龙直一脚指天一脚圈曲幞头"①,都是殿前司的诸班、直所戴,这是皇帝出行时仪仗队(兼卫队)人员所戴幞头,不代表什么官职级别高下之分。但官员和平民腰带上的装饰品是有区别的,官员们可以用玉、金、银、犀(犀牛角),三品以上用玉带,四品以上用金带,五品及以下的中级官员用银涂金带,其余官员用黑银及犀角带。平民及吏则用铁和角(牛角)带,也可用铜、石、墨玉带。官员的金带、涂金带上还有天王、八仙、戏童,以及犀牛、双鹿、野马和荔枝、凤子、宝相花等图形。

宋代衣服的式样也有等级差别,不同的服饰代表着各人不同的身份。"其士农工商诸行百户衣装,各有本色,不敢越外。谓如香铺里香人即顶帽披背,质库掌事即着皂衫、角带、不顶帽之类,街市行人便认得是何色目"②,这是北宋末年首都开封的情形。南宋首都临安的情况也相似,"且如士农工商诸行百户衣巾装著,皆有等差。香铺人顶帽披背子,质库掌事裹巾著皂衫、角带。街市买卖人各有服色头巾,各可辨认是何名目人。自淳祐年来,衣冠更易,有一等晚年后生,不体旧规,裹奇巾异服,三五成群,斗美夸丽,殊令人厌见,非复旧时淳朴矣!"③这是指南宋理宗末年的情形,二十多年后南宋即被元所灭。

北宋时士大夫在交往时所穿的是一种有乌纱帽的皂罗衫,称为"帽衫"。到南宋时逐渐变成士大夫家冠礼、婚礼及祭祀时的专用服装;也是国子监的太学生常服,有些类似后代大学生的校服。还有一种白细布做的圆领大袖下加横襕,上下相连的服装,称为"襕衫"。这是进士、国子监太学生,以及州、县学的学生

---

① 《东京梦华录》卷6《十四日车驾幸五岳观》。有学者认为幞头脚形不同,显示他们官职级别的差异,欠妥。

② 《东京梦华录》卷5《民俗》。

③ 《梦粱录》卷18《民俗》。

常穿的服装，可说是尚未进入仕途的文士装。

南宋初年士大夫普遍穿着的，原是北宋时的军官服，这是一种便于作战的服装，称为“紫衫”。绍兴九年(1139年)，曾下诏要求重要的中央、地方官员穿北宋时的正规官服，但并无效果。绍兴二十六年，再次严禁官员穿紫衫处理民事，紫衫遂废。于是，士大夫依照紫衫的式样，以白色绢绸制作，称为凉衫，也称白衫。孝宗时有人指出凉衫类似丧服，于是又规定除在骑马出行外，不准穿凉衫，允许穿紫衫，文武官员都可以用作便服。从此以后，凉衫遂成为丧事专用的服装①。

室屋方面也是官民有别，住所：执政、亲王称“府”，其余的官员称“宅”，平民的只能称为“家”。房屋的结构，平民只允许在“五架”以下，以及其他限制②。官员的后代尽管已是平民，仍可沿用原来的规定。

北宋东京开封(今河南开封)，在著名的风俗画《清明上河图》中，部分地反映了上述规定，因为看到的只有平民住所的有关画面，图中城内最左上侧的第三间是横写的“赵太丞家”似是住家户，有一男二女在说话，附近有一可见屋架的房屋是三架屋。以次还有“刘家上色……”、“王员外家……”、“李家……”，都是竖写的，似是商店或旅店的招牌。后者附近有一处五架屋，近城门处也有一处五架屋。城外有一处三架屋和十八处五架屋，这只是不完全的统计。

从南宋都城(今浙江杭州)中，更可以看出，执政、亲王住所称“府”、其他官员住所称“宅”，平民住所称“家”，如耐得翁《都城纪胜》“诸行”条称：“都下市肆，名家驰誉者……如戈家蜜枣儿、

---

① 宋代的服装还有很多种，参见高承《事物纪原·衣裘带服部》、《宋史·舆服志》等。又，宋代饮食、服饰、交通、节庆、婚丧等各种风俗，参见朱瑞熙、王曾瑜等：《辽宋西夏金社会生活史》，中国社会科学出版社1998年版。

② 《宋史》卷154《舆服志六》。

官巷口光家羹……中瓦前职家羊饭、彭家油靴、南瓦宣家台衣……大瓦子丘家筚篥之类”，这是平民开设商店。而下面的“酒肆”条中，有“宅子酒店，谓外门面装饰如仕宦宅舍，或是旧仕宦宅子改作者”，也说明官员的居住处称“宅子”。《繁胜录》称：南宋都城临安的西湖“节日，大船，多是王侯节相（后者当是执政的简称）府第及朝士（当是指其他官员）赁了，余船方赁市户”，也说明王、侯、节度使、执政的住所称“府第”。

三、婚　仪

据《东京梦华录》、《梦粱录》所载，宋代的婚姻嫁娶仪式是在基本遵循传统的礼仪的情况下有所变革。

宋代的婚娶，先经媒人介绍，两家同意后，女方先以“草帖子”（内容可能是生辰八字）通报男方，男方以“草帖子”进行占卜或祈祷，得到吉兆，又不相克，男方便以“草帖子”回给女方；同时，女方也同样占卜吉凶后，再经过媒人通报信息。双方都认为合适以后，男方先出“细帖子”，也称“定帖”，内容包括男方的家世、祖宗三代名字和有何官职，议婚者是哪一房第几位，本人的生辰八字及是否有官职，何人主婚，是娶妻还是入赘，如是后者还要开列随带财产种类与数量。女方回定帖时，除上述相同内容外，还列具嫁妆种类数量，有随嫁的房屋、田产的都一一列具，通过媒人互相通报。然后由男方备彩礼到女方家中或其他地方，进行“相亲”。如中意，则男方以金钗插在女方的发髻中，称为“插钗”。如不中意，则送彩缎一二匹，称为“压惊”。相中以后，通过媒人商定彩礼。此前如遇节庆，男方要送礼，“女家多回巧作之类”。送彩礼之后，遇节庆还要送礼，女方仍回“巧作女工、金宝帕环”之类，称为“追节”。然后定下结亲日期，还要“过大礼”。结亲的前一天，女家先来挂帐、铺设卧房，称为“铺房”。

迎娶日，北宋时男家以车子或花檐（音旦）子①，南宋时多以花檐子或轿子迎亲，女方给“利市”钱，称为“起檐子”。到男方家门前，从人等也要利市钱，称为“拦门”。新娘下车、轿后一女使捧镜倒退引导，新娘则在青布条、青锦褥或青毡席上行走，从马鞍和秤上跨过，进门后在一间房内稍作休息，室中悬挂着帐子，称为“坐虚帐”；也有直接进入房中坐在床上，称为“坐床富贵”。送女的客人饮三杯五盏后回去，称为“走送”。中堂设榻，上置椅子，称为高坐；北宋中期及以前，则是“以两倚（椅）相背，置一马鞍”②，称为高坐。新郎穿上礼服后坐在上面，先由媒娘请，然后由姨或妗请，最后由丈母娘请，新郎才下高坐；南宋中期以后上高坐之礼已不用，改为以喜乐花烛引导新郎进入新房。新房门楣上先挂一段下端碎裂的彩帛，新郎进新房时，众人争相扯彩帛碎条而去，称为“利市缴门红”。北宋时，新郎即于床前请新娘出房；南宋时，则是新郎坐在床右首，新娘坐在床左首，称为“正坐富贵礼”，再由司仪请两位新人出房。两家各出彩缎绾成一个同心结，南宋时绾成双同心结，由新郎将巾挂在手执的笏（手板，亦称简）上，新娘搭在手上，新郎倒退，两人面对面而出，称为“牵巾”。到家庙前参拜完后，新娘倒退进入新房，两人对拜完后，新娘面左、新郎面右坐在床上，女眷们以金钱、彩果撒掷，称为“撒帐”。男左女右各留少许头发“结发”，称为“合髻”。然后饮“交杯酒”。饮毕后将酒杯掷向床下，如果是一仰一覆，称为“大吉”，大家进行庆贺，然后掩帐。新郎被拥抱出房，参谢诸亲戚，再坐下一起喝喜酒。第二天五更天，用一张桌子，上面安置镜台，将镜子放在镜台上，新娘对着镜子跪拜，称为“新妇拜堂”。次拜尊

---

① 檐子，“舁以二竿，故名檐子”（《宋史·舆服志二》）。席地而坐时期抬的是“坐床”，最晚到北宋中期已改为抬椅子，并配有“脚踏”，没有屏障；围有屏障上有顶的称轿子、暖轿。先有凉轿，只障两侧下半，有顶，为神宗时创。神宗末始有暖轿。

② 欧阳修《归田录》卷2。“倚”当时是正字，以后才改为“椅”字。

长、亲戚，献上枕、鞋等物，称为“赏贺”；尊长回赠，称为“答贺”。女婿往妇家参拜，称为“拜门”；次日即行的，称为“复面拜门”；否则，过六七天进行亦可，酒散后即回家。第三日，女家送彩缎、油蜜蒸饼，称为“蜜和油蒸饼”。女家来作会，称为“暖女”。第七日，迎女归娘家，并以彩缎等礼物送回，称为“洗头”。满一月，婿家设筵庆祝，称为“满月”。整个婚礼始告结束。

南宋时，稍有不同的是，“牵巾”到堂前站立，请男家父母双全的女眷，以秤或机杼挑去新娘的盖头，再去参拜家庙、家神。又如酒杯是一仰一覆安置在床下，以取大吉大利之意，并不是投掷的。再如“掩帐”以后，新人换装，双双被迎出行礼毕，再入婚筵饮四盏，当日仪式结束。没有次日对着镜子跪拜，以及其他礼数。直至第三日才“送三朝礼”等。

以上是《东京梦华录》、《梦粱录》所载南北宋时期婚仪的大致情况，至于皇帝娶后①，诸王纳妃、夫人，官员的婚礼等，各有一套繁杂的礼仪②。

四、丧　俗

北宋丧制，皇帝、亲王、后妃、命妇及高官，都各有繁杂的仪制，五品及以下官员，以及平民的丧制，北宋初太平兴国七年(982 年)正月，规定沿用后唐长兴二年(931 年)定的制度③，不能逾制。其中规定平民的丧舆，可以用八人抬，随葬的“明器”不得超过十二件，可以设置二床，也可以用“香舆”和“魂车”，以伶人(专业乐人)举行哀乐等，实际上这些规定只对富户才起作用，

---

① 《宋史》卷 111《礼志一四》所载哲宗娶皇后礼仪。

② 参见《宋史》卷 115《礼志一八》。

③ 参见《宋史》卷 122—125《礼志》。

以禁止其进行厚葬。

宋代葬俗，火葬、土葬并行。宋代的贫穷者率多火葬，如河东（今山西中南部）地区在皇祐五年（1053年）韩琦任并州（今山西太原）知州以后，以官钱买地数顷作为公共墓地，并禁止火葬。但丧葬费用不易负担，火葬实际未能禁止。如南宋时，绍兴二十七年（1157年）范同就曾奏称："生则奉养之具唯恐不至，死则燔爇而弃捐之"，实行火葬。"甚者焚而置之水中"，则是火化后再进行水葬。当时的民俗称之为"火化"、"火葬"。虽曾令各地效法韩琦，以荒地、闲田作公共墓地供贫民安葬亲人之用。但是，送葬费多，必须有所积累才有力量进行，因而"贫下之家，送终之具，唯务从简，是以从来率以火化为便，相习成风，势难遽革"，实际上富豪、士族也多有进行火葬的。因而次年规定只对"豪富、士族，申严禁止"火葬①，其余贫下民户及商旅在外地，不在禁止之列。

土葬习俗，人死后"以方帛覆面"，以新衣作为随葬的"明衣"。赠死者的衣服称为"襚"，俗称"搭衣架"。在墓圹中有随葬的俑"桐人"，随葬的俑、器物，称为"明器"。通常在棺中还放有盛有粮食的罂。丧祭时焚烧纸钱，称"楮镪"。"挽郎"手执送葬时盖在丧车上的"翣"，还有人唱"挽歌"等②。

五、节　　庆③

元旦　正月初一，也称元日、元正、年节和岁节，俗称"新年"，是一年中最重要的节日。皇帝举行大朝会与百官共同庆

---

① 《宋史》卷125《礼志二十八》。

② 《事物纪原》卷9《吉凶典制部》。

③ 本目参据《东京梦华录》、《梦粱录》和陈元靓《岁时广记》，引文均据三书，不一一注出。

贺，百姓们穿新衣，家家宴饮，互相庆贺。过新年要吃索饼（汤饼），称为“年馎饦”。写桃板，也称桃符，这是长二三尺，宽四五寸的薄木板，上画神像等，或写春词、祝祷语句。王安石诗：“总把新桃换旧符。”苏轼诗：“退闲拟学旧桃符。”新年家家要挂新桃符（除夕半夜进行）。京城大街还要搭建彩棚，放赌三天，燃放爆竹；南宋时还放烟火。

立春 从首都到各州、县都要造春牛。许多州、县还一起造土牛、土耕夫、犁具于衙门前，还用五彩丝缠在杖上，称为春杖子；官吏每人两条，环击春牛三下，称为“鞭春牛”。苏轼词：“春牛春杖，无限春风来海上。”鞭春牛仪式过后，争夺“春牛肉”（碎土块），相信可以使田蚕丰收，还能治病，土耕夫则移入土地庙中。

元宵节 正月十五日，也称上元、元夕、元夜，被认为是上元天官赐福的日子。通常是连续放灯三夜，十四日放灯，十六日收灯。乾德五年（967年），首都开封增为五夜（十四至十八日）。太宗时张泳任益州（今四川成都）知州时，暗增十三日一夜灯，称为挂搭。此后杭州、益州首先增为五夜观灯，以后富裕的诸州、府，大多增为五夜。北宋时，首都开封搭建山棚、灯山，热闹非凡。外郡灯市，则以杭州、苏州、温州最为奢华。尤以苏州卖药朱家的灯为最盛，号称“天下第一”，以琉璃做成多种花卉式样，如牡丹灯、莲（荷）花灯等，还有云母石做的灯。成都府（益州改称）的灯山，有时超过首都开封。南宋时灯会都为三夜，灯以苏州、福州为最好，新安（今安徽歙县）灯虽晚出，亦精妙绝伦。

寒食节、清明节 清明前一天（一说清明前两天）为寒食节。寒食节，“秦人呼寒食为熟食日”，“齐人呼为冷烟节”。民俗，这一天起，三天不生火做饭，故人们往往赶在前一天做好饭食。北宋仁宗庆历（1041—1048）时，京城人家虽然表面上不生火做饭，但“各于密室中烹炮”，而且“尔后（不生火之俗）稍缓矣”。而北方人都在寒食节扫墓祭祖,“经月不绝,俗有寒食一月节之谚”。寒食扫墓祭祖之俗早已形成,宋代是袭其旧俗。后唐同光三年(925 年),庄宗到洛阳(后唐首都,今河南洛阳)西郊,向西方唐代帝陵(在今陕西西安西北)方向,仿照民俗进行“望祭”(望墓祭),称为“破散”。从此,寒食节成为帝王、百姓扫墓祭祖的节日。寒食的风俗,自北宋“绍圣(1094—1098)以来,江、淮之南,寂无此风”。寒食节后重新生火做饭,称为“出火”、“新火”,是为清明节,凡是新坟都是清明节扫墓祭祀,后世即以清明节为扫墓祭祀节日。

端午节 俗以五月初一为端一,初五为端五。古代凡每月的初五,都可称“端午”,后世专以五月初五的端五为端午节,也常直称端五。五月初一,北宋前期沿唐制,与元旦、冬至合为三大重要节日,此日,皇帝都要举行隆重的“大朝会”,与百官共同庆贺。熙宁二年(1069 年),神宗废除五月初一日的大朝会,只在元旦、冬至举行大朝会,五月初一日的节庆遂废。端午节即成五月中最重要的节日,也称重午节;因古有“蓄兰为沐浴”,也称“浴兰令节”,于当日午时取井水沐浴以辟疫气。北宋时首都家家以桃、柳、葵花、蒲叶、艾叶等铺陈于门首,将艾人钉在门上。节日食品有粽子、五色水团、香糖果子、枣糕、艾叶酒、菖华酒(以菖蒲浸酒)等。还贴张天师像,以泥和草作张天师像,以艾为头,蒜为拳置在门上;又以彩帛作小符插在发髻上,称为钗头符,用以驱邪。南方还进行龙舟赛。

七夕节 传说是牵牛星与织女星相会之夕,“织女(星)七夕当渡(银)河,使鹊为桥”。北宋时京城富贵人家多结彩楼于庭院,称为“乞巧楼”。女子、儿童都穿新衣,女郎列呈巧作,焚香列拜,称为“乞巧”;也有将瓜果等陈列于庭院中以乞巧。还在小木板上置土,种粟待生苗,再作小茅屋及花、木、小人,如农村生活小景,称为种“谷板”等。

中秋节　八月十五日正值三秋之半，所以称为“中秋”；由于认为此夜月光格外明亮，因而也称为“月夕”。这天酒楼的门面结彩装饰卖新酒，到中午以后新酒都卖完。正是螃蟹、石榴、梨、枣、橘等新上市，富贵之家装饰楼台亭阁，登楼临轩，宴饮赏月；商人们也安排家宴，团圆子女；贫穷人家也勉强买酒欢饮，直至次日清晨，赏月游人不绝于市。杭州城外钱塘江，正值大潮，自昔为游人观赏胜景。直到南宋时，更是西有西湖的湖光山色，东有钱塘江潮，被称作“绝景”，后者以十八日为最盛，东自庙子头，西至六和塔，“家家楼屋，尽为贵戚内侍等雇赁作看位观潮”。待潮来时，数以十、百计的弄潮儿，以大彩旗或小清凉伞、红绿小伞，各系彩色缎子于竹竿上，戏要于潮头，他们虽善于游泳，但亦有溺水身亡的。北宋治平二年(1065 年)，蔡襄任杭州知州时，虽曾下令禁止弄潮，以后官府也常下令禁止，但未能禁绝。南宋时由于皇帝在宫中登高观潮，于是水军在潮未来时，以船队进行水军教练，分队进行作战训练，不仅舞枪放箭，还试炮放烟，更增添节庆气氛。

重阳节　九为阳数，故九月九日称为“重阳”，也称“重九”。此日，人们常进行赏菊、登高宴饮。商人以糖面蒸糕，上插小彩旗，称为“重阳糕”。人们以茱萸插头；茱萸又名“辟邪翁”，菊花又名“延寿客”，酒中放此二物而饮，皆用以辟邪。天将明时以片糕搭在小儿头上，祝祷说：百事皆高；民间还有在每一块糕上放小鹿数只，称为“食禄糕”(预祝当官)；或放小象数只，称为“万象糕”等。

冬至节　北宋神宗以前，与元旦、五月初一共为三大节日，五月一日节庆废罢后，与寒食节、元旦为三大节日。冬至节号称“亚岁”，冬至前夜俗称“冬除”，也称“二除夜”，大体上仿照“除夕”而稍差的礼数进行。南宋时则与元旦为两大节日。皇帝不仅要举行大朝会与百姓共同庆祝，还要命宰相、执政合祭天地于郊外的圜丘，其他礼仪与元旦相似，人人穿新衣。祭祀祖先，庆贺往来，互相送礼，由于与元旦较近，以致过年时送礼反不如冬至，因而有“肥冬瘦年”的谚语。冬至还有吃馄饨的风俗，有的一碗有十多种，称为“百味馄饨”，民谚有“冬馄饨、年馎饦”。

除夕 也称除日、除夜、岁除、交年日。被认为是“乱岁”，百无禁忌，婚姻嫁娶多选此日。十二月二十四日，称为“交年”，“至夜请僧道看经，备酒果送（灶）神，烧合家替代纸钱，帖灶马于灶上，以酒糟涂抹灶门”，称为“醉司命”。还于床下点灯，称为“照虚耗”，称这天为小节夜，除夕为大节夜。这月初八日，寺庙煮七宝五味粥供僧徒吃，称为“腊八粥”；民户也于此日以果子杂料煮粥吃。南宋时还于二十五日煮赤豆粥祭祀食神，称为“人口粥”。商店印售门神、钟馗、桃板、桃符、财马、回头马。南宋时还有爆仗（即爆竹）、成架烟火等出售。除夕日，家家洒扫，清除尘秽，谚语：“交年日扫屋，不生尘埃。”还洗净门户，换门神，挂钟馗，钉桃符，贴春牌，祭祀祖宗，傍晚备果品迎（灶）神。家家围炉团坐，通宵达旦，称为“守岁”，燃放爆竹，南宋时还放烟火，以庆贺一年中的最后一夜，除旧迎新。

其他节庆 除上述重要节庆外，还有不少节庆，如二月初一的“中和节”，是唐代贞元五年（789 年）设置，曾是重大节庆，到宋代时“唯作朝假”，但“亦不休务”。而“民间尚以青囊盛百谷、瓜、果子种，互相遗送，为献生子”之兆等。二月十五日，为南宋两浙地区的“花朝节”，是时值百花盛开，人们纷纷出游观赏，天庆观设老君诞会、佛寺设佛涅槃胜会，参观者终日不绝。还有四月初八的浴佛节、七月十五日的中元节、十月十五日的下元节，宋代皇帝和垂帘听政太后的生日等节日。

六、社　　会

宋代志趣、信仰相同者结合的团体称为社或会及斋，南宋合称为社会。

唐代白居易(772—846)晚年退居洛阳(今河南洛阳),与志趣相投年老者八人游,人称“九老会”。北宋庆历七年(1047年),宰相杜衍以年七十而致仕后,退居南京(今河南商丘睢阳区),与退休在南京意趣相合者为“五老会”。而元丰五年(1082年)以富弼、文彦博、司马光等十二人组成的洛阳“耆英会”①,可说真是志同道合,其主要成员都是反对王安石变法的首领,这在宋代“社会”团体中可能是唯一的。

记载南宋首都临安(杭城,今浙江杭州)四书都记载了“社会”,除了《繁胜录》外,都以专“目”介绍。

“文士有西湖诗社,此乃行都搢绅之士及四方流寓儒人,寄兴适情赋咏,脍炙人口,流传四方,非其他社集之比”。

“隐语,则有南、北厚(原用古体,今改)斋,西斋,皆依江右,谜法、习诗之流,萃而为斋”。

“武士有射弓踏弩社,皆能攀弓射弩,武艺精熟,射放娴习,方可入此社耳”。

“更有蹴踘打球(社)、射水弩社(“又有……川弩射弓社”),则非仕宦者为之。盖一等富室郎君、风流子弟与闲人所习也”。

“绯绿社(杂剧)、齐云社(蹴球)、遏云社(唱赚)、同文社(要词)、角觝社(相扑)、清音社(清乐)、锦标社(射弩)、锦体社(花绣)、英略社(使棒)、雄辩社(小说)、翠锦社(行院。或即是指杂剧艺人聚居处)、绘革社(影戏,按:当是皮影戏)、净发社(梳剃,按:当如今之洗发、理发)、律华社(吟叫)、云机社(撮弄)以及“小女童像生叫声社”、“女童清音社”,等等。大多是市民杂技的社、会。而七宝会、马社等,则富豪们借以炫富,如七宝会:“玉山宝

① 王闢之《渑水燕谈录》卷4;司马光《温国文正司马公文集》卷65《洛阳耆英会序》。

带，尺璧寸珠，璀璨夺目”，“皆浮靡无用之物，不过资一玩耳”。

至于“穷富赌钱社”、“钱燔社”，可能是赌馆的同业公会。还有“重囚枷锁社”，或是制造枷锁类刑具的同业公会。

宗教、信仰类社、会。大多每年定期举行，少则一日，多则七日。可能主要是传教的会、社活动较多。

道教：如“奉道者有灵宝会”，“玉皇上帝诞日”、“北极佑圣真君圣降及诞辰”、“东岳诞辰”、“城隍诞辰”；外地，如“湖州市（此处“市”当指城区繁华处。今浙江湖州）遇土神崇善王诞日”，等等，都有会。

佛教：“奉佛者有上天竺寺光明会”，主要是富人“善男”者；“庚申会”则是豪家“信女”，佩“带珍翠珍宝首饰赴会，人呼曰赛宝会”。“六和塔寺集童男童女善信人建朝塔会”，以及西归会、涅槃会、净业会、白莲会（莲社）、行法会、三坛会，等等（以上参见《都城纪胜》、《繁胜录》、《梦粱录》、《武林旧事》）。而昭庆寺组织的称“莲社”，后改为“易行社”，进行传教。

外地也多有会、社，除上述湖州外，如江州（今江西九江）庐山太平兴国宫的白莲会莲社，南宋著名诗人陆游乾道六年（1170年）八月七日记所见，“是日，车马及徒行者憧憧不绝，云：上观。盖往太平（兴国）宫焚香。自八月一日至七日乃已”。“东林寺（白莲会的创始地）亦自作会，然来者反不若太平（兴国宫白莲会）之盛”①。

第二节　曲艺、傀儡戏、（纸、皮）影戏、杂剧、杂技

随着社会经济的发展，宋代已经形成开放式的城市，除了城门还定时启闭外，尽管城内仍以“坊”称居民区，但已没有坊墙和

① 陆游《渭南文集》卷45《入蜀记》第三。

坊门，市民可以随处经营工、商业，而且经营时间也不受限制，可以是通宵达旦。这在城市内工商业集中在“市”、居民区称“坊”，坊、市各有围墙和四门（至少二门），并定时启闭，坊、市门关后禁止一切在坊、市外的活动的唐代①是不能想象的。

宋朝民间艺人活跃在城乡各地，在镇市工商业繁华地区空旷处，进行各类文娱演出以谋生。在城市中，还出现了中国古代城市史上从来没有的，集中演出的大小活动区，称为“瓦子”，也称“瓦舍”、“瓦肆”、“瓦市”。“瓦舍者，谓其来时瓦合，去时瓦解之义，易聚易散也”②，是市民观赏各种文娱聚散的地方。

北宋末东京开封（今河南开封）城内，“东角楼街巷”十字街向东大街的“街南桑家瓦子，近北则中瓦，次里瓦。其中大小勾栏五十余座。内中瓦子，莲花棚、牡丹棚；里瓦子，夜叉棚、象棚最大，可容数千人”。可见棚是勾栏的一种。关于勾栏，“般（搬）载杂卖”称：“东京般载车，大者曰‘太平’，上有箱无盖，箱如勾栏而平”。可见“勾栏”是个四面有围档的场所，而“棚”则上有顶棚。除勾栏外，“瓦中多有货药、卖卦、喝故衣、探搏、饮食、剃剪、纸画、令曲之类，终日居此，不觉抵暮”③。这是一个供人吃喝玩乐的综合性场所。记载南宋都城临安（今浙江杭州）事迹的《梦粱录》（卷 19）称：“顷者京师（北宋开封）甚为士庶放荡不羁之所，亦为子弟流连破坏之门。杭城（今浙江杭州）……瓦舍……今贵家子弟郎君，因此荡游，破坏尤甚于汴都（北宋首都开封）也”。可见瓦舍内的情况相似而更甚。勾栏则是民间艺人进行

---

① 唐史学者即是如此叙述，而笔者称之为“坊市制”，这是因为 1964 年在开封的学术会上文章中，论述北宋开封为百万人口（首次引用天禧五年具体户数计算），将北宋厢统坊称为“厢坊制”，为便于论述，将唐代称为“坊市制”。1980 年秋，“中美史学交流会”（北京，正式代表）的论文《十一世纪前后的开封》中正式使用，但未介绍唐代的具体情况；以后在论著中使用，包括本书，也未完整介绍。

② 吴自牧《梦粱录》卷 19《瓦舍》，古典文学出版社 1957 年版。

③ 孟元老《东京梦华录》卷 2、3，古典文学出版社 1957 年版。

各种演出活动的地方，类似后代大型游乐场所的小剧场。

一、曲　　艺①

(1) 以“说”为主的曲艺

有“说话”、“合生”、“商谜”、“说诨话”。

民间艺人的各种演出中，有一种称为“说话”（也称“舌辩”），就是讲故事，类似近代的说书。《都城纪胜》称：“说话有四家：一者小说，谓之银字儿，如烟粉、灵怪、传奇。说公安，皆是搏刀赶捧，及发迹变泰之事。说铁骑儿，谓士马金鼓之事。说经，谓演说佛书。说参请，谓宾主参禅悟道等事。讲史书，讲说前代书史文传、兴废争战之事”。“凡傀儡演敷烟粉、灵怪故事、铁骑公案之类，其话本……。影戏……，其话本与讲史书者颇同”。可见“话本”就是底本。后者说“与讲史书者颇同”，即与“说话”人的“话本”颇同。

“合生”、“乔合生”：洪迈《夷坚志》支乙卷6“合生诗词”“江湖间，路岐伶女有慧黠知文墨，能于席上指物题咏，应命辄成者，谓之合生；其滑稽含玩讽者谓之乔合生”。并举二例，一为吟说“诗”，一为歌唱“词”。

“商谜，旧用鼓板吹《贺圣朝》，聚人猜诗谜、字谜、戾谜、社谜”等，“本是隐语”（《都城纪胜》）。《东京梦华录》、《武林旧事》等记载，说“商谜”的艺人相对较多，说明较受欢迎。而“说诨话”的都只有一人，可见较冷清。

“说诨话”，也称“谈诨话”：“长短句中作滑稽无赖语，出于至和、嘉祐（1054—1063）之前，犹未盛也。熙（宁、元）丰、元祐

① 本目参考姜昆、倪钟之主编《中国曲艺通史》第四章（于天池，本节只称于天池），人民文学出版社2005年版。

(1068—1093)间，兖州(今山东兖州)张山人以诙谐独步京师(今河南开封)”(王灼《碧鸡漫志》卷2)。可能初无定形，后以前三句各五字、末句二字的十七字格式，亦称“十七字诗”，并传于后世。明代有人以之讽刺太守，被打十八板后还要施重刑，而再作“十七字诗”好，可免。其人应声说：“作诗十七字，被责一十八，若上万言书，打杀”而放免(郎瑛《七修类稿》卷49)。

此外，还有“说诨经”，于天池认为是说和尚风流事。

(2) 以“唱”为主的曲艺

“唱赚”、“复赚”：北宋有“唱赚”，南宋后期又有“复赚。其中变化(花)前月下之情及铁骑之类”。“凡唱赚最难，兼慢曲、曲破、大曲、嘌唱、耍会、番曲、叫声，接诸家腔谱也”(《梦粱录》卷20)，演艺人之多，说明很受人喜爱。

“小唱”、“嘌唱”、“令曲小词”：

“小唱，谓执板唱慢曲、曲破，大率重起轻杀，故谓浅斟低唱”。风格典雅，笔者认为属于宫廷音乐范畴，称为“小唱”，只是相对大曲而言。而“嘌唱，谓上鼓面唱令曲小词，驱驾虚音，综弄宫调，与叫果子、唱耍曲儿为一体”(《都城纪胜》)。风格激越，笔者以之属于市民文艺。至于“令曲小词”，于天池认为即是“娉婷秀媚、桃脸樱唇、玉指纤纤、秋波滴溜”(《梦粱录》卷20)的青年女性，手执拍板清唱小曲儿和词(笔者认为可能是婉约派宋词)。

另有专以叫果子等为业，“以市井诸色歌叫卖物之声，采合宫商成其词”。

(3) 又说又唱的曲艺：诸宫调

“泽州(今山西晋城)孔三传者，首创诸宫调古传，士大夫皆能诵之”(《碧鸡漫志》卷2)，北宋后期人(《东京梦华录》卷5)。是在唱完一个宫调一、二个支曲后，改唱另一个宫调的曲子，都不用尾声；或一曲一尾，为一套。演出一种题材要唱许多套，称为“诸宫调”。后分为南北两派，金代继承的一曲一尾为一套，为北派;南宋绍兴(1131—1162)年间,“张五牛所作诸宫调”(《太平乐府》卷9),即是南派,为元代所发展。

(4) 文人曲艺:鼓子词

在文人中流行,见于记载最早的作者为欧阳修(1007—1072),南宋绍兴、淳熙(1131—1189)间有张抡等,推测以十首左右一组为常例,一、二首为变例。“宋词”的中调“词牌”一调为一首。并以击鼓为伴奏,宋以后已不见于记载。

二、傀儡戏、(纸、皮)影戏、杂剧、南戏

(1) 傀儡戏

可能即是后世的木偶戏,大概只有“药发(一作“药法”)傀儡”、“肉傀儡”除外,前者应属于杂技(见后述),后者“以小儿、后生辈为之”(《都城纪胜》),则以人代替木偶,笔者认为只表演动作、表情,剧情、说唱由操纵者进行,有些类似“双簧”。

“凡傀儡,敷演烟粉、灵怪、铁骑、公案、史书历代君臣将相故事。话本(即演出的底本),或讲史、或作杂剧、或如崖词。如悬线傀儡(或即今提线木偶)者,起于陈平六奇解围故事也……弄得如真无二,兼之走线者尤佳。更有杖头傀儡(或即今杖头木偶),……大抵弄此多虚少实,如巨灵神、姬大仙等也”(《梦粱录》卷20,《都城纪胜》作朱姬大仙)。

北宋时每年三月一日,在金明池临水殿前,“诸军百戏”中,“有一小船,上结小彩楼,下有三小门,如傀儡棚,正对水中。乐船上……乐作,彩棚中门开,出小木偶人,小船子上有一白衣垂钓,……乐作,钓出活小鱼一枚,又乐作,小船入棚;继有木偶筑球舞旋之类,亦各念致语、唱和、乐作而已,谓之‘水傀儡’”(《东京梦华录》卷7)。

南宋时,“水傀儡者,……弄得百怜百悼;兼之水百戏,往来

出入之势，规模舞走，鱼龙变化夺真，功艺如神”(《梦粱录》卷20)，笔者认为则兼杂技或魔术。

(2)（纸、皮）影戏

“更有弄影戏者，元(即原)汴京(北宋，今河南开封)初以素纸雕簇，自后人巧工精，以羊皮雕形，用以彩色妆饰，不致损坏。杭城(南宋，今浙江杭州)有贾四郎、王升、王闰卿等，熟于摆布，立讲无差，其话本与讲史书者颇同，大抵真假相半。公忠者雕以正貌，奸邪者刻以丑形，盖亦寓褒贬于其间耳”(《梦粱录》卷20)。初为“纸影戏”，后为“皮影戏”流传至今。北宋时还有“弄乔影戏”，其与“影戏”的区别，笔者认为或如“乔合生”，为“滑稽含玩讽者”。

(3) 杂剧

“杂剧中，末泥为长”，“每一场四人或五人，先做寻常熟事一段”，“名曰‘艳段’；次做正杂剧，通名为两段。末泥色主张，引戏色分付，副净色发乔，副末色打诨”(这里的“色”，其含义可能即是“饰”)。“或添一人，名曰‘装孤’”，“其吹曲破断送者，谓之‘把色’”。“大抵全以故事，务在滑稽唱念，应对通编。此本是鉴戒，又隐于谏诤，故从便跳露，谓之无过虫耳”(《都城纪胜》、《梦粱录》卷20)。另有记载“引戏”之上为“戏头”，应即是“末泥”，副净称次净，另有“装旦”(可能是男扮女)而无“装孤”，两者不知是否同类脚色(《武林旧事》卷4)。“末泥”、“引戏”、“副净”、“副末”(“打诨”或近似“丑”)、“装孤”、“装旦”五、六人，分别饰演五或六种类型“脚式”，笔者认为与后代京剧等“生、旦、净、末、丑”的“脚式”有着渊源的关系；“把色”是音乐伴奏者。宋代“杂剧”可说是现代戏曲的雏形。

(4) 南戏，也称温州(今浙江)杂剧

近代首先研究“南戏”的，是著名学者王国维(1877—1927)。1912年写成的《宋元戏曲考》[①]称：南戏不仅“曲折详尽”，而且

① 后以《宋元戏曲史》出版。华东师范大学出版社1996年版。

"一剧无一定之折数，一折(原注:南戏中称之一出)无一定之宫调;且不独以数色合唱一折，并有以数色合唱一曲，而各色皆有白有唱"。笔者认为这实际是说综合杂剧、诸宫调、唱赚等，包括宋词，形成比较成熟的戏曲。王氏又引元刘一清《钱唐遗事》，南宋末贾似道任宰相的"戊辰、己巳(1268、1269 年)间,《王焕》戏文盛行于都下(临安，今浙江杭州)"。又引元锺嗣成《录鬼簿》肖德祥"又有南曲戏文"，以说明"南戏出于宋末之戏文"。并引"周密《癸辛杂志(应作"识")》别集上，纪温州乐清县(今浙江乐清市)僧祖杰、杨髡之党(中略)旁观不平，乃撰为戏文以广其事"。

笔者认为"戏文"只是南戏演出的剧本，类似"说话"人的"话本"，以此演出时必有剧种名称，但在《都城纪胜》、《繁胜录》、《梦粱录》和《武林旧事》中，都没有"南戏"之名，依据戏文演出的剧种，即是"杂剧"。南宋末年既已盛行，则必有较多的演艺人，《武林旧事》记载各种著名演艺人数中，杂剧占第三位有 39 人，其中必有许多人是演南戏者。明祝允明(号枝山，1460—1526)称南戏为"温州杂剧"，徐渭(文长，1521—1593)《南词叙录》也说"号曰:永嘉(温州郡名)杂剧"，都说明"南戏"是杂剧中的一个流派。

三、杂技、魔术、相扑

(1) 魔术

如"行七圣法，切人头下，卖符，少间依元接上"(《繁胜录》)，这可能与北宋末的"爆仗响，有烟火就(球?)涌出，人面不相睹，烟中有七人，皆披发文身，着青纱短后之衣，锦绣围肚看带，内一人金花小帽、执白旗，余皆头巾，执真刀，互相格斗击刺，作破面剖心之势，谓之'七圣刀'"(《东京梦华录》卷 7)，或有某种联系，但"七圣刀"虽是表演杂技，而对演艺人、演艺场景有具体描述，有烟雾隐蔽。“七圣法”介绍则很简略。

宋代的魔术已有多种节目，如虚空挂香炉、取眼睛、教鱼跳刀门等，而藏人、藏剑等，吴自牧称：“淳祐(1241—1252)以后，艺术高者有包喜……金胜等，此艺施呈，委是奇特。藏去之术，则手法疾而已。”(《梦粱录》卷20)

(2) 相扑

北宋时，朝廷有内等子相扑手，瓦市有小儿相扑，每年六月二十四日神保观前“百戏”中有相扑(《东京梦华录》卷4、5、8)。

南宋时相扑兴盛，不仅朝廷举行相扑赛，瓦市相扑进行时，先有“女飐(占)”开场，可能是女相扑手。“角觝者，相扑之异名也，又谓之争交”。朝廷常设的相扑手，称为“内等子”，“上、中等各五对，下等八对”，还有“剑棒手五对”，其余为预备选手及管领者共120名。三年举行一次，“当殿呈相扑”，“赏赐银绢”。“瓦市相扑者”，“先以女飐数对打套子”开场，“令人围睹，然后(男相扑手)以膂力者争交(即相扑)”。而瓦市著名相扑手达44人，说明很受欢迎(《梦粱录》卷20)。笔者以为女相扑手们打套子，可能是《繁胜录》和《武林旧事》卷5记载的“乔相扑”，这也许是演出各种精彩的相扑姿态，可以说是花式相扑。只是为了吸引观众，并非争胜负。

(3) 武艺

北宋时的“掉刀、蛮牌”(《东京梦华录》卷5)，可能与南宋《都城纪胜》的“舞斫刀、舞蛮刀、舞剑”是同类性质的武术。《梦粱录》(卷20、19、2)记载打筋斗，踢拳，舞斫刀，蛮牌等，以及攀弓射弩者，“武艺精熟”。朝廷也定期进行“试弩射弓”武艺比试，“禁中教场，呈试武艺，飞枪砍柳，走马舞刀”。

(4) 杂技

药发(亦作“法”)傀儡：记载北宋的《东京梦华录》卷5，南宋的《武林旧事》卷5都有，但均未作介绍。《繁胜录》、《梦粱录》却都没有。《都城纪胜》记载了所有五种“傀儡”，但把“药法傀儡”单独放在杂艺内，“圣花撮药、藏压药法傀儡壁上睡”。《梦粱录》卷20也有“壁上睡”，大概就是这种“药法傀儡”。

走索，可能类似现代的“走钢丝”，也就是现代的“走大绳”：“上索打交辊，脱索，索上担水，索上走装神鬼、舞判官、斫刀、蛮牌，过刀门，过圈子等”（《梦粱录》卷20）。

此外，还有上竿打筋斗，踏跷（即是踩高跷）打交辊，踢瓶弄碗，踢墨、笔，弄熊，教虫蚁及鱼，教走兽，教飞禽，捕蛇，等等。

四、乡镇艺人（江湖艺人）

当时称为“路岐人”或“岐路人”，也就是跑江湖的艺人，为与专在“瓦子”内演出的艺人相区别，笔者称之为“乡镇艺人”或“江湖艺人”。

如“晏元献（殊）罢相守颍州（今安徽阜阳。时在庆历四年，1044年）。一日，有岐路人献杂手艺者，作踏索（即走大绳）之伎”（王銍《默记》下）。

前述“合生诗词”，“江湖间，路岐伶女有慧黠知文墨”者即是。而杭城各处“宽阔所在，扑赏并路岐人在内作场”，“切人头下”的魔术者，只是其中之一，还有“吞剑、取眼睛……教鱼跳刀门”等魔术、杂技。

北宋著名文学家苏轼（1037—1101年）曾听其友人说：“涂巷中小儿薄劣，其家所厌苦，辄与钱，令聚坐听说古话。至说三国事，闻刘玄德（备）败，颦蹙有出涕者；闻曹操败，即喜唱快”（《东坡志林》卷1），即是此类艺人“说话”。

南宋《都城纪胜》：“杂扮或名杂旺，又名纽元子，又名技和，乃杂剧之散段（类似后世的“折子戏”）。在京师时（北宋首都开封，今河南开封），村人罕得入城，遂撰此端，多是借装为山东、河北村人(笔者按:村人,意即粗俗之人,而前句的“村人”即是乡村人),以资笑。今(南宋)之打和鼓、捻梢子、散耍皆是也”。

南宋《梦粱录》卷20:“又有村落百戏之人拖儿带女,就街坊桥巷,呈百戏使艺,求觅铺席宅舍钱酒之赀”。都是乡镇艺人(江湖艺人)演艺以谋生。

第三节　宗　　教

一、佛　　教

宋代宗教主要为佛教和道教,虽然北宋时真宗、徽宗崇奉道教,徽宗退位后曾自称道君皇帝,钦宗给徽宗上尊号为教主道君太上皇帝。徽宗还在宣和元年(1119年),进行一次近乎灭佛的活动,“佛改号大觉金仙,余为仙人、大士,僧为德士,易服饰,称姓氏”。佛寺改为道宫,佛院改为道观。又“改女冠为女道,尼为女德”①,意在将佛教并入道教系统。但宋徽宗的一系列崇奉道教的活动,并未能抑制佛教的发展,整个宋代最为流行的始终是佛教。

北宋统一以后,真宗天禧五年(1021年)曾对全国的僧、道人数进行过统计,时僧有三十九万七千多人、尼六万一千多人,合计四十五万八千多人;而道士只有一万九千六百多人、女冠(女道士)七百多人,合计二万多人,道教人数不及佛教人数的二十分之一。仁宗时情况大体近似,到神宗时佛教人数有所下降,已见统计数最晚的是神宗熙宁十年(1077年),僧二十万二千八百多人,尼二万九千六百多人,合计二十三万二千多人;而道士

① 《宋史》卷22《徽宗纪四》。

只有一万八千五百多人，女冠七百多人，总数还不足二万人①，不及佛教人数的十分之一，以后虽未见全国性的具体统计数字，但佛道二教人数的比例，大体能反映宋代（包括南宋）佛教、道教的发展情况。

佛教徒人数分布，北方以河北路最多，天禧五年时近四万人，其次为首都开封，近二万三千人。南方则福建路以近七万二千人居首，其次为川峡、江南各五万多人。河北路佛教徒较多，或许与僧侣从辽朝不断南归北宋有一定的关系，真宗时曾不止一次下诏，对"先落北界（辽境）来归僧人"，如不愿为僧即还俗，而如继续"愿为僧者，并许披挂将带归乡"，即使后来"有试经业不精通，如志愿为僧者，召公人二人结罪保明"，还可以再次面试经业，"如稍精通"，即可以"依旧为僧"②，而宋代僧侣可享受免除田赋、徭役的特权。在宋统治区内出家为僧，就比较困难，而剃度成为正式的僧尼则更难，也许这些人是故意先到辽地为僧，然后再回宋界以享受特权。

后周世宗显德二年（955年），停废许多佛教寺院，并规定了相当严格的出家、考试及剃度制度，对佛教进行打击。但是，佛教在南方诸割据政权内都未受到影响，相反地大多得到各地帝王的倡导而更为兴盛。福建路原是闽国的割据地区，割据者崇奉禅宗义存禅师，佛教因而大盛，僧侣卓岩明还曾被拥立为帝。两浙地区的原统治者吴越王钱俶时期，禅宗的法眼宗和净土宗、天台宗都得到扶植而大为发展。江南路是原南唐统治区，禅宗的净慧禅师受到南唐统治者的敬奉，净慧禅师又创法眼宗，法眼宗遂大盛于江南地区。广南地区为原南汉统治区，南汉统治者也十分崇奉佛教，禅宗的文偃禅师创云门宗于南汉，广南地区首

① 《宋会要辑稿》道释1之13、14。

② 《宋会要辑稿》道释1之18、19。"峡"原作"陕"，误。

先盛行云门宗。

宋朝建立后，停止了后周世宗打击佛教的活动，宋太祖虽崇尚佛教，但有所节制，建隆(960—962)初，诏佛寺已废者不得再兴建。宋代诸帝中最崇尚佛教的是宋太宗，这可能与他非正常继承帝位有某种联系。太平兴国五年(980年)，宣召河中府(今山西永济西)的法天禅师来京主持译经，于京城太平兴国寺西侧兴建译经院。宋代佛经最初由官府刻印，开宝四年(971年)在益州(今四川成都)开刻，太平兴国四年刻成的《大藏经》，称为《开宝藏》。以后主要是由佛教寺院刻印《大藏经》，北宋末崇宁三年(1104年)由福州东禅寺刻成《崇宁藏》，两宋之际开元寺刻成《毗卢藏》。南宋时，湖州(今浙江湖州)思溪的圆觉禅院刻成《思溪藏》(《圆觉藏》)，安吉县(今安吉北)资福禅寺刻成《资福藏》，平江府(今江苏苏州)碛砂延圣禅寺刻成《碛砂藏》。寺院不断刻印《大藏经》，对于佛教的传播起了很大作用。

宋代佛教影响最大的是禅宗的临济宗、云门宗，唐末五代曾经流行的禅宗沩仰、曹洞、法眼三宗已经衰落。云门宗禅师慧南后改师临济宗潭州(今湖南长沙)石霜崇胜寺楚圆(慈明)禅师，北宋景祐三年(1036年)在洪州(今江西南昌)黄龙山宣扬禅宗佛法，创"黄龙派"，也称"黄龙宗"。慧南在楚圆门下时的同门方会禅师，后被僧俗迎居袁州(今宜春)的杨岐山，称为杨岐禅师，创"杨岐派"，也称杨岐宗。二派合五代时禅宗的五宗，称"五家七宗"或"五宗七家"。

南宋淳熙十四年(1187年)后，黄龙派日本籍禅师荣西回日本，将黄龙派禅宗佛法传往日本，而南宋的禅宗黄龙派却日渐衰落。杨岐派的日籍禅师俊芿、辨圆也于庆元五年(1199年)将禅宗杨岐派传往日本，南宋时禅宗只有临济宗最为兴盛，而后期的临济宗实际上即是杨岐派。

宋代佛教中禅宗最为兴盛，禅师道原著《景德传灯录》、信徒李遵勖撰《天圣广灯录》、禅师维白著《(建中靖国)续灯录》、禅师道明著《联灯会要》、禅师正受著《(嘉泰)普灯录》,淳祐十二年(1252年),禅师普济将上述诸书删繁就简撰成《五灯会元》,是唐、宋禅宗史兼语录集,是重要的佛学著作。

五代末吴越国禅宗的法眼宗延寿禅师,在杭州永明寺,创禅宗、净土宗合行说。宋太宗末年,净土宗杭州昭庆寺僧省常在杭州西湖边结"莲社",后改称"易行社",入社的僧众千余人、信徒百余人,从此以后结社传教遂成风气。宋代净土宗常依附于禅宗、天台宗、律宗。

天台宗到宋初分为"山家"、"山外"两派,是因吴越天台宗僧志因弟子晤恩著书否定《金光明玄义》为智𫖮的真作,吴越天台宗僧义寂的再传弟子知礼著书加以驳斥,并自称"山家",而贬称晤恩弟子为"山外","山外派"遂日渐衰落。咸淳五年(1269年)天台宗山家派僧志磐著成以天台宗山家派为主的佛教史《佛祖统纪》,是宋代另一部重要佛教史著作。

律宗在宋代只有支派南山宗流传,著名僧人赞宁有"律虎"之称,端拱元年(988年)奉诏撰成《大宋高僧传》,是续唐代道宣的《续高僧传》之作,起自唐高宗,讫于北宋初,凡五六百人,是重要的佛教人物传记著作。律宗僧人称律师,北宋仁宗时律师允增先后在杭州大昭庆寺、苏州开元寺和秀州(今浙江嘉兴)精严寺建戒台度僧,律宗从此复兴。其著有《会正记》,律宗遂称为"会正宗"。再传弟子元照原是天台宗僧人,他以天台宗说律,著有《资持记》,遂称为"资持宗",此后独盛,也东传日本。南宋晚期临安律师闻思很有名望。

华严宗是唐代僧人贤首(法藏)所创,因而也称"贤首宗"。唐末后衰微。北宋神宗时,杭州慧因禅院的净源重又传播华严宗,元祐元年(1086年),原高丽王子带来多种中原散失已久的经疏,并师从净源,其于元祐三年回国,华严宗遂东传高丽。这年，慧因禅院改名教院，成为传播华严宗的基地，净源被称为华严宗的中兴教主。以后华严宗僧人道亭著《义苑疏》、观复著《折薪记》、师会著《焚薪》和《复古记》、希迪著《集成记》，以注释《华严一乘教义分齐章》，被称为宋代华严宗四大家。

二、道　　教

宋代人们除信奉佛教外，大多信奉道教，宋代帝王中除真宗后期和徽宗专信道教外，其他都是佛道兼信。宋太宗利用道士张守真、方士马韶制造舆论，说他夺取帝位是上天和神的意志。宋太宗即位后，大力宣扬佛、道二教，宋太宗在宋代诸帝中最为崇佛，而他的崇道亦不下于崇佛，他不仅为张守真建道观，起用马韶为官，还召见著名道士陈抟、丁少微、赵自然等，或赐封号、紫衣，或为之修建道观，还命整理道教经籍，只是比较宋真宗、徽宗的狂热崇道而显得逊色。真宗在“澶渊之盟”后，伙同丁谓等制造神降天书《大中祥符》、道教神仙九天司命天神赵玄朗为赵宋王室的始祖等神话，于是东封泰山、西祀汾阴（在今山西永济西），南赴亳州（今安徽亳州）太清宫祭祀被道教徒奉为教祖的老子李耳，并加封老子为太上老君混元皇帝，道教得到空前的崇奉，直至真宗去世才有所回落。北宋末政和三年（1113 年）十一月郊祀，徽宗和大臣们见到空中楼阁（当是海市蜃楼），认为是天神降临，道士林灵素后又宣称徽宗是上天的长子下凡，蔡京等奸臣也是仙吏下凡，于是朝中再次掀起崇奉道教的热潮，徽宗自称为教主道君皇帝。钦宗也命方士郭京率“六甲”神兵出击金兵，“神兵”战败逃亡后，导致金兵乘机占领开封，北宋灭亡。

宋代道教分为符箓派与金丹派。符箓派分为旧符箓派和新符箓派，旧符箓派又分为龙虎宗、茅山宗和阁皂宗。龙虎宗是道教的主要宗派，也称天师道、正一道，是东汉时道教创始人张道陵的后裔在唐代创建的，以龙虎山（今江西贵溪西南）为基地。天圣八年（1030 年），宋真宗赐天师张乾曜为虚靖（一作澄素）先生，“先生”成为后代天师的世袭封号。宋徽宗又升龙虎山上清观为上清正一宫。

茅山宗，也称上清派，南齐道士陶弘景所创，逐渐成为道教主流派之一，北宋末年达到全盛时期。

阁皂宗，创于北宋，也称灵宝派，以阁皂山（今江西新干北）为中心。北宋中叶，阁皂宗（灵宝箓）与龙虎宗（正一箓）、茅山宗（上清箓），为旧符箓派三宗。直至南宋，仍是道教的主流，嘉熙三年（1239 年），理宗敕命龙虎宗第三十五代天师张大可为提举三山（龙虎山、茅山、阁皂山）符箓兼御前诸宫观教门公事，确认龙虎宗为各道派之首。开庆元年（1259 年），蒙古忽必烈率军围攻鄂州时，曾派密使暗访张大可天师，元初即任命龙虎宗嗣天师主领江南道教，可见宋元之际，龙虎宗在道教各派中的领袖地位。

符箓派的新派，主要有北宋太宗时临川（今江西临川）饶洞天所创的天心派，行天心正法；徽宗时南丰（今江西南丰）王文卿创立的神霄派，行神霄雷法；还有形成于两宋之际的东华派、形成于南宋理宗时的清微派等。南宋高宗时何真公倡导三教融合，强调忠孝，创建实际是儒道合流的净明道，也称净明忠孝道，也属于符箓新派。

道教除符箓派（包括新、旧派）外，还有金丹派，也称丹鼎派，主张炼丹服食后升天成仙，这一派相对内丹派而被称为“外丹派”。

五代时，内丹派逐渐兴起，钟离权、吕洞宾等都主张“内炼成丹”达到长生目的，因而被称为“内丹学派”。北宋神宗时内丹派道徒张伯端著《悟真篇》，是内丹学派的重要著作，但只在内丹学派中传授。张伯端，又名用成，字平叔，号紫阳，因称张紫阳，元初被奉为全真道南宗始祖。张伯端传石泰，石泰传薛道光。薛道光当是两宋之际或南宋初年人。南宋孝宗时翁保光将《悟真篇》分为三篇，并作注释，还附以所著《直指详说》，此书被误为薛道光所撰。薛道光传南宋人陈楠，陈楠传白玉蟾，已是南宋中叶。白玉蟾打破原先单传的传统，广收门徒，内丹学派终于成为道教的重要流派。他们将传法称为“靖”，白玉蟾称碧芝靖，其徒彭耜称鹤林靖，彭耜之徒林伯谦称紫光靖。内丹学派自陈楠起受符箓派的影响，兼行雷法，而神霄、清微、净明等新符箓派，也主张兼修“内炼成丹”。同源的金朝王喆（重阳子）在北方创立全真道，也吸收了宋代内丹学派的理论。到元代初年，原南宋道教的内丹派与全真道逐渐合流，张伯端、石泰、薛道光、陈楠、白玉蟾被尊为全真道南宗五祖。以金朝王喆所创全真道为全真道北宗，奉东华帝君、钟离权、吕洞宾、刘海蟾、王喆为北宗五祖，而南宗创始人张伯端为刘海蟾的弟子，北宗高于南宗。南宗内丹学派以修炼内丹达到长生的目的，当然不可能实现，但据载南宗五祖“仙化”的年龄除一人为九十多岁外，其余四人都在百岁以上，这在当时是可能的，宋代平民在百岁以上的，也屡见于宋代的史籍《续资治通鉴长编》等记载。

道教将东汉创建道教以前的神仙，都列为道教的神仙，还不断创造新的神仙，民间广为流传的“八仙”①，就是道教在唐宋时期创造的一组著名的神仙。唐代玄宗时“得道”的张果（张果老）；宪宗时得道的韩湘（韩湘子，著名文学家韩愈之侄）；五代时“得道”的吕岩（吕洞宾）；还有据传原是后晋武将的钟离权，当是后汉时“得道”，因称“汉钟离”，由于后汉只存在五年，道徒们遂附会为在汉代“得道”；蓝采和，后世即以为是南唐洪州（今江西南昌）西山隐士陈陶，他在北宋初年经常于市上歌唱：“蓝采和、蓝采和，尘世

① 参考任继愈主编《中国道教史》，上海人民出版社 1990 年版。

纷纷事更多”[①]，则已是五代、宋初人物；其他三人则都是宋代“得道”的，据称北宋太宗时“跛仙”遇吕洞宾于君山（在今湖南岳阳西洞庭湖中），到南宋末的《混元仙派图》中，有了吕洞宾的弟子李铁拐；《混元仙派图》中吕洞宾有女弟子赵仙姑，元代人说她姓赵名何，于是赵仙姑又变成了何仙姑；《混元仙派图》中吕洞宾弟子曹国舅，“并云其为北宋丞相曹彬之子、曹皇后之弟，故称国舅”。宋初武将曹彬有孙女（不是女儿）为仁宗皇后，皇后弟曹佾曾以“使相”兼景灵宫使[②]。宋真宗时制造的赵姓始祖、道教尊神赵玄朗奉祀于景灵宫，道教徒可能据此制造曹佾曹国舅为道教的八仙之一。“八仙”的完整形成，已是宋末元初。

宋代除佛、道二教之外，伊斯兰教和摩尼教也有流传。东南沿海城市广州、泉州和扬州，是阿拉伯商人相对集中的地方，他们信奉伊斯兰教，并建伊斯兰教寺院。宋代有始建于唐代的广州怀圣寺，以及建于北宋的泉州圣友寺和南宋的清净寺，扬州也建有礼拜寺[③]。

摩尼教流传于东南沿海地区的民间，称为“明教”，也称“吃菜事魔”教，即陆游所说“两浙谓之牟尼教”，“福建谓之明教”[④]。

三、披带、剃度与度牒

宋代为了控制佛、道二教的发展速度，控制享有免除田赋、职役人数的过度增加，实行“度牒”制度。度牒是僧、道的身份证

① 《十国春秋》卷29《陈陶传》。

② 《中国道教史》第十一章载，曹佾以保平军节度使、同平章事兼景灵宫使。按：节度使兼同平章事或侍中、中书令等宰相衔，称为“使相”，享受宰相礼遇，但无宰相职权。曹彬也曾以节度使兼同平章事，只是“使相”，也并非宰相。

③ 参见白寿彝《中国伊斯兰教史存稿》，宁夏人民出版社1982年版。

④ 《渭南文集》卷5《条对状》。

明，如无即令还俗；遗失则须取保并经官府查明后出给“公凭”。度牒在北宋神宗以前控制较严，宋神宗时开始出卖空名度牒，成为政府筹集资金时的来源。据统计“自嘉祐（元年，1056 年）至治平（四年，1067 年），共十三（三应作二）年，给七万八千余道”，每年平均六千五百多道；“熙宁（元年，1068 年）至今（熙宁八年），八年给八万九千余道”①，则每年一万一千一百多道，每年多发近十分之六。

出家者须先经父母等家长同意，而且是无过犯、没有“文身”者，男在十九岁以下，女在十四岁以下。佛教称男的为“行者”，女的为“尼童”；道教则统称为“道童”，男为“道士童子”，女为“女冠童子”。道教的“道童”与佛教的“行者”（包括尼童），合称为“童行”。道教道童须经“披带”、佛教的行者及尼童须经“剃度”，才能正式成为道士、女冠和比丘（和尚）、比丘尼（尼姑），这两种受戒的仪式，合称“披剃”，也称披度。披度要受名额的限制，一是依据现有的僧道及道童、行者（尼童）人数规定披度名额，通常是每五名或十名“童行”中，允许一名受戒“披剃”。如景德三年（1006 年）即诏：“天下僧尼、道士系帐（指在籍）童、行，各于元额十人外放一人（名额）；其寺观院舍及僧道童、行，不及十人者每院特放一人”。次年正月又“诏两畿（指东京开封与西京洛阳），及孟（今河南孟州南）、郑州”，则每五人内特放一人，不及五人者放一人。二是一些重要的寺院道观，规定有一至三个名额受戒。三是依据“敕命僧道每百人放行（受戒）者一人，以此披度”。如至和元年（1054 年）规定南方各路，乾元节（仁宗生日）“率限僧百人度一人，尼五十人度一人”；北方诸路“僧、尼率五十人度一人，道士、女冠不以路分，率二十人度一人”之类。不仅披度名额有限制，而且对

① 章如愚《山堂考索·后集》卷 63《财用门》。

于僧道的最低年龄也有规定，如规定行者须年十八、尼童年十五、道童（不论男女）年十八，后来还规定："年二十已上，方得为童行"等[1]；另外还规定要进行经文考试等，由于上述种种限制，以致有的人已三四十岁，还是行者、尼童[2]、道童。

① 《宋会要辑稿》道释1之19至28。

② 行者、尼童先受十戒，度为沙弥、沙弥尼；再受大戒（具足戒）才成为比丘（和尚）、比丘尼（尼姑）。

宋代大事年表

公元	北宋纪年	大　　事
960	建隆元年（后周显德七年）	正月，赵匡胤（宋太祖）发动兵变，取代后周，建立宋朝，建都东京开封，史称北宋。 六月、十一月，先后平定昭义军节度使李筠、淮南节度使李重进叛变。 是年，制定历史上第一部商业税收法规《商税则例》，其后又张榜公布于税务机构门前。
961	建隆二年	三月、七月，两次罢宿将兵权，降低中央领军将领名位。 五月，以军士代替民户服“递铺”役。此后民户的日常劳役，逐渐改由军士（厢军）服役。
963	乾德元年	二月，灭荆南；三月，灭湖南。五月，设通判为监州，后改为州副长官。 是年或此前，秦汉以来宰相“坐而论道”的朝仪被废，宰相站班为后世沿袭。
964	乾德二年	四月，设参知政事为副相。 是年，诏诸州除日常经费外，其余财赋悉送中央，以收地方财权。
965	乾德三年	正月，灭后蜀。三月，后蜀旧将全师雄兵变，次年冬平定。 八月，诏诸州精兵送中央隶属“禁军”，以收地方兵权。老弱者留地方，后建为“厢军”，主要（代替民户）服力役。
966	乾德四年	七月，重设州、县“官俸户”（官户役），太平兴国元年十一月罢，州、县官俸由政府直接支付。
967	乾德五年	正月，调民夫修治黄河河堤，是为“春夫役”之始。
971	开宝四年	二月，灭南汉。五月，初设市舶司于广州。
973	开宝六年	三月，科举在“（尚书）省试”之后，开始进行皇帝“亲试”（殿试）。
974	开宝七年	闰十月，宰相薛居正监修《五代史》（《旧五代史》）完成。
975	开宝八年	十一月，灭江南（南唐）。

（续表）

公元	北宋纪年	大　　　事
976	开宝九年（太平兴国元年）	十月，宋太祖暴卒，弟赵光义（宋太宗）继位。十二月，改当年为太平兴国元年。 本年全国户口统计中，首次将主（田主）客（佃户）户并列，是租佃制在户籍制度上的反映。
977	太平兴国二年	三月，首次在边境设立“榷场”，进行对辽（契丹）贸易。 八月，诏各节镇所领支郡直属朝廷，收地方节度使行政权，节度使遂为一州的行政长官，此后逐渐成为宗室、大臣的荣誉衔。
978	太平兴国三年	三月，陈洪进献泉州、漳州；五月，吴越王钱俶纳土归宋。
979	太平兴国四年	五月，灭北汉，名将杨业归宋。 七月，进攻辽南京（燕京），大败于西北郊高梁河。
981	太平兴国六年	三月，诸路转运使（漕司）除财政、司法等职权外，增加考察辖区内州、县官的职权，因而称为“监司”，开路变为一级行政区域之滥觞。
982	太平兴国七年	五月，夏州党项族首领李继捧（赵保忠）献夏、银等四州归宋。六月，其弟李继迁反宋。 闰十二月，民间分成制租佃关系首次反映在《置农师诏》（原始件）中。
986	雍熙三年	正月，宋军大举攻辽（契丹）。五月，东路宋军大败于岐沟关。八月，西路宋军战败，抗辽名将杨业受伤被俘后自尽。 十一月，辽军攻宋。十二月，宋军大败于君子馆。
988	端拱元年	十一月，宋军大败入侵辽军于唐河北。
993	淳化四年	二月，王小波起义；十二月，王小波败死，起义军推李顺为首领，次年五月被镇压。 八月，水稻移植河北成功。
997	至道三年	十二月，任命李继迁（赵保吉）为定难军节度使。 本年始定全国为十五路（转运使司路、漕司路），熙宁七年分为二十三路，北宋末分为二十四路。
1000	咸平三年	正月，成都王均兵变，十月被镇压。
1002	咸平五年	三月，西北重镇灵州被党项李继迁攻占。
1004	景德元年	闰九月，辽（契丹）大举侵宋；十二月，宋辽议和，订立“澶渊之盟”，宋岁输绢二十万匹、银十万两给辽。

（续表）

公元	北宋纪年	大　　事
1005	景德二年	正月后，中央领军机构“侍卫亲军司”，正式分为“侍卫亲军马军司”、“侍卫亲军步军司”，始在“殿前司”之下，合称“三衙”（原先侍卫亲军司、殿前司合称“二司”）。
1006	景德三年	四月，《宋史·天文志》记载了豺狼座爆发了一颗超新星。这次爆发留下了一个射电源，至今仍为天文学家所关注。 九月，党项族首领李（赵）德明（李继迁子）归附。十月，封李德明为西平王、定难军节度使。
1007	景德四年	七月，开封城内外实行城乡分治，这是宋代城乡分治之始。设诸路提点刑狱（宪司路），分转运使的司法职权，因也有考察辖区州、县官之权，亦称监司。
1008	景德五年（大中祥符元年）	正月，宋真宗、王钦若伪造“天书”下降，改当年为大中祥符元年。
1019	天禧三年	十二月，划分城镇主户为十等（坊郭户）；此前当已划分乡村主户为五等，乡村五等户制的建立应早于坊郭十等户制。
1023	天圣元年	闰九月，主持抗辽与签订“澶渊之盟”的名臣寇凖（961—1023）逝世。
1024	天圣二年	二月，世界上最早的纸币“交子”，在益州（成都）发行（地方性货币）。
1027	天圣五年	十月，医学家王惟一主持铸造“俞穴铜人”完成，并著《铜人俞穴针灸图经》。 十一月，将佃户迁移自由的诏令，由中原推向江淮、广南等整个东南地区，标志着租佃制契约化在宋朝统治的大部分地区得以实施。
1032	明道元年	十二月，政府颁诏不干预淮南的民间雇佣关系，标志着民间雇佣关系的自由化。
1036	景祐三年	五月，允许官员家信通过政府“步递铺”传送，是邮政史上私人（官员）通信的里程碑。
1038	宝元元年	十一月，党项族首领元昊（李德明子）反宋，称帝，国号夏，史称西夏。
1040	康定元年	九月，西夏侵宋，宋军败于三川寨。

（续表）

公元	北宋纪年	大　　事
1041	庆历元年	二月，西夏侵宋，宋军再败于好水川。 十月，开始设常设路级军事机构，陕西设四路经略安抚使司（安抚使司路、帅司路，后增为五路）；十一月，设河东路经略安抚使司。庆历八年四月，分河北为四路安抚使司。皇祐四年六月，设广东、广西经略安抚使司，共十二帅司路。
1042	庆历二年	三月，辽（契丹）威胁宋；九月，宋以岁增银十万两、绢十万匹议和。 闰九月，西夏侵宋，宋军又败于定川寨。
1043	庆历三年	八月，范仲淹任副相（参知政事）。十月，由他主持的改革开始，次年六月失败，史称“庆历新政”。
1044	庆历四年	十月，宋夏议和，宋封元昊为夏国主，岁赐绢十三万匹、银五万两、茶二万斤。 是年，曾公亮、丁度修《武经总要》完成，内载火药的配方。
1045	庆历五年	正月，建立太学。
1047	庆历七年	十一月，河北贝州发生王则兵变，次年闰正月平定。
	庆历年间	毕昇发明活字印刷术。
1049	皇祐元年	九月，侬智高反宋；皇祐五年正月平定。
1052	皇祐四年	五月，著名改革家、文学家范仲淹（989—1052）逝世。
1053	皇祐五年	欧阳修私修《五代史记》（《新五代史》），约在本年基本完成。 北宋一代词宗柳永（三变，984—1053?）约在本年逝世。
1054	至和元年	五月，《宋史·天文志》记载了著名的超新星爆发，遗迹为蟹状星云。
1057	嘉祐二年	三月，文坛领袖欧阳修主持当年科举考试，排斥骈体文，专以古文（散文）作为录取标准文体，标志着北宋中叶文学改革（古文运动）的胜利。
1060	嘉祐五年	七月，欧阳修、宋祁修撰《唐书》（《新唐书》）完成。
1062	嘉祐七年	五月，包拯（999—1062）逝世。
1066	治平三年	十月，诏定科举每三年举行一次，“三年大比”为后世所沿袭。
1067	治平四年	八月，“尚意”派书法先驱、著名书法家蔡襄（1012—1067）逝世。

（续表）

公元	北宋纪年	大事
1069	熙宁二年	二月，王安石任副相（参知政事），开始进行变法改革，史称“王安石变法”。 闰十一月，诸路设提举常平司（仓司）以推行改革，也负责考察官员，成为监司之一。
1071	熙宁四年	二月，进行科举改革，以经义考试进士，遂成为以后科举的主要内容。设“新科明法”，后规定及第进士也须考法令、判案。
1072	熙宁五年	八月，北宋中叶前期文坛领袖、史学家欧阳修（1007—1072）逝世。 十月，设熙河路，标志着王韶开拓熙、河地区的基本完成。 十一月，荆湖南路设安化县，标志着章惇开发梅山地区的基本完成。熙宁七年、九年，又开发南、北江地区。
1075	熙宁八年	六月，宋学新学派创始人王安石主持修撰《三经（诗、书、周礼）新义》完成，颁行于太学，标志着新学派学术体系的完成。 九月，交趾（阯）侵宋。熙宁十年二月，宋军击败交趾（阯）军后议和。
1076	熙宁九年	五月，太医局独立，所属卖药所首次据太医局精选复方制成“熟药”（成药）出售。大观（1107—1110）中据以修订成《太平惠民和剂局方》，是国家颁布的第一部配方手册。
1079	元丰二年	正月，文人画（写意画）创始人文同（1018—1079）逝世。
1082	元丰五年	五月，改革官制，重建三省六部制，六部制为后世所沿袭。 九月，西北新建重镇永乐城被西夏军攻占，从此宋对西夏取守势。
1084	元丰七年	二月前，宋学蜀学学派创始人苏轼撰成《易传》、《书传》、《论语说》等，标志着蜀学学派学术体系的基本完成。 三月，首部区别法律、法规性质的《元丰编敕令格式》公布。 十二月，司马光主持修撰的史学名著《资治通鉴》完成。
1085	元丰八年	三月，宋神宗（1048—1085）逝世。长子哲宗即位，太皇太后高氏执政，起用司马光，开始废罢新法，打击改革派。 六月，宋学理学学派创始人程颢（1032—1085）逝世。 北宋中叶，人们的起居习俗已由北宋前期的“席地而坐”，发展为使用凳、椅（主要是男人）等高足坐具。北宋末、南宋初，妇女也已普遍使用。但至南宋末，在正式场合“席地而坐”仍未全废。

（续表）

公元	北宋纪年	大　　事
1086	元祐元年	四月，著名改革家、思想家、文学家王安石（1021—1086）逝世。 九月，著名史学家、政治家司马光（1019—1086）逝世。
1092	元祐七年	六月，天文学家苏颂主持制成世界天文学史上第一台天文钟“水运仪象台”。
1093	元祐八年	九月，太皇太后高氏卒，哲宗亲政，次年起用改革派章惇，复行“新法”，打击保守派。
1095	绍圣二年	著名科学家沈括（1031—1095）逝世。晚年所著《梦溪笔谈》记载了毕昇活字印刷术、指南针、石油及诸多科学领域的创见与发明。
1099	元符二年	宋学理学学派创始人之一程颐（1033—1107）撰《易传》，是理学学术体系形成的标志。
1100	元符三年	正月，哲宗去世，徽宗在向太后、曾布的扶持下即位，北宋从此走向衰亡。 是年，建筑学家李诫著《营造法式》。
1101	建中靖国元年	七月，北宋中后期文坛领袖、思想家，豪放派词、尚意派书法、文人画创始人苏轼（1037—1101）逝世。
1102	崇宁元年	七月，起用蔡京为相，打着“新法”旗号行败政。九月，立“元祐党人碑”。崇宁三年六月，将反对者合为一籍刻碑，以打击异己，包括原改革派。
1105	崇宁四年	设应奉局于苏州，朱勔以“花石纲”扰民于两浙。
1119	宣和元年	正月，废佛教入道教，佛称金仙，僧称德士，尼称女德；次年九月恢复佛教。 是年，宋江起义于河北。宣和三年二月受招安。
1120	宣和二年	二月，宋金订立“海上之盟”，议定联合灭辽。 十月，方腊起义于两浙。宣和三年四月被镇压。
1121	宣和三年	开始收“经制钱”杂税。
1122	宣和四年	十月，宋军攻辽燕京战败。十二月，金军占领燕京。
1123	宣和五年	四月，宋以“代租钱”向金赎取燕京，改称燕山府。

（续表）

公元	北宋纪年	大　　事
1125	宣和七年	十二月，金军侵宋，攻占燕山府。
1126	靖康元年	九月，坚守九个月的太原被西路金军攻占。十月，真定府被东路金军攻占。闰十一月，北宋首都开封被金军攻占。
1127	靖康二年	二月，金灭北宋。三月，金立张邦昌为伪楚帝，次月消亡。 三至四月，金掳宋徽宗、钦宗及宗室等北返。

公元	南宋纪年	大　　事
1127	建炎元年	五月，徽宗第九子康王赵构（高宗）即帝位于应天府，改当年为建炎元年，重建宋王朝，史称南宋。十月，逃往扬州。 十二月，金军分路南侵。
1128	建炎二年	七月，抗金名臣、东京留守宗泽（1060—1128）忧愤而死。 九月，五马山寨抗金义军失败。 同年，河南、陕西被金军占领。
1129	建炎三年	二月，金军轻骑奔袭扬州，高宗逃往杭州。 三月，苗傅、刘正彦发动兵变，废高宗为康王，立赵构子赵旉，史称“苗刘之变”。四月，苗刘兵变失败，高宗复位。 十一月，金将兀术（完颜宗弼）率部渡江南侵，占领建康。 十二月，金军占领临安，高宗自明州下海南逃。
1130	建炎四年	一月，金军攻占明州后以水军下海追击高宗，被宋水军击败。 三月，金将兀术（宗弼）退至镇江，为宋将韩世忠部击败于长江中。 四月，高宗回到越州。金将兀术（宗弼）击败宋将韩世忠水军于建康江中后退往江北。次月，金军余部退回江北。 七月，金立刘豫为伪齐帝，建都开封，称汴京。 九月，为牵制金军主力以防再次渡江南侵，张浚指挥西北宋军与金军主力会战于富平，宋军战败，史称“富平之战”。江淮形势趋于稳定。 十月，金放秦桧回南宋。 是年二月，钟相起义，次月败死，后由杨么领导起义。
1131	绍兴元年	十月，金军兀术（宗弼）部进攻和尚原，为吴玠部宋军击败。
1134	绍兴四年	三月，金军兀术（宗弼）部进攻仙人关，又为吴玠部击败，川陕形势趋于稳定。 七月，岳飞军收复被伪齐占领的襄阳地区，江汉形势趋于稳定。

（续表）

公元	南宋纪年	大　　　事
1135	绍兴五年	六月，杨么起义失败。 是年，开始收“总制钱”杂税，与“经制钱”合称“经总制钱”。
1136	绍兴六年	八、九月，岳飞军突击伪齐伊洛地区。 十月，宋军大败进犯的伪齐军主力于藕塘。
1137	绍兴七年	八月，郦琼率军四万降于伪齐。 十一月，金废伪齐。
1138	绍兴八年	十二月，南宋与金第一次议和，南宋臣附于金。 是年，南宋定都于临安，称“行在所”（行都）。秦桧独相，专主降金求和。
1139	绍兴九年	三月，金将原伪齐辖区划属南宋。
1140	绍兴十年	正月，抗金名臣李纲（1083—1140）逝世。 五月，金毁盟侵宋，占领河南、陕西大片地区。 六月，金将兀术（宗弼）率主力攻顺昌城，为刘锜击败。岳飞违诏进军中原，先后攻占蔡州、颍昌、郾城、郑州、中牟等城。 七月，岳飞军攻占洛阳，金将兀术（宗弼）率主力攻郾城、颍昌，先后为岳飞军击败。岳飞奉诏被迫退兵。
1141	绍兴十一年	二月，杨沂中、刘锜所部击败金将兀术（宗弼）部于柘皋。 四月，岳飞、韩世忠、张俊三大将被罢兵权，分任枢密院正副长官。 八月，岳飞罢枢密副使赋闲。十月，岳飞被诬谋反下狱。韩世忠罢枢密使赋闲。 十一月，在奸臣秦桧主持下，南宋臣附于金，划淮为界，岁奉银二十五万两、绢二十五万匹给金，史称“绍兴和议”。 十二月末，岳飞（1103—1142）以“莫须有”罪名被害，子岳云（1119—1142）、部将张宪同日被害。
1142	绍兴十二年	五月，沿淮设榷场进行宋金贸易。
1145	绍兴十五年	（一作十九年），南宋“义役”创立。
1155	绍兴二十五年	南宋前期婉约派词宗、女词人李清照（易安居士，1084—1155?）逝世。
1156	绍兴二十六年	十二月前，政府事先公布工种、期限、工钱及优惠条件，召雇技术工人，标志雇佣劳动契约化。
1160	绍兴三十年	十二月，临安府发行纸币“会子”。

(续表)

公元	南宋纪年	大　　　事
1161	绍兴三十一年	二月，“会子”改由户部发行，首次成为国家发行的纸币。 九月，金帝完颜亮大举侵宋。十月，宋将李宝率水军歼灭金水军舰队于胶西东南海湾陈家岛。十一月，虞允文督宋军大败渡江南侵的金军于东采石。金帝完颜亮被部下杀死于扬州。 是年，史学家郑樵撰成《通志》。
1162	绍兴三十二年	六月，高宗传位于养子赵眘(孝宗)，帝系从此由太宗赵光义一系转入太祖赵匡胤一系。 七月，岳飞冤狱昭雪。
1163	隆兴元年	正月，吴璘奉诏从陕西退兵，为金军击溃，西线宋军从此丧失进攻能力。 五月，宋军攻金，溃于宿州(符离)。
1164	隆兴二年	十二月，宋金议和，改君臣为叔侄，岁贡改称岁币，并减十万，仍以淮为界，史称“隆兴和议”。
1169	乾道五年	此前，城市的“厢、界、坊(巷)制”建立。
1170	乾道六年	至淳熙五年(1178年)，城市“隅”统“坊(巷)”制度逐步形成，与“厢坊(巷)制”、“厢界坊(巷)制”并存。
1175	淳熙二年	六月，理学集大成者朱熹与理学心学派创始人陆九渊，在信州铅山县鹅湖寺进行学术辩论，史称“鹅湖之会”。
1176	淳熙三年	十一月，史学家袁枢撰《通鉴纪事本末》，创史学纪事本末体。
1182	淳熙九年	至十二年(1185年)，功利(永康)学派创始人陈亮与朱熹通信讨论“王霸义利”，史称“王霸义利之辩”。
1183	淳熙十年	三月，史学家李焘撰《续资治通鉴长编》。
1192	绍熙三年	十二月，理学心学派创始人陆九渊(1139—1193.1)逝世。
1194	绍熙五年	七月，赵汝愚策划政变，迫使光宗退位，扶持宁宗即位。 十二月，史学家徐梦莘撰《三朝北盟会编》。 是年，功利(永康)学派创始人陈亮(1143—1194)逝世。
1195	庆元元年	二月，在原政变参加者韩侂胄策划下，赵汝愚被罢相。 六月，开始将支持赵汝愚的理学人士定为“伪学”党。
1197	庆元三年	二月，定赵汝愚、朱熹等为“伪学逆党”，史称“庆元党禁”，嘉泰二年(1202)二月始弛党禁。

（续表）

公元	南宋纪年	大　　事
1200	庆元六年	三月，宋代理学集大成者朱熹(1130—1200)逝世。
1206	开禧二年	四月，宋军攻金，史称“开禧北伐”，但大多战败。十月，金军攻入宋境。十一月，南宋开始求和。
1207	开禧三年	正月，南宋西线主帅吴曦降金，受封为蜀王。二月，宋将李好义等杀吴曦，吴曦之叛平定。 九月，南宋豪放派词宗、著名爱国词人辛弃疾(1140—1207)逝世。 十一月，权臣韩侂胄被史弥远(伪造宁宗诏书)指使人杀死，从此南宋政局被史弥远控制。
1208	嘉定元年	三月，在奸臣史弥远主持下，签订了宋金间南宋最屈辱的和议，史称“嘉定和议”。 是年，史学家李心传撰《建炎以来系年要录》。
1209	嘉定二年	十二月，著名爱国诗人陆游(1125—1210.1)逝世。
1211	嘉定四年	城市(临安)专业消防队创建。
1221	嘉定十四年	是年，南宋婉约派词坛领袖姜夔(白石道人，1155?—1221?)逝世。
1223	嘉定十六年	是年，功利(永嘉)学派创始人叶適(1150—1223)逝世。
1224	嘉定十七年	闰八月，权相史弥远乘宁宗逝世发动宫廷政变，废原储君赵竑，另立赵昀为帝(理宗)。
1234	端平元年	正月，南宋与蒙古联军攻灭金朝。 六月，南宋违约出兵先后攻占开封、洛阳。八月，宋军被蒙古军打败后退回宋境。
1235	端平二年	五月，南宋后期理学宗师真德秀(1178—1235)逝世。 六月，蒙古以宋违约而侵宋，宋蒙战争自此始。
1236	端平三年	正月，襄阳宋军降蒙。 九月，阳平关之战宋军大败，宋将曹友闻战死，四川从此沦为战区。 十一月，宋将孟珙收复襄阳，襄阳成为抗蒙(元)重镇。
1237	嘉熙元年	三月，南宋后期理学大师魏了翁(1178—1237)逝世。
1241	淳祐元年	正月，理学派创始人程颢、程颐、周敦颐、张载及南宋理学宗师朱熹从祀孔庙，新学派创始人王安石被排斥出从祀行列，标志着理学的官方统治思想地位的确立。

（续表）

公元	南宋纪年	大　事
1246	淳祐六年	九月，抗金、抗蒙名将孟珙(1195—1246)逝世。
1247	淳祐七年	世界法医学史上第一部法医学专著《洗冤集录》，由法医学家宋慈(1186—1249)撰成并刻印。
1259	开庆元年	七月，蒙古大汗蒙哥督军进攻南宋合州钓鱼城，知州王坚守城力战，蒙哥汗重伤死亡，合州围解。 十一月，蒙哥汗弟忽必烈得知蒙哥死讯，自鄂州解围渡江北返。时在鄂州的宋右丞相贾似道向忽必烈求和未及签约，妄称战胜蒙军。
1268	咸淳四年	七月，蒙军开始围攻襄阳。
1269	咸淳五年	正月，南宋末文坛盟主，爱国诗人、词人刘克庄(1187—1269)逝世。
1271	咸淳七年	十一月，蒙古改国号为元。
1273	咸淳九年	正月，元军攻占樊城。二月，襄阳降元，历时五年的襄阳保卫战结束。
1274	咸淳十年	九月，元军分道侵宋。十月，元军攻郢州，为宋将张世杰击退。 十二月，元军占领鄂州。
1275	德祐元年	正月，元军主力沿江东下。二月，宋水军抗击元军于池州江中丁家洲，大败，各地纷纷降元。宋将张世杰弃郢州自荆湖入卫临安，文天祥自江西起兵勤王。 五月，宋将刘师勇收复常州等地，派王安节(王坚子)守常州。 七月，张世杰、刘师勇率水军抗击元军于镇江焦山，战败退兵。 十一月，常州被围二月后失陷，元军遂长驱南下。
1276	德祐二年	正月，元军进迫南宋首都，右丞相文天祥因议和拒降被扣押。 二月，南宋恭帝降元。
	景炎元年	五月，陈宜中、陆秀夫等拥恭帝庶兄、益王赵昰(端宗)即位于福州，再建宋王朝，改当年为景炎元年。文天祥自元军押解途中逃到福州。 十一月，张世杰拥宋端宗下海逃亡，元军占领福州。
1278	景炎三年	四月，宋端宗病死于南海硐洲岛，庶弟、卫王赵昺(末帝)嗣立。
	祥兴元年	五月，改当年为祥兴元年。 十二月，右丞相文天祥(1236—1283)兵败于海丰，被俘。元至元二十年(1283)正月就义于元大都。
1279	祥兴二年	二月，张世杰抗击元军于厓山战败，左丞相陆秀夫背负宋末帝投海自尽，南宋亡，张世杰自溺死。

后　　记

我是1954年考入北京大学历史系（五年制），从中国宋史断代史研究的主要奠基人邓广铭先生学宋史。本有可能留校，但1958年的“拔白旗”，邓先生失去了教学权，我被分配到其他单位。邓先生1963年恢复教学权后要我回北大而单位不放，夫人贾佩新南京大学毕业后分配在河南工作，同年末即以照顾家庭关系为由，经邓先生介绍到河南省社科院历史研究所专事宋史研究，准备过一二年后回北大，由于大形势的变化而未能实现。1983年，周一良先生曾要我回北大协助邓先生工作，也因单位不放而未成（详见《锲而不舍的学术追求——访陈振教授》，《史学史研究》1998年第3期）。

1974年，某出版社请邓先生撰写“简明宋史”，也因大形势改而推荐我组织人编写（详见《漆侠先生纪念文集》第348页）。

由于五六十年代的学术环境，邓先生无从进行需要诸多考证的宋代断代史的写作，后来他曾以自己没有能写出辽宋金的断代史为憾事（《邓广铭学术论著自选集·自序》，首都师范大学出版社1994年版）。但当1979年白寿彝先生主编《中国通史》，请邓先生主编辽宋金史卷（即第七卷）时，邓先生已年过七十，想集中精力于多部旧作的改写，于是推荐我主编该卷，而该卷的出版已是邓先生逝世的次年1999年。我虽在该卷的宋史部分进行了诸多考证，以阐述此前学者尚未论及或欠缺之处，但由于体例和篇幅关系，许多问题未能展开或尚未阐述。此次《宋史》的撰写，是我近半个世纪研究宋史的总结，也可说是邓先生遗愿的某种意义上的体现。此外，本书撰写中得到邓先生创建的北京大学中国古代史研究中心（教育部人文社会科学重点研究基地）史籍方面的帮助，特此致谢。最后，感谢张美娣编审、刘影博士、王卫东博士为本书付出的辛勤劳动。

增订后记

本书出版至今已逾十年，其间，笔者出版了论文选集《宋代社会政治论稿》，并发表了一些宋代社会经济方面的研究文章，其中的一些研究成果可补本书之缺憾，故概括精要，吸纳了部分研究成果，对本书作了较大的修订：

一、增补了有关宋代“镇”的兴起与发展的论述。在第七章第三节增加了第三目“乡村经济中心‘镇’的兴起”；在第十四章第三节增加了第二目“从澉浦镇的发展管窥南宋乡村经济发展之一斑”。

二、增补了有关宋代租佃与雇佣关系发展的不平衡性的论述。宋代的租佃与雇佣关系在大区域，如西川与中原、华北与边境及南方等的不平衡性，学界多有论述，但一州、一府内的不平衡性却不为注意。笔者在为《南京经济史》撰写“宋代江宁（建康）的社会经济”时，论及南宋建康府租佃关系（城镇为雇佣关系）的不平衡性，今改写为“建康府所属各县租佃、雇佣关系发展的不平衡性”，补入第十四章第一节，作为第三目。

三、增补了教育科举的内容。在第十八章第一节“教育”，增补了“武学、律学、医学、算学、书学、画学”；在第二节“科举”增加了“武举、童子举”作第四目。

四、增补了第十九章“宋代官员任用的回避制度、创建执政官‘官邸’”。该章分为宋代官员任用的回避制度和创建执政官“官邸”两个部分。

五、增加了有关轿子产生发展的内容。原第十九章改为第二十章，标题也相应改为“宋代的交通、邮传与轿子的产生”，其中新增了“轿子的产生”一节。

六、对个别的节、目作了调整。将第十六章第二节第三目中的“雕塑”内容调整到第九章第二节第五目。将十六章第三节“宗教”调入新二十一章，作为第三节。第二十一章标题为“宋代社会生活与宗教”，第十六章标题改为“南宋的学术与文化”。

以上可说是本次修订的主要内容。此外，还有许多小的修订，如第十六章第二节第一目“文学”末，增加“话本（市民文学）”一段等，在此不一一说明。

感谢张美娣编审付出的辛勤劳动。

陈振 2015 年于南京